Die

Konkursordnung

nebst Anfechtungsgesetz

erläutert von

Willenbücher,
weiland Geh. Justizrat und Oberlandesgerichtsrat.

Dritte, vollständig neu bearbeitete Auflage

von

Dr. Fritz Günther,
Landrichter am Landgericht I zu Berlin.

Berlin, 1909.
Verlag von H. W. Müller.
W. 35. Potsdamerstr. 121 k.

Vorwort zur dritten Auflage.

Die dritte Auflage stellt sich im Verhältnis zu ihrer Vorgängerin als eine gänzliche Neubearbeitung des gesamten Kommentars dar. Dies hat seinen Grund darin, daß sie die erste Auflage nach der Verkündung des Bürgerlichen Gesetzbuchs und aller mit diesem im Zusammenhang stehenden Gesetze ist. Da das Konkursrecht überall in das bürgerliche Recht eingreift, und da infolgedessen die Konkursordnung und ihre Nebengesetze durch die Novelle vom 17. Mai 1898 viele und bedeutungsvolle Änderungen erfahren haben, war die gänzliche Neubearbeitung des Kommentars erforderlich. Begonnen worden ist die Neubearbeitung noch von dem leider zu früh verstorbenen Willenbücher.

Der Kommentar ist für den Praktiker bestimmt. Deshalb ist überall die Rechtsprechung besonders berücksichtigt worden. Die Abkürzung der Zitate ist entsprechend den Vorschlägen des Juristentages erfolgt. Von den Kommentaren zur Konkursordnung sind überall die neuesten zurzeit vorliegenden Auflagen benutzt worden; von dem Jaegerschen Kommentar konnte die im Erscheinen begriffene 3. und 4. Auflage nur bis § 16 der KO. zitiert werden, da diese Auflagen zur Zeit des Druckes unseres Kommentars nur bis dahin erschienen waren.

Das den Ansprüchen der Praxis entsprechend bedeutend umfangreicher und übersichtlicher gestaltete Sachregister hat Herr Referendar Edwin Rosenthal zu Berlin bearbeitet, dem ich hiermit meinen besonderen Dank ausspreche.

Berlin, im April 1909.

Dr. Fritz Günther.

Aus dem Vorwort zur ersten Auflage.

Die vorliegende Ausgabe der Konkursordnung, zur Benutzung am Termins- und Arbeitstische bestimmt, soll zwischen den ausführlichen Kommentaren und den Textausgaben mit Anmerkungen die Mitte halten, dennoch aber der Praxis alles bieten, was sie bedarf, und in einer Form, welche die bequeme Verwertung des Gebotenen tunlichst erleichtert.

Derjenige kommentatorische Stoff, welcher rein akademischen oder theoretischen Zwecken dient, konnte hier keine Stelle finden. Im übrigen ist das zur Erläuterung erforderliche Material in möglichster Vollständigkeit offen gelegt. Denn bei der gedrängten, vielfach nur aus dem Zusammenhange des Ganzen verständlichen Ausdrucksweise, in welcher die Konkursordnung die verwickeltsten Rechtsverhältnisse behandelt, müßte sich ein Mangel an Erläuterungsmaterial in der Praxis besonders fühlbar machen. Es sind daher, außer den amtlichen Materialien, die veröffentlichten Entscheidungen des Reichsgerichts und die Werke der verdienstvollen Kommentatoren und Rechtslehrer eingehend benutzt worden.

Die Darstellung, durchweg bemüht, kurz und bündig, klar und übersichtlich zu sein, glaubte Gewicht darauf legen zu müssen, soweit tunlich, nicht subjektive Ansichten, sondern objektive Rechtswahrheiten zum Ausdruck zu bringen. Deshalb sind in allen wichtigeren Fragen nicht nur die Gründe — oft auch die Gegengründe — der mitgeteilten Rechtssätze angedeutet, sondern auch die darüber sich verbreitenden Quellen, aus welchen eine weitere Aufklärung geschöpft werden kann, nachgewiesen, so daß dem eigenen Urteil und der ersprießlichen Selbsttätigkeit des Praktikers freie Bahn eröffnet ist.

Wissentlich ist in diesem Kommentar keine Frage, welche der Praxis von Interesse sein könnte, unberührt gelassen. Daß trotzdem viele Kontroversen offen bleiben, soll ebensowenig bezweifelt werden, als daß mannigfach die gegebenen Erläuterungen nicht das Richtige getroffen haben.

Inhaltsübersicht.

Abkürzungen.

GlA. = Gläubigerausschuß.
GlV. = Gläubigerversammlung.
GSch. = Gemeinschuldner.
KE. = Konkurseröffnung.
KGl. = Konkursgläubiger.
KM. = Konkursmasse.
KO. = Konkursordnung.
KV. = Konkursverwalter.
KVerf. = Konkursverfahren.

Entscheidungen, Zeitschriften und Gesetze sind nach den Vorschlägen des Deutschen Juristentages abgekürzt zitiert.

Konkursordnung.

Vom 10. Februar 1877.

(RGBl. S. 351.)

In der Fassung der Bekanntmachung vom 20. Mai 1898.

(RGBl. S. 612.)

Erstes Buch.

Konkursrecht.

Erster Titel.

Allgemeine Bestimmungen.

§ 1. Das Konkursverfahren umfaßt das gesamte, einer Zwangsvollstreckung unterliegende Vermögen des Gemeinschuldners, welches ihm zur Zeit der Eröffnung des Verfahrens gehört (Konkursmasse).

Die im § 811 Nr. 4, 9 der Zivilprozeßordnung und im § 20 des Gesetzes über das Postwesen des Deutschen Reichs vom 28. Oktober 1871 vorgesehenen Beschränkungen kommen im Konkursverfahren nicht zur Anwendung.

* *Zur Konkursmasse gehören auch die Geschäftsbücher des Gemeinschuldners.*

Gegenstände, die nicht gepfändet werden sollen, gehören nicht zur Konkursmasse.

---

* Die durch das Gesetz vom 17. Mai 1898 abgeänderten, bzw. neu hinzugefügten Worte sind überall durch *Schwabacher Schrift* hervorgehoben!

I. Die KM. umfaßt das gesamte Aktivvermögen des GSch., d. h. die 1
Gesamtheit aller derjenigen Sachen und Rechte, welche einen nach Geld schätzbaren Wert haben und der Veräußerung und Übertragung fähig sind. Die Zugehörigkeit zur KM. tritt ein kraft Gesetzes und ist nicht bedingt durch die Besitzergreifung seitens des KV. Andererseits können Gegenstände, welche nicht zur KM. gehören, nicht dadurch Bestandteile dieser Masse werden, daß sie der KV. mit Beschlag belegt. RG. StS. 19 S. 85. Man unterscheidet Sollmasse und Istmasse; Sollmasse ist die Masse, wie sie rechtlich sein soll (§§ 1, 2, 6, 14, 15, 23, 117, 118, 166 Abs. 2), Istmasse die Masse, wie sie tatsächlich besteht (§§ 43, 46, 166 Abs. 1). Die KO. selbst gebraucht diese Ausdrücke nicht; sie versteht unter „Konkursmasse" in der Regel die „Sollmasse".

Einen Partikularkonkurs kennt die KO. nur über das inländische Vermögen eines ausländischen Schuldners, § 238.

Zieht der Verwalter nicht zur KM. gehörige Sachen zur Masse, so hat der GSch. hiergegen nicht Klage, sondern Erinnerung aus § 766 ZPO., so OLG. 4

S. 165. Die Freigabe eines zur Masse gezogenen Gegenstandes erfolgt, soweit nicht etwa § 10 Abs. 2 KO. eingreift, durch Mitteilung des Verwalters an den GSch., OLG. 4 S. 166. Eigentümer der KM. bleibt der GSch. auch während des Konkurses; RG. 31 S. 119. Ein Streit zwischen dem Konkursverwalter und dem Zwangsverwalter darüber, in welche Masse Baumaterialien gehören, ist als Zuständigkeitsstreit im Beschwerdewege auszutragen, KG. in OLG. 15 S. 33.

2 1. Zur KM. (Sollmasse, Aktivmasse, Teilungsmasse) gehören sowohl die körperlichen Sachen, bewegliche und unbewegliche, als auch die sämtlichen dinglichen und persönlichen vermögensrechtlichen Ansprüche, ohne Rücksicht auf den Entstehungsgrund, mit Einschluß der Rechte und Nutzungen an fremden Sachen — z. B. das Recht der Ausübung der Jagd in einem fremden Grundstück, die Erträge aus Lehen, Fideikommissen, Stiftungen —, der Nießbrauch; nicht zur KM. gehören dagegen rein familienrechtliche Ansprüche, sowie die sog. Persönlichkeitsrechte; darüber siehe unten Ziffer 4.

Ob das Vermögen im Inland oder im Ausland gelegen ist, macht begrifflich bei inländischen GSch. keinen Unterschied. Doch wird der Regel nach dasjenige Vermögen, welches der GSch. im Ausland besitzt, durch die ausländische Gesetzgebung dem Zugriff im Inland entzogen sein. Es kommen hierbei die vorhandenen Staatsverträge in Betracht, welche durch die KO. nicht berührt werden. RG. 24 S. 12. Ob die Befriedigung, welche sich ein Gläubiger während des Konkurses durch Zwangsvollstreckung in einen im Ausland befindlichen Gegenstand des GSch. verschafft, zur KM. gezogen werden kann, hängt von der Gesetzgebung des betreffenden ausländischen Staates ab; so RG. 54 S. 193. Darauf, ob die Sachen und Rechte sich im Besitze des GSch. selbst oder eines Dritten befinden, kommt es nicht an.

Die Höhe des Wertes der einzelnen Sachen ist einflußlos. Die Frage, ob Familienbilder, Privatbriefe und dergl. zur KM. gehören, läßt sich allgemein nicht beantworten. Jedenfalls kann der unbedingten Verneinung (v. Völd. 1 S. 56 f.) nicht beigestimmt werden. Familienbilder können einen hohen Kunst- und Geldwert haben und auch Privatbriefe können als Autographen verkäuflich sein. Insoweit wird dem Ermessen des Verwalters, des GlAusschusses und der GlVersammlung nicht vorgegriffrn werden dürfen. Gegen offenbare Schikane verleiht § 99 wenigstens einigen Schutz (vgl. § 135).

3 2. Beschränkungen, welche den Sachen und Rechten anhaften, stehen der Zugehörigkeit zum Vermögen nicht entgegen, sie gehen selbstverständlich mit auf die KM. über. RG. 1 S. 386. Deshalb gehört zur KM. der betagte Anspruch, mag er vor Beendigung des Konkurses fällig werden oder nicht. Das unter einer Resolutivbedingung Erworbene verbleibt der KM. bis zum Eintritt der Bedingung. Auch das suspensiv bedingte Recht bildet einen Bestandteil des bei der KE. vorhandenen Vermögens, da es Gegenstand der Zwangsvollstreckung ist (§ 844 ZPO.), und kann daher zur KM. gezogen werden. Der durch den Eintritt der Bedingung gemachte Erwerb gehört zur KM., auch wenn die Bedingung erst nach beendigtem Konkurse eintritt. Deshalb gehört der Gewinn aus Lotterielosen, welche der GSch. vor der KE. erworben hatte, zur Masse, ebenso der Anspruch des GSch. auf ein Erneuerungslos der Preußischen Klassenlotterie; wird dieser Anspruch aber von dem Verwalter nicht ausgeübt, so steht dem GSch. das Verfügungsrecht zu; so OLG. Marienwerder in der PosMSchr. 7 S. 132.

4 Bezüglich der Lebensversicherungen gelten folgende Grundsätze: Lautet die Police nicht auf eine bestimmte dritte Person, dann gehört der Anspruch aus

einem laufenden Lebensversicherungsvertrage des GSch. zur KM. OLG. Dresden im Sächs. Arch. 07 S. 384. Es steht also dem KV. frei, den Vertrag zu lösen und das, was der Versicherer von den empfangenen Prämien zurückzuzahlen hat, zur KM. einzuziehen; § 17. Ist die Versicherung zugunsten eines Dritten genommen, so kann der KV. bis zum Eintritt des Versicherungsfalls die Versicherung dahin widerrufen, daß das Recht auf die Versicherungssumme nicht dem Dritten, sondern der KM. zustehen soll; vgl. Seuffert 59 S. 398. Ist ein solcher Widerruf vor der Fälligkeit der Versicherungssumme nicht erfolgt, so steht der Anspruch auf diese nicht der KM., sondern dem Dritten zu, auch wenn dieser dem Versicherungsvertrage nicht beigetreten ist. §§ 330, 331 BGB., RG. 51 S. 403. Die zugunsten des Erben genommene Lebensversicherung ist nicht Versicherung zugunsten eines Dritten, der Anspruch gehört vielmehr zum Nachlasse. RG. 32 S. 162 und 62 S. 46. War der Anspruch auf die Versicherungssumme schon vor der KE. fällig geworden, so gehört er nur dann zur KM., wenn der GSch. die Versicherung zu seinen eigenen Gunsten oder zugunsten seines Nachlasses genommen hat. RG. 11 S. 173, 32 S. 162. Hat der Mann zugunsten der Frau Versicherung genommen, so steht der Geltendmachung der Rechte aus dieser Versicherung seitens der Frau der § 45 nicht entgegen. RG. 14 S. 21. Der Anspruch aus einer freiwilligen Unfallversicherung für einen Unfall während des Konkurses gehört nicht zur KM. des Versicherten; so SeuffA. 57 S. 303; vgl. auch JW. 31 S. 423. Aussteuer- und Militärversicherungen, die ein Vater für seine Kinder nimmt, über deren Verwendung er aber nach den Versicherungsbedingungen selbst zu bestimmen hat, gehören zum Vermögen und damit ev. auch zur KM. des Vaters, OLG. Hamburg in der HansGZ. 07 S. 233.

3. Zugunsten der Gläubiger des Mannes wird vermutet, daß die im Besitz 5
eines der Ehegatten oder beider Ehegatten befindlichen beweglichen Sachen dem Manne gehören. Dies gilt insbesondere auch für Inhaberpapiere und für Orderpapiere, die mit Blankoindossament versehen sind. — Für die ausschließlich zum persönlichen Gebrauche der Frau bestimmten Sachen, insbesondere für Kleider, Schmucksachen und Arbeitsgeräte gilt im Verhältnis der Ehegatten zueinander und zu den Gläubigern die Vermutung, daß die Sachen der Frau gehören. § 1362 BGB. Der Beweis des Gegenteils ist zulässig.

4. Ausgeschlossen von der KM. sind:

a. fremde Sachen, also diejenigen, welche, obwohl in dem Besitze oder in 6
dem Gewahrsam des Schuldners befindlich, Eigentum Dritter sind. Diese Sachen sind nach § 43 auszusondern.

Befindet sich der Schuldner im Miteigentum, so muß die Teilung oder sonstige Auseinandersetzung vorausgehen. § 51.

b. die Persönlichkeit des GSch. u. zwar sowohl sein Körper und dessen Teile 7
(z. B. Haare) einschließlich der künstlichen Gliedmaßen, künstliche Arme, Beine, Zähne, Augen, aber nicht falsche Zöpfe, sofern sie nicht (Perücken) unentbehrliche Kleidungsstücke sind, ZPO. § 811 (vgl. unten II, 5) wie auch seine Arbeitskräfte. Der GSch. ist nicht verpflichtet, im Interesse der KM. für deren Erhaltung oder Realisierung persönliche Dienste zu leisten.

c. rein familienrechtliche Ansprüche, also die Statusrechte, die väterliche Ge- 8
walt, das eheliche Verwaltungsrecht, soweit nicht deren vermögensrechtliche Folgen in Frage stehen.

d. die rein persönlichen Rechte, welche auch nicht einmal der Ausübung 9
nach von der Person des GSch. getrennt werden können. So z. B. auch diejenigen

vermögensrechtlichen Vorteile, welche dem GSch. nur infolge seiner persönlichen Stellung zustehen, wie das Recht auf freie ärztliche Behandlung, auf freien Unterricht u. dgl.; auch das Namenrecht aus § 12 BGB. Ein gegen den GSch. gerichteter Prozeß wegen unberechtigter Titelführung wird durch die KE. nicht beeinflußt; so OLG. Hamburg in OLG. 11 S. 355.

10 e. das Recht der Firma, welches abgesondert von dem Handelsgeschäft nicht veräußert werden kann (HGB. § 23) und der Veräußerung zugleich mit dem Handelsgeschäft im Falle des Konkurses nicht ohne weiteres, sondern nur mit der — nicht erzwingbaren — Zustimmung des GSch. unterliegt. RG. 9 S. 104; JW. 02 S. 95. Der Anspruch auf Schadensersatz wegen unbefugten Gebrauches der Firma ist ein rein vermögensrechtlicher und gehört zur KM. Das Warenzeichen (§§ 7, 9 Ges. v. 12. Mai 1894, RGBl. S. 441) ist Zubehör des Geschäftsbetriebs und kann nur mit diesem vom KV. veräußert werden. Jäger A. 8 und die dortigen Zitate, sowie RG. im PMZBl. 07 S. 168 bzw. in der LZ für Handels-, Konkurs- und Versicherungsrecht 1 S. 230. Dagegen sind Fabrikationsrezepte einer Emaillefabrik als nicht zur KM. gehörig angesehen worden, OLG. Köln in OLG. 15 S. 6.

11 f. das Urheberrecht an Werken der Literatur und der Tonkunst (RG. v. 19. Juni 1901, RGBl. S. 227) ist zwar vererblich und übertragbar (§ 8 a. a. O.), gehört aber zur KM. nur beschränkt, nämlich nur nach Maßgabe des § 10 a. a. O., welcher lautet: „Die Zwangsvollstreckung in das Recht des Urhebers oder in sein Werk findet gegen den Urheber selbst ohne dessen Einwilligung nicht statt; die Einwilligung kann nicht durch den gesetzlichen Vertreter erteilt werden. Gegen den Erben des Urhebers ist ohne seine Einwilligung die Zwangsvollstreckung nur zulässig, wenn das Werk erschienen ist." Wesentlich das gleiche gilt für das Recht des Urhebers von Werken der bildenden Künste und der Photographie sowie für „solche Formen, Platten, Steine oder sonstige Vorrichtungen [z. B. photographische Negative], welche ausschließlich zur Vervielfältigung des Werkes bestimmt sind" (§§ 14, 10 des RG. v. 9. Januar 1907, RGBl. S. 7). Abweichend von dem literarischen Urheberrechtsgesetz ist die Zwangsvollstreckung in das Werk selbst zulässig. Das Urheberrecht an Geschmacksmustern (G. v. 11. Januar 1876, RGBl. S. 11) wird erst nach Anmeldung des Musters oder Modelles zum Musterregister und nach Niederlegung eines Exemplars oder einer Abbildung bei der Registerbehörde Bestandteil der KM. § 7 a. a. O. Das Urheberrecht an Gebrauchsmustern (G. v. 1. Juni 1891, RGBl. S. 290) fällt in die KM. erst nach der Eintragung in die Gebrauchsmusterrolle (§§ 3, 4 a. a. O.).

12 g. das Patentrecht (G. v. 7. April 1891). Ist das Patent bereits erteilt, so kann dessen Vermögenswert zur KM. gezogen werden. Dagegen ist dem Verwalter nicht gestattet, an Stelle des GSch. für eine von diesem gemachte Erfindung ein Patent zu nehmen. Die Anmeldung der Erfindung begründet ein Recht auf Erteilung des Patents; dieses Recht unterliegt der Pfändung und gehört danach zur KM. RG. 52 S. 227; AM. OLG. Hamburg im Recht 6 S. 352. Der Anspruch auf Vernichtung des einem anderen verliehenen Erfinderpatents kann von jedermann erhoben werden und gehört nicht zum Vermögen eines einzelnen. Die dieserhalb vom GSch. erhobene Klage betrifft also nicht die KM. und kann von ihm selbst weiter verfolgt werden. RG. JW. 93 S. 351.

13 h. der Pflichtteilsanspruch (§§ 1967, 2303, 2317 BGB.) gehört nur dann zur KM., wenn er vor der KE. durch Vertrag anerkannt oder rechtshängig geworden ist, § 852 Abs. 1 ZPO. Das gleiche gilt für den nach § 528 BGB. dem Schenker zustehenden Anspruch auf Herausgabe des Geschenkes (§ 852 Abs. 2 ZPO.), sowie wegen

des Deflorationsanspruchs des § 1300 BGB. Das Recht zum Widerrufe von Schenkungen wegen groben Undanks (§ 530 BGB.) ist an die Person des Schenkers gebunden, fällt also nicht in die KM. Der Anspruch auf Buße gehört nur dann zur KM., wenn er rechtskräftig zuerkannt ist; der GSch. muß die Rechtskraft des Strafurteils erlebt haben. Der Anspruch auf Zuerkennung der Buße steht nur dem Verletzten persönlich, nicht dem KV. zu.

II. Das Vermögen des GSch. gehört nur soweit zur Masse, als es der Zwangsvollstreckung unterliegt. 14

Die prozessualischen Beschränkungen der Zwangsvollstreckung enthalten in betreff des unbeweglichen Vermögens die §§ 864—871 ZPO. (Lehen-, Stammguts- und Familienfideikommiß-Gläubiger: § 52 KO.), in betreff des beweglichen Vermögens die §§ 811, 812, 850—852, 861—863 ZPO., insbesondere in betreff der körperlichen beweglichen Sachen § 811 Nr. 1—3, 5—8, 10—13 ZPO., in betreff der Forderungen § 850 Abs. 1 Nr. 1—8, Abs. 5, ZPO. § 377 Abs. 1 BGB. Nach § 851 Abs. 1 ZPO. sind von der KM. auch die Forderungen des GSch. ausgeschlossen, die nach bürgerlichem Rechte nicht übertragbar sind. Vorschriften, durch welche die Übertragung von Forderungen beschränkt wird, enthalten die §§ 399, 400, 514 (1098), 613, 664 (27, 86, 713, 2218), 717, 719, 847 (1300), 1059, 1092, 1111, 1153, 1250, 1371, 1408, 1427, 1441, 1442, 1487, 1525, 1526, 1549, 1550, 1585, 1623, 1658, 1688 BGB., der Art. 81 EG. z. BGB. und andere Reichsgesetze, insbesondere die Arbeiterversicherungsgesetze, z. B. § 56 KrVerf. Ges. v. 15. Juni 1883/10. April 1892, § 96 Gewerbe-Unf.Vers.Ges. v. 6. Juli 1884/5. Juli 1900, § 55 Invaliden-Vers.Ges. v. 13. Juli 1899 usw. Forderungen, deren Übertragung nur durch Vereinbarung mit dem Schuldner ausgeschlossen ist, gehören zur KM., es sei denn, daß der geschuldete Gegenstand nach § 811 Nr. 1—3, 5—8, 10—13 § 857 ZPO. der Pfändung nicht unterworfen ist. § 851 Abs. 2 ZPO.

Ausnahmen von der Regel enthalten die Abs. 2—4. Danach gehören gewisse Gegenstände des GSch. zur KM. obwohl sie der Pfändung nicht unterworfen sind, nämlich das Betriebsinventar der Personen, welche Landwirtschaft betreiben, einer Apotheke und einer Posthalterei, sowie die Eisenbahnfahrbetriebsmittel (Ges. v. 3. Mai 1886 — RGBl. S. 131). Ferner die — nach § 811 Nr. 11 ZPO. unpfändbaren — Geschäftsbücher des GSch. Endlich die Gegenstände, welche nach § 812 ZPO. nicht gepfändet werden „sollen" (Gegensatz zu § 811: Folgende Sachen „sind" der Pfändung nicht unterworfen).

Dem GSch. steht das Recht zu, im Klagewege von dem Verwalter die Aussonderung der zur persönlichen Fortsetzung seiner Erwerbstätigkeit unentbehrlichen Gegenstände zu erlangen; so Dresden in Sächs. OLG. 27 S. 453.

Ein Zurückbehaltungsrecht an den zur KM. gehörigen Geschäftsbüchern steht dem Verwalter wegen seiner Honoraransprüche nicht zu, OLG. Kolmar in OLG. 15 S. 221.

III. Nur das zur Zeit der KE. (§ 108) vorhandene Vermögen des GSch. wird von den Wirkungen des KVerf. betroffen. Dazu gehört auch alles, was dem GSch. zur Zeit der KE. rechtlich zusteht, tatsächlich aber erst während der Dauer des Konkurses von selbst oder durch die Geschäftsführung des KV. der ursprünglichen Masse hinzutritt, oder was an ihre Stelle tritt, also Früchte, Revenüen, Pacht- und Mietzinsen, Kapitalzinsen (RG. 1 S. 348), Schadensersatzforderungen für verlorene oder beschädigte, sowie der Erlös für veräußerte K.Objekte, jeder für 15 die KM. gemachte Erwerb, endlich auch das Anfechtungsrecht zur Erlangung von Werten oder Gegenständen, welche vor der KE. veräußert sind und durch Anfechtung der Veräußerung nach §§ 29—42 zurückgefordert werden können. M. 45. Andererseits können Rechte, über die der GSch. rechtswirksam verfügt hat, vom KV. nicht mehr geltendgemacht werden; vgl. Recht 5 S. 413.

16 1. **Das Vermögen, welches der GSch. während der Dauer des KVerf. erwirbt**, ist — im Gegensatz zu § 1 der preuß. KO. v. 8. Mai 1855 — von der Teilnahme am Konkurse ausgeschlossen, teils aus der rechtlichen Erwägung, daß künftiges Vermögen nicht in Beschlag genommen werden kann, teils aus Gründen der Billigkeit und aus wirtschaftlichen Rücksichten, weil es ungerecht sein würde, die neuen Gläubiger des GSch., welcher handlungsfähig und zur Eingehung neuer Geschäfte und Verbindlichkeiten berechtigt bleibt, von seinem neuen Erwerbe auszuschließen, weil ferner dem GSch. durch Gewährung der Gelegenheit zum neuen Erwerbe die Kreditfähigkeit wieder eröffnet werden soll. M. 20, 21. Anwendungen dieses Grundsatzes enthalten RG. 15 S. 32, wonach die das künftige Vermögen betreffende Gütertrennungsklage aus Art. 1443 Code civ. nicht gegen den Verwalter gerichtet werden kann, sowie RG. 19 S. 59, wo ausgeführt wird, daß Rechte, welche der GSch. schon vor der KE. durch Verzicht aufgegeben hatte, nicht mehr zur KM. gehören, also auch nicht das Recht, eine bezahlte Hypothek für sich zu verwerten, wenn er sich einem nachfolgenden Gläubiger verpflichtet hatte, sie löschen zu lassen. Vgl. § 875 BGB. Sonst gehört eine vom GSch. bezahlte Hypothek zur Masse; der auf sie bei der Subhastation entfallende Erlös fällt deshalb nicht den nachfolgenden **Real**gläubigern zu; diese können vielmehr ihren Ausfall bei der Subhastation nur als Konkursgläubiger geltendmachen; vgl. Rheinisches Archiv 102 I 168.

An den **späteren Erwerb** können sich, solange das KVerf. schwebt, nur diejenigen Gläubiger halten, deren Forderungen nach der KE. entstanden sind. Dieser Grundsatz findet auch dann Anwendung, wenn über den späteren Erwerb ein besonderes zweites KVerf. neben dem ersten KVerf. eröffnet wird. Wird dagegen das zweite KVerf. erst nach Aufhebung des ersten eröffnet, so können an dem zweiten Konkurse auch die Gläubiger des ersten Konkurses mit den Beträgen ihrer Forderungen teilnehmen, mit welchen sie unbefriedigt geblieben sind, soweit nicht der Geltendmachung dieser Restforderungen ein Verzicht oder ein Zwangsvergleich entgegensteht. Eingriffe des KV. in den späteren Erwerb kann der GSch., abgesehen von der Beschwerde aus § 83, durch Erwirken einer einstweiligen Verfügung abwehren. Die Rechtsbehelfe aus §§ 766, 767 ZPO. sowie die Vorschriften des § 769 ZPO. über Einstellung der Zwangsvollstreckung finden keine Anwendung. v. **Wilm.-Kurlbaum** A. 23.

17 2. **Ob ein Erwerb vor oder nach der KE. gemacht ist**, bestimmt sich nicht nach dem tatsächlichen Zufallen des Erwerbes, sondern lediglich nach dem Zeitpunkt, in welchem der Rechtsgrund des Erwerbes entstanden ist. Es fällt also der dem Versicherten wegen eines vor der KE. entstandenen Brandschadens zustehende Anspruch auf die Versicherungssumme in die KM. ROHG. 25 S. 40. Die zur Zeit der KE. vorhandenen betagten oder suspensiv bedingten Ansprüche des GSch. sind bereits erworben und zur KM. zu ziehen, sofern nicht der Erwerb an die persönliche Tätigkeit des GSch. geknüpft ist und erst durch diese vollendet wird.

a. Der Gewinn von Lotterielosen und Prämienscheinen fällt in die KM., sofern der Ankauf vor der KE. geschehen ist. Über Lebensversicherungen s. A. 4.

18 **b.** Periodisch wiederkehrende Bezüge (Pensionen, Renten), soweit sie überhaupt

der Zwangsvollstreckung unterliegen (§ 850 ZPO.), gehören zur KM., sofern das Recht darauf vor der KE. begründet worden ist. Es sind also nicht nur die vor der KE. fällig gewesenen und während der Dauer des Konkurses fällig werdenden Renten zur Masse zu ziehen, sondern es kann das Bezugsrecht selbst für die Masse realisiert werden, dergestalt, daß dem Erwerber dieses Rechtes auch die nach der Beendigung des KVerf. fällig werdenden Renten — vorbehaltlich der Beschränkungen der §§ 850 ff. ZPO. — zustehen.

Anders liegt die Sache bei denjenigen Bezügen, welche wie Gehälter, Dienstbezüge und Arbeitsvergütung ein Entgelt für die entsprechende Dienstleistung sind. Hier ist der Erwerb von der Voraussetzung der fortdauernden Dienstleistung abhängig. Deshalb gehört der Erwerb für die Termine, welche nach der KE. fallen, gleichviel, ob es sich um Personen, die im Privatdienst angestellt sind, oder um Beamte handelt, nicht zur KM. RG. 12 S. 192; v. Wilm.-Kurlbaum A. 19; v. Sarw.-Boss. A. 5 IV; Pet.-Kleinf. A. 17; Jaeger A. 55; AM. v. Völd. 1 S. 80. Die Leibrente (§§ 759 ff., 330 BGB.) ist ein einheitliches Recht. Zur KM. gehören daher alle während des Verfahrens fällig werdenden Einzelleistungen. Eccius in Gruch. 45 S. 18. Das Leibgedingerecht (Auszug, Altenteil, Leibzucht), dessen Regelung der Landesgesetzgebung überlassen ist, ist gleichfalls ein einheitliches Recht (RG. 6 S. 210), umfaßt aber verschiedene Einzelrechte. Ob diese pfändbar sind und zur KM. gehören, ist nach ihrer Natur zu beurteilen. Ebenso Jaeger A. 38.

c. Erbschaften und Vermächtnisse können nur dann zur KM. gelangen, 19
wenn sie dem GSch. vor der KE. angefallen sind. Ob zum Erwerbe der Anfall genügt, oder ob es hierzu noch der Antrittserklärung des Erben oder Vermächtnisnehmers bedarf, richtet sich nach dem bürgerlichen Rechte. RG. JW. 88 S. 398. Nach preuß. Rechte (ALR. I, 9 §§ 367, 368; I, 12 § 288) und franz. Rechte (Code civ. art. 724, 777) erfolgt der Erwerb von Erbschaften und Legaten durch den Anfall, ipso jure. Nach gem. Rechte gilt das gleiche für den heres necessarius (suus), sowie für den Legatar, während der heres voluntarius und der Vertragserbe (RG. 4 S. 172) nicht schon durch den Anfall, sondern erst durch den Antritt (aditio hereditatis) erwirbt. Das jus succedendi ist nach röm. und gem. Rechte ein höchst persönliches Recht, kann also nicht an Stelle des GSch. von dem Verwalter ausgeübt werden. RG. 4 S. 174. Die schon vor der KE. erfolgte Entsagung des GSch. bleibt wirksam, ist aber nach §§ 31 Nr. 1, 32 Nr. 1 anfechtbar, sofern dem Verwalter nach bürgerlichem Rechte die Disposition über das jus succedendi zusteht. RG. 28 S. 136; JW. 88 S. 398. Nach dem BGB. geht die Erbschaft kraft Gesetzes mit dem Tode des Erblassers auf den Erben über, jedoch ist der Erbe berechtigt die Erbschaft binnen der Frist des § 1944 BGB. auszuschlagen. Wird die Erbschaft frist- und formgerecht ausgeschlagen, so gilt der Anfall an den Ausschlagenden als nicht erfolgt. Die Erbschaft fällt dann demjenigen zu, der berufen sein würde, wenn der Ausschlagende zur Zeit des Erbfalles nicht gelebt hätte; der Anfall gilt als mit dem Erbfall erfolgt. §§ 1922, 1942, 1953 BGB. Der Anfall der Erbschaft an den Nacherben vollzieht sich mit dem Eintritt des Falles der Nacherbfolge. § 2139. Der Fall der fortgesetzten allgemeinen Gütergemeinschaft ist in gleicher Weise geregelt. § 1484. Die Forderung des Vermächtnisnehmers kommt, unbeschadet des Rechtes, das Vermächtnis auszuschlagen, zur Entstehung (Anfall des Vermächtnisses) mit dem Erbfalle. § 2176. Besonderheiten bezüglich der Zeit des Anfalls enthalten die §§ 2177—2179.

Nach § 9 KO. steht das Recht der Annahme oder Ausschlagung einer **vor der**

KE. dem GSch. angefallener Erbschaft sowie eines vor diesem Zeitpunkt angefallenen Vermächtnisses nur dem GSch., nicht aber dem Verwalter zu. Nimmt der GSch. Erbschaft oder Vermächtnis an, so gehören sie zur Masse, da die Annahmeerklärung ex tunc wirkt. Schlägt der GSch. Erbschaft oder Vermächtnis aus, so kann der Verwalter diese Erklärung nicht anfechten.

Ist der Erbanfall erst **nach** der KE. erfolgt, so gehört die Erbschaft oder das Vermächtnis nach § 1 KO. nicht zur KM. Alle diese Bestimmungen gelten aber nur, wenn der Erblasser nach dem 1. Januar 1900 oder an diesem Tage verstorben ist. Ist er vorher verstorben, so finden die früheren landesgesetzlichen Bestimmungen Anwendung. Art. 213 EG. z. BGB., Art. VI EG. z. KNov.

20 **d.** Der Anspruch gegen die Aufsichtsratsmitglieder einer Aktiengesellschaft wegen Verletzung ihrer Aufsichtspflichten gehört im Konkurse der Aktiengesellschaft zur KM., RG. in Goldschmidts Z. 60 S. 792 bzw. DJZ. 06 S. 871.

IV. Der zur KM. gehörige Nießbrauch.

21 **1.** Der Nießbrauch im allgemeinen kann zwar nicht dem Rechte, wohl aber der Ausübung nach von der Person des Berechtigten abgelöst werden. § 1059 BGB. Er ist also vollständig zur KM. zu ziehen, dergestalt, daß nicht nur der volle Ertrag während der Dauer des Konkurses zur Masse fließt, sondern daß auch das Recht zur Ausübung selbst für die volle Dauer des Nießbrauchs, über die Dauer des Konkurses hinaus, zugunsten der Masse veräußert werden darf. RG. 16 S. 210. Hierzu ist aber die Genehmigung des GlA. und, wenn ein solcher nicht vorhanden, die Genehmigung der zu berufenden GlV. erforderlich. § 134 Nr. 1 KO.

2. Nießbrauch. Der frühere § 1 Abs. 2 bestimmte, daß der Nießbrauch, welcher dem GSch. während der Dauer des KVerf. an dem Vermögen seiner Ehefrau oder seiner Kinder nach den Landesgesetzen zusteht, zur KM. gehöre. Diese Bestimmung ist ersetzt durch die §§ 861, 862 ZPO. Danach sind die gesetzlichen Nießbrauchsrechte des GSch. an dem Vermögen seiner Ehefrau und seiner Kinder von der KM. ausgeschlossen, sofern die Ehe oder das Kindesverhältnis nach dem 1. Januar 1900 begründet worden ist. Bezüglich des Vermögens der Kinder gilt dasselbe auch dann, wenn das Vermögen schon vor dem 1. Januar 1900 vorhanden und dem Nießbrauch des Vaters unterworfen gewesen ist. Art. 203 EG. z. BGB., RG. 48 S. 192. Was dagegen das Vermögen der Ehefrau anbetrifft, so ist an sich für die vor dem 1. Januar 1900 geschlossenen Ehen auch in den seit diesem Tage eröffneten Konkursen die Bestimmung des früheren § 1 Abs. 2 in Kraft geblieben. Art. VI EG. z. KNov. Danach gehört in solchen Ehen der Nießbrauch, welcher dem GSch. während der Dauer des Verfahrens gesetzlich an dem Vermögen seiner Ehefrau zusteht, zur KM. Doch kann der GSch. aus den Nutzungen die Mittel beanspruchen, welche zu seinem angemessenen Unterhalt und dazu erforderlich sind, um eine ihm obliegende gesetzliche Verpflichtung zum Unterhalt seiner Ehefrau oder zum Unterhalt und zur Erziehung seiner ehelichen Kinder zu erfüllen. In Preußen hat der § 1 Abs. 2 ä. F. jetzt aber insoweit keine Bedeutung mehr, als durch das preuß. AG. z. BGB. (Art. 45 § 1, Art. 46, 49, 50) der eheliche Güterstand einer Ehe in den gesetzlichen Güterstand des BGB. umgewandelt ist. Anders bei den vertragsmäßigen Güterständen des BGB., darüber vgl. § 2 KO. In den meisten übrigen Bundesstaaten ist eine gleiche Umwandlung geschehen. Ausnahmen bilden in der Hauptsache nur Württemberg und Baden. Näheres: Habicht, Einwirkung des BGB. auf zuvor entstandene Rechtsverhältnisse. 2. Aufl. S. 526 ff.

Die Früchte, die der GSch. auf Grund seines gesetzlichen Nießbrauchs von dem

Eingebrachten seiner Ehefrau und von dem Vermögen seiner Kinder bereits vor der KE. gewonnen hat, fallen nur soweit in die KM., als sie nicht zur Erfüllung der nach den §§ 1384—1387 BGB. ihm obliegenden Verpflichtungen zur Bestreitung seines eigenen standesgemäßen Unterhalts und zur Erfüllung der ihm gegenüber seiner Ehefrau, seiner früheren Ehefrau oder seinen Verwandten gesetzlich obliegenden Unterhaltspflicht erforderlich sind. § 861 Abs. 1 Satz 2, § 862 Abs 2 ZPO. Dasselbe gilt für die in den §§ 1655, 1656 BGB. bezeichneten Ansprüche des GSch., wenn sie fällig sind. Vor der Fälligkeit können solche Ansprüche überhaupt nicht zur KM. gezogen werden. § 862 ZPO.

3. Für den Nießbrauch, welcher nicht auf Grund des Gesetzes, sondern auf Grund von Rechtsgeschäften dem GSch. am Vermögen seiner Frau oder Kinder eingeräumt ist, trifft die Einschränkung zu 9 nicht zu. Ein solcher Nießbrauch folgt der Regel zu 8, ist also voll zur Masse zu ziehen, soweit er nicht bei seiner Begründung rechtsgültig privatautonomisch den Angriffen seitens der Gläubiger des Nießbrauchers entzogen ist. 22

Wird durch die Verträge und einseitigen Verfügungen nur ein ohnehin gesetzlicher Nießbrauch bestätigt, so liegt der Fall zu 9, nicht der zu 8 vor.

V. Übergangsrecht. In Konkursen, die vor dem 1. Januar 1900 eröffnet sind, ist bezüglich der Zugehörigkeit zur KM. das frühere Recht maßgebend. Art. V EG. z. KNov., RG. 48 S. 193. 23

§ 2 (1a). **Wird bei dem Güterstande der allgemeinen Gütergemeinschaft, der Errungenschaftsgemeinschaft oder der Fahrnisgemeinschaft das Konkursverfahren über das Vermögen des Ehemanns eröffnet, so gehört das Gesamtgut zur Konkursmasse; eine Auseinandersetzung wegen des Gesamtguts zwischen den Ehegatten findet nicht statt.**

Durch das Konkursverfahren über das Vermögen der Ehefrau wird das Gesamtgut nicht berührt.

Diese Vorschriften finden bei der fortgesetzten Gütergemeinschaft mit der Maßgabe Anwendung, daß an die Stelle des Ehemanns der überlebende Ehegatte, an die Stelle der Ehefrau die Abkömmlinge treten.

---

1. Die in Abs. 1 bezeichnete allgemeine Gütergemeinschaft und Fahrnisgemeinschaft werden durch die Eröffnung des Konkurses über das Vermögen des Mannes nicht beendigt. Demgemäß findet im Falle eines solchen Konkurses eine Auseinandersetzung wegen des Gesamtguts zwischen den Ehegatten nicht statt und ist für die Anwendung der §§ 16, 51 kein Raum. Vielmehr gehört nach § 2 das ganze Gesamtgut zur KM. des Mannes. Die Errungenschaftsgemeinschaft endigt zwar mit der Rechtskraft des Beschlusses, durch den der Konkurs über das Vermögen des Mannes eröffnet wird (§ 1543 BGB.). Das Gesamtgut haftet aber den Gläubigern des Mannes und wird daher in gleicher Weise zu seiner KM. gezogen. Diese Regelung gründet sich auf die Stellung, welche der Mann in Gemäßheit der §§ 1443ff., 1456, 1459, 1519, 1530, 1549 BGB. bei der Verwaltung des Gesamtguts nach außen hin einnimmt, sowie auf § 740 ZPO., wonach zur Zwangsvollstreckung in das Gesamtgut wegen jeder Verbindlichkeit des Mannes ein gegen ihn ergangenes Urteil erforderlich, aber auch genügend ist. Durch die Eröffnung des KVerf. über das Vermögen der Frau wird das Gesamtgut in keiner 1

Weise berührt. Der Anteil der Frau am Gesamtgut und an den einzelnen dazu gehörenden Gegenständen ist der Pfändung nicht unterworfen (§ 860 Abs. 1 Satz 1 ZPO.) und kann daher gemäß § 1 Abs. 1 auch nicht zu ihrer KM. gezogen werden. KNov. M. 24. Diese Masse besteht vielmehr nur aus dem Sondervermögen der Frau und umfaßt bei allgemeiner Gütergemeinschaft das Vorbehaltsgut der Frau (§ 1440 BGB.), bei der Errungenschafts- und der Fahrnisgemeinschaft das Vorbehaltsgut und das eingebrachte Gut der Frau. §§ 1520—1527, 1550—1554 BGB.

2 2. Die gleichen Grundsätze finden Anwendung, wenn bei der fortgesetzten Gütergemeinschaft über das Vermögen des überlebenden Ehegatten oder über das Vermögen eines anteilsberechtigten Abkömmlings das KVerf. eröffnet wird. Der Konkurs des überlebenden Ehegatten umfaßt das Gesamtgut, weil die Verbindlichkeiten des überlebenden Ehegatten Gesamtgutsverbindlichkeiten der fortgesetzten Gütergemeinschaft sind (§ 1488 BGB.), und außerhalb des Konkurses zur Vollstreckung in das Gesamtgut ein gegen den überlebenden Ehegatten ergangenes Urteil erforderlich und genügend ist. § 745 ZPO. Durch das KVerf. über das Vermögen der anteilsberechtigten Abkömmlinge wird das Gesamtgut nicht berührt, weil dieses nach § 1488 BGB. für die Verbindlichkeiten der Abkömmlinge nicht haftet.

3 3. Wenn nach Beendigung der Gütergemeinschaft der Konkurs über das Vermögen eines der Ehegatten oder nach Beendigung der fortgesetzten Gütergemeinschaft der Konkurs über das Vermögen des überlebenden Ehegatten oder über das Vermögen eines anteilsberechtigten Abkömmlings eröffnet wird, bevor die Auseinandersetzung in Ansehung des Gesamtguts erfolgt ist, so gehört zur KM. nur der durch die Auseinandersetzung außerhalb des KVerf. zu ermittelnde Anteil des GSch. am Gesamtgut. KNov. 25. Es muß aber auch in diesen Fällen ein Sonderkonkurs über das Gesamtgut für statthaft erachtet werden, wobei sämtliche Teilhaber (Mann und Frau, überlebender Ehegatte und Abkömmlinge) als GSch. erscheinen. Fitting § 13 IV, Jaeger A. 27 ff.

4 4. Der § 2 gilt nur für diejenige Gütergemeinschaft, auf welche das BGB. Anwendung findet. Lebten die Eheleute schon vor dem 1. Januar 1900 in GG., so ist für die Einwirkung des Konkurses auf das Gesamtgut das Landesrecht maßgebend. Es ist aber in den meisten Bundesstaaten die Anwendung des § 2 auf alle Ehen gesichert. So insbesondere in Preußen durch die Art. 47, 48, 51—56, 59 AG. z. BGB., in Bayern durch Art. 24, 132 Überg.G., in Sachsen durch § 18 AG. z. ZPO. u. KO., in Elsaß-Lothringen durch § 161 AG. z. BGB.

§ 3 (2). Die Konkursmasse dient zur gemeinschaftlichen Befriedigung aller persönlichen Gläubiger, welche einen zur Zeit der Eröffnung des Verfahrens begründeten Vermögensanspruch an den Gemeinschuldner haben (Konkursgläubiger).

Unterhaltsansprüche, die nach den §§ 1351, 1360, 1361, 1578 bis 1583, 1586, 1601—1615, 1708—1714 des Bürgerlichen Gesetzbuchs gegen den Gemeinschuldner begründet sind, sowie die sich aus den §§ 1715, 1716 des Bürgerlichen Gesetzbuchs ergebenden Ansprüche können für die Zukunft nur geltend gemacht werden, soweit der Gemeinschuldner als Erbe des Verpflichteten haftet.

1 **I.** Zweck der KM. ist die gemeinschaftliche Befriedigung aller persönlichen Gläubiger; Sondervollstreckung ist deshalb im K. ausgeschlossen; § 14.

II. Ein persönlicher Anspruch. KGl. sind alle Gläubiger, welche in die 2
KGemeinschaft eintreten und befugt sind, an dem KVerf. teilzunehmen, ohne Rücksicht darauf, ob sie sich tatsächlich an dem Verfahren beteiligen oder nicht. M. 26. Die Ansprüche der KGl. heißen KForderungen. Solche Forderungen, welche von der Geltendmachung im KVerf. ausgeschlossen sind (§ 63), sind begrifflich auch von den KForderungen ausgeschlossen. KGl. sind aber nur die persönlichen Gläubiger des GSch., welche „ohne dingliche Macht über einzelne Sachen sich an die Person ihres Schuldners und dessen Vermögen halten müssen". M. 25. Vgl. § 241 BGB. Es scheiden also aus

a. die Aussonderungsberechtigten (§ 43), deren Ansprüche auf Herausgabe eines dem GSch. nicht gehörigen Gegenstandes gerichtet sind;

b. die Absonderungsberechtigten (§§ 47—52), welche einzelne besondere Vermögensstücke des GSch. für ihre Befriedigung beanspruchen, sofern sie nur dieses Recht geltend machen.

Deshalb sind Aus- und Absonderungsansprüche außerhalb des KVerf. zum Austrage zu bringen. Wegen der Absonderungsberechtigten, welche gleichzeitig persönliche Gläubiger des GSch. sind: § 64.

c. die Massegläubiger, §§ 57—59.

III. Ein Vermögensanspruch. **1.** Die Forderung des Gläubigers muß 3
muß eine obligatorische, eine Schuldforderung und auf Geld gerichtet oder in eine Geldforderung verwandelbar und tatsächlich verwandelt sein. § 69. Auf den Inhalt der Obligation kommt nichts an. Ebensowenig auf deren Rechtsgrund; es macht keinen Unterschied, ob das Schuldverhältnis durch einen Rechtszustand oder durch ein Rechtsgeschäft oder durch eine Rechtsverletzung begründet ist. Hiernach scheiden als K.Forderungen aus

a. die Ansprüche rein familienrechtlicher Natur, z. B. auf Anerkennung der Vaterschaft, auf Auflösung einer Ehe oder auf Herstellung des ehelichen Lebens.

b. Ansprüche gegen den Schuldner auf Leistung oder Unterlassung einer Handlung, sofern sie einen schätzbaren Vermögenswert nicht darstellen oder wenn sie, obwohl vermögensrechtlicher Natur, in einen Geldanspruch (Interesseforderung) nicht verwandelt sind.

2. Die Forderung muß an sich klagbar (Jäger A. 1, 13: erzwingbar) sein. Sofortige Klagbarkeit ist nicht erforderlich, vielmehr stehen Beschränkungen der Klage durch spätere Fälligkeitszeit (§ 65) oder durch Bedingungen (§§ 66, 67, 154 ff., 168) der Eigenschaft der K.Forderung nicht entgegen. ROHG. 7 S. 345. Naturalobligationen (nicht klagbare Verbindlichkeiten, Beispiele: §§ 222, 656, 762—764 BGB.) sind ausgeschlossen, können aber unter Umständen (Beispiel: § 390 BGB.) im Konkurse zur Aufrechnung gestellt werden.

IV. Ein Anspruch, der zur Zeit der Eröffnung des Verfahrens 4
begründet ist. Der Rechtsgrund des Anspruchs muß in die Zeit vor der Eröffnung des KVerf. fallen. Ob der Rechtsgrund im Sachen- oder im Obligationsrecht, im Erbrecht oder im Familienrecht beruht, ob er im Privatrecht oder im öffentlichen Rechte wurzelt, ist unerheblich. Wann die Feststellung des Daseins oder des Betrages erfolgt, ist einflußlos. Ebenso wann die Vollendung der an sich begründeten (z. B. suspensiv bedingten) Forderung eintritt. Nur muß die Vollendung der Forderung ohne jedes Zutun des GSch. entweder durch ein Ereignis oder durch Handlungen des Gläubigers oder eines Dritten geschehen, denn „jede Rechtshandlung,

welche der GSch. nach der Eröffnung — des KVerf. — vornimmt, ist in bezug auf die KGl. unwirksam (§ 7); die Erfüllung der Bedingung durch ihn vermag daher eine KForderung nicht zu erzeugen". M. 279. Beispielsweise sind als KForderungen anzusehen der Anspruch aus einem vom GSch. vor der KE. gegebenen Blankoakzept, welches der Gläubiger erst hinterher mit seiner Unterschrift versieht (Strieth. 60 S. 292. ROHG. 21 S. 324, 327), ferner der Anspruch aus einem vom GSch. vorher unterschriebenen Vertrage, welchem der andere Kontrahent erst später seine eigene, schon vorher verabredete Unterschrift beifügt. Nicht aber ist derjenige KGl., dem der GSch. auf Grund eines für vorläufig vollstreckbar erklärten Urteils zur Abwendung der Zwangsvollstreckung Zahlung geleistet hat, wenn auch die Zahlung unter Vorbehalt geleistet ist. RG. 39 S. 106. Keine KForderungen begründen die Mitgliederrechte der Teilhaber im K. der Handelsgesellschaften, wohl aber die Ansprüche der stillen Gesellschafter im K. des Geschäftsinhabers.

Als zur Zeit der KE. begründet gehören zu den KForderungen die folgenden:

5 **1.** Betagte Forderungen (§ 65), welche vor der KE. entstanden sind, auch wenn der Fälligkeitstermin erst nach diesem Zeitpunkt eintritt. Ebenso Forderungen unter auflösender Bedingung unter Vorbehalt der Sicherung der KM. für den Fall der Beseitigung. §§ 66, 168 Nr. 4.

6 **2.** Forderungen unter aufschiebender Bedingung, welche vor der KE. entstanden sind, wenn auch die Bedingung erst später eintritt. Nur dann, wenn die Bedingung in die Willkür des GSch. gestellt ist, kann aus dem zu IV angegebenen Grunde ein KAnspruch nicht begründet werden. §§ 67, 154. Für eine Forderung auf Schadensersatz wegen einer vor der KE. begangenen widerrechtlichen Handlung kann auch dann im K. Befriedigung verlangt werden, wenn die Verpflichtung zum Ersatze und die Höhe der Entschädigung erst später festgestellt wurde. Desgleichen kann der Anspruch auf eine Vertragsstrafe selbst dann als KForderung geltend gemacht werden, wenn die Unterlassung der Vertragserfüllung in die Zeit nach der KE. fällt. RG. 21 S. 5; 26 S. 85; Pet.-Kleinf. S. 27 A. 8.

Zu den als KForderungen zulässigen bedingten Forderungen gehören:

a. Die Rückgriffsansprüche des Bürgen und Mitschuldners. Beide können ihre Regreßforderung im K. geltend machen, auch wenn sie selbst an den Gläubiger noch keine Zahlung geleistet haben und wenn auch der Gläubiger selbst sich im Konkurse gar nicht gemeldet hat. § 67.

b. Die bedingten Forderungen im Wechselverkehr:

aa. der Ersatzanspruch des Akzeptanten aus einem vor der KE. gegebenen, nach der KE. eingelösten Gefälligkeitsakzept. RG. 35 S. 26. Strieth. 44 S. 173;

bb. der Anspruch des Indossanten, welcher einen vor der KE. von ihm begebenen und vor der KE. vom GSch. akzeptierten Wechsel zufolge seiner eigenen Regreßpflicht nach der KE. wieder eingelöst hat. ROHG. 24 S. 1.

7 **3.** Wechselforderungen entstehen gegen den Aussteller mit der Ausstellung, gegen den Akzeptanten mit dem Akzept, gegen den Indossanten mit dem Indossamente. Mit der Vollendung des entsprechenden Aktes ist die Wechselforderung gegen den betreffenden Wechselschuldner begründet. Es genügt also, daß dieser Akt vor der KE. stattgefunden hat, wenn auch der Erwerb des Wechsels seitens des Gläubigers erst nach der KE. erfolgt ist. ROHG. 17 S. 336, 406; 24 S. 1; Strieth. 35 S. 204; 36 S. 130; 39 S. 136; 52 S. 303.

8 **4.** Periodisch wiederkehrende Leistungen. Entscheidend ist, ob bei der Eröffnung des KVerf. der Anspruch darauf derart vorhanden war, daß die sukzessiv

fällig werdenden Raten sich nur als Leistungen desselben Gesamtanspruchs charakterisieren, oder ob der Anspruch auf die einzelnen Leistungen erst durch besondere Voraussetzungen der Zukunft jedesmal von neuem erworben werden muß. v. Völd. 1 S. 106 B, v. Wilm.-Kurlbaum A. 10.

Fälle der ersten Art enthalten z. B. der Anspruch aus § 7 des Haftpflichtgesetzes v. 7. Juni 1871, wenn der die Haftpflicht begründende Unfall sich vor der KE. ereignet hat, sowie der Anspruch auf Gewährung einer Leibrente (§§ 759 ff., 330 BGB.) oder eines Leibgedinges (Art. 96 EG. z. BGB.); Fälle der letzten Art enthalten z. B. die Dienstvergütungen, Pacht- und Mietzinsen, da sie als Entgelt der Dienste oder der Benutzung durch deren Leistung erst begründet werden. RG. 1 S. 348. Ferner die Zinsen, da der Anspruch auf sie mit dem jedesmaligen Zeitablauf von neuem entsteht. Nach § 63 Nr. 1 können die seit der Eröffnung des Verfahrens laufenden Zinsen im KVerf. nicht geltend gemacht werden.

Nach dem durch die KNov. neu eingefügten Abs. 2 können Unterhaltsansprüche, die einem Ehegatten, früheren Ehegatten, Verwandten oder unehelichen Kinde kraft Gesetzes gegen den GSch. zustehen, sowie die den Unterhaltsansprüchen gleichzuerachtenden Rechte der Mutter eines unehelichen Kindes in Ansehung der Entbindungs- und Wochenbettskosten im KVerf. nicht für die Zeit nach der KE. geltend gemacht werden, auch dann nicht, wenn zur Zeit der KE. bereits eine für die spätere Zeit im voraus zu bewirkende Leistung fällig sein sollte. § 1614 Abs. 2 BGB. Diese Bestimmung beruht auf der Erwägung, daß die Unterhaltsansprüche mit dem jeweiligen Eintritte des Bedürfnisses neu entstehen, weil sie auf dem familienrechtlichen Verhältnisse beruhen. KNov. M. 234. Wenn und soweit jedoch der GSch. für die bezeichneten Ansprüche um deswillen haftet, weil er Erbe des zum Unterhalt Verpflichteten geworden ist, können die Ansprüche gegen ihn auch für die Zeit nach der KE. geltend gemacht werden, denn gegen den Erben entstehen die Ansprüche nicht mehr neu mit dem Eintritte des Bedürfnisses des Berechtigten, sie sind vielmehr durch den Erbschaftserwerb ein für alle Male begründet. KNov. Kom.B. 6—10. In Betracht kommen hier der Unterhaltsanspruch der geschiedenen Ehefrau und des unehelichen Kindes sowie der Anspruch der unehelichen Mutter auf Entbindungs- und Wochenbettskosten (§§ 1582, 1712, 1715 BGB.). Soweit der Anspruch schon vor der KE. entstanden ist und für die Vergangenheit geltend gemacht werden kann (§§ 1360 Abs. 3, 1580 Abs. 3, 1613, 1711 BGB.) ist seine Verfolgung im Konkurs nicht ausgeschlossen; er unterliegt dann als KForderung auch den mit dem KVerf. verbundenen Beschränkungen. KNov. M. 25, 26.

Alimentationsansprüche, welche auf Vertrag, letztwilliger Verfügung oder auf einem Schadensersatzanspruche beruhen, sind vor der KE. begründet und können auch wegen der erst später fällig werdenden Leistungen im Konkurse geltend gemacht werden, wenn bereits vor der KE. der Abschluß des Vertrages oder der Erwerb der Erbschaft erfolgt, der die Schadensersatzpflicht erzeugende Umstand eingetreten war. v. Wilm.-Kurlbaum A. 13, Jaeger A. 42, 43.

V. Gerichtskosten können als KForderung liquidiert werden, wenn die 9
Verpflichtung zu ihrer Bezahlung schon vor der KE. entstanden ist. Dies trifft zu hinsichtlich derjenigen Beträge, wegen deren der GSch. zur Zeit der KE. als Vorschußpflichtiger (§§ 81 ff. GKG.) oder als Antragsteller (§§ 86, 89, 93, 96 GKG.; §§ 479 Abs. 1, 2, 503 StPO.) haftet, ferner dann, wenn bei der KE. durch eine gerichtliche Entscheidung oder durch eine rechtswirksame Übernahmeerklärung des GSch. dessen Verpflichtung zur Kostentragung festgestellt war. Für den Staat entsteht

aber der Anspruch auf Kosten schon durch den Beginn der Prozesses (vgl. OLG. Köln im Recht 5 S. 314), in Strafsachen durch den Beginn kostenpflichtiger Verhandlungen. Die Rechtskraft des Urteils beeinflußt auch in Strafsachen nur die — für die Eigenschaft einer KForderung unerhebliche — Fälligkeit des Anspruchs. Der Ausspruch des Urteils über die Verpflichtung zur Tragung der Kosten des Strafverfahrens einschl. des Privatklageverfahrens begründet nicht diese Verpflichtung, sondern stellt lediglich die schon bestehende Verpflichtung fest. RG. 20 S. 260, RG. StS. 13 S. 138; 32 S. 298, OLG. Karlsruhe in der Bad. Rpr. 06 S. 363, Jaeger Anm. 32, vgl. dagegen OLG. Karlsruhe in OLG. 6 S. 238. Die Bestimmung der §§ 497 Abs. 2, 503 Abs. 1 StPO., wonach, wenn der Verurteilte vor der Rechtskraft stirbt, der Nachlaß für die Kosten nicht haftet, enthält nur eine Bedingung, welche die Eigenschaft der KForderung nicht berührt. RG. JW. 95 S. 504, v. Wilm.-Kurlbaum A. 14.

§ 4 (3). Ein Anspruch auf abgesonderte Befriedigung aus Gegenständen, welche zur Konkursmasse gehören, kann nur in den von diesem Gesetze zugelassenen Fällen geltend gemacht werden.

Die abgesonderte Befriedigung erfolgt unabhängig vom Konkursverfahren.

---

1 **1.** Absonderungsberechtigte im Gegensatz zu den Aussonderungsberechtigten (§ 43) sind diejenigen Gläubiger, denen der Anspruch zusteht, aus Gegenständen, welche zur KM. gehören, aber ihnen besonders verhaftet sind, vor allen KGl., welche nicht ein gleiches Recht haben, selbst vor den Massegläubigern (RG. JW. 94 S. 263), ihre Befriedigung zu verlangen. Die nicht absonderungsberechtigten KGl. haben mithin nur auf den zur Befriedigung der Absonderungsberechtigten nicht erforderlichen Mehrwert der Sache Anspruch.

Die Fälle der Absonderungsansprüche sind durch die §§ 47—52 der KO. und §§ 11—14 des EG. z. KO. einheitlich und ausschließlich festgestellt, so daß die danach nicht anerkannten bisherigen Absonderungsrechte ihre Kraft für den Konkurs verloren haben. M. 29. Rechte, die vor dem 1. Okt. 1879 begründet sind, können in einem nach diesem Zeitpunkt eröffneten Konkurs nur dann als Absonderungsrechte behandelt werden, wenn sie den Erfordernissen der KO. entsprechen. Ist dies nicht der Fall, so kann ihnen gemäß §§ 12, 13 EG. z. KO. nur ein Vorrecht, nicht ein Absonderungsrecht durch die Landesgesetzgebung beigelegt werden.

2 **2.** Die Gegenstände des Absonderungsrechts bilden keine Sondermasse, sondern gehören zur KM. Sie sind der Verfügung des GSch. entzogen; der Verwalter übt die Verfügung an dessen Stelle aus, unbeschadet der Rechte der Realgläubiger. Neue Gläubiger, deren Forderungen nach der KE. entstehen, können während der Dauer des Konkurses auf den Mehrerlös aus den Pfandstücken keinen Anspruch machen. M. 30. Möglich sind Absonderungsrechte nur an solchen Gegenständen, welche zur Befriedigung der Berechtigten dienen können, also einen Vermögenswert haben. Deshalb sind Absonderungsrechte nicht möglich an Hypothekenurkunden und Grundschuldbriefen, ebensowenig an Sparkassenbüchern als solchen, RG. 15 S. 55; 20 S. 133; JW. 88 S. 166; Gruch. 28 S. 1044.

3 **3.** Von den Wirkungen des Konkurses werden die Absondernngsberechtigten nicht betroffen. M. 29. Ihre Rechtslage wird dadurch, daß der Schuldner in Konkurs geraten ist, nicht verändert. Der Pfandgläubiger bleibt im Besitz seines

Faustpfandes. Eine eingeleitete Zwangsvollstreckung wird durch die KE. nicht gehemmt (§ 14), sondern hat ihren weiteren Fortgang. War sie noch nicht eingeleitet, so kann sie auch im Laufe des KVerf. herbeigeführt werden.

Streitigkeiten über Absonderungsberechtigungen werden nicht vom Konkursrichter, sondern vom Prozeßrichter entschieden. Für die Berechnung des Wertes des Streitgegenstandes ist die Ausnahmebestimmung des § 148 KO. nicht anwendbar.

4. Die Ausübung des Absonderungsrechts hängt ab von dem Willen 4
des Berechtigten und kann weder gegen ihn erzwungen noch von Amts wegen betrieben werden. RG. 14 S. 1; 23 S. 43. Sie ist an keine Frist gebunden.

a. Erhebt der Berechtigte einen Anspruch auf abgesonderte Be- 5
friedigung, so hat er ihn gegen den KV. außerhalb des KVerf. (RG JW. 89 S. 170), nötigenfalls durch Klage oder, wenn der KV. gegen ihn auf Herausgabe der Sache Klage erhebt, durch Einrede geltend zu machen. Zu dem Antrag auf Arrest oder einstweilige Verfügung ist er nicht genötigt. RG. JW. 94 S. 263. Gegenstand des Prozesses ist lediglich die Entscheidung der Frage, ob und inwieweit ein Massegegenstand dem beanspruchten Absonderungsrecht unterworfen ist. Ob die Berechtigten ihr Absonderungsrecht aus einem zur Zwangsvollstreckung geeigneten Schuldtitel oder schon aus dem Verzuge herleiten, ob sie aus den beanspruchten Gegenständen gerichtlich oder außergerichtlich, sofort oder erst nach Fristen ihre abgesonderte Befriedigung suchen können, macht keinen Unterschied. Auch die abgesonderte Befriedigung selbst erfolgt unabhängig vom KVerf. nach den Vorschriften des bürgerlichen Rechtes oder des Prozeßrechts, gerade so, als ob kein K. eröffnet wäre. Die Berechtigten sind nicht KGl., nehmen an den Beschlüssen und Abstimmungen im Konkurse nicht teil, es bedarf also auch nicht der Anmeldung ihrer Ansprüche im Konkurse. Sie müssen sich jedoch im Interesse der KGl., welche auf den überschießenden Wert Anspruch haben, gefallen lassen, daß der Verwalter selbst die Zwangsvollstreckung betreibt, in welchem Falle sie ihre Ansprüche nur auf den Erlös geltend machen können, §§ 126, 127 KO., § 92 ZwangsvollstrGes. Eine Verpflichtung des Verwalters, die Zwangsvollstreckung zu betreiben, besteht nicht. Er wird vielmehr, sobald sich voraussehen läßt, daß nach Befriedigung der Absonderungsberechtigten aus dem Gegenstande für die KM. nichts übrig bleibt, darauf verzichten, ihn zur KM. zu ziehen. Mit der Geltendmachung des Absonderungsrechts gegenüber dem KV. ist für diesen die Verpflichtung begründet, es zu berücksichtigen und keine Verfügungen vorzunehmen, welche das Absonderungsrecht vereiteln. RG. 33 S. 116; JW. 94 S. 263. Seine Berechtigung, durch gütliches Übereinkommen oder durch Befriedigung Absonderungsansprüche zu beseitigen, steht außer Zweifel. § 133 Nr. 2. RG. 35 S. 121. Solange ein Grundstück nicht aus der KM. freigegeben ist, ist die Hypothekenklage nicht gegen den Pfandschuldner, sondern gegen den KV. zu richten (JW. 30 S. 193; Recht 5 S. 238).

Gehört der in Anspruch genommene Gegenstand nicht zur KM., sondern einem Dritten, der ihn für die Schuld des GSch. verpfändet hat, so liegt der Fall einer abgesonderten Befriedigung überhaupt nicht vor, und kommen die darauf bezüglichen Vorschriften der KO. nicht zur Anwendung. RG. 7 S 90; 22 S. 331.

Die Anmeldung einer Forderung als KForderung (§ 64) enthält keinen Verzicht auf das für sie bestehende Absonderungsrecht (RG. 16 S. 36), wohl aber die vorbehaltlose Annahme der Zwangsvergleichssumme (RG. 1 S. 183; 16 S. 68), sofern nicht die Umstände des Falles erkennen lassen, daß der Verzichtswille bei Annahme der Zwangsvergleichssumme gefehlt hat. RG. Gruch. 35 S. 1167.

b. Erhebt der Berechtigte einen Anspruch auf abgesonderte Be- 6 friedigung nicht, so unterbleibt die Absonderung. Der Gegenstand wird als Stück der KM. ebenso verwaltet, und verwertet wie die übrigen Stücke, jedoch unbeschadet der auf ihm haftenden Ansprüche. Ist dies geschehen, so braucht der Verwalter um die Befriedigung des Absonderungsberechtigten sich nicht zu kümmern. RG. JW. 89 S. 170. Er kann Miet- und Pachtzinsen für die Pfandgegenstände einziehen, sofern nicht der GSch. selbst durch eine Zwangsverwaltung daran gehindert ist. RG. 23 S. 54. In der Pflicht des Verwalters, die Mieten einzuziehen und zur Masse abzuführen, liegt eine Gefährdung des hypothekarischen Rechts; deshalb steht dem Hypothekengläubiger das Recht zu, die Anordnung der Zwangsverwaltung im Wege der einstweiligen Verfügung zu verlangen (RG. 52 S. 139). Er kann die Pfandgegenstände ohne Berücksichtigung des Absonderungsrechts veräußern, aber nur mit Aufrechterhaltung eines ihm bekannten Pfandrechts. Eine Veräußerung, infolge deren das Pfandrecht erlischt, gewährt dem Verletzten einen Anspruch auf Schadensersatz sowohl gegen den KV. (§ 823 Abs. 1 BGB.), als gegen die KM. (§ 59 Nr. 1). RG. 33 S. 116; KG. in OLG. 1 S. 440; v. Wilm.-Kurlbaum § 127 A. 1; Jaeger A. 6. Der Anspruch kann auch auf ungerechtfertigte Bereicherung gestützt werden. § 816 BGB., § 59 ³ KO.

§ 5 (4). Ausländische Gläubiger stehen den inländischen gleich.
Unter Zustimmung des Bundesrats kann durch Anordnung des Reichskanzlers bestimmt werden, daß gegen einen ausländischen Staat, sowie dessen Angehörige und ihre Rechtsnachfolger ein Vergeltungsrecht zur Anwendung gebracht wird.

---

1 **1.** Ausländer ist jeder, der nicht Reichsangehöriger ist. Reichsverfassung v. 16. April 1871, Art. 3 (BGBl. S. 65). G. v. demselb. Tage § 2 (BGBl. S. 63). RG. v. 1. Juni 1870 (BGBl. S. 355) in der Fassung des Art. 41 EG. z. BGB. Ges. wegen Abänderung des Ges., betr. die Rechtsverhältnisse der deutschen Schutzgebiete, v. 15. März 1888 (RGBl. S. 71) Art. II § 6. Abs. 1 gilt für alle Gläubiger (Konkursgläubiger, Absonderungsberechtigte, Massegläubiger, nicht aber für Aussonderungsberechtigte) und für jeden im Inlande eröffneten Konkurs, gleichviel, ob er das Vermögen eines Inländers oder eines Ausländers betrifft, bestimmt aber nur, daß ausländische KGl. infolge ihrer Nationalität nicht ungünstiger gestellt sein sollen, als die inländischen. Über das anzuwendende Recht selbst ist darin nicht disponiert. Vielmehr beantwortet sich die Frage, ob inländisches oder ausländisches Recht in Anwendung zu bringen ist, für alle KGl., mögen sie Ausländer oder Inländer sein, bei einer Kollision der Gesetze nach den Grundsätzen des bürgerlichen Rechts. Auch ist § 5 nur für den Konkurs maßgebend, nicht für prozessuale Vorschriften, z. B. Armenrecht, Sicherheit für die Prozeßkosten.

a. Danach ist die KO. maßgebend bezüglich der Handlungs-, Verwaltungs- und Prozeßvertretungsfähigkeit des GSch. bzw. des Verwalters (ROHG. 14 S. 346; Gruch. 22 S 516, 831), sowie im KVerf. selbst, für den Einfluß der KE. auf die bestehenden Rechtsverhältnisse, für die Rangordnung der im Konkurse angemeldeten Forderungen. RG. 8 S. 114.

b. Dagegen entscheidet das bürgerliche Recht u. zwar je nach dem maßgebenden Orte das ausländische oder das inländische darüber, welche Rechte eines KGl. zur Zeit der KE. bestanden haben. v. Wilm.-Kurlbaum A. 2.

2 **2.** Abs. 2 ist in seiner neuen Fassung mit Art. 31 EG. z. BGB. in Überein-

stimmung gebracht. Die Anordnung des Vergeltungsrechts ist der Zentralbehörde des Reiches übertragen. Der Inhalt dieser Anordnung bildet die Norm für den Umfang, in welchem der Richter das Vergeltungsrecht eintreten zu lassen hat. „Die Anordnung muß eine allgemeine sein; sie wird in der Regel alle Angehörigen des fremden Staats treffen müssen, kann auch, sei es unbedingt, sei es mit gewissen Voraussetzungen, auf die Rechtsnachfolger derselben sich erstrecken.“ M. 32. Im Zweifel werden die Vergeltungsmaßregeln auch auf die inländischen Rechtsnachfolger des Ausländers anzuwenden sein, sowohl auf die Singular- als auf die Universalnachfolger, da auch die letzteren ihre Rechte von dem Ausländer ableiten. Auch der Indossatar eines Wechsels ist im Sinne des § 5 als Rechtsnachfolger des Indossanten anzusehen. Oetker S. 171; v. Wilm.-Kurlbaum A. 3. Auf Aussonderungsberechtigte, Massegläubiger und die im Auslande wohnenden Deutschen findet Abs. 2 keine Anwendung. Jaeger A. 1 und 7.

3. In die bestehenden oder zukünftigen Staatsverträge mit ausländischen 3 Staaten soll durch die Vorschrift des § 5 nicht eingegriffen werden. M. 32, 463; RG. 24 S. 14. Das Deutsche Reich hat mit ausländischen Staaten Verträge bezüglich der Konkursbehandlung bisher nicht geschlossen. Von den früheren Verträgen der deutschen Bundesstaaten sind die Verträge, welche die Einzelstaaten untereinander geschlossen haben, aufgehoben, dagegen die mit ausländischen Staaten abgeschlossenen in Kraft geblieben. Vgl. das Übereinkommen zwischen Preußen und Österreich v. 12. Mai und 16. Juni 1844, GS. S. 165.

KVerf. über das inländische Vermögen eines Ausländers: § 237.

§ 6 (5). Mit der Eröffnung des Verfahrens verliert der Gemeinschuldner die Befugnis, sein zur Konkursmasse gehöriges Vermögen zu verwalten und über dasselbe zu verfügen.

Das Verwaltungs- und Verfügungsrecht wird durch einen Konkursverwalter ausgeübt.

---

1. Entscheidend für den Beginn der Wirkungen des K. ist für 1 den ganzen Umfang des Deutschen Reiches (EG. z. KO. § 1) der nach § 108 zu bestimmende Zeitpunkt der Eröffnung des Verfahrens. Ausnahmen finden nur da statt, wo das Gesetz sie ausdrücklich zuläßt. Vgl. §§ 7, 8, 9.

2. Die privatrechtlichen Wirkungen der KE. für den GSch. sind be- 2 schränkt auf den Verlust der Verwaltungs- und Verfügungsbefugnis bezüglich des zur KM. gehörigen Vermögens. Durch die KE. wird der GSch. an der Verfügung über die zur Konkursmasse gehörigen Gegenstände an sich nicht gehindert; nur den Konkursgläubigern gegenüber sind seine Verfügungen unwirksam, während sie unter den Vertragsparteien so lange wirksam sind, als nicht der KV. ihre Unwirksamkeit im Verhältnis zu den KGl. geltend macht; so Kammergericht bei Johow 22 A S. 129, in OLG. 3 S. 194; 14 S. 72.

Der GSch. bleibt Eigentümer der KM., deshalb ist auch der Besitztitel von 3 Grundstücken, welche der Verwalter für die Masse erwirbt oder durch Anfechtung zurückerwirbt, auf den Namen des GSch. zu berichtigen. RG. JW. 87 S. 435; Bolze 5 Nr. 1411; SeuffA. 44 S. 127. Hat der Verwalter ein Grundstück aus der Masse freigegeben, so ist er mit der Löschung des Konkursvermerks im Grundbuch zu Grundbuchanträgen für dieses Grundstück nicht mehr legitimiert; so OLG.

Hamburg in OLG. 4 S. 166. Hat der GSch. vor der KE. eine Löschungsbewilligung ausgestellt, so wird sie mit der KE. unwirksam, wenn sie nicht vorher mit dem Löschungsantrage dem Grundbuchamt eingereicht worden ist, Kammergericht im Recht 6 S. 206 und in den vom Reichsjustizamt herausgegebenen Entscheidungen 3 S. 46. Da dem GSch. das Eigentum an der KM. verbleibt, so fällt eine vom Verwalter bezahlte Hypothek als Eigentümergrundschuld an den GSch. (ebenso OLG. Celle in OLG. 9 S. 378). Das gleiche gilt bei Sicherungshypotheken hinsichtlich des forderungslosen Teils der Hypothek; hier kann der KV. von dem Hypothekengläubiger Berichtigung des Grundbuchs nach § 894 BGB. verlangen. Hat der GSch. vor KE. eine Hypothek aufgenommen und dabei dem Darlehnsgeber zugesagt, daß dieser bei der Hypothekenregulierung insoweit vorrücken würde, als eine vorstehende Baugelderhypothek nicht existent geworden sei, so muß der Verwalter diesen Verzicht auf die Eigentümergrundschuld anerkennen, RG. in der LZ. für Handels-, Konkurs- und Versicherungsrecht 1 S. 353. Da die Vertretungsbefugnis des Verwalters mit der Beendigung des Konkurses aufhört, so ist eine von ihm erteilte Auflassungsvollmacht nicht über die Beendigung des Konkurses hinaus wirksam; so auch Kammergericht in OLG. 10 S. 66.

4 Der GSch. wird weder geschäfts- noch rechtsunfähig und kann auch während der Dauer des Konkurses rechtsverbindlich kontrahieren, nur nicht zum Nachteil der KGl., § 7. Er bleibt auch zum Teil prozeßfähig; s. § 10 Abs. 2 KO.; RG. 25 S. 17. Seiner Verfügung unterliegt alles, was nicht zur KM. gehört, also dasjenige, was er nach der KE. erwirbt, was ihm als der Pfändung entzogen belassen ist, und worauf der Verwalter verzichtet hat. ROHG. 12 S. 104; JW. 96 S. 601; 89 S. 572.

5 Innerhalb dieser Grenzen kann er sich wechselmäßig verpflichten (Strieth. 34 S. 328; 57 S. 267; ROHG. 12 S. 104), Verträge aller Art, insbesondere auch Miet- und Pachtverträge schließen und daraus auch während des Konkurses klagen und verklagt werden. OTr. 61 S. 441; Strieth. 41 S. 360; 47 S. 162; 52 S. 5; 75 S. 30. Er kann den KGl. gegenüber verbindliche Verpflichtungen übernehmen, z. B. die, volle Bezahlung zu leisten. ROHG. 21 S. 194. Er kann Verpflichtungen dahin eingehen, daß diese ihre Wirkung nach dem Konkurse haben (ROHG. 13 S. 93), insbesondere kann ein von ihm während des KVerf. abgegebenes Anerkenntnis einer Forderung gegen ihn nach Beendigung des Konkurses von dem betreffenden Gläubiger geltend gemacht werden. RG. JW. 87 S. 96. Hat der GSch. eine zur KM. gehörige Forderung nach der KE. eingezogen und wird demnächst das KVerf. auf Grund des § 204 KO. eingestellt, so ist die Unwirksamkeit der Einziehung den KGl. gegenüber geheilt, OLG. Rostock in OLG. 1 S. 127. Er kann schon während des Konkurses wegen der ihm für die Zeit nach dem Konkurse obliegenden Verpflichtungen verklagt werden. „Nur die Zwangsvollstreckung in die Masse ist zugunsten einzelner KGl. ausgeschlossen. Es braucht aber kein Gläubiger sich im Konkurse zu melden und seine Befriedigung aus der Masse zu suchen. Nimmt er am Konkurse keinen Teil, so kann er grundsätzlich mit Feststellungs- und Leistungsklagen gegen den GSch. vorgehen. Nur die gleichzeitige Inanspruchnahme des Verwalters im Konkurse und des GSch. außerhalb des Konkurses ist wegen der durch die Liquidation im Konkurse bzw. die Klageerhebung eingetretenen Rechtshängigkeit unstatthaft. Gleichgültig ist es dabei, ob die Forderung im Konkurse überhaupt nicht angemeldet, oder ob auf die Liquidation vor der Klageerhebung verzichtet ist. Erhebt aber ein Gläubiger während des Verfahrens einen Klageanspruch gegen den GSch., so ist eine

persönliche Inanspruchnahme des letzteren zu vermuten, da er sich anderenfalls im Konkurse gemeldet haben würde. Unter diesem Gesichtspunkt bedarf es keiner Einschränkung des Klageantrages zur Zahlung nach Beendigung des Konkurses. Der Anspruch ist weder bedingt noch betagt, nur vorläufig uneinbringlich." RG. 29 S. 73. — Der GSch. ist verfügungsfähig hinsichtlich der nur persönlichen Rechte, z. B. des Rechtes, ob er den Pflichtteil beanspruchen, oder sich mit einer dem Pflichtteilsrechte nicht entsprechenden Zuwendung zufrieden geben will (vgl. § 2317 BGB., § 852 ZPO.). OTr. 56 S. 261; Strieth. 63 S. 235; v. Wilm.-Kurlb. S. 37 § 1 A. 12. Er wird durch die KE. der Eigenschaft als Kaufmann nicht verlustig, wenn er fortfährt gewerbsmäßig Handelsgeschäfte zu betreiben. RG. 13 S. 151; 14 S. 408. Treibt er nicht weiter gewerbsmäßig Handelsgeschäfte, so verliert er seine Kaufmannseigenschaft, und es können alsdann die höheren Kaufmannszinsen nicht gefordert werden; RG. in der JW. 02 S. 186; ebenso Jaeger A. 29.

3. Die öffentlich rechtlichen Wirkungen der KE. sind von der KO. 6
unberührt gelassen und aus den sonstigen Reichsgesetzen sowie aus den Landesgesetzen zu entnehmen.

a. Reichsgesetzlich ist der GSch. ausgeschlossen von der Bestellung zum 7
Vormund oder Pfleger (§ 1781 Nr. 3, § 1886 BGB.), vom aktiven und passiven Wahlrecht zum Reichstag (Wahlgesetz v. 31. Mai 1869 § 3 Nr. 2, § 4), vom Eintritt in eine Innung sowie von der Ausübung der Stimm- und Ehrenrechte in einer solchen, von der Wählbarkeit in einen Gesellenausschuß, in die Handwerkskammer (Gewerbe-O. in der Fass. v. 26. Juni 1900 — RGBl. S. 871 — §§ 93a, 94b, 95a Abs. 2, 100c, 103b, 103i Abs. 6), vom Amte eines Schöffen, Geschworenen, Handelsrichters (GVG. § 32 Nr. 3, 85 Abs. 2, 113 Abs. 3) und Beisitzers eines Seeamts (RG. v. 27. Juli 1877 § 10), von der Zulassung zur Rechtsanwaltschaft und der Wählbarkeit zum Vorstandsmitglied einer Anwaltskammer, wobei der Landesjustizverwaltung die Befugnis verliehen ist, eine früher erfolgte Zulassung zurückzunehmen (RAO. § 5 Nr. 3, § 43 Nr. 1, § 22), von der Patentanwaltschaft (RG. v. 21. Mai 1900 — RGBl. S. 233 — § 2 Nr. 3, § 6 Nr. 4), von der Wählbarkeit zum Vorstandsmitglied, Vertrauensmann, Arbeitervertreter und Schiedsrichter einer Berufsgenossenschaft (Unfallversicherungsgesetze v. 6. Juli 1884 § 43, v. 5. Mai 1886 § 45, v. 11. Juli 1887 § 14 u. v. 13. Juli 1887 § 43), sämtlich in der Fass. v. 5. Juli 1900 (RGBl. S. 573 ff.), § 12 des Ges., betr. Abänderung der Unfallversicherungsgesetze, v. 30. Juni 1900 (RGBl. S. 335), von der Wählbarkeit als Ausschußmitglied oder Schiedsrichter bei der Invalidenversicherung (Invalidenversicherungsgesetz v. 22. Mai 1889 in der Fass. v. 19. Juli 1899 (RGBl. S. 463) §§ 88, 104), von der Mitgliedschaft im Gewerbegericht und von den Gewerbegerichtswahlen (Gewerbegerichtsgesetz v. 29. Juli 1890 in der Fass. v. 29. September 1901 (RGBl. S. 353) § 11 Abs. 2, § 14 Abs. 1, § 21 Abs. 1, ebenso beim Kaufmannsgerichte (RG. v. 6. Juli 1904 — RGBl. S. 266 — § 10 Nr. 5, §§ 13 Abs. 2, 15 Abs. 2), vom Börsenbesuche (Börsengesetz v. 22. Juni 1896 — RGBl. S. 157 — § 7 Nr. 3).

b. Landesgesetzliche Beschränkungen für Preußen enthalten: Kreis- 8
ordn. v. 13. Dezember 1872 §§ 34, 96 Abs. 2, 98, 106, 131; ProvinzO. v. 29. Juni 1875 §§ 18, 19, 47 Abs. 4, 62 Abs. 2, 67; G. v. 3. Juli 1875 betr. Verwaltungsgerichte § 9 Nr. 2; Hohenzoll. Amts- u. Landes-O. v. 2. April 1873 §§ 18, 41, 59; KirchengemO. für die 6 östl. Prov. v. 10. September 1873 §§ 34 Nr. 2, 35; G. v. 20. Juni 1875 betr. die Vermögensverwaltung in kath. Kirchengem. § 26 Nr. 2, § 27; Ev. KirchGemO. f. Schlesw.-Holst. v. 4. November 1876 §§ 9 Nr. 4, 10, 23

Abs. 2; KirchGemO. f. d. Konsist. zu Wiesbaden v. 4. Juli 1877 § 35 Nr. 3; Schiedsmannsordn. v. 29. März 1878 § 1; Ges. über die Landwirtschaftskammern v. 30. Juni 1894 § 5 Nr. 2; Ges. über die Handelskammern v. 24. Februar 1870/19. August 1879 § 9; Verordn., betr. die Einrichtung einer ärztlichen Standesvertretung, v. 23. Januar 1899 § 4; Verordn., betr. die Einrichtung einer Standesvertretung für Apotheker v. 2. Februar 1901 § 3; Verordn., betr. Einsetzung von Wasserstraßenbeiräten v. 25. Februar 1907 Art. 18; die verschiedenen Städte- und Gemeindeordnungen. Vgl. das preuß. AG. z. KO. §§ 51—53.

9 4. Die rechtliche Stellung des KV., welchem § 6 Abs. 2 die Ausübung des Verwaltungs- und Verfügungsrechts überträgt, ist bestritten und von der KO., deren Begründung auf die Entscheidung durch die Wissenschaft verweist (M. 16), nicht gelöst. Es stehen sich gegenüber die Vertretungstheorie und die Amtstheorie. Nach der ersteren erachten einige den KV. als den Vertreter des GSch. Andere erklären ihn als den Vertreter der Gläubiger und zwar entweder einzelner oder der Gläubigerschaft, noch andere als Vertreter der KM. und wieder andere wollen ihn in einer Beziehung als Vertreter des GSch., in einer anderen als Vertreter der KGl. oder der KM. auffassen. Die Amtstheorie geht von dem Grundsatze aus, daß der KV. nicht als Vertreter des GSch. oder der KGl. anzusehen sei, sondern als ein im öffentlichen Interesse geschaffenes Organ für die Durchführung des Zweckes des Konkurses, das seine Legitimation zur Ausübung der ihm übertragenen Funktionen unmittelbar aus dem Gesetze entnehme, und hierbei die Interessen des GSch. und der KGl. in Erfüllung der ihm gesetzlich auferlegten Verpflichtungen wahrzunehmen habe. Genaue Angaben der betreffenden Literatur enthalten v. Wilm.-Kurlb. S. 25ff., Jaeger S. 74ff., Pet.-Kleinf. S. 43ff., v. Sarw.-Boss. S. 65ff. Das Reichsgericht hält an der Annahme der Amtstheorie fest und räumt damit dem KV. Parteieigenschaft ein. RG. 29 S. 29; 35 S. 31; 47 S. 373; RGSt. 26 S. 107. Dem Standpunkt der KO. entspricht die Auffassung, daß der KV. als gesetzlicher Vertreter des GSch. hinsichtlich des zur KM. gehörigen Vermögens behufs gesetzlicher Befriedigung der KGl. anzusehen ist. So im Einklang mit den Mot. zum Entw. v. 1873 S. 15, 16, 186 in eingehender Ausführung von v. Wilm.-Kurlb. Vorb. 3 vor § 1. Jaeger A. 1ff. tritt dieser Annahme mit der Auffassung bei, daß er bei Ausübung des Anfechtungsrechts den KV. als Vertreter der Gläubiger erachtet. Hiergegen v. Wilm.-Kurlb. a. a. O. A. 3b. Übrigens wird auch beim Festhalten der Amtstheorie, nach welcher der KV. überall als selbständiges Staatsorgan zur Erfüllung amtlicher Pflichten handelt, die Möglichkeit, daß der KV. die Eigenschaft eines Vertreters haben könne, keineswegs ausgeschlossen. Fitting § 5 III. Durch die KE. wird der GSch. in Ansehung der KM. geschäftsunfähig. RG. 27 S. 115. Parteieide sind also von dem KV. zu leisten, (§§ 445, 473 ZPO.; ROHG. 10 S. 357; 12 S. 217) während der GSch. als Zeuge vernommen werden kann. Dies folgt aus dem Satze, daß zeugnisfähig jede Person ist, der in dem vorliegenden Prozesse kein Eid zugeschoben werden kann. Jaeger A. 32. Im einzelnen hat die Judikatur folgendermaßen Stellung genommen:

Das OLG. Dresden (in OLG. 4 S. 178) sieht den KV. nicht als Vertreter des GSch. an; es erachtet deshalb im Anfechtungsprozeß die Eideszuschiebung an den KV. über eine Handlung des GSch. für unzulässig. Als „Rechtsvorgänger" des KV. im Sinne des § 445 ZPO. wird der GSch. angesehen vom RG. 53 S. 8; ebenso OLG. Jena in den ThürBl. 50 S. 239. AM. OLG. Dresden im SächsArch. 13 S. 265. Als „Rechtsnachfolger" des GSch. im Sinne des § 727 ZPO. wird der

KV. vom OLG. Hamburg (OLG. 5 S. 450) angesehen. Nach dem Preuß. OVG. in der DJZ. 7 S. 30 vertritt der KV. nicht die Gesamtpersönlichkeit des GSch., deshalb ist in Gewerbesteuersachen die Zustellung an den Verwalter statt an den GSch. wirkungslos. Als „Dritter" im Sinne des § 771 ZPO. ist der Verwalter nicht anzusehen; Zwangsvollstreckungen kann er nur nach § 30ff. KO. anfechten, RG. 42 S. 343. Die Rechtskraft der in Prozessen des Verwalters ergangenen Urteile steht auch dem GSch. entgegen, da in diesen Prozessen zwischen den zur Sache legitimierten Parteien über den Anspruch selbst objektiv und definitiv entschieden worden ist. Ein auf die Klage des Verwalters rechtskräftig abgewiesener, die KM. betreffender Anspruch kann nicht nach Aufhebung des K. vom GSch. von neuem geltend gemacht werden, vielmehr würde dieser Klage die Einrede der entschiedenen Sache entgegengesetzt werden können. Hatte der GSch. schon vor der KE. auf bestimmte Vermögensrechte unanfechtbar verzichtet, so steht dem Verwalter eine Verfügung über diese Rechte nicht zu. RG. 19 S. 59.

5. Die Befugnisse des KV. bestimmen sich durch seine Aufgabe, welche 10
dahingeht, die konkursordnungsmäßige Befriedigung der Gläubiger herbeizuführen. RG. 35 S. 121. Sie erstrecken sich sowohl auf die tatsächlich vorhandenen Masse als auf die sog. Sollmasse. Die etwaige Unzweckmäßigkeit einer innerhalb dieses Rahmens liegenden Handlung oder Unterlassung ist auf deren Gültigkeit ohne Einfluß, wenngleich sie den Verwalter den Gläubigern oder dem GSch. gegenüber verantwortlich machen kann. RG. JW. 87 S. 14. Verfügungen, welche dem Zwecke des KVerf. widersprechen, sind dem KV. nicht gestattet, z. B. Schenkungen aus der Masse. RG. 29 S. 82; JW. 86 S. 196; Recht 8 S. 316. Zur Verwertung der Masse steht dem Verwalter auch das Recht zu, neue Rechtsgeschäfte einzugehen, insbesondere Kaufverträge abzuschließen, Darlehen aufzunehmen und Gegenstände der Masse zu verpfänden. M. 34, 35. §§ 121 Nr. 2, 122 Nr. 2; RG. 26 S. 67. Derartige Rechtsgeschäfte schließt der Verwalter im eigenen Namen (s. A. 4) für Rechnung der KM. ab. Zu seiner Legitimation genügt seine Bestellung als KV. RG. JW. 88 S. 99. Kontrahent der Rechtsgeschäfte ist der vom KV. vertretene GSch. Die daraus entspringenden Verbindlichkeiten sind Masseschulden. § 59 Nr. 1. Der GSch. haftet dafür auch mit seinem außerhalb der KM. vorhandenem Vermögen persönlich. v. Wilm.-Kurlb. A. 6.

Der GSch. kann Gegenstände, aus denen nach seinem pflichtmäßigen Ermessen ein Reinertrag für die KM. nicht zu erwarten ist, besonders Grundstücke, an denen Absonderungsrechte bestehen, dem GSch. zur freien Verfügung überlassen. RG. 60 S. 107. (AM. ZfDZP. 25 S. 8.) Ist dies geschehen, so kann auch eine Anfechtung der an den freigegebenen Grundstücken bestellten Hypotheken von dem KV. nicht mehr geltend gemacht werden. Die Befugnis des KV. seine auf Freigabe des Gegenstandes aus der KM. gerichtete Handlung zu widerrufen, muß jedenfalls dann als ausgeschlossen gelten, wenn der GSch. den Gegenstand inzwischen veräußert und den Erlös eingezogen hat. RG. 60 S. 107. Will der Verwalter sein Verwaltungs- und Verfügungsrecht bezüglich einzelner zur Masse gehöriger Vermögensstücke aufgeben, so kann dies nur durch Erklärung gegenüber dem GSch. geschehen, OLG. Hamburg im Recht 6 S. 154.

Wechselblankoakzepte, welche der GSch. vor der KE. mit der Berechtigung zur Ausfüllung erworben hatte, kann der KV. ausfüllen. M. 34; ROHG. 14 S. 54, 56; 17 S. 210; RG. 8 S. 56. Er trassiert und giriert die zur KM. gehörigen Wechsel, etwa in der Form: „Für die A.sche KM. der KV. B." v. Völd. 1 S. 330 A. 31. Die Präsentation zur Zahlung sowie die Protesterhebung mangels Zahlung oder mangels Annahme müssen bei dem im K. befindlichen Akzeptanten bzw. Bezogenen, nicht bei dem KV. erfolgen. ROHG. 24 S. 22 (Plen.); RG. 2 S. 23. (AM. Ob. Gerichtsh. Wien, SeuffA. 21 S. 320. Danach ist Protesterhebung beim KV. notwendig.)

Ob der Verwalter berechtigt ist, im Prozesse den als Zeugen benannten Rechtsanwalt oder Notar von der Verpflichtung zur Verschwiegenheit zu entbinden, ist streitig; vgl. RG. 59 S. 85, aber OLG. Darmstadt in DJZ. 9 S. 128. Im Subhastationsverfahren über ein zur Masse gehöriges Grundstück ist der KV. zum Widerspruch gegen das Liquidat eines Gläubigers nicht nur dann befugt, wenn der GSch. die betreffende Hebung für sich hätte in Anspruch nehmen können, sondern auch aus anderen, im Interesse der KM. liegenden Gründen, RG. in der JW. 30 S. 287.

Im K. über das Vermögen einer in Liquidation befindlichen Versicherungsgesellschaft auf Gegenseitigkeit kann der Verwalter an Stelle der bisherigen Gesellschaftsorgane die zur Befriedigung der KGl. erforderlichen Nachschüsse ausschreiben, RG. in der JW. 02 S. 423. Im Genossenschaftskonkurse können die erst nach der KE. in die Liste der Genossen eingetragenen Personen durch Klage die Vorschußberechnung des KV. anfechten, RG. in Dtsch. Jur.-Ztg. 7 S. 201. Der Klage des KV. auf Zahlung der statutenmäßigen Vorschußbeträge kann die Einrede nicht entgegengesetzt werden, daß der Beitritt zur Genossenschaft von einem Vorstandsmitgliede betrüglich veranlaßt worden sei, RG. in Holdheims Zeitschr. 9 S. 65. Der Verwalter ist im Genossenschaftskonkurse berechtigt für die Genossenschaft Grundstücke zu erwerben und die Auflassung entgegenzunehmen, BayObLG. im ZBlFG. 8 S. 256.

11 6. Eine juristische Person, z. B. eine G. m. b. H., kann nicht zum KV. bestellt werden, OLG. Köln im RheinArch. 104 I. 161.

§ 7 (6). Rechtshandlungen, welche der Gemeinschuldner nach der Eröffnung des Verfahrens vorgenommen hat, sind den Konkursgläubigern gegenüber unwirksam; die Vorschriften der §§ 892, 893 des Bürgerlichen Gesetzbuchs bleiben unberührt.

Dem anderen Teile ist die Gegenleistung aus der Masse zurückzugewähren, soweit letztere durch dieselbe bereichert ist.

Hat der Gemeinschuldner Rechtshandlungen am Tage der Eröffnung des Verfahrens vorgenommen, so wird vermutet, daß sie nach der Eröffnung vorgenommen worden sind.

---

1 1. Rechtshandlungen im Sinne des § 7 sind alle verpflichtenden Erklärungen des GSch., welche eine Rückwirkung auf die Masse haben können. Komm.B. 9.

Beispielsweise gehören hierher Veräußerungen, Eingehung oder Erfüllung von Verbindlichkeiten, Anerkenntnisse, Verzichte, Entsagungen, Stundung, Kündigung, Prozeßführung usw. Die frühere Exemplifikation des § 5 der preuß. KO. ist absichtlich vermieden. M. 35, 37; Prot. 10.

2 2. Unwirksamkeit der Rechtshandlungen. a. Begriff. Aus dem Grundsatz des § 6 Abs. 1, welcher dem GSch. das Verfügungsrecht über die KM. entzieht, folgt ohne weiteres, daß alle nach der KE. vorgenommenen Rechtshandlungen des GSch. unwirksam sind. Der bisherige § 6 Abs. 1 bezeichnete diese unwirksamen Rechtshandlungen als nichtig. Der § 7 hat das Wort „nichtig" durch „unwirksam"

ersetzt. Dies ist aber nur geschehen im Anschluß an den § 135 BGB.; eine sachliche Änderung ist nicht beabsichtigt. KNov. M. 26. Zur Erläuterung des Begriffes der Unwirksamkeit (der früheren „Nichtigkeit") im Gegensatz zur „Anfechtbarkeit" (§§ 29 ff.) führen die Motive aus: „Nicht ein besonderer Umstand außerhalb der Rechtshandlung ist es, welcher diese ungültig macht, die Rechtshandlung selbst ist vermöge inneren Mangels wegen der fehlenden Verfügungsfähigkeit ohne rechtliche Wirkung. Daher bedarf es nicht erst einer Tätigkeit, insbesondere nicht eines Rechtsmittels, um die Ungültigkeit der Verfügungen des GSch. herbeizuführen. Hierin unterscheiden sich diese Rechtshandlungen desselben von den anfechtbaren Rechtshandlungen, von denen im 3. Titel gesprochen wird." M. 35. Die anfechtbaren Handlungen sind also an sich wirksam und bleiben wirksam, solange sie nicht mit Erfolg angefochten sind. Die unwirksamen Handlungen dagegen sind kraft Gesetzes von vornherein unwirksam und bleiben unwirksam bis zu ihrer etwaigen nachträglichen Genehmigung. Die Unwirksamkeit ist von Amtswegen zu berücksichtigen.

b. Umfang. Die Unwirksamkeit trifft alle Rechtshandlungen, welche sich auf **3**
die KM. beziehen, sei es unmittelbar durch Beeinträchtigung der Aktivmasse, z. B. Veräußerung eines zur KM. gehörigen Gegenstandes, sei es mittelbar durch Beeinträchtigung der Passivmasse z. B. Anerkenntnis einer Forderung, Verzicht auf Einreden gegen eine solche, Einräumung eines Absonderungsrechts oder eines zu hohen Ranges. Der GSch. darf nach der KE. keine Handlungen vornehmen, welche rechtlich den KAnspruch der KGl. berühren. Die Unwirksamkeit, welche derartigen Handlungen anhaftet, tritt ein ohne Rücksicht darauf, ob sie für die KGl. nachteilig sind oder nicht. Rechtshandlungen, durch welche der GSch. der Masse lediglich etwas zuwendet, sind natürlich nicht verboten. M. 37.

Solche Rechtshandlungen des GSch., welche sich auf die KM. nicht beziehen, sondern die aus ihr ausgeschlossenen Sachen (§ 1), oder die nach der KE. erworbenen Vermögensobjekte betreffen, werden von dem § 7 überhaupt nicht beeinflußt. Vertragsstrafen, die durch eine Zuwiderhandlung des GSch. nach der KE. verfallen, können nicht als KForderungen geltend gemacht werden; RG. 59 S. 53.

Rechtshandlungen des Vertreters (Bevollmächtigten, Prokuristen, Vormundes) stehen denen des GSch. gleich, sind also unwirksam, wenn sie im Falle der Vornahme durch den GSch. selbst unwirksam sein würden. ROHG. 24 S. 193. Entgegenstehende landesgesetzliche Vorschriften sind nicht vorbehalten (EG. z. KO. § 4), müssen also als aufgehoben gelten. Auch die Vorschrift der §§ 53, 15 HGB., wonach ein nicht bekannt gemachtes Erlöschen einer Prokura nicht eingewendet werden darf, kann im Falle des § 7 nicht zur Anwendung kommen, denn die §§ 53, 15 HGB. sprechen nur vom Erlöschen der Prokura, nicht aber von der Unwirksamkeit einer Handlung des Prokuristen bei noch fortdauernder Prokura. Wilm.-Kurlb. A. 9, v. Sarw.-Boss. A. 3.

3. Relativität der Unwirksamkeit. Unwirksamkeit tritt nur ein **4**
gegenüber den KGl., sowohl sämtlichen wie jedem einzelnen, und ist von ihrem Willen sowie von dem des KV. (A. 5) abhängig. Der GSch. oder ein beteiligter Dritter dürfen sich ihrerseits auf die Unwirksamkeit nicht berufen. M. 36.

4. Der gute Glaube des GSch. und der neben ihm beteiligten **5**
Person, insbesondere ihre Unkenntnis von der geschehenen KE., schließen die Unwirksamkeit der Rechtshandlung nicht aus. Eine Ausnahmebestimmung ist mit Rücksicht auf den öffentlichen Glauben des Grundbuchs durch die KNov. neu eingefügt. Rechtsgeschäfte (nicht Zwangsmaßnahmen wie Arrest, Zwangshypothek cfr. § 14)

über die als Eigentum des Gemeinschuldners eingetragenen Grundstücke und über die für den GSch. eingetragenen Rechte an Grundstücken sind, auch wenn sie nach der KE. vorgenommen werden, den KGl. gegenüber wirksam, wenn die KE. nicht zu der in § 892 BGB. bezeichneten Zeit im Grundbuche eingetragen oder dem anderen Teil, mit dem der GSch. das Geschäft geschlossen hat, bekannt war. Dasselbe gilt von Leistungen auf die für den GSch. eingetragenen Rechte, z. B. von Zahlungen auf eine für den GSch. eingetragene Hypothek. §§ 892, 893 BGB. In Ansehung der beweglichen Sachen ist die Aufnahme einer entsprechenden Bestimmung abgelehnt worden. KNov. M. 26. Deshalb kann der auf Herausgabe einer nach der KE. veräußerten beweglichen Sache verklagte erste Erwerber nicht geltend machen, daß er als redlicher Erwerber die Sache nicht zurückzugeben brauche. Ist der erste Erwerber zur Herausgabe der Sache nicht mehr imstande, so ist die Frage, ob ihn eine Entschädigungspflicht überhaupt trifft und in welchem Umfang, nach dem bürgerlichen Recht zu beurteilen. Für dieses Urteil ist der gute Glaube des Erwerbers maßgebend. §§ 812, 818, 819, 989, 990 BGB., RG. JW. 91 S. 511; Gruch. 37 S. 748.

6 5. Die tatsächliche Geltendmachung der Unwirksamkeit kann, soweit es sich um die Beeinträchtigung der Aktivmasse handelt, nur von dem KV. ausgehen; den einzelnen Gläubigern ist nur gestattet, dem Prozesse des Verwalters als Nebeninterventienten beizutreten. M. 36. Solche Rechtshandlungen des GSch., die sich auf die Schuldenmasse beziehen, verletzen aber auch die Sonderrechte eines jeden Gläubigers und können deshalb außer von dem Verwalter auch noch von jedem KGl. gerügt werden. v. Wilm.-Kurlb. A. 6. Für die Art und Weise, in welcher die Geltendmachung der Unwirksamkeit zu erfolgen hat, ob durch Klage, Einrede oder sonstigen Rechtsbehelf, sind die Umstände des Falles maßgebend. Hat der GSch. nach der KE. eine bewegliche Sache veräußert, so kann der KV. ihre Herausgabe von dem ersten Erwerber mittels der Eigentumsklage (§§ 985 ff. BGB.) verlangen. Ist der Erwerber zur Herausgabe nicht mehr imstande, so kommt namentlich die Bereicherungsklage in Betracht (§§ 816, 818, 819 BGB.). Über die Stellung des weiteren Erwerbers s. A. 7.

7 Zeitlich ist die Geltendmachung der Unwirksamkeit nicht beschränkt auf die Dauer des Konkurses, kann vielmehr auch nach Beendigung des Konkurses insoweit erfolgen, als die KGl. in ihrer Befriedigung durch die Rechtshandlung des GSch. verkürzt worden sind (Striethh. 73 S. 100), da der Anspruch der KGl. an die Masse durch die Beendigung des Konkurses nicht endgültig erledigt wird. § 166 Abs. 2. Es kann also der Verwalter Objekte, welche er auf Grund des § 7 nachträglich ermittelt hat, noch zur Nachtragsverteilung bringen und auch der KGl. selbst bei Verfolgung seines Restanspruchs sich des Rechtsbehelfs aus § 7 bedienen. v. Wilm.-Kurlb. A. 7; Jaeger A. 12.

8 6. Die Verpflichtung zur Rückgewähr aus der Masse an den anderen Teil erstreckt sich auf die Gegenleistungen, durch welche die Masse noch bereichert ist. Für die Bestimmung des Begriffes und des Umfanges der Bereicherung ist das bürgerliche Recht maßgebend. Der Anspruch auf Rückgewähr begründet eine Masseschuld. § 59 Nr. 3. Auf die Ansprüche des anderen Teils wegen derjenigen Gegenleistungen, durch welche die Masse nicht bereichert ist, bezieht sich der § 7 überhaupt nicht, vielmehr kommen in dieser Beziehung die Grundsätze des bürgerlichen Rechtes zur Anwendung. Nach diesen ist insbesondere zu beurteilen, ob dem anderen Teil wegen der bezeichneten Gegenleistungen eine KForderung oder ein Entschädigungsanspruch an den GSch. zusteht.

Wegen des Begriffs des „andern Teils“ s. A. 7.

7. Die Rechtsverhältnisse gegenüber dem **dritten** Erwerber eines 9
Vermögensstücks, welches durch eine unwirksame Rechtshandlung der KM. entzogen ist, werden durch den § 7 nicht betroffen. Der „andere Teil“ im Sinne des § 7 Abs. 2 ist nur derjenige, mit welchem oder für welchen der GSch. die unwirksame Rechtshandlung vorgenommen hat. Gegenüber dem dritten Erwerber kommt das bürgerliche Recht zur Anwendung. M. 38. §§ 892, 893, 932—936, 1032, 1207, 1208 BGB. Nach diesem ist zu beurteilen, ob der Dritte zur Herausgabe der Sache verpflichtet ist. Ist z. B. ein vom GSch. veräußertes Masseobjekt von dem ersten Erwerber weiter veräußert, so kann der spätere Erwerber, wenn das bürgerliche Recht die Redlichkeit seines Erwerbes schützt, sich darauf berufen, daß ihm die Tatsache des nach erfolgter KE. geschehenen Erwerbes seines Rechtsvorgängers unbekannt gewesen sei, während die Berufung des ersten Erwerbers auf seinen guten Glauben, insbesondere auf seine Unkenntnis von der KE. durch § 7 ausgeschlossen wird. Jaeger A. 33 ff.; Pet.-Kleinf. A. 9; v. Wilm.-Kurlb. A. 12. Hat der dritte Erwerber ein Masseobjekt zur Masse zurückgeben müssen, so kann er aus §§ 812 ff. BGB. einen Anspruch auf Zurückgewährung der Gegenleistung aus der Masse, soweit diese dadurch bereichert ist, herleiten; ebenso Jaeger A. 20; Pet.-Kleinf. A. 11; v. Voeld. 1 S. 148.

8. Die Vermutung des Abs. 3 ist nicht praesumtio juris et de jure, 10
sondern „läßt dem anderen Teile den Gegenbeweis offen“. M. 39.

§ 8 (7). Eine Leistung, welche auf eine zur Konkursmasse zu erfüllende Verbindlichkeit nach der Eröffnung des Verfahrens an den Gemeinschuldner erfolgt ist, befreit den Erfüllenden den Konkursgläubigern gegenüber nur insoweit, als das Geleistete in die Konkursmasse gekommen ist.

War die Leistung vor der öffentlichen Bekanntmachung der Eröffnung erfolgt, so ist der Erfüllende befreit, wenn nicht bewiesen wird, daß ihm zur Zeit der Leistung die Eröffnung des Verfahrens bekannt war.

War die Leistung nach der öffentlichen Bekanntmachung erfolgt, so wird der Erfüllende befreit, wenn er beweist, daß ihm zur Zeit der Leistung die Eröffnung des Verfahrens nicht bekannt war.

---

1. Abs. 1. Im Einklang mit den §§ 6, 7 stellt Abs. 1 die Regel auf, daß Zahlungen 1
und andere Leistungen, die auf eine zur KM. zu erfüllende Verbindlichkeit nach der KE. an den GSch. oder seinen Vertreter (Vormund, Bevollmächtigten) erfolgen, den KGl. gegenüber unwirksam sind. Nur insoweit, als die Leistung, gleichviel durch welche Vermittlung, in die KM. gekommen ist, muß der KV. sie gelten lassen, denn insoweit ist die KM. selbst mit ihrer Forderung befriedigt. Soweit die Leistung nicht zur KM. geflossen ist, ist sie gegenüber den KGl. als nicht geschehen anzusehen, so daß der Anspruch auf Erfüllung für den Verwalter erhalten bleibt, ohne daß es der Anfechtung der Leistung bedarf. Gegenüber dem GSch., der die Leistung erhalten hat, ist der Leistende befreit und kann, wenn er zur nochmaligen Leistung an die Masse genötigt werden sollte, gegen diesen seinen Regreß nehmen. Für die Annahme, daß der Leistende verlangen könne, der KV. solle das an den GSch. Geleistete zur KM. ziehen (so: Jäger A. 7), läßt sich eine gesetzliche Grundlage nicht

finden, da das Geleistete zur Zeit der KE. nicht zum Vermögen des GSch. gehörte, (§§ 117, 1) so: Wilm.-Kurlb. A. 2.

2 2. Abs. 2 und 3 bestimmen eine erhebliche Ausnahme von der Regel des Abs. 1. Jeder Schuldner wird durch seine Leistung an den GSch. von seiner Verbindlichkeit auch den KGl. gegenüber dann frei, wenn er zur Zeit der Leistung die KE. nicht gekannt hat, auch wenn die Unkenntnis durch eigenes Verschulden herbeigeführt war. Die Beweispflicht ist dahin geregelt, daß, wenn die Leistung vor der öffentlichen Bekanntmachung der KE. (§§ 111, 76) gemacht ist, der KV. dem Leistenden seine Wissenschaft von der KE. nachzuweisen, wenn die Leistung nach der öffentlichen Bekanntmachung geschehen ist, der Leistende selbst seine Unkenntnis darzutun hat. In allen Fällen hat der Richter das Beweisergebnis nach freier Überzeugung zu würdigen. M. 40; ZPO. § 286.

Erfolgt die Leistung durch einen Vertreter (Vormund, Bevollmächtigten), so ist nur dessen Kenntnis maßgebend, es sei denn, daß ein Bevollmächtigter nach bestimmten Weisungen des Drittschuldners gehandelt hat, in welchem Falle sowohl die Kenntnis des Bevollmächtigten als die des Vollmachtgebers die Anwendbarkeit der Ausnahmebestimmungen der Abs. 2, 3 ausschließt. § 166 BGB.

3 3. Anderweite Ausnahmen von der Regel des Abs. 1:

a. Leistungen die durch den öffentlichen Glauben des Grundbuchs geschützt sind. §§ 892, 893 BGB. Hat z. B. der Hypothekenschuldner an den als Hypothekengläubiger im Grundbuche eingetragenen GSch. nach der KE., aber vor deren Eintragung ins Grundbuch (§§ 113, 114) auf die Hypothek eine Zahlung geleistet, so ist diese auch der KM. gegenüber wirksam, wenn nicht zur Zeit der Zahlung die KE. dem Zahlenden nachweislich bekannt war. (Vgl. § 7 Abs. 1.)

b. Leistungen die nach der KE. an den GSch. aus Schuldverschreibungen auf den Inhaber gemacht werden, befreien den Aussteller auch dann, wenn sie in Kenntnis der KE. erfolgen. § 793 BGB.

4 4. Leistungen, die mit Zustimmung, insbesondere auf Anweisung des GSch. an einen Dritten zum Zwecke der Erfüllung vollzogen werden, stehen der Leistung an den GSch. gleich. § 362 BGB. Anweisungen, die der GSch. nach der KE. dem Schuldner erteilt, sind unwirksam. § 7. Durch eine auf solche Anweisung geleistete Zahlung würde der Schuldner der KM. gegenüber nicht befreit werden. Ist die Anweisung vom GSch. vor der KE. erteilt und von dem angewiesenen Schuldner angenommen, so ist dieser dem Anweisungsempfänger gegenüber zur Leistung verpflichtet (§ 784), kann also an ihn mit befreiender Wirkung gegen die KM. auch nach der zu seiner Kenntnis gelangten KE. Zahlung leisten. § 787 Abs. 1 BGB. Ist auf eine vor der KE. erteilte Anweisung von dem Angewiesenen ohne deren Annahme nach der KE. gezahlt, so hat die Zahlung eine Befreiung der KM. gegenüber nur dann zur Folge, wenn sie in Unkenntnis der KE. geleistet ist. Fitting § 24 A. 23. Jaeger A. 2ff., Pet.-Kleinf. A. 1; OLG. Dresden in OLG. 14 S. 411.

§ 9 (7a). Die Annahme oder Ausschlagung einer vor der Eröffnung des Verfahrens dem Gemeinschuldner angefallenen Erbschaft, sowie eines vor diesem Zeitpunkte dem Gemeinschuldner angefallenen Vermächtnisses steht nur dem Gemeinschuldner zu. Das gleiche gilt von der Ablehnung der fortgesetzten Gütergemeinschaft.

1. § 9 bildet eine Ausnahme von § 1; denn die Erbschaft und das Vermächtnis 1
werden kraft Gesetzes erworben, unbeschadet des Rechtes, die Erbschaft oder das Vermächtnis auszuschlagen. §§ 1922, 1942, 2176 BGB. Sie gehören daher, sofern der Anfall an den GSch. vor der KE. erfolgt ist, nach § 1 Abs. 1 an sich auch dann zur KM., wenn das Recht der Ausschlagung noch besteht. Nach § 9 Satz 1 steht aber die Annahme oder Ausschlagung der Erbschaft sowie des Vermächtnisses nur dem GSch. zu, da sie nicht nur einen vermögensrechtlichen, sondern auch einen persönlichen Charakter hat. Nach §§ 1953 Abs. 1, 2180 Abs. 3 hat die Ausschlagung die Wirkung, daß der Anfall an den Ausschlagenden als nicht erfolgt gilt, sie stellt sich also der Sache nach nicht als Verzicht auf ein bereits erworbenes Recht, sondern als Nichtannahme eines angetragenen Rechtes dar. KNov. M. 26. Die Erbschaft und das Vermächtnis fallen also nur dann — bzw. von vornherein — in die KM., wenn der GSch. sich für die Annahme erklärt oder die Ausschlagungsfrist ohne gültige Erklärung vorübergehen läßt. Die Anfechtung der Annahme oder Ausschlagung einer vor der KE. dem GSch. angefallenen Erbschaft sowie eines vor diesem Zeitpunkte dem GSch. angefallenen Vermächtnisses ist ausgeschlossen, so OLG. Naumburg in OLG. 4 S. 175; vgl. auch RG. 54 S. 289. Ist der Erbfall erst nach KE. eingetreten, so gehören Erbschaften und Vermächtnisse nicht zur KM.; anders wenn der Erbfall vor, die Berufung zur Erbschaft oder zum Vermächtnis aber (z. B. durch Ausschlagung eines vor dem GSch. Berufenen) erst nach der KE. eingetreten ist. Hier wird die Annahmeerklärung auf den Zeitpunkt des Erbfalls zurückbezogen.

2. Ein Pflichtteil, der dem GSch. zusteht, fällt nur dann in die KM. wenn 2
der Anspruch zur Zeit der KE. bereits durch Vertrag zwischen dem Erben und dem nunmehrigen GSch. anerkannt oder rechtshängig war und damit der Pfändung unterlag. § 852 ZPO. § 1 KO.

3. Bei der allgemeinen Gütergemeinschaft wird, wenn die Ehe durch den Tod 3
eines der Ehegatten aufgelöst ist, zwischen dem überlebenden Ehegatten und den gemeinschaftlichen Abkömmlingen, die im Falle der gesetzlichen Erbfolge als Erben berufen sind, die Gütergemeinschaft fortgesetzt. Doch kann der überlebende Ehegatte, und nur dieser, als GSch. die Fortsetzung der Gütergemeinschaft ablehnen. §§ 1483, 1484 BGB. Geschieht dies, so gilt der Eintritt der fortgesetzten Gütergemeinschaft als nicht erfolgt und es findet die Beerbung des verstorbenen Ehegatten nach den allgemeinen Vorschriften statt. §§ 1482, 1483, 1484, 1557. Dies gilt sowohl für den Fall, daß die Frau den Mann, als für den Fall, daß der Mann die Frau überlebt. KNov. M. 27.

4. Die von dem GSch. gemäß § 9 KO. abgegebenen Erklärungen sind seitens 4
der Gläubiger in keinem Falle anfechtbar.

§ 10 (8). **Rechtsstreitigkeiten über das zur Konkursmasse gehörige Vermögen, welche zur Zeit der Eröffnung des Verfahrens für den Gemeinschuldner anhängig sind, können in der Lage, in welcher sie sich befinden, von dem Konkursverwalter aufgenommen werden. Wird die Aufnahme verzögert, so kommen die Bestimmungen des § 239 der Zivilprozeßordnung zur entsprechenden Anwendung.**

Lehnt der Verwalter die Aufnahme des Rechtsstreits ab, so kann sowohl der Gemeinschuldner als der Gegner denselben aufnehmen.

1 **I.** Auf Rechtsstreitigkeiten, welche nicht das zur KM. gehörige Vermögen betreffen, ist die Eröffnung des KVerf. ohne Einfluß. Sie können ohne Rücksicht auf das KVerf. sowohl von dem GSch. als gegen ihn angestrengt und fortgesetzt werden. Hierher gehören Prozesse, welche lediglich andere als Vermögensrechte, z. B. Status- und Ehesachen, betreffen. RG. 25 S. 17; JW. 93 S. 351; Gruch. 31 S. 1122. „Ebenso Klagen, welche zwar einen vermögensrechtlichen Anspruch, aber nicht aus der KM. verfolgen. Dahin sind nicht bloß Ansprüche auf Gegenstände zu rechnen, welche aus der KM. dem GSch. zur freien Verfügung überlassen werden; es gehören dahin namentlich auch die Ansprüche aus den neuen, nach der KE. unternommenen Rechtsgeschäften". M. 41. Zur KM. gehöriges Vermögen wird nicht betroffen durch eine nur auf tatsächliche Störung des Eigentums gerichtete Negatorienklage, OLG. Dresden im SächsArch. 13 S. 262; ebenso nicht durch eine Klage darüber, ob die in Konkurs gegangene Gesellschaft ihre Firma zu Reklamezwecken gebrauchen darf, RG. in JW. 31 S. 95. Dagegen betrifft die Forderung des GSch. auf Rückerstattung einer von ihm zur Abwendung eines Arrestes hinterlegten Geldsumme die KM. und zwar ein Absonderungsrecht auf Grund des § 233 BGB.; OLG. Karlsruhe in der BadRpr. 07 S. 182 bzw. in der LZ. f. Handels-, Konkurs- und Vers.-Recht 1 S. 298.

2 **II.** Prozesse, welche die KM. betreffen, werden durch die Eröffnung des KVerf. kraft Gesetzes unterbrochen (ZPO. § 240), gleichviel ob der GSch. Kläger oder Beklagter ist, und ob er den Prozeß persönlich oder durch einen Prozeßbevollmächtigten geführt hat. RG. 45 S. 323. Voraussetzung ist ein inländischer Konkurs. Durch einen im Auslande eröffneten Konkurs wird die Zwangsvollstreckung in das inländische Vermögen nicht gehindert. § 237. RG. 6 S. 403; 14 S. 405, 412; 16 S. 338. Die Unterbrechung erstreckt sich auch auf das Kostenfestsetzungsverfahren. RG. JW. 92 S. 204. Prozeßpartei muß der GSch. selbst sein. Prozesse gegen eine Handelsgesellschaft werden durch die KE. über das Vermögen eines Gesellschafters nicht unterbrochen. RG. 34 S. 362; 51 S. 96. Etwaige Zweifel darüber, ob ein Anspruch zur KM. gehört oder nicht, sind zwischen dem KV. und dem GSch. in in einem besonderen Verfahren zum Austrage zu bringen. Jaeger A. 6; v. Wilm.-Kurlb. A. 2.

Über die Wirkung der Unterbrechung bestimmt § 249 ZPO.:

„Die Unterbrechung ... des Verfahrens hat die Wirkung, daß der Lauf einer jeden Frist aufhört und nach Beendigung der Unterbrechung ... die volle Frist von Neuem zu laufen beginnt.

Die während der Unterbrechung ... von einer Partei in Ansehung der Hauptsache vorgenommenen Prozeßhandlungen sind der andern Partei gegenüber ohne rechtliche Wirkung.

Durch die nach dem Schlusse einer mündlichen Verhandlung eintretende Unterbrechung wird die Verkündung der auf Grund dieser Verhandlung zu erlassenden Entscheidung nicht gehindert."

3 **III.** Der § 10 behandelt die Rechtsstreitigkeiten über ein zur KM. gehöriges Aktivum (Aktivprozesse über die Aktivmasse). (§ 11: Passivprozesse über die Aktivmasse; § 146 Abs. 3: Passivprozesse über die Passivmasse.) Die Aufnahme kann nur vom KV., nicht vom Gegner erfolgen. Der GSch. kann auch als Nebenintervenient des Verwalters nicht zugelassen werden. RG. 28 S. 422. AM. Kohl. S. 284. Prozeßhandlungen des GSch. sind den KGl. und dem KV.

gegenüber unwirksam. Parteieide (§§ 471, 473 ZPO.) hat der KV. als gesetzlicher Vertreter (§ 51 ZPO.) des GSch. zu leisten. RG. JW. 87 S. 41; Jaeger A. 25; v. Wilm.-Kurlb. A. 6. Den Fall, daß die Leistung eines vor der KE. dem GSch. auferlegten Eides noch aussteht, regelt § 471 ZPO. Auf die Parteirolle des GSch. kommt es nicht an. Wird auch der Hauptfall der sein, daß der GSch. als Kläger — oder Widerkläger — eine persönliche Forderung oder einen dinglichen Anspruch geltend macht, so gehört doch hierher auch der Fall, wenn der GSch. Beklagter ist, aber als solcher ein Recht in Anspruch nimmt, welches ihm bestritten wird, z. B. wenn der Streit eine zugunsten des GSch. eingetragene Hypothekenforderung betrifft, von welcher der auf Löschung klagende Gegner behauptet, daß sie getilgt sei. Ebenso der Fall, wenn der GSch. als Beklagter durch Einlegung eines Rechtsmittels die Rückzahlung desjenigen Betrags zu erwirken sucht, der auf Grund eines für vorläufig vollstreckbar erklärten Urteils von ihm eingezogen ist. RG. 11 S. 398; Gruch. 31 S. 1122. OLG. Stuttgart in der WürttZ. 18 S. 317; nicht unter § 10 fällt indessen die Forderung auf Erstattung der Prozeßkosten eines gegen den GSch. anhängig gemachten von diesem aber gewonnenen Prozesses; Kammergericht in KGBl. 07 S. 6. Unter § 10 fällt ferner der Prozeß gegen den GSch., wenn er als Gläubiger in einem andern Konkurse im Interesse seines Anspruchs die Forderung eines andern Gläubigers bestritten hat und dieser auf Feststellung klagt. RG. 16 S. 116. Der Rechtsstreit ist auch dann für den GSch. anhängig, wenn die zu einer Leistung an den GSch., z. B. auf eine erhobene Widerklage, in erster Instanz verurteilte Gegenpartei Berufung einlegt, RG. 63 S. 364.

1. Der KV. kann nach seinem Ermessen den Prozeß für die KM. aufnehmen 4
oder die Aufnahme ablehnen.

a. Nimmt er den Prozeß auf, so wird dieser in derselben prozessualen Lage fortgesetzt, in welcher er zur Zeit der KE. sich befand. Was vorher von und mit dem GSch. verhandelt, für und gegen ihn festgestellt ist, bleibt bestehen, soweit nicht eine Anfechtung gemäß §§ 29 ff. begründet ist. Die Prozeßhandlungen dagegen, die der GSch. nach der KE. vorgenommen hat, sind nichtig. Er hat bezüglich des zur KM. gehörigen Vermögens dadurch, daß ihm die Verfügungsbefugnis entzogen ist, auch die Prozeßfähigkeit verloren.

b. Die Aufnahme hat zu erfolgen bei demjenigen Gerichte, bei welchem 5
der Rechtsstreit zur Zeit der KE. anhängig ist. War ein Endurteil verkündet, aber noch nicht zugestellt, so ist die Aufnahme und das Verfahren nach § 239 ZPO. bei dem Gerichte zu betreiben, von welchem das Urteil erlassen wurde. War das Urteil vor der KE. bereits zugestellt, so ist für die Aufnahme zum Zwecke der Rechtsmitteleinlegung das Gericht zuständig, welches über das Rechtsmittel zu entscheiden hat. RG. 27 S. 350; Gruch. 36 S. 470. Die über die Aufnahme gemäß § 239 ZPO. ergehende Entscheidung ist Zwischenurteil. RG. 27 S. 355; JW. 91 S. 486. Ebenso ist die Entscheidung über den Einwand des zur Aufnahme des Verfahrens und zur Verhandlung der Hauptsache geladenen KV., daß ein Prozeß für den GSch. überhaupt nicht anhängig geworden sei, ein Zwischenurteil und nicht beschwerdefähig, RG. 54 S. 120.

c. Hat der Verwalter den Prozeß aufgenommen und sich damit zur 6
Prozeßpartei gemacht, so kann er diese Stellung einseitig zum Nachteil des Prozeßgegners nicht wieder aufgeben. Hat er auf die Einlegung eines Rechtsmittels gegen ein wider ihn ergangenes Urteil verzichtet, so steht auch dem GSch. die Einlegung

eines Rechtsmittels nicht zu, vielmehr wird das Urteil sowohl gegen den Verwalter als gegen den GSch. rechtskräftig.

7 **d.** Die Aufnahme erfolgt durch Zustellung eines die Erklärung der Aufnahme enthaltenden Schriftsatzes an den Gegner. Doch wird es für genügend erachtet, wenn auch ohne ausdrücklichen Schriftsatz der Wille der Fortführung des Prozesses zu erkennen gegeben wird. RG. 41 S. 405; JW. 02 S. 270, 631; OLG. Hamburg in HansGZ. 25 S. 106. Der Schriftsatz darf mit einem anderen (Ladung, Einlegung eines Rechtsmittels) verbunden werden.

8 **2.** Wird vom Verwalter die Erklärung über die Aufnahme oder die Ablehnung des Prozesses verzögert, d. h. mit Rücksicht auf die vorliegenden Umstände ungebührlich hinausgeschoben, so kann der Prozeßgegner durch Zustellung eines Schriftsatzes den Verwalter zur Aufnahme des Verfahrens und zugleich zur Verhandlung der Hauptsache laden. § 239 ZPO.; RG. 27 S. 357. Kommt der Verwalter der Ladung nicht nach, so hat der Prozeßrichter nach Feststellung der Legitimation des Verwalters (§§ 56, 335 Nr. 2 ZPO.) auf Antrag Versäumnisurteil zu erlassen, aber nur dahin, daß der Verwalter als das Verfahren nicht aufnehmend anzusehen ist, OLG. Hamburg in OLG. 15 S. 224.

9 **3.** Will der Verwalter die Aufnahme des Rechtsstreits ablehnen — wozu er bei einem Streitgegenstande von mehr als 300 Mk. die Genehmigung des GAusschusses, falls ein solcher bestellt ist, einholen muß (§ 133 Nr. 2) — so kann dies nur durch eine ausdrückliche Erklärung geschehen. Prot. S. 11. Stillschweigen gilt als Verzögerung im Sinne der A. III. 2.

Lehnt der Verwalter die Aufnahme ab, so liegt hierin die Erklärung, das betreffende Objekt nicht als Bestandteil der KM. behandeln zu wollen. M. 46. Damit wird der Gegenstand freies Vermögen des GSch. und der letztere selbst bezüglich dieses Gegenstandes prozeßfähig. Es kann also der Prozeß sowohl von ihm als gegen ihn aufgenommen werden. Nimmt der Gegner den Prozeß auf, so erscheint als die andere Partei nur der GSch., nicht der KV., da dieser nicht gezwungen werden kann, ein Aktivum zur Masse zu ziehen. Siegt der GSch. ob, so kann der Verwalter den Gegenstand des Rechtsstreits, auf dessen Heranziehung zur KM. er verzichtet hat, nicht nachträglich wieder für die KM. in Anspruch nehmen. Handelt es sich um einen Anspruch, welcher mit einem zur KM. gehörigen Objekt untrennbar verbunden ist (Beispiel: Grunddienstbarkeit zugunsten eines zur KM. gehörigen Grundstücks), so ist, wenn der KV. die Aufnahme des Prozesses ablehnt, der GSch. zur Aufnahme des Prozesses befugt. Erstreitet er ein obsiegendes Urteil, so kommt dies notwendig der KM. zugute. So Fitting § 7 A. 16; Jaeger A. 32; v. Sarw.-Boss. A. 5; Pet.-Kleinf. A. 11.

10 **4.** Kosten. Hat der Verwalter den Prozeß aufgenommen, so sind die nach der KE. entstandenen Kosten des obsiegenden Gegners jedenfalls eine Masseschuld. Dasselbe wird auch von den vorher entstandenen Kosten gelten müssen, da der Verwalter durch seinen Eintritt in den Prozeß stillschweigend das vorher Geschehene ratihabiert. M. 43; Prot. S. 98. Fitt. § 7 V nimmt an, daß die Kosten, zu denen der GSch. vor der KE., wenn auch noch nicht rechtskräftig, verurteilt worden ist, z. B. gegebenenfalls die Kosten erster Instanz, gegen den Verwalter nur als KForderung geltend gemacht werden können. Lehnt der Verwalter die Aufnahme des Rechtsstreits ab, so kann der Gegner die vor der KE. ihm erwachsenen Kosten keinesfalls nach § 59 Nr. 1 als Masseschuld fordern. Ob er sie als KForderung liquidieren kann, wenn er nachweist, daß im Falle der Durch-

führung des Prozesses der GSch. zur Kostentragung hätte verurteilt werden müssen, ist bestritten. Mit der vorherrschenden Praxis ist die Frage zu bejahen, weil die Verbindlichkeit zum Kostenersatz als prozeßrechtliche Folge des Unterliegens in der Hauptsache schon mit dem Rechtsstreit begründet wird. Vgl. § 3 A. III 7 und v. Wilm.-Kurlb. A. 13. (AM. v. Sarw.-Boss. A. 5.) Nach Ansicht des OLG. Stuttgart in OLG. 15 S. 224 können die Kosten nur gegen den GSch. geltend gemacht werden. Ein Anspruch auf Bewilligung des Armenrechts steht dem KV. nicht zu. RG. 33 S. 366, 50 S. 395. — Gerichtskosten: § 3 A. III 7.

§ 11 (9). **Rechtsstreitigkeiten, welche gegen den Gemeinschuldner anhängig und auf Aussonderung eines Gegenstandes aus der Konkursmasse oder auf abgesonderte Befriedigung gerichtet sind oder einen Anspruch betreffen, welcher als Masseschuld zu erachten ist, können sowohl von dem Konkursverwalter als von dem Gegner aufgenommen werden.**

Erkennt der Verwalter den Anspruch sofort an, so fallen ihm die Prozeßkosten nicht zur Last.

---

1. Die Vorschrift betrifft Prozesse über die Teilungsmasse, welche gegen den GSch., gleichviel in welcher Parteirolle, anhängig sind. (Passivprozesse über die Aktivmasse.) Fernere Voraussetzung ist, daß es es sich handelt um: 1

a. Prozesse über die Aussonderung eines Gegenstandes aus der Masse, z. B. über das Eigentum einer Sache, welche der KV. zur KM. gezogen hat oder über das Nichtbestehen einer vom GSch. in Anspruch genommenen Dienstbarkeit. §§ 43—46. Auch Feststellungsklagen können auf Aussonderung gerichtet sein. Jäger A. 1. (AM. Pet.-Kleinf. A. 12.)

oder **b.** Prozesse über ein Absonderungsrecht, §§ 47—52, z. B. über das Bestehen einer Hypothek an einem zur KM. gehörendem Grundstück, auch wenn der GSch. auf Löschung geklagt hat. Fitting § 7 A. 17; v. Wilm.-Kurlb. A. 2; v. Sarw.-Boss. A. 1. (AM. Jaeger A. 6.) Solange das Grundstück nicht freigegeben ist, muß die Hypothekenklage gegen den Verwalter gerichtet werden. RG. in JW. 30 S. 183. Gibt der Verwalter das Grundstück während des Prozesses frei, so endet damit seine Vertretungsbefugnis, und die Passivlegitimation geht, ohne daß das Verfahren unterbrochen wird, auf den GSch. über; OLG. Hamburg in OLG. 4 S. 166. 2

oder **c.** Prozesse über einen Anspruch, der im K. eine Masseschuld begründet; §§ 17, 59². Dieser Fall liegt nur vor, wenn „die Klage auf einem mit dem GSch. abgeschlossenen, noch nicht erfüllten zweiseitigen Vertrage beruht, dessen Erfüllung nunmehr zur KM. verlangt wird." M. 45. 3

2. Auch im Falle des § 11 wird der Rechtsstreit gemäß §§ 240, 249 ZPO. unterbrochen. Zur Aufnahme berechtigt ist hier — im Gegensatz zu § 10, wo es prinzipaliter nur der KV., und nur, falls er ablehnt, auch GSch. und Gegner sind — sowohl der KV. als auch der Gegner, aber nie der GSch. Dieser kann auch nicht Nebenintervenient sein. Die Aufnahme des Rechtsstreits geschieht durch Zustellung eines Schriftsatzes an den Gegner. § 250 ZPO. Ist eine Rechtsmittelfrist in Lauf zu setzen, so muß, falls dies nicht schon geschehen ist, gleichzeitig mit der Erklärung das Urteil zugestellt werden, OLG. Frankfurt im Recht 7 S. 46. Wenn der KV. für die KM. auf den Gegenstand, bezüglich dessen ein Aussonderungs-, Absonderungs- oder Masseanspruch geltend gemacht wird, verzichtet und erklärt, daß er sich der abgesonderten 4

Befriedigung nicht widersetze, so fallen damit die Voraussetzungen des § 11 fort und ist dem GSch. die Verfügung über den Gegenstand, also auch die Prozeßführung darüber freigegeben. Nimmt aber der Verwalter den betreffenden Gegenstand für die KM. in Anspruch, so kann er allein den aufgenommenen Prozeß fortführen. Durch Widerspruch gegen die Aufnahme des Gegners kann er die Prozeßvertretung nicht ablehnen. v. Wilm.-Kurlb. A. 4.

5 **3.** Kosten. Es muß unterschieden werden, ob die Klage zur Zeit der KE. schon anhängig war oder nicht. Ist die Klage erst nach KE. erhoben, so treffen die Kosten, falls der Verwalter unterliegt, die KM., weil § 11 als Sondervorschrift nur auf Prozesse, die zur Zeit der KE. gegen den GSch. schon anhängig waren, anwendbar ist; so KG. in OLG. 15 S. 86 und OLG. Kassel ebenda 13 S. 102; abweichend OLG. Stettin ebenda 10 S. 189. War die Klage zur Zeit der KE. schon anhängig, so gilt folgendes: Erkennt der Verwalter den Anspruch sofort an, so treffen die Kosten nicht etwa den obsiegenden Gegner, es sei denn daß die Voraussetzungen des § 93 ZPO. vorliegen, sondern den beklagten GSch. Sie sind gewöhnliche KForderung, nicht Masseschuld, so Kammergericht in KGBl. 14 S. 51; OLG. Königsberg in SeuffA. 59 S. 207; OLG. Posen in OLG. 10 S. 192. Kammergericht ebenda 15 S. 226; OLG. Braunschweig ebenda 15 S. 225. Sofortige Anerkennung liegt nicht vor, wenn der KV. die Forderung zwar im ersten Termin anerkannt, aber durch sein Verhalten zur Aufnahme des Prozesses Anlaß gegeben hatte. OLG. Dresden im SächsArch. 7 S. 395. Über die Frage, wie über den Kostenpunkt im Urteilstenor zu befinden ist, herrscht Streit. Die Erwägung, daß in dem über die Hauptsache gefälltem Urteil von Amts wegen auch über den Kostenpunkt entschieden werden muß (§§ 308, 321 ZPO), die KM. aber durch Prozeßkosten keine Verminderung erleiden soll, kann zu der Annahme führen, daß der Prozeßgegner trotz seines Sieges in die sämtlichen Kosten des Rechtsstreits zu verurteilen ist. Fitting § 7 A. 18; v. Sarw.-Boss. A. 4; v. Wilm.-Kurlb. A. 6. (AM. Jaeger A. 14ff., Wolff A. 6.) Die Entstehungsgeschichte des § 11 — Protokolle S. 98 — ergibt aber, daß kein Bedenken besteht, dem GSch. persönlich die Prozeßkosten im Urteilstenor aufzuerlegen. Dem Vorschlag des KG. — KGBl. 14 S. 51 —, die Prozeßkosten dem obsiegenden Gegner mit der Maßgabe aufzuerlegen, daß er berechtigt ist, seine Befriedigung aus der KM. als KForderung zu suchen, ist nicht beizupflichten, weil der Zusatz „mit der Maßgabe usw." nicht Recht zwischen dem Gegner und dem GSch. schafft, also bedeutungslos ist. Handelt es sich in dem Prozesse um ein Absonderungsrecht des Gegners, das, wie bei der Hypothek, der Grundschuld, der Rentenschuld oder dem Pfandrecht an einem Gegenstande des beweglichen Vermögens auch die Kosten der Rechtsverfolgung umfaßt (§§ 1118, 1192, 1210, 1273 BGB.), so kann sich der Prozeßgegner auch wegen seiner Kosten aus dem Absonderungsgegenstande befriedigen. Fitting § 7 A. 18; Jaeger A. 16, 17. v. Wilm.-Kurlb. A. 7.

Unterliegt der Verwalter im Prozesse, so sind die Prozeßkosten Masseschuld, § 59[1].

§ 12 (10). Konkursgläubiger können ihre Forderungen auf Sicherstellung oder Befriedigung aus der Konkursmasse nur nach Maßgabe der Vorschriften für das Konkursverfahren verfolgen.

---

1 **1.** Will ein KGl. die Sicherstellung oder Befriedigung seiner Forderung aus der KM. erwirken, so kann dies nur in dem durch die KO. geordneten Verfahren,

also durch Anmeldung im Konkurse und durch Teilnahme an KVerf. geschehen. Dies gilt auch dann, wenn zur Zeit der KE. ein Rechtsstreit über die Forderung anhängig war oder der Gläubiger bereits einen vollstreckbaren Schuldtitel gegen den GSch. erlangt hatte. § 146 Abs. 3. Der Gläubiger ist aber nicht genötigt, seine Forderung im KVerf. geltend zu machen, er kann sie vielmehr, wenn er auf Befriedigung aus der KM. verzichtet, auch gegen den GSch. persönlich verfolgen, sei es durch Feststellungsklage (§ 256 ZPO.), sei es durch Klage auf Leistung nach Aufhebung des Konkurses. Zwischen der konkursmäßigen und der außerkonkursmäßigen Geltendmachung hat der Gläubiger die Wahl. Die Wahl kann geändert werden. Die gleichzeitige Geltendmachung innerhalb und außerhalb des Konkurses ist ausgeschlossen. So die herrschende Ansicht. M. 46 ff. RG. 25 S. 17; 29 S. 73; v. Wilm.-Kurlb. A. 2; Pet.-Kleinf. A. 2. (AM. Jaeger A. 7 u. 8. Danach ist die Verfolgung einer KForderung gegen den GSch. selbst, abgesehen vom Falle des § 144 Abs. 2, unzulässig. Ebenso Eccius, Gruch. 44 S. 777.)

2 **2.** Prozesse, die zur Zeit der KE. über KForderungen anhängig sind, werden durch die KE. unterbrochen, wenn der KGl. Befriedigung aus der KM. verlangt, nicht aber, wenn er seinen Anspruch gegen den GSch. selbst verfolgen will, denn nur im ersten, nicht im zweiten Falle betrifft der Prozeß die KM. Es ist Sache des KGl. zu erkennen zu geben, ob er das eine oder das andere beabsichtigt. Meldet er seine Forderung im KVerf. an, so wird der Prozeß unterbrochen. Wird die Forderung im KVerf. festgestellt, so ist der Prozeß hinsichtlich der KM. erledigt. Der Gläubiger kann die ihm im Prozesse entstandenen Kosten gegen die Masse als KForderungen anmelden. Ist die Forderung im KVerf. streitig geblieben, so ist es Sache des KGl., den Prozeß gegen den bestreitenden KV. oder die bestreitenden andern Gläubiger aufzunehmen. §§ 144, 146. Der KV. ist dazu, abgesehen vom Falle des § 146 Abs. 6, nicht berechtigt. Die Absicht des Gläubigers, seinen Anspruch nicht gegen die KM. sondern gegen den GSch. persönlich verfolgen zu wollen, wird, wenn sie nicht ausdrücklich erklärt wird, ohne weiteres dann anzunehmen sein, wenn der Gläubiger nach der KE. gegen den GSch. klagt. RG. 29 S. 75.

3 **3.** Auch die Forderungen, deren Geltendmachung nicht im Rechtswege, sondern im Verwaltungswege erfolgt (z. B. Steuerforderungen), werden durch § 12 betroffen. Sie unterliegen gleichfalls der Anmeldung und Verfolgung im KVerf., nach Maßgabe der KO. § 146 Abs. 5. Da auf sie nicht die ZPO. Anwendung findet, so ist die Frage, ob und wie anhängige Verwaltungsprozesse durch die KE. unterbrochen werden, nach den landesrechtlichen Vorschriften über das Verwaltungsverfahren zu entscheiden. M. 49.

§ 13 (10 a). **Ein gegen den Gemeinschuldner bestehendes Veräußerungsverbot der in den §§ 135, 136 des Bürgerlichen Gesetzbuchs bezeichneten Art ist den Konkursgläubigern gegenüber unwirksam; wirksam bleibt jedoch eine bei der Zwangsvollstreckung in das unbewegliche Vermögen erfolgte Beschlagnahme.**

---

1 **1.** Ein gesetzliches Veräußerungsverbot, das nur den Schutz bestimmter Personen bezweckt (§ 135 BGB.), sowie ein Veräußerungsverbot, das von einem Gericht oder von einer andern Behörde innerhalb ihrer Zuständigkeit, z. B. auf Grund einer einstweiligen Verfügung nach § 938 Abs. 2 ZPO., erlassen wird (§ 136 BGB.), ist den KGl. gegenüber unwirksam, weil das Konkursverfahren eine Gleichstellung aller

Gläubiger verlangt, steht also der vollen Wirksamkeit der vom KV. vorgenommenen Veräußerung oder sonstigen Verfügung nicht entgegen. Dies auch dann nicht, wenn das Veräußerungsverbot ins Grundbuch eingetragen ist. Eine förmliche Aufhebung der betreffenden einstweiligen Verfügung ist nicht erforderlich. Für den GSch. bleibt — auch für die Zeit nach Beendigung des K. — das Verbot bestehen. — Wegen der Vormerkungen s. § 24.

2 2. Eine Ausnahme tritt ein für die bei der Zwangsvollstreckung in das unbewegliche Vermögen zugunsten des betreibenden Gläubigers erfolgte Beschlagnahme, da diese Beschlagnahme zugleich ein Recht auf abgesonderte Befriedigung gewährt (§§ 10 Nr. 5, 162 ZwVG. in Verbindung mit § 47 KO.), das demgemäß dem KGl. gegenüber wirksam bleiben muß. M. z. KNov. 27.

§ 14 (11). **Während der Dauer des Konkursverfahrens finden Arreste und Zwangsvollstreckungen zugunsten einzelner Konkursgläubiger weder in das zur Konkursmasse gehörige, noch in das sonstige Vermögen des Gemeinschuldners statt.**

In Ansehung der zur Konkursmasse gehörigen Grundstücke, sowie der für den Gemeinschuldner eingetragenen Rechte an Grundstücken oder an eingetragenen Rechten kann während der Dauer des Konkursverfahrens eine Vormerkung auf Grund einer einstweiligen Verfügung zugunsten einzelner Konkursgläubiger nicht eingetragen werden. Das gleiche gilt von der Eintragung einer Vormerkung in Ansehung eines Schiffspfandrechts.

---

1 1. Das Verbot des Abs. 1 gilt nur für das inländische Vermögen eines deutschen GSch.; RG. 14 S. 407. Inwieweit das im Ausland befindliche Vermögen eines deutschen GSch. zur KM. gezogen werden kann, hängt von der betreffenden ausländischen Gesetzgebung ab; RG. 54 S. 193. In das inländische Vermögen eines ausländischen GSch. kann Zwangsvollstreckung vorgenommen werden, § 237. § 14 gilt nicht für den Konkurs des Gläubigers, OLG. Dresden in SeuffA. 57 S. 161.

2 Absatz 1 betrifft **a.** subjektiv alle KGl., mögen sie sich auf den Konkurs eingelassen haben oder nicht, auch selbst dann, wenn sie auf die Teilnahme am Konkurse verzichtet haben. Die in § 63 Nr. 3 u. 4 bezeichneten Gläubiger sind keine KGl. und können sich daher an das konkursfreie Vermögen des GSch. auch während der Dauer des Konkurses halten. Ebensowenig werden Massegläubiger, Aussonderungs- und Absonderungsberechtigte von § 14 betroffen. Es kann z. B. ein Hypothekengläubiger auch noch nach der KE. die Zwangsverwaltung ausbringen, RG. 52 S. 138, dagegen nicht die Grundstücksmieten pfänden, OLG. Dresden in den Annalen dieses Gerichts 27 S. 559. Auch können neue Gläubiger, deren Forderungen erst nach der KE. entstanden sind, gegen das nicht zur KM. gehörige Vermögen des GSch. mit Arresten und ZwVollstreckungen vorgehen.

3 **b.** Objektiv bezieht sich das Verbot sowohl auf das zur KM. gehörige, als auf das sonstige Vermögen des GSch. Das letztere umfaßt sowohl das, was gesetzlich nicht zur Masse gehört, als auch dasjenige, was der Verwalter dem GSch. freigegeben hat, und den neuen Erwerb, welchen der GSch. während des Konkurses durch eigene Tätigkeit, Erbschaften, Vermächtnisse oder sonstige Glücksfälle macht. Das sonstige Vermögen des GSch. ist während des KVerf. deshalb nicht angreifbar, um

dem GSch. die Erwerbs- und Kreditfähigkeit wieder zu ermöglichen. M. 51. Auch von der Teilnahme an dem über den neuen Erwerb eröffneten zweiten Konkurse sind die Gläubiger des ersten Konkurses während dessen Dauer ausgeschlossen.

c. Inhaltlich ist das Verbot beschränkt auf Zwangsvollstreckungen 4
und Arreste. Anträge auf persönlichen Arrest (§ 918 ZPO.) und auf Leistung des Offenbarungseides (§§ 899 ff. ZPO.) sind Teile der Zwangsvollstreckung, werden also von dem Verbote mit umfaßt. Dagegen findet § 14 keine Anwendung auf die Bestätigung eines Arrestes, wenn der Schuldner zur Hemmung der Arrestvollziehung den im Arrestbefehl festgestellten Geldbetrag vor der KE. hinterlegt hatte, RG. 56 S. 145. Ein Verwaltungszwangsverfahren ist ebenfalls unzulässig. Die Zulässigkeit einer Aufrechnung wird durch § 14 nicht betroffen; RG. 26 S. 66. Auch die Erteilung eines Vollstreckungsbefehls ist zulässig, da diese noch keine Zwangsvollstreckung ist.

2. Die Dauer des Verbots der Einzelexekution erstreckt sich auf die Zeit- 5
dauer des KVerf. Bis zur KE. ist der Gläubiger in der Zwangsvollstreckung nicht behindert, selbst wenn der Antrag auf KE. gestellt sein sollte. Nur dann, wenn ihm ein nach § 106 erlassenes Veräußerungverbot nachgewiesen wird, kann er eine Pfändung wirksam nicht vornehmen.

Nach der KE. darf eine Zwangsvollstreckung nicht mehr vorgenommen werden. Ist aber bei der Eröffnung des KVerf. der Arrest oder die Zwangsvollstreckung schon bis zur Pfändung gediehen, so hat der Gläubiger ein Pfandrecht erlangt; §§ 804, 930 ZPO. Er tritt also in die Reihe der Absonderungsberechtigten, ist dem § 14 überhaupt nicht unterworfen und kann sein abgesondertes Recht auch trotz des KVerf. durch Zwangsvollstreckung verfolgen. Die gemäß § 845 ZPO. erfolgte Benachrichtigung von einer bevorstehenden Pfändung hat nicht die Wirkung der Pfändung selbst; deshalb kann der Gläubiger, falls das KVerf. nach der Benachrichtigung von der bevorstehenden Pfändung, aber vor der Pfändung selbst eröffnet wird, die Zwangsvollstreckung nicht weiter betreiben; RG. 26 S. 425; Gruch. 28 S. 278.

Nach der Aufhebung des KVerf. fällt die Anwendbarkeit des § 14 fort. Die Gläubiger können alsdann auch die vom KV. freigegebenen oder übersehenen Bestandteile der früheren KM. in Anspruch nehmen (§ 164. RG. JW. 90 S. 114).

3. Vollstreckungsakte, die dem Verbote des § 14 zuwiderlaufen, sind — ab- 6
weichend von den Rechtshandlungen des § 15 — schlechthin, also nicht nur den KGl., sondern auch dem GSch. gegenüber unwirksam, RG. 28 S. 284. Es ist Sache der Vollstreckungsorgane sowohl wie des Grundbuchamts, Vollstreckungen, die mit dem Verbote in Widerspruch stehen, abzulehnen. Sind dennoch solche unzulässige Vollstreckungen vorgenommen, so kann jeder Beteiligte (KV., KGl. und GSch.) dagegen nach § 766 ZPO. Einwendungen erheben; RG. 29 S. 76. Die unzulässigerweise eingetragene Zwangs- und Arresthypothek verwandelt sich in eine Eigentümergrundschuld (§§ 866, 868, 932, 945 ZPO., § 1163 Abs. 1 BGB.), ist also nicht von Amts wegen zu löschen. Wohl aber kann die Löschung beantragt werden. Zum Antrage ist, soweit es sich um Massenrechte handelt, der KV., im übrigen der GSch. berechtigt (§§ 13, 22, 27, 29, 30 GBO.). Jaeger A. 22.

4. Abs. 2, durch die KNov. neu eingefügt, stellt den Grundsatz auf, daß die 7
zwangsweise Eintragung einer Vormerkung auf ein zur KM. gehöriges Grundstück oder eingetragenes Schiff in das Grundbuch oder Schiffsregister auf Grund einer einstweiligen Verfügung der Zwangsvollstreckung gleichsteht, also ebenso wie diese während des KVerf. zugunsten einzelner KGl. unzulässig ist; KNov. M. 28. Als

einstweilige Verfügungen im Sinne dieser Vorschrift kommen nun diejenigen in Betracht, die gemäß §§ 883, 885 BGB. zur Sicherung eines Rechts an Grundstücken oder an eingetragenen Rechten bzw. zur Sicherung eines Schiffspfandrechts erlassen sind; v. Wilm.-Kurlb. A. 6. Nur eine Vormerkung darf nicht eingetragen werden, wohl aber ein Widerspruch.

8 5. Eine Abweichung von dem Grundsatz des § 14 ist zugelassen im § 13 Abs. 5 des RAnfechtG. „Rechtshandlungen, welche der GSch. rücksichtlich seines nicht zur KM. gehörigen Vermögens vorgenommen hat, können von den KGl. auch während des KVerf.... angefochten werden."

§ 15 (12). Rechte an den zur Konkursmasse gehörigen Gegenständen, sowie Vorzugsrechte und Zurückbehaltungsrechte in Ansehung solcher Gegenstände können nach der Eröffnung des Verfahrens nicht mit Wirksamkeit gegenüber den Konkursgläubigern erworben werden, auch wenn der Erwerb nicht auf einer Rechtshandlung des Gemeinschuldners beruht. Die Vorschriften der §§ 878, 892, 893 und des § 1260 Abs. 1 des Bürgerlichen Gesetzbuchs bleiben unberührt.

1 **1.** Abweichend von dem bisherigen § 12, der von den Rechten an den zur KM. gehörigen Gegenständen nur die Pfand- und Hypothekenrechte hervorhebt, bezieht sich § 15 auf alle dinglichen Rechte an diesen Gegenständen, auch auf Eigentum, Erbbaurecht, Dienstbarkeiten, Reallasten, dingliches Vorkaufsrecht und bestimmt, daß solche Rechte nach der KE. nicht mehr mit verbindlicher Kraft gegenüber den KGl. erworben werden können, auch wenn der Erwerb nicht auf einer Rechtshandlung des GSch. beruht. Daß ein Erwerb, der auf einer nach der KE. vom GSch. vorgenommenen Rechtshandlung beruht, den KGl. gegenüber unwirksam ist, erhellt aus § 7. Der Umstand, daß schon vor der KE. ein Anspruch auf Erlangung des Rechtes vorhanden, daß z. B. vom GSch. ein Verpfändungsversprechen abgegeben war, steht der Anwendung des § 15 nicht entgegen. So kann ein vor der KE. zugunsten des Gläubigers ergangenes Teilurteil auf Hypothekeneintragung nach der KE. nicht mehr durch Eintragung im Grundbuch vollzogen werden, RG. im Recht 4 S. 153. Ferner kann der Käufer eines Grundstücks, für den nach der Bezahlung des Kaufpreises auf Grund einstweiliger Verfügung eine Vormerkung auf Auflassung des gekauften Grundstücks eingetragen ist, nach der KE. über das Vermögen des Verkäufers nicht auf Auflassung klagen, wenn die einstweilige Verfügung vor, die Eintragung der Vormerkung aber erst nach der KE. erfolgt war, OLG. Celle im Recht 7 S. 240. Die Bestimmung des Zeitpunktes der KE. regelt § 108; für die Vermutung des § 7 Abs. 3 ist kein Raum. Rechtshandlungen des zur Verwertung der KM. berufenen Verwalters sind selbstredend von der Anwendung des § 15 ausgeschlossen. § 15 verbietet nur den Erwerb, nicht auch die Erhaltung von erworbenen Rechten, z. B. des Vermieterpfandrechts nach §§ 560, 561 BGB. Aus demselben Grunde unterliegen, wenn infolge Zahlung durch den KV. der Eigentumsvorbehalt eines Dritten an Zubehörstücken, z. B. Maschinen, wegfällt (§ 1120 BGB.), die Zubehörstücke dem Absonderungsrecht des Hypothekengläubigers, RG. 53. S. 350.

2 **2.** Die Erfordernisse des Rechtserwerbes bestimmt das bürgerliche Recht. Auf den Fall des Eigentumserwerbes durch Verbindung, Vermischung oder Verarbeitung (§§ 946—951 BGB.) findet § 15 keine Anwendung; Jaeger A. 11; ebensowenig auf den Erwerb von Erzeugnissen und sonstigen Bestandteilen einer zur KM. gehörigen

Sache (§§ 954 – 957 BGB.); v. Wilm.-Kurlb. A. 8, 11. Eine Vollendung der Ersitzung zum Nachteil der KGl. ist durch § 15 ausgeschlossen; §§ 937 ff. BGB. — Die Übertragung bereits begründeter Rechte ist dem § 15 nicht unterworfen, weil durch sie die KGl. in ihren Rechten keinen Abbruch erleiden. M. 57. Nur dann findet § 15 Anwendung, wenn die Übertragung eine Beeinträchtigung der Rechte der KGl. in sich schließt. Eine Beeinträchtigung liegt z. B. dann vor, wenn das von vornherein der Anfechtung unterliegende Absonderungsrecht (§§ 29 ff.) durch die Übertragung unanfechtbar wird; Jaeger A. 24 ff.; Pet.-Kleinf. A. 5. (AM. RG. 34 S. 59.) — Die Unwirksamkeit des § 15 erstreckt sich nur auf den nach der KE. vollzogenen Rechtserwerb und gilt nur dem KGl. gegenüber. RG. 28 S. 284. Anders der in § 14 erwähnte Erwerb. Dieser ist schlechthin auch dem GSch. und seinen sämtlichen Gläubigern gegenüber unwirksam. — Eine durch die Rücksicht auf die Sicherheit des Rechtsverkehrs gebotene Beschränkung der Regel des Abs. 1 enthält der — durch die KNov. — neu eingefügte Satz 2.

a. Hat der GSch. vor der KE. eine Eintragung in das Grundbuch (§ 878 3
BGB.) oder Schiffsregister (§ 1260 Abs. 1 BGB.) bewilligt, so ist die nach der KE. bewirkte Eintragung auch den KGl. gegenüber dann wirksam, wenn schon vor der KE. die Eintragung von dem GSch. in für ihn bindender Weise bewilligt (§§ 873 Abs. 2; 875, 877, 1260 BGB.) und der Antrag auf die Eintragung bei dem Grundbuchamt oder der Schiffsregisterbehörde eingereicht war. Die Aushändigung der Eintragungsbewilligung an den Begünstigten genügt nicht; KG. in OLG. 4 S. 196.

b. Hat der GSch. vor der KE. bindend oder nach der KE. eine Eintragung 4
bewilligt, so kann derjenige, zu dessen Gunsten die Bewilligung erklärt ist, mit Wirksamkeit gegenüber den KGl. auch dann eine Eintragung erwirken, wenn zur Zeit der Stellung des Antrages auf Eintragung oder, sofern die nach § 873 BGB. erforderliche Einigung erst später zustande kam, zur Zeit der Einigung die KE. schon erfolgt, aber weder aus dem Grundbuch ersichtlich (§ 113) noch dem Erwerber bekannt war; § 892. M. KNov. 28. Unter denselben Voraussetzungen kann auch ein Dritter vorbehaltlich der Anfechtung gemäß § 42 mit Wirksamkeit gegenüber den KGl. Rechte von demjenigen erwerben, der nach der KE. im bösen Glauben einen den KGl. gegenüber unwirksamen Erwerb gemacht hat; Pet.-Kleinf. A. 4; Jaeger A. 42. Dieser Satz muß auch im Gebiete des Mobiliarrechts auf den vom Dritten gemachten redlichen Erwerb Anwendung finden (§§ 932, 936, 1032, 1207, 1208, 1244, 2366 ff. BGB.); Jaeger A. 42 ff.; v. Wilm.-Kurlb. A. 9.

Die Eintragung der erwähnten unwirksamen Rechte darf nicht abgelehnt werden, da die Unwirksamkeit nur gegenüber den KGl. besteht.

Eintragungen im Wege der Zwangsvollstreckung betrifft der Satz 2 des § 15 nicht; diese sind vielmehr, auch wenn der Antrag schon vor der KE. gestellt war, nach § 14 unzulässig.

§ 16 (14). **Befindet sich der Gemeinschuldner mit Dritten in einem Miteigentume, in einer Gesellschaft oder in einer anderen Gemeinschaft, so erfolgt die Teilung oder sonstige Auseinandersetzung außerhalb des Konkursverfahrens.**

Eine Vereinbarung, durch welche bei einer Gemeinschaft nach Bruchteilen das Recht, die Aufhebung der Gemeinschaft zu verlangen, für immer oder auf Zeit ausgeschlossen oder eine Kündigungsfrist be-

stimmt worden ist, wirkt nicht gegen die Konkursmasse. Das gleiche gilt von einer Anordnung dieses Inhalts, die ein Erblasser für die Gemeinschaft seiner Erben getroffen hat.

---

1 1. Diese Vorschrift findet Anwendung auf alle Fälle einer Gemeinschaft des GSch. mit einer anderen Person, „betreffe die Gemeinschaft eine einzelne Sache, einen Sachinbegriff oder einen Rechtsinbegriff, beruhe sie auf Vertrag, auf Beerbung oder anderen Gründen, bestehe sie mit dem Ehegatten oder mit anderen Personen", ohne Rücksicht, ob die Eröffnung des Konkurses die Aufhebung solcher Gemeinschaft bewirkt (HGB. § 131 Nr. 5), oder ob eine Aufhebung aus anderen Gründen oder freiwillig herbeigeführt wird. Von Gemeinschaften zur gesamten Hand kommen in Betracht die Gesellschaft des bürgerlichen Rechts (§§ 705 ff. BGB.), die offene Handelsgesellschaft (§§ 105 ff. HGB.), die Kommanditgesellschaft (§§ 161 ff. HGB.), die Erbengemeinschaft (§§ 2032 ff. BGB.). Bei der stillen Gesellschaft ist das Geschäftsvermögen alleiniges Vermögen des Inhabers des Handelsgeschäfts (§ 335 HGB.). Es muß aber zwischen diesem und dem stillen Gesellschafter im Falle des Konkurses des einen und des andern eine Auseinandersetzung stattfinden (§ 340 HGB; § 728 BGB.); hieraus folgt die Anwendung des § 16. RG. JW. 85 S. 187; 8 S. 198; 88 S. 23; 01 S. 404. Die Auseinandersetzung zwischen Komplementär und stillem Gesellschafter erfolgt auf Grundlage des Vermögensstandes zur Zeit der KE. Die Auseinandersetzung ist aber nicht eine bloße Abrechnung auf Grund aufgenommener Taxen, sondern enthält auch die Abwicklung bereits begonnener, aber noch nicht beendeter Geschäfte, RG. in JW. 30 S. 404. Beim Konkurse des Komplementärs hat der stille Gesellschafter aber keinen Anteil an dem Geschäftsgewinn, den der KV. während des Konkurses erzielt, OLG. Dresden in SächsOLG. 23 S. 322. In den Fällen der ehelichen Gütergemeinschaft kann mit Rücksicht auf die Bestimmungen des § 2 eine Auseinandersetzung zum Zwecke der Ermittelung des Anteils des GSch. dann stattfinden, wenn nach Beendigung der Gütergemeinschaft, aber vor dem Bewirken der Auseinandersetzung in Ansehung des Gesamtguts der Konkurs über das Vermögen eines der Ehegatten eröffnet wird; v. Sarw.-Boss. A. 2; Jaeger A. 2; v. Wilm.-Kurlb. A. 2; Pet.-Kleinf. A. 2.

2 2. Die Auseinandersetzung erfolgt außerhalb des KVerf. so, wie wenn kein Konkurs eröffnet wäre. Dies gilt sowohl bezüglich der Art und Weise der Auseinandersetzung als bezüglich deren Voraussetzungen. In Betracht kommen z. B. für die Gesellschaft §§ 731 ff. BGB., für die Gemeinschaft nach Bruchteilen §§ 752 ff. BGB., für die Erbengemeinschaft §§ 2042 ff. BGB., für offene Handelsgesellschaften §§ 145 ff. HGB., für die stille Gesellschaft §§ 340 ff. HGB. Im Auseinandersetzungsverfahren hat der KV. die Stelle des GSch. einzunehmen; M. 61. Zur KM. des Gemeinschaftsgenossen gehört nur dessen durch die Auseinandersetzung ermittelter Reinanteil, d. h. dasjenige, was von seinem Anteil nach der Berichtigung der gemeinschaftlichen Schulden übrig bleibt. Fitting § 19 I 3; Jaeger A. 17; v. Sarw.-Boss. A. 3. Es sind daher schon bei der Auseinandersetzung außer den dem GSch. zur Last fallenden Forderungen der Gemeinschaftsgläubiger auch die Forderungen der übrigen Teilhaber an ihn aus jenem Verhältnis zu berücksichtigen. Ist aber bei der Auseinandersetzung die Forderung eines Teilhabers nicht berichtigt, so kann er wegen dieser nach § 51 abgesonderte Befriedigung aus dem Anteil des GSch. verlangen. Fitting a. a. O.

3 3. Der in dem neu eingefügten Abs. 2 den Gläubigern eines Teilhabers der

Gemeinschaft für das KVerf. gewährte Schutz ist ihnen durch §§ 751 Satz 2, 2044 Abs. 1 BGB. auch außerhalb des KVerf. gewährt worden. Die Vorschrift bezieht sich aber nur auf die beiden in Abs. 2 ausdrücklich ausgesprochenen Teilungsbeschränkungen. Andere Teilungsbeschränkungen (z. B. §§ 1066 Abs. 2, 1258 Abs. 2 Satz 1, 2043, 2045 BGB.) binden auch den KV.; Jaeger A. 14—16; Fitting § 13 A. 38. Dieser hat nicht etwa auf Grund des § 16 das Recht, die Auseinandersetzung zu verlangen; § 16 sagt vielmehr nur, daß konkursrechtlich über die Teilung oder Auseinandersetzung von Gemeinschaften nichts festgesetzt werde; RG. 40 S. 44.

Zweiter Titel.

Erfüllung der Rechtsgeschäfte.

§ 17 (15). Wenn ein zweiseitiger Vertrag zur Zeit der Eröffnung des Konkursverfahrens von dem Gemeinschuldner und von dem anderen Teile nicht oder nicht vollständig erfüllt ist, so kann der Konkursverwalter an Stelle des Gemeinschuldners den Vertrag erfüllen und die Erfüllung von dem anderen Teile verlangen.

Der Verwalter muß auf Erfordern des anderen Teils, auch wenn die Erfüllungszeit noch nicht eingetreten ist, demselben ohne Verzug erklären, ob er die Erfüllung verlangen will. Unterläßt er dies, so kann er auf der Erfüllung nicht bestehen.

---

1. Voraussetzungen. **a.** Ein zweiseitiger Vertrag oder wie ihn 1
das BGB. bezeichnet, gegenseitiger Vertrag, d. h. ein jeder Vertrag, bei welchem die den Vertragschließenden obliegenden Leistungen einander als Leistung und Gegenleistung gegenübertreten; §§ 320—327 BGB. Beispiele solcher Verträge sind der Kauf-, Tausch-, Trödel-, Fracht-, Werkvertrag, Aktienzeichnungsverträge (ROHG. 25 S. 292; RG. 2 S. 262; a. M. Jaeger A. 4), Dienstvertrag, Agenturvertrag, Miete, Pacht, Vergleich, ein entgeltlicher Verwahrungsvertrag. Dagegen werden vom § 17 nicht betroffen einseitige Verträge, z. B. Darlehen, Schenkung, Bürgschaft, Auftrag (vgl. § 23). Nur dann können einseitige Verträge unter den § 17 fallen, wenn in ihnen ausnahmsweise eine Gegenleistung versprochen ist, z. B. Schenkung unter Auflage einer Leistung an den Schenker; § 525 BGB.; a. M. Jaeger A. 2.

Besondere Bestimmungen enthalten § 18 bezüglich der Fixgeschäfte, §§ 19—22 bezüglich der Pacht- und Mietverträge sowie der Dienstverhältnisse, § 25 bezüglich gewisser Vorbehalte seitens der Reichs- oder Landesgesetze, die §§ 36—38 des Ges. über das Verlagsrecht v. 19. Juni 1901 (RGBl. S. 217) bezüglich des Verlagsvertrags.

b. Rückständige Erfüllung. Der Vertrag muß zur Zeit der KE. noch 2
von beiden Teilen ganz oder teilweise zu erfüllen sein. Es ist also dem § 17 die Anwendbarkeit versagt, wenn auch nur einer der beiden Teile den Vertrag vollständig erfüllt hat. War der Vertrag von seiten des GSch. erfüllt, so liegt eine Masseforderung vor. Der KV. kann die rückständige Gegenleistung des Mitkontrahenten zur KM. erfüllt verlangen. Das Recht, die von dem GSch. vollzogene Leistung zurückzufordern, kann er aus der KE. nicht herleiten und nur dann geltend machen, wenn aus anderweiten Gründen nach bürgerlichem Rechte der Rücktritt vom Vertrage

zulässig ist. Hat der andere Teil vollständig erfüllt, so steht ihm nur frei, gemäß § 26 eine Entschädigungsforderung als KForderung geltend zu machen, sofern ihm nicht ein Anspruch auf abgesonderte Befriedigung zusteht.

3 2. Die Frage, ob eine vollständige Erfüllung des Vertrages von beiden Teilen stattgefunden hat, ist nach dem Inhalt des Vertrages und nach dem bürgerlichen Rechte zu beurteilen; ROHG. 7 S. 43; Strieth. 13 S. 237; 44 S. 202. Zur Erfüllung eines Kaufvertrages über Grundstücke gehört die Auflassung; §§ 433, 925 BGB. Tilgung einer Forderung durch Hingabe von Wechseln tritt nur dann ein, wenn bewiesen wird, daß die Wechsel nicht zahlungshalber — was vermutet werden soll —, sondern an Zahlungsstatt gegeben und angenommen sind; ROHG. 7 S. 43; 10 S. 48; Strieth. 13 S. 237; 44 S. 202; OTr. 28 S. 199; 63 S. 151. Unvollständig erfüllt ist auch dann, wenn die Verpflichtung zur Gewährleistung gemäß §§ 434, 459 BGB. besteht. Bei einem Verkaufe mit Eigentumsvorbehalt (§ 458 BGB.) hat der Verkäufer durch Übergabe der Sache noch nicht vollständig erfüllt. Seine auf Verschaffung des Eigentums gerichtete obligatorische Verpflichtung aus dem Kaufvertrage bleibt bis zum Eintritt der Bedingung (meist vollständige Zahlung des Kaufpreises) bestehen, erst mit diesem Zeitpunkt wird der dingliche Vertrag der Eigentumsübertragung perfekt; so RG. 64 S. 204; 64 S. 324; JW. 07 S. 315. Die bloße Möglichkeit einer späteren Leistungspflicht, z. B. der späteren Gewährleistung, kann aber als ein Mangel der Erfüllung nicht in Betracht kommen; Jaeger A. 22, 23; Pet.-Kleinf. A. I 6; v. Sarw.-Boss. A. 2; v. Wilm.-Kurlb. A. 4. Liegt ein Mangel der Erfüllung vor, so ist der größere oder geringere Umfang dieses Mangels auf die Anwendbarkeit des § 17 ebenso ohne Einfluß (Strieth. 39 S. 218; 44 S. 202), als der Grund, aus welchem die Erfüllung unterblieben (RG. JW. 82 S. 91; Strieth. 52 S. 119) und der Umstand, daß schon vor der KE. auf Erfüllung des Vertrages geklagt worden ist; Strieth. 39 S. 218.

Bei einem Rückversicherungsvertrage ist, wenn der Rückversicherte in Konkurs gerät, der Rückversicherer verpflichtet, wegen eines vor der KE. eingetretenen Schadensfalles die Rückversicherungssumme in voller Höhe zur KM. einzuzahlen, RG. 55 S. 86.

Hat der Verwalter einen von dem GSch. angefangenen Bau mit Mitteln der Masse vollendet, so steht der Masse die Gegenleistung zu, nicht etwa einem Gläubiger des GSch., der diesen Anspruch auf die Gegenleistung schon vor der KE. hatte pfänden und sich überweisen lassen, RG. 63 S. 361 bzw. JW. 06 S. 574.

4 3. Das Wahlrecht aus § 17 steht nur dem KV. zu u. zwar unbedingt, wird also auch dadurch nicht ausgeschlossen, daß der andere Teil schon auf Erfüllung geklagt hat; Strieth. 39 S. 218. Hat er von diesem im Interesse der KGl. auszuübenden (RG. 17 S. 85; JW. 87 S. 207) Rechte während der Dauer des Konkurses keinen Gebrauch gemacht, so ist es erloschen; der GSch. kann nach der KAufhebung das Wahlrecht nicht ausüben.

Inhaltlich gibt das Wahlrecht dem Verwalter die Befugnis, die Erfüllung des Vertrages zu verlangen. Dieses Verlangen kann ausdrücklich ausgesprochen werden oder aus den Umständen hervorgehen, muß aber den ganzen Vertrag umfassen. Eine Teilung der Vertragsleistungen derart, daß nur bezüglich einiger Erfüllung verlangt, bezüglich der übrigen der Gegner auf eine KForderung verwiesen wird, steht dem KV. nicht zu. Im Falle der Teilbarkeit der Leistung unterliegt der Vertrag im ganzen der Anwendung des § 17. Pet.-Kleinf. A. 7; v. Sarw.-Boss.

A. 2b; v. Wilm.-Kurlb. A. 8; RG. in JW. 33 S. 392 (AM. Jaeger A. 16). Hat der Verwalter die gänzliche Erfüllung eines Sukzessivlieferungsvertrags ohne Kenntnis von dem Bestehen unbezahlter Kaufpreisforderungen für die vor der KE. gemachten Lieferungen verlangt, so kann er seine Erklärung wegen Irrtums anfechten, RG. 62 S. 201. Ein Widerrufsrecht wegen der getroffenen Wahl steht dem Verwalter nicht zu. Verlangt der Verwalter die Erfüllung, so hat er auch seinerseits den Vertrag so zu erfüllen, als ob kein Konkurs eröffnet worden wäre. Die Erfüllung ist von ihm zu leisten „an Stelle des GSch.". Er sukzediert also nicht in das Vertragsverhältnis, sondern macht es an Stelle des GSch. geltend. M. 68. Deshalb können ihm auch alle Einwendungen aus der Person der GSch. entgegengesetzt werden, selbst wenn sie sich auf Tatsachen gründen, die ihm erst nach Ausübung des Wahlrechts bekannt geworden sind. Hat z. B. der GSch. vor der KE. seine Forderung abgetreten, so muß sich der Verwalter diese Abtretung gefallen lassen. Rassow in Gruch. 28 S. 748. Dasselbe gilt, wenn die Forderung des GSch. vor der KE. gepfändet ist; RG. 11 S. 49. Der andere Kontrahent hat einen Anspruch auf die volle Gegenleistung; dieser Anspruch ist eine Masseschuld; § 59 Nr. 2. Die Modalitäten der beiden Leistungen, ob beide Zug um Zug, ob eine vor der anderen zu erfüllen, bestimmen sich nach dem Vertrage. Ein Recht auf Sicherstellung wird für den anderen Kontrahenten durch den Konkurs nicht begründet. M. 69. Doch hat er dies Recht dann, wenn es ihm nach Vertrag oder Gesetz (WO. Art. 29) gegenüber dem GSch. selbst zusteht; v. Wilm.-Kurlb. A. 7.

4. Eine Frist zur Ausübung des Wahlrechts ist nicht angeordnet. 5
Dem anderen Kontrahenten steht aber die Befugnis zu, den KV. zur Erklärung darüber aufzufordern, ob er die Erfüllung verlange. Die Aufforderung kann schon vor Eintritt der Erfüllungszeit erfolgen. Eine Form ist nicht vorgeschrieben; deshalb erscheint eine schriftliche oder mündliche Aufforderung ausreichend. Hat der andere Teil die Aufforderung durch einen öffentlichen Beamten (z. B. Gerichtsvollzieher) ergehen lassen, so wird er auf einen Ersatz der hierdurch entstandenen Kosten nur dann rechnen können, wenn das Verhalten des Verwalters die Wahl dieser besonderen Form notwendig gemacht hat; v. Wilm.-Kurlb. A. 9. Ein Bevollmächtigter des anderen Teils braucht der Aufforderung seine Vollmacht nicht beizufügen, sondern kann abwarten, ob der KV. die Vorlegung verlangt. § 174 BGB. OTr. 78 S. 22. Der KV. muß sich auf die Aufforderung ohne Verzug erklären. Eine bestimmte Form ist für die Erklärung ebensowenig vorgesehen wie für die Aufforderung. Der Ausdruck „ohne Verzug" („ohne schuldhaftes Zögern", § 121 BGB.) läßt eine Berücksichtigung der einzelnen Umstände zu. M. 69. Es muß also dem Verwalter soviel Zeit gelassen werden, als er zur pflichtmäßigen Vorbereitung seiner Entschließung bedarf. Handelt es sich um einen Wertgegenstand von mehr als 300 Mk., so hat der KV., wenn er Erfüllung verlangen will, die Genehmigung des Gläubigerausschusses einzuholen, falls ein solcher bestellt ist (§ 133 Nr. 2), er darf aber nicht die Abgabe seiner Erklärung bis zur Bestellung des Gläubigerausschusses hinausschieben.

5. Wenn der KV. auf die an ihn gerichtete Aufforderung des 6
anderen Teiles sich nicht rechtzeitig erklärt, oder ausdrücklich sich für Nichterfüllung entscheidet, so ist die Erfüllung des Vertrages ausgeschlossen. RG. Bolze 2 Nr. 1999; JW. 92 S. 371. Die Ausschließung der Erfüllung ist nicht auf die Dauer des Konkurses und auf das Verhältnis zwischen dem Gegenkontrahenten des GSch. und dem KV. beschränkt, sondern gilt — da der Zweck der

Vorschrift darauf gerichtet ist, eine endgültige Entscheidung über die Erfüllungspflicht herbeizuführen, M. 67 — auch für die Zeit nach Aufhebung des KVerf. und gegenüber dem GSch.; RG. 41 S. 133. Der andere Teil kann nur einen auf das Erfüllungsinteresse gerichteten Entschädigungsanspruch im KVerf. geltend machen. § 26; RG. 11 S. 49; 17 S. 80; 21 S. 5; 26 S. 94; JW. 92 S. 15; 94 S. 181; 95 S. 601 (AM. *Fitting* § 6 A. 10, 11). Eine Aufhebung des Vertrages tritt nicht ein. Deshalb ist auch kein Teil berechtigt, das auf Grund des Vertrages bereits Geleistete von dem Vertragsgegner zurückzuverlangen. RG. *Bolze* 2 Nr. 1999; 8 Nr. 1040; JW. 86 S. 348; 87 S. 207; 94 S. 181; OTr. 73 S. 136; SeuffA. 42 S. 246; RG. 56 S. 238; OLG. Braunschweig in SeuffA. 59 S. 126. Auch eine Vertragsstrafe kann durch das Verhalten des Verwalters verwirkt werden.

Gibt der Verwalter ohne eine an ihn gerichtete Aufforderung die Erklärung ab, daß er die Erfüllung verlange oder nicht verlange, so treten dieselben Folgen ein, wie wenn er diese Erklärung auf eine ergangene Aufforderung abgegeben hätte; RG. 22 S. 107.

Ist an den Verwalter eine Aufforderung zur Erklärung nicht gerichtet und hat er auch aus eigenem Antriebe eine Erklärung nicht abgegeben, so sind die Rechte der Kontrahenten durch das KVerf. überhaupt nicht berührt, vielmehr kann nach Beendigung des Konkurses sowohl der Gegenkontrahent vom GSch. als dieser von jenem Erfüllung verlangen. Auch ein Zwangsvergleich ist ohne Einfluß, OLG. Königsberg im Recht 6 S. 311.

7 6. *Das Wahlrecht des Verwalters ist ausgeschlossen*, wo eine Vertretung des GSch. in der Vertragserfüllung unmöglich ist. Dies ist der Fall, wenn eine Leistung derart an die Person des GSch. geknüpft ist, daß sie entweder überhaupt nicht durch den Verwalter erfolgen kann, oder daß die Leistung durch den Verwalter zu einer anderen werden würde; M. 67. Führt der GSch. selbst die Leistung aus, so gehört die Gegenleistung zu seinem konkursfreien Vermögen. Ebenso kann der GSch. eine Leistung, welche nur an ihn persönlich geschehen kann, trotz der KE. von seinem Vertragsgegner (beispielsweise von dem von ihm engagierten Hausarzt) verlangen, während dieser, soweit die Dienste schon vor der KE. geleistet sind, eine KForderung geltend machen, wegen der erst nachher geleisteten Dienste sich nur an das freie Vermögen des GSch. halten darf. Ob übrigens gegenüber dem GSch. selbst derartige Verträge bestehen bleiben oder infolge der KE. als aufgehoben oder aufhebbar anzusehen sind, bestimmt sich nach den Vorschriften des bürgerlichen Rechtes. M. 64.

8 7. Durch *Parteivereinbarung*, die der KE. vorhergeht, können die in den §§ 17 bis 28 festgesetzten Wirkungen des Konkurses bezüglich der darin geregelten Befugnisse des KV. und des beteiligten Dritten nicht geändert werden, da, soweit es sich um diese Befugnisse handelt, die erwähnten Vorschriften dem öffentlichen Rechte angehören. Damit ist jedoch nicht ausgeschlossen, daß die KE. einem Rechtsgeschäfte als wirksame Bedingung hinzugefügt werden kann, daß z. B. vereinbart wird, für den Fall des Konkurses über das Vermögen des Pächters dürfe der Verpächter sofort kündigen. Vgl. RG. 18 S. 314; 56 S. 245. S. auch v. *Sarw.-Boss.* Vorb. vor § 17 S. 97; v. *Voeld.* 1 S. 242.

9 8. Wird ein Arbeiter nach der KE. über das Vermögen seines Arbeitgebers vom KV. sofort entlassen, so ist für die Klage des Arbeiters auf Lohnvergütung für 2 Wochen nicht das Gewerbegericht, sondern das ordentliche Gericht zuständig, RG. 55 S. 265.

§ 18 (16). War die Lieferung von Waren, welche einen Markt- oder Börsenpreis haben, genau zu einer festbestimmten Zeit oder binnen einer festbestimmten Frist bedungen, und tritt die Zeit oder der Ablauf der Frist erst nach der Eröffnung des Verfahrens ein, so kann nicht die Erfüllung verlangt, sondern nur eine Forderung wegen Nichterfüllung geltend gemacht werden.

Der Betrag dieser Forderung bestimmt sich durch den Unterschied zwischen dem Kaufpreise und demjenigen Markt- oder Börsenpreise, welcher an dem Orte der Erfüllung oder an dem für denselben maßgebenden Handelsplatze sich für die am zweiten Werktage nach der Eröffnung des Verfahrens mit der bedungenen Erfüllungszeit geschlossenen Geschäfte ergiebt.

Ist ein solcher Markt- oder Börsenpreis nicht zu ermitteln, so findet die Bestimmung des ersten Absatzes keine Anwendung.

---

§ 18 enthält eine Ausnahme von dem § 17.

1. Voraussetzungen. **a.** Eine Lieferung von Waren, welche 1
einen Markt- oder Börsenpreis haben. Zu den Waren gehören alle käuflichen beweglichen Sachen, einschließlich der Wertpapiere. Einen Markt- oder Börsenpreis hat eine Ware dann, „wenn in dem betreffenden Verkehrsgegenstande regelmäßig ein so bedeutender Handel getrieben wird, daß sich aus den Preisen, zu welchen die mehreren Geschäfte geschlossen werden, ein mittlerer oder Durchschnittspreis berechnen läßt". Goldschmidt, Handb. des Handelsr. S. 586. ROHG. 3 S. 273; 4 S. 164; 6 S. 18, 228, 376; 20 S. 236; RG. 1 S. 241. Ob die Ermittlung des Markt- oder Börsenpreises durch amtliche Kursnotierungen oder durch Sachverständige erfolgt, ist gleichgültig. M. 74. Nicht vertretbare, sondern individuell bestimmte Sachen sind von der Anwendbarkeit des § 18 ausgeschlossen. Wenn ein Markt- oder Börsenpreis am Orte der Erfüllung und für die vereinbarte Zeit der Erfüllung sich nicht ermitteln läßt, so bleibt es nach Abs. 3 bei der Regel des § 17.

b. Ein noch nicht erfülltes Fixgeschäft. aa. Ein Fixgeschäft ist 2
nicht jedes Geschäft mit einer verabredeten bestimmten Erfüllungszeit, sondern nur dasjenige, in welchem die verabredete Erfüllungszeit nach der ausdrücklich erklärten oder aus den vorliegenden Umständen sich zweifellos ergebenden Absicht der Parteien etwas dergestalt Wesentliches sein soll, daß mit dieser Zeit der Vertrag stehen und fallen, eine spätere Leistung nicht mehr als Vertragserfüllung angesehen werden soll; § 376 HGB.; ROHG. 3 S. 273 ff.; 4 S. 164; 6 S. 18, 228, 376; 20 S. 236. bb. Das Fixgeschäft darf bei Eröffnung des Konkurses nicht schon — durch Vorauslieferung oder Vorauszahlung — von einem Teile vollständig erfüllt sein, vielmehr müssen beide Teile noch ganz oder wenigstens teilweise zu erfüllen haben. An der Annahme, daß der § 18 nur unter dieser Beschränkung Anwendung findet, muß mit der herrschenden Ansicht (Pet.-Kleinf. A. 5; Fitting § 6 A. 27; Jaeger A. 2; v. Wilm.-Kurlb. A. 1) um deswillen festgehalten werden, weil nach den Motiven (S. 69) der § 18 eine Ausnahme gegenüber der Bestimmung des § 17 enthält, also die Voraussetzungen des § 17 auch für die Anwendbarkeit des § 18 vorhanden sein müssen. (AM. v. Sarw.-Boss. A. 1, welche, gestützt auf den Wortlaut, annehmen, daß der § 18 auch den Fall des im voraus bezahlten Kaufpreises bei noch ausstehender Lieferung umfaßt.) Hatte zur Zeit der KE. der GSch. oder der Vertragsgegner als Käufer oder Verkäufer bereits vollständig erfüllt,

so kann der KV. die volle Gegenleistung zur KM. verlangen, während der Vertragsgegner seine Gegenleistung nur als KForderung geltend machen kann.

3 **c.** Die Lieferungszeit muß nach der KE. eintreten. Fällt der Stichtag auf den Tag der Eröffnung oder auf den ersten Werktag nachher, so fällt der Termin in die Zeit nach der KE. (§§ 108 KO., 186 ff. BGB.). Dennoch ist in solchen Fällen Abs. 3, nicht Abs. 2 anzuwenden, weil es keinen Markt- oder Börsenpreis für eine künftige Erfüllung in einer schon vergangenen Zeit gibt. War vereinbarungsgemäß vor der KE. zu erfüllen, ist die Erfüllung aber infolge Verzuges unterblieben, so ist § 18 nicht anwendbar.

4 **2.** Die rechtliche Wirkung des § 18 geht dahin, „daß der vorher eintretende Konkurs das Lieferungsgeschäft in ein Differenzgeschäft auflöst". M. 71. Beide Teile können nicht mehr die Erfüllung verlangen, auch nicht vom Vertrage schlechthin zurücktreten und das etwa bereits Geleistete vom anderen Teile zurückfordern, sondern nur noch eine Entschädigungsforderung wegen der Nichterfüllung geltend machen. Dies gilt für beide Teile gleichmäßig, mag der Anspruch auf Lieferung dem GSch. oder seinem Vertragsgegner zustehen.

5 **a.** Ergibt sich eine Differenz zugunsten des GSch., so gehört der Anspruch darauf zur KM. Steht dem Gegenkontrahenten eine Differenzforderung zu, so kann er sie als KGl. geltend machen. Die mit der KE. eingetretene Auflösung des Lieferungsgeschäfts in ein Differenzgeschäft bleibt auch außerhalb des Konkurses und für die Zeit nach Beendigung des Konkurses in Wirksamkeit, so daß, wenn die Regulierung nicht während des Konkurses stattgefunden hat, nachträglich weder der GSch. noch der andere Teil Erfüllung verlangen kann. Jaeger A. 19; Pet.-Kleinf. A. 6; v. Sarw.-Boss. A. 7; Kohl., Lehrb. S. 139. (AM. v. Wilm.-Kurlb. A. 6. Danach wirkt § 18 nur für den Konkurs.)

6 **b.** Den Betrag der Entschädigungsforderung bildet die Differenz zwischen dem Kaufpreis und demjenigen Markt- oder Börsenpreise, welcher am zweiten Werktage nach der Eröffnung des Konkurses am Orte der Erfüllung — oder an dem für diesen maßgebenden Handelsplatze — sich für eine zur bedungenen späteren Erfüllungszeit erfolgende Lieferung gleichartiger Waren ergibt; damit sind Fixgeschäfte mit gleicher Erfüllungszeit gemeint, M. 74.

7 **c.** Der zweite Werktag (Regulierungstag) ist derart zu berechnen, daß der Tag der KE. frei bleibt und erst der folgende Tag der erste ist. Erfolgt die KE. am 24. Dezember und fällt der 27. Dezember auf einen Sonntag, so trifft der zweite Werktag auf den 29. Dezember. Die Bestimmung der allgemeinen Feiertage erfolgt durch Landesgesetz. Preußen: Die Sonntage, Neujahr, zwei Weihnachts-, Oster-, Pfingstfeiertage, Karfreitag, Himmelfahrtstag, der Bußtag (Mittwoch vor dem letzten Trinitatis-Sonntag. Ges. v. 12. März 1893; GS. S. 29). Die allgemeinen Feiertage in den übrigen Bundesstaaten sind vermerkt in Rehbein, WO. 8. Aufl. S. 160.

8 **d.** Durch eine vor der KE. getroffene anderweite Parteivereinbarung kann die Anwendung des § 18 nicht ausgeschlossen werden. Pet.-Kleinf. A. 1; v. Sarw.-Boss. A. 7; v. Wilm.-Kurlb. A. 7.

9 **3.** Auf Abladefristen ist § 18 nicht anwendbar, OLG. Hamburg in OLG. 15 S. 227.

§ 19 (17). War dem Gemeinschuldner ein von ihm gemieteter oder gepachteter Gegenstand vor der Eröffnung des Verfahrens überlassen, so kann sowohl der andere Teil als der Verwalter das Miet-

oder Pachtverhältnis kündigen. Die Kündigungsfrist ist, falls nicht eine kürzere Frist bedungen war, die gesetzliche. Kündigt der Verwalter, so ist der andere Teil berechtigt, Ersatz des ihm durch die Aufhebung des Vertrags entstehenden Schadens zu verlangen.

---

1. Die Vorschrift entspricht dem bisherigen § 17 Nr. 1. Die Fassung ist mit dem BGB. (§ 571) in Übereinstimmung gebracht. 1

2. Die §§ 19—21 regeln die Einwirkung der KE. auf Miet- und Pachtverhältnisse u. zwar betreffen die §§ 19, 20 den Fall, daß der GSch. Mieter oder Pächter ist und der gemietete oder gepachtete Gegenstand ihm zur Zeit der KE. bereits überlassen (§ 19) oder noch nicht überlassen war (§ 20), § 21 den Fall, daß der GSch. Vermieter oder Verpächter ist und der Miet- oder Pachtgegenstand dem Mieter oder Pächter bei der KE. bereits überlassen war. Welche Rechtsfolgen eintreten, wenn in dem zuletzt bezeichneten Falle der gemietete oder gepachtete Gegenstand dem Mieter oder Pächter noch nicht überlassen ist, bestimmt § 17. Gegenstand der bezeichneten Vorschriften sind bei der Miete nur körperliche Gegenstände (§§ 535, 90 BGB.), Fahrnis oder Grundstücke und Wohnräume oder andere Räume (§§ 566, 580 BGB.), bei der Pacht auch Rechte, z. B. ein Fischerei- oder Jagdrecht (§ 581 BGB.). Das Miet- und Pachtrecht des GSch. gehört zur KM. M. 78, 79. Jaeger Einl.; v. Wilm.-Kurlb. A. 3. 2

3. Voraussetzung für die Anwendbarkeit des § 19 ist a. daß ein Miet- oder Pachtvertrag (§§ 535, 581 BGB.) abgeschlossen ist (wegen des Falles, daß das Miet- oder Pachtverhältnis auf letztwilliger Anordnung beruht. OTr. 65 S. 416); b. daß zur Zeit der KE. dem GSch. der Vertragsgegenstand überlassen, d. h. der unmittelbare oder mittelbare Besitz der Sache eingeräumt, das Recht zur eigenen Ausübung übertragen war. Ob dies geschehen ist oder nicht, ist Tatfrage, die aber nur einheitlich gelöst, also nur voll bejaht oder voll verneint werden kann, da dasselbe Rechtsverhältnis nicht gleichzeitig nach § 19 oder nach § 20 beurteilt werden darf. Bei teilweiser Überlassung ist entscheidend, ob die Hauptsache, das Wesentliche, überlassen ist. Daß die Überlassung zur Zeit der KE. noch fortdauert, ist nicht Voraussetzung des § 19 („war"); eigenmächtige Besitznahme gegen den Willen des Vermieters oder Verpächters ist keine Überlassung, es findet also bei ihr nicht § 19, sondern § 20 Anwendung; Jaeger A. 3 u. 4. 3

4. Die KE. hebt das Miet- oder Pachtverhältnis nicht auf, gibt aber beiden Teilen ein Kündigungsrecht, auch wenn vertragsmäßig die Kündigung ausgeschlossen sein sollte. Die Kündigungsfrist ist die gesetzliche (§§ 565, 580, 581, 595 BGB.); die bedungene dann, wenn sie kürzer ist. Eine Beschränkung dahin, daß das Kündigungsrecht nur bei der ersten zulässigen Gelegenheit ausgeübt werden könne, ist nicht aufgestellt, es kann also auch später von dem Kündigungsrecht Gebrauch gemacht werden. M. 79. Die ortsübliche Frist im Sinne des § 17 früh. F. kommt nach dem BGB. nicht mehr in Betracht. Eine Vereinbarung, daß der Verpächter das Recht zur sofortigen Kündigung haben solle, wenn über das Vermögen des Pächters der Konkurs eröffnet werde, ist wirksam; RG. 56 S. 245. 4

5. Kündigt der KV. so ist der andere Teil berechtigt, Ersatz des ihm durch die vorzeitige Aufhebung des Verhältnisses entstehenden Schadens zu verlangen. Der Anspruch umfaßt sowohl die vertragsmäßig festgesetzte (M. 78), als auch die nach bürgerlichem Rechte begründete Entschädigung (Prot. 19), kann aber nur als KForderung geltend gemacht werden (RG. Preuß. JMBl. 84 S. 151) und ist von dem Ab- 5 sonderungsrechte des § 49 Nr. 2 ausgeschlossen. Der Miet- oder Pachtzins für die Zeit bis zum Ablaufe der Kündigungsfrist gehört dagegen zu den Masseschulden des § 59 Nr. 2 und unterliegt dem Absonderungsrecht des § 49². Kündigt der Vermieter oder Verpächter, so steht weder ihm noch dem anderen Teile noch dem GSch. persönlich ein Entschädigungsanspruch zu.

6 6. § 19 enthält insoweit zwingendes Recht, als die Vorschrift im öffentlichen Interesse erlassen ist. Deshalb kann das Kündigungsrecht des KV. durch keine Privatvereinbarung ausgeschlossen oder über das Gesetz hinaus eingeschränkt werden; alle Vertragsbestimmungen, welche für den KV. die Kündigung erschweren, sind unwirksam; RG. 56 S. 245. Vgl. A. 4 a. E.

§ 20 (18). War dem Gemeinschuldner ein von ihm gemieteter oder gepachteter Gegenstand zur Zeit der Eröffnung des Verfahrens noch nicht überlassen, so kann der andere Teil von dem Vertrage zurücktreten.

Auf Erfordern des Verwalters muß der andere Teil demselben ohne Verzug erklären, ob er von dem Vertrage zurücktreten will. Unterläßt er dies, so kommen die Bestimmungen des § 17 zur Anwendung.

1 1. Der § 20 gibt in einer dem BGB. angepaßten Fassung den Inhalt des bisherigen § 18 wieder. Eine sachliche Änderung liegt nicht vor. KNov. M. 30. Ist der GSch. Mieter oder Pächter und ihm der gemietete oder gepachtete Gegenstand (unbewegliche oder bewegliche Sache, Rechte) zur Zeit der KE. noch nicht überlassen, so kann der Vermieter oder Verpächter vom Vertrage zurücktreten. Der Rücktritt erfolgt durch Erklärung gegenüber dem KV. als dem Vertreter des GSch. § 349 BGB. Die Erklärung ist unwiderruflich. Mit ihrer Abgabe gilt der Vertrag als nicht geschlossen, so daß der Mieter oder Pächter ebensowenig wie der KV. Entschädigung wegen Nichterfüllung des Vertrages zu fordern berechtigt ist. M. 82. Nur in dem Falle, daß unwesentliche Teile von dem Gegenstande des Miet- oder Pachtvertrages überlassen waren, kann aus dieser Überlassung nach § 347 BGB. für den Vermieter oder Verpächter ein Entschädigungsanspruch erwachsen. Jaeger A. 4; v. Wilm.-Kurlb. A. 3. Den vom GSch. etwa vorausgezahlten Miet- oder Pachtzins kann der KV. zurückfordern.

2 2. Der KV. kann den anderen Teil zur Erklärung darüber auffordern, ob er von seinem Rücktrittsrecht Gebrauch machen will. Erklärt sich der andere Teil verneinend oder gar nicht oder nicht rechtzeitig, d. h. nicht ohne schuldhaftes Zögern (unverzüglich § 121 BGB.), so geht für ihn das Rücktrittsrecht verloren und tritt für den KV. das Wahlrecht aus § 17 ein. Wählt der KV. Erfüllung, so ist er zur vollständigen Gegenleistung als Masseschuld (§ 59 Nr. 2) verpflichtet. Das Recht zur vorzeitigen Kündigung nach § 19 ist in diesem Falle selbstverständlich ausgeschlossen. Wählt er Nichterfüllung, so kann der andere Teil einen nach bürgerlichem Rechte zu begründenden Entschädigungsanspruch als KForderung geltend machen. § 26. Dem KV. steht es kraft des § 17 (mag dies auch in der Regel unzweckmäßig sein) frei, auch ohne daß er die Aufforderung nach § 20 Abs. 2 ergehen läßt, zu erklären, daß er die Nichterfüllung des Vertrages wähle; er würde aber in diesem Falle, wenn der andere Teil von seinem Rücktrittsrechte keinen Gebrauch macht, sich der Entschädigungsforderung des anderen Teiles aussetzen. Vgl. Jaeger A. 7; v. Sarw.-Boss. A. 2.

§ 21 (18a). Hatte der Gemeinschuldner einen von ihm vermieteten oder verpachteten Gegenstand dem Mieter oder dem Pächter vor der Eröffnung des Verfahrens überlassen, so ist der Miet- oder Pachtvertrag auch der Konkursmasse gegenüber wirksam.

Im Falle der Vermietung oder der Verpachtung eines Grundstücks, sowie im Falle der Vermietung von Wohnräumen oder anderen Räumen ist jedoch eine Verfügung, die der Gemeinschuldner vor der Eröffnung des Verfahrens über den auf die spätere Zeit entfallenden Miet- oder Pachtzins getroffen hat, insbesondere die Einziehung des Miet- oder Pachtzinses, der Konkursmasse gegenüber nur insoweit wirksam, als sich die Verfügung auf den Miet- oder Pachtzins für das zur Zeit der Eröffnung des Verfahrens laufende und das folgende Kalendervierteljahr bezieht. Soweit die Entrichtung des Miet- oder Pachtzinses der Konkursmasse gegenüber wirksam ist, kann der Mieter oder der Pächter gegen die Miet- oder Pachtzinsforderung der Konkursmasse eine ihm gegen den Gemeinschuldner zustehende Forderung aufrechnen.

Eine von dem Konkursverwalter vorgenommene freiwillige Veräußerung des von dem Gemeinschuldner vermieteten oder verpachteten Grundstücks wirkt, sofern das Grundstück dem Mieter oder dem Pächter vor der Eröffnung des Verfahrens überlassen war, auf das Miet- oder Pachtverhältnis wie eine Zwangsversteigerung.

---

1. War der GSch. Vermieter oder Verpächter und zur Zeit der KE. der Miet- 1 oder Pachtgegenstand dem Mieter oder Pächter bereits überlassen, so bleibt der Vertrag auch der KM. d. h. dem KV. gegenüber bestehen. Es greift also weder das dem KV. im § 17 gegebene Wahlrecht noch auch das Kündigungsrecht des § 19 Platz. Die durch den Vertrag für den GSch. begründeten Verbindlichkeiten und Rechte gehen für die Zeit nach der KE. auf den KV. über. Die Verbindlichkeiten begründen Masseschulden nach § 59 Nr. 2. RG. 30 S. 50; Oetker 1 S. 451. Zur Einziehung der Miet- und Pachtzinsen ist der KV. soweit berechtigt, als nicht Abs. 2 entgegensteht.

2. Nach Abs. 2 sind Verfügungen, die der GSch. über Miet- oder Pachtzinsen 2 von Grundstücken vor der KE. irgendwie, z. B. durch Einziehung, Abtretung, Erlaß oder Stundung getroffen hat, der KM. gegenüber nur insoweit wirksam, als sie sich auf den Miet- oder Pachtzins für das zur Zeit der KE. laufende und das folgende Kalendervierteljahr beziehen. Den Miet- oder Pachtzins für die spätere Zeit kann der KV. zur KM. einziehen, auch wenn er bereits an den GSch. bezahlt oder von ihm abgetreten oder verpfändet oder wenn sonst über ihn verfügt ist. RG. 1 S. 347; 6 S. 109; 33 S. 45; 40 S. 124; Abs. 2 entspricht den §§ 1124, 1125 BGB. Soweit, aber auch nur soweit die schon vor der KE. erfolgte Einziehung des Miet- oder Pachtzinses der KM. gegenüber wirksam ist, kann der Mieter oder Pächter gegen die Miet- oder Pachtzinsforderung der KM. eine ihm zur Zeit der KE. gegen den GSch. zustehende Forderung aufrechnen (Ausnahme von § 55 Nr. 1). Abs. 2 bezieht sich aber entsprechend den §§ 1123, 1124 BGB. nur auf den Fall der Vermietung oder Verpachtung eines Grundstücks sowie der Vermietung von Wohnräumen oder anderen Räumen. Hat der GSch. vor der KE. andere Gegenstände vermietet oder verpachtet, so sind seine Verfügungen in Ansehung der auf die Zeit nach der KE. entfallenden Miet- oder Pachtzinsen den KGläubigern gegenüber unbeschränkt wirksam, soweit nicht ein Anfechtungsrecht des KV. nach den §§ 29ff. begründet ist. M. z. KNov. 30. Auch die Aufrechnung ist nach § 55 Abs. 1 unzulässig.

Abs. 2 gilt nur für Verfügungen die der GSch. getroffen hat, also nicht für Maßnahmen, die im Wege der Zwangsvollstreckung gegen ihn getroffen worden sind; ebenso Jaeger A. 16.

3 3. Durch den Fortbestand des Miet- oder Pachtverhältnisses über ein zur KM. gehöriges Grundstück wird die Befugnis des KV. das Grundstück im Wege der Zwangsversteigerung oder freiwillig zu veräußern nicht ausgeschlossen. Das im Falle der Zwangsversteigerung dem Ersteher (dagegen nicht dem Mieter oder Pächter!) nach § 57 Satz 2, 3 des ZwVG. zustehende Recht, den Miet- oder Pachtvertrag für den ersten gesetzlich zulässigen Termin unter Einhaltung der gesetzlichen Kündigungsfristen (§§ 565, 595 BGB.) zu kündigen, ist in Abs. 3 dem Erwerber auch für den Fall der freiwilligen Veräußerung eingeräumt. Macht der Erwerber von dem Kündigungsrechte Gebrauch, so kann der Mieter oder Pächter Erstattung des ihm durch die vorzeitige Aufhebung des Verhältnisses entstandenen Schadens verlangen, aber nur als KGl. § 26 Satz 2 KO.; § 325 BGB.

4 4. War der GSch. Vermieter oder Verpächter aber zur Zeit der KE. der Miet- oder Pachtgegenstand dem Mieter oder Pächter noch nicht überlassen, so kommt § 17 zur Anwendung.

§ 22 (19). Ein in dem Haushalte, Wirtschaftsbetriebe oder Erwerbsgeschäfte des Gemeinschuldners angetretenes Dienstverhältnis kann von jedem Teile gekündigt werden. Die Kündigungsfrist ist, falls nicht eine kürzere Frist bedungen war, die gesetzliche.

Kündigt der Verwalter, so ist der andere Teil berechtigt, Ersatz des ihm durch die Aufhebung des Dienstverhältnisses entstehenden Schadens zu verlangen.

---

1 1. Dienstverhältnis. (§§ 611ff. BGB.) Die hier gemeinten Dienstverträge haben zur Voraussetzung ein die Erwerbstätigkeit des Dienenden „vollständig oder hauptsächlich in Anspruch nehmendes Dienstverhältnts zur fortgesetzten Verrichtung gleichartiger Dienste, ohne Unterschied, ob das Dienstverhältnis im Sinne des § 4 Nr. 4 des Bundesgesetzes betreffend die Beschlagnahme des Arbeits- oder Dienstlohns v. 21. Juni 1869 (BGBl. S. 242) [die Fassung dieser Stelle ist inzwischen verändert worden durch EG. z. dem Ges., betr. Änder. der ZPO., vom 17. Mai 1898 III (RGBl. S. 332)] als dauernd gilt oder nicht, und ohne Unterschied, ob die Dienste lediglich in körperlicher Kraftaufwendung bestehen oder in Leistungen, die eine besondere Sachkenntnis, Kunstfertigkeit oder wissenschaftliche Bildung erfordern." M. 83.

Nach den Motiven war beabsichtigt, von der Anwendung des § 22 diejenigen Dienste auszuschließen, welche nur an den GSch., nicht an den KV. und zur KM. geleistet werden können. M. 83. Dieser Grundsatz hat aber keine Billigung gefunden, vielmehr ist bei der Beratung des Gesetzes der von der Kommission aufgestellte Grundsatz angenommen, daß, sofern nur ein Dienstverhältnis der bezeichneten Art vorliegt, die Bestimmung des § 22 Anwendung findet, gleichviel ob die Dienstleistung an die Person des GSch. geknüpft ist oder nicht. Kom.Ber. S. 17, 18. AM. v. Sarw.-Boss. A. 1; Kohl. S. 149.

Es genügt hiernach, daß das Dienstverhältnis sich auf den Haushalt, den Wirt- 2
schaftsbetrieb oder die Erwerbsgeschäfte des GSch. bezieht und angetreten ist. Ob die Dienste dem GSch. selbst oder dessen Angehörigen geleistet werden, ist gleichgültig, wenn nur der GSch. der Dienstherr ist und den Lohn zu zahlen hat.

Als Beispiele von Fällen, auf welche § 22 Anwendung findet, führen die Mot. auf: „Die Dienstverträge des GSch. mit Hausdienern und Handlungsdienern, Packern, Markthelfern, mit seinen Handlungsgehilfen, Gesellen, Fabrikarbeitern, Werkmeistern oder mit Technikern oder anderen Privatbeamten." M. 83. Nach den vorstehenden Ausführungen werden hierher ferner zu rechnen sein die Dienstverträge mit Hauslehrern und Erziehern (im Haushalte), nicht aber Verträge mit dem Arzt oder mit dem Lehrer, der gegen ein bestimmtes Honorar im Hause zu bestimmten Zeiten Unterricht erteilt. Pet.-Kleinf. A. 3. Ob ein Lehrvertrag ein Dienstverhältnis begründet, ist streitig. Die Erwägung, daß der Lehrvertrag vorwiegend nicht auf Ausnutzung, sondern auf Ausbildung einer Arbeitskraft geschlossen wird, führt zur Verneinung der Frage und zu der Annahme, daß das Lehrverhältnis unter § 17 fällt. v. Wilm.-Kurlb. A. 4; Pet.-Kleinf. A. 1; (AM. Jaeger A. 7; Staub-Könige HGB. § 76 A. 1). Ein Agenturverhältnis ist kein Dienstverhältnis, RG. in JW. 1906 S. 315.

Voraussetzung für die Anwendbarkeit des § 22 ist, daß der Mitkontrahent 3
des GSch., nicht dieser selbst, der Dienstleistende, und daß das Dienstverhältnis bereits angetreten ist. Auf Verträge, in denen der GSch. selbst der Dienstvermieter ist, findet die KO. überhaupt keine Anwendung. M. 83. Noch nicht angetretene Dienstverhältnisse sind nach § 17 zu beurteilen, sofern nicht besondere landesgesetzliche Vorschriften bestehen, welche über die Einwirkung des Konkurses auf ein solches Verhältnis etwas anderes bestimmen. § 25. Preußen: GesO. v. 8. Nov. 1810 §§ 101—107.

Die Vorschrift „erstreckt sich nicht auf die sog. locatio conductio operis, 4
durch die ein herzustellendes Produkt der Arbeitskraft verdungen und ausbedungen wird, sondern nur auf die locatio conductio operarum, deren Gegenstand die Arbeitskraft selbst und ihre Benutzung zu einzelnen Diensten bildet." M. 83. Für die locatio conductio operis gelten §§ 17, 25.

2. Die Kündigung des Dienstverhältnisses steht sowohl der darin 5
stehenden Person wie dem KV. zu und kann wie im Falle des § 19 nicht nur bei der ersten zulässigen Gelegenheit, sondern während der ganzen Dauer des Vertrages ausgeübt werden. Die Kündigungsfrist ist die vertragsmäßig bedungene, wenn sie kürzer ist als die gesetzliche. Im anderen Falle sind die letzteren Fristen maßgebend. Bestimmend für diese ist das bürgerliche Recht, beispielsweise §§ 621—625 für den bürgerl. Dienstvertrag, §§ 66—69, 92 HGB. für Handlungsgehilfen und Handlungsagenten, §§ 122, 134 GewO. für gewerbliche Gesellen oder Gehilfen und Fabrikarbeiter, § 133b GewO. für die Betriebsbeamten, Werkmeister und Techniker, §§ 112, 113, 148 der preuß. GesO. v. 8. Nov. 1810 für das Gesinde. Wird das Dienstverhältnis nicht gekündigt, so bleibt es für beide Teile bestehen. Der Anspruch des Dienstleistenden für die Zeit bis zur KE. ist als KForderung geltend zu machen, u. zwar in Ansehung des Rückstandes aus dem letzten Jahre als bevorrechtigte nach § 61 Nr. 1. Für die Zeit von der KE. bis zum Ablauf der Kündigungsfrist bildet der Vergütungsanspruch eine Masseschuld. § 59 Nr. 2. Das gleiche gilt für die Entschädigungsansprüche eines Handlungsreisenden für entgangene Provisionen aus der Zeit von der KE. bis zur Entlassung, OLG. Karlsruhe in OLG.

11 S. 370. Wenn der Verwalter das Dienstverhältnis vor der vertragsmäßigen Zeit durch Kündigung löst, so steht dem anderen Teile ein Entschädigungsanspruch wegen Nichterfüllung zu. Dieser Anspruch ist als KForderung geltend zu machen. RG. JW. 95 S. 127. Der Anspruch ist nicht bedingt oder betagt. Kammerg. in OLG. 10 S. 195. Kündigt aber der andere Teil, so ist eine Entschädigungsforderung weder für ihn noch für den Verwalter begründet. Aus § 22 folgt nicht, daß der Verwalter, der nach der KE. die Dienste eines vom GSch. zuvor eingestellten gewerblichen Arbeiters zeitweise stillschweigend angenommen hat, als Arbeitgeber im Sinne des § 1 des Gewerbegerichtsges. anzusehen ist, RG. 55 S. 265. Wird dem Dienstverpflichteten auf Grund des § 22 gekündigt, so hat ein für den Fall vertragsmäßiger Kündigung vorgesehenes Konkurrenzverbot keine Bedeutung mehr. RG. in JW. 06 S. 762.

6 **3.** § 22 greift nicht Platz, wenn Gegenstand des Dienstvertrages eine Geschäftsbesorgung ist; in diesem Falle ist vielmehr § 23 anzuwenden, vgl. die Anmerkungen zu § 23.

§ 23 (19a). Ein von dem Gemeinschuldner erteilter Auftrag erlischt durch die Eröffnung des Verfahrens, es sei denn, daß der Auftrag sich nicht auf das zur Konkursmasse gehörige Vermögen bezieht. Erlischt der Auftrag, so finden die Vorschriften des § 672 Satz 2 und des § 674 des Bürgerlichen Gesetzbuchs entsprechende Anwendung.

Das gleiche gilt, wenn sich jemand durch einen Dienstvertrag oder einen Werkvertrag verpflichtet hat, ein ihm von dem Gemeinschuldner übertragenes Geschäft für diesen zu besorgen.

---

1 **1.** Mit der Eröffnung des Konkurses über das Vermögen des Geschäftsherrn (Auftraggebers) erlöschen alle Verträge, die eine auf das zur KM. gehörige Vermögen sich beziehende unentgeltliche (Abs. 1. Auftrag, § 662 BGB) oder entgeltliche (Abs. 2. Dienst- oder Werkvertrag, §§ 611, 631, 675 BGB.) Geschäftsbesorgung für den GSch. zum Gegenstande haben. Die „Geschäftsbesorgung ist nicht auf die Vornahme von Rechtsgeschäften und Rechtshandlungen beschränkt, sondern umfaßt auch die Vornahme rein tatsächlicher Dienste" (M. 527, Prot. 377). Die letzteren werden aber „nur dann unter die Geschäftsbesorgung fallen können, wenn die Tätigkeit an Stelle des Geschäftsherrn im Bereich der nach den Verkehrsanschauungen eigentlich ihm zufallenden Tätigkeit erfolgt". Wilm.-Kurlb. A. 2. Beispielsweise fallen unter § 23 der Kommissions-, Speditions-, Fracht- und Mäklervertrag, nicht aber der Dienstvertrag des Gesindes, der Handlungs- und Gewerbegehilfen, der Ärzte und Lehrer, der Werklieferungsvertrag, die Anweisung (§§ 783 ff. BGB., §§ 363 ff. HGB.), Jaeger A. 7, 17; v. Wilm.-Kurlb. A. 2; Pet.-Kleinf. A. 2. Vgl. auch Oertmann, Recht der Schuldverhältnisse § 675 A. b. Ein Agenturverhältnis erlischt als Dienst- oder Werkvertrag mit der KE. über das Vermögen des Prinzipals, ohne daß dieser Umstand einen Schadensersatzanspruch des Agenten begründet, RG. 63 S. 69. Ein Girovertrag erlischt mit der KE., nicht aber schon mit der bloßen Zahlungseinstellung; daher ist die Ausführung eines Giroüberweisungsauftrages durch die Girobank zulässig trotz zuvor erfolgter Sperrung des Kontos des Zahlungsempfängers und Kenntnis seiner Zahlungseinstellung, Kammergericht in OLG. 6 S. 76.

2 Aufträge, die sich nicht auf das zur KM. gehörige Vermögen beziehen, werden

vom § 23 nicht getroffen. So z. B. der vom Ehemanne bei gesetzlichem Güterstande erteilte Auftrag bezüglich des eingebrachten Gutes der Frau.

Ein dem GSch. erteilter Auftrag erlischt durch die KE. nicht. Der Auftraggeber 3
ist aber nicht gebunden, kann vielmehr das Vertragsverhältnis bei unentgeltlicher Geschäftsbesorgung nach § 671 BGB. widerrufen, bei entgeltlicher Geschäftsbesorgung gemäß §§ 626, 649 BGB. fristlos kündigen.

2. Von der in Abs. 1 Satz 1 und in Abs. 2 aufgestellten Regel finden nach 4
Abs. 1 Satz 2 folgende Ausnahmen statt:

a. Ist mit dem Aufschub Gefahr verbunden, so hat der Beauftragte die Besorgung des ihm aufgetragenen Geschäfts trotz der KE. so lange fortzusetzen, bis der KV. anderweit Fürsorge treffen kann. Der Auftrag gilt insoweit als fortbestehend. § 672 Satz 2 BGB. Wegen der nach der Eröffnung des Verfahrens entstandenen Ersatzansprüche und der etwaigen Vergütung ist der Beauftragte Massegläubiger. § 27.

b. Der Beauftragte kann so lange, bis er von der KE. Kenntnis erlangt oder 5
die KE. kennen muß, das ihm aufgetragene Geschäft fortsetzen. Solange gilt der Auftrag zugunsten des Beauftragten als fortbestehend. § 674 BGB. In Ansehung der nach der Eröffnung des Verfahrens entstandenen Vergütungs- und Ersatzansprüche ist der Beauftragte KGl. § 27.

3. Eine mit dem Geschäftsbesorgungsvertrage verbundene Vollmacht dauert in 6
allen Fällen so lange fort, wie der Auftrag als fortbestehend gilt. § 168 Satz 1 BGB. Erlischt der Auftrag, so erlischt auch — vorbehaltlich der Bestimmungen der §§ 169—173 BGB. — die mit ihm verbundene Vollmacht. Der Rechtswirksamkeit der den KAnspruch der Gläubiger berührenden Verfügungen des Bevollmächtigten steht § 7 entgegen.

4. Wird über eine Gesellschaft mit beschränkter Haftung Konkurs eröffnet, so 7
erlöschen das Dienstverhältnis und die Einkommensbezüge des Geschäftsführers, OLG. Breslau in SeuffA. 62 S. 383.

§ 24 (19b). Ist zur Sicherung eines Anspruchs auf Einräumung oder Aufhebung eines Rechts an einem Grundstücke des Gemeinschuldners oder an einem für den Gemeinschuldner eingetragenen Rechte oder zur Sicherung eines Anspruchs auf Änderung des Inhalts oder des Ranges eines solchen Rechts eine Vormerkung im Grundbuch eingetragen, so kann der Gläubiger von dem Konkursverwalter die Befriedigung seines Anspruchs verlangen. Das gleiche gilt, wenn in Ansehung eines Schiffspfandrechts eine Vormerkung im Schiffsregister eingetragen ist.

---

1. Die Vorschrift verleiht im Satz 1 der darin bezeichneten, vor der KE. ein- 1
getragenen Vormerkung Wirksamkeit auch gegenüber der KM. Diese Regelung entspricht den Vorschriften der §§ 883 Abs. 2, 3; 888 Abs. 1 BGB. Der Gläubiger kann von dem KV. Befriedigung seines dem vorgemerkten Aussonderungsrechte oder Absonderungsrechte entsprechenden Anspruchs verlangen. Verfügungen des KV. sind unwirksam, soweit sie den durch die Vormerkung gesicherten Anspruch vereiteln oder beeinträchtigen würden.

Der nicht durch Vormerkung gesicherte Anspruch auf Übereignung eines Grund- 2
stücks gewährt dem Berechtigten nur eine in Geld zu liquidierende (§ 69), den Wirkungen des Konkurses unterliegende KForderung und hindert den KV. nicht an der ander-

weiten Veräußerung. Ist aber wegen dieses Anspruchs eine Vormerkung eingetragen, so kann der Berechtigte von dem KV. die Auflassung des Grundstücks verlangen. Die Zulässigkeit einer Anfechtung der Vormerkung oder des durch sie gesicherten Anspruchs wird durch § 24 nicht berührt. Für das nach § 17 dem KV. zustehende Wahlrecht ist in den Fällen des § 24 kein Raum. Jaeger A. 17, 21.

3 2. Die Vorschrift findet auf alle Vormerkungen Anwendung, mögen sie eingetragen sein auf Grund von Rechtsgeschäften oder für Ansprüche aus unerlaubten Handlungen oder aus gesetzlichen Verpflichtungen, z. B. für die Ansprüche der Bauhandwerker nach § 648 BGB. KNov. Sten. Ber. S. 1995. Vormerkungen, die vor dem 1. Januar 1900 eingetragen sind, behalten die Wirksamkeit, die sie nach dem alten Rechte hatten. Art. 179 EG. z. BGB.; RG. 52 S. 40.

4 3. Die gleiche Regelung wie für die Vormerkung des Grundbuchs trifft § 24 Satz 2 für den Fall, daß in Ansehung eines Schiffspfandrechts eine Vormerkung in das Schiffsregister eingetragen ist. (§ 1259 BGB. §§ 100 Abs. 1, 103, 123 Ges. über die Angel. der freiw. Gerichtsbarkeit. § 18 GBO.) KNov. M. 32.

§ 25 (20). Soweit rücksichtlich einzelner, durch die §§ 18—24 nicht betroffener Rechtsverhältnisse das bürgerliche Recht besondere Bestimmungen über die Wirkung der Eröffnung des Konkursverfahrens enthält, kommen diese Bestimmungen zur Anwendung.

---

1 1. Der § 25 weicht von dem § 20 früh. F. nur insofern ab, als an Stelle der Worte des § 20 früh. F. „die Reichs- und Landesgesetze" in § 25 die Worte „das bürgerliche Recht" gesetzt sind. „Durch die neue Fassung in Verbindung mit dem Art. 55 des EG. z. BGB. wird klargestellt, daß nach dem Inkrafttreten des BGB. die besonderen landesgesetzlichen Bestimmungen neben dem Reichsrechte nur noch insoweit Geltung behalten, als sie einem der Landesgesetzgebung vorbehaltenen Gebiete des bürgerlichen Rechtes angehören." KNov. M. 32.

2 2. Rechtsverhältnisse. Als die übereinstimmende Auffassung der Kommission und der Regierungsvertreter ist festgestellt: „Diese Fassung werde gewählt, um die Reichs- und namentlich die landesgesetzlichen Sondervorschriften angesichts des § 4 des EG. auch in bezug auf Rechtsverhältnisse zu wahren, welche an sich unter die allgemeine Vorschrift des § 17 nicht fallen würden, also in bezug auf andere als zweiseitige Verträge und andere als eigentliche Vertragsverhältnisse. Dagegen verbleibe es dabei: **a.** daß nur solche Vorschriften gewahrt würden, welche nicht die Wirkung der KE. auf Rechtsgeschäfte im allgemeinen festsetzen oder als Ausfluß solcher allgemeinen Bestimmungen diese auf einzelne Rechtsgeschäfte lediglich anwenden, sondern welche, mit Rücksicht auf die besondere Natur gewisser Rechtsverhältnisse, lediglich für diese, unabhängig von jenen allgemeinen Bestimmungen, getroffen sind, **b.** daß diese Vorschriften nur insoweit gewahrt werden sollen, als sie die Frage der Erfüllung des Vertrages oder der Beendigung des Verhältnisses, nicht insoweit sie eine Rückforderung des bereits Geleisteten aus der KM. betreffen. In letzterer Beziehung kommen vielmehr die Vorschriften des § 26 bzw. der §§ 43—46 zur ausschließlichen Anwendung." Prot. S. 19, 153—161, 202.

Bei den Rechtsverhältnissen, welche durch die §§ 18—24 betroffen werden, bildet die KO. die alleinige Norm. Sie derogiert allen abweichenden reichs- und landesgesetzlichen Vorschriften. Für Rechtsverhältnisse, welche von den §§ 18—24 nicht betroffen werden, gelten zunächst die in § 25 bezeichneten Rechtsnormen und, wenn solche nicht vorhanden sind, bei zweiseitigen Verträgen § 17, bei andern zu erfüllenden Rechtsgeschäften die allgemeinen Vorschriften der KO. über die Befriedigung von K.Forderungen bzw. ihres Geldwerts.

3. Als besondere Bestimmungen des bürgerlichen Rechts sind nur diejenigen erhalten, „welche a. nicht als Bestandteile des bürgerlichen Rechts die Wirkung der Nichterfüllung im allgemeinen regeln, sondern lediglich den Fall des Konkurses betreffen (Sondervorschriften für den Konkurs) und b. die Wirkung der KE. auf bestimmte einzelne Rechtsverhältnisse nicht in Anwendung einer allgemeinen Regel über die Wirkung der KE., sondern in Anbetracht der besonderen Natur des speziellen Rechtsverhältnisses eben für dieses regeln (Sondervorschriften für bestimmte Rechtsverhältnisse)". Prot. S. 156, 157. 3

4. Beispiele besonderer Bestimmungen des bürgerlichen Rechtes geben: 4
a. Das BGB. §§ 42, 86, 377 Abs. 2, 728, 736, 773 Nr. 3, 975, 1419, 1543, 1647 Abs. 1, 1686. (Nicht unter § 25 fallen die §§ 321, 610. v. Wilm.-Kurlb. A. 4g.) b. Das HGB. §§ 131, 138, 141 ff., 161, 292, 339, 341, 505 Abs. 2, 898. c. Das Reichsgesetz betr. das Reichsschuldbuch v. 31. Mai 1891 § 15 Nr. 3. d. Die Gewerbeordnung §§ 97 Abs. 4, 102 Abs. 4, 104e, 127 Abs. 3, 127f. e. WO. Art. 29. f. Das Ges. über die G. m. b. H. vom 20. April 1892/20. Mai 1898 § 60 Nr. 4. g. Das Genossenschaftsgesetz vom 1. Mai 1889/20. Mai 1898 § 101.

§ 26 (21). Wenn infolge der Eröffnung des Konkursverfahrens die Nichterfüllung einer Verbindlichkeit oder die Aufhebung eines Rechtsverhältnisses des Gemeinschuldners eintritt, so ist der andere Teil nicht berechtigt, die Rückgabe seiner in das Eigentum des Gemeinschuldners übergegangenen Leistung aus der Konkursmasse zu verlangen. Er kann eine Forderung wegen der Nichterfüllung oder der Aufhebung nur als Konkursgläubiger geltend machen, soweit ihm nicht ein Anspruch auf abgesonderte Befriedigung zusteht.

---

1. Die Vorschrift findet Anwendung nicht nur auf die Verbindlichkeiten und Rechtsverhältnisse, die in den §§ 18—23 genannt werden, sondern auch auf diejenigen, welche von den §§ 17 und 25 betroffen werden. 1

2. Rückgabe der Leistung. Ist die Leistung, d. h. das Geleistete (RG. 17 S. 81; z. B. auch eine Prioritätsbewilligung JW. 87 S. 289) vor der KE. in das Eigentum des GSch. übergegangen, so kann der andere Teil aus dem Umstande, daß infolge der KE. nicht erfüllt wird, einen Anspruch auf Auflösung des Vertrages und Rückgabe der Leistung selbst oder ihres Wertes nicht herleiten, RG. 49 S. 192. Ein etwa aus einem andern Grunde als der Nichterfüllung infolge der KE. dem andern Teile zustehendes Rückforderungsrecht (Aussonderungsrecht) aus der Masse wird hierdurch nicht berührt. Ob das Geleistete zur Zeit der KE. in das Eigentum des GSch. übergegangen war, ist nach dem bürgerlichen Recht zu entscheiden. In Betracht kommen für bewegliche Sachen §§ 929 ff., für Grundstücke §§ 873 ff., 925 ff. BGB., für Seeschiffe § 474 HGB., Art. 6 EG. z. HGB., für die Übereignung durch Übergabe des Lagerscheins, Ladescheins und Konnossements §§ 424, 450, 647 HGB. § 26 nimmt nicht etwa dem Eigentumsvorbehalt beim Verkaufe seine Wirksamkeit, RG. in JW. 07 S. 315. Die Übertragung des Eigentums unter einer aufschiebenden Bedingung beläßt bis zum Eintritt der Bedingung das Eigentum dem Veräußerer (§ 158 Abs. 1 BGB.), während mit dem Eintritt einer auflösenden Bedingung das 2

Eigentum ohne weiteres an den Veräußerer zurückfällt. § 158 Abs. 2 BGB. Der Veräußerer ist also sowohl in dem einen, wie in dem anderen Falle befugt, die veräußerte Sache aus der Masse zurückzufordern. v. Wilm.-Kurlb. A. 6. (AM. für den zweiten Fall Jaeger A. 15; Fitting § 6 A. 65.) Ist der Anspruch auf Rückauflassung eines Grundstücks für den Veräußerer durch eine Vormerkung gesichert, so kann gemäß § 24 dieser Anspruch gegen den Erwerber auch dann geltend gemacht werden, wenn der Erwerber infolge des Konkurses nicht erfüllt. v. Wilm.-Kurlb. A. 8; (AM. Jaeger A. 5, 8; Fitting § 6 A. 65; Pet.-Kleinf. A. 3). War dem GSch. ein Grundstück mit der Vereinbarung aufgelassen, daß er es für Rechnung des Auflassenden weiter veräußern solle, so kann die Aussonderung dieses Grundstücks verlangt werden, RG. 45 S. 80.

3 Hat jemand auf Grund eines zweiseitigen (gegenseitigen) Vertrages eine Sache zum Eigentum übertragen, so kann er, wenn die dem GSch. nach diesem Vertrage obliegende Gegenleistung infolge der KE. nicht erfolgt, dieserhalb nicht den Vertrag rückgängig machen und die Rückgabe der hingegebenen Sache verlangen, er ist vielmehr nur berechtigt, seine Forderung wegen der Nichterfüllung der dem GSch. obliegenden Verbindlichkeit, ebenso wie die anderen Gläubiger, als KForderung geltend zu machen. Handelt es sich hierbei um eine Geldforderung, so erhält der Gläubiger die darauf fallende Dividende. Ist die Forderung nicht auf einen Geldbetrag gerichtet, so ist sie gemäß § 69 in eine Geldforderung umzuwandeln und auf diese ebenfalls die Dividende zu berechnen. Diese Dividende tritt an die Stelle der im Vertrage vorgesehenen Erfüllung. Die Veränderung in der Erfüllungsart bezeichnet § 26 als „Nichterfüllung". Die geleistete, in das Eigentum des GSch. übergegangene Sache bildet einen Bestandteil der KM. und muß in dieser Masse verbleiben. RG. 17 S. 79.

4 Die Vorschrift verfolgte früher namentlich auch den Zweck, die Bestimmungen der Art. 1184, 1610 und 1654 Code civil, nach welchen alle zweiseitigen Verträge für den Fall, daß der eine Teil seine Verbindlichkeit nicht erfüllt, aufgelöst werden können, soweit es sich um das Konkursrecht handelt, außer Kraft zu setzen und mit dem im gemeinen Rechte und in den übrigen Landesgesetzgebungen, auch im ALR., herrschenden entgegengesetzten Grundsatz in Einklang zu bringen. M. 86, 90. Ob der GSch. mit der Erfüllung der ihm obliegenden Verbindlichkeit schon vor der KE. im Verzuge war oder nicht, ist für die Anwendbarkeit des § 26 unerheblich. Ein gegen den GSch. ergangenes Urteil, in welchem die Auflösung des Vertrages ausgesprochen ist, schließt die Anwendung des § 26 nur dann aus, wenn es zur Zeit der KE. bereits rechtskräftig geworden war, weil in diesem Falle die Sache, welche früher in das Eigentum des GSch. übergegangen war, bei der Eröffnung des Verfahrens nicht mehr zu dessen Vermögen, also auch nicht zur KM. gehört. Durch die Auflösung des Vertrages hat der frühere Eigentümer sein Eigentum zurückerhalten. War dagegen das Urteil zur Zeit der KE. noch nicht rechtskräftig, dann befindet sich die Sache zu dieser Zeit im Eigentum des GSch., gehört also zur KM., und der andere Teil kann eine Forderung wegen der Nichterfüllung der dem GSch. obliegenden Verbindlichkeit nur als KForderung geltend machen, er kann aber infolge des § 26 dem KV. gegenüber die Auflösung des Vertrages und die Wiedererlangung seines Eigentums nicht mehr erwirken. So für das Gebiet des rheinischen Rechtes RG. 17 S. 82.

5 Voraussetzung für die Anwendung des § 26 ist, daß die — gänzliche oder teilweise — Nichterfüllung oder Aufhebung unmittelbar oder mittelbar durch den Konkurs eintritt. Diese Voraussetzung trifft nicht zu, wenn die Rechtsänderung bereits vor

der KE. eingetreten war oder der Rechtsübergang auf den GSch. aus einem mit dem Konkurs nicht zusammenhängenden Grunde angefochten wird. Jaeger A. 6, 10.

3. Forderung wegen der Nichterfüllung oder der Aufhebung. 6
Durch den § 26 wird keineswegs für den darin vorgesehenen Fall dem Gläubiger ein Entschädigungsanspruch konkursordnungsmäßig verliehen. AM. Oetker in ZfDZP. 14 S. 49. Vielmehr bestimmt § 26 nur das Maß, in welchem eine derartige Forderung geltend gemacht werden darf. Ob aber ein Forderung wirklich entstanden ist und in welchem Umfange, muß nach dem bürgerlichen Rechte beurteilt werden. RG. 63 S. 69. Hierbei darf von der Annahme ausgegangen werden, daß der Regel nach auf Grund des bürgerlichen Rechtes eine Forderung wegen der Nichterfüllung gegeben sein wird. M. 84; RG. 21 S. 6; 26 S. 95. Nach § 26 Satz 2 ist die Forderung wegen der Nichterfüllung oder der Aufhebung niemals Masseschuld, sondern nur KForderung, eventuell absonderungsberechtigte Forderung. In Betracht kommen insbesondere die Entschädigungsforderung des Vertragsgegners in den Fällen des § 17, die „Forderung wegen Nichterfüllung" des § 18, die Entschädigunsforderungen für vorzeitige Aufhebung der Pacht-, Miet- und Dienstverträge (§§ 19—22), die Rückforderung einer Pachtkaution aus der KM. des Verpächters, der Entschädigungsanspruch des Verpächters für Verschlechterungen und Inventardefekte im Konkurse des Pächters. OTr. 40 S. 149; 71 S. 529. Fitting § 6 A. 66; v. Wilm.-Kurlb. A. 10.

§ 27 (21 a). **Erlischt ein von dem Gemeinschuldner erteilter Auftrag oder ein Dienst- oder Werkvertrag der im § 23 Abs. 2 bezeichneten Art infolge der Eröffnung des Verfahrens, so ist der andere Teil in Ansehung der nach der Eröffnung des Verfahrens entstandenen Ersatzansprüche im Falle des § 672 Satz 2 des Bürgerlichen Gesetzbuchs Massegläubiger, im Falle des § 674 des Bürgerlichen Gesetzbuchs Konkursgläubiger.**

Wenn ein gemäß § 23 durch die KE. an sich erloschener Auftrag, Dienstvertrag, 1
oder Werkvertrag nach § 672 Satz 2; § 674 BGB. als fortbestehend gilt, so sind bezüglich der für den Geschäftsbesorger oder Berufsagenten nach der KE. entstandenen Ersatzansprüche (§§ 670, 675 BGB.) folgende Fälle zu unterscheiden:

a. Im Falle des § 674 BGB. (Fortsetzung des Auftrages, Dienstvertrages oder Werkvertrages in gutem Glauben ohne Kenntnis der KE.) entsteht für den Beauftragten (Dienstverpflichteten, Unternehmer) wegen der bezeichneten späteren Aufwendungen eine KForderung ohne Vorrecht.

b. Im Falle des § 672 Satz 2 BGB. (Fortsetzung des Auftrages, Dienst- 2
vertrages oder Werkvertrages wegen Gefahr im Verzuge) gilt der Beauftragte für die Zeit nach der KE. als Beauftragter des KV., deshalb kann er die ihm erwachsenen Ersatzansprüche als Massegläubiger (Masseschulden nach § 59 Nr. 2, ebenso Jaeger Nr. 1, 2; v. Wilm.-Kurlb. erachten § 59 Nr. 1 für vorliegend) geltend machen. Seine Eigenschaft als Massegläubiger wird nicht dadurch bedingt, daß der Masse objektiv etwas zugute gekommen ist, Pet.-Kleinf. A. 1.

§ 28 (21 b). **Wird eine nach § 705 des Bürgerlichen Gesetzbuchs eingegangene Gesellschaft durch die Eröffnung des Konkursverfahrens über das Vermögen eines Gesellschafters aufgelöst, so ist der geschäftsführende Gesellschafter in Ansehung der Ansprüche, welche ihm aus**

der einstweiligen Fortführung der Geschäfte nach § 728 Satz 2 des Bürgerlichen Gesetzbuchs zustehen, Massegläubiger, in Ansehung der ihm nach § 729 des Bürgerlichen Gesetzbuchs zustehenden Ansprüche, unbeschadet der Bestimmung des § 51, Konkursgläubiger.

---

1 **1.** Eine gemäß § 705 BGB. eingegangene Gesellschaft wird nach § 728 Satz 1 durch die Eröffnung des Konkurses über das Vermögen eines Gesellschafters aufgelöst, wenn nicht im Gesellschaftsvertrage für den Fall eines solchen Konkurses das Fortbestehen der Gesellschaft unter den übrigen Gesellschaftern vereinbart ist. § 736 BGB. Ähnlich wie § 27 KO. unterscheidet § 28 2 Fälle:

2 **a.** Im Falle des § 728 Satz 2 (Fortführung der Geschäfte durch einen Gesellschafter wegen Gefahr im Verzuge) gilt die Gesellschaft insoweit als fortbestehend; § 727 Abs. 2 Satz 2, 3. Da die einstweilige Fortführung der Geschäfte im Interesse der KM. geschieht, charakterisiert sich der Anspruch der Geschäftsführer auf Ersatz der zum Zwecke der Geschäftsführung gemachten Aufwendungen (§§ 670, 713 BGB.) und auf eine für diese Tätigkeit etwa ihnen zustehende Vergütung als Masseschuld im Sinne des § 59 Nr. 2.

3 **b.** Im Falle des § 729 BGB. (Fortführung der Geschäfte durch einen Gesellschafter, welcher die die Auflösung der Gesellschaft bewirkende KE. nicht kennt oder kennen muß) gilt die einem Gesellschafter durch den Gesellschaftsvertrag übertragene Befugnis zur Geschäftsführung zu seinen Gunsten als fortbestehend, bis er von der Auflösung Kenntnis erlangt oder die Auflösung kennen muß. In Ansehung der ihm aus seiner Geschäftsführung nach der KE. entstandenen Ansprüche ist der Gesellschafter KGl.; M. z. KNov. S. 33.

4 **2.** Das Recht auf abgesonderte Befriedigung aus § 51 findet auch in den Fällen des § 28 Anwendung.

5 **3.** Die Frage, ob § 28 auch für die offene Handelsgesellschaft gilt, ist streitig, aber wohl zu bejahen, §§ 136, 137 HGB.; vgl. J a e g e r A. 5 und die dortigen Zitate.

Dritter Titel.

Anfechtung.

§ 29 (22). Rechtshandlungen, welche vor der Eröffnung des Konkursverfahrens vorgenommen sind, können als den Konkursgläubigern gegenüber unwirksam nach Maßgabe der folgenden Bestimmungen angefochten werden.

---

1 **I. Rechtshandlung. 1. Begriff.** Rechtshandlung ist jede auf die Begründung, Erhaltung, Veränderung oder Aufhebung von Rechten gerichtete Willensäußerung. RG. 22 S. 377. Es gehören hierher Rechtsgeschäfte aller Art, Verträge, Veräußerungen, Zahlungen, Leistungen, Verpflichtungen, Anerkenntnisse, Sicherstellungen, prozessualische Dispositionsakte usw. Für die Anfechtung kommen nur diejenigen Rechtshandlungen in Betracht, die das Vermögen betreffen und auf die KM. Bezug haben. Daß der GSch. die Rechtshandlung vorgenommen hat, ist nur in den Fällen der §§ 30 Nr. 1, 31, 32, nicht auch in den übrigen Fällen Voraussetzung der Anfechtung. Darauf, ob die Rechtshandlungen von dem Handelnden selbst oder von

seinem Vertreter für ihn vorgenommen sind (§ 164 BGB.), kommt es nicht an. Im Falle der Geschäftsführung ohne Auftrag findet die Anfechtung statt, wenn der Geschäftsherr die Geschäftsführung genehmigt hat. §§ 177, 180 BGB. Der Begriff der Handlung darf nicht beschränkt werden auf die eigene körperliche Tätigkeit des Handelnden, sondern er umfaßt auch diejenigen Veränderungen, auf welche der Wille des Handelnden sich richtet und die er durch andere Personen ins Werk gesetzt hat. Es gehört also auch z. B. eine Eintragung ins Grundbuch zu den Rechtshandlungen. RG. JW. 94 S. 316. Eine Unterlassung, auch bloßes Stillschweigen, unterliegt der Anfechtung, wenn sie bewußt geschieht und die vom Gesetz daran geknüpfte Rechtsfolge gewollt ist. So z. B. die zum Zwecke der Benachteiligung der Gläubiger absichtlich unterlassene Einlegung eines Rechtsmittels. RG. 6 S. 377; Fitting § 15 II, 1; Jaeger A. 31; Pet.-Kleinf. A. 4; v. Sarw.-Boss. A. 1, 1; v. Wilm.-Kurlb. A. 1. (AM. M. 115. Danach sind Unterlassungen schlechthin unanfechtbar).

2. Voraussetzung für die Anfechtbarkeit der Rechtshandlung 2
ist, daß sie eine Benachteilung der Gläubiger — aller oder einzelner — zur Folge hat. RG. 33 S. 123. Für die Beurteilung der Frage, ob eine Benachteiligung vorliegt, muß man sich auf den Standpunkt der Gläubiger stellen. Diese sind schon dann benachteiligt, wenn vom Schuldner ein Vermögensgegenstand veräußert und der Entgelt dafür in der KM. nicht vorhanden ist. Sie sind benachteiligt, insoweit sie ohne die Rechtshandlung ihres Schuldners in höherem Maße Befriedigung erhalten würden. Auch ohne eine Verminderung des Vermögens des Schuldners in seiner Gesamtheit, ja bei einer vom Standpunkt des Schuldners vorteilhaften Rechtshandlung erscheinen die Gläubiger als benachteiligt, sobald durch die Rechtshandlung eine Gestaltung der Vermögenslage des Schuldners geschaffen ist, welche unmittelbar oder mittelbar die Befriedigung der Gläubiger beeinträchtigt, einerlei, ob durch Schmälerung der Aktivmasse oder durch Erhöhung der Passivmasse. RG. 10 S. 8; 14 S. 313; 15 S. 62; 22 S. 49; 39 S. 166; 53 S. 235; Bolze 2 Nr. 573; 10 Nr. 258; JW. 87 S. 208; 95 S. 83. Unerheblich für die Anfechtung ist, ob die Forderungen der KGl. schon zur Zeit der anzufechtenden Rechtshandlung bestanden haben (RG. 15 S. 64; 26 S. 11; JW. 89 S. 209), ebenso ob das Vermögen des GSch. erst durch die Rechtshandlung unzulänglich geworden ist. Eine Benachteiligung enthalten z. B. die Sicherstellung einer bestehenden Schuld aus dem Vermögen des GSch. (RG. Bolze 2 Nr. 590; 3 Nr. 378), die Hingabe an Zahlungsstatt (RG. 6 S. 46), die Übernahme einer Verpflichtung. Dagegen liegt eine Benachteiligung nicht vor, die Anfechtung ist mithin ausgeschlossen, wenn ungeachtet der anfechtbaren Rechtshandlung noch eine zur vollen Befriedigung sämtlicher KGl. hinreichende KM. vorhanden ist, ferner, wenn durch die anfechtbare Rechtshandlung nur ein Gegenstand weggegeben ist, der in vollem Umfange zur Befriedigung der absonderungsberechtigten Gläubiger dienen muß. RG. 14 S. 313; 15 S. 62; 39 S. 92; JW. 94 S. 547; 95 S. 83; 04 S. 559), ebenso dann, wenn mit der Benachteiligung eine entsprechende Verbesserung des Vermögens des GSch. verbunden, wenn z. B. ein Gläubiger des GSch. von einem Dritten befriedigt und dadurch zwar eine neue Schuld an den Dritten begründet, aber die alte Schuld erloschen ist. RG. 48 S. 148. Die vom Erblasser zugunsten eines Dritten genommene Lebensversicherung ist im Konkurse über den Nachlaß des Erblassers seitens des KV. nicht anfechtbar; RG. 51 S. 403. Veräußert ein Fideikommißbesitzer entgegen den Bestimmungen der Stiftungsurkunde zum Walde gehörige Hölzer, so steht dem KV. über das Vermögen des Fideikommißbesitzers, auch wenn er sich den Widerspruch der Agnaten abtreten läßt, hieraus allein kein Anfechtungsrecht zu, RG. in JW.

1905 S. 402. Hat der KV. einen Gegenstand, an dem Absonderungsrechte bestehen, dem GSch. zur freien Verfügung zurückgegeben, dieser darauf den Gegenstand anderweit verwertet und den Erlös für sich eingezogen, so hat der KV. kein Anfechtungsrecht mehr, RG. 60 S. 107. Die Behauptung, daß die Gläubiger durch die angefochtene Rechtshandlung benachteiligt werden, gehört zur Klagebegründung und ist deshalb vom Kläger zu beweisen.

3 **3.** Ablehnung eines Erwerbes. Die Gläubiger können nur verlangen, daß der Schuldner sein Vermögen nicht vermindere, nicht aber, daß er es auch vermehre und behufs Befriedigung etwas erwerbe. Deshalb ist die Ablehnung eines Erwerbes, z. B. die Ablehnung einer Schenkung, unanfechtbar. RG. JW. 82 S. 38; 88 S. 330; Gruch. 26 S. 828; 34 S. 1192; Jaeger A. 32; AM. Kohler Lehrbuch S. 218. Dagegen würde die Aufgabe eines bereits bestehenden Rechtes auf einen Erwerb, z. B. des Anspruchs auf Bezahlung für geleistete Dienste, eine Verminderung des Vermögens enthalten und der Anfechtung unterliegen. Die Annahme oder Ausschlagung einer Erbschaft oder eines Vermächtnisses sowie die Ablehnung der fortgesetzten Gütergemeinschaft sind stets von der Anfechtung ausgeschlossen. Dies folgt aus § 9. RG. 54 S. 289. Der Verzicht auf das Pflichtteilsrecht ist unanfechtbar, wenn er durch Vertrag mit dem Erblasser vereinbart ist. § 2346 Abs. 2 BGB. Im übrigen vgl. wegen der Anfechtbarkeit des Verzichts auf den Pflichtteil § 9 KO., § 2317 BGB., § 852 ZPO., § 1 KO.

Bedingte Rechte sind Bestandteile des Vermögens, gleichviel, ob es sich um eine aufschiebende oder um eine auflösende Bedingung handelt. Nichterfüllen der Bedingung enthält also das Aufgeben eines Rechtes und unterliegt der Anfechtbarkeit. v. Wilm.-Kurlb. A. 8; Jaeger A. 32.

4 **4.** Simulierte, d. h. mit dem Einverständnis beider Teile nicht ernst gemeinte Rechtsgeschäfte (Scheingeschäfte) sind nichtig, mithin sowohl unter den Parteien als gegenüber Dritten, deren Rechte durch das simulierte Rechtsgeschäft beeinträchtigt sind, unwirksam. §§ 117, 894 BGB. Wird durch das Scheingeschäft in die Rechte der Gläubiger nicht eingegriffen, so ist der Simulation gegenüber für die Anfechtung kein Raum. Werden aber durch das Scheingeschäft die Rechte der Gläubiger beeinträchtigt, so liegt eine benachteiligende Rechtshandlung und damit das Erfordernis der Anfechtung nach § 29 (und § 1 Anfecht.Ges.) vor. Dann kann der KV. sowohl die Nichtigkeit als die Anfechtbarkeit des Scheingeschäfts geltend machen. Im Zweifelsfalle empfiehlt es sich, beide Klagegründe, den der Simulation und den der Anfechtung, miteinander zu verbinden. Dabei ist der Klagegrund der Simulation als der prinzipale voranzustellen. RG. 32 S. 230; 50 S. 121; Gruch. 27 S. 1082; Jaeger A. 46—48; v. Wilm.-Kurlb. Vorb. vor § 29 A. 10 (AM. RG. JW. 87 S. 96; Eccius I § 114 A. 41). Vgl. Pet.-Kleinf. A. I 2; v. Sarw.-Boss. A. 2. Die Unwirksamkeit einer Willenserklärung wegen Irrtums, Betruges, Zwanges oder Drohung (§§ 119, 120, 123 BGB.) tritt nur ein, wenn die Willenserklärung binnen bestimmter Frist und in bestimmter Weise angefochten wird. §§ 121, 124, 143 BGB. Geschieht dies, so wird die Willenserklärung als von Anfang an nichtig angesehen. § 142 Abs. 1 BGB.

5 **5.** Die Aufrechnung, als die Ausübung eines gesetzlichen Rechtes, ist der Anfechtung entzogen, kann aber durch Anfechtung eines der Rechtsgeschäfte, aus welchen die aufgerechneten Forderungen herstammen, unwirksam gemacht werden. RG. 26 S. 83. Vgl. § 55.

6 **6.** Die Rechtshandlung muß vor der KE. vorgenommen sein.

Andernfalls kommt, abgesehen von § 42, der § 7 zur Anwendung; auch dann, wenn die Vollendung der Rechtshandlung erst nach der KE. eingetreten ist. Wegen der hypothekarischen Eintragung s. § 873 BGB. RG. 4 S. 324; 9 S. 69; 33 S. 320. Ist zwischen Zahlungseinstellung und KE. eine Hypothek eingetragen worden, so steht § 878 BGB. der Anfechtung nicht entgegen, RG. 51 S. 284. Die Verpfändung einer Forderung nach § 845 ZPO. bleibt wirksam, auch wenn die nachfolgende ordentliche Pfändung mit Erfolg angefochten wird, RG. 42 S. 365.

II. Anfechtungsgründe. Sie sind in den §§ 30ff. aufgeführt. Daneben 7
können landesgesetzliche Vorschriften, welche für das KVerf. über die Anfechtung von Rechtshandlungen des GSch. ergangen sind, nicht mehr in Betracht kommen. Prot. 20. Aufrecht erhalten ist jedoch durch § 3 Abs. 1 EG. z. KO., das Anfechtungsrecht des § 342 HGB. (stille Gesellschaft).

Ist die Rechtshandlung im Ausland vorgenommen, oder wohnen der GSch. 8
oder der Anfechtungsgegner im Ausland, so ist nach der herrschenden Ansicht das Recht des Konkursgerichts als dasjenige anzusehen, nach welchem die Frage, ob ein Anfechtungsgrund vorliegt, zu entscheiden ist. Ist aber der Erwerb nach dem für ihn maßgebenden ausländischen Recht unanfechtbar vollzogen, so bleibt er geschützt, es ist mithin die Anfechtung auch dann ausgeschlossen, wenn später dadurch, daß der GSch. den Wohnsitz wechselt, ein die Anfechtung gestattendes KGesetz Platz greifen sollte. Jaeger A. 62 mit Literatur; auch OLG. Kolmar in Puchelts Z. 35 S. 713.

III. Die Wirkung der erfolgreichen Anfechtung. 9

a. Die angefochtene Rechtshandlung ist den Gläubigern gegenüber unwirksam. Die Unwirksamkeit gilt aber nur zugunsten der Gläubiger und nur gegen den Anfechtungsgegner, so daß dieser sich auf die Rechtshandlung nicht berufen kann, sondern das dadurch dem Vermögen des GSch. Entzogene zurückgewähren muß. RG. 20 S. 30; 23 S. 63. Im übrigen bleibt das Rechtsgeschäft als an sich gültig bestehen, und behält seine Wirkung unter den handelnden Teilen nach dem Inhalte des Geschäfts. Hatte z. B. der Schuldner eine Sache verkauft, so wird zwar trotz des Verkaufs die Sache dem Käufer entwährt, das Kaufgeschäft aber bleibt, allerdings jetzt mit Gewährspflicht, zwischen Verkäufer und Käufer in Kraft. M. 111, 112. Der GSch. kann also nicht etwa nach Beendigung des Konkurses die Forderung oder das Pfandrecht eines Gläubigers durch Berufung auf ein für den Konkurs begründetes Anfechtungsrecht angreifen. Ebensowenig kann er seine Verbindlichkeit zur Entschädigung des zur Herausgabe der von ihm erworbenen Sache verurteilten Anfechtungsgegners des Anfechtungsrechts wegen ablehnen. OTr. 73 S. 77; RG. 7 S. 35; 21 S. 95; 30 S. 403; JW. 83 S. 228; 89 S. 109. Das Ergebnis der Anfechtung kommt nur den KGl., nicht anderen, auch nicht den Absonderungsberechtigten, zu statten. Ist die Pfändung einer Sache des GSch. mit Erfolg angefochten, so rückt nicht etwa der Gläubiger, welcher eine Anschlußpfändung vorgenommen hat, nach, sondern es wird der aus dem Pfanderlöse auf den ersten Gläubiger fallende Betrag zur KM. gezogen und der Gläubiger der Anschlußpfändung hat nur einen Anspruch auf den Überschuß. RG. 20 S. 29; JW. 89 S. 109; Eccius 1 § 114 Nr 7.

Ein bei der KBeendigung noch anhängiger Anfechtungsprozeß wird durch 10
die KBeendigung gegenstandslos (OLG. Stettin in OLG. 10 S. 220) und kann vom GSch. für den KV. nur des Kostenpunktes wegen fortgesetzt werden. Die Kosten sind derjenigen Partei aufzuerlegen, die unterlegen sein würde, wenn der Streit in der Hauptsache durchgeführt wäre. v. Wilm.-Kurlb. A. 12; Jaeger A. 24.

Gegen die Entscheidung findet sofortige Beschwerde statt. § 99 Abs. 3 ZPO.; RG. 52 S. 330. (AM. unter der Annahme daß der KV. besonders in Anfechtungsprozessen nicht Vertreter des GSch. sei, RG. 31 S. 43; JW. 93 S. 253.)

11 **b.** Ob die erfolgreiche Anfechtung nur obligatorische oder ob sie dingliche Wirkung hat, d. h. ob sie nur ein Forderungsrecht auf Beseitigung der den Gläubigern nachteiligen Folgen der angefochtenen Rechtshandlungen begründet oder ob zugunsten der benachteiligten Gläubiger die angefochtenen Rechtshandlungen als von Anfang an nichtig erscheinen, ist streitig. Die frühere Fassung der Gesetze — § 34 (jetzt § 41) KO. und § 12 Anfecht.Ges. — rechtfertigte die Annahme, daß der Gläubigeranfechtung nur obligatorische Wirkung zukomme. So auch die herrschende Lehre und die überwiegende Rechtsprechung des Reichsgerichts. RG. 7 S. 35; 10 S. 11; 13 S. 6; 30 S. 92, 404; 32 S. 24; 40 S. 6; 42 S. 367; 44 S. 92; JW. 94 S. 122. (Abweichend allerdings RG. 19 S. 202; 42 S. 345.) Das BGB. legt der Anfechtung dingliche Wirkung bei. §§ 142 ff. Es ist die Ansicht vertreten worden, daß dieser Grundsatz auch für die Gläubigeranfechtung gelte (Dinglichkeitslehre). So Hellwig in ZfDZP. 26 S. 474 und außer den übrigen in Jaeger A. 9 zitierten Schriftstellern, auch Fitting § 18. Dieser Ansicht kann aber nicht beigetreten werden, da diejenigen Vorschriften, welche früher die obligatorische Natur der Gläubigeranfechtung erkennen ließen (§§ 37 ff. KO.; §§ 7 ff. Anfecht.Ges.) unverändert geblieben sind und weder bei der Abfassung des BGB. noch bei derjenigen der KNov. von den gesetzgebenden Faktoren beabsichtigt ist, die Wirksamkeit der Gläubigeranfechtung zu ändern. Dies ergeben die von Jaeger in A. 11 mitgeteilten Materialien der Gesetze. Nur die Form der Anfechtung ist mit den Vorschriften des BGB. in Einklang gebracht. „Danach genügt die formlos dem anderen abgegebene Anfechtungserklärung" (§ 143 BGB.). KommB. 13. Die bloße Äußerung zum GSch., daß der Verwalter die Anfechtung beabsichtige, genügt freilich nicht, OLG. Kolmar im Recht 7 S. 214. Die herrschende Meinung hält auch jetzt an der obligatorischen Wirkung der Gläubigeranfechtung fest. Jaeger A. 9 ff.; Pet.-Kleinf. A. 16; v. Sarw.-Bossі. A. 2; v. Wilm.-Kurlb. A. 11; RG. 47 S. 220; 48 S. 149; 50 S. 124; 52 S. 83 u. 334; OLG. Karlsruhe in OLG. 4 S. 176; BadRpr. 03 S. 142; OLG. Stettin in OLG. 4 S. 177; BayOLGZ. 3 S. 1028 (AM. Wolff A. 10; Fitting § 18).

12 **IV.** Geltendmachung des Anfechtungsrechts. Vor der KNov. war die Annahme vorherrschend, daß die Anfechtung nur im Prozeßverfahren, also nur im Wege der Klage, Widerklage, Einrede oder Replik erfolgen könne. RG. 52 S. 334. Die Mot. der Nov. zur KO. stehen auf dem Standpunkt, daß die rechtliche Natur der Anfechtung wegen Gläubigerbenachteiligung keine andere sei, wie die der Anfechtung wegen Irrtumes und daß daher in beiden Fällen gemäß § 143 Abs. 1 BGB. die Anfechtung erfolge durch Erklärung gegenüber dem Anfechtungsgegner. M. z. KNov. 35; KommB. 12—14. Hiernach rechtfertigt sich folgende Auffassung: Die Anfechtung erfolgt durch Erklärung gegenüber dem Anfechtungsgegner. § 143 BGB. Sie ist eine einseitige, empfangsbedürftige Willenserklärung und bringt den Anfechtungsanspruch zur Entstehung. Vgl. § 41 A. 1, 4. Sie ist an keine Form gebunden, kann auch durch schlüssige Handlungen abgegeben werden und sowohl außergerichtlich als gerichtlich erfolgen. v. Wilm.-Kurlb. A. 14; Anfecht.Ges. § 3 A. 4 (RG. 52 S. 334; 38 S. 44; JW. 04 S. 496; RG. in JW. 33 S. 367; OLG. Karlsruhe im Recht 8 S. 196 vertreten die Ansicht, daß auch nach der KNov. die Anfechtung außerhalb eines Prozeßverfahrens, durch bloße Erklärung der Anfechtung

gegenüber dem Anfechtungsgegner vom Gesetz nicht zugelassen worden sei. Dem RG. schließt sich auch Jaeger A. 55 ff. an. Die gerichtliche Geltendmachung des Anfechtungsrechts kann erfolgen durch Klage, Widerklage und Einrede, auch durch Replik gegen die vom Anfechtungsgegner erhobene, auf die — anzufechtende — Rechtshandlung gestützte Einrede. Im letzten Falle kann der Anspruch auf Herausgabe des Klagegegenstandes nur auf den Anfechtungsanspruch gestützt werden. Es liegt also eine Klageänderung vor. v. Wilm.-Kurlb. A. 15c. (AM. RG. 27 S. 94; Gruch. 36 S. 464; Pet.-Kleinf. A. 19.) Zur Klagebegründung gehört die bestimmte Angabe des Grundes des erhobenen Anspruchs (§ 253 ZPO.); es genügt also nicht allgemeine Verweisung auf die §§ 29 ff., sondern es muß erkennbar gemacht werden, auf welche Vorschrift die Anfechtung gestützt werden soll. RG. Bolze 10 Nr. 264d. Die Feststellungsklage ist zulässig, wenn die allgemeinen Voraussetzungen einer solchen (§ 256 ZPO.) gegeben sind, wenn also ein rechtliches Interesse an alsbaldiger Feststellung des Rechtsverhältnisses vorliegt. Zur Anfechtung von Zwangsvollstreckungen kann der KV. als Vertreter des GSch. die Rechtsbehelfe der §§ 767, 769, 770 ZPO. geltend machen. Der Wert des Streitgegenstandes ist gemäß § 3 ZPO. nach dem Ermessen des Prozeßgerichts festzusetzen. RG. 34 S. 404. Wird die Leistungsklage angestellt, so muß der Klageantrag den Gegenstand und die Art der Rückgewähr genau bezeichnen. § 253 Nr. 2 ZPO. Im Prüfungstermin kann der Verwalter sein Anfechtungsrecht dadurch ausüben, daß er gegen die angemeldete, der Anfechtung unterliegende Forderung gemäß § 144 Widerspruch erhebt.

Anfechtungsberechtigt ist nur der KV. (§ 36, M. 112; RG. 21 S. 99; 47 13
S. 219), Anfechtungsgegner derjenige, in dessen Vermögen durch die anfechtbare Handlung der Gegenstand, der zur Masse zurückgewährt werden soll, übergegangen ist. Die Zuziehung des GSch. ist durch die rechtliche Unmöglichkeit, sein sonstiges Vermögen zur Masse zu beanspruchen, ausgeschlossen. Er kann also, wenn er mitverklagt wird, seine mangelnde Passivlegitimation einwenden. RG. 35 S. 95; JW. 95 S. 385. Auch die Befugnis im Anfechtungsprozesse zu intervenieren, ist dem GSch. versagt. v. Wilm.-Kurlb. A. 18.

V. Der Gerichtsstand für die Anfechtungsklage ist der allgemeine 14
Gerichtsstand des Anfechtungsbeklagten (§ 13 ff. ZPO.), sofern nicht ein anderer Gerichtsstand — z. B. gegen Ausländer, § 23 ZPO. — begründet ist. Der Gerichtsstand der unerlaubten Handlung (§ 32 ZPO.) ist unzulässig für die Fälle des § 30 (RG. Pl. 21 S. 420) und für §§ 32, 40 Nr. 2 KO., § 3 Nr. 3, 4, § 11 Nr. 2 Anfecht.Ges., zulässig aber für §§ 31 Nr. 1, 2, 40 Nr. 1 KO., § 11 Nr. 1, § 3 Nr. 1, 2 Anfecht.Ges. (RG. 10 S. 334; 26 S. 1). Bei Anfechtung einer Pfändung nach § 771 ZPO. ist gemäß § 802 der Gerichtsstand des § 771 geboten. RG. Gruch. 38 S. 180, 492 u. 46 S. 1094; JW. 94 S. 427; 95 S. 202; RG. 18 S. 394; JW. 90 S. 68; SeuffA. 36 Nr. 169. Zu versagen ist dagegen der Gerichtsstand aus § 29 ZPO., weil die Anfechtung nicht auf die Aufhebung eines Vertrages abzielt, RG. 30 S. 402, und ebenso der Gerichtsstand der belegenen Sache aus § 24 ZPO., da die Anfechtungsklage keine dingliche ist, sondern einen obligatorischen Anspruch verfolgt. Für die Anfechtung von Rechtsgeschäften, welche von einer Niederlassung geschlossen sind, ist auch der Gerichtsstand des § 21 ZPO. begründet; ebenso Jaeger A. 18. AM. v. Wilm.-Kurlb. A. 19. Die Zuständigkeit der Kammer für Handelssachen ist ausgeschlossen, denn die Anfechtungsklage ist keine Klage aus einem Handelsgeschäft. RG. Gruch. 38 S. 1184, 1187.

§ 30 (23). Anfechtbar sind:

1. die nach der Zahlungseinstellung oder dem Antrage auf Eröffnung des Verfahrens von dem Gemeinschuldner eingegangenen Rechtsgeschäfte, durch deren Eingehung die Konkursgläubiger benachteiligt werden, wenn dem anderen Teile zu der Zeit, als er das Geschäft einging, die Zahlungseinstellung oder der Eröffnungsantrag bekannt war; sowie die nach der Zahlungseinstellung oder dem Eröffnungsantrage erfolgten Rechtshandlungen, welche einem Konkursgläubiger Sicherung oder Befriedigung gewähren, wenn dem Gläubiger zu der Zeit, als die Handlung erfolgte, die Zahlungseinstellung oder der Eröffnungsantrag bekannt war;
2. die nach der Zahlungseinstellung oder dem Antrage auf Eröffnung des Verfahrens oder in den letzten zehn Tagen vor der Zahlungseinstellung oder dem Eröffnungsantrage erfolgten Rechtshandlungen, welche einem Konkursgläubiger eine Sicherung oder Befriedigung gewähren, die er nicht oder nicht in der Art oder nicht zu der Zeit zu beanspruchen hatte, sofern er nicht beweist, daß ihm zur Zeit der Handlung weder die Zahlungseinstellung und der Eröffnungsantrag, noch eine Absicht des Gemeinschuldners, ihn vor den übrigen Gläubigern zu begünstigen, bekannt war.

---

1 **I.** Gemeinsame Voraussetzungen der drei in dem § 30 behandelten Anfechtungsfälle sind:

a. Vorliegen der Zahlungseinstellung (§ 102) oder

b. des Antrags auf KE. (§ 103); beide kommen für die Anfechtung nur in Betracht, wenn sie zur KE. geführt haben.

c. Kenntnis der Zahlungseinstellung oder des Eröffnungsantrags.

Zu a. Z a h l u n g s e i n s t e l l u n g.

2 Zahlungseinstellung ist die erkennbar gewordene Tatsache der Nichterfüllung fälliger Geldschulden wegen eines nicht bloß vorübergehenden Mangels an Zahlungsmitteln, RG. 14 S. 221; 21 S. 23; 51 S. 413; RG. bei Gruchot 49 S. 115; OLG. Stettin in OLG. 10 S. 218. Im einzelnen gilt folgendes:

3 *α.* Die Zahlungseinstellung muß e r k e n n b a r geworden sein. Nicht nötig ist, daß die Zahlungseinstellung der A l l g e m e i n h e i t erkennbar geworden ist, OLG. Posen in SeuffA. 58 S. 297; RG. in JW. 01 S. 753. Schon durch Nichtzahlung einer einzelnen Schuld kann sie in die Erscheinung treten, z. B. wenn der Schuldner auch nur einem Gläubiger gegenüber Zahlungsunfähigkeit als Grund der Nichtzahlung angegeben hat, RG. in JW. 01 S. 653; 02 S. 96. Doch kann aus weiteren Zahlungen nicht ohne weiteres auf eine verschleierte Zahlungseinstellung geschlossen werden, RG. in JW. 06 S. 92. Andererseits ist die Leistung einzelner Zahlungen, auch die regelmäßige Fortzahlung von Arbeitslöhnen, für die Zahlungseinstellung von keiner entscheidenden Bedeutung, wohl aber die Monate lang bestehende Pfändung eines wesentlichen Teils des Warenlagers (bisher ungedruckte Entsch. des RG. vom 4. Oktober 1907). Auch die Protestierung einer größeren Anzahl von Wechseln in höherem Betrage bildet ein erhebliches Anzeichen für die Zahlungseinstellung, RG. in PucheltsZ. 38 S. 125. Aus der Nichteinlösung von Gefälligkeitsakzepten ist die Zahlungseinstellung nicht ohne weiteres zu folgern, OLG. Hamburg in OLG. 15 S. 229. Leistet der Schuldner seine Zahlungen noch regelmäßig, jedoch aus

Mitteln, die er auf unredlichem Wege erlangt hat, so liegt Zahlungseinstellung nicht vor, RG. in JW. 01 S. 653. Die Zahlungeinstellung einer Kommanditgesellschaft umfaßt nicht notwendig die Zahlungseinstellung des persönlich haftenden Gesellschafters, OLG. Hamburg in OLG. 15 S. 228. Die Zahlungseinstellung eines unter Nachlaßpflegschaft stehenden Nachlasses bei Sanierungsmaßregeln tritt erst ein, wenn die Abzahlungen nicht inne gehalten werden und eine neue Zahlungseinstellung vorhanden ist, OLG. Dreden ebenda S. 229. Beseitigt wird die Zahlungseinstellung nicht schon durch Befriedigung einzelner Gläubiger, wohl aber durch die Aufnahme regelmäßiger Zahlungen, OLG. Kolmar ebenda S. 230.

β. Die Erfüllung fälliger Geldschulden muß in ihrer Allgemeinheit auf- 4
hören, RG. 50 S. 39. In der Nichtbefriedigung eines auf andere Leistungen als auf Zahlung einer Geldschuld gerichteten Anspruchs kann eine Zahlungseinstellung nicht gefunden werden, RG. bei Gruchot 51 S. 1093. Die Nichtzahlung muß auf einem Mangel an Mitteln beruhen; zahlt der Schuldner nur deshalb nicht, weil er nicht zahlen will, so liegt keine Zahlungseinstellung vor, RG. in JW. 04 S. 454, RG. bei Gruchot 49 S. 115; OLG. Stettin in OLG. 10 S. 218. Der vom Schuldner noch genossene Kredit kann bei der Feststellung der Zahlungseinstellung nur dann in Betracht kommen, wenn er schon gewährt ist oder in bestimmter Aussicht steht und so beschaffen ist, daß damit die Erfüllung oder Stundung mindestens der fälligen Verbindlichkeiten bewirkt werden kann, RG. in JW. 02 S. 546. Für die Frage, ob ein Schuldner als zahlungsfähig anzusehen ist, ist auch das Verhalten der Gläubiger entscheidend, RG. in JW. 05 S. 29. Überschuldung gibt kein wesentliches Anzeichen für Zahlungseinstellung, RG. in JW. 05 S. 157.

γ. Der Mangel an Zahlungsmitteln darf nicht bloß vorübergehend sein. Zahlungs- 5
stockung ist nicht Zahlungseinstellung, RG. 50 S. 42. Wenn z. B. ein Bauunternehmer wegen vorübergehenden Mangels an Mitteln seine Verbindlichkeiten aus der nächsten fälligen Baurate befriedigt, so liegt keine Zahlungseinstellung vor, OLG. Hamburg in OLG. 10 S. 218.

Zu c. Kenntnis der Zahlungseinstellung oder des Eröffnungs- 6
antrages.

Der Anfechtungsgegner muß die Zahlungseinstellung oder den Eröffnungsantrag gekannt haben. Die Kenntnis von Sicherungsmaßregeln, die gemäß § 106 KO. erlassen sind, steht der Kenntnis von dem Antrage auf KE. gleich, da solche Maßregeln nur angeordnet werden können, wenn ein Antrag auf KE. vorliegt. Ein Kennenmüssen steht dem Kennen nicht gleich, OLG. Kolmar in OLG, 15 S. 228a; doch genügt ein Zweifel des Gläubigers, ob nicht vielleicht vorübergehende Zahlungsschwierigkeiten vorhanden sind, nicht, um seine Kenntnis von der tatsächlich vorhandenen Zahlungseinstellung auszuschließen, OLG. Frankfurt in OLG. 10 S. 219. Zeitlich ist für das Kennen maßgebend der Augenblick der Eingehung des anzufechtenden Geschäfts oder der Vornahme der anzufechtenden Rechtshandlung. Später eingetretene Kenntnis ist ohne Bedeutung, RG. 12 S. 42. Wird das Geschäft erst durch Eintragung im Grundbuch vollzogen, so ist erst der Augenblick der Eintragung maßgebend, nicht schon der Augenblick des Eingangs des Antrages bei dem Grundbuchamt. OLG. Hamburg in OLG. 15 S. 232; ebenso Jaeger A. 19. Die Berufung auf den guten Glauben des Grundbuchs steht der Kenntnis nicht gleich, Mot. 118.

Ist das Geschäft von mehreren Mitberechtigten, z. B. von mehreren Gesellschaftern, 7
geschlossen worden, so genügt Kenntnis eines von ihnen für die Anfechtbarkeit. RG. in JW. 85 S. 127; 86 S. 148; 87 S. 191; 89 S. 154; Gruchot 29 S. 703. Ist

das Geschäft oder die Rechtshandlung von einem Vertreter vorgenommen, so genügt für die Anfechtbarkeit die Kenntnis des Vertreters von der Zahlungseinstellung oder dem Eröffnungsantrage; beruht jedoch die Vertretung auf einer durch Rechtsgeschäft erteilten Vertretungsmacht (Vollmacht) und hat in diesem Falle der Vertreter nach bestimmten Weisungen des Vollmachtgebers gehandelt, so kann sich dieser in Ansehung solcher Umstände, die er selbst kannte, nicht auf die Unkenntnis des Vertreters berufen, § 166 BGB.; ebenso OLG. Kolmar in OLG. 1 S. 50, Kammergericht ebenda 2 S. 98, OLG. Karlsruhe im Recht 5 S. 290. § 166 BGB. bezieht sich indessen nur auf privatrechtliche Willenserklärungen; der mit der Pfändung beauftragte Gerichtsvollzieher ist deshalb nicht als Vertreter im Sinne des § 166 anzusehen „und seine Kenntnis von der Zahlungseinstellung schadet dem pfändenden Gläubiger nicht, OLG. Köln in OLG. 4 S. 178, OLG. Stettin ebenda 6 S. 364; OLG. Hamburg in SeuffA. 58 S. 298, OLG. Bamberg ebenda S. 299; OLG. Breslau im Recht 8 S. 316. OLG. Dresden ebenda 5 S. 362, OLG. Karlsruhe ebenda 5 S. 290. Über die Kenntnis der Zahlungseinstellung kann dem Anfechtungsbeklagten der Eid zugeschoben werden; es ist zulässig, den Eid allgemein dahin zu fassen, daß der Beklagte die Zahlungseinstellung nicht gekannt hat, RG. 51 S. 413.

II. Zu Nr. 1. A. Satz 1. Rechtsgeschäfte des GSch. durch welche die KGl. benachteiligt werden.

8 1. Nur Rechtsgeschäfte werden von dieser Vorschrift betroffen, nicht — wie im Falle des zweiten Satzes — Rechtshandlungen allgemein und auch von den Rechtsgeschäften nur diejenigen, welche vom GSch. mit einem anderen Teile eingegangen wurden, also nur Verträge. Nicht hierher gehören demnach einseitige Rechtsgeschäfte, Verzichte und (s. Nr. 1 Satz 2, Nr. 2) Erfüllungen, Zahlungen. Ob das Rechtsgeschäft freiwillig vom GSch. vorgenommen, oder ob es auf Drängen des Gläubigers im Wege der Zwangsvollstreckung oder des Arrestes erfolgt ist, begründet keinen Unterschied. M. 119. Deshalb ist die aus diesem Grunde im früheren preuß. Recht angenommene Ausschließung der Anfechtung von Erbteilungen (Strieth. 18. S. 127) beseitigt. v. Wilm.-Kurlb. A. 14. Es ist auch unerheblich, ob für das Rechtsgeschäft ein vollstreckbarer Schuldtitel vorliegt. § 35.

Besondere Vorschriften sind ergangen für Gewährung von Sicherung oder Befriedigung an KGl. (§ 30 Nr. 1 Satz 2 u. Nr. 2) und für Wechselzahlungen. (§ 34.) Wechselverpflichtungen fallen unter § 30 Nr. 1 Satz 1.

9 2. Die Benachteiligung der KGl. muß erfolgt sein durch den Abschluß des Vertrages, d. h. es muß der Vertrag unmittelbar eine Verringerung oder Belastung des zur gemeinschaftlichen Befriedigung der Gläubiger dienenden Vermögens des GSch. verursacht oder doch die Verwertung dieses Vermögens erschwert haben. Eine Benachteiligung infolge des Vertrages, also durch den Vertrag unter Hinzutreten anderer Umstände, z. B. des späteren Verlustes des dem GSch. gewährten Entgelts genügt nicht. RG. 13 S. 41; 27 S. 98; 29 S. 77; Gruch. 27 S. 157, 162; AM. RG. 10 S. 8; 18 S. 122.

10 Über den Begriff der Benachteiligung s. § 29 A. 2. Beispielsweise fallen unter die Vorschrift der Verkauf von Waren unter dem Wert oder auf Kredit an zweifelhafte Käufer, die Annahme unsicherer Forderungen an Zahlungsstatt, die Pfandbestellung, die Überlassung gegen Altenteil (RG. 13 S. 41; JW. 83 S. 227; 87 S. 208; Gruch. 31 S. 1127), die Veräußerung von Sachen, wenn das Entgelt darin besteht, daß eine Schuld des GSch. an den anderen Teil getilgt wird (RG. Gruch. 46 S. 675) oder daß andere KGl. befriedigt werden (RG. 53 S. 234; JW. 94 S. 546;

95 S. 127), wenn das Entgelt nicht dem GSch., sondern Dritten zu gewähren, oder wenn es ganz oder teilweise der Zwangsvollstreckung entzogen ist (RG. Gruch. 36 S. 1143), wenn durch das Geschäft dem andern Teil die Möglichkeit verschafft wird, gegen die daraus für den GSch. entstehende Forderung mit einer ihm gegen den GSch. zustehenden Gegenforderung aufzurechnen (RG. 26 S. 81; JW. 95 S. 82). Die Eingehung eines Wechselgeschäfts seitens des GSch. bewirkt prima facie eine Benachteiligung der Gläubiger, und es ist Sache des Anfechtungsgegners, durch Aufdeckung des dem Wechsel zugrunde liegenden Geschäftes den Ausschluß der Benachteiligung darzutun. RG. 26 S. 74. Dagegen enthalten keine Benachteiligung die Veräußerungen, bei denen der GSch. für die veräußerten Sachen den vollen Gegenwert erhält, wenn auch der in das Vermögen des GSch. gelangte Gegenwert sich nicht mehr in der KM. vorfindet. RG. 24 S. 133; 27 S. 98; 53 S. 234. Im einzelnen sei aus der Judikatur über die Frage der Benachteiligung der Konkursgläubiger folgendes angeführt: Eine Gläubigerbenachteiligung liegt nicht vor bei der Zession einer Hypothek, wenn die Hypothek zugunsten eines Dritten mit einem die Forderung übersteigenden Pfandrecht belastet ist, RG. in JW. 06 S. 722. Hat der GSch. vor der Zahlungseinstellung einem Gläubiger zur Sicherheit für dessen Forderungen eine bewegliche Sache als Pfand gegeben und nach der Zahlungseinstellung an Stelle der Pfandsache eine andere Sache als Pfand gegeben, so ist diese Verpfändung des Ersatzstückes auch dann anfechtbar, wenn es sich um gleichwertige Gegenstände handelte und der Austausch Zug um Zug vor sich ging, OLG. Cassel in OLG. 10 S. 219. Mit der Berichtigung einer fälligen Verbindlichkeit kann die Absicht einer Benachteiligung der übrigen Gläubiger verbunden sein, doch müssen die Umstände eine solche Ausnahme von der Regel rechtfertigen, RG. Gruch. 45 S. 1176, JW. 01 S. 9; 00 S. 854. Ob in der Leistung von Diensten ein gleichwertiges Entgelt für ein entäußertes Vermögensstück gewährt wird, hängt von den Umständen ab; stets anfechtbar ist aber eine nach der Zahlungseinstellung erfolgte Zahlung gestundeter Beträge, OLG. Cöln im Recht 7 S. 267. Anfechtbar ist ferner eine nach der Zahlungseinstellung geschehene Aushändigung von Geld oder Wertpapieren an die Reichsbank zur Gutschrift auf Girokonto, wenn die Aushändigung nur erfolgt ist, um das Girokonto des späteren GSch. zu erhöhen und es dadurch zu ermöglichen, daß eine früher von ihm ausgestellte Zahlungsanweisung honoriert werden kann, RG. 45 S. 110. Leistet der Erwerber einer Hypothek an dem Grundstück des späteren GSch. bei dem Erwerbe der Hypothek Barzahlung, so liegt eine Benachteiligung der Gläubiger nicht vor; wird das Entgelt für die Hypothek aber durch Einlösung fälliger oder durch Übernahme der Tilgung laufender Akzepte gewährt, so tritt eine Benachteiligung der Gläubiger ein, RG. 53 S. 234. Eine teilweise Rückgewähr des Eingebrachten einer im gesetzlichen Güterstande lebenden Ehefrau ist auch nach dem 1. Januar 1900 anfechtbar, RG. Gruch. 45 S. 1180. Nicht anfechtbar ist die einem Absonderungsberechtigten zuteil gewordene Befriedigung aus den Kaufgeldern des Grundstücks, RG. Gruch. 46 S. 1111; ferner sind nicht anfechtbar: Zahlungen, die ein Dritter lediglich zum Zwecke der Kreditgewährung auf Rechnung des GSch. an einen Gläubiger des GSch. macht, RG. JW. 01 S. 405, sowie Zahlungen, die ein Gläubiger des GSch. unmittelbar von einem Dritten im Auftrage des GSch. erhalten hat, RG. 48 S. 148. Eine Benachteiligung der Gläubiger liegt nicht vor, wenn ein Dritter dem Schuldner die Mittel zur Befriedigung eines Gläubigers gewährt und wenn der Dritte aus der Masse nicht mehr verlangen kann, als der befriedigte Gläubiger verlangen konnte, OLG. Karlsruhe in OLG. 4 S. 174. Eben-

falls verneint ist eine Benachteiligung der Gläubiger bei Abtretung eines Versicherungsanspruchs, der erst nach einer Reihe von Jahren fällig und von Fortzahlung der Prämie abhängig ist, RG. JW. 03 S. 9.

Die Kenntnis der Benachteiligung der KGl. bei dem anderen Teile ist im Gesetz als Erfordernis der Anfechtung nicht aufgestellt.

Eine Benachteiligung, welche nicht die KGl., sondern die Absonderungsberechtigten oder Aussonderungsberechtigten trifft, fällt nicht unter die Vorschrift.

11 3. **Beweispflichtig ist der KV.** Der Beweis hat sich zu erstrecken sowohl auf die Tatsache und die Zeit der Zahlungseinstellung oder des Eröffnungsantrages als auf die Kenntnis des Gegners davon. RG. 23 S. 114.

12 4. Wegen des **Gerichtsstandes** s. § 29 A. 14.

13 B. Satz 2. **Rechtshandlungen, welche einem KGl. Sicherung oder Befriedigung gewähren.**

1. **Rechtshandlungen.** Abweichend von Satz 1 ist Satz 2 nicht auf Rechtsgeschäfte beschränkt, sondern umfaßt Rechtshandlungen überhaupt (Begriff: § 29 A. 1) und zwar alle Sicherungs- und Befriedigungshandlungen, sofern sie vor der KE. erfolgt sind. Auf die späteren finden die §§ 7, 15 Anwendung. Ob sie, sei es freiwillig, sei es infolge von Zwangsvollstreckungen oder Arresten, von dem GSch. selbst vorgenommen werden, oder ob sie gegen dessen Willen im Wege gerichtlichen Zwanges erfolgen, macht keinen Unterschied. Insbesondere gehören hierher auch Pfändungs- und Arrestpfandrechte. RG. JW. 86 S. 147; Bolze 6 Nr. 266.

14 2. **Befriedigung** ist Erfüllung d. h. Bewirkung der geschuldeten Leistung, insbesondere Zahlung und Hingabe an Zahlungsstatt. **Sicherung** umfaßt alle Maßregeln, welche darauf abzielen, für die künftige Erfüllung einer bereits bestehenden Verbindlichkeit Schutz zu gewähren. Das hauptsächlichste Mittel der Sicherung ist die Pfandbestellung. Auch die Ausstellung vollstreckbarer Urkunden und das Erwirkenlassen von Urteilen und anderen vollstreckbaren Schuldtiteln sind Sicherungen, da der Gläubiger durch sie die Möglichkeit erhält, sich ein Pfand zu verschaffen. RG. JW. 86 S. 91; Mandry S. 470. Eine Sicherung, welche nicht das Vermögen des GSch. belastet, sondern von einem Dritten, z. B. durch Bürgschaft oder durch Wechselunterschrift bestellt wird, ist den KGl. nicht nachteilig und deshalb von der Anfechtung ausgeschlossen. Ebensowenig unterliegt der Anfechtung diejenige Sicherung, welche nicht für eine bereits vorhandene, sondern für eine erst später zu begründende oder gleichzeitig mit der Bestellung der Sicherung begründete Verbindlichkeit bestellt worden ist. RG. 29 S. 77; JW. 90 S. 192; ROHG. 14 S. 72; OTr. 59 S. 436; Strieth. 61 S. 9; v. Wilm.-Kurlb. A. 19.

Ob die Schuld fällig war oder nicht und ob der Gläubiger die Sicherungs- oder Erfüllungshandlungen zur Zeit ihrer Leistungen beanspruchen konnte, ist für die Anfechtbarkeit aus Nr. 1 Satz 2 ohne Belang. M. 119; RG. Gruch. 36 S. 1180; JW 92 S. 311.

15 3. **Die Benachteiligung der übrigen KGl.** durch die Sicherung oder Befriedigung braucht nicht erwiesen zu werden, sie folgt ohne weiteres aus der Beeinträchtigung der Masse. Es ist Sache des Anfechtungsgegners darzutun, daß in dem bestimmten Falle eine Benachteiligung nicht vorliege, z. B. wenn die Sicherung oder Befriedigung sich auf ein Zug um Zug zu erfüllendes nicht anfechtbares Geschäft bezieht. Auf die Absicht der Benachteiligung seitens des GSch. kommt es nicht an.

16 4. **KGl.** sind diejenigen, welche KGl. sein würden, falls zur Zeit der der Anfechtung unterworfenen Rechtshandlung über das Vermögen des Schuldners Konkurs

eröffnet wäre. Zu den KGl. gehören auch die Gläubiger der in § 63 Nr. 3 und 4 bezeichneten Forderungen sowie bedingt berechtigte Gläubiger und die Absonderungsberechtigten, die letzteren aber nur soweit, als sie nicht aus dem Absonderungsobjekt Befriedigung erhalten. RG. 9 S. 50; 17 S. 27; JW. 87 S. 14; 02 S. 273. v. Wilm.-Kurlb. A. 18. Aussonderungsberechtigte und Massegläubiger fallen nicht unter § 30.

5. Beweispflichtig dafür, daß der Gläubiger zur Zeit der Vornahme der Rechts- 17
handlung die Zahlungseinstellung oder den Antrag auf KE. kannte, ist der anfechtende KV.

6. Entsprechende Anwendung findet § 30 Nr. 1 im Falle des § 13 Abs. 3 des 18
AnfechtGes.

III. Zu Nr. 2. Rechtshandlungen, welche auf **Begünstigung** eines 19
Gläubigers gerichtet sind.

1. Objektive Begünstigung von KGl. Während Nr. 1 sich auf jede Sicherung oder Befriedigung eines KGl. bezieht, ohne Rücksicht darauf, ob dieser solche beanspruchen konnte oder nicht (RG. JW. 92 S. 311; Gruch. 36 S. 1190), handelt Nr. 2 von solcher einem KGl. gewährten Sicherung oder Befriedigung, welche er überhaupt nicht oder nicht in der Art oder nicht zu der Zeit zu beanspruchen hatte.

Zu beanspruchen hat aber der Gläubiger nur dasjenige, worauf ihm ein Klagerecht zusteht. Alle anderen Leistungen unterliegen der Anfechtung aus Nr. 2. Auch kann diese Anfechtung nicht dadurch ausgeschlossen werden, daß die ihr unterliegenden Leistungen innerhalb der zehntägigen Frist auf dem Umwege eines anderen Rechtsgeschäfts, z. B. durch Abschluß eines den Gläubiger verpflichtenden Rechtsgeschäfts und hierdurch herbeigeführte Kompensation mit der KForderung, erfolgen. M. 126 ff.; Strieth. 77 S. 148; RG. 10 S. 209.

Die Anm. 13—16 finden auch hier Anwendung.

Hervorzuheben ist:

a. Zahlung vor der Verfallzeit. Ist die Abkürzung des Fälligkeits- 20
termins früher als zehn Tage vor der Zahlungseinstellung vereinbart, so ist die dementsprechend erfolgte Erfüllung keine, welche der Gläubiger nicht zu der Zeit zu beanspruchen hatte, und mithin die Anfechtung aus Nr. 2 versagt. Ist dagegen die Vereinbarung über die Abkürzung des Fälligkeitstermins während der zehntägigen Frist erfolgt, so kann diese Vereinbarung die an sich begründete Anfechtbarkeit der vorzeitigen Leistung nicht wieder beseitigen. RG. JW. 86 S. 74.

b. Hingabe an Zahlungsstatt. Als solche ist es nicht anzusehen, wenn dem 21
Gläubiger eine Sache geleistet wird, welche er alternativ verlangen durfte, oder wenn der Schuldner alternativ zu dieser Leistung berechtigt war. (§ 262 BGB.). Auch dann liegt eine Hingabe an Zahlungsstatt nicht vor, wenn statt baren Geldes solche Werte gegeben werden, welche im Verkehr allgemein als Geld behandelt werden, z. B. Banknoten. Dagegen ist Befriedigung durch andere Wertpapiere — Pfandbriefe, Aktien, Wechsel u. dgl. — von der Anfechtung nicht ausgeschlossen, ebensowenig Befriedigung durch Überweisung auf Girokonto der Reichsbank (RG. Gruch. 37 S. 919) oder mit ausländischem Gelde, sofern nicht gerade die Leistung in dieser Währung beansprucht werden konnte. RG. Bolze 2 Nr. 568; Gruch. 26 S. 1188; JW. 94 S. 16; SeuffA. 38 S. 254.

c. Pfand-, Hypotheken- und Zurückbehaltungsrechte, welche inner- 22
halb der zehntägigen Frist bestellt worden sind, unterliegen der Anfechtung, sofern dem Gläubiger nicht schon vorher ein rechtlicher Anspruch auf Gewährung der be-

treffenden Sicherstellung zur Seite stand. Ebenso sind anfechtbar Rechtsgeschäfte zur Herbeiführung einer Aufrechnung. RG. JW. 95 S. 82.

23 Bezüglich der Anfechtbarkeit der im Wege der Zwangsvollstreckung oder des Arrestes durch Erwirkung eines Pfändungspfandrechts erlangten Sicherung und Befriedigung gelten folgende Grundsätze:

Eine vor der zehntägigen Frist erfolgte Pfändung ist unanfechtbar, ebenso auch die auf Grund dieser Pfändung erlangte Befriedigung. RG. 17 S. 27.

Pfändungen, die innerhalb der zehntägigen Frist vorgenommen sind, unterliegen der Anfechtung, sofern nicht vor dieser Frist ein Anspruch auf Sicherung begründet war. Die Anfechtung wird auch in dem Falle nicht ausgeschlossen, wenn die Pfändung auf Grund eines vor der zehntägigen Frist erwirkten vollstreckbaren Titels vorgenommen ist, denn der Vollstreckungstitel gibt ein Recht auf Befriedigung, nicht aber auf Sicherung, der Gläubiger erlangt mithin durch die Pfändung eine Sicherung, die er nicht zu beanspruchen hatte. RG. 2 S. 375; 3 S. 398; 4 S. 435; 6 S. 638; 7 S. 37; 10 S. 33 (Pl.); 32 S. 65; 23 S. 113; 25 S. 40; 40 S. 91; Bolze 2 Nr. 571; JW. 88 S. 178; 93 S. 78; OLG. München in SeuffA. 60 S. 382. Auch die Erlangung oder Vollziehung eines Arrestbefehls steht nach § 35 der Anfechtung nicht entgegen. Ebensowenig das Erwirken einer vollstreckbaren Urkunde, durch die sich der Schuldner der sofortigen Zwangsvollstreckung unterwirft. RGSt. 20 S. 301; JW. 93 S. 78.

Die an sich anfechtbare Pfändung wird dadurch nicht unanfechtbar, daß der Gläubiger mittels ihrer, z. B. durch Versteigerung der gepfändeten Sache und Auszahlung des Erlöses, befriedigt wird, vielmehr erstreckt sich die Anfechtbarkeit auch auf die Befriedigung als das Ergebnis der anfechtbaren Pfändung. RG. 17 S. 26; 23 S. 112; 40 S. 91; Bolze 1 Nr. 542; JW. 89 S. 109. Dagegen muß die lediglich zur Beseitigung der Pfändung oder zur Aufschiebung der Zwangsvollstreckung erfolgende Befriedigung als der Anfechtung nach § 30 Nr. 2 nicht unterliegend erachtet werden, „weil die Befriedigung nicht aus dem Pfande erfolgt". v. Wilm.-Kurlb A. 35.

24 **d.** Ist eine Vorpfändung nach § 845 ZPO. vor der kritischen Zeit, die wirkliche Pfändung aber erst in der kritischen Zeit des § 30 Nr. 2 KO. erfolgt, so wird die Vorpfändung nicht dadurch unwirksam, daß die Pfändung selbst anfechtbar ist, da die Pfändung eben nur anfechtbar, nicht aber an sich unwirksam ist; anders liegt es, wenn die Pfändung erst nach der KEröffnung selbst erfolgt ist, da dann die Pfändung selbst ungültig ist, RG. 42 S. 365. Ist ein Arrestbefehl vor der kritischen Zeit des § 30 Nr. 2 erlassen, die Pfändung auf Grund dieses Arrestbefehls aber erst nach der Zahlungseinstellung erfolgt, so ist die Pfändung anfechtbar; RG. 55 S. 321. Eine Pfändung baren Geldes ist anfechtbar, wenn die Zwangsvollstreckung gemäß § 815 ZPO. nur zur Hinterlegung geführt hat, OLG. Dresden in SächsOLG. 26 S. 334; sonst nicht.

25 **e.** Handlungen eines Dritten unterliegen der Anfechtung, wenn er sie als Beauftragter des GSch. vorgenommen hat. Hat z. B. der GSch. dem Dritten Geld mit dem Auftrage übergeben, es an einen Gläubiger abzuführen, so ist die Zahlung nur dem Gläubiger, nicht auch dem Dritten gegenüber anfechtbar, auch dann, wenn der letztere ein Bürge oder Mitschuldner des GSch. war und sich an diesen hätte halten können, falls er dem Gläubiger hätte Zahlung leisten müssen. RG. 35 S. 26; JW. 99 S. 114, 540; vgl. auch RG. 46 S. 101.

26 **f.** Der in Art. 26, 29 der Wechselordnung gegebene Anspruch auf Sicherstellung besteht nur so lange, als nicht Zahlung gefordert werden kann; deshalb ist eine erst

nach Fälligkeit des Wechsels erfolgte Sicherstellung anfechtbar, RG. 39 S. 122; JW. 89 S. 229.

2. Die Frist von zehn Tagen ist nach § 187 BGB., also so zu berechnen, 27
daß der Tag der Zahlungseinstellung oder des Eröffnungsantrages nicht mitgerechnet wird. RG. 26 S. 5; Gruch. 35 S. 1159.

3. Beweislast. Daß der GSch. z. Z. der anfechtbaren Handlung die Ab- 28
sicht gehabt hat, seinen von § 30 Nr. 2 betroffenen Gl. vor den übrigen Gl. zu begünstigen und daß diese Absicht sowie die ZE. oder der Antrag auf KE., wenn sie bereits vorlagen, dem Gl. bekannt gewesen sind — Voraussetzungen der Anfechtung nach Nr. 2 —, wird gesetzlich vermutet. Der Gläubiger kann sich also nur durch den Beweis seiner Nichtkenntnis vor der Anfechtung schützen; RG. 4 S. 436; 40 S. 90; JW. 93 S. 138. Zunächst hat jedoch der KV. den Nachweis der Zahlungseinstellung oder des Eröffnungsantrags zu erbringen; RG. JW. 91 S. 133. Der Einwand, daß die Zahlungseinstellung erst nach dem Eröffnungsantrag und der Rechtshandlung erfolgt sei, ist unzulässig, RG. 36 S. 73. Der Beweis, daß eine Begünstigungsabsicht auf seiten des GSch. nicht vorgelegen habe, kann auch durch Eideszuschiebung an den KV. geführt werden, da dieser auch in Anfechtungsprozessen als Vertreter des GSch. angesehen werden muß. v. Wilm.-Kurlb. A. 39. Vgl. oben § 6 A. 9. Wird mit dem RG. angenommen, daß der KV. den Prozeß nicht als Vertreter des GSch. sondern im eigenen Namen führt, so bleibt auch bei dieser Annahme die Möglichkeit, den Beweis durch das Zeugnis des GSch. zu führen. Vgl. auch Jaeger A. 56. Über die Eideszuschiebung an den KV. auch unter Wahrung dieses Standpunktes vgl. § 31 A. 11 und 19.

4. Klageänderung liegt nicht vor, wenn eine auf Herausgabe eines Wechsels 29
gerichtete Klage anfänglich auf § 30² KO., später aber auf § 812 BGB. gestützt wird, RG. in PucheltsZ. 36 S. 642.

§ 31 (24). Anfechtbar sind:

1. Rechtshandlungen, welche der Gemeinschuldner in der dem anderen Teile bekannten Absicht, seine Gläubiger zu benachteiligen, vorgenommen hat;
2. die in dem letzten Jahre vor der Eröffnung des Verfahrens geschlossenen, entgeltlichen Verträge des Gemeinschuldners
   mit seinem Ehegatten, vor oder während der Ehe,
   mit seinen oder seines Ehegatten Verwandten in auf- und absteigender Linie, mit seinen oder seines Ehegatten voll- und halbbürtigen Geschwistern, oder mit dem Ehegatten einer dieser Personen,

sofern durch den Abschluß des Vertrages die Gläubiger des Gemeinschuldners benachteiligt werden und der andere Teil nicht beweist, daß ihm zur Zeit des Vertragsabschlusses eine Absicht des Gemeinschuldners, die Gläubiger zu benachteiligen, nicht bekannt war.

I. Zu Nr. 1. Zwei Voraussetzungen müssen erfüllt sein: 1
1. Absicht des GSch., seine Gläubiger zu benachteiligen,
2. Kenntnis des anderen Teiles von dieser Benachteiligungsabsicht.

1. Absicht des GSch., seine Gläubiger zu benachteiligen. 2

a. Die Absicht muß vorgelegen haben zur Zeit der Vornahme der Handlung (RG. 4

S. 32; 6 S. 28; JW. 95 S. 83), braucht aber weder gegen alle, noch gegen **bestimmte Gläubiger** gerichtet zu sein, es genügt vielmehr, wenn sie sich gegen einen oder einzelne, bestimmte oder unbestimmte, gegenwärtige oder zukünftige (RG. 15 S. 62; 26 S. 14; JW. 89 S. 209) Gläubiger wendet. M. 130; RG. 10 S. 9; JW. 86 S. 14; 00 S. 754; Bolze 2 Nr. 589. Bei Rechtshandlungen, die durch einen Stellvertreter des Schuldners vorgenommen werden, entscheidet die Absicht des Vertreters, bei Gesamtvertretung genügt die Absicht **eines** Vertreters. RG. Bolze 17 Nr. 201. Unerheblich ist dagegen die Kenntnis des Gerichtsvollziehers, der die angefochtene Arrestpfändung vorgenommen hat, RG. in JW. 02 S. 273, vgl. auch A. I zu § 30. Hat der Ehemann im eigenen Namen kraft eigenen Rechtes über Gesamtgutsgegenstände verfügt (§§ 1443ff., 1519, 1549 BGB.), so kommt es ausschließlich auf seine Benachteiligungsabsicht an. Ebendasselbe gilt, wenn Rechtsgeschäfte über Gegenstände des eingebrachten Gutes angefochten werden, zu denen keine Zustimmung der Frau erforderlich war (§§ 1376 Nr 1; 92 BGB.), sowie dann, wenn der Mann mit der erforderlichen Zustimmung der Frau (§ 1375 BGB.) über einen Gegenstand des eingebrachten Gutes verfügt hat. Jaeger, Anfecht.G. § 3 A. 18.

3 **b.** Erforderlich ist aber die auf die unmittelbare oder mittelbare Benachteiligung der Gläubiger — wenn auch nur eventuell, RG. 24 S. 26 — gerichtete **wirkliche Absicht** des Schuldners. Die Benachteiligung der Gläubiger muß von dem GSch. nicht nur gewollt, sondern auch der (wenn auch nicht ausschließliche) Beweggrund seiner Rechtshandlung gewesen sein. Das bloße Bewußtsein von der Schädigung der Gläubiger genügt nicht. Durch die Kenntnis der bereits vorhandenen Zahlungsunfähigkeit oder Vermögensunzulänglichkeit wird der Schluß auf eine Benachteiligungsabsicht des Schuldners nicht gerechtfertigt. M. 130; Bolze 15 Nr. 157. So die neuere Praxis des Reichsgerichts. RG. 33 S. 124; JW. 88 S. 70; 92 S. 336; 96 S. 175; 97 S 209; Gruch. 31 S. 1125; 36 S. 1125. Ebenso Jaeger A. 5, 6; v. Wilm.-Kurlb. A. 1. (Abweichend die ältere Praxis. Danach genügt zur Annahme der Benachteiligungsabsicht das bloße Bewußtsein, daß die Folgen der gewollten Handlung zur Benachteiligung der Gläubiger dienen werden. RG. 11 S. 173. Ebenso Fitting § 16 zu. I 1.) Dadurch daß der GSch. außer der Benachteiligungsabsicht noch andere Absichten verfolgte, wird die Anfechtbarkeit nicht ausgeschlossen. RG. 10 S. 10; 16 S. 28; 26 S. 3; JW. 86 S. 415; 88 S. 70; Bolze 4 Nr. 375; 7 Nr. 300. Eine Benachteiligungsabsicht liegt nicht vor bei einem Abkommen, durch welches die Mietserträge eines Grundstücks an einen Hypothekengläubiger gegen die Verpflichtung, von den Einnahmen die Hypothekenzinsen und Grundstückslasten zu bezahlen, abgetreten werden, OLG. Dresden im SächsArch. 13 S. 255; 14 S. 384.

4 **2.** „Der andere Teil muß die Benachteiligungsabsicht des GSch. gekannt haben; eine weitere Teilnahme an dem Betruge, insbesondere etwa die eigene Absicht, sich zum Nachteile der Gläubiger zu bereichern, ist hier nicht erforderlich." M. 130. Daß der andere Teil, d. h. der Erwerber des entäußerten Wertes (Jaeger, Anfecht.G. § 3 A. 21), diese Absicht bei genügender Aufmerksamkeit hätte kennen müssen (§ 122 Abs. 2 BGB.), genügt nicht. Daß er genaue Kenntnis über die Art und Weise, in welcher der GSch. seine Gläubiger hat benachteiligen wollen, gehabt hat, ist nicht erforderlich. RG. JW. 02 S. 24. Auch braucht er sich nicht gerade der Rechtswidrigkeit der Handlung des GSch. bewußt gewesen zu sein. RG. 9 S. 73. Zum Beweise der Kenntnis reicht es aus, wenn aus den Umständen des Falles zu entnehmen ist, daß der andere Teil von der Benachteiligungsabsicht des GSch. überzeugt gewesen sein muß. Die Kenntnis muß zur Zeit der Vornahme der Rechtshandlung

vorhanden sein. Nachträgliche Kenntnis schadet nicht. RG. Bolze 8 Nr. 259. Hat der andere Teil durch einen Stellvertreter erworben, so ist ausschließlich dessen Kenntnis von der Benachteiligungsabsicht des Schuldners maßgebend (Vollmacht: § 166 Abs. 2 BGB). Jaeger A. 15.

Die Voraussetzung daß die Gläubiger durch den Abschluß des Vertrages tat- 5
sächlich benachteiligt werden, ist — abweichend von § 30 Nr. 1 Satz 1 und von § 31 Nr. 2 — nicht aufgestellt. RG. Gruch. 27 S. 162. Dennoch kann eine Anfechtung immer nur gestattet sein, wenn der Gläubiger ein Interesse an der Anfechtung hat. Es ist deshalb immer das Vorhandensein einer nach dem Zeitpunkt der Eröffnung des Konkurses zu beurteilenden objektiven Benachteiligung notwendig. RG. 33 S. 122; JW. 94 S. 429. War die anzufechtende Rechtshandlung schlechthin ungeeignet, die Gläubiger zu benachteiligen, und hat sie die Gläubiger tatsächlich nicht benachteiligt, so kann die Absicht und irrige Meinung des Schuldners, durch sie eine Benachteiligung herbeizuführen, rechtlich nicht in Betracht kommen. RG. JW. 84 S. 179; RG. 15 S. 62; 21 S. 95; JW. 85 S. 355; 86 S. 317; 87 S. 475; 89 S. 208; Bolze 1 Nr. 546; 3 Nr. 375, 378, 384. Die Anfechtung wird also — beispielsweise — zu versagen sein, wenn ein über den Wert mit Hypotheken belastetes Grundstück dem Hypothekengläubiger für die Hypotheken aufgelassen ist, weil in diesem Falle der Anfechtungskläger eine Befriedigung auch dann nicht erlangt hätte, wenn die Auflassung unterblieben wäre. RG. JW. 90 S. 411; Bolze 3 S. 375; 10 Nr. 138; 15 S. 178; Gruch. 33 S. 1105. Ebenso dann, wenn die an den Anfechtungsbeklagten veräußerten Sachen zuvor wegen einer ihren Wert übersteigenden Forderung für ihn unanfechtbar gepfändet waren (RG. Bolze 2 Nr. 588), oder wenn dem Anfechtungsbeklagten wegen der Forderung, zu deren Sicherung oder Tilgung das angefochtene Rechtsgeschäft abgeschlossen worden, ein Vorrecht vor der Forderung des Anfechtungsklägers gebührt. Strieth. 36 S. 235; RG. JW. 84 S. 179.

Wegen der Frage, ob eine Benachteiligung der Gläubiger vorliegt, vgl. A. 10 zu § 30.

Hat der GSch. die Absicht, seine Gläubiger zu benachteiligen, so ist die etwaige 6
Nebenabsicht, mit Hilfe des angefochtenen Vertrages die Mittel zu gewinnen, die Gläubiger in Zukunft befriedigen zu können, rechtlich unerheblich. Die Benachteiligung der Gläubiger wird auch nicht dadurch ausgeschlossen, daß bei der Veräußerung von Vermögensgegenständen des GSch. durch einen entgeltlichen Vertrag der andere Teil die Berichtigung von Passiven des GSch. in einem dem Werte jener Vermögensstücke gleichen Betrage übernommen hat. Ebensowenig durch die bloße Möglichkeit, daß der GSch. rechtlich in der Lage gewesen wäre, den Gläubigern das betreffende Vermögensobjekt auf einem andern Wege in unanfechtbarer Weise zu entziehen, oder daß die Gläubiger zur Zeit des angefochtenen Vertrages nicht zugriffsberechtigt waren und durch den Vertrag die Aktivmasse des Schuldners nicht in höherem Maße, als zur Befriedigung der damals zugriffsberechtigten Gläubiger erforderlich war, vermindert worden ist. Vgl. RG. 10 S. 5 (betrifft eine Anfechtung außerhalb des KVerf.).

Beweispflichtig bezüglich der Benachteiligungsabsicht des GSch. und der Kennt- 7
nis dieser Absicht seitens des Anfechtungsgegners ist der KV. RG. 26 S. 1. Die Eideszuschiebung über das Vorliegen der Benachteiligungsabsicht des GSch. ist zulässig. RG. 15 S. 368; 43 S. 392; JW. 93 S. 427; 03 S. 344; SeuffA. 59 S. 175. Ist die Benachteiligungsabsicht des GSch. als erwiesen angenommen, so kann dem Gegner über seine Kenntnis von dieser Absicht der Eid zugeschoben werden. RG. 3 S. 430.

§ 31 Ziff. 1 bezieht sich auf Rechtshandlungen des GSch. schlechthin. Eine 8

Ausnahme ist nicht gemacht. Die Anfechtbarkeit nach Nr. 1 erstreckt sich daher, die unredliche Benachteiligung der Gläubiger vorausgesetzt, auf alle vor der KE. vom GSch. vorgenommenen Rechtshandlungen aller Art, auch auf die im Rechtsstreite vorgenommenen, insbesondere auf Veräußerungen, Verpfändungen, Anerkenntnisse, Vergleiche, Verzichtleistungen, die Befriedigung eines Gläubigers durch Hingabe an Zahlungsstatt, Sicherung, absichtliche Unterlassung der Geltendmachung des Verjährungseinwandes, das Zulassen einer Arrestpfändung (RG. Gruch. 30 S. 869) oder der Erlangung eines vollstreckbaren Schuldtitels für einen Gläubiger. RG. 47 S. 223. Erfüllungshandlungen: A. 20.

9 Die Anfechtung ist ausgeschlossen, wenn seit der Vornahme der Handlung 30 Jahre verstrichen sind (vgl. § 41 Abs. 1 Satz 3. §§ 187 Abs. 1, 188 Abs. 2 BGB.; Jaeger A. 16).

10 Wird eine ursprünglich aus § 31 Ziff. 1 begründete Klage später auf § 30 oder 32 gestützt — oder umgekehrt, so liegt eine unzulässige Klageänderung vor. RG. 22 S. 390.

11 **II. Zu Nr. 2. Entgeltliche Verträge des GSch. mit seinem Ehegatten oder seinen Verwandten.**

1. Entgeltliche Verträge sind — im Gegensatz zu den in § 32 behandelten unentgeltlichen Verfügungen — alle zweiseitigen Rechtsgeschäfte, einschließlich der sachenrechtlichen „Einigung". RG. 9 S. 103; 27 S. 134; 29 S. 299; JW. 86 S. 117; 91 S. 354. Beispielsweise gehören hierher Verträge über die Teilung einer Erbschaft oder des Miteigentums (RG. Bolze 6 Nr. 276, 277; JW. 88 S. 383; 89 S. 20), Pacht- und Mietverträge, Vereinbarungen über Hingabe an Zahlungsstatt (RG. Bolze 8 Nr. 250), Abänderungen bestehender Verträge (ROHG. 24 S. 204; RG. JW. 91 S. 354), Pfand- und Hypothekenbestellungen (RG. 6 S. 85; 29 S. 299; JW. 83 S. 113), Erteilungen von vollstreckbaren Urkunden (RG. 9 S. 100; 29 S. 300), Schuldanerkenntnisse (RG. 12 S. 66). Entgeltlich im Sinne der Nr. 2 ist das Rechtsgeschäft stets, wenn nur eine Gegenleistung erfolgt ist, mag deren Erlangung auch nicht gerade den Beweggrund zur Verfügung des GSch. abgegeben haben. RG. Bolze 16 Nr. 199.

12 **2. Ehegatten und nahe Verwandte.**

a. Die Ehe muß bestehen zur Zeit der Anfechtung. Als Ehegatte kommt sowohl derjenige in Betracht, der zur Zeit des Vertragsschlusses Ehegatte ist, als auch derjenige, der es bis zur KE. geworden ist, wenngleich zur Zeit des Vertragsschlusses ein Verlobungsverhältnis nicht bestanden hat. Verträge zwischen geschiedenen Gatten fallen nicht unter § 31.

13 **b.** Die Zugehörigkeit zur Verwandtschaft bestimmt sich nach bürgerlichem Rechte. Uneheliche Kinder sind verwandt nur mit der Mutter und deren Verwandten. §§ 1705, 1589 Abs. 2 BGB., adoptierte Kinder außer mit ihren natürlichen Verwandten nur mit dem Annehmenden. §§ 1757, 1763. Auf Verwandte des Ehegatten des GSch. findet § 31 Nr. 2 nur Anwendung, wenn die Ehe des GSch. zur Zeit des Vertragsabschlusses bereits geschlossen worden war, da hier im Gesetze die Worte „vor oder während der Ehe" fehlen. Ob die Ehe des GSch. zur Zeit des anzufechtenden Vertragsschlusses noch fortbestehen muß, ist zweifelhaft, aber mit Rücksicht auf § 1590 Abs. 2 BGB. u. Art. 33 EG. z. BGB. wohl zu verneinen. Dagegen kann die Bezeichnung „Ehegatten" von Geschwistern und Verwandten nur dahin verstanden werden, daß die Ehe zur Zeit des Vertragsschlusses noch bestanden haben muß. v. Wilm.-Kurlb. A. 11; Jaeger A. 27.

Dadurch daß der mit dem GSch. den Vertrag abschließende Ehegatte oder Verwandte nicht als der einzige Kontrahent, oder daß er namens einer Handelsfirma oder Genossenschaft, deren Mitglied er ist, kontrahiert hat, wird die Anfechtbarkeit nicht ausgeschlossen, OLG. Naumburg im Recht 5 S. 290; RG. 43 S. 105.

Im Falle der notwendigen oder freiwilligen Stellvertretung kommt nur die zwischen den Vertretenen bestehende Verwandtschaft in Betracht. RG. 12 S. 70.

3. Voraussetzung der Anfechtbarkeit ist, „daß der Vertrag zur Zeit seines Ab- 14
schlusses und durch den Abschluß eine Benachteiligung der Gläubiger in sich enthalten hat." M. 132; Prot. 22; RG. 33 S. 122. Es muß also zwischen dem angefochtenen Vertrage und der Benachteiligung der Gläubiger ein ursächlicher Zusammenhang bestehen. Daß der benachteiligende Erfolg durch besondere, dem Vertragsschluß nachgefolgte Umstände herbeigeführt wurde, genügt nicht. RG. 10 S. 8; 13 S. 42; JW. 86 S. 14; 97 S. 633; 00 S. 716; Gruch. 48 S. 112; SächsArch. 15 S. 79; OLG. Stettin in OLG. 10 S. 225. Eine Benachteiligung durch den Vertrag ist ausgeschlossen, wenn dem Vermögen des Schuldners durch den Vertrag ein entsprechender Gegenwert zugeführt ist. RG. JW. 00 S. 716. Die Befriedigung einzelner Gläubiger ist aber kein entsprechender Ersatz. RG. 53 S. 234; 58 S. 171.

4. Beweispflichtig ist der KV. nur dafür, daß der Schuldner einen ent- 15
geltlichen Vertrag mit einem der genannten Angehörigen geschlossen hat, durch den die Gläubiger benachteiligt worden sind. Die Absicht der Benachteiligung auf Seite des Schuldners und die Kenntnis dieser Absicht auf Seite des Vertragsgenossen werden vermutet (RG. 48 S. 403; 51 S. 77, 79; v. Wilm.-Kurlb. A. 14), und es ist Sache des Vertragsgenossen, diese gesetzliche Vermutung durch einen seinerseits zu führenden Beweis zu entkräften. Dieser Beweis wird regelmäßig nur durch die Aufdeckung der wahren, benachteiligungsfreien Absicht des Schuldners geführt werden können. RG. 26 S. 1; Gruch. 39 S. 434. Die Eideszuschiebung an den anfechtenden KV. seitens des Anfechtungsgegners über das Fehlen einer Benachteiligungsabsicht des GSch. oder nach den Umständen des Falles über die Nichtkenntnis von einer Benachteiligungsabsicht des GSch. ist innerhalb der Grenzen des § 445 ZPO. zulässig. Der KV. ist „Rechtsnachfolger" des GSch. im Sinne des § 445. RG. 53 S. 8. AM. Jaeger A. 34; Sarw.-Boss. A. 8.

Die im Falle des § 31 Ziff. 2 aufgestellte gesetzliche Präsumtion kommt bei 16
Hingabe an Zahlungsstatt (anders bei reinen Erfüllungsgeschäften, vgl. A. 20) nicht schon deshalb in Wegfall, weil die getilgte Schuld vor dem kritischen Jahre entstanden ist, OLG. Naumburg im Recht 5 S. 290 Nach RG. bei Gruch. 47 S. 427 hat der Anfechtungsbeklagte seiner Beweispflicht genügt, wenn er den Nachweis erbringt, daß ihm vom GSch. nur dasjenige gewährt worden ist, was er auf Grund einer vor dem kritischen Jahre begründeten Verpflichtung zu beanspruchen hatte, während es Sache des Anfechtungsklägers ist zu beweisen, daß besondere Umstände vorliegen, aus denen die Benachteiligungsabsicht zu schließen ist.

Übrigens darf die in § 31 Nr. 2 begründete gesetzliche Vermutung nicht über das Gebiet der Anwendbarkeit dieser Vorschrift ausgedehnt werden. Insbesondere ist es unstatthaft, auf Grund dieser Vermutung bei dem Vertragsgenossen einen dolus anzunehmen, welcher zum vollen Schadensersatz verpflichten würde. ROHG. 20 S. 419. Ebensowenig ist es zulässig, die Vermutung auf solche Rechtshandlungen zu beziehen, welche dem angefochtenen Vertrage vorausgegangen sind, vielmehr darf der Anfechtungsgegner diese Rechtshandlungen als rechtmäßige behandeln. RG. JW. 90 S. 42.

5. Die Anfechtungsfrist ist keine prozessualische. Ihre Berechnung hat zu 7 erfolgen nach bürgerlichem Rechte (§§ 187 Abs. 1, 188 Abs. 2 BGB.) ohne Rücksicht auf die Gerichtsferien und ohne Rücksicht darauf, ob der Schlußtag auf einen Sonntag oder Feiertag fällt. Entscheidend ist hiernach der dem Tage des Eröffnungsbeschlusses entsprechende Kalendertag des der KE. vorhergehenden Jahres. Ob in die Frist ein Schalttag fällt, macht keinen Unterschied. Handelt es sich um die Anfechtung eines Erfüllungsgeschäfts, so genügt, wenn bei Grundstücken die Auflassung (d. h. die Eintragung), bei beweglichen Sachen die Übergabe innerhalb der Jahresfrist erfolgt ist, da erst durch die Auflassung oder die Übergabe das Veräußerungsgeschäft vollendet wird. RG. Bolze 4 Nr. 357.

18 Die Frist ist weder eine Verjährungsfrist, noch eine Ausschlußfrist, sondern eine Voraussetzung für die Entstehung des Anfechtungsrechts. Jaeger A. 30. Eine Restitution gegen ihren Ablauf ist ausgeschlossen. Daß der Vertragsabschluß in die Frist fällt, hat der anfechtende KV. zu beweisen. RG. 17 S. 70.

19 6. Die Anfechtung beruht in allen Fällen des § 31 auf unerlaubter Handlung, begründet daher den Gerichtsstand des § 32 ZPO. RG. 21 S. 425; 23 S. 13; 48 S. 403; v. Wilm.-Kurlb. A. 4 (AM. Jaeger A. 19).

20 7. Erfüllungshandlungen (§ 30 Nr. 1 Satz 2, Nr. 2) sind von der Anfechtung nach § 31 Nr. 1 u. 2 nicht ausgeschlossen. Bei der Anfechtung nach Nr. 1 kann jedoch die Absicht der Befriedigung eines Gläubigers, selbst wenn sie mit dem Bewußtsein der dadurch herbeigeführten Benachteiligung anderer Gläubiger verbunden ist, nicht ohne weiteres als eine rechtswidrige, der Anfechtung unterliegende Absicht angesehen werden. Dergleichen Handlungen sind vielmehr nur dann nach Nr. 1 anfechtbar, wenn der dabei verfolgte Zweck auf Vereitelung des Befriedigungsrechts anderer Gläubiger gerichtet und dies dem Empfänger bekannt war. So in fester Praxis das Reichsgericht. RG. 6 S. 46; 9 S. 102; JW. 97 S. 170 (bei Erfüllung durch Leistung an Zahlungsstatt). RG. 23 S. 16; 45 S. 23 (bei Lieferung). RG. 16 S. 27, 61; 20 S. 180; 26 S. 3; 27 S. 135; 33 S. 124; 38 S. 103; JW. 83 S. 27, 28; 85 S. 7; 86 S. 415; 88 S. 70; 91 S. 200, 511; 93 S. 97, 352, 385; 94 S. 429; 96 S. 175; 97 S. 111; 01 S. 9, 02 S. 25, 590, 593; Gruch. 27 S. 162 (bei Zahlung).

21 In Betreff der Anfechtung nach Nr. 2 ist von der älteren Praxis angenommen, daß durch die Befriedigung einer fälligen Schuld die Vermutung der fraudulosen Absicht ausgeschlossen werde, daß es daher Sache des KV. sei, die böse Absicht zu beweisen. RG. 27 S. 130, 135; 38 S. 103; JW. 92 S. 429; 97 S. 570; 98 S. 223. Diese Ansicht ist aber von der neueren Praxis aufgegeben und der Grundsatz aufgestellt, daß die nach Nr. 2 für alle mit Verwandten geschlossenen Verträge platzgreifende Vermutung beabsichtigter Benachteiligung ausnahmslos, also auch bei Erfüllungsgeschäften gelte. RG. 45 S. 23; 51 S. 76; JW. 02 S. 546, 590, 593; 03 S. 296; Gruch. 46 S. 1114; OLG. Dresden SächsArch. 14 S. 393. Ebenso Jaeger A. 35; v. Wilm.-Kurlb. A. 16. Das Vorliegen eines Erfüllungsgeschäftes ist vom RG. JW. 01 S. 539 verneint worden in einem Falle, in dem der GSch. an Stelle der hypothekarischen Sicherung eines ihm von seiner Stieftochter gegebenen Darlehns dieser eine Kaufgeldrestsumme abtrat.

§ 32 (25). Anfechtbar sind:

1. die in dem letzten Jahre vor der Eröffnung des Verfahrens von dem Gemeinschuldner vorgenommenen unentgeltlichen Verfügungen, sofern nicht dieselben gebräuchliche Gelegenheitsgeschenke zum Gegenstande hatten;

2. die in den letzten zwei Jahren vor der Eröffnung des Konkurses von dem Gemeinschuldner vorgenommenen unentgeltlichen Verfügungen zugunsten seines Ehegatten.

I. Zu Nr. 1. 1. Unentgeltliche Verfügungen im Sinne des § 32 sind alle diejenigen, durch welche aus dem Vermögen des Schuldners Leistungen gemacht werden, für die nach dem Willen sowohl des Verfügenden wie des Empfängers eine gleichwertige Gegenleistung nicht erfolgen soll, ohne Rücksicht auf Beweggründe, Zweck und Erfolg der Zuwendung, RG. 10 S. 86; 30 S. 36; Bolze 2 Nr. 566; 3 Nr. 379, 385; JW. 89 S. 68; 93 S. 294; 94 S. 321; OLG. Posen in OLG. 8 S. 334. Der Begriff der „unentgeltlichen Verfügung" ist nicht auf den der Schenkung (§ 516 BGB.) beschränkt, hat vielmehr weder einen Vertrag, noch eine Bereicherung des Empfängers, sondern nur eine Verminderung des Vermögens des Leistenden zur Voraussetzung. RG 10 S. 86; 38 S. 9; Pet.-Kleinf. A. 3. Ob die Absicht der Benachteiligung der Gläubiger obgewaltet hat, ist für die Anfechtbarkeit solcher Verfügungen ebenso unerheblich, wie der Umstand, ob zur Zeit ihrer Vornahme das Vermögen des Schuldners den Gläubigern vollständige Deckung gewährte oder nicht. Es genügt, daß innerhalb eines Jahres nach der Verfügung, deren Unentgeltlichkeit der Anfechtungskläger zu beweisen hat (RG. Beil. z. RAnz. v. 1893 S. 356), das KVerf. eröffnet ist. Erfolgt die KE. erst zu einer späteren Zeit, so versagt die Anfechtbarkeit aus § 32; selbstverständlich wird die Zulässigkeit der Anfechtung aus § 31 Nr. 1, falls deren Voraussetzungen vorliegen, hierdurch nicht berührt. 1

In welcher Rechtsform die unentgeltliche Verfügung vorgenommen wird, ist unerheblich. Zu den unentgeltlichen Verfügungen gehören z. B. die Entsagung von erworbenen Erbschaften und anderen Rechten. (RG. 11 S. 351; Bolze 2 Nr. 570), die Übernahme von Bürgschaften, die Pfandbestellungen für fremde Schulden ohne Gegenleistung, die freiwillige Gewährung einer Mitgift neben der Aussteuer (RG. JW. 02 S. 218), Abschluß eines Ehevertrages, in welchem der Ehemann auf sein gesetzliches Nießbrauchsrecht verzichtet (OLG. Dresden im Recht 7 S. 83), die freiwillige Erfüllung oder Übernahme einer fremden Schuld, welche Schenkung sowohl an den Schuldner als an den Gläubiger sein kann (RG. 10 S. 87; 38 S. 8; 50 S. 134; 51 S. 415), die Überweisung von Kaufgelderforderungen als antizipierte Erbteile an Kinder, welche darauf vor dem Tode ihrer Eltern noch kein Recht haben. RG. JW. 92 S. 302. Soweit der Entgelt ein scheinbarer, d. h. nur dazu bestimmt ist, die beabsichtigte Schenkung zu verdecken, greift die Anfechtung gleichfalls Platz. Negotia mixta cum donatione sind soweit anfechtbar, als sie unentgeltlich sind. M. 136. RG. 29 S. 265; JW. 98 S. 518. 2

Ob eine Wechselausstellung als unentgeltliche Verfügung anzusehen ist, kann nur durch Darlegung des dem Wechselzuge zugrunde liegenden Rechtsverhältnisses festgestellt werden. Die vor dem Verfalltage vorgenommene Einlösung eines akzeptierten Wechsels durch den Aussteller, der den Wechsel weiterbegeben hat, ist in der Regel keine unentgeltliche Verfügung. RG. 50 S. 134; AM. OLG. Dresden in OLG. 4 S. 173. Keine unentgeltliche Verfügungen sind ferner die vorzeitige Tilgung einer eigenen noch nicht fälligen Schuld (RG. JW 88 S. 103), die Zahlung einer fremden Schuld, wenn der Zahlende dem Schuldner gegenüber zur Zahlung verpflichtet ist (RG. 50 S. 137), die Zusicherung von Vorteilen gegen die Verpflichtung, eine bestimmte Person zu heiraten (RG. 17 S. 252), die Ablehnung eines künftigen Erwerbes (Jaeger A. 9; AM. Pet.-Kleinf. A. 4), die gewagten Rechtsgeschäfte, z. B. Spiel und Wette (RG. 3

JW. 97 S. 570), die Gewährung einer Aussteuer an eine Tochter zu ihrer Verheiratung, soweit sie nach den Vermögensverhältnissen der Eltern angemessen ist (§ 1620 BGB.), die Gewährung einer Ausstattung oder Mitgift durch den dazu Verpflichteten (RG. JW. 02 S. 218; 04 S. 405), die Anerkennung der von einem Minderjährigen kontrahierten Schuld nach erreichter Großjährigkeit (Strieth. 33 S. 56), die Zahlung einer verjährten oder aus einem anderen Grunde nicht erzwingbaren Forderung (RG. Bolze 7 Nr. 282; JW. 97 S. 189), die Zahlung von Interessentenbeiträgen zum Bau einer Eisenbahn (RG. in JW. 03 S. 292). Die Pfandsicherung des Schuldners für seine eigene Schuld kann sowohl entgeltlich als unentgeltlich gewährt werden (RG. 3 S. 169), für ihre Anfechtung ist aber in allen Fällen ausschließlich § 30 maßgebend. RG. 6 S. 85; 9 S. 103; Jaeger A. 7; v. Wilm.-Kurlb. A. 3. Das Ausstattungsversprechen eines Dritten (nicht eines Elternteils) braucht nicht immer Schenkungsversprechen zu sein. Es kommt auf die Umstände des Falles an. RG. JW. 03 Beil. S. 129. Das Versprechen der Leistung an einen Dritten (§§ 328 ff. BGB.) ist im Konkurse des Versprechenempfängers sowohl wie des Versprechenden nach den allgemeinen Regeln, im Konkurse des betreffenden Dritten aber nur dann anfechtbar, wenn dieser zur Zeit der KE. die Leistung selbst oder doch ein unwiderrufliches Recht auf sie erlangt hatte. Bezüglich der Lebensversicherung gelten folgende Regeln:

4 **a.** Lautet der Versicherungsvertrag auf den Versicherungsnehmer selbst, so bildet der Versicherungsanspruch einen Bestandteil des Nachlasses. Ist der Versicherungsvertrag zugunsten der Erben des Versicherten geschlossen, so gelten diese nach Maßgabe des § 2066 BGB. auch dann als bezugsberechtigt, wenn sie die Erbschaft ausschlagen. Hat der Versicherte erst nach dem Abschlusse des Versicherungsvertrages einen Bezugsberechtigten, z. B. die Ehefrau, bestimmt, so kann diese Bestimmung nach den gewöhnlichen Regeln, insbesondere wenn sie schenkungsweise geschehen ist, als unentgeltliche Verfügung angefochten werden. RG. Bolze 2 Nr. 1074; Gruch. 31 S. 1119; JW. 02 S. 259; JW. 04 S. 495; RG. 61 S. 217; 62 S. 46; vgl. jedoch auch RG. in JW. 06 S. 144; Jaeger, AnfechtG. § 3 A. 74. Dagegen ist ein Vertrag, in welchem zugunsten eines in einer letztwilligen Verfügung noch zu benennenden Dritten eine lebenslängliche Rente bedungen wird, nicht aufechtbar, RG. bei Gruch. 51 S. 209.

5 **b.** Wird in einem Lebensversicherungsvertrage die Zahlung der Versicherungssumme an einen Dritten, z. B. an die Ehefrau, bedungen, so ist im Zweifel anzunehmen, daß der Dritte mit dem Tode des Erblassers unmittelbar das Recht erwerben soll, die Leistung zu fordern. § 330 BGB. Bis dahin hat der Dritte nur eine Hoffnung auf die Leistung. RG. 51 S. 404. Es steht dem Versicherten frei, die zugunsten des Dritten getroffene Bestimmung durch eine andere Bestimmung zu ersetzen. Geschieht dies nicht, wird vielmehr der bezeichnete Dritte Erwerber der Leistung und stellt sich nunmehr die Unzulänglichkeit des Nachlasses heraus, so ist streitig, ob die Zuwendung an den Dritten angefochten werden kann. Das Reichsgericht, RG. 51 S. 403, verneint die Anfechtbarkeit der Zuwendung allgemein, da der Begünstigte nicht aus dem Vermögen des Erblassers erwerbe. Dies erscheint zutreffend; AM. Jaeger A. 28; RG. JW. 04 S. 495 nimmt an, es könne von dem Dritten nicht die Versicherungssumme, da sie zum Nachlasse nicht gehört habe, wohl aber die während der kritischen Fristen entrichteten Prämienbeträge, da sie als Zuwendung auf Kosten des Schuldners anzusehen seien, zurückgefordert werden. Ebenso OLG. Hamburg SeuffA. 55 Nr. 13; Hartmann-Meikel, AnfechtG. § 3 A. 29; AM. OLG. Stuttgart in der DJZ. 7 S. 439. Dieser Ansicht steht entgegen, daß der Versicherte

dem Dritten nicht die Prämien, sondern den ganzen Anspruch auf die volle Versicherungssumme zugewendet hat.

Leibrentenverträge sind entgeltliche Verträge. Für ihre Anfechtung ist daher regelmäßig § 31, der § 32 aber dann maßgebend, wenn die Leibrente nur als scheinbares Entgelt festgesetzt ist. Pet.-Kleinf. A. 6.

Im Konkurs über einen Nachlaß steht es einer unentgeltlichen Verfügung gleich, 6
wenn der Erbe vor der KE. aus dem Nachlasse Pflichtteilsansprüche, Vermächtnisse oder Auflagen erfüllt hat. § 222. Haben Erben vor Eröffnung des Nachlaßkonkurses eine Forderung als Nachlaßschuld anerkannt, so hat der Verwalter, welcher das Anerkenntnis als unentgeltliche Verfügung anficht, zu beweisen, daß eine Schuld nicht bestand, RG. 62 S. 38.

2. Gebräuchliche Gelegenheitsgeschenke sind solche, „welche nicht dazu 7
bestimmt sind, den Beschenkten zu bereichern, sondern um ihm ein Zeichen der Zuneigung zu geben." M. 135. Es gehören hierher nur solche Geschenke, deren Wert mit Rücksicht auf die Vermögensverhältnisse des Gebers zur Zeit der Schenkung als nicht erheblich anzusehen ist und die nach allgemeinen örtlichen und Familiengebräuchen (Geburtstags-, Hochzeits, Paten-, Weihnachtsgeschenke) gegeben werden. Soweit das übliche Maß eines Gelegenheitsgeschenkes überschritten ist, ist auch dessen Anfechtung begründet.

II. Zu Nr. 2. **1.** Die Vorschrift trifft nur unentgeltliche Verfügungen zu- 8
gunsten „eines Ehegatten", also nur Verfügungen, die während der Ehe vorgenommen sind. Unentgeltliche Verfügungen unter Verlobten, z. B. im Ehevertrage, können wohl aus § 32 Nr. 1, nicht aber aus § 32 Nr. 2 anfechtbar sein. Jaeger A. 18; Pet.-Kleinf. A. 8; Cosack Anfechtungsrecht S. 146. (AM. v. Wilm.-Kurlb. A. 6.) Gebräuchliche Gelegenheitsgeschenke an den Ehegatten sind unanfechtbar, da die Ziffer 2 des § 32 im Verhältnis zu Ziffer 1 nur eine Fristverlängerung, aber keine sonstige inhaltliche Beschränkung enthält; ebenso Jaeger A. 17. Fitting § 16 A. 18; OLG. Cöln in PuceltsZ. 36 S. 666; AM. Wilm.-Kurlb. A. 7; Sarw.-Boss. A. 5.

2. In früherer Fassung (§ 25) enthielt Nr. 2 noch folgenden Zusatz: „sowie 9
eine innerhalb dieses Zeitraums von ihm bewirkte Sicherstellung oder Rückgewähr eines Heiratsguts oder des gesetzlich in seine Verwaltung gekommenen Vermögens seiner Ehefrau, sofern er nicht zu der Sicherstellung oder Rückgewähr durch das Gesetz oder durch einen vor diesem Zeitraume geschlossenen Vertrag verpflichtet war". Diese Bestimmung ist durch die KNov. mit Rücksicht auf die §§ 1391, 1418 BGB. gestrichen. Danach kann gegenwärtig die Sicherung oder Rückgewähr von Heiratsgut und Eingebrachtem nur soweit angefochten werden, als sie eine Schenkung enthält oder mit der Absicht der Benachteiligung der Gläubiger (§ 31) vorgenommen ist. RG. 57 S. 81; JW. 04 S. 183; Gruch. 45 S. 1180; v. Wilm.-Kurlb. A. 10; Jaeger A. 20 ff.

§ 33 (26). **Rechtshandlungen, welche früher als sechs Monate vor der Eröffnung des Verfahrens erfolgt sind, können aus dem Grunde einer Kenntnis der Zahlungseinstellung nicht angefochten werden.**

---

1. Die Vorschrift findet nur Anwendung auf die Anfechtung aus § 30, nicht 1
auf die aus §§ 31 und 32. Für die Fälle des § 30 gilt § 33 allgemein, also auch für § 30 Ziff. 2; ebenso RG. 25 S. 86; OLG. Dresden im SächsArch. 1907 S. 109; AM. Jaeger A. 3; Cosack S. 205; Endemann S. 257.

2. Voraussetzung ist, daß die anzufechtende Rechtshandlung, nicht aber daß die 2

Zahlungseinstellung früher als sechs Monate vor der KE. erfolgt ist. RG. 6 S. 110; Bolze 11 Nr. 936; Jaeger A. 1; v. Wilm.-Kurlb. A. 3; Cosack S. 179. (AM. RG. 25 S. 87; Pet.-Kleinf. § 26 A. 1; v. Sarw.-Boss. A. 1.)

3 Die sechsmonatige Frist ist keine prozessualische, sondern eine materiellrechtliche (RG. 17 S. 328; 27 S. 287) und deshalb nicht nach den Vorschriften der ZPO, sondern nach §§ 186 ff. BGB. zu berechnen. Danach erfolgt die Berechnung von Monat zu Monat, ohne Rücksicht auf einen dazwischen fallenden Schalttag. Es ist also maßgebend derjenige Tag des sechsten Monats rückwärts, welcher durch seine Zahl dem Tage der KE. entspricht. Fehlt der entsprechende Tag im letzten Monat, so tritt dafür der letzte Tag dieses Monats ein. Ist beispielsweise der Konkurs eröffnet am 31. August, so bildet der 28. (im Schaltjahr 29.) Februar den Endpunkt des Anfechtungsrechts. Durch die Gerichtsferien wird der Lauf der Frist nicht gehemmt. Es begründet auch keinen Unterschied, ob der letzte Tag ein Sonntag oder Feiertag ist. § 193 BGB. ist nicht anwendbar, da er sich nur auf Willenserklärungen und Leistungen bezieht. Setzt die Rechtshandlung sich aus mehreren Akten zusammen, so ist sie erst mit dem letzten Akte erfolgt. Wenn aber eine Benachrichtigung aus § 845 ZPO. unter rechtzeitiger nachträglicher Pfändung stattgefunden hat, so ist die anfechtbare Rechtshandlung als am Tage der Benachrichtigung erfolgt anzusehen. RG. 17 S. 331.

§ 34 (27). **Wechselzahlungen des Gemeinschuldners können auf Grund des § 30 Nr. 1 von dem Empfänger nicht zurückgefordert werden, wenn nach Wechselrecht der Empfänger bei Verlust des Wechselanspruchs gegen andere Wechselverpflichtete zur Annahme der Zahlung verbunden war.**

Die gezahlte Wechselsumme muß von dem letzten Wechselregreßschuldner oder, falls derselbe den Wechsel für Rechnung eines Dritten begeben hatte, von diesem erstattet werden, wenn dem letzten Wechselregeßschuldner oder dem Dritten zu der Zeit, als er den Wechsel begab oder begeben ließ, einer der im § 30 Nr. 1 erwähnten Umstände bekannt war.

---

1 **I.** Zu Abs. 1. **1.** Begründung. „Die Wechselordnung verlangt zur Ausübung des Regresses gegen Aussteller und Indossanten die rechtzeitige Aufnahme des Protestes mangels Zahlung (WO. Art. 41), ein Protest mangels Zahlung kann aber nicht erhoben werden, wenn zur Verfallzeit der Wechselschuldner Zahlung anbietet. Sollte nun gegen den Wechselinhaber die Regel des § 30 Nr. 1 aufrecht erhalten bleiben und dürfte er, sobald ihm eine Insolvenz des Wechselschuldners bekannt, eine Zahlung nicht mehr annehmen, oder müßte er sie später auf die Anfechtungsklage hin wieder herausgeben, so würde er damit auch den Regreß gegen seine Vormänner verlieren." M. 139, 140.

2 **2.** Anwendung. Als Ausnahmevorschrift ist die Bestimmung des § 34 strikt zu interpretieren, kann also auf die Anfechtungen aus § 30 Nr. 2 sowie aus §§ 31, 32 nicht bezogen werden. Betroffen werden von § 34 nur Wechselzahlungen des GSch., nicht auch Zahlungen auf andere indossable Wertpapiere (§ 363 HGB.). Ebensowenig Zahlungen, die auf Grund einer anfechtbaren Wechselverbindlichkeit geleistet sind. Jaeger A. 12. In welcher Beziehung der GSch. zu dem Wechsel steht, ist gleichgültig. Darauf, ob er als Akzeptant eines auf ihn gezogenen, als Aussteller eines eigenen Wechsels, als Domiziliat, Notadressat, Ehrenakzeptant oder

Ehreninterwenient gezahlt hat, kommt es nicht an. Es muß die Tilgung einer fälligen Wechselschuld durch Zahlung in Geld oder in Wertmitteln, welche handelsgebräuchlich dem baren Gelde gleich gelten, z. B. Reichskassenscheine, Reichsbanknoten, vorliegen. Tilgungen, welche in anderer Art, z. B. durch Hingabe an Zahlungsstatt erfolgen, oder sich auf nicht fällige Wechselforderungen beziehen, werden durch § 34 nicht geschützt.

Nur diejenigen Wechselzahlungen des GSch. stehen in Frage, welche nach den 3 Grundsätzen des Wechselrechts der Wechselinhaber nicht zurückweisen konnte, ohne seinen Wechselanspruch gegen andere Wechselverpflichtete zu verlieren. Diese Voraussetzung tritt dann ein, wenn der wechselmäßige Regreß durch einen Protest mangels Zahlung bedingt ist (WO. Art. 41, 43, 62, 98, Nr. 6 und 7, 99) und ein solcher Protest noch nicht vorliegt. § 34 gilt auch für Teilzahlungen auf Wechsel, da solche Teilzahlungen nach Art. 38 WO. angenommen werden müssen.

Hat der GSch. nach bereits erhobenem Proteste gezahlt, oder ist er dem Inhaber 4 gegenüber der einzige Wechselverpflichtete, hat er z. B. einen trockenen Wechsel für den Zahlungsempfänger als ersten Inhaber ausgestellt oder einen von diesem auf ihn gezogenen an dessen Order zahlbaren Wechsel akzeptiert, hat er als Aussteller eines gezogenen oder als Indossant eines gezogenen oder eigenen Wechsels den Wechsel eingelöst, so ist auch die Anfechtung aus § 30 Nr. 1 nicht ausgeschlossen, da in diesen Fällen der Empfänger die Annahme der Zahlung ohne Verlust von Wechselansprüchen gegen andere verweigern konnte. M. 139 ff. v. Wilm.-Kurlb. A. 4 b. Das gleiche gilt, wenn die Zahlung erst erfolgt, nachdem die Protesterhebung unterlassen oder die Protestfrist versäumt war, RG. 40 S. 43.

Der Inkasso-Indossatar kommt nur als Beauftragter seines Indossanten 5 in Betracht. Die Zurückweisung einer Zahlung durch ihn zieht den Verlust der Regreßrechte seines Auftraggebers nach sich. v. Völd. 1 S. 383; v. Wilm.-Kurlb. A. 5; Jaeger A. 10. (AM. M. 142).

II. Zu Abs. 2. **1.** Begründung. „Durch die Zahlung, welche der Be- 6 zogene der Tratte oder der Aussteller des eigenen Wechsels dem dritten Wechselinhaber unanfechtbar geleistet hat, werden dessen Vormänner entlastet. Unter diesen stehen die Zwischenmänner, welche den Wechsel gleichfalls bezahlt haben und welche gleichfalls gegen ihren betreffenden Vormann Regreß nehmen können, ebenso wie der Inhaber, dem der GSch. den Wechsel bezahlte. In einem anderen Verhältnis aber befindet sich der letzte Wechselregreßschuldner, welcher in Ermangelung der Zahlung des GSch. für den Wechselbetrag schließlich hätte aufkommen müssen. Er ist es, dem nunmehr im Erfolg der Wechselbetrag zugute gekommen ist, er steht nur dem GSch. gegenüber. Indem er den Wechsel begab und sich aus dem Wechsel bezahlt machte, erhielt er die auf den GSch. gezogene oder von diesem verschriebene Summe; er erhielt sie zwar nicht unmittelbar von dem GSch., aber so, daß sein Zahlungsleister und jeder Nachfolger desselben von dem GSch. das Geld mit Sicherheit einziehen konnte". M. 140.

2. Anwendung. Abs. 2 findet nur in den Fällen des Abs. 1 Anwendung, 7 RG. 40 S. 40. Der letzte Wechselregreßschuldner ist derjenige, welcher in letzter Linie für den notleidenden Wechsel aufkommen müßte, wenn der GSch. nicht gezahlt hätte und der Protest mangels Zahlung erhoben wäre. Der urkundlich sich ergebende letzte Regreßschuldner ist nicht allemal derjenige, welcher durch die Begebung des Wechsels bereichert ist. Der Trassant kann im Auftrage und für Rechnung des Remittenten oder des ersten Indossatars gezogen haben. Der Name desjenigen, für den Wechsel in Umlauf gesetzt ist, kann auch völlig auf dem Wechsel fehlen; er kann den Wechsel für sich durch einen andern haben ziehen und begeben lassen; auch durch

Blanko-Giro kann der persönliche Gläubiger operieren. In diesen Fällen hat nicht der wechselmäßig letzte Regreßschuldner, sondern der bereicherte Dritte die Wechselzahlung zu erstatten. Es ist eben Sache des wechselmäßig letzten Regreßschuldners im Wege des Einwandes nachzuweisen, daß er nur eine vorgeschobene Person sei. Durch diesen Nachweis wird der Verwalter stets diejenige Person erfahren, an welche er sich zu halten hat. M. 141.

8 Begeben heißt nicht bloß „indossieren", sondern bedeutet allgemein Übertragung und Übergabe des Wechsels; auch der Aussteller, der ihn dem Remittenten hingibt, begibt den Wechsel. M. 141.

9 Für die, die Anfechtbarkeit bedingende, Kenntnis der Zahlungseinstellung ist der Zeitpunkt der Begebung, nicht die Zahlung des Wechsels entscheidend.

10 Die „gezahlte Wechselsumme" ist diejenige Summe — Wechselbetrag und Protestkosten — welche der GSch. der Person gezahlt hat, deren Erwerb durch § 34 der Anfechtung entzogen ist. Provision, Zinsen und Auslagen gehören nicht dazu. Jaeger A. 20; v. Völd. 1 S. 387.

11 Die Geltendmachung des Erstattungsanspruchs unterliegt den zeitlichen Schranken der §§ 33, 41, da sie sich als die Geltendmachung des Anfechtungsrechts darstellt; ebenso Jaeger A. 21.

§ 35 (28). Die Anfechtung wird dadurch nicht ausgeschlossen, daß für die anzufechtende Rechtshandlung ein vollstreckbarer Schuldtitel erlangt, oder daß dieselbe durch Zwangsvollstreckung oder durch Vollziehung eines Arrestes erwirkt worden ist.

---

1 **1.** Ausschluß der Anfechtung. Ist eine Rechtshandlung an sich anfechtbar, so wird die Anfechtbarkeit nicht dadurch ausgeschlossen, daß ihr ein vollstreckbarer Schuldtitel hinzutritt. Die an sich anfechtbaren Rechtshandlungen sind in den §§ 30 bis 32 aufgeführt. Zu ihnen gehört auch die durch Zwangsvollstreckung oder Arrestvollziehung erwirkte Pfändung. RG. (Pl.) 10 S. 33; Gruch. 26 S. 835; JW. 82 S. 164. Vollstreckbare Schuldtitel sind alle, welche die ZPO. (§§ 704, 794, 928, 936), andere Reichsgesetze und die Landesgesetzgebung nach § 801 ZPO. zulässigerweise (z. B. §§ 32, 36, 47 der preuß. SchiedmO.) als solche aufzählt. Darauf, ob die Entscheidung nur vorläufig vollstreckbar oder rechtskräftig ist, kommt es nicht an. § 35 besagt nur, daß der Schuldtitel das Anfechtungsrecht der Gläubiger nicht ausschließt; dagegen behält der Schuldtitel dem GSch. und Dritten gegenüber trotz der Anfechtung seine Wirkung. RG. JW. 87 S. 234.

2 **2.** Zwangsvollstreckung oder Arrest. Ob die Leistung einer anfechtbaren Rechtshandlung freiwillig durch den Schuldner oder auf Drängen des Gläubigers, oder ob sie im Wege der Zwangsvollstreckung oder des Arrestes erfolgt ist, begründet für die Anfechtbarkeit der Rechtshandlung keinen Unterschied. M. 120. RG. JW. 03 S. 388. Gegenstand der Anfechtung sind die durch Zwangsvollstreckung oder Arrest aus dem Vermögen des GSch. erwirkten Leistungen, Zahlungen oder Sicherstellungen. Die Anfechtung gegen eine Zwangsvollstreckungshandlung kann erfolgen im Wege der Widerspruchsklage des § 771 ZPO.; RG. 18 S. 393. Die KAnfechtung trifft gemäß § 30 Nr. 1 Fall 2 und Nr. 2 auch diejenige Exekution, die ohne Zutun des Schuldners erwirkt ist.

3 **3.** Gegenstand der Anfechtung ist nicht der vollstreckbare Schuldtitel, sondern die betreffende Rechtshandlung selbst, beispielsweise bei prozessualischen Rechts-

handlungen des GSch. dessen Geständnis, Anerkenntnis, Versäumnis usw., auf Grund deren der Schuldtitel ergangen ist. RG. 18 S. 134. Ob der Schuldtitel gleichzeitig mit der Rechtshandlung oder vor oder nach ihr ergangen ist, ist für die Anfechtung ohne Einfluß. Auch dann, wenn der vollstreckbare Schuldtitel die anfechtbare Rechtshandlung selbst enthält, wie z. B. bei den in § 794 Nr. 1, 2, 5 ZPO. aufgeführten Vergleichen und vollstreckbaren Schuldurkunden, richtet sich die Anfechtung nicht gegen den Schuldtitel, sondern gegen die mit ihm zugleich erfolgte anfechtbare Rechtshandlung; RG. 9 S. 100; 18 S. 134; v. Sarw.-Boss. A. 2; v. Wilm.-Kurlb. A. 3. Die Entkräftung der angefochtenen Rechtshandlung zieht ohne weiteres den KGl. gegenüber die Unwirksamkeit des betreffenden Schuldtitels oder Exekutionsakts nach sich; Jaeger A. 5; M. 143, 144.

4. Weder mittelbar noch unmittelbar übt der Schuldtitel auf das Anfech- 4
tungsrecht einen Einfluß aus. Es ist vielmehr bei der Anfechtung so anzusehen, als ob der Schuldtitel dem Anfechtenden gegenüber gar nicht besteht. Der Anfechtende ist also auch an die in dem Schuldtitel getroffenen Feststellungen nicht gebunden, kann vielmehr eine in dem Schuldtitel als lästiges Rechtsgeschäft festgestellte Handlung als unentgeltliche Verfügung anfechten; Pet.-Kleinf. A. 3; v. Sarw.-Boss. A. 2; v. Wilm.-Kurlb. A. 4. Der Verwalter kann z. B. auch ein Scheingeschäft, auf Grund dessen gegen den GSch. bereits ein rechtskräftiges Urteil ergangen war, anfechten, RG. bei Gruch. 50 S. 1122 bzw. JW. 06 S. 234.

5. Die prozessualische Geltendmachung des Anfechtungsrechts hat sich 5
wegen der formalen Kraft des vollstreckbaren Schuldtitels der Lage des Falles anzupassen. Gegen angemeldete KForderungen ist die Widerspruchsklage aus § 146 Abs. 6 anzustellen. Ist der Rechtsstreit noch anhängig, so kann der KV. zur Beseitigung des Schuldtitels sich aller derjenigen Rechtsbehelfe bedienen, die ohne KE. der GSch. hätte geltend machen können. Liegt ein bereits rechtskräftiges Urteil, ein Vergleich oder eine sonstige vollstreckbare Urkunde vor, so bleibt dem KV. nur der Weg der Klage übrig; Pet.-Kleinf. A. 3; v. Wilm.-Kurlb. A. 5.

§ 36 (29). Das Anfechtungsrecht wird von dem Verwalter ausgeübt.

---

1. Anfechtungsberechtigt im Konkurse ist nur der KV. Er übt 1
das Anfechtungsrecht im Interesse der KGl., nicht als Vertreter des GSch. aus; deshalb kann der GSch. im Anfechtungsprozeß auch als Zeuge vernommen werden, RG. 29 S. 29; ebenso Jaeger A. 4ff.; a. M. Fitting § 17, 1; Pet.-Kleinf. A. 1; v. Wilm.-Kurlb. A. 2. Eine Abtretung des Anfechtungsrechts seitens des Verwalters an einen Dritten ist unzulässig; RG. 30 S. 72. Verzichtet der Verwalter auf das Anfechtungsrecht, so wird es beseitigt. Der Verzicht kann auch durch konkludente Handlungen z. B. durch Anerkenntnis einer anfechtbaren Forderung erklärt werden; RG. JW. 85 S. 7. Die Gläubiger können zwar dem Verwalter als Nebenintervenienten nach §§ 66ff. ZPO. beitreten (RG. 36 S. 367; JW. 89 S. 203; 91 S. 273), das Anfechtungsrecht selbst können sie nicht ausüben, auch nicht durch Erhebung des Widerspruchs gegen eine angemeldete Forderung. Prot. 92. Mittel zum Erzwingen des Anfechtungsrechts: §§ 83, 84. Genehmigung des GlAussch.: § 133.

Ist bei der KE. ein Anfechtungsprozeß anhängig, so wird er nach § 240 ZPO. 2
unterbrochen und es steht dem Verwalter frei, ihn aufzunehmen. Tut er dies, so muß er den Antrag dahin ändern, daß Gewährung zur KM. verlangt wird; er kann auch nach Maßgabe des § 13 Abs. 2 RAnfechtG. in erster und zweiter Instanz den

Anspruch erweitern; RG. 12 S. 301; 23 S. 421; 28 S. 425. Lehnt der KV. die Aufnahme des Rechtsstreits ab, so kann dieser von jeder Partei, aber nur rücksichtlich der Prozeßkosten, aufgenommen werden. § 13 Abs. 2 RAnfechtG. Die Befugnis des KV., selbständig auf Grund seines Anfechtungsrechts einen neuen Prozeß anzustrengen, wird durch die Ablehnung der Aufnahme nicht ausgeschlossen; RAnfechtG § 13 Abs. 2; ebensowenig durch die rechtskräftige Abweisung des Einzelgläubigers; Jaeger A. 21. Hat zur Zeit der KE. ein KGl. für einen Anfechtungsanspruch schon einen Schuldtitel erwirkt, so geht die Befugnis, die Rechte aus dem Schuldtitel geltend zu machen, gemäß § 13 Abs. 1 RAnfechtG. auf den KV. über. Er kann auf Grund einer nach §§ 727, 730 ZPO. zu erwirkenden vollstreckbaren Ausfertigung im Wege der Zwangsvollstreckung die Rückgewähr zur KM. herbeiführen, RG. 30 S. 70; 32 S. 104. Sowohl in diesem Falle als im Falle der Aufnahme sind aus dem Erstrittenen dem Gläubiger die Prozeßkosten vorweg zu erstatten. § 13 Abs. 1 RAnfechtG.

3 Hat der anfechtende Gläubiger vor der KE. aus dem Zurückzugewährenden eine Sicherung oder Befriedigung erlangt, so finden auf deren Anfechtung die Vorschriften des § 30 Nr. 1 entsprechende Anwendung. § 13 Abs. 3 RAnfechtG. Eine nach der KE. bewirkte Rückgewähr ist als ohne rechtlichen Grund erlangt nach § 812 BGB. zur Masse herauszugeben; Jaeger A. 20.

4 2. Das Anfechtungsrecht wird lediglich zugunsten der KGl. ausgeübt. Es entsteht mit der Eröffnung des KV. und erlischt mit der Bekanntmachung des Aufhebungs- oder Einstellungsbeschlusses. §§ 76, 163, 190, 205. RG. 31 S. 42; OLG. Stettin in OLG. 6 S. 367. Nach der Wirksamkeit dieses Beschlusses mangelt dem Verwalter die Legitimation zur Fortsetzung des Anfechtungsprozesses nicht nur wegen der von selbst erledigten Hauptsache, sondern auch wegen der Prozeßkosten (§ 59 Nr. 1), zu deren Deckung ihm die Masse nicht mehr zur Verfügung steht. Nur soweit dauert nach der durch Verteilung der Masse erfolgten Beendigung des Konkurses das Verwaltungs- und Verfügungsrecht des Verwalters (§ 6) zugunsten der noch nicht vollständig befriedigten KGl. fort, als dies zur Vornahme der in § 166 bezeichneten Nachtragsverteilungen erforderlich ist. Insoweit ist dem Verwalter auch die Befugnis zur Prozeßführung für die KM. behufs Erstreitung eines der nachträglichen Verteilung vorbehaltenen Forderungsbetrages beizulegen; RG. 27 S. 113; 28 S. 68; 29 S. 38; Bolze 2 Nr. 599; 7 Nr. 1071. Der GSch. darf nach Beendigung des KVerf. weder eine solche Anfechtung neu geltend machen noch eine vom Verwalter erhobene Anfechtungsklage fortsetzen; RG. 7 S. 35. Von den KGl. können nach Beendigung des KVerf. Anfechtungsrechte, deren Ausübung dem Verwalter zustand, nach Maßgabe des RAnfechtG. (§ 13 Abs. 4) verfolgt werden.

5 Massegläubiger und Absonderungsberechtigte können das ihnen außerhalb des KVerf. nach dem RAnfechtG. zustehende Anfechtungsrecht auch während des Konkurses unabhängig von dem KV. auch gleichzeitig mit und neben ihm geltend machen; RG. 16 S. 36. Ebenso steht es jedem Gläubiger frei, während des Konkurses nach Maßgabe des RAnfechtG. solche Rechtshandlungen des GSch. anzufechten, welche dieser rücksichtlich seines nicht zur KM. gehörigen Vermögens vorgenommen hat; nur sind Vollstreckungshandlungen nach § 14 KO. nicht zulässig.

6 Was der Verwalter durch die Anfechtung erstreitet, kommt lediglich der KM. zu gut. Ist z. B. vom Verwalter ein Pfandrecht mit Erfolg angefochten, so erwirbt hierdurch nicht etwa der nachfolgende Pfandgläubiger das Recht, in die Stelle des ersten Pfandgläubigers einzurücken, vielmehr fällt der Erlös aus dem Pfandobjekt insoweit, als er auf das angefochtene Pfandrecht entfällt, in die KM. und de

Anspruch des nachfolgenden Pfandgläubigers erstreckt sich nur auf den Überschuß; RG. 20 S. 29; 25 S. 63; JW. 89 S. 109.

§ 37 (30). Was durch die anfechtbare Handlung aus dem Vermögen des Gemeinschuldners veräußert, weggegeben oder aufgegeben ist, muß zur Konkursmasse zurückgewährt werden.

Der gutgläubige Empfänger einer unentgeltlichen Leistung hat dieselbe nur soweit zurückzugewähren, als er durch sie bereichert ist.

I. Zu Abs. 1. **1.** Umfang der Verbindlichkeit zur Zurückgewährung. 1

a. Ist die durch die angefochtene Handlung herbeigeführte Vermögensverringerung noch in den Grenzen obligatorischer Beziehung zu dem Gegner geblieben, so bewendet es bei der Wirkungslosigkeit der Handlung. Die anfechtbar erklärte Verpflichtung, Anerkennung, Verbürgung, Entlastung, Quittung usw. ist nicht verbindlich gegen die KGl. und den Verwalter (§ 29); dieser macht die durch sie beeinträchtigten Rechte des GSch. so geltend, als ob die Handlung nicht erfolgt wäre, kann aber auch auf Anerkennung der Wirkungslosigkeit klagen. Ist die zurückzugewährende Forderung fällig und unbedingt, so kann statt auf Rückgewähr der Forderung sogleich auf Zahlung geklagt werden; RG. im SächsArch. 6 S. 779; Gruch. 41 S. 1107; JW. 96 S. 695; vgl. auch Gruch. 32 S. 1157. M. 147.

b. Bedarf es einer Leistung des anderen Teiles, um das Recht des 2
Schuldners wieder herzustellen, so muß alles dasjenige zurückgewährt werden, was dem Verpflichteten aus dem Vermögen des GSch. zugewendet ist. Für den Umfang der Rückgewähr kommt in Betracht, daß durch die Anfechtung für die KM. der Zustand wieder hergestellt werden soll, der ohne die Handlung bestehen würde, so als wenn die Handlung nicht erfolgt wäre. RG. 20 S. 30; 25 S. 63. Weggegebene Sachen sind in Natur in dem früheren Zustande mit den Früchten und Nutzungen, die der Empfänger gezogen hat oder die davon für die KM. hätten gezogen werden können, aber auch mit den ursprünglich darauf haftenden Lasten herauszugeben; RG. 21 S. 141; 24 S. 145; JW. 89 S. 109. Die Herausgabe erfolgt nach den Bestimmungen des bürgerlichen Rechts. §§ 241—292 BGB. Der Anspruch auf Rückgewähr der Sachen in natura ist auch dann begründet, wenn die Sache vor der KE. veräußert worden ist, OLG. Hamburg in OLG. 10 S. 221; RG. 27 S. 23; Gruch. 37 S. 1191. Die erst nach der Vornahme der angefochtenen Handlung begründeten Lasten sind vom Anfechtungsgegner fortzuschaffen. RG. JW. 87 S. 273. Zurückzugewährendes Geld braucht der Anfechtungsgegner nicht ohne weiteres zu verzinsen, es kommt vielmehr darauf an, ob die KM. ohne die Entziehung eine Verzinsung erzielt haben würde. RG. JW. 94 S. 518; 96 S. 338; OLG. Hamburg in OLG. 15 S. 235 billigt Zinsen für die Zeit seit KE. schlechthin zu. Sind durch die Handlung Forderungen oder Pfandrechte gegen den GSch. begründet oder Rechte des GSch. geändert oder aufgegeben, so ist der KM. gegenüber der vorher vorhanden gewesene Zustand wieder herzustellen. Sind also inzwischen von Dritten Rechte, z. B. Pfandrechte an der Sache oder an der Forderung erworben worden, so muß der Anfechtungsgegner dafür einstehen, daß diese Rechte beseitigt werden, eventuell muß er entsprechenden Ersatz leisten, RG. im Recht 7 S. 267 und in der DJZ. 9 S. 747. Andererseits braucht der Anfechtungsgegner, wenn er Rechte, die auf der Sache lasteten, als er die Sache erwarb, beseitigt hat, nur gegen Erstattung des dafür verwendeten

Betrages die Sache herauszugeben, RG. in JW. 02 S. 95 bzw. Recht 6 S. 184. Ist auf ein zur KM. gehöriges Grundstück eine Hypothek anfechtbar eingetragen, so kann der KV. beim freihändigen Verkaufe des Grundstücks die Löschung der Hypothek (RG. 30 S. 90), dagegen im Falle der Zwangsversteigerung des Grundstücks nur verlangen, daß der auf die Hypothek fallende Betrag zur KM. abgeführt oder daß die Hypothek bei Feststellung des geringsten Gebotes (§ 44 ZwVG.) nicht berücksichtigt wird; JW. 89 S. 109; v. Wilm.-Kurlb. A. 8c. Hat der Anfechtungsgegner ein mit Hypotheken belastetes Grundstück empfangen und solche Hypotheken bezahlt, so ist er zu dem Antrage berechtigt, daß der bezahlte Betrag auf seinen Namen umgeschrieben oder, falls Löschung erfolgt ist, ihm erstattet wird; RG. 16 S. 26; JW. 02 S. 95. Hat der Verwalter die Veräußerung eines Grundstücks mit Erfolg angefochten, so kann er vom Käufer nicht verlangen, daß dieser das Grundstück an den GSch. wieder aufläßt, sondern nur, daß der Käufer die Zwangsversteigerung des Grundstücks für die KM. duldet, RG. 56 S. 143; a. M. Jaeger A. 21. Hat der Anfechtungsgegner die Sache verbessert oder Aufwendungen auf sie gemacht, so steht ihm wegen der Verbesserungen und Aufwendungen, z. B. wegen der Futterkosten, ein Anspruch auf Ersatz und wegen des Ersatzanspruchs nach § 273 BGB. ein Zurückbehaltungsrecht zu. RG. JW. 96 S. 349. Dagegen hat der Anfechtungsgegner keinen Anspruch auf Ersatz der Aufwendungen, die er nur deshalb hat machen müssen, weil die betreffende Rechtshandlung angefochten worden ist, OLG. München in SeuffA. 60 S. 431. Für Verlust oder Wertsverminderung, welche das Erlangte durch Zufall auch ohne die angefochtene Handlung getroffen haben würden, haftet der Anfechtungsgegner nicht; a. M. Jaeger A. 16. Ist aus einem anderen Grunde, z. B. durch Veräußerung die Rückgewähr der Zuwendung in dem früheren Zustande unmöglich, so hat der Anfechtungsgegner der KM. den Betrag des ihr Entzogenen zu ersetzen; RG. 27 S. 22; 36 S. 163; JW. 86 S. 248; 88 S. 178; 94 S. 17; Gruch. 37 S. 1191. Hat der Anfechtungsgegner die empfangene Sache unter dem Werte veräußert, so hat er der KM. den vollen Wert, den die Sache zur Zeit der angefochtenen Handlung gehabt hat, zu erstatten; RG. 30 S. 85. Hat er eine ihm abgetretene Forderung eingezogen, so muß er, wenn die Abtretung angefochten wird, den eingezogenen Erlös herausgeben. Hierzu ist er auch dann verpflichtet, wenn die Einziehung durch einen Bevollmächtigten geschehen ist und dieser den Erlös an seinen Auftraggeber nicht abgeführt hat; RG. JW. 88 S. 178. Über die Verbindlichkeit zur Zurückgewährung des Empfangenen oder dessen Wertes geht die Verpflichtung des Empfängers nicht hinaus. Ein weiterer Schadensersatzanspruch kann nur im Falle eines besonderen Verschuldens geltend gemacht werden. Insbesondere ist der Erwerber, der das Empfangene über den Wert verkauft oder es vertauscht hat, nicht verpflichtet, den etwa erhaltenen Gewinn oder die eingetauschten Sachen herauszugeben; RG. 27 S. 21; Gruch. 36 S. 1192; JW. 98 S. 359. Ist eine Zwangsversteigerung mit Erfolg angefochten, so hat der Gläubiger nur den ihm zugekommenen Erlös mit Zinsen, nicht aber den etwaigen tatsächlichen Mehrwert der versteigerten Sachen herauszugeben; RG. 30 S. 89; v. Wilm-Kurlb. A. 3. Ob ein Verschulden vorliegt und welche Verbindlichkeiten es zur Folge hat, darüber sind die allgemeinen Grundsätze des bürgerlichen Rechtes maßgebend. Lediglich auf Grund des § 37 kann der Anfechtungsgegner wie ein unredlicher Besitzer nicht behandelt, also auch § 990 BGB. nicht angewendet werden. RG. Gruch. 36 S. 117; 38 S. 1185. Sind bei einer anfechtbaren Zuwendung mehrere Personen beteiligt, so haftet jede von ihnen nach Maßgabe dessen, was sie durch die Rechtshandlung erlangt hat. Bei solidarischer Zuwendung tritt solidarische Haftung ein; RG. 24 S. 143.

Sind durch einen Vertrag mehrere Gegenstände für einen einheitlichen 3
Preis weggegeben worden, so beschränkt sich die Anfechtung auf diejenigen Gegenstände, hinsichtlich deren eine Benachteiligung der Gläubiger vorliegt, RG. 21 S. 98. Die Anfechtung begründet nur persönliche Verpflichtungen des Anfechtungsgegners, nicht eine Nichtigkeit der angefochtenen Rechtshandlung, gewährt also, wenn der Anfechtungsgegner in Konkurs fällt, nur einen KAnspruch, nicht einen Anspruch auf Aussonderung des mit der Anfechtungsklage geforderten Gegenstandes; RG. 13 S. 5; 32 S. 22; 40 S. 5.

c. Das Anfechtungsrecht ist ausgeschlossen, wenn der Verwalter eine Sache 4
nicht zur Masse gezogen, sondern dem GSch. zur freien Verfügung überlassen, und der GSch. darauf die Sache veräußert hat, RG. in JW. 05 S. 181.

2. Verpflichtet zur Zurückgewährung ist derjenige, mit welchem die 5
anzufechtende Handlung vorgenommen ist, auch dann, wenn er sich des Besitzes der vom GSch. erworbenen Sache vor der Anfechtung entäußert hat. Der Verwalter ist nicht verbunden, sich an den dritten Besitzer verweisen zu lassen, auch wenn er nach § 40 oder nach dem bürgerlichen Rechte befugt ist, gegen diesen vorzugehen. M. 147; ROHG. 10 S. 248; 13 S. 381; RG. 9 S. 72; 10 S. 10; JW. 83 S. 79; Gruch. 24 S. 1068.

II. Zu Abs. 2. Abs. 2 ist nur im Falle des § 32, nicht aber auch in den 6
Fällen der §§ 30, 31 anwendbar.

1. Gutgläubiger Empfänger im Sinne des Abs. 2 ist derjenige, welcher zur Zeit des Erwerbes nach den vorliegenden Umständen keinen Grund zu der Annahme hatte, daß durch die unentgeltliche Leistung die Gläubiger benachteiligt werden. Kenntnis von der Zahlungseinstellung oder von dem Eröffnungsantrag wird der Regel nach den guten Glauben ausschließen; RG. 6 S. 17. Unter dem Schutze des Abs. 2 steht der gute Glaube nur so lange, als er dauert. M. 148. Mit der Umwandlung des guten Glaubens in bösen Glauben fällt die beschränkte Haftung aus Abs. 2 fort. Diese Umwandlung tritt spätestens ein mit der Erhebung der Anfechtungsklage oder mit Geltendmachung der Anfechtungseinrede. Ein böser Glaube wird nicht vermutet. Will der KV. Bösgläubigkeit geltend machen, so muß er sie beweisen. M. 148; v. Wilm.-Kurlb. A. 12; Jaeckel S. 198. Anders die herrschende Meinung. Danach ist es Sache des Anfechtungsbeklagten, welcher die regelmäßige Haftung aus Abs. 1 durch Berufung auf die Ausnahme des Abs. 2 ablehnen will, seine Gutgläubigkeit darzutun. So Jaeger A. 31; Fitting § 18 II A. 23; Pet.-Kleinf. A. 14; v. Sarw.-Boss. A. 4.

2. Für den Begriff der Bereicherung ist das bürgerliche Recht maß- 7
gebend; § 818 BGB.; RG. 29 S. 1; Bolze 14 Nr. 515; ROHG 16 S. 166. Bereicherung ist nur vorhanden, wenn der Vermögensbestand vermehrt wird, also bei Tilgung der Schuld eines Dritten nur dann, wenn die Forderung nicht anderweit beizutreiben war. RG. 29 S. 2. Die Bereicherung ist fortgefallen, sobald die geschenkte Sache untergegangen oder verloren ist, ohne daß auf die Ursache etwas ankommt. Das Surrogat ist herauszugeben, z. B. die von einem Dritten wegen Zerstörung der Sache geleistete Entschädigung (§ 818 Abs. 1 BGB.). Ist mit der geschenkten Sache eine andere erworben (z. B. geschenktes Geld als Darlehn ausgegeben), so geht die Pflicht zur Rückgewähr auf die neue Sache (die Darlehnsforderung) über, jedoch unter Beschränkung auf den Wert des Geschenks; RG. Gruch. 36 S. 1192. Ist geschenktes Geld zur Bezahlung einer Schuld verwendet, so dauert die Bereicherung

fort; v. Sarw.-Boss. A. 5; Jaeger A. 34; v. Wilm.-Kurlb. A. 14. Zur Begründung der Klage gehört nur der Nachweis des Empfanges einer unentgeltlichen Leistung und ihres Wertes. Es bleibt der Einrede überlassen darzutun, wie weit die ursprünglich erlangte Bereicherung nicht mehr vorhanden ist; OTr. 49 S. 106; Strieth. 54 S. 63; ROHG. 16 S. 64; 22 S. 298. Für den Wert des Streitgegenstandes ist der Wert desjenigen maßgebend, was zur KM. zurückgewährt werden soll; RG. JW. 85 S. 38.

§ 38 (31). Die Gegenleistung ist aus der Konkursmasse zu erstatten, soweit sie sich in derselben befindet, oder soweit die Masse um ihren Wert bereichert ist. Darüber hinaus kann ein Anspruch nur als Konkursforderung geltend gemacht werden.

---

1 **1.** Erstattung der Gegenleistung als Masseanspruch.

a. Ist ein vom GSch. mit dem Anfechtungsgegner geschlossener gegenseitiger Vertrag vom KV. mit Erfolg angefochten, so kann der Anfechtungsgegner, soweit seine Gegenleistung sich in der KM. befindet, oder soweit die Masse durch deren Wert bereichert ist, die Erstattung als Masseschuld (§ 59 Nr. 1 u. 3) beanspruchen. Der Anspruch charakterisiert sich, da die Anfechtung nur forderungsrechtliche Ansprüche gewährt, als ein obligatorischer Bereicherungsanspruch im Sinne des § 812 Abs. 1 Satz 2 BGB.; v. Sarw.-Boss. A. 1; Jaeger A. 1, 2; v. Wilm.-Kurlb. A. 1 (AM. Fitting § 18 III und Wolff A. 1. Der erstere nimmt einen dinglichen, der letztere mit M. 149 einen Aussonderungsanspruch als vorliegend an). Herauszugeben ist die dem GSch. gewährte Gegenleistung, soweit sie sich in der Masse noch unterscheidbar befindet. Ist die Herausgabe der Gegenleistung selbst nicht mehr angängig, so ist dem Anfechtungsgegner der in der KM. vorhandene Wert zu ersetzen; § 818 Abs. 2 BGB. Zu bewirken ist die Erstattung der Gegenleistung in dem Zeitpunkt und in dem Umfang, in welchem der angefochtene Erwerb zur KM. zurückgewährt wurde. Von dem Eintritte der Rechtshängigkeit an haftet die KM. nach den allgemeinen Vorschriften. §§ 818 Abs. 4, 284 ff., 291 ff., 987 ff. BGB.; Jaeger A. 3; v. Wilm.-Kurlb. A. 2, 3. Früchte sind zu erstatten, soweit sich diese selbst oder deren Wert in der Masse befinden. Erhaltungskosten kann die Masse insoweit ersetzt beanspruchen, als sie aus den Mitteln der Masse verwendet worden sind. Verbesserungen erhöhen den Wert der Gegenleistung, sind der Masse also immer zu ersetzen; v. Wilm.-Kurlb. A. 3. An Zinsen können für die Erstattungsforderung aber nicht mehr als 4 Prozent gefordert werden, auch wenn die angefochtene Rechtshandlung sich als ein beiderseitiges Handelsgeschäft darstellt; RG. in JW. 02 S. 273.

2 **b.** Die Geltendmachung des Erstattungsanspruchs kann geschehen durch Klage gegen den Verwalter oder durch Widerklage im Anfechtungsprozeß. Auch die Geltendmachung durch Einrede ist nicht ausgeschlossen, kann aber nur die Einschränkung des Klageantrages, nicht die Ablehnung des Anfechtungsanspruchs zur Folge haben. Eine Vorleistung seitens eines Teiles darf nicht beansprucht werden, vielmehr hat die Rückgewähr von beiden Seiten nur Zug um Zug zu erfolgen. So die herrschende Ansicht; ROHG. 26 S. 16; RG. 16 S. 23; v. Wilm.-Kurlb. A. 2; Pet.-Kleinf. A. 3 (a. M. Jaeger A. 4. Danach muß der Anfechtungsschuldner vorleisten). Stehen auf beiden Seiten Geldzahlungen oder andere gleichartige Leistungen in Frage, so kann der Anfechtungsgegner den Betrag der Gegenleistung auf seine Leistung aufrechnen. Im Falle teilweiser Rückgewähr ist die Gegenleistung

insoweit zu erstatten, als sie mit Rücksicht auf die teilweise Rückgewähr noch eine Bereicherung der Masse darstellt.

Berechtigt zur Geltendmachung des Erstattungsanspruchs ist derjenige, der die Gegenleistung an den GSch. oder an die KM. bewirkt hat, sowie dessen Erbe (§ 40 Abs. 1), ein Sonderrechtsnachfolger (§ 40 Abs. 2) aber nur dann, wenn er den Anspruch durch Abtretung, Anweisung, Pfändung oder Verpfändung erworben hat; Jaeger A. 8. 3

2. Anspruch als Konkursforderung. Soweit ein Erstattungsanspruch (A. 1) nicht gegeben ist, kann der Anfechtungsbeklagte diejenigen Ansprüche, welche ihm aus dem aufgehobenen Geschäfte nach dem bürgerlichen Rechte zustehen, obwohl sie erst nach der KE. entstanden sind, gegen § 3 doch als KForderung geltend machen. Sofern die Ansprüche nicht von vornherein auf Geld gerichtet waren, sind sie gemäß § 69 in eine Geldforderung umzuwandeln. 4

§ 39 (32). Wenn der Empfänger einer anfechtbaren Leistung das Empfangene zurückgewährt, so tritt seine Forderung wieder in Kraft.

---

1. Wenn und insoweit nach Anfechtung der Leistung der Anfechtungsgegner das Empfangene freiwillig oder im Wege des Zwanges zurückgewährt, lebt seine erloschene Forderung von Rechtswegen (ex tunc) wieder auf u. zwar in ihrer ursprünglichen Gestalt, also in der Regel als KForderung, sei es als einfache (§ 61 Nr. 6), bevorrechtigte (§ 61 Nr. 1—5), bedingte (§§ 66, 67) oder betagte (§ 65). Daß die wieder auflebende Forderung gerade gegen den GSch. gerichtet war, ist nach der allgemeinen Fassung des § 39 nicht erforderlich; Fitting § 18 A. 28; Jaeger A. 5; v. Völd. 1 S. 417. (AM. v. Sarw.-Boss. A. 2; v. Wilm.-Kurlb. A. 4.) Ebensowenig erforderlich ist, daß die Forderung gegen den GSch. im Konkurs verfolgbar war, doch können solche Ansprüche, z. B. eine durch die angefochtene Leistung getilgte Spielschuld nur gegen das konkursfreie Vermögen geltend gemacht werden; Jaeger A. 6. Wegen der Anfechtbarkeit von Wechselzahlungen s. § 34 Abs. 1. 1

Hat der Schuldner des GSch. an diesen Zahlungen geleistet und muß er infolge Anfechtung an den Verwalter nochmals zahlen, so findet § 39 keine Anwendung, weil es sich nicht um eine Forderung, sondern um eine Schuld des Anfechtungsgegners handelt. Der zahlende Schuldner kann aber, soweit das bürgerliche Recht nicht entgegensteht, die erste Zahlung zurückfordern und wegen dieser eine K.Forderung anmelden; v. Wilm.-Kurlb. A. 5; a. M. v. Sarw.-Boss. A. 2. 2

2. Mit der Forderung treten auch deren Sicherungsrechte (Hypotheken, Pfandrechte, Bürgschaften, Vertragsstrafen, Vormerkungen) von selbst und ex tunc wieder in Kraft (RG. 3 S. 208; 20 S. 157) u. zwar nicht nur die Rechte, welche gegen den Schuldner und damit gegen die Gläubigerschaft gehen, sondern auch die Sicherungsrechte gegenüber dritten Personen, so daß auch diese (als Bürgen, Pfandhalter rc.) neu verhaftet werden. Dies die herrschende Ansicht; RG. im Recht 7 S. 294; Jaeger A. 15; (a. M. Wolff A. 2; Kohl. Leitfaden S. 145). Es ist Sache des KV., den der Erkennbarkeit des Sicherungsrechts entsprechenden Zustand durch Einräumung des Gewahrsams, Bewilligung einer Eintragung rc wieder herzustellen. Ist durch Veräußerung der verpfändeten Sache die Ausübung des Absonderungsrechts ausgeschlossen, so kann der Anfechtungsgegner Befriedigung aus dem Erlöse der verpfändeten Sache beanspruchen und braucht eine Konkursforderung nur insoweit geltend zu machen, als er durch den Erlös nicht gedeckt wird; Pet.-Kleinf. A. 8; Jaeger 3

A. 14. Auch kann der Anfechtungsgegner seine Forderung, da sie die alte geblieben ist, zur Aufrechnung gegen Forderungen des GSch. verwenden; § 55 Nr. 2; Pet.-Kleinf. A. 7. Dagegen ist die Aufrechnung der alten Forderung mit dem Anfechtungsanspruch ausgeschlossen; § 55 Nr. 1.

4 3. Der Anfechtungsgegner kann die wieder in Kraft getretene KForderung im Konkurs anmelden und ein mit ihr etwa verbundenes Pfandrecht oder sonstiges Absonderungsrecht geltend machen.

§ 40 (33). Die gegen den Erblasser begründete Anfechtung findet gegen den Erben statt.

Gegen einen anderen Rechtsnachfolger desjenigen, welchem gegenüber die anfechtbare Handlung vorgenommen ist, findet die gegen den letzteren begründete Anfechtung statt:

1. **wenn ihm zur Zeit seines Erwerbes die Umstände, welche die Anfechtbarkeit des Erwerbes seines Rechtsvorgängers begründen, bekannt waren;**
2. **wenn er zu den im § 31 Nr. 2 genannten Personen gehört, es sei denn, daß ihm zur Zeit seines Erwerbes die Umstände, welche die Anfechtbarkeit des Erwerbes seines Rechtsvorgängers begründen, unbekannt waren;**
3. **wenn ihm das Erlangte unentgeltlich zugewendet worden ist.**

Im Falle des Abs. 2 Nr. 3 findet auf die Haftung des Rechtsnachfolgers die Bestimmung des § 37 Abs. 2 Anwendung.

---

1 1. Erbe im Sinne des Abs. 1 ist nur der Erbe des Mitkontrahenten des GSch. (d. h. des Anfechtungsgegners), nicht auch der Erbe des GSch. Denn ebensowenig wie gegen den GSch. selbst ein Anfechtungsprozeß im Konkurse stattfindet, kann ein solcher gegen dessen Erben Platz greifen. Ob der Erbfall vor oder nach KE. erfolgt ist, ist gleichgültig. Der Erbe hat infolge der Universalsukzession den Anfechtungsgrund zu vertreten, tritt also im Rahmen der §§ 38, 39 in die Pflichten und Rechte seines Erblassers, wenn gegen diesen die Anfechtung begründet ist, gleichviel ob er den Tatbestand der Anfechtbarkeit gekannt hat oder nicht. Für den Umfang der Haftung ist das bürgerliche Recht maßgebend; §§ 1967—2017, 2058—2063 BGB.; §§ 780—785 ZPO. Den Erben steht nach §§ 45, 46 BGB. der Fiskus gleich, wenn ihm das Vermögen eines aufgelösten oder rechtsunfähig gewordenen Vereins zugefallen ist. Der Erbschaftskäufer (§§ 2371 ff. BGB.), der Übernehmer eines Vermögens (§ 419 BGB.) sowie derjenige, der ein unter Lebenden erworbenes Handelsgeschäft unter der bisherigen Firma fortführt (§ 25 HGB.), sind keine Gesamtrechtsnachfolger; gegen sie kann also die Anfechtung nach Abs. 1 nicht geltend gemacht werden; v. Wilm.-Kurlb. A. 3 (a. M. Jaeger A. 5). Ist der GSch. Erbe des Anfechtungsgegners geworden, so findet § 40 auch gegen ihn Anwendung; RG. 25 S. 412. Vgl. § 9.

2 2. Rechtsnachfolger im Sinne des Abs. 2 ist jeder, der von dem ersten Erwerber oder einem seiner Rechtsnachfolger die veräußerte Sache oder Rechte daran (z. B. eine Hypothek oder Grundschuld an einem anfechtbar erworbenen Grundstücke, RG. 9 S. 88; 15 S. 371; 25 S. 412) erworben hat, welche die Befriedigung der Gläubiger verhindern oder beeinträchtigen. Der durch Zwangsvollstreckung erfolgte Erwerb steht dem rechtsgeschäftlichen hier gleich, RG. 39 S. 83. Rechtsnachfolger

im Sinne des § 40 ist sonach der Zessionar des Mitkontrahenten des Schuldners auch dann, wenn ihm der erste Erwerber die von ihm gegen den Schuldner erstrittene Forderung mit dem dafür erlangten Pfändungspfandrecht abgetreten hat; RG. 32 S. 22. Ob die Zession vor oder nach der KE. stattgefunden hat, ist dabei gleichgültig; RG. 34 S. 62. Auch der Indossatar gilt als Rechtsnachfolger und zwar des Indossanten; ebenso Jaeger A. 8; RG. in SeuffA. 45 Nr. 154; vgl. dagegen JW. 88 S. 132. Wenn der erste Erwerber die vom GSch. erworbene Sache veräußert und den Erlös einem Dritten z. B. zum Zwecke der Tilgung von Schulden des GSch. aushändigt, so liegt eine Rechtsnachfolge in Ansehung des Dritten nicht vor. RG. SeuffA. 45 S. 247. Auch dann nicht, wenn sich der Erwerb ohne vermittelnde Rechtshandlung des Vorbesitzers auf Aneignung oder Ersitzung gründet; Jaeger A. 8.

3. Das Anfechtungsrecht gegen Rechtsnachfolger (Abs. 2) findet 3 nicht unbeschränkt wie gegen Erben (Abs. 1) statt. Erste Voraussetzung ist stets, daß gegen den Mitkontrahenten des GSch., bei wiederholter Nachfolge gegen sämtliche Zwischenerwerber, die Anfechtung begründet ist. Welcher der Anfechtungsgründe der §§ 30 - 32 zutrifft, ist gleichgültig. Die Beweispflicht hat der anfechtende Verwalter. Durch den gutgläubigen Erwerb eines Sondernachfolgers wird die Anfechtung gegen spätere Sondernachfolger ausgeschlossen. KNov. M. 34. Es kann also ein ursprünglich anfechtbarer Erwerb unanfechtbar werden, aber nicht umgekehrt.

Eine zweite Voraussetzung ist, daß auch der Rechtsnachfolger, dessen zu ver- 4 mutender guter Glaube grundsätzlich geschützt werden muß, den KAnspruch der Gläubiger verletzt hat. Eine solche Verletzung liegt nur vor in den Fällen des Abs. 2 Nr. 1, 2 und 3.

a. (Nr. 1.) Der Rechtsnachfolger muß erweislich zur Zeit seines Erwerbes 5 mit den Umständen, die die Anfechtung des Erwerbes seines Rechtsvorgängers begründen, bekannt gewesen sein, d. h. es muß ihm die Anfechtbarkeit des Erwerbes aller Zwischennachfolger und die Kenntnis von den Umständen, die bei jedem dieser Erwerbe die Anfechtbarkeit begründen (§§ 932, 935 BGB.), nachgewiesen werden; v. Wilm.-Kurlb. A. 6. Kennen müssen steht hier dem Kennen nicht gleich.

b. (Nr. 2.) Gehört der Rechtsnachfolger zur Zeit des Eintritts der Rechts- 6 nachfolge zu den in § 31 Nr. 2 bezeichneten Personen, d. h. zu den Verwandten oder Verschwägerten des Gemeinschuldners (RG. 19 S. 203), so wird vermutet, daß ihm zur Zeit seines Erwerbes die Umstände, die die Anfechtung gegen den Rechtsvorgänger begründen, bekannt gewesen sind. Es ist seine Sache, nachzuweisen, daß ihm zur Zeit seines Erwerbes jene Umstände unbekannt waren. Eine zeitliche Beschränkung wie im § 31 Nr. 2 ist hier nicht gegeben. M. 153; v. Völd. S. 426 A. f.

Sind die obigen Voraussetzungen gegeben, so stehen sonstige Vorschriften des bürgerlichen Rechtes (z. B. Folgerungen des Grundsatzes „Hand muß Hand wahren", §§ 932ff. BGB.; §§ 366, 367 HGB.; Art. 74 WO.) dem Anfechtungsrecht nicht entgegen; RG. 9 S. 89.

c. (Nr. 3.) Durch die KNov. neu hinzugefügt mit Rücksicht auf §§ 816, 822 7 BGB. Der Erwerb des Sondernachfolgers unterliegt auch insoweit der Anfechtung, als ihm das Empfangene unentgeltlich zugewendet worden ist, wobei aber, wenn der Empfänger in gutem Glauben war, sich seine Haftung auf die Herausgabe der Bereicherung beschränkt; KNov. M. 34, 35.

4. Der Anfechtungsberechtigte hat im Falle des § 40 ein doppeltes Klagerecht: 8 gegen den ursprünglichen Empfänger der Leistung auf Werterſatz nach § 37 und gegen den Rechtsnachfolger auf Rückgewähr des Gegenstandes der Leistung. Rechtsnachfolger und Vorgänger haften als Gesamtschuldner. Der Anfechtungsberechtigte kann also gemäß § 421 BGB. gegen jeden selbständig oder gegen alle oder gegen mehrere vorgehen; RG. 27 S. 23; JW. 91 S. 572; 93 S. 308. Mehrere Beklagte sind Streitgenossen im Sinne des § 61 ZPO.; RG. Gruch. 27 S. 1140. Durch die rechtskräftige Zurückweisung der Anfechtung gegenüber dem Ersterwerber wird die Anfechtung gegenüber seinem Rechtsnachfolger nicht ausgeschlossen. § 425 Abs. 2 BGB. Auch die urteilsmäßig rechtskräftige Bejahung der Anfechtbarkeit wirkt nur unter den Parteien; v. Sarw.=Boss. A. 5; Jaeger A. 26; AnfechtG. § 11 A. 22ff.; v. Wilm.=Kurlb. A. 10.

9 5. Wirkung der Anfechtung. Greift die Anfechtung gegen den Dritten durch, so treten dieselben Folgen der Rückgewähr ein, wie es gegenüber dem ersten Erwerber der Fall sein würde. M. 153. Der Dritte hat ebendasselbe zur Masse zurückzugewähren, was § 37 Abs. 1 dem ersten Erwerber auferlegt, soweit es auf ihn übergegangen ist. Für diejenigen Objekte, über welche bereits sein Vorgänger verfügt hat, braucht er nicht aufzukommen; v. Völd. 1 S. 427. Der Erbe (Abs. 1) kann selbstverständlich auch die auf ihn übergegangenen Ansprüche aus den §§ 38, 39 geltend machen. Der Rechtsnachfolger (Abs. 2) hat sich wegen Rückforderung seiner Gegenleistung lediglich an seinen Kontrahenten, nicht aber an die KM. zu halten, da weder die Gegenleistung sich in der Masse befindet, noch letzere um ihren Wert bereichert ist. § 38. Die Rückerstattung der von seinem Vormann bewirkten, noch in der KM. befindlichen Gegenleistung (§ 38) kann der Nachmann nur auf Grund besonderer Abtretung oder Überweisung der Erstattungsforderung seines Vormanns geltend machen. Die §§ 426 und 840 BGB. sind hier nicht anwendbar; Jaeger A. 28.

§ 41 (34). Die Anfechtung kann nur binnen Jahresfrist seit der Eröffnung des Verfahrens erfolgen. Auf den Lauf der Frist finden die für die Verjährung geltenden Vorschriften des § 203 Abs. 2 und des § 207 des Bürgerlichen Gesetzbuchs entsprechende Anwendung. Die Anfechtung nach § 31 Nr. 1 ist ausgeschlossen, wenn seit der Vornahme der Handlung dreißig Jahre verstrichen sind.

Ist durch die anfechtbare Handlung eine Verpflichtung des Gemeinschuldners zu einer Leistung begründet, so kann der Konkursverwalter die Leistung verweigern, auch wenn die Anfechtung nach Abs. 1 ausgeschlossen ist.

---

1 1. Der bisherige § 34 lautete: „Das Anfechtungsrecht verjährt in einem Jahre seit der Eröffnung des Verfahrens." Durch § 41 wird statt der Verjährung eine Ausschlußfrist bestimmt. Diese Bestimmung beruht auf der Erwägung, daß nach dem BGB. nur Ansprüche der Verjährung unterliegen, das Anfechtungsrecht aber nicht als ein Anspruch anzusehen ist (§ 194 Abs. 1 BGB.); § 41 ist ergangen im Anschluß an § 124 BGB., der von der Anfechtung einer Willenserklärung wegen Täuschung oder Drohung handelt. KommB. 13, 14. (AM. RG. 58 S. 47: aus der anfechtbaren Handlung selbst, nicht aus der Anfechtung als einer rechtsgeschäftlichen Erklärung entspringe der obligatorische Rückgewähranspruch. Jaeger § 29 A. 55; Pet.=Kleinf. § 29 A. 11.)

2 2. Die Wirkung der Ausschlußfrist besteht darin, daß das Anfechtungsrecht erlischt. Das Erlöschen muß von Amts wegen berücksichtigt werden. Die Grundsätze der Verjährung finden keine Anwendung. Nur die Bestimmungen über höhere Gewalt

(§ 203 Abs. 2 BGB.) und über den Fall, daß der Gegner ein vertretungsloser Nachlaß ist (§ 207 BGB.), sind ebenso wie im § 124 BGB. aus Billigkeitsgründen übernommen. Die Einrede bleibt gemäß Abs. 2 dem KV. auch nach Versäumung der Ausschlußfrist erhalten; RG. 56 S. 314 bzw. JW. 04 S. 121; RG. 62 S. 197 bzw. JW. 06 S. 104. Eine ähnliche Vorschrift findet sich in den §§ 821, 853, 2083, 2345 BGB.

3. Die Ausschlußfrist ist auf ein Jahr bestimmt. Sie beginnt mit der KE. 3
Soll aber die Anfechtung auf § 31 Nr. 1 gestützt werden, so dürfen noch nicht 30 Jahre seit der Vornahme der anfechtbaren Rechtshandlung verstrichen sein. Der Beginn der Frist ist unabhängig von der Kenntnis des KV. vom Anfechtungsgrunde. Auf die Frist finden nach § 186 BGB. die §§ 188 Abs. 2, 193 BGB. Anwendung. Die Frist ist keine prozessuale; die Gerichtsferien sind also einflußlos.

4. Die Anfechtung erfolgt durch Erklärung gegenüber dem Anfechtungsgegner; 4
§ 143 BGB. Daß diese Vorschrift zur Anwendung kommt, geht daraus hervor, daß die Fassung des § 41 mit dem § 124 Abs. 1 BGB. in Übereinstimmung gebracht worden ist. (AM. RG. 52 S. 341: Die Änderung des Wortlauts erkläre sich schon durch die Auffassung der Motive, daß das Anfechtungsrecht kein Anspruch im Sinne des BGB. sei, sondern ein Anspruch erst aus der Anfechtung entstehe.) Es sind also die §§ 130ff. BGB. anzuwenden.

Die Erklärung kann somit formlos abgegeben werden. Zur Herbeiführung 5
einer Erklärung des KV. über Geltendmachung der Anfechtung kann der Anfechtungsgegner eventuell eine negative Feststellungsklage erheben; KommB. z. Nov. 13, 14; Fitting § 17 A. 12; Kohler Leitfaden S. 142; v. Wilm.-Kurlb. § 29 A. 14; Wolff § 29 A. 11; a. M. Jaeger § 41 A. 8 u. § 29 A. 54—56; Pet.-Kleinf. § 29 A. 11, nach deren Ansicht es der gerichtlichen Geltendmachung des Anfechtungsanspruchs durch Klage oder Einrede bedarf. Das RG. (V. Z. S.) hat zunächst entschieden, daß Anfechtungen außerhalb des Konkurses auch jetzt nur im Wege eines Prozeßverfahrens zulässig seien, nicht aber außerhalb des Prozesses durch bloße Erklärung gegenüber dem Anfechtungsgegner erfolgen könnten. Diesem Erfordernis sei aber auch dann genügt, wenn die Anfechtung in einem vorbereitenden Schriftsatz erklärt und dieser Schriftsatz zugestellt werde. RG. 52 S. 334. Sodann hat das RG. (VII. Z. S.) für die Anfechtungen im Konkurse den ersten dieser Grundsätze anerkannt, der zweiten abgelehnt: es müßten vielmehr die prozessualen Voraussetzungen erfüllt sein, unter denen eine Einrede, eine Replik oder eine Widerklage als erhoben anzusehen seien, die Anfechtung müsse also in der mündlichen Verhandlung vorgebracht werden, wogegen die in einem vorbereitenden Schriftsatze erklärte Anfechtung nur die Bedeutung einer Ankündigung habe und die Frist des § 41 nicht wahre; RG. 58 S. 44 bzw. JW. 04 S. 367; auch JW. 04 S. 496. Hält man eine gerichtliche Geltendmachung der Anfechtung für erforderlich, so genügt die Geltendmachung der Anfechtungseinrede in einem anderen Prozesse nicht zur Wahrung der einjährigen Frist des § 41; so OLG. Stuttgart in der DJZ. 11 S. 90. Ist die Anfechtung geschehen, so unterliegt der dadurch entstandene Anfechtungsanspruch der ordentlichen dreißigjährigen Verjährung des § 195 BGB.

§ 42 (34 a). Die Vorschriften über die Anfechtung der vor der Eröffnung des Verfahrens vorgenommenen Rechtshandlungen gelten auch für die Anfechtung von Rechtshandlungen, die nach der Eröffnung des Verfahrens vorgenommen worden sind, sofern diese nach den §§ 892, 893 des Bürgerlichen Gesetzbuchs den Konkursgläubigern gegenüber wirksam sind. Die Frist für die Ausübung des Anfechtungsrechts beginnt mit der Vornahme der Rechtshandlung.

1 1. Die §§ 29 ff. beziehen sich ihrem Wortlaute zufolge nur auf Rechtshandlungen eines GSch., die vor der KE. vorgenommen sind. Im Einklang mit § 7 dehnt der durch die KNov. neu eingefügte § 42 jene Vorschriften ihrem Zwecke gemäß auf solche Rechtshandlungen aus, die nach der KE. vorgenommen sind, gleichwohl aber vermöge der Bestimmungen des BGB. über den öffentlichen Glauben des Grundbuchs (§§ 892, 893) den KGl. gegenüber wirksam sind. Die Frist für die Ausübung des Anfechtungsrechts kann in den bezeichneten Fällen nicht mit der KE., sondern erst mit der Vornahme der Rechtshandlung beginnen; M. z. KNov. 35. § 42 Satz 2 stellt sich also bezüglich des Anfangspunktes der Frist als eine Ausnahme von § 41 dar.

2 2. Die Anwendbarkeit des § 42 erstreckt sich auf alle Arten von anfechtbaren Handlungen. Die zeitlichen Grenzen des § 31 Nr. 2 und des § 32 fallen fort. Beweispflichtig für den guten Glauben in den Fällen des § 30 Nr. 2 und des § 31 Nr. 2 ist der Anfechtungsgegner. Als Zeitpunkt der für die Anfechtbarkeit erheblichen Kenntnis des Anfechtungsgegners vom Anfechtungsgrunde gilt in den Fällen, in denen für den Erwerb des Rechtes die Eintragung in das Grundbuch erforderlich ist, gemäß § 892 Abs. 2 BGB. die Zeit der Stellung des Antrages, eventuell der späteren Einigung. v. Wilm.-Kurlb. A. 2—4; Jaeger A. 2; Pet.-Kleinf. A. 1.

Vierter Titel.

Aussonderung.

§ 43 (35). Die Ansprüche auf Aussonderung eines dem Gemeinschuldner nicht gehörigen Gegenstandes aus der Konkursmasse auf Grund eines dinglichen oder persönlichen Rechts bestimmen sich nach den außerhalb des Konkursverfahrens geltenden Gesetzen.

1 1. Begriff des Aussonderungsrechts. Die Masse, aus welcher die Gläubiger ihre Befriedigung zu suchen haben, ist die KM. Diese umfaßt aber nur das dem GSch. gehörige Vermögen (§ 1), schließt also begrifflich fremdes Eigentum aus. Daher sind fremde Vermögensstücke, welche zur Zeit der KE. bei denjenigen des GSch. sich befinden, auszuscheiden und an die Berechtigten herauszugeben. M. 154. Die Befugnis, Vermögensstücke, welche nicht zur KM. gehören, aus ihr herauszunehmen, bildet das Aussonderungs- oder Separationsrecht. Es unterscheidet sich von dem Absonderungsrecht darin, daß durch dieses nur eine vorzugsweise Befriedigung aus einem bestimmten, zur KM. gehörigen Gegenstande beansprucht wird.

2 2. Gegenstand des Aussonderungsrechts sind die dem GSch. nicht gehörigen, in der Masse befindlichen, individuell bestimmten Vermögensstücke, körperliche Sachen und Rechte, Forderungen und sonstige selbständige Vermögensrechte (vgl. M. 190; Prot. 87), also auch dingliche Rechte an Sachen des GSch. selbst, z. B. Reallasten, Erbbaurechte, Nießbrauche und sonstige Dienstbarkeiten an einem Grundstück des GSch. So hat z. B. der Grundstückseigentümer, auf dessen Grundstück für den GSch. zu Unrecht eine Hypothek eingetragen worden ist, auf Grund des § 43 KO. gegen die KM. ein Recht auf Löschung oder Zession der Hypothek, RG. 44 S. 1. Dieser

Anspruch stellt sich nicht als bloße Konkursforderung, sondern als Aussonderungsanspruch dar, RG. 60 S. 247, 251. Auch Persönlichkeitsrechte können Aussonderungsansprüche begründen. So der Anspruch auf Vernichtung eines dem späteren GSch. erteilten Patents oder auf Vernichtung widerrechtlich aufgenommener Photographien; Jaeger A. 14; v. Wilm.-Kurlb. A. 1. (Vgl. RG. 45 S. 173, wo die widerrechtliche Aufnahme der Leiche des Fürsten Bismarck als Aussonderungsanspruch erklärt ist.) Der Anspruch auf Aussonderung von Patenten setzt voraus, daß der Kläger beweist, daß er nicht nur ein obligatorisches Recht auf Herausgabe des betreffenden Gegenstandes hat, sondern den auszusondernden Gegenstand nach bürgerlichem Recht als sein Eigentum beanspruchen darf; OLG. Karlsruhe in OLG. 3 S. 55. Hypothek- und Pfandrecht begründen nicht einen Aussonderungs-, sondern einen Absonderungsanspruch, §§ 47, 48.

In allen Fällen wird vorausgesetzt, daß der Gegenstand sich in der 3
Masse (d. h. der „Istmasse", im Gegensatz zur „Sollmasse" des § 57) befindet und zur Zeit der Aussonderung nicht zum Vermögen des GSch. gehört. Auf Tatsachen, welche nur ein Anfechtungsrecht gewähren, kann ein Aussonderungsrecht nicht gegründet werden, ebensowenig auf einen solchen obligatorischen Anspruch, vermöge dessen der Gläubiger verlangen kann, daß der GSch. ein ihm selbst gehöriges Objekt gewähren müsse (Jaeger A. 3. „Verschaffungsanspruch".), RG. 13 S. 6. Kein Aussonderungsrecht ist deshalb in folgenden Fällen gegeben: wenn der GSch. abredewidrig ein Grundstück nicht für gemeinschaftliche Rechnung, sondern für sich allein erworben hat, RG. im SächsArch. 15 S. 199; wenn der GSch. vor KE. einem Darlehnsgeber eine Forderung übertragen hatte, die der GSch. aus dem künftigen Verkauf seines Grundstückes erzielen würde, und das Grundstück erst nach KE. von dem KV. verkauft wird, OLG. Hamburg in OLG. 11 S. 358; wenn jemand auf das Bankkonto des späteren GSch. eine Zahlung macht, OLG. Kiel ebenda 3 S. 56. Aus der Judikatur seien noch folgende Fälle erwähnt: Hat der GSch. vor KE. eine ihm zustehende Brandentschädigungssumme an eine Baufirma mit der Abrede abgetreten, daß die Summe bei Fälligkeit an die Baufirma auszuzahlen ist, so stellt sich das Recht der Baufirma auf Auszahlung der Summe weder als Aussonderungs- noch als Absonderungsanspruch dar; der Verwalter kann der Auszahlung an die Baufirma nicht widersprechen; er hat höchstens ein Anfechtungsrecht, OLG. Dresden im SächsArch. 06 S. 537. Hat der Anweisungsempfänger von der Anweisung gegenüber dem Angewiesenen noch keinen Gebrauch gemacht, gerät darauf der Anweisende in Konkurs und widerruft jetzt der Verwalter die Anweisung, so hat der Anweisungsempfänger kein Aussonderungsrecht, OLG. Zweibrücken in SeuffA. 58 S. 59. Ein Aussonderungsrecht steht dagegen demjenigen zu, der dem GSch. zu einer Kautionsleistung Geld mit der Abrede geliehen hatte, daß die Kautionssumme bei Aufhören des die Kaution bedingenden Rechtsverhältnisses sofort an ihn wieder zurückgezahlt werden sollte, OLG. Hamburg in OLG. 11 S. 359. Hatte der GSch. eine Sache nur zur Verwahrung übernommen, und sein Gläubiger darauf die Sache pfänden lassen, so ist die Sache nicht nur herauszugeben, sondern die KM. haftet auch für die Lagerkosten des Gerichtsvollziehers, OLG. Dresden im SächsArch. 06 S. 300. Ist über das Vermögen des Inkassozessionars Konkurs eröffnet, so ist der Inkassozedent berechtigt, die Rückübertragung desjenigen, was zum Inkasso zediert ist, zu verlangen, KG. in KGBl. 05 S. 81. Totalgegenstände, sowohl das Vorbehaltsgut, als auch bei Verwaltungsgemeinschaft, Errungenschaftsgemeinschaft und Fahrnisgemeinschaft das eingebrachte Gut der Ehefrau (§§ 1410, 1525 Abs. 2;

1550 Abs. 2 BGB.) sind materiellrechtlich für den im Besitze befindlichen GSch. und seine Gläubiger fremde Sachen, unterliegen mithin im Konkurse des Mannes dem Aussonderungsrechte der Ehefrau; RG. 35 S. 77. Wegen der Rechte der Ehefrau und der unter elterlicher Gewalt stehenden Kinder auf Freilassung des zur Erfüllung der Unterhaltungspflicht des Mannes oder des Inhabers der elterlichen Gewalt erforderlichen Teiles der gezogenen Früchte des eingebrachten Gutes oder des Kindesvermögens s. §§ 861, 862 ZPO. Verbindlichkeiten aus Pflichtteilsrechten, Vermächtnissen und Auflagen begründen als Nachlaßverbindlichkeiten (§ 1967 Abs. 2 BGB.) bloße KForderungen. Im Konkurse des Vorerben hat der Nacherbe jetzt — im Gegensatz zum früheren Recht — einen Aussonderungsanspruch, §§ 2137—2139 BGB., § 128 KO., ebenso Jaeger A. 24. Wegen des Eigentumsvorbehalts bei Abzahlungsgeschäften s. G. v. 16. Mai 1894 § 5, RGBl. S. 450. Gerät bei einem Abzahlungsgeschäft der Käufer in Konkurs, so ist die Geltendmachung des Aussonderungsrechts durch den Verkäufer als Rücktritt vom Vertrage anzusehen, OLG. Marienwerder in SeuffA. 58 S. 175. Zulässig ist die Geltendmachung des Aussonderungsrechts auch bei dem unter Eigentumsvorbehalt erfolgten Verkauf verbrauchbarer Sachen, OLG. Kolmar in OLG. 15 S. 235. Hat der Verwalter Sachen, die dem GSch. unter Eigentumsvorbehalt verkauft waren, veräußert, so hat der Verkäufer Anspruch auf Herausgabe des Kaufpreises. Die Entscheidung darüber, ob auf den Kaufpreis die erfolgte Anzahlung anzurechnen ist, hängt davon ab, ob der Verkäufer, bei dem Vertrage stehen bleibend, sein Recht auf Rückgewähr der Sache geltend macht oder ob er wegen Verzuges des Schuldners von dem Vertrage zurücktritt; vgl. hierüber RG. in JW. 07 S. 315. Die Geltendmachung des Aussonderungsrechts ist nicht identisch mit der Erhebung des Anspruchs auf sofortige Herausgabe des betreffenden Gegenstandes; so ist z. B. bei einer Vermietung von Maschinen der Anspruch auf Herausgabe nicht begründet, so lange die Mietsraten vertragsgemäß gezahlt werden; trotzdem kann in einem solchen Falle das Aussonderungsrecht geltend gemacht werden, RG. in JW. 06 S. 436. Bei einem Verkauf von Maschinen mit Eigentumsvorbehalt erlischt dieser Vorbehalt mit dem Augenblick, in welchem die Maschinen wesentlicher Bestandteil des Grundstücks geworden sind, § 93 BGB.; RG. 63 S. 307. Alsdann ist ein Aussonderungsrecht nicht mehr gegeben; OLG. Dresden im SächsArch. 07 S. 13. Der Aussonderungsanspruch setzt voraus, daß die Lösung der Maschinen von dem betreffenden Gebäude ohne Beschädigung beider möglich ist, und daß die Zweckbestimmung des Gebäudes durch die Entfernung der Maschinen nicht verändert wird, OLG. Nürnberg in der Zeitschrift für Rechtspflege in Bayern 2 S. 257; abweichend OLG. Karlsruhe in PucheltsZ. 37 S. 313.

4 **3.** Die **Berechtigten** werden gemeinrechtlich Separatisten ex jure dominii oder Vindikanten genannt. Die Bezeichnung ist nicht scharf, da die Verfolgung des Aussonderungsrechts sich nicht auf das Eigentum beschränkt, sondern auf Grund eines dinglichen oder persönlichen Rechtes (Leihe, Verwahrungsvertrag, Miete, Pacht, Verwaltung) erhoben werden kann. M. 154; Meves S. 53.

5 Konkursrechtliche Bestimmungen der Landesrechte über die Aussonderung aus der KM., also diejenigen Bestimmungen, welche abweichend von den allgemeinen Normen nur für das KVerf. gelten, sind aufgehoben; neue Bestimmungen können nicht eingeführt werden; § 4 EG. z. KO. Die Begründung eines weitergehenden Aussonderungsrechts durch Rechtsgeschäft ist unzulässig; RG. 41 S. 1.

6 Als die übereinstimmende Auffassung der Kommission und der Regierungsvertreter wurde zu Protokoll festgestellt: „Durch § 43 soll nicht ausgeschlossen sein

die Zurückforderung von Wechseln und anderen durch Indossament übertragbaren Urkunden aus der KM., sofern sie dem GSch. nur behufs der Einziehung oder mit der Bestimmung übertragen worden sind, daß sie nur zur Sicherstellung des GSch. dienen sollen, obwohl das Indossament den Zusatz „zur Einziehung", „zur Sicherung" oder eine ähnliche beschränkende Klausel nicht enthält." Prot. S. 28—32, 127—131, 163—170, 172. Diese Feststellung beruht auf dem richtigen Grundsatz, daß der Indossatar — ebenso wie der Besitzer eines Inhaberpapiers — zwar dem Dritten gegenüber als Eigentümer gilt, dagegen das Eigentum desjenigen anzuerkennen verpflichtet ist, der ihm das Papier zur Aufbewahrung übergeben hat; RG. JW. 90 S. 373; 94 S. 181; Gruch. 35 S. 996; Bolze 10 Nr. 884; SeuffA. 46 S. 144. Der Aussonderung unterliegen auch diejenigen Gegenstände, welche dem GSch. nur zum Zwecke der Sicherstellung zu Eigentum übertragen sind. Selbstverständlich kann der Berechtigte die Herausgabe nur gegen Bezahlung seiner Schuld verlangen; RG. 2 S. 168; 13 S. 200; 26 S. 182. (Über die Übertragung seitens des GSch. vgl. § 48 A. 1 b.) Auch eine „fiduziarische" Forderungsübertragung, d. h. die Übertragung mit der Bestimmung, daß der Erwerber die Forderung nur zu dem Zweck einziehen solle, um den Geldbetrag dem früheren Gläubiger zu übertragen, kann im Konkurse des Erwerbers ausgesondert werden. M. 160. RG. 31 S. 392; Bolze 10 Nr. 884. Dasselbe muß von der fiduziarischen Auflassung eines Grundstücks gelten. Hat diese zu dem Zwecke stattgefunden um dem Bucheigentümer in der Verwaltung des Grundstücks freie Hand zu lassen, oder um ihn zur Weiterveräußerung für Rechnung des Auflassenden zu ermächtigen, so kann im Konkurse des Bucheigentümers der Auflassende die Aussonderung des Grundstücks verlangen. RG. 45 S. 80; OLG. Stuttgart in OLG. 4 S. 380; JW. 01 S. 202; Kohler Leitfaden S. 118; Jaeger A. 23; v. Wilm.-Kurlb. A. 5.

Der Einkaufskommissionär erwirbt die für den Kommittenten ange- 7
schafften Waren für sich und bleibt Eigentümer bis zur Übergabe oder Absendung an den Kommittenten. (Vgl. § 44.) Bei der Verkaufskommission bleibt der Kommittent Eigentümer der Ware, solange sie der Kommissionär nicht veräußert hat, oder als Selbstkäufer eingetreten ist. HGB. §§ 400 ff. Ein besonderes Aussonderungsrecht auf Abtretung von Forderungen bestimmt § 392 Abs. 2 HGB. Auch auf Grund eines der kaufmännischen Kommission ähnlichen Verhältnisses kann ein Aussonderungsrecht geltend gemacht werden, OLG. Hamburg in OLG. 10 S. 198. Wird eine Sache zum kommissionsweisen Verkauf in der Weise übergeben, daß der Kommittent nach Ablauf bestimmter Zeit zu entscheiden hat, ob er das Eigentum an der Sache dem Kommissionär übertragen will oder nicht, so steht dem Kommittenten bis zu diesem Zeitpunkte ein Aussonderungsrecht im Konkurse des Kommissionärs zu, OLG. Karlsruhe in OLG. 11 S. 357.

Aus Verträgen zugunsten Dritter hat der Dritte ein Aussonderungs- 8
recht, wenn ihm daraus ein selbständiges Recht zusteht. Lebensversicherungen: RG. 1 S. 188, 380; 3 S. 104; 11 S. 173; 16 S. 126; 29 S. 322. Abfindungen bei Gutsüberlassungen: RG. 2 S. 272; 29 S. 173.

4. Die Geltendmachung des Aussonderungsanspruchs. 9

a. Sie folgt den außerhalb des KVerf. geltenden Gesetzen, welche maßgebend sein würden, falls der GSch. nicht in Konkurs geraten wäre, und richtet sich gegen den Verwalter. Dieser hat die Aussonderung von Amts wegen zu bewirken, sobald er von dem Aussonderungsanspruch glaubhafte Kenntnis erhält. Er muß den geltend gemachten Aussonderungsanspruch sofort anerkennen oder bestreiten;

eine Verweisung auf den allgemeinen Prüfungstermin gilt als Bestreiten des Anspruchs, OLG. Cöln in PucheltsZ. 35 S. 293. Durch Verzögerung der Antwort macht sich der Verwalter schadensersatzpflichtig, OLG. Dresden in SächsOLG. 26 S. 172. Dagegen braucht der Verwalter den sein Aussonderungsrecht geltend machenden Gläubiger nicht davon zu benachrichtigen, daß im Wege der Zwangsversteigerung auf Antrag eines Hypothekengläubigers der Gegenstand des Aussonderungsanspruchs mitversteigert wird, KG. in OLG. 15 S. 237 und RG. im Recht 7 S. 22. Ist der Verwalter zur Herausgabe der Sache an den Berechtigten bereit, so bedarf er, wenn es sich um einen Wertgegenstand von mehr als 300 M. handelt, der Genehmigung des GlA., falls ein solcher bestellt ist. § 133 Nr. 2. Lehnt der Verwalter die Herausgabe der Sache ab, so bleibt dem Berechtigten nur die Beschreitung des Rechtsweges bei dem nach allgemeinen Grundsätzen zuständigen Prozeßgericht übrig. In jedem Falle ist der Verwalter nur zur Herausgabe der in der KM. vorhandenen Gegenstände verpflichtet; Gegenstände, welche ein Dritter, wenngleich auf Veranlassung des GSch. in Gewahrsam hat, braucht er nicht herbeizuschaffen; RG. JW. 95 S. 167. Die Auseinandersetzung zwischen Aussonderungs- und Absonderungsansprüchen bezüglich eines Gegenstandes kann der Verwalter den Interessenten überlassen; RG. JW. 95 S. 43.

10 **b.** Die Klage ist nach der Lage des Falles entweder die dingliche oder die persönliche, RG. bei Gruchot 46 S. 677 (z. B. Eigentumsklage auf Herausgabe der Sache, die negatorische Klage gegenüber der vom KV. für ein Massegrundstück in Anspruch genommenen Dienstbarkeit, Klage des Erben gegen den Erbschaftsbesitzer nach § 2018 BGB., Klage auf Wiedereinräumung des fehlerhaften Besitzes, Klage des Vermieters, Verpfänders usw. auf Rückgabe der Sache). Zu ihrer Begründung gehört nicht notwendig der Nachweis eines Rechtes (Eigentum rc.) des Aussondernden an dem auszusondernden Gegenstande, vielmehr ist der Nachweis hinreichend, daß zur Zeit der Geltendmachung des Anspruchs nach dem bürgerlichen Rechte ein Anspruch des Aussonderungsberechtigten auf den Gegenstand bestand, gleichviel ob die Herausgabe auf Grund eines dinglichen Rechtes oder eines Forderungsrechts, z. B. auf Grund eines Leihvertrages, verlangt wird. Bloße „Verschaffungsansprüche" (A. 2) genügen nicht. Anhängige Rechtsstreitigkeiten können nach § 11 aufgenommen werden. Die Zuständigkeit des Gerichts folgt den gewöhnlichen Vorschriften; §§ 13—16 ZPO. Von den besonderen Gerichtsständen kann der dingliche (§ 24 ZPO.), der Gerichtsstand der Erbschaft (§ 27 ZPO.) und — gegen RG. 31 S. 392; JW. 93 S. 305 — der Gerichtsstand des Erfüllungsortes begründet sein; Jaeger A. 33; v. Wilm.-Kurlb. A. 7; Fitting § 22 A. 9; OLG. Dresden in OLG. 13 S. 78. Eine vom GSch. getroffene Vereinbarung über den Gerichtsstand ist auch für den Verwalter bindend; RG. Gruch. 38 S. 1169; JW. 94 S. 181.

11 **c.** Der Anspruch kann, da der Gegenstand sich in der Masse befinden muß, nur auf Herausgabe in dem Zustande, in welchem er sich befindet, also auch mit den in Natur vorhandenen Erträgen gerichtet werden. Ansprüche wegen gezogener Früchte sowie wegen Verschlechterungen, Änderungen u. dgl. sind nur als K.Forderungen geltend zu machen; Dernb. 2 § 117 Nr. 1; v. Wilm.-Kurlb. A. 6.

12 **d.** Einreden und Gegenforderungen, welche der GSch. entgegensetzen könnte, muß sich der Aussonderungsberechtigte auch vom Verwalter gefallen lassen. Über die Voraussetzungen dieser Einreden und Gegenforderungen entscheidet das bürgerliche Recht.

13 **e.** Die zeitliche Dauer für die Geltendmachung des Aussonderungsrechts

fällt zusammen mit dem Vorhandensein des auszusondernden Gegenstandes in der KM. Die Ansprüche des Berechtigten wegen Veräußerung von Aussonderungsgegenständen regelt § 46.

f. Maßgebend für die Entscheidung der Frage, ob die Voraussetzungen der 14
Aussonderung vorliegen, sind die Gesetze, welche in Anbetracht von Zeit und Ort das Rechtsverhältnis bestimmen, auf welches der Aussonderungsanspruch gegründet wird. Die Vorschriften über das Aussonderungsrecht sind nicht dispositiver, sondern zwingender Natur, RG. 41 S. 1.

§ 44 (36). Der Verkäufer oder Einkaufskommissionär kann Waren, welche von einem anderen Orte an den Gemeinschuldner abgesendet und von dem Gemeinschuldner noch nicht vollständig bezahlt sind, zurückfordern, sofern nicht dieselben schon vor der Eröffnung des Verfahrens an dem Orte der Ablieferung angekommen und in den Gewahrsam des Gemeinschuldners oder einer anderen Person für ihn gelangt sind.

Die Bestimmungen des § 17 finden Anwendung.

I. Voraussetzungen des Rückforderungsrechts. Gültige Verträge 1
werden durch die Eröffnung des KVerf. nicht aufgehoben. Der Käufer, welcher das Eigentum der gekauften Sache noch nicht erworben, und der Verkäufer, der aufgehört hatte, Eigentümer der verkauften Sache zu sein, hat, wie jeder andere KGl., gegen den GSch. nur eine persönliche Forderung. M. 164. Eine Ausnahme macht das in § 44 bestimmte, in den meisten Gesetzgebungen anerkannte, aus dem Verkehrsgebrauch entwickelte (ROHG. 6 S. 298; 10 S. 70) Rückforderungsrecht (right of stoppage in transitu; droit de suite), wonach der Verkäufer unbezahlte Waren, welche von auswärts verschickt und noch unterwegs sind, zurückfordern kann, selbst wenn sie nach den maßgebenden Vorschriften des bürgerlichen Rechtes (§§ 450, 647 HGB., § 26 des Binnenschiffahrtsgesetzes vom 15. Juni 1895, Art. 12 I EG. z. HGB.) bereits in das Eigentum des GSch. übergegangen sind. Unter den Voraussetzungen des § 44 entsteht das Verfolgungsrecht im Augenblicke der KE.; RG. 32 S. 21; 44 S. 334. Es ist anwendbar in allen Konkursen, welche von einem deutschen Gerichte eröffnet worden sind, gleichviel ob der Absender Inländer oder Ausländer ist. In ausländischen Konkursen ist die Frage, ob ein Rückforderungsrecht begründet ist, nach ausländischem Rechte zu beurteilen, da die Zugehörigkeit zur Masse sich nur nach dem Rechte des KGerichtes bestimmen läßt.

1. Das Rückforderungsrecht steht dem Verkäufer zu ohne Rücksicht 2
auf den Nachweis seines Eigentums oder seines früheren Besitzes (§ 1007 BGB.). Es wird auch bei anderen kaufähnlichen Geschäften, insbesondere beim Tausche anzunehmen sein; Kohl. S. 177. Ob der Verkäufer an den GSch. die Waren abgesandt hat, oder ein Rechtsvorgänger, ein Verkäufer des ersteren, macht keinen Unterschied. Dagegen ist § 44 ausgeschlossen, wenn der GSch. als Käufer zufolge der ihm überlassenen Verfügung die Absendung an einen Dritten, an welchen er etwa selbst weiter veräußert hat, veranlaßt hat; RG. 27 S. 87. Dem Verkäufer ist der Einkaufskommissionär gleichgestellt, auch wenn er die Kommission nicht durch Selbsteintritt (§ 400 HGB.) ausführt. M. 166. Der Kommissionär, der Wertpapiere eingekauft hat, überträgt mit der Absendung des Verzeichnisses dieser Papiere an den Kommittenten das Eigentum der Papiere; §§ 3, 7 Ges. v. 5. Juli 1896 (RGBl. 183). Hierdurch wird aber das Verfolgungsrecht nicht ausgeschlossen; v. Wilm.-Kurlb. A. 2.

3 2. Gegenstand des Rückforderungsrechts sind Waren und zwar alle Waren, alle einem Handelskauf und der Versendung unterworfenen körperlichen Sachen (M. 165), also auch Inhaberpapiere, nicht aber Forderungen, denn diese sind keine körperlichen Sachen. Ob ein nach handelsrechtlichen Grundsätzen zu beurteilender Kauf vorliegt, kommt für die Anwendbarkeit des § 44 nicht in Betracht, vielmehr gilt diese Vorschrift sowohl bei Handelsgeschäften wie bei Nichthandelsgeschäften des Verkäufers und ohne Rücksicht darauf, ob der GSch. ein Kaufmann oder ein Nichtkaufmann ist.

4 3. Es muß ein Distanzgeschäft, insbesondere ein Versendungskauf vorliegen, d. h. ein Kauf, bei welchem die Ware nicht an dem Orte, an welchem sie sich zur Zeit des Kaufvertrags befindet, sondern an einem anderen Orte in den Gewahrsam des Käufers (GSch.) gelangen soll; Kohl. S. 174. Es macht keinen Unterschied, ob der Wohn- oder Geschäftsort des Verkäufers, oder der Ort, an dem die Sache sich befand, oder der Ort, wohin der Transport geschieht, für die Verbindlichkeit des Käufers als Ort der Erfüllung gilt, ob der Verkäufer die Sache dem Spediteur, Frachtführer, Schiffer oder der den Transport sonst bewirkenden Person übergeben hat, ob der Transport auf Gefahr oder auf Kosten des Verkäufers oder des Käufers erfolgt, ob er durch Leute des Verkäufers oder des Käufers ausgeführt wird; RG. 6 S. 60; JW. 99 S. 166. Auch darauf kommt es nicht an, ob das Eigentum zur Zeit der KE. bereits auf den GSch übergegangen ist, oder ob es noch dem Absender zusteht; RG. JW. 99 S. 166. Ausgeschlossen ist das Rückforderungsrecht bei Platzgeschäften (M. 165, 166), also wenn der Verkäufer an Ort und Stelle dem Käufer oder dessen Vertreter die Ware übergibt oder die bei einem Dritten lagernde Ware überweist; RG. JW. 91 S. 180. Wird in solchem Falle die Ware auf Anordnung des Käufers versendet, so findet § 44 keine Anwendung; RG. 27 S. 87. Ebensowenig, wenn der Verkäufer die Ware an einen Dritten zu senden hatte, an den sie von dem in Konkurs geratenen Käufer verkauft war. Ist bei einem Geschäft das Eigentum auf den Käufer übergegangen, aber die Sache noch im Gewahrsam des Verkäufers geblieben, hat also eine Absendung gar nicht stattgefunden, so ist die Anwendung des § 44 ausgeschlossen; RG. 33 S. 257; Jaeger A. 13; v. Wilm.-Kurlb. A. 4 (a. M. Kohl., Lehrbuch S. 174). Wohnen zwar Käufer und Verkäufer an demselben Ort, wird die Ware aber von einem anderen Ort an den Käufer versendet, so findet § 44 Anwendung; ebenso Jaeger A. 12.

5 4. Der Kaufpreis muß noch nicht vollständig bezahlt sein. Ob er ganz oder nur zum Teil rückständig ist, macht keinen Unterschied. Ebensowenig, ob Zahlungsverzug vorliegt oder ob der Verkäufer Kredit bewilligt hat. Die rechtswirksame Aufrechnung einer Gegenforderung steht der Zahlung gleich, schließt also das Rückforderungsrecht aus. Das nämliche findet statt, wenn bei einer Geschäftsverbindung in laufender Rechnung die Belastung des GSch. mit der Kaufpreisforderung durch eine gleich hohe Belastung des Verkäufers ausgeglichen wird. AM. nur v. Voeld. A. 33. Die Begebung von Wechseln wirkt nur dann als Zahlung, wenn sie „an Zahlungsstatt" d. h. als Zahlung angenommen sind. Sind sie aber nur „zahlungshalber" angenommen, so bleibt die ursprüngliche Forderung suspendiert und der Gläubiger kann das Rückforderungsrecht geltend machen, wenn er aus dem Wechsel keine dauernde Befriedigung erlangt hat; ROHG. 23 S. 106, 316; OTr. 62 S. 175.

6 Bei Teillieferungen kann die ganze Ware zurückgefordert werden, wenn der Kaufpreis nur für einen Teil bezahlt und noch eine Teillieferung unterwegs ist. Handelt es sich dagegen um verschiedene selbständige Lieferungen aus verschiedenen Verträgen, so ist jede Lieferung für sich zu beurteilen; v. Sarw.-Boss. A. 5.

Hat der Einkaufskommissionär außer dem Kaufpreise auch Zahlung der Provision und Erstattung der Auslagen zu beanspruchen, so dauert sein Rückforderungsrecht so lange, bis er wegen aller dieser Ansprüche befriedigt ist und kann weder durch Übernahme der Schuld durch den GSch. noch durch Zahlung des Kaufpreises seitens des GSch. an den Dritten, von welchem der Einkaufskommissionär gekauft hat, ausgeschlossen werden. 7

5. Noch nicht erfolgte Ablieferung. Die Rückforderung findet nur dann statt, wenn die Waren zur Zeit der KE. — nicht etwa zur Zeit der Zahlungseinstellung oder der Ausübung des Verfolgungsrechts, RG. 31 S. 137 — noch nicht am Orte der Ablieferung in den Gewahrsam des GSch. übergegangen waren. Eine spätere Besitzergreifung durch den Verwalter steht dem Rückforderungsrecht nicht entgegen. Der Schuldner ist nicht verpflichtet, die Empfangnahme zu verweigern, um dem Verkäufer das Verfolgungsrecht zu wahren; OLG. Karlsruhe, BadAnn. 92 S. 272; Kohl., Leitfad. S. 114 A. 2; Jaeger A. 14 (a. M. Pet.-Kleinf. A. 15). 8

Ort der Ablieferung ist derjenige, der vertragsmäßig für die Ablieferung — die Übergabe an den Käufer — bestimmt ist (RG. SeuffA. 41 S. 246), in Ermangelung vertragsmäßiger Abreden der nach allgemeinen Rechtsgrundsätzen zu bestimmende Erfüllungsort; RG. JW. 85 S. 283. In Betracht kommt nur der Ort als geographischer Bezirk, nicht als Lokalität, Geschäfts- oder Lagerraum; OLG. Dresden, ZfdZP. 8 S. 489; Jaeger A. 15. Eine Änderung der Bestimmung des Erfüllungsorts während des Transportes ist nicht ausgeschlossen, liegt aber nur vor, wenn ein anderer Ort für die Übergabe selbst bestimmt wird, nicht schon dann, wenn die Bestimmung dahin geht, es solle die Ware an einem anderen Orte vorübergehend auf Lager genommen und erst dann an den Käufer weiter gesendet werden; ROHG. 22 S. 68. Wenn der Gewahrsam der Ware während des Transportes jedoch vor Ankunft am Ablieferungsorte an einen Vertreter des Käufers übergegangen war, so ist dadurch das Aussonderungsrecht nach § 44 nicht ausgeschlossen, sofern die Ware erst nach KE. am Ablieferungsorte ankommt; so RG. in JW. 99 S. 165[14]. 9

Unter Gewahrsam ist zu verstehen das tatsächliche Innehaben, die tatsächliche Gewalt des GSch., als Käufer über die Ware für sich oder andere zu verfügen; RG. 8 S. 86; 32 S. 86. Constitutum possessorium (§ 930 BGB.) ist nicht genügend; Gewahrsam deckt sich nicht mit dem Besitze nach BGB. (§§ 854 ff.). Dem Gewahrsam des GSch. gleich steht der Gewahrsam derjenigen Personen, welche für ihn die Ware in Empfang nehmen, sofern sie zur Annahme der Waren und zur Verfügung darüber berechtigt sind, z. B. der Kommissionär, welcher mit dem Weiterverkauf der Ware beauftragt ist, nicht aber der Gerichtsvollzieher, der die Ware auf Antrag eines Gläubigers des GSch. für diesen gepfändet hat: § 809 ZPO.; Jaeger A. 18. Durch die bloße Übergabe eines auf Order lautenden Konnossements wird die Rückforderung nicht ausgeschlossen, da das Konnossement, wenngleich es die tatsächliche Verfügungsgewalt verleiht, die Ankunft am Ablieferungsort und den hier fehlenden Gewahrsam nicht ersetzen kann. M. 167. Durch die Aushändigung des Frachtbriefs nach § 433 Abs. 2 HGB wird der Frachtführer nicht zum Vertreter des Empfängers im Gewahrsam; RG. 27 S. 84. Dadurch, daß der GSch. nach Erlangung des Gewahrsams sich seine Erklärung über die Empfangbarkeit der Ware bis nach erfolgter Untersuchung vorbehält und demnächst die Ware dem Verkäufer zur Verfügung stellt, kann das durch die Erlangung des Gewahrsams verlorene Verfolgungsrecht nicht wieder hergestellt werden. Wohl aber ist das Verfolgungsrecht zuzulassen, wenn der GSch. bei oder vor Übernahme der Waare dem Verkäufer erklärt, daß er nicht als Käufer, sondern 10 als Vertreter des Verkäufers die Ware an sich nehme; RG. 8 S. 86; Jaeger A. 16; v. Wilm.-Kurlb. A. 7.

11 6. Der rechtlichen Natur nach ist das Rückforderungsrecht kein dingliches, sondern ein persönliches Recht; eine obligatorische Verbindlichkeit zur gegenseitigen Rückgewähr der empfangenen Leistungen. Verkehrsrücksichten bedingen ein solches, auch der englischen und französischen Gesetzgebung eigentümliches Recht. Der Annahme, es habe dem Absender in § 44 unter Fiktion der Fortdauer seines Eigentums eine Eigentumsklage eingeräumt werden sollen, steht der Wortlaut des Gesetzes („zurückforden") und seine Entstehungsgeschichte entgegen; RG. 41 S. 334 u. 32 S. 20; Jaeger A. 5—8.

12 II. Wirkung des Rückforderungsrechts.

1. Gegenüber dem Käufer. Nach RG. 32 S. 20 ist das Verfolgungsrecht das „Recht des Verkäufers, die Eigentums- und Besitzübertragung an der abgesendeten Ware im Falle des Konkurses des Käufers rückgängig zu machen". Es ist also auf die Wiederverschaffung des Eigentums an der übersandten Ware durch den KV. sowie auf die Zurückgabe der Ware gerichtet; v. Wilm.-Kurlb. A. 9; Jaeger A. 9 (a. M. Oetk. S. 111. Danach beschränkt sich die Wirkung des Verfolgungsrechts darauf, dem Verkäufer den Besitz der Ware, nicht das Eigentum wieder zu verschaffen). Der Verkäufer erhält die Ware zurück und kann daneben sein Interesse wegen Nichterfüllung als KForderung geltend machen. Eine etwa erhaltene Abschlagszahlung ist auf diesen Entschädigungsanspruch anzurechnen, der überschießende Betrag aber an den Käufer herauszugeben. Die durch die Ausübung des Rückforderungsrechts entstandenen Kosten hat der Verkäufer zu tragen, er hat jedoch dafür einen Entschädigungsanspruch als KForderung. M. 168. Tritt der KV. namens des GSch. in den Vertrag ein, so kann er die Herausgabe der Ware an sich beanspruchen, und steht in diesem Falle dem Verkäufer wegen des Kaufpreises eine Masseforderung zu; § 59 Nr. 2. Vgl. A. 15.

13 2. Ob der Verkäufer auch gegen den Dritterwerber das Rückforderungsrecht geltend machen kann, richtet sich nach den Vorschriften des bürgerlichen Rechts über den Erwerb von einem Nichteigentümer (§§ 932 ff.). Dasselbe gilt gegenüber Pfandrechten Dritter. So versagt der § 44 auch z. B. gegenüber dem Pfandrechte des Spediteurs (§ 410 HGB.), des Lagerhalters (§ 421 HGB.), des Frachtführers (§§ 440—443 HGB., § 26 des Binnenschiffahrtsgesetzes, Art. 12 I EG. z. HGB.) oder Verfrachters (§§ 623, 674 HGB.), nicht aber gegenüber dem kaufmännischen Retentionsrecht nach § 369 HGB.; Jaeger A. 29; Kohler, Leitfaden S. 115; RG. 8 S. 80 und 32 S. 19.

14 3. Geltend zu machen ist das Rückforderungsrecht, sofern es bestritten wird, durch Klage. Die Zulässigkeit von Arresten und einstweiligen Verfügungen bestimmt sich nach den Vorschriften der ZPO. Ob der Verkäufer sonstige Mittel anwenden kann, die Auslieferung der Ware zu verhindern, hängt von den Grundsätzen über Frachtgeschäfte ab; RG. 31 S. 134. Notwendig zur Rückforderung ist der Nachweis der Identität der beanspruchten Waren mit den abgesendeten. Diese Identität ist nicht vorhanden, wenn die Ware denaturiert, z. B. aus den Fellen Leder gemacht ist, dagegen wohl vorhanden, wenn die Ware alteriert, z. B. der Wein zu Essig geworden ist; darauf, ob die ursprüngliche Verpackung geöffnet oder geändert worden ist, kommt es nicht an. M. 168. Vgl. §§ 946 ff. BGB.

15 4. Abs. 2 verordnet die Anwendung des § 17 in allen Fällen des § 44. Danach kann der KV. die Rückforderung der Waren dadurch abwenden, daß er seinerseits den

Vertrag, auf Grund dessen die zurückgeforderten Waren an den GSch. abgesendet sind, erfüllt; RG. 8 S. 84. Nimmt der KV. in Kenntnis des Sachverhalts die Waren in Empfang, so liegt hierin die Erklärung, daß er die Erfüllung des Vertrages wähle. Er hat dann also dem Veräußerer die volle Gegenleistung zu gewähren.

§ 45 (37). Die Ehefrau des Gemeinschuldners kann Gegenstände, welche sie während der Ehe erworben hat, nur in Anspruch nehmen, wenn sie beweist, daß dieselben nicht mit Mitteln des Gemeinschuldners erworben sind.

---

1 **1.** Das Recht der Ehefrau des GSch., die Aussonderung ihres nach den Grundsätzen des bürgerlichen Rechts vindizierbaren Eigentums zu verlangen, ist durch § 45 für allen erst während der Ehe erfolgten Erwerb der Ehefrau — nur auf diesen bezieht sich § 45 — einer erheblichen Einschränkung unterworfen, gleichviel, ob die Ehe vor oder nach dem 1. Januar 1900 geschlossen ist und welches eheliche Güterrechtssystem Anwendung findet. Nach § 1362 BGB. wird zugunsten der Gläubiger des Mannes vermutet, daß die in Besitz eines der Ehegatten oder beider Ehegatten befindlichen beweglichen Sachen, mit Ausnahme der ausschließlich zum persönlichen Gebrauche der Frau bestimmten, dem Manne gehören (praesumtio Muciana). Vgl. auch § 2 KO. Dies gilt insbesondere auch für Inhaberpapiere und für Orderpapiere, die mit Blankoindossament versehen sind. Es ist Sache der Frau, diese Vermutung zu widerlegen. Gelingt dies, so ist das Aussonderungsrecht begründet, aber nur bezüglich derjenigen Gegenstände, welche die Frau schon vor der Ehe erworben hat. Bezüglich der erst während der Ehe erworbenen Gegenstände muß die Frau gemäß § 45 noch den weiteren Nachweis führen, daß der Erwerb nicht mit Mitteln des Mannes erfolgt ist. Die Vermutung des § 1362 Abs. 2 BGB. für das Eigentum der Frau bei den ausschließlich zu ihrem persönlichen Gebrauch bestimmten Sachen, insbesondere Kleidern, Schmucksachen, Arbeitsgeräte, gilt auch nur bei den vor KE. erworbenen Gegenständen; bei den während der Ehe erworbenen ist ferner noch von der Frau gemäß § 45 zu beweisen, daß die Gegenstände nicht mit Mitteln des Ehemannes erworben sind.

2 **2.** Ein Erwerb mit den Mitteln des Ehemannes liegt dann vor, wenn der Mann sich dem Veräußerer eines für die Frau angeschafften Gegenstandes persönlich verpflichtet hat. Zu den Mitteln des Mannes gehören auch diejenigen Einkünfte aus dem Vermögen der Frau, die ihm infolge seiner Nutznießung (§§ 1363, 1383 BGB.) oder der Beitragspflicht der Ehefrau (§§ 1427 Abs. 2, 1371, 1441, 1526 Abs. 3, 1549 BGB.) zustehen. Das, was der Mann in Erfüllung seiner Unterhaltspflicht der Frau gibt, fällt nicht unter § 45, da es sich nicht als ein „Erwerb" der Ehefrau darstellt; ebenso Jaeger A. 7. Aus demselben Grunde fallen die während der Ehe angeschafften Surrogate für nicht mehr vorhandene oder wertlos gewordene Haushaltungsgegenstände selbst dann nicht in die Konkursmasse, wenn der Ehemann sie angeschafft hat, § 1382 BGB.; ebenso Jaeger A. 10. Ob in der Mitwirkung dritter Personen (z. B. der GSch. schenkt dem Dritten, der Dritte schenkt der Frau) betrügerische Maßnahmen zum Zweck der Umgehung des Gesetzes zu erblicken sind, ist eine Tatfrage, welche das Gericht nach freiem Ermessen zu entscheiden hat.

3 **3.** Auf Rechtsgeschäfte zwischen den Eheleuten selbst findet § 45 keine Anwendung. Hat der Mann der Frau etwas geschenkt, so hat sie nicht mit

den Mitteln des Mannes, sondern durch ein Rechtsgeschäft von ihrem Manne erworben. Die Schenkung kann der Anfechtung nach § 32 unterliegen, aber der § 45 ist darauf nicht zu beziehen; RG. 14 S. 21. Es schießt also ein gültiges Rechtsgeschäft, durch welches die Frau von dem Manne erworben hat, die Anwendbarkeit des § 45 aus. Prot. 37. Ist aber das Rechtsgeschäft ungültig, mithin die Sache im Vermögen des Mannes geblieben, so steht der Frau, welche mit dieser Sache eine andere erworben hat und letztere vindizieren will, der § 45 entgegen; RG. 14 S. 21. Hat die Frau oder ein Dritter für sie die ihr aus dem Vermögen des Mannes gewährten Mittel vor der KE. zurückerstattet, so findet § 45 keine Anwendung. Dasselbe muß gelten, wenn erst nach der KE. der entnommene Betrag mit Zinsen an die KM. zurückgewährt wird, da auch in diesem Falle eine Benachteiligung der KGl. ausgeschlossen ist. Die Frau hat also das Recht der Einlösung; Jaeger A. 7 (a. M. v. Wilm.-Kurlb. A. 10).

4 **4.** Hat die Frau teils mit Mitteln des Ehemannes, teils mit anderweiten Mitteln erworben, z. B. bei der Errungenschaftsgemeinschaft, so ist, wenn der auszusondernde Gegenstand teilbar ist, ein aliquoter Teil davon der Ehefrau herauszugeben. Prot. 38. Ist der Gegenstand unteilbar, so hängt die Entscheidung davon ab, ob das bürgerliche Recht ein Miteigentum nach ideellen Teilen an der Sache für statthaft erachtet oder nicht. Im ersteren Falle ist die Frau Miteigentümerin mit ihrem Manne nach Verhältnis der verwendeten Mittel. (§ 16.) Im anderen Falle steht ihr ein Aussonderungsrecht überhaupt nicht zu, sondern nur ein als KForderung geltend zu machender Entschädigungsanspruch, soweit ihre Mittel zugunsten der Masse verwendet sind.

5 **5.** Beweislast. Zunächst hat der Verwalter zu beweisen, daß der Erwerb durch die Ehefrau während der Ehe stattgefunden hat. Erst dann hat die Ehefrau zu beweisen, daß der Erwerb nicht mit Mitteln des GSch. erfolgt ist. Diese Beweispflicht liegt der Ehefrau selbst dann ob, wenn sie sich im Besitze befindet oder — bei Grundstücken und Forderungen — die Eintragung erhalten hat. M. 181. Der Beweis, daß der Gegenstand für die Ehefrau eigentümlich erworben, daß er an sie übergeben, auf ihren Namen eingetragen ist, genügt nicht. Es bedarf des besonderen Nachweises, welche Mittel zum Erwerbe verwendet sind, durch Aufdeckung aller Rechtsgeschäfte, von dem ersten ursprünglichen Erwerbe bis zum Erwerbe der vindizierten Sache. M. 180. Ein Beweisthema dahin, daß die Sache nicht mit den Mitteln des GSch. erworben sei, würde in dieser Allgemeinheit nur eine Schlußfolgerung, keine Tatsache (§§ 373, 445, 450, 475 ZPO.) enthalten, so daß weder Zeugenvernehmung noch Eidesleistung zulässig wäre. BayObLG. in SeuffA. 42 S. 102. Eine Verpflichtung der Frau, dem KV. gemäß § 260 BGB. Auskunft darüber zu erteilen, welche Sachen sich in ihrem Besitze befinden, besteht nicht; RG. Gruch. 47 S. 910.

Die Parteirolle bestimmt sich durch die Lage des Falles. Ist die Sache in dem Gewahrsam des Verwalters, so muß die Ehefrau als Klägerin auftreten. Hat sie selbst die Sache hinter sich, so kann sie die Klage des Verwalters abwarten. An der Beweispflicht selbst wird durch die Parteirolle nichts geändert.

6 **6.** Der § 45 gilt nur für die Ehefrau (auch für die Witwe im Nachlaßkonkurse des Mannes, dagegen nicht für die geschiedene Frau), nur für das Aussonderungsrecht (nicht auch für obligatorische Forderungen gegen den GSch.), nur für den Konkurs (nicht auch außerhalb des Konkurses; RG. 3 S. 251; Gruch. 25 S. 968). Von den Rechtsnachfolgern der Frau unterliegen nur deren Erben, nicht auch die Sonderrechts-

nachfolger, die schon vor der KE. an die Stelle der Frau getreten sind, der Einschränkung des § 45; OLG. Celle in SeuffA. 48 Nr. 238.

§ 46 (38). **Sind Gegenstände, deren Aussonderung aus der Konkursmasse hätte beansprucht werden können, vor der Eröffnung des Verfahrens von dem Gemeinschuldner oder nach der Eröffnung des Verfahrens von dem Verwalter veräußert worden, so ist der Aussonderungsberechtigte befugt, die Abtretung des Rechts auf die Gegenleistung, soweit diese noch aussteht, zu verlangen. Er kann die Gegenleistung aus der Masse beanspruchen, soweit sie nach der Eröffnung des Verfahrens zu derselben eingezogen worden ist.**

---

1. § 46 hat 2 Voraussetzungen: 1

a. Es muß sich um Gegenstände handeln, deren Aussonderung zur KM. hätte beansprucht werden können, tatsächlich aber nicht beansprucht worden ist.

b. Diese Gegenstände müssen veräußert worden sein und zwar:

α. entweder vor KE. durch den GSch. oder

β. nach KE. durch den Verwalter.

Sind diese beiden Voraussetzungen erfüllt, so hat der Aussonderungsberechtigte folgende Rechte:

a. wenn die Gegenleistung noch ganz oder teilweise aussteht: Anspruch auf Abtretung des Rechts auf die Gegenleistung und zwar als Aussonderungsanspruch, nicht bloß als Masseanspruch („Ersatzaussonderung");

b. wenn die Gegenleistung bereits erfolgt ist, so ist zu unterscheiden:

α. Ist die Gegenleistung nach KE. zur Masse eingezogen worden, so kann sie aus der Masse als Aussonderungsanspruch, nicht bloß als Masseschuld nach § 59 Ziffer 3 verlangt werden.

β. Ist die Gegenleistung schon vor KE. vom GSch. eingezogen worden, so hat der Gläubiger nur eine Entschädigungsforderung und zwar als gewöhnliche Konkursforderung.

2. Die Vorschrift steht allgemein jedem auf die §§ 43—45 gestützten Aussonderungsanspruch zur Seite, es ist daher gleichgültig, ob er auf Eigentum oder auf früheren Besitz (§ 1007 BGB.) oder auf ein obligatorisches Verhältnis gestützt worden ist. Die Vorschrift trifft ferner jede Veräußerung, die berechtigte nicht minder wie die unberechtigte, greift also auch dann Platz, wenn der GSch. kraft ehemännlicher oder väterlicher Gewalt veräußert hat. Auch ist es unerheblich, ob die Veräußerung freiwillig oder im Wege der Zwangsvollstreckung erfolgt ist. Es genügt in allen Fällen, wenn zu der Zeit, in welcher der Anspruch aus § 46 erhoben wird, die Aussonderung selbst verlangt werden könnte, falls der veräußerte Gegenstand sich noch in der Masse befände. „Veräußerung" im Sinne des § 46 ist jede (entgeltliche) Weggabe eines Gegenstandes auf Grund eines Vertrages, durch welchen ein Anspruch auf eine Gegenleistung erwächst. Auf Absonderungsrechte findet § 46 keine Anwendung; RG. 28 S. 147. 2

3. „Gegenstände" im Sinne des § 46 sind alle Vermögensstücke, an denen ein Aussonderungsrecht möglich ist, körperliche Sachen, Rechte, Forderungen. Die „Gegenleistung" bildet im Falle der Veräußerung einer Forderung der Erlös, im Falle der Einziehung einer fälligen Forderung die zum Zwecke der Tilgung bezahlte Summe; RG. Bolze 1 Nr. 952. Ist mit Geld, das nicht in das Eigentum des GSch. über- 3

gegangen war, eine Forderung für den GSch. erworben, so bildet die Forderung die Gegenleistung für die Verwendung des fremden Geldes und der Aussonderungsberechtigte kann die Übertragung der Forderung beanspruchen. Ist dagegen fremdes Geld zur Bezahlung von Schulden des GSch. benutzt worden, so ist dadurch der Aktivmasse weder eine Gegenleistung noch eine Vergrößerung zugeführt und kann deshalb weder § 46 noch § 59 Nr. 3 zur Anwendung gelangen; Pet.-Kleinf. A. 5, 7.

4 4. Der Anspruch aus § 46 beruht auf dem Rechtsgrunde, daß die rechtlos bereicherte Masse dasjenige, was zu ihr geflossen ist und womit sie sich zum Schaden des Berechtigten bereichern würde, diesem herausgeben soll (M. 185), ist also ein persönlicher (condictio sine causa) und beschränkt auf das Maß der noch vorhandenen Bereicherung. Soweit der Aussonderungsberechtigte befugt ist, die Abtretung des Rechtes auf die Gegenleistung zu verlangen, hat die Masse die Forderung so abzutreten, wie sie ihr zusteht; eine Pflicht zur Gewährleistung liegt ihr nicht ob. Eine Übertragung der Forderung kraft Gesetzes (§ 412 BGB.) liegt nicht vor; vgl. RG. in der LZ. für Handels-, Konkurs- und Vers.Recht 1 S. 439 sowie RG. 40 S. 87.

Der Aussonderungsberechtigte kann die Gegenleistung beanspruchen, soweit sie zur Zeit der KE. noch ausstand und nach der Eröffnung des Verfahrens zur Masse eingezogen und noch unterscheidbar vorhanden ist. Ist die Gegenleistung mit anderen Massegegenständen vermischt worden, so ist die Aussonderung ausgeschlossen, der Berechtigte kann aber nach § 59 Nr. 1, 3 Massegläubiger sein; RG. 41 S. 3 und JW. 06 S. 760; Jaeger A. 17. Sind fremde Gegenstände mit solchen des GSch. veräußert, so hat der Aussonderungsberechtigte Anspruch auf denjenigen Teil des Gesamtpreises, der nach dem Wertverhältnis zwischen den fremden und den eigenen Gegenständen auf die fremden entfällt. Vgl. JW. 98 S. 480[16] und RG. 8 S. 204. Verkauft der Schuldner vor KE. gepfändete Sachen, und zieht der Verwalter darauf den Kaufpreis zur Masse ein, so hat der Pfandgläubiger, soweit seine Forderung durch Pfändung gesichert war, gegen die KM. einen Anspruch auf Herausgabe des Kaufpreises, auch wenn sein Pfandrecht dem gutgläubigen Erwerber gegenüber erloschen ist; OLG. Köln in PucheltsZ. 35 S. 72.

5 5. Dem dritten Erwerber gegenüber wird das Zurückforderungsrecht des Aussonderungsberechtigten, sofern ein solches nach dem bürgerlichen Rechte begründet ist, durch § 46 nicht berührt (M. 185). Der aus § 46 in Anspruch genommene Verwalter kann den Aussonderungsberechtigten nicht an den Dritten verweisen. Hat der Dritte den Gegenstand an den Aussonderungsberechtigten herausgegeben, so hat dieser weitere Ansprüche nach § 46 nicht, während der Dritte, je nach der Sachlage, sich an die Masse halten oder gegen den GSch. einen Entschädigungsanspruch als KForderung wird geltend machen können. Soweit der Aussonderungsberechtigte sich an den Dritten nicht halten kann, steht seinem etwaigen Schadensersatzanspruch der § 46 nicht entgegen. Dieser Anspruch ist im Falle einer Verschuldung des Verwalters als Masseforderung (§ 59 Nr. 1; OTr. 20 S. 521; ROHG. 9 S. 165, 169), im Falle einer Verschuldung des GSch. als KForderung geltend zu machen; RG. JW. 90 S. 373. Durch die Geltendmachung des abgetretenen Rechts auf die Gegenleistung genehmigt der Berechtigte die Veräußerung.

6 6. Besondere Fälle der Aussonderung enthalten der § 392 HGB. und der § 377 BGB.

Fünfter Titel.

Absonderung.

1. Die Bestimmungen der KO. über Absonderungsrechte sind ausschließlich an- 1
zuwenden auf alle seit dem 1. Oktober 1879 eröffneten Konkurse, auch wenn die Pfand- oder Vorzugsrechte oder die Forderungen vor dem bezeichneten Tage erworben sind; EG. z. KO. § 11. Über Befugnisse aus in Kraft gebliebenen Vorschriften der Landesgesetzgebung vgl. §§ 12, 13 EG. z. KO. und § 14 das. (Fassung nach § 43 des Hypothekenbankgesetzes v. 13. Juli 1899, RGBl. S. 375), Art. VI EG. z. KNov., Art. 184 EG. z. BGB.

2. Neben denjenigen Absonderungsrechten, welche die KO. selbst bestimmt, sind 2
reichsgesetzlich folgende Absonderungsrechte festgesetzt: durch § 85 Abs. 2, § 100c der Gewerbeordnung (Gläubiger der Innungs-Unterstützungskassen an deren Vermögen), durch § 73 des Krankenversicherungsgesetzes in der Fassung v. 10. April 1892 (Gläubiger einer Krankenkasse an deren Vermögen) und durch § 133 des Ges. v. 5. Mai 1886 betr. die Unfall- und Krankenversicherung der in land- und forstwirtschaftlichen Betrieben beschäftigten Personen. Vgl. auch unten § 49 A. 6 ff., § 61 A. 2.

3. Die Absonderung unterscheidet sich von der Aussonderung dadurch, daß sie 3
Gegenstände betrifft, die dem GSch. gehören (gemeinrechtlich: **separatio ex iure crediti**). Die Absonderung erfolgt unabhängig vom Konkursverfahren; § 4 Abs. 2 KO. Wegen der Geltendmachung vgl. § 64. Zur Anerkennung von Absonderungsansprüchen bei Gegenständen von mehr als 300 Mark Wert ist Genehmigung des Gläubigerausschusses erforderlich; § 133 Ziffer 2.

§ 47 (39). **Zur abgesonderten Befriedigung dienen die Gegenstände, welche der Zwangsvollstreckung in das unbewegliche Vermögen unterliegen, für diejenigen, welchen ein Recht auf Befriedigung aus denselben zusteht.**

---

1. Absonderungsberechtigte sind diejenigen, welchen der gesetzliche An- 1
spruch zusteht, aus einem bestimmten, zur KM. gehörigen Gegenstande abgesondert von anderen Gläubigern vorzugsweise und ganz ihre Befriedigung zu verlangen, dergestalt, daß von dem Werte des Gegenstandes nur derjenige Betrag, welcher nach vollständiger Befriedigung der absonderungsberechtigten Forderungen übrig bleibt, zur Verteilung unter die übrigen Gläubiger gebracht werden kann.

2. Gegenstände, welche der Zwangsvollstreckung in das unbeweg- 2
liche Vermögen unterliegen, sind nach §§ 864, 865 ZPO.:

a. Grundstücke §§ 94 ff. BGB.

b. Berechtigungen, für welche die sich auf Grundstücke beziehenden Vorschriften gelten. Als solche kommen in Betracht:

α. Das Erbbaurecht (§ 1017 BGB.).

β. Die landesgesetzlich bestehenden Erbpacht-, Büdner- und Häuslerrechte und Grundstücksbelastungen mit dem vererblichen und veräußerlichen Recht zur Gewinnung eines den bergrechtlichen Vorschriften nicht unterliegenden Minerals (Art. 63, 68 EG. z. BGB.).

γ. Die der Landesgesetzgebung vorbehaltenen Berechtigungen, wie das Bergwerkseigentum, Fischereiberechtigungen und die an Grundstücken bestehenden vererblichen und übertragbaren Nutzungsrechte, sofern auf sie die Vorschriften über Grundstücke Anwendung finden sollen (Art. 67, 69, 196 EG. z. BGB.). In Preußen trifft dies zu auf verliehene Bergwerke, unbewegliche Bergwerksanteile und die selbständigen Kohlenabbaugerechtigkeiten in den ehemals sächsischen Landesteilen (Art. 37, 38 AG. z. BGB.), sowie auf andere selbständige Gerechtigkeiten, wenn sie ein Grundbuchblatt erhalten haben (Art. 40 AG. z. BGB.).

c. Die im Schiffsregister eingetragenen Schiffe für See- und Binnenschiffahrt. Nicht eingetragene Schiffe gelten als bewegliche Sachen.

d. Anteile an Grundstücken und an Berechtigungen der zu b bezeichneten Art, aber nur unter den Voraussetzungen des § 864 Abs. 2 ZPO.

e. Die Gegenstände, auf welche sich bei Grundstücken und Berechtigungen die Hypothek, bei Schiffen das eingetragene Pfandrecht erstreckt, das sind:

α. Bei Grundstücken außer den in §§ 94—96 BGB. bezeichneten Bestandteilen. aa. Die von dem Grundstück getrennten Erzeugnisse und sonstigen Bestandteile, soweit sie nicht mit der Trennung nach den §§ 954—957 BGB. in das Eigentum eines anderen als des Eigentümers oder des Eigenbesitzers des Grundstücks gelangt sind (§ 1120 BGB.). bb. Das Zubehör des Grundstücks mit Ausnahme der Zubehörstücke, die nicht in das Eigentum des Grundstückseigentümers gelangt sind (§ 1120 BGB.). cc. Die Miet- und Pachtzinsforderungen (§§ 1123—1125). dd. Die mit dem Eigentum an dem Grundstück verbundenen Ansprüche auf wiederkehrende Leistungen (§ 1126). ee. Die Forderungen, die aus einer Feuer-, Hagel- oder sonstigen Versicherung der für die Hypothek haftenden Gegenstände dem Eigentümer oder dem Eigenbesitzer des Grundstücks gegen den Versicherer zustehen (§§ 1127—1130). Von diesen Gegenständen unterliegen die Zubehörstücke lediglich der Immobiliarvollstreckung, die übrigen sind der Mobiliarvollstreckung so lange ausgesetzt, als sie noch nicht im Wege der Immobiliarvollstreckung nach §§ 22, 148, 151 ZwVG. beschlagnahmt sind; § 865 Abs. 2 ZPO. Der Hypothekengläubiger hat an den Grundstücksmieten nur ein Immobiliarrecht; er kann sich deshalb nicht sofort aus den Mieten im Wege der Mobiliarzwangsvollstreckung befriedigen, RG. 52 S. 139; OLG. Braunschweig in OLG. 10 S. 419; er kann aber die Zwangsverwaltung im Wege der einstweiligen Verfügung ausbringen. Veräußert der Verwalter vor Beschlagnahme des Grundstücks Bestandteile, Zubehör oder Erzeugnisse des Grundstücks, so erwächst dadurch dem Absonderungsberechtigten kein Schadensersatzanspruch gegen den Verwalter, OLG. Naumburg in SeuffA. 59 S. 147.

β. Bei Schiffen das dem Eigentümer des Schiffs gehörige Zubehör (§ 1265 BGB.). Zum Zubehör gehören auch die Schiffsboote, im Zweifel auch die Gegenstände, die in das Schiffsinventar eingetragen sind (§ 478 HGB.; § 103 Abs. 1 des BinnenschG. v. 15. Juni 1895, RGBl. 1898 S. 868). Der Umfang des Pfandrechts des Bodmereigläubigers bestimmt sich nach dem Inhalte des Bodmereivertrages (§ 759 Abs. 2 HGB.). Schiffsparten d. h. (§ 474 HGB.) bloße Anteile an den im Schiffsregister eingetragenen Schiffen unterliegen der Zwangsvollstreckung in das bewegliche Vermögen; § 1272 BGB.; § 858 ZPO.

γ. In Preußen ist (auf Grund des Vorbehaltes in Art. 112 EG. z. BGB.) für den Umfang der Immobiliarmasse von Privateisenbahnen und Kleinbahnen der § 4 des Preuß. Ges. v. 19. August 1895 bzw. 11. Juni 1902 (Neue Fassung GS. 1902 S. 237) maßgebend.

3 3. **Für welche Ansprüche, in welchem Umfange und in welcher Rangordnung** die abgesonderte Befriedigung beansprucht werden kann, bestimmt

das bürgerliche Recht. So gewährt z. B. die Verpfändung eines Hypothekenbriefs ohne Verpfändung der Forderung kein Absonderungsrecht; RG. bei Gruch. 49 S. 365. Ist für einen Gläubiger ein Darlehn nebst Zinsen und Vertragskosten im Grundbuche eingetragen, das Darlehn darauf aber auf Grund des § 610 BGB. nicht gewährt worden, so kann wegen der entstandenen Vertragskosten abgesonderte Befriedigung nicht verlangt werden; OLG. Zweibrücken in OLG. 10 S. 200. Welche Forderungen als absonderungsberechtigt gegen die Grundstücksmasse geltend gemacht werden können und in welcher Rangordnung, bestimmt der § 10 des ZwVG. Dieser ist auch dann maßgebend, wenn der KV. gemäß § 126 KO. die Zwangsversteigerung oder Zwangsverwaltung beantragt hat. Darüber, was zu den „öffentlichen Lasten" im Sinne des § 10 Nr. 3 a. a. O. zu verstehen ist, hat die Landesgesetzgebung zu entscheiden (Preußen: Art. 1—3 AG. z. ZwVG. v. 23 Sept. 1899). „Ansprüche aus Rechten an dem Grundstücke" (§ 10 Nr. 4 a. a. O.) sind die Reallasten, die Hypothek, die Grundschuld (einschließlich der Eigentümerhypothek und -grundschuld), die Rentenschuld und der Anspruch auf Wertsersatz für ein durch den Zuschlag im Zwangsversteigerungsverfahren erloschenes Recht (§ 92 ZwVG.). Absonderungsberechtigt sind ferner die Gläubiger, zu deren Gunsten das Grundstück vor der KE. im Wege der Zwangssteigerung oder der Zwangsverwaltung in Beschlag genommen ist, auch wenn ihre Forderung eine bloß persönliche war; § 10 Nr. 5 a. a. O.

Der Erlös der Eigentümerhypothek fließt zur KM., wenn sie schon vor der KE. für den GSch. erworben war. Wird sie erst später erworben, so gehört sie dem GSch. selbst, es sei denn daß der KV. den Erwerb bewirkt hat. Einzelheiten: Jaeger A. 4; v. Wilm.-Kurlb. A. 8.

Die Rangordnung der an Schiffen bestehenden Absonderungsrechte regeln die §§ 766—770, 776 HGB., §§ 106—109 des BinnenschG. v. 15. Juni 1895, § 1261 BGB.

4. Die Geltendmachung der Absonderungsrechte erfolgt unabhängig 4
vom KVerf.; § 4 Abs. 2. Die Befriedigung aus Gegenständen der Absonderungsberechtigten regelt das ZwVG. v. 24. März 1897 (RGBl. S. 97; neue Fassung v. 20 Mai 1898; RGBl. S. 713).

5. Der Absonderungsberechtigte kann auf abgesonderte Befriedigung verzichten. 5
In diesem Falle rücken die nachstehenden Absonderungsgläubiger auf. Dies kann praktisch werden bei Lidlöhnern und bei Steuerforderungen, die gleichzeitig auch nach § 61 KO. ein Vorzugsrecht im Konkurse haben, welches unter Umständen schneller zur Befriedigung führt; Jaeger A. 28.

6. Das Absonderungsrecht muß bei der KE. bereits begründet sein; 6
§ 15 Satz 1; RG. in JW. 05 S. 89. Ein späterer Erwerb kann nur gemäß § 15 Satz 2 oder auf Grund einer bei KE. im Grundbuch oder Schiffsregister eingetragenen Vormerkung (§ 24) oder dadurch erfolgen, daß der KV. nach § 134 Nr. 2 Gegenstände der KM. mit Pfandrechten neu belastet; Jaeger A. 5.

7. Absonderungsrechte müssen von dem betreffenden Gläubiger geltend ge- 7
macht werden; von Amts wegen werden sie nicht berücksichtigt. Der Anspruch muß zur Vermeidung von Kostenfolgen dem Verwalter gegenüber vor Klageerhebung geltend gemacht werden; OLG. Stettin in OLG. 10 S. 189. In der Anmeldung einer Forderung nur als persönliche Forderung kann ein Verzicht auf das Absonderungsrecht erblickt werden; RG. in JW. 06 S. 205. Wird der Verwalter auf Anerkennung des Absonderungsrechts auf Grund einer Pfändung verklagt, so kann er durch besondere Klage Aufhebung der Pfändung und Auszahlung des Erlöses verlangen; OLG. Darmstadt in OLG. 3 S. 57.

8 **8.** Die Vorschriften der Landesgesetze bleiben maßgebend für die dem Landesrecht vorbehaltenen Materien (vgl. A. 2 b), für die Befriedigung der Lehen-, Stammguts- oder Familienfideikommiß-Gläubiger (§ 52), bezüglich der Bestimmung des Ranges öffentlicher Lasten (§ 4 EG. z. ZwVG.) und in allen denjenigen Zwangsversteigerungs- und Zwangsverwaltungsverfahren, die vor dem Inkrafttreten des ZwVG. beantragt sind; § 15 EG. z. ZwVG.

§ 48 (40). Gläubiger, welche an einem zur Konkursmasse gehörigen Gegenstand ein durch Rechtsgeschäft bestelltes Pfandrecht haben, können aus den ihnen verpfändeten Gegenständen abgesonderte Befriedigung wegen ihrer Pfandforderung verlangen, zunächst wegen der Kosten, dann wegen der Zinsen, zuletzt wegen des Kapitals.

---

1 **1.** Erfordernis des Absonderungsrechts aus § 48 ist ein vor der KE. durch Rechtsgeschäft bestelltes Pfandrecht an einer beweglichen körperlichen Sache, an einer Forderung oder an einem anderen Vermögensrechte des GSch. Maßgebend für die Frage, ob das Pfandrecht gültig und formgerecht begründet ist, sind die Gesetze des Ortes, an dem sich der Pfandgegenstand zur Zeit der Begründung des Pfandrechts befunden hat; RG. 8 S. 111. Für die unter der Herrschaft des BGB. durch Rechtsgeschäft begründeten Pfandrechte kommen folgende Fälle in Betracht:

2 **a.** Pfandrecht an beweglichen Sachen. Zur Bestellung des Pfandrechts ist erforderlich, daß der Eigentümer die Sache dem Gläubiger übergibt und beide darüber einig sind, daß dem Gläubiger das Pfandrecht zustehen soll; § 1205 Abs. 1 Satz 1 BGB. Die Übergabe der Sache kann durch die Übergabe von Dispositionspapieren (Lagerscheinen, Ladescheinen, Konnossementen) ersetzt werden, sofern sie mit einem Indossament versehen sind, das den Gläubiger als Besitzer des Papiers legitimiert; §§ 424, 450, 647 HGB. Die Übergabe einer im mittelbaren Besitze des Eigentümers befindlichen Sache kann dadurch erfolgen, daß der Eigentümer den mittelbaren Besitz auf den Pfandgläubiger überträgt und die Verpfändung dem Besitzer anzeigt; § 1205 Abs. 2 BGB. Der mittelbare Besitz kann dadurch auf einen anderen übertragen werden, daß diesem der Anspruch auf Herausgabe der Sache abgetreten wird; § 870 BGB. An Stelle der Übergabe der Sache genügt die Einräumung des Mitbesitzes, wenn sich die Sache unter dem Mitverschlusse des Gläubigers befindet oder, falls sie im Besitz eines Dritten ist, die Herausgabe nur an den Eigentümer und den Gläubiger gemeinschaftlich erfolgen kann; § 1206 BGB. Ist der Gläubiger im Besitze der Sache, so genügt die Einigung über die Entstehung des Pfandrechts; § 1205 Abs. 1 Satz 2 BGB. Constitutum possessorium (§ 930 BGB.) reicht nicht aus. Vgl. auch § 1253 BGB.; RG. 19 S. 28; 24 S. 45; 37 S. 31; 43 S. 72. Reale Teile eines Warenlagers können nur unter individueller Bezeichnung der betreffenden bestimmten Stücke verpfändet werden; RG. 52 S. 385; 53 S. 218; JW. 03 Beil. 3 S. 20. Ist die Verpfändung rechtsgültig erfolgt, so macht sich der Verwalter schadensersatzpflichtig, wenn er das ganze Warenlager ohne Berücksichtigung der Verpfändung verkauft; OLG. Naumburg in OLG. 15 S. 239. Die Einigung über die Begründung des Pfandrechts ist an keine Form gebunden. Vom Nichteigentümer kann ein Pfandrecht an einer Sache des GSch. dann gültig bestellt werden, wenn der Gläubiger in gutem Glauben gehandelt hat; § 1207 BGB., § 366 HGB. Fiduziarische Übertragung seitens des GSch. gibt dem andern Teile nur ein Recht

auf abgesonderte Befriedigung; v. Wilm.-Kurlb. A. 9; Jaeger A. 10. (Über die fiduziarische Übertragung an den GSch. s. § 43 A. 6.)

Das Pfandrecht erlischt, wenn der Pfandgläubiger das Pfand dem Verpfänder oder dem Eigentümer zurückgibt. Der Vorbehalt der Fortdauer des Pfandrechts ist unwirksam. Ist das Pfand im Besitze des Verpfänders oder des Eigentümers, so wird vermutet, daß das Pfand ihm von dem Pfandgläubiger zurückgegeben worden ist. Diese Vermutung gilt auch dann, wenn sich das Pfand im Besitz eines Dritten befindet, der den Besitz nach der Entstehung des Pfandrechts von dem Verpfänder oder dem Eigentümer erlangt hat; § 1253 BGB.

Das Pfandrecht erstreckt sich auf die Erzeugnisse, die von dem Pfande getrennt werden (§ 1212 BGB.), auf die zu dem verpfändeten Wertpapier gehörenden Zins-, Renten- oder Gewinnanteilscheine aber nur dann, wenn sie dem Pfandgläubiger übergeben sind; § 1296 BGB.

b. Die Bestellung eines Pfandrechts an einem Rechte erfolgt nach 3
den für die Übertragung des Rechtes geltenden Vorschriften; § 1274 BGB. Zur Verpfändung einer Forderung gehört außer der Verpfändungseinigung (§§ 1205, 1273 ff., 398 BGB.) auch die Verpfändungsanzeige des Gläubigers an den Schuldner; § 1280 BGB. Die Einigung sowohl wie die Anzeige sind an eine bestimmte Form nicht gebunden. Aushändigung der Schuldurkunde ist nicht erforderlich. Zur Verpfändung einer Briefhypothek, einer Briefgrundschuld oder Briefrentenschuld gehört ein schriftlicher Verpfändungsvertrag und Briefübergabe. Der schriftliche Verpfändungsvertrag kann durch Eintragung in das Grundbuch ersetzt werden. §§ 1274, 1291, 1154, 1192, 1199. Die Verpfändung einer Buchhypothek, einer Buchgrundschuld oder Buchrentenschuld erfolgt durch Einigung und Eintragung in das Grundbuch; §§ 1274, 1154, 1192, 1199, 873, 878 BGB. Wechsel und andere durch Indossament übertragbare Papiere (§ 363 HGB.) werden durch formfreie Einigung des Gläubigers und des Pfandgläubigers und durch Übergabe des indossierten Papieres verpfändet; § 1292 BGB. Die Verpfändung von Anteilsrechten an einer Gesellschaft m. b. H. kann nur gerichtlich oder notariell erfolgen; § 15 Abs. 3 Ges. v. 20. April 1892 (neue Fassung v. 20. Mai 1898, RGBl. S. 846); RG. 53 S. 107.

Ausgeschlossen von der Anwendung des § 48 sind bewegliche Sachen, Forderungen 4
und Rechte, die Zubehör oder Teile des unbeweglichen Vermögens des GSch. sind; § 47.

Auch durch Sicherheitsleistung kann ein Pfandrecht begründet werden. Wird 5
die Sicherheit durch Hinterlegung von Geld oder Wertpapieren geleistet, so entsteht das Pfandrecht mit der Hinterlegung. Wenn das Geld oder die Wertpapiere nach landesgesetzlicher Vorschrift in das Eigentum des Fiskus oder der als Hinterlegungsstelle bestimmten Anstalt übergehen (Art. 145 EG. z. BGB.), so erwirbt der Berechtigte das Pfandrecht an der Forderung auf Rückerstattung; §§ 232, 233 BGB. Die Anwendbarkeit des § 48 hat aber zur Voraussetzung, daß der Hinterlegung eine Vereinbarung der Parteien zugrunde liegt; andernfalls s. § 49 Nr. 2.

2. Das Pfand haftet nur für die Pfandforderung in deren 6
jeweiligem Bestand, einschließlich Zinsen und Vertragsstrafen. § 1210 BGB. Das gemeinrechtlich streitige Gordianische Privileg (l. un. §§ 2, 3 cod. 8, 27), wonach der Pfandgläubiger das Pfand, in dessen Besitze er ist, trotz Tilgung der versicherten Forderung wegen anderer bloß chirographischer Geldforderungen, die er gegen den Verpfänder hat, zurückbehalten darf, ist dem BGB. unbekannt. Für Handelssachen ist jedoch in § 49 Nr. 4 das Zurückbehaltungsrecht nach Maßgabe des § 369 HGB. aufrecht erhalten. Eine Sonderbestimmung enthält § 356 HGB. Danach haftet für

eine andere als die Pfandforderung das Pfand dann, wenn die durch das Pfand gesicherte Forderung in ein kaufmännisches Kontokurrent aufgenommen ist. Mit der Übertragung der Forderung geht dieses Pfandrecht auf den neuen Gläubiger über. § 1250 BGB. Für den Rang des Pfandrechts ist die Zeit der Bestellung maßgebend. Dies gilt auch dann, wenn es sich um künftige oder bedingte Forderungen handelt, § 1209 BGB.

7 **3.** Kann die Pfandforderung aus dem Pfande nicht ganz befriedigt werden, so ist der Gläubiger berechtigt, den Pfanderlös zunächst auf die Kosten, dann auf die Zinsen, zuletzt auf das Kapital zu verrechnen. (Vgl. § 367 BGB.)

8 **4. Übergangszeit.** In Konkursen, die vor dem 1. Januar 1900 eingeleitet sind, sowie für die Beurteilung von Pfandrechten, die vor diesem Zeitpunkt entstanden waren, kommt das frühere Recht zur Anwendung (Art. VI EG. z. KNov.).

§ 49 (41). Den im § 48 bezeichneten Pfandgläubigern stehen gleich:

1. die Reichskasse, die Staatskassen und die Gemeinden, sowie die Amts-, Kreis- und Provinzialverbände wegen öffentlicher Abgaben, in Ansehung der zurückgehaltenen oder in Beschlag genommenen zoll- und steuerpflichtigen Sachen;
2. diejenigen, welche an gewissen Gegenständen ein gesetzliches oder ein durch Pfändung erlangtes Pfandrecht haben; das dem Vermieter und dem Verpächter nach den §§ 559, 581, 585 des Bürgerlichen Gesetzbuchs zustehende Pfandrecht kann in Ansehung des Miet- oder Pachtzinses für eine frühere Zeit als das letzte Jahr vor der Eröffnung des Verfahrens, sowie in Ansehung des dem Vermieter oder dem Verpächter infolge der Kündigung des Verwalters entstehenden Entschädigungsanspruchs nicht geltend gemacht werden; das Pfandrecht des Verpächters eines landwirtschaftlichen Grundstücks unterliegt in Ansehung des Pachtzinses der Beschränkung nicht;
3. diejenigen, welche etwas zum Nutzen einer Sache verwendet haben, wegen des den noch vorhandenen Vorteil nicht übersteigenden Betrags ihrer Forderung aus der Verwendung, in Ansehung der zurückbehaltenen Sache;
4. diejenigen, welchen nach dem Handelsgesetzbuche in Ansehung gewisser Gegenstände ein Zurückbehaltungsrecht zusteht.

Die im Abs. 1 Nr. 1 bezeichneten Rechte gehen den im Abs. 1 Nr. 2—4 und den im § 48 bezeichneten Rechten vor.

---

1 **I. Allgemeines. 1.** Die Gleichstellung der Absonderungsrechte des § 49 mit dem Absonderungsrechte des § 48 gilt für alle Beziehungen der Gläubiger zur KM., z. B. auch für die Anwendbarkeit der §§ 48, 64, 118, 120, 127, 153. Sie gilt aber nur für das KVerf. selbst. Darüber hinaus bestimmt sich die rechtliche Natur der einzelnen Absonderungsrechte des § 49 sowie die Befugnis und die Art der Ausübung nach dem bürgerlichen Rechte; M. 217, 218.

2 **2.** Die **Reihenfolge des § 49 ist keine Rangfolge.** Nur den unter Nr. 1 aufgeführten Ansprüchen ist durch die neue — nach Art. III EG. z. KNov. auch außerhalb des Konkurses Anwendung findende — Bestimmung in Abs. 2 der Vorrang gegenüber allen anderen Absonderungsrechten der §§ 48 und 49 gesichert.

Im übrigen ist es Sache der einzelnen Absonderungsberechtigten, ihre Prioritätsrechte nach den Vorschriften des bürgerlichen Rechtes geltend zu machen; §§ 1209, 1257 BGB. Dabei ist nach § 1208 BGB. für das Vertragspfandrecht an beweglichen Sachen der gute Glaube insofern zu berücksichtigen, als dieses Pfandrecht, wenn es ohne Kenntnis eines älteren, vertraglichen, gesetzlichen oder Pfändungspfandrechts bestellt ist, den älteren Rechten vorgeht. Aus § 1257 BGB. ist die Ansicht hergeleitet worden, daß auch den gesetzlichen Pfandrechten der Schutz des guten Glaubens zu statten kommt. So Staub § 368 HGB. A. 75; Endemann, Einführung in das BGB. II S. 536, 545. Dieser Ansicht steht aber entgegen, daß der § 1257 nur bereits entstandene Pfandrechte betrifft, mithin über die Voraussetzungen, unter denen gesetzliche Pfandrechte entstehen, nichts bestimmt; RG. in DIZ. 02 S. 104; v. Wilm.-Kurlb. A. 4; Jaeger § 48 A. 12. Durch unfreiwilligen Besitzverlust erlischt das Pfandrecht nicht; § 1253 BGB.

II. Die einzelnen Fälle. 3

1. Zu Nr. 1. Die Vorschrift bezieht sich nur auf solche Abgaben, die auf zoll- und steuerpflichtigen Sachen haften, und setzt voraus, daß diese Sachen dem Gesetz entsprechend von der zuständigen Behörde zurückgehalten oder in Beschlag genommen sind. Vgl. Vereinszollgesetz v. 1. Juli 1869 §§ 14, 100 ff. BGBl. § 317; Reichsverf. Art. 33—40; Prot. v. 15. Okt. u. 25. Nov. 1870 BGBl. S. 651, 657 und v. 23. Nov. 1870 X, BGBl. 1871 S. 25; Zollges. v. 15. Juli 1879 RGBl. S. 207; Spielkartenstempel, Reichsges. v. 3. Juli 1878 §§ 2, 3, 10, 11, RGBl. S. 133. Außer dem Absonderungsrecht haben die in Nr. 1 aufgeführten Forderungen noch ein Vorzugsrecht im Konkurse, § 61 Ziffer 2 KO. Eine auf Grund des § 146 des Reichsbeamtengesetzes erfolgte Beschlagnahme bewirkt kein Absonderungs- oder Vorzugsrecht des Fiskus; OLG. Kolmar in OLG. 1 S. 50.

2. Die neue Nr. 2 umfaßt die in den Nr. 2 bis 6 des § 41 früh. F. enthaltenen 4
Absonderungsrechte, welche vom BGB. (§§ 559, 581 Abs. 2; 585, 590, 647, 704) als gesetzliche Pfandrechte gestaltet worden sind, ferner aus der Nr. 8 die gesetzlichen Pfandrechte des HGB. und endlich das früher in Nr. 9 genannte, durch Pfändung erlangte Pfandrecht; KNov. M. 36.

3. Pfändungspfandgläubiger haben ein Absonderungsrecht an den- 5
jenigen Gegenständen, die vor der KE. nach inländischem deutschen Rechte in gesetzmäßiger Weise gepfändet worden sind. Ob die Pfändung auf Grund reichsrechtlicher oder landesrechtlicher Vorschrift erfolgt, ist einerlei. Die Pfändung körperlicher Sachen wird dadurch bewirkt, daß der Gerichtsvollzieher sie in Besitz nimmt oder die Pfändung ersichtlich macht; (§§ 808, 809 ZPO.). Ein Zusammentreffen des Pfändungspfandrechts mit rechtsgeschäftlichen Pfandrechten ist hiernach in der Regel ausgeschlossen, da der Gläubiger auf Grund des Besitzes die Pfändung verhindern oder beseitigen kann; §§ 766, 771 ZPO. Für den Fall der Einwilligung in die Pfändung vgl. § 1253 BGB. Wegen des gesetzlichen Pfandrechts vgl. A. 9. Die Pfändung von Forderungen wird durch Zustellung des gerichtlichen Pfändungsbeschlusses an den Schuldner des GSch. vollzogen; § 829 ZPO. Die Zustellung muß vor der KE. erfolgt sein; die Zustellung einer Pfändungsankündigung (§ 845 ZPO.) genügt nicht. Ferner regeln die Pfändung von Hypothekenforderungen: § 830, die Pfändung einer Reallast, einer Grundschuld oder einer Rentenschuld: § 857 Abs. 6, die Pfändung von Forderungen aus Wechseln und anderen indossabelen Papieren: § 831 ZPO.

Von den gesetzlichen Pfandrechten kommen in Betracht:

4. das Pfandrecht des Berechtigten an den zur Sicherheitsleistung hinter- 6 legten Geldern oder Wertpapieren; § 233 BGB. Die Hinterlegung seitens des Schuldners nach § 713 Abs. 2 ZPO. ist bedingte Erfüllung, nicht Sicherheitsleistung, gewährt also dem Gläubiger ein Recht auf Aussonderung im Konkurs, nicht das Absonderungsrecht eines Pfandgläubigers. Dies erhellt daraus, daß § 713 Abs. 2 ZPO. „Sicherheitsleistung oder Hinterlegung" nebeneinander aufführt; v. Wilm.-Kurlb. A. 10a; Sarw.-Boss. A. 3 VI S. 245 (a. M. Jaeger A. 8; Wolff S. 52; Pet.-Kleinf. § 48 A. 2. Diese erachten die Hinterlegung als eine ein Pfandrecht begründende Sicherheitsleistung.). Dem gleichen Grundsatz unterliegt die gemäß §§ 720, 815 Abs. 2 ZPO. von dem Gerichtsvollzieher zu bewirkende Hinterlegung des Erlöses oder gepfändeten Geldes, während die Hinterlegung zur Abwendung des Arrestes (§ 923 ZPO.) nur als eine Sicherheitsleistung aufzufassen ist, also ein Pfandrecht des Gläubigers gewährt. Der gemäß § 853 ZPO. vom Drittschuldner hinterlegte Betrag ist bis zur Zahlung an die Gläubiger Eigentum des Schuldners; §§ 378, 379 BGB. Die Gläubiger haben an dem Betrage ein Pfändungspfandrecht im Sinne des § 49 Nr. 2; v. Wilm.-Kurlb. A. 10b, c.

7 5. das Pfandrecht des Verpächters.

a. Dem Verpächter steht das Absonderungsrecht zu wegen der Forderungen aus dem Pachtverhältnisse in Ansehung der Früchte des verpachteten Grundstücks und der in das Grundstück eingebrachten Sachen. Im Konkurse des Unterpächters ist nur der Unterverpächter, nicht aber der Hauptverpächter absonderungsberechtigt.

8 b. Der Verpächter eines landwirtschaftlichen Grundstücks ist absonderungsberechtigt wegen sämtlicher nicht verjährter Rückstände sowie wegen des seit der KE. laufenden Zinses, der nach § 59 Nr. 2 zugleich Masseschuld ist. Dem Verpächter eines anderen Grundstücks steht das Absonderungsrecht wegen des Pachtzinses nur für das letzte Jahr vor der KE. zu. Jeder Verpächter ist außerdem absonderungsberechtigt wegen sonstiger Forderungen aus dem Pachtverhältnis, z. B. wegen Forderungen für Verschlechterung des Pachtgrundstücks und wegen des Preises für das im Pachtvertrage verkaufte Gutsinventar (RG. 38 S. 66), aber wegen Entschädigungsforderungen nur, soweit sie zur Zeit der KE. schon entstanden sind oder der KM. gegenüber als Masseforderungen gemäß § 59 begründet werden; §§ 581, 585, 559 BGB.

9 c. Das Absonderungsrecht steht dem Verpächter zu an den eingebrachten Sachen des Pächters selbst, soweit sie ihm gehören und der Pfändung unterworfen sind, nicht an den eingebrachten Sachen seiner Ehefrau, seiner Kinder oder eines etwaigen Unterpächters. Im Konkurse über das Vermögen einer Ehefrau kann der Verpächter, wenn er an den Mann verpachtet hat, ein Absonderungsrecht an den Sachen der Frau nicht geltend machen. Doch steht ihm die gesetzliche Vermutung des § 1362 Abs. 1 BGB. zur Seite. Im Falle der ehelichen Gütergemeinschaft, Errungenschaftsgemeinschaft oder Fahrnisgemeinschaft hat der Verpächter ein Pfand- und Absonderungsrecht an den zum Gesamtgut gehörigen eingebrachten Sachen nur dann, wenn sein Pächter der Mann ist; §§ 1443 Abs. 1 Satz 2; 1459 Abs. 1; 1519 Abs. 2, 1549 BGB.; § 2 KO. Das Pfandrecht des Verpächters eines landwirtschaftlichen Grundstücks erstreckt sich auch auf die Früchte des Grundstücks, selbst auf die getrennten Früchte, die nach § 956 BGB. mit der Trennung Eigentum des Pächters werden, sowie auf die nach § 715 Nr. 5 ZPO. (jetzt § 811 Nr. 4) der Pfändung nicht unterworfenen Sachen; § 585 BGB. Vgl. wegen der Früchte §§ 99 Abs. 1, 101 Nr. 1, 954 BGB. Das Pfandrecht des Verpächters erlischt mit der Entfernung der Sachen oder Früchte von dem Grundstück, es sei denn, daß die Entfernung ohne Wissen oder unter Widerspruch des Verpächters erfolgt. Der Verpächter kann der Entfernung nicht widersprechen, wenn sie im regelmäßigen Be-

triebe des Geschäfts des Pächters oder den gewöhnlichen Lebensverhältnissen entsprechend erfolgt oder wenn die zurückbleibenden Sachen oder Früchte zur Sicherung des Verpächters ausreichen; §§ 560, 581 Abs. 2 BGB. Das Pfandrecht erlischt mit dem Ablauf eines Monats, nachdem der Verpächter von der Entfernung der Sachen oder Früchte Kenntnis erlangt hat, wenn nicht der Verpächter den Anspruch vorher gerichtlich geltend gemacht hat; § 561 Abs. 2 BGB. Die Fristberechnung geschieht nach §§ 187 Abs. 1, 188 Abs. 2 BGB. Sind die Sachen oder Früchte infolge einer Pfändung fortgeschafft, so kann der Verpächter das Absonderungsrecht auch an den von dem Grundstück bereits entfernten Sachen und Früchten und, wenn sie schon versteigert sind, an ihrem Erlöse geltend machen; § 805 ZPO; RG. 13 S. 257; 14 S. 1.

Durch Sicherheitsleistung (§ 232 BGB.) kann die Geltendmachung des Absonderungsrechts abgewendet werden; §§ 562, 581 Abs. 2 BGB.

d. Für den infolge der Kündigung des KV. nach § 19 Satz 3 entstehenden 10
Schadensersatzanspruch ist das Absonderungsrecht schlechthin versagt; Jaeger A. 31.

6. das Pfandrecht des Pächters. Das Absonderungsrecht des Pächters 11
im Konkurse des Verpächters ist beschränkt auf die in seinen Besitz gelangten, dem Verpächter gehörigen Inventarstücke in Ansehung der ihm gegen den Verpächter für Erhaltung, Erneuerung, Vermehrung und Verbesserung des mitgepachteten Inventars gemäß §§ 581 Abs. 2, 547, 586 Abs. 2, 589 Abs. 3 BGB. zustehenden Forderungen; § 590 BGB. Auf andere Forderungen, z. B. auf den Anspruch wegen Rückgabe der bestellten Pachtkaution erstreckt sich das Absonderungsrecht nicht; JW. 88 S. 289[11].

Bei unfreiwilligem Verlust des Besitzes dauert das Absonderungsrecht fort, wie ein auf Vertrag beruhendes Pfandrecht; §§ 1257, 1253. Durch Sicherheitsleistung an den Pächter kann der Verpächter das Absonderungsrecht abwenden; §§ 590 Satz 2, 562 BGB.

7. das Pfandrecht des Vermieters. Der Vermieter eines Grundstücks 12
hat für seine Forderungen aus dem Mietverhältnis ein Absonderungsrecht an den eingebrachten Sachen des Mieters. Auf dieses Absonderungsrecht finden dieselben Grundsätze Anwendung, welche bezüglich des Rechtes des Verpächters an den eingebrachten Sachen des Pächters gelten, mit der Maßgabe, daß das Absonderungsrecht des Vermieters wegen rückständiger Miete stets auf das letzte Jahr vor dem Tage der KE. beschränkt ist; §§ 559—562 BGB.; RG. 34 S. 100. Wegen des durch die Kündigung des Verwalters entstehenden Entschädigungsanspruchs kann das Absonderungsrecht überhaupt nicht geltend gemacht werden. Für Forderungen, die nicht „aus dem Mietsverhältnisse" entstehen, z. B. für Forderungen aus einem gleichzeitig mit dem Mietsvertrage abgeschlossenen Darlehnsvertrage besteht kein Absonderungsrecht; RG. 38 S. 66 ff.; 37 S. 88; 33 S. 47; JW. 05 S. 19; OLG. Königsberg in SeuffA. 61 S. 182.

8. Der Unternehmer eines Werkes hat für seine Forderungen aus 13
dem Vertrag ein Pfand- und Absonderungsrecht an den von ihm hergestellten oder ausgebesserten beweglichen Sachen des Bestellers, wenn sie bei der Herstellung oder zum Zwecke der Ausbesserung in seinen Besitz gelangt sind; § 647 BGB. Durch freiwillige Aufgabe des Besitzes endet das Pfandrecht; § 1253 BGB.

9. Der Gastwirt, der gewerbsmäßig Fremde zur Beherbergung aufnimmt, 14
ist absonderungsberechtigt wegen seiner Forderungen für Wohnung und andere dem Gaste, nicht auch dessen Begleitern, zur Befriedigung seiner Bedürfnisse gewährten Leistungen mit Einschluß der Auslagen in Ansehung der von diesem eingebrachten (RG. 1 S. 83) und ihm gehörigen Sachen; § 704 BGB.

10. Die gesetzlichen Pfandrechte des Handelsrechts (sowie des See- 15 und Binnenschiffahrtsrechts) sind a. das des Kommissionärs am Kommissionsgute (§§ 397, 398 HGB.), b. das des Spediteurs, Lagerhalters und Frachtführers am Speditions-, Lager- und Frachtgute (§§ 410, 411, 421, 440—443 HGB., § 26 des BinnenschiffGes. v. 15. Juni 1895 / 20. Mai 1898), c. das des Verfrachters im Seehandel gegenüber dem Empfänger, dem Befrachter und dem Reisenden (§§ 623, 627, 674 HGB.), d. das des Vergütungsberechtigten bei großer Haverei (§§ 725, 731 Abs. 3, 777 HGB., § 89 BinnenschiffGes.), e. das des Gläubigers wegen Bergungs- und Hilfskosten (§ 751 HGB., § 97 BinnenschiffGes., §§ 20, 21 Strandungsordnung v. 17. Mai 1874), f. das der Schiffsgläubiger an der Fracht (§§ 756, 758 ff. HGB., §§ 104, 112 ff. BinnenschiffGes.), g. das des Schiffseigners am Gepäck (§ 77 Abs. 2 BinnenschiffGes.), h. das der Entschädigungsberechtigten an dem die Beschädigung verursachenden Floße und wegen Bergungs- und Hilfskosten an den betreffenden Gegenständen (§§ 22, 28, 29 des Ges. v. 15. Juni 1895, betr. die privatrechtlichen Verhältnisse der Flößerei). — Vgl. auch Vorbemerkung vor § 47.

16 **11.** Das Absonderungsrecht der Nr. 3 (Nr. 7 des § 41 früh. F.) steht allen zu, die gegen den GSch. eine nach bürgerlichem Rechte gültige Forderung aus der nützlichen Verwendung haben (§§ 994 ff. BGB.), auch wenn ihnen das bürgerliche Recht ein Zurückbehaltungsrecht nicht gewährt; Pet.-Kleinf. A. 33; v. Wilm.-Kurlb. A. 20. (AM. Jaeger A. 41: „zurückbehalten" heiße „kraft eines Zurückbehaltungsrechts nicht herausgegeben"). Das Absonderungsrecht besteht aber nur soweit, als die dem Verwendenden erwachsene Forderung den infolge der Verwendung zur Zeit der KE. noch vorhandenen Vorteil nicht übersteigt, und bezieht sich nur auf bewegliche Sachen.

17 **12.** Nr. 4 (Nr. 8 des § 41 früh. F.) gewährt denjenigen, welchen nach dem HGB. kraft Gesetzes, nicht etwa bloß auf Grund einer Vereinbarung ein Zurückbehaltungsrecht zusteht (§§ 369—372, 751, 888 HGB.), das Recht, wegen der Forderungen, für die ihnen das Zurückbehaltungsrecht zusteht, aus den betreffenden Gegenständen abgesonderte Befriedigung zu beanspruchen. Dieses Recht besteht aber nur an solchen Gegenständen, die einen selbständigen Vermögenswert haben, also nicht an Grundschuld- und Hypothekenbriefen (RG. 15 S. 55; 20 S. 133; KG. in OLG. 4 S. 334), auch nicht an bloßen Beweisurkunden und Legitimationspapieren (RG. 29 S. 301). Verlust des Besitzes zieht den Verlust des Zurückbehaltungsrechts nach sich. M. 214, 215. ROHG. 2 S. 77, 383; 5 S. 304; 7 S. 213; 9 S. 241; 10 S. 70, 162; 12 S. 27; 14 S. 101; 15 S. 99, 262; 17 S. 292, 351; 18 S. 274; 19 S. 57, 369. Auch nach KE. ist die Entstehung eines Zurückbehaltungsrechts möglich, wenn die Gegenstände, an denen es geltend gemacht wird, mit dem Willen des KV. in den Besitz des Zurückbehaltenden gelangt sind; RG. im Recht 1902 S. 24.

§ 50 (42). Wer nach der Eröffnung des Konkursverfahrens oder mit Kenntnis des Eröffnungsantrages oder der Zahlungseinstellung eine Konkursforderung dem im Auslande wohnenden Inhaber eines zur Konkursmasse gehörigen Gegenstandes oder in der Absicht, daß dieser die Forderung erwerbe, einer Mittelsperson abtritt, ist verpflichtet, zur Konkursmasse den Betrag zu ersetzen, welcher derselben dadurch entgeht, daß der Inhaber für die Forderung nach dem Rechte des Auslandes entgegen den Bestimmungen dieses Gesetzes ein Absonderungsrecht an dem Gegenstande ausübt. Die Vorschrift des § 33 findet entsprechende Anwendung.

1. In einem im Deutschen Reiche anhängigen KVerf. kann ein Anspruch auf 1 abgesonderte Befriedigung nur in den von der KO. zugelassenen Fällen geltend gemacht werden; § 4 Abs. 1. Landesgesetzliche Absonderungsrechte, welche die KO. nicht zugelassen hat, sind beseitigt. Für das Absonderungsrecht an Sachen, die sich im Auslande befinden, kommt aber das Recht des Auslandes (lex rei sitae) zur Anwendung. Nach den Gesetzen des Auslandes kann demjenigen, welcher sich im Besitze eines zur KM. gehörigen Gegenstandes befindet, ein Absonderungsrecht zustehen, welches die KO. selbst versagt. Durch § 50 soll den inländischen KGl. das Mittel genommen werden, die für sie maßgebenden Bestimmungen auf dem Wege der Forderungsübertragung zu umgehen. Der bisherige Gläubiger, welcher nur auf anteilsweise Befriedigung Anspruch hatte und für seine KForderungen ein Absonderungsrecht nicht erwerben konnte, soll dieses Recht auch nicht unter Ausnutzung ausländischer Gesetze bei einem anderen zur Entstehung bringen, widrigenfalls er von dem deutschen Gesetze zum Schadensersatz verpflichtet wird.

2. Die „Abtretung" im Sinne des § 50 ist nicht auf die Fälle des § 398 BGB. 2 beschränkt, hat vielmehr die Bedeutung der Übertragung, umfaßt mithin auch die Übertragung eines Inhaberpapiers und die Indossierung eines Orderpapieres, nicht aber den Erwerb durch Erbfolge oder durch Zwangsüberweisung; Jaeger A. 2; Fitting § 19 A. 31; Pet.-Kleinf. A. 2. In Betracht kommt die Abtretung der KForderung nach § 50 nur, wenn sie unmittelbar oder mittelbar an den im Auslande wohnenden Inhaber eines zur KM. gehörigen Gegenstandes (beweglichen oder unbeweglichen) nach der KE. oder vorher mit Kenntnis der erfolgten Stellung des Eröffnungsantrags oder der Zahlungseinstellung des GSch. geschieht. Aus dem Grunde einer Kenntnis der Zahlungseinstellung kann kein Ersatz mehr verlangt werden, wenn die Abtretung früher als sechs Monate vor der KE. geschehen ist; § 33. Auf die Nationalität des „im Auslande wohnenden Inhabers" kommt es nicht an.

3. Ausland umfaßt die nicht zum Deutschen Reiche gehörigen Staaten. Die 3 deutschen Schutzgebiete sind zwar Ausland, unterliegen aber demselben Konkursrechte wie das Deutsche Reich; ZfDZP. 14 S. 207; § 3 des Schutzgebietsgesetzes (RGBl. 00 S. 813); § 19 Nr. 1 des Ges. über die Konsulargerichtsbarkeit (S. 213). In Helgoland ist die KO. eingeführt durch V. v. 22. März 1891 Art. I Nr. VIII 4 (RGBl. S. 21).

4. Ersatzpflichtig ist der Zedent, im Falle der Abtretung an eine Mittelsperson 4 auch der weitere Zedent. Mehrere Zedenten haften als Gesamtschuldner; §§ 421 ff. BGB.; M. 221. Zur Ausübung des Ersatzanspruchs ist nur der KV. berechtigt und nur während des Konkurses. Bei Beendigung des Konkurses erlischt der Anspruch. Seine nachträgliche Erhebung durch den gewesenen GSch. ist ausgeschlossen; Kohl., Leitf. S. 161 IV; Jaeger A. 9, 10. Darüber, wie der Schadensbetrag zu berechnen ist, herrscht Streit. Vgl. Jaeger A. 11 und die dortigen Zitate. Überwiegend ist die — tatsächlich auch wohl zutreffende — Ansicht, nach welcher der Erstattungspflichtige zunächst den ganzen Wert des der Masse entzogenen Gegenstandes ersetzen muß und dann wegen seiner Forderung wie jeder andere KGl. an der Dividende teilnimmt.

§ 51 (44). **Wer sich mit dem Gemeinschuldner in einem Miteigentume, in einer Gesellschaft oder in einer anderen Gemeinschaft befindet, kann wegen der auf ein solches Verhältnis sich gründenden Forderungen abgesonderte Befriedigung aus dem bei der Teilung oder sonstigen Auseinandersetzung ermittelten Anteile des Gemeinschuldners verlangen.**

1 1. Voraussetzung des Anspruchs auf abgesonderte Befriedigung ist ein zur Zeit der KE. bestehendes Gemeinschaftsvermögen, an welchem sich ein Sonderanteil des GSch. feststellen läßt. Auf den Grund und den Umfang der Gemeinschaft kommt es nicht an. Das Absonderungsrecht findet also Anwendung auf die Gesellschaft der §§ 705 ff. BGB., die Gemeinschaft der §§ 741 ff. BGB. und die Handelsgesellschaften und gilt ohne Rücksicht darauf, ob das ganze Vermögen oder ein Inbegriff von Sachen und Rechten oder eine einzelne — bewegliche oder unbewegliche — Sache den Gegenstand der Gemeinschaft bildet. Die ehelichen Gütergemeinschaften kommen nach § 2 nicht mehr in Betracht.

2 Läßt sich ein Sonderanteil des GSch. am Gemeinschaftsvermögen nicht feststellen, so versagt das Absonderungsrecht. So bei Aktiengesellschaften, deren Aktionär der Schuldner ist, wegen seiner Ansprüche an die Aktiengesellschaft; ROHG. 25 S. 292, 299; RG. 2 S. 262. Ansprüche der eingetragenen Genossenschaften im Konkurse eines Mitgliedes unterliegen nicht dem § 51, da zwischen der Genossenschaft und ihren Mitgliedern kein Gesellschaftsverhältnis besteht (RG. 26 S. 115), wohl aber ist § 51 für das Verhältnis der Mitglieder zueinander anwendbar; RG. 27 S. 55. Dieselben Grundsätze finden bei Gesellschaften mit beschränkter Haftung (G. v. 20. Mai 1898) Anwendung. Auch die Gewerkschaft des preuß. Berggeſ. v. 24. Juni 1865 kann ein Absonderungsrecht am Kuxe des Gewerken wegen rückständiger Zubußen nicht geltend machen, weil zwischen den Gewerken und der Gewerkschaft kein Gemeinschaftsverhältnis besteht; RG. 3 S. 286. Der stille Gesellschafter ist nur Gläubiger des Inhabers des Handelsgewerbes und kann daher wegen seiner Einlage, soweit sie den Betrag des auf ihn fallenden Anteils am Verluste übersteigt, seine Forderung lediglich als KGl. geltend machen; M. 225; § 341 HGB. Für Forderungen aus dem Geschäftsverkehr des einzelnen mit der Gemeinschaft, z. B. Darlehen der letzteren an den Genossen ist das Absonderungsrecht nicht gegeben; RG. 26 S. 113.

3 2. Befugt zur Ausübung des Absonderungsrechts sind nur die Teilhaber der Gemeinschaft (Miteigentümer, Gesellschafter, Miterben usw.), ein jeder gegenüber dem anderen und auch diese nur wegen solcher Forderungen, die ihnen selbst und zwar aus dem Gemeinschaftsverhältnis zustehen (OTr. 52 S. 431; Strieth. 52 S. 335), und nur dann, wenn die Gemeinschaft noch zur Zeit der KE. bestanden hat. War die Auseinandersetzung schon vor der KE. erfolgt, so kann das Absonderungsrecht nicht mehr geltend gemacht, die Forderung vielmehr nur als KForderung angemeldet werden. Die Gemeinschaftsgläubiger haben ein Absonderungsrecht nicht; RG. 42 S. 105.

4 3. Die Geltendmachung des Absonderungsrechts ist Sache der Berechtigten; von Amts wegen wird es nicht berücksichtigt. Die Auseinandersetzung selbst erfolgt außerhalb des KVerf.; § 16. Schon bei der Auseinandersetzung sollen nicht nur die Forderungen der Gemeinschafts- oder Gesellschaftsgläubiger, soweit der GSch. sie zu tragen hat, sondern auch die ihm zur Last fallenden, in der Gemeinschaft begründeten Forderungen der übrigen Teilhaber berichtigt werden; M. 225; Prot. 45; RG. 8 S. 102; 26 S. 113; 42 S. 105; JW. 99 S. 539. Lediglich in dem Falle, wenn ausnahmsweise diese Befriedigung der Teilhaber nicht erfolgt und der Anteil des GSch. in die Hände des KV. gelangt ist, kann § 51 zur Anwendung kommen; Fitting § 19 I 3; v. Wilm.-Kurlb. A. 2. Beschränkt sich die Gemeinschaft auf das Miteigentum an einem Grundstück, so findet § 1010 Abs. 2 BGB. Anwendung. Hat der KV. den Anteil des GSch. veräußert, so kann der Gemeinschaftsgenosse abgesonderte Befriedigung aus dem Erlöse verlangen; Pet.-Kleinf. A. 9;

Fitting § 19 A. 29; Jaeger A. 5. Die Befugnis zur Geltendmachung des Absonderungsrechts dauert bis zur Verteilung der Masse.

Soweit der Teilhaber aus dem Anteil des GSch. nicht befriedigt wird, kann er seine Forderung als KForderung anmelden; §§ 64, 153; M. 225; RG. JW. 93 S. 428.

§ 52 (45). Die Befriedigung der Lehen-, Stammguts- oder Familienfideikommiß-Gläubiger erfolgt abgesondert aus dem Lehen, Stammgute oder Familienfideikommisse nach den Vorschriften der Landesgesetze.

Diejenigen Substanz- oder Revenüengläubiger, welchen landesgesetzlich ein Anspruch auf Befriedigung aus Lehen, Stammgütern oder Familienfideikommissen zusteht, sind nicht verpflichtet, sich in den Konkurs einzulassen, haben viemehr einen Anspruch auf abgesonderte Befriedigung. Die landesgesetzlichen Vorschriften, welche die Lehen, Stammgüter oder Familienfideikommisse betreffen, sind aufrecht erhalten (Art. 59, 60 EG. z. BGB.; § 5 Nr. 1 EG. z. KO.; § 2 EG. z. ZwVG.; § 15 Nr. 4 EG. z. ZPO.), mithin maßgebend bezüglich der Art und Weise der Befriedigung, insbesondere auch für die Frage, welche Forderungen zur abgesonderten Befriedigung berechtigen, und ob der GSch. aus den zur abgesonderten Befriedigung dienenden Vermögensteilen Unterhalt beanspruchen kann. 1

Sechster Titel.

Aufrechnung.

§ 53 (46). Soweit ein Gläubiger zu einer Aufrechnnug befugt ist, braucht er seine Forderung im Konkursverfahren nicht geltend zu machen.

---

1. Eine erschöpfende Regelung der Aufrechnung im Konkurse ist nicht beabsichtigt. Es bleiben vielmehr die für die Aufrechnung bestehenden allgemeinen Grundsätze des bürgerlichen Rechtes auch für den Konkurs maßgebend. Die KO. hat lediglich einzelne, aus der Natur des Konkurses entnommene Erweiterungen und Beschränkungen für die Aufrechnung seitens der Gläubiger des GSch. festgesetzt und zwar mit Rücksicht auf die Stellung der Gläubiger, für welche die Aufrechnung ein Deckungsmittel bilden soll. Diese Einzelbestimmungen gelten aber nur für den Konkurs und während dessen Dauer. Wird der Konkurs aufgehoben, so tritt wieder das bürgerliche Recht in Kraft. Der Gläubiger kann sich alsdann nicht mehr auf die ihm für den Konkurs gewährte Begünstigung (§ 54), der frühere GSch. sich nicht mehr auf die Beschränkungen (§§ 55, 56) berufen, welche das Konkursrecht dem Gläubiger auferlegt. Ist jedoch eine Aufrechnung während des Konkurses rechtsgültig erklärt worden, so bleibt sie auch nach Beendigung des Konkurses rechtswirksam. Vgl. § 389 BGB. Ist ein Zwangsvergleich geschlossen, so können Forderungen, deren Aufrechnung im KVerf. unzulässig ist (§ 55), nur in Höhe der Akkordrate, die im Konkurs aufrechenbaren Forderungen aber in ihrer vollen Höhe zur Aufrechnung gebracht werden. Dies folgt aus § 53 in Verbindung mit §§ 12, 193. OLG. Bamberg in SeuffA. 58 S. 429; Jaeger A. 28; v. Wilm.-Kurlb. 5. Aufl. S. 224; (a. M. v. Wilm.-Kurlb. A. 2 und Vorb. 7 vor § 53). 1

2 2. Die Vorschriften der KO. betreffen nur die Aufrechnung durch den Gläubiger des GSch.; für die vom KV. erklärte Aufrechnung bleibt es bei den allgemeinen Vorschriften des bürgerlichen Rechtes; Jaeger A. 29; v. Wilm.-Kurlb. Vorb. zu § 53 A. 3.

3 3. Die Aufrechnung erfolgt durch eine gegenüber dem KV. abgegebene Erklärung. Die Erklärung ist unwirksam, wenn sie unter einer Bedingung oder einer Zeitbestimmung abgegeben wird; §§ 383, 130 ff. BGB. Eventuelle Aufrechnung ist zulässig; RG. 57 S. 101. Auch der Prozeßbevollmächtigte ist sowohl zur Abgabe wie zum Empfange der Aufrechnungserklärung für befugt zu erachten. Mit Ansprüchen, die nur einem Teile der Gläubiger gegen einen Gläubiger zustehen, kann der Verwalter nicht aufrechnen; OLG. München in SeuffA. 60 S. 338.

4 4. Die Aufrechnung bewirkt, daß die Forderungen, soweit sie sich decken, als in dem Zeitpunkt erloschen gelten, in welchem sie zur Aufrechnung geeignet einander gegenüber getreten sind; § 389 BGB. Die Rückforderung einer vor der Aufrechnungserklärung geleisteten Zahlung wegen irrtümlich unterlassener Aufrechnung ist ausgeschlossen, da die Voraussetzungen der §§ 812 ff. BGB. nicht vorliegen. Jaeger A. 4; v. Wilm.-Kurlb. Vorb. 5 vor § 53. (AM. Pet.-Kleinf. Vorb. 4 vor § 53.)

5 5. Gegenüberstehen wechselseitiger eigener Forderungen im Zeitpunkte der KE. ist Voraussetzung der Aufrechnungsbefugnis. Der Gläubiger kann seine Forderung an den GSch. nur aufrechnen gegen eine Forderung, die der Masse — nicht dem GSch. persönlich, OLG. Marienwerder in OLG. 15 S. 237 — gegen den Gläubiger selbst zusteht, also nicht gegen die Forderung eines Dritten und nicht gegen die Forderung des GSch. an einen Dritten; § 387 BGB. Kein Dritter im Sinne dieser Vorschrift ist aber in Ansehung des Schuldverhältnisses zwischen dem Bürgen und dem Gläubiger der Hauptschuldner, vielmehr ist der Bürge zur Aufrechnung eigener Forderungen (mit der Folge des § 774 BGB.) im Konkurse des Gläubigers auch wider den Willen des KV. berechtigt, ebenso der Wechselschuldner, der neben einem anderen in Anspruch genommenen Wechselschuldner solidarisch haftet. Vgl. RG. 53 S. 403 (52 S. 304); Jaeger A. 9, 10. Daß Forderung und Gegenforderung auf demselben Rechtsgeschäfte beruhen, steht der Aufrechnung nicht entgegen; v. Wilm.-Kurlb. A. 3.

6 6. Wenn nach Reichs- oder Landesrecht die Aufrechnung ausgeschlossen ist (z. B. §§ 393, 394 BGB.; §§ 850 ff. ZPO.), ist die Aufrechnung auch im Konkurse unstatthaft. M. 228. Gehören die Forderungen örtlich verschiedenen Rechtsgebieten an, so entscheidet über die Zulässigkeit der Aufrechnung das bürgerliche Recht des Ortes, an welchem die Forderung, mit welcher aufgerechnet werden soll, ihren Sitz hat. M. 238; RG. 26 S. 67.

7 7. Die Bestimmungen der §§ 53—56 sind, soweit sie die Aufrechnung ausschließen, zwingendes Recht, können also nicht durch Parteivereinbarung abgeändert werden; Motive 228; RG. 33 S. 48; OLG. Dresden SeuffA. 49 S. 128. Selbst eine an sich gültige frühere Erklärung des GSch. über die Zulassung einer Aufrechnung steht für den Konkurs der Anwendung der §§ 55, 56 nicht entgegen; RG. JW. 94 S. 241. Dagegen laufen vertragsmäßige Entsagungen der Befugnis zur Aufrechnung dem K.Rechte ebensowenig zuwider wie Verzichte auf eingesetzliches Zurückbehaltungs- oder Pfandrecht. M. 228; Strieth. 19 S. 252; vgl. auch RG. 60 S. 356.

8 8. Die Aufrechnung wird wie eine abgesonderte Befriedigung des Gläubigers aus seiner Schuld an die Konkursmasse behandelt; M. 219. Sie vollzieht sich außerhalb des KVerfahrens durch die in A. 3 bezeichnete Erklärung

zwischen dem Gläubiger und dem Verwalter. Der zur Aufrechnung befugte Gläubiger braucht seine Forderung nicht im KVerf. geltend zu machen. Er kann sich darauf beschränken, davon, daß er aufrechnen wolle, dem KV. außergerichtlich Anzeige zu machen. M. 229. Selbst die Forderungen, die kraft Gesetzes von der Anmeldung ausgeschlossen sind, können zur Aufrechnung gestellt werden; RG. JW. 07 S. 275. Unterläßt der Gläubiger die Anzeige, daß er aufrechne, so setzt er sich der Gefahr aus, von dem Verwalter als Schuldner in Anspruch genommen zu werden. Er kann aber auch, wie jeder andere Gläubiger, seine Forderung im Konkurse anmelden. In der Anmeldung liegt kein Verzicht auf die Aufrechnung; RG. 16 S. 70; 26 S. 116; JW. 90 S. 278. Ebensowenig an sich in der Annahme von Abschlagszahlungen, da diese nur die Ausübung eines Teiles der Rechte des Gläubigers enthält und die ihm sonst noch zustehenden Rechte unberührt läßt. Auch nicht ohne weiteres in dem Mitstimmen beim Zwangsvergleich. Ob ein Gläubiger die Absicht des Verzichts durch sein Mitstimmen wirklich hat betätigen wollen, ist im Einzelfalle nach den begleitenden Umständen zu prüfen; RG. 37 S. 15. Dagegen muß in der vorbehaltlosen Zahlung der Schuld ein Verzicht auf die Befugnis zur Aufrechnung gefunden werden. Auch können die Teilnahme an den Verhandlungen und der Abstimmung über einen Zwangsvergleich in Verbindung mit der vorbehaltlosen Annahme der „Akkordrate" als Verzicht ausgelegt werden; RG. 16 S. 68. (Vgl. § 64 A. 6.) Eine zeitliche Beschränkung für die Ausübung des Aufrechnungsrechts besteht nicht.

Eine rechtswirksame Erklärung über die von einem Gläubiger beanspruchte Aufrechnung kann nur von dem KV. (vgl. § 6), nicht von den einzelnen KGl. abgegeben werden. Hat der KV. die Aufrechnung zugelassen, so ist diese Erklärung auch für den GSch. bindend; Pet.-Kleinf. A. 8 vor § 53.

Übersteigt die Forderung des Gläubigers die des GSch., so kann er den überschießenden Betrag im KVerf. anmelden.

9. Da der Gläubiger die aufzurechnende Forderung nicht im KVerf. geltend 9
zu machen braucht und die Aufrechnung selbst sich außerhalb des KVerf. vollzieht, so sind auch die Forderungen aus § 63 Nr. 3 und 4, welche im KVerf. nicht geltend gemacht werden können, von der Aufrechnung nicht für ausgeschlossen zu erachten. Dasselbe gilt von natürlichen Verbindlichkeiten, sofern deren Aufrechnung nach dem bürgerlichen Rechte überhaupt zulässig ist. Zu beachten ist aber § 55. Die Frage, ob die Begünstigungen des § 54 solchen Gläubigern zustatten kommen, wird von der herrschenden Meinung verneint (v. Wilm.-Kurlb. A. 6; Pet.-Kleinf. A. 3 vor § 53; Fitting § 21 A. 37; a. M. Jaeger A. 7). Rechtskräftig aberkannte Forderungen können nicht aufgerechnet werden; SeuffA. 1 Nr. 31. Die Verjährung schließt die Aufrechnung nicht aus, wenn die verjährte Forderung zu der Zeit, zu welcher sie gegen die andere Forderung aufgerechnet werden konnte, noch nicht verjährt war; § 390 BGB.

10. Ist eine Aufrechnung gegen mehrere Forderungen statthaft, so 10
bleibt nach bürgerlichem Recht zu entscheiden, ob und inwieweit dem Gläubiger das Wahlrecht zusteht; v. Wilm.-Kurlb. A. 7. Es ist also anwendbar § 396 BGB.; RG. 7 S. 243; JW. 87 S. 103; ROHG. 9 S. 110; 15 S. 105.

Die von einem Gesamtschuldner vorgenommene Aufrechnung wirkt auch zugunsten der anderen Mitschuldner; § 422 BGB.; RG. 11 S. 121.

11. Besonderheiten. Aufrechnung einer offenen Handelsgesellschaft und 11
eines Gesellschafters: RG. 10 S. 47; 11 S. 114; 31 S. 81. Aufrechnung eines Gesellschaftsgläubigers: RG. 41 S. 81. Aufrechnung einer Forderung gegen eine

Gesellschaft m. b. H. mit der Stammeinlage: RG. 62 S. 425. Aufrechnung von Schulden und Forderungen der Ehefrau durch ihren Mann: § 1376 Nr. 2 BGB. Aufrechnung von Nachlaßschulden und Nachlaßforderungen: §§ 1977, 2040 BGB.

12 12. Übergangsrecht. Für Aufrechnungen, die vor dem 1. Januar 1900 vorgenommen sind, ist das alte Recht maßgebend. Seit dem 1. Januar 1900 sind die Voraussetzungen, die Form und die Wirkungen der Aufrechnung nach neuem Recht zu beurteilen (RG. 48 S. 20; JW. 01 S. 734); dies gilt auch dann, wenn die Forderungen vor dem 1. Januar 1900 entstanden sind, sofern in diesem Falle nicht Art. 170 EG. z. BGB. Anwendung findet; RG. 50 S. 38.

§ 54 (47). Die Aufrechnung wird nicht dadurch ausgeschlossen, daß zur Zeit der Eröffnung des Verfahrens die aufzurechnenden Forderungen oder die eine von ihnen noch betagt oder noch bedingt war, oder die Forderung des Gläubigers nicht auf einen Geldbetrag gerichtet war.

Eine betagte Forderung des Gläubigers ist zum Zwecke der Aufrechnung nach der Vorschrift des § 65 zu berechnen.

Zum Zwecke der Aufrechnung einer aufschiebend bedingten Forderung bei dem Eintritte der Bedingung kann der Gläubiger Sicherstellung insoweit verlangen, als die Forderung der von ihm einzuzahlenden Schuld gleichkommt.

Eine nicht auf Geld gerichtete Forderung des Gläubigers ist zum Zwecke der Aufrechnung nach den Vorschriften der §§ 69, 70 zu berechnen.

---

1 1. Die Vorschrift bezieht sich nur auf die Aufrechnungsbefugnis des Gläubigers des GSch., nicht auf Rechte des KV.; v. Wilm.-Kurlb. A. 1.

2 2. Betagte Forderungen.

a. Die Forderung des Gläubigers ist betagt. Dann findet § 65, wonach betagte Forderungen mit der KE. als fällig gelten, Anwendung. Ist die Forderung verzinslich (§ 65 Abs. 1), so kann sie in ihrem ganzen Betrage und mit den Zinsen für die Zeit bis zur KE. zur Aufrechnung gestellt werden. Die Zinsen für die Zeit nach der KE. sind von der Aufrechnung ausgeschlossen, da die Forderung, obwohl sie außerhalb des KVerf. geltend gemacht wird, dennoch ebenso wie bei Geltendmachung im KVerf. berechnet werden soll. Unverzinsliche Forderungen unterliegen der Aufrechnung unter Abzug der Zwischenzinsen; § 65 Abs. 2. Eine auf wiederkehrende Leistungen gerichtete Forderung ist nach § 70 umzurechnen. Ist der Tag der Fälligkeit der betagten Forderung ungewiß, so findet § 69 Anwendung.

3 b. Die Forderung des GSch. ist betagt. Auch gegen diese Forderung kann der Gläubiger aufrechnen, aber ohne Anspruch auf Vergütung von Zwischenzinsen, denn von der Vorschrift des § 65 Abs. 2 wird nur der Fall zu a, nicht auch der vorliegende zu b betroffen; M. 233. Ist die Forderung des Gläubigers fällig und verzinslich, so kann er die Zinsen bis zur KE., nicht aber spätere Zinsen zur Aufrechnung bringen; § 55 Nr. 2 (vgl. § 63 Nr. 1).

4 3. Bedingte Forderungen.

a. Aufschiebende Bedingung. aa. Ist die Forderung des Gläubigers aufschiebend bedingt, die Forderung des GSch. unbedingt, so kann der Gläubiger, solange die Bedingung schwebt, die Zahlung seiner Schuld an die KM. nicht ablehnen. Er kann aber, wenn er spätestens bei der Zahlung dem KV. den

Vorbehalt der Aufrechnung erklärt hat, nach dem Eintritte der Bedingung den eingezahlten Betrag in Höhe des Betrages seiner Forderung als Masseschuld zurückfordern und zur Sicherung der Forderung auf Rückgewähr vom KV. Sicherstellung des zurückzugewährenden Betrages verlangen. Die Sicherheit ist nach § 232 BGB. zu leisten, regelmäßig also durch Hinterlegung. Zahlung ohne Vorbehalt muß als Verzicht auf die Aufrechnung aufgefaßt werden (§ 53 A. 8). Ist bis zur Schlußverteilung die Bedingung noch nicht eingetreten und die Möglichkeit ihres Eintritts eine so entfernte, daß die bedingte Forderung einen gegenwärtigen Vermögenswert nicht hat, so fällt das Recht auf Zurückgewährung weg und der hinterlegte Betrag wird bei der Schlußverteilung ohne Rücksicht auf die bedingte Forderung an die übrigen KGl. verteilt; § 171. Das Recht auf Zurückgewährung des eingezahlten Schuldbetrages wird, da eine Masseschuld vorliegt, von dem Zwangsvergleich nicht betroffen. Wohl aber unterliegt die bedingte Forderung selbst dem Zwangsvergleich, wenn nicht vorher zur KM. gezahlt ist; § 193; Fitting § 21 I 1 a; v. Wilm.-Kurlb. A. 4 a.

bb. Die Forderung des GSch. ist aufschiebend bedingt, die Forderung des Gläubigers unbedingt. Der Gläubiger ist nicht behindert, sofort aufzurechnen, er kann aber auch seine Forderung zum vollen Betrage im Konkurse geltend machen und die Aufrechnung bis zum Eintritte der Bedingung aussetzen. Ein Anspruch auf Sicherheitsleistung wird dem KV. durch § 54 nicht gewährt.

b. Auflösend bedingte Forderungen können wie unbedingte, entsprechend 5
dem § 66, sofort aufgerechnet werden. Ob dem einen oder dem anderen Teile das Recht zusteht, von dem Gegner, dessen Forderung auflösend bedingt ist, für den Fall des Eintritts der Bedingung Sicherheitsleistung zu fordern, bemißt sich nach bürg. Rechte.

4. Voraussetzung der Aufrechnung ist in allen Fällen, daß die gegenseitigen 6
Forderungen schon zur Zeit der KE. bestanden haben. Liquidität ist kein Erfordernis der Aufrechnung; § 387 BGB.

5. Ungleichartigkeit der Forderungen. Mit dem Eintritt des 7
KVerf. löst sich jede Forderung der KGl., deren Gegenstand nicht in Geld besteht, kraft Gesetzes nach ihrem Schätzungswert in eine Geldforderung auf (§ 69) und wird von selbst der vorher bestandenen Geldschuld des Gläubigers gleichartig; M. 234. Deshalb kann auch der Gläubiger nach erfolgter KE. eine Geldschuld an den GSch. auf eine ursprünglich nicht auf Geld gerichtete, gemäß §§ 69, 70 zu berechnende K.Forderung aufrechnen.

Dagegen versagt die Anwendbarkeit des § 54, wenn die Forderung des GSch. nicht auf einen Geldbetrag gerichtet ist, es sei denn, daß die gegenseitigen Forderungen auf dem Gegenstande nach gleichartige Leistungen gerichtet sind; § 387 BGB.

§ 55 (48). Eine Aufrechnung im Konkursverfahren ist unzulässig:

1. wenn jemand vor oder nach der Eröffnung des Verfahrens eine Forderung an den Gemeinschuldner erworben hat und nach der Eröffnung etwas zur Masse schuldig geworden ist;
2. wenn jemand dem Gemeinschuldner vor der Eröffnung des Verfahrens etwas schuldig war und nach derselben eine Forderung an den Gemeinschuldner erworben hat, auch wenn diese Forderung vor der Eröffnung für einen anderen Gläubiger entstanden war;
3. wenn jemand vor der Eröffnung des Verfahrens dem Gemeinschuldner etwas schuldig war und eine Forderung an den Gemeinschuldner durch ein Rechtsgeschäft mit demselben oder durch Rechts-

abtretung oder Befriedigung eines Gläubigers erworben hat, falls ihm zur Zeit des Erwerbes bekannt war, daß der Gemeinschuldner seine Zahlungen eingestellt hatte, oder daß die Eröffnung des Verfahrens beantragt war. Die Vorschrift des § 33 findet entsprechende Anwendung.

Die Aufrechnung ist zulässig, wenn der Erwerber zur Übernahme der Forderung oder zur Befriedigung des Gläubigers verpflichtet war und zu der Zeit, als er die Verpflichtung einging, weder von der Zahlungseinstellung noch von dem Eröffnungsantrage Kenntnis hatte.

---

1 **I. Allgemeines.** Die Vorschriften des § 55 enthalten zwingendes Recht (M. 228), können also weder durch einen vor der KE. geschlossenen Vertrag unwirksam gemacht (RG. 33 S. 48; 40 S. 125) noch dadurch umgangen werden, daß der KV. eine dem § 55 widersprechende Aufrechnung bewilligt (OLG. Dresden, SeuffA. 49 Nr. 71). Sie beziehen sich aber nicht auf die Aufrechnungsbefugnis des KV., stehen insbesondere der vom KV. vorgenommenen Aufrechnung der KDividende auf die Schuld eines KGl. nicht entgegen. Die Aufrechnung einer Masseschuld gegen eine Forderung zur Masse ist keinem der beiden Teile verwehrt; Jaeger A. 3, 4; v. Sarw.-Boss. A. 3, 4; Pet.-Kleinf. A. 2, 5; v. Wilm.-Kurlb. A. 4c. Der Grundgedanke des § 55 geht dahin, daß Forderung und Gegenforderung sich schon im Augenblick der KE. kompensierbar gegenüberstehen müssen; Ziffer 3 erweitert dies für den Fall, daß der Gläubiger in Kenntnis des bevorstehenden Konkurses eine Forderung gegen den GSch. erwirbt. Ist auf Grund eines vor der KE. abgeschlossenen Vorvertrags aus der Masse ein Darlehn gegeben, so kann gegenüber der Forderung auf Rückzahlung des Darlehns nicht mit einer KForderung aufgerechnet werden, da die Forderung aus dem Darlehn erst durch dessen Hingabe (§ 607 BGB.), also nach der KE. entstanden ist; RG. JW. 86 S. 248. Daß die beiderseitigen Forderungen auf demselben Vertrage beruhen, steht der Anwendung des § 55 nicht entgegen.

Eine Erweiterung der Aufrechnungsbefugnis gewährt § 21 Abs. 2 Satz 2 bei Miet- und Pachtzinsforderungen, die zur KM. gehören. Hiernach können Mieter und Pächter, welche Miete oder Pacht im voraus bezahlt haben, mit dem Betrage des Miet- oder Pachtzinses für das zur Zeit der KE. laufende und das folgende Kalendervierteljahr gegen den GSch. aufrechnen (§ 1125 BGB.), wegen der späteren Beträge aber nicht; RG. 40 S. 124.

2 **II. Einzelfälle. 1.** Zu Nr. 1. Dem KGl., welcher nach der Eröffnung des Konkurses etwas zur KM. schuldig geworden ist, ist die Aufrechnung dieser Schuld auf seine KForderung versagt. Schuldner der KM. wird der KGl., wenn seine Schuld durch ein Rechtsgeschäft des KV., durch eine Leistung aus der KM., durch die Verletzung eines zu ihr gehörigen Rechtes, durch Erwerb des früher einem anderen zugestandenen Anspruchs für die Masse nach KBeginn begründet ist; v. Sarw.-Boss. A. 4; v. Wilm.-Kurlb. A. 2.

3 **2.** Zu Nr. 2. Eine vor der Eröffnung des Verfahrens gegen den GSch. entstandene Schuld kann der Schuldner nicht aufrechnen gegen eine Forderung, die er erst nach Eröffnung des Verfahrens gegen den GSch. erworben hat, gleichviel, ob diese Forderung erst nach der Eröffnung entstanden oder ob sie zwar vor der Eröffnung entstanden, aber erst nach der Eröffnung auf den Schuldner übergegangen ist. Auf welche Weise der Übergang sich vollzieht, ob durch Singularsukzession (Kauf,

Abtretung) oder durch Universalsukzession (Erbgang) ist ohne Belang; M. 235, 236. Auch darauf kommt es nicht an, ob der Schuldner bei Erwerb der Forderung die Zahlungseinstellung gekannt hat oder nicht. Keine Anwendung findet die Vorschrift, wenn der Schuldner eine ihm zur Zeit der KE. zustehende Forderung an einen Dritten zum Zwecke der Sicherheitsleistung abgetreten und nach der KE. durch Einlösung zurückerworben hat; RG. 51 S. 394. Wegen Zulässigkeit der Aufrechnung bei einem Gesamtschuldverhältnis vgl. RG. 11 S. 119.

Der Zeitpunkt des Erwerbes einer Forderung ist nach bürgerlichem Recht zu 4
bestimmen. Der Indossant eines vom GSch. akzeptierten oder ausgestellten Wechsels, welcher den Wechsel demnächst einlösen muß, erwirbt die Forderung gegen den GSch. nicht erst mit der Einlösung, sondern schon (bedingt) in dem Zeitpunkt, in dem das wechselmäßige Verhältnis zwischen dem Indossanten und dem GSch. entstanden ist. Fällt die Entstehung dieses Verhältnisses in die Zeit vor der KE., so ist die Aufrechnung mit der Wechselforderung des Indossatars zulässig, auch wenn dieser den Wechsel erst nach der KE. eingelöst hat; ROHG. 17 S. 338, 406; 24 S. 1. Dasselbe gilt für den mit seiner Regreßforderung (§ 774 BGB.) aufrechnenden Bürgen, falls er die Bürgschaft vor der KE. übernommen, aber erst nach Eröffnung des Konkurses gezahlt hat; RG. 37 S. 137; Jaeger A. 10; (a. M. v. Wilm.-Kurlb. A. 6). Über Aufrechnungsfähigkeit einer Schadensersatzforderung des Gläubigers wegen Nichterfüllung eines zweiseitigen Vertrages durch den KV. vgl. RG. 46 S. 98 und 58 S. 11 sowie OLG. Hamburg in SeuffA. 61 S. 83. Über Aufrechnung gegen Forderungen aus dem Seeversicherungsvertrage vgl. RG. 53 S. 327.

3. Zu Nr. 3 Abs. 1. Die Aufrechnung ist ausgeschlossen, wenn folgende 5
4 Voraussetzungen sämtlich erfüllt sind:

a. Der Gläubiger ist vor der KE. dem GSch. etwas schuldig gewesen.

b. Der Gläubiger hat vor der KE., aber nach Begründung seiner Schuld (RG. 26 S. 81) eine Forderung an den GSch. erworben;

c. Der Erwerb der Forderung ist durch ein Rechtsgeschäft mit dem GSch. oder durch Rechtsabtretung oder Befriedigung eines Gläubigers erfolgt;

d. Dem Erwerber der Forderung war zur Zeit des Erwerbes bekannt, daß der GSch. seine Zahlungen eingestellt hatte oder daß die KE. beantragt war. Auf den Erwerb durch Erbgang (M. 238), sowie auf den Erwerb im Wege der Pfändung und Überweisung findet § 55 Nr. 3 also keine Anwendung. Wegen Kenntnis der Zahlungseinstellung ist jedoch das Aufrechnungsrecht dann nicht versagt, wenn der Erwerb der Forderung früher als sechs Monate vor der KE. stattgefunden hat; § 33. Beweispflichtig bezüglich der — zu d erwähnten — Kenntnis des Erwerbers der Forderung ist der KV.; Prot. 46.

4. Zu Nr. 3 Abs. 2. Ausnahmsweise ist in den Fällen der Nr. 3, nicht 6
auch in den Fällen der Nr. 1, 2, die Aufrechnung dann zulässig, wenn die beiden Voraussetzungen der Nr. 3 Abs. 2 vorliegen:

a. Verpflichtung des Erwerbers zur Übernahme der Forderung oder zur Befriedigung des Gläubigers und

b. Nichtkenntnis der Zahlungseinstellung und des Antrages auf KE. zur Zeit der Eingehung der zu a genannten Verpflichtung.

Insbesondere ist hiernach das Recht zur Aufrechnung dem Aussteller oder Indossanten eines Wechsels gewährleistet, welcher einen vom GSch. angenommenen Wechsel eingelöst hat. Beweispflichtig für das Vorliegen der Voraussetzungen des Abs. 2

(Verpflichtung und Unkenntnis) ist der Erwerber, der unter Berufung hierauf die Aufrechnung der Forderung geltend macht; v. Sarw.=Boss. A. 11; Jaeger A. 17 (a. M. in betreff des Beweises der Unkenntnis v. Wilm.=Kurlb. A. 13).

§ 56 (49). Die Bestimmung des § 50 findet entsprechende Anwendung auf den Fall, daß ein im Auslande wohnender Schuldner nach dem Rechte des Auslandes eine nach § 55 unzulässige Aufrechnung mit der ihm abgetretenen Konkursforderung vornimmt.

---

1 Wenn ein im Ausland wohnender Schuldner eine KForderung eines Inländers erwirbt und mit dieser eine Aufrechnung vornimmt, welche zwar nach § 55 unzulässig, aber nach dem Gesetze des Auslandes zulässig ist, so kann es vorkommen, daß der ausländische Schuldner mit der Berufung auf das ausländische Recht — mag diese nun nach internationalem Privatrechte gerechtfertigt sein oder nicht, vgl. RG. 26 S. 67 — tatsächlich durchdringt. Vgl. Sarw.=Boss. A. 1. In einem solchen Falle ist der der inländischen Gerichtsbarkeit unterworfene Veräußerer der Forderung verpflichtet, der Masse den Betrag zu ersetzen, welcher der Masse durch erfolgreiche Geltendmachung der Aufrechnung entgeht. — Vgl. im übrigen die A. zu § 50, insbesondere auch wegen der Berechnung des Schadens.

Siebenter Titel.

Massegläubiger.

§ 57 (50). Aus der Konkursmasse sind die Massekosten und Masseschulden vorweg zu berichtigen.

---

1 **1.** Massegläubiger sind Massekosten und Masseschulden. Massekosten (§ 58) sind Aufwendungen für und durch das KVerf. Ihnen stehen die Masseschulden (§§ 27, 28, 59, 224) insofern gegenüber, als diese stets eine obligatorische Verbindlichkeit voraussetzen und auch, ohne sachlich notwendiger Aufwand zu sein, von Wirksamkeit sind. M. 239, 248. Dieselbe Masseverbindlichkeit kann sowohl zu den Massekosten wie zu den Masseschulden gehören. In diesem Falle geht sie nach § 60 den Massekosten vor; Jaeger § 58 A. 1; v. Wilm.=Kurlb. § 58 A. 1a. Für die Entscheidung der Frage, ob eine Forderung überhaupt als Masseanspruch geltend gemacht werden darf und mit welchem Range, ist lediglich das am Sitze des KG. geltende Gesetz maßgebend; RG. Bolze 11 Nr. 10. Die Massegläubiger unterscheiden sich von den Absonderungsberechtigten dadurch, daß diese aus bestimmten Stücken der Masse befriedigt werden, jene aus der Gesamtmasse.

2 **2.** Schuldner der Massegläubiger ist der GSch. Dies folgt daraus, daß die KM. eine selbständige rechtliche Persönlichkeit nicht darstellt, vielmehr der GSch. Eigentümer der Masse und Inhaber der sie bildenden, im Konkurs befangenen Rechte geblieben ist; RG. 2 S. 24; 52 S. 332; Fitting § 14 IV; Jaeger A. 1; Pet.=Kleinf. A. 2 vor § 57; v. Wilm.=Kurlb. A. 2 vor § 57; (a. M. Kohler, Lehrb. S. 380, 381; Leitfaden S. 204; L. Seuffert S. 240. Danach ist die KGläubigerschaft („Beschlagsgemeinschaft") Schuldnerin der Masseverbindlichkeiten). Der Annahme, daß der GSch. während des Konkurses mit seinem konkursfreien Vermögen

persönlich in Anspruch genommen werden kann, stehen weder die §§ 12, 14, welche sich nur auf die Ansprüche der KGl. beziehen, noch § 57 entgegen. Für die nach der KE. vom KV. begründeten Verbindlichkeiten jedoch haftet während des Konkurses regelmäßig (vgl. § 82) nur die KM., da der KV. den GSch. nur bezüglich seines im Konkurs befangenen Vermögens vertritt; Jaeger A. 3a. Nach Beendigung des KVerf. kann der GSch. wegen der Masseverbindlichkeiten, gleichviel ob sie ausgefallen oder übergangen sind, in Anspruch genommen werden; RG. 2 S. 24; 27 S. 113; Fitting § 14 IV; Pet.-Kleinf. Vorbem. 2, 3 vor § 57; Jaeger A. 3b.

Der KV. haftet den Massegläubigern nur nach § 82 KO. d. h. soweit er ihnen gegenüber seine Pflichten nicht erfüllt, z. B. die Masse zur Ausschüttung bringt, ohne einen Betrag für die Gerichtskosten zu reservieren; Jaeger A. 5. Gegen die einzelnen KGl. steht den Massegläubigern wegen ihrer unberücksichtigt gebliebenen Ansprüche nur ein nach § 812 BGB. zu begründender Bereicherungsanspruch zu. Dasselbe gilt, falls die Massegläubiger zuwider der gesetzlichen Rangordnung befriedigt wurden, von dem Anspruche der verkürzten Massegläubiger gegen die andern Massegläubiger, welche zuviel empfangen haben; Jaeger A. 5, 6; v. Sarw.-Boss. § 60 A. 4; Fitting § 14 A. 31; (a. M. Pet.-Kleinf. § 60 A. 4. Danach steht die Rückforderung des zuviel Gezahlten nur dem KV. zu). 3

3. Verfahren. Die Massegläubiger sind nicht KGl. Sie nehmen also am KVerf. nicht teil, auch finden die Bestimmungen über die Anmeldefrist und über die Prüfung der Forderungen auf sie keine Anwendung. Ebensowenig unterliegen sie den Wirkungen des Zwangsvergleichs (§ 193). Auch die Anwendung der §§ 64, 96, 153, 155, 156, 168 Nr. 3, 169 ist ausgeschlossen. Wohl aber findet § 127 Anwendung (RG. 14 S. 3). Die Berichtigung der Masseverbindlichkeiten erfolgt, sobald sie feststehen und fällig sind, außerhalb des KVerf. und unabhängig vom Gange der Verteilung darin (M. 248) durch den Verwalter und ist gegen diesen nötigenfalls im Prozeßwege zu erzwingen. Ausschluß: § 172; Genehmigung des GlA. § 133 Nr. 2. Masseansprüche des Verwalters selbst sowie Auslagen und Gebühren der Mitglieder des GlA. werden durch Festsetzung des KGerichts erledigt, §§ 85, 91. Ein bei Beendigung des Konkurses über den Anspruch eines Massegläubigers schwebender Rechtsstreit geht ohne weiteres auf den GSch. über; §§ 192, 206 KO.; §§ 240, 241 ZPO.; RG. 27 S. 113; JW. 00 S. 296. Nur dann dauert die Vertretungsmacht des KV. fort, wenn der streitige Betrag zurückbehalten war, mithin nach § 166 von dem KV. zur nachträglichen Verteilug zu bringen ist; RG. 32 S. 72. 4

Da es nur eine KM. gibt, können auch die sämtlichen Masseansprüche nur aus dieser einen Masse berichtigt werden, ohne Rücksicht darauf, für welches Objekt der KM. sie entstanden sind. Aus- und sodann Absonderungsansprüche sind vorweg in Abzug zu bringen, gehen also den Massegläubigern vor; RG. 33 S. 119; 53 S. 193; JW. 90 S. 151. Durch die Anmeldung einer Forderung als Konkursforderung wird die Geltendmachung eines Aussonderungsanspruchs nicht ausgeschlossen; KG. in der LZ. für Handels-, Konkurs- u. VersRecht 1 S. 679.

§ 58 (51). Massekosten sind:
1. die gerichtlichen Kosten für das gemeinschaftliche Verfahren;
2. die Ausgaben für die Verwaltung, Verwertung und Verteilung der Masse;
3. die dem Gemeinschuldner und dessen Familie bewilligte Unterstützung.

1 **I.** Zu Nr. 1. **1.** Hierher gehören: „Die Kosten für das die KE. herbeiführende Verfahren, die gerichtlichen Kosten, welche zur Ermittelung, Sicherstellung, Feststellung, Einziehung und Verwertung der Aktivmasse notwendig sind, die Kosten der Verhaftung des GSch., des offenen Arrestes, der Eintragung von Sperrvermerken, der Siegelung, der Inventur, der angeordneten Vernehmungen, ferner die Kosten, welche durch das gemeinschaftliche Verfahren zur Ermittelung der Anrechte der Gläubiger, zur Feststellung der Passivmasse bedingt werden, sowie die gerichtlichen Kosten, welche durch die Verteilung der Masse und die Beendigung und Aufhebung des Verfahrens entstehen, endlich die Kosten der allgemeinen Termine, des Wahl-, des Prüfungs-, des Schlußtermins." M. 242. Vgl. dazu §§ 50—58 GKG. Zu den Massekosten gehört auch der vom Gläubiger als Antragsteller gezahlte Vorschuß (§ 82 Nr. 1 GKG.). M. 331. Zahlt der GSch. den Vorschuß, so kann er — gegen Kohl., Leitf. S. 204 A. 5 — Ersatz nicht verlangen. Hat ein Dritter dem GSch. den von diesem entrichteten Vorschußbetrag dargeliehen, so steht ihm nur eine als KForderung geltend zu machende Darlehnsforderung an den GSch. zu; v. Sarw.-Boss. A. 2; Jaeger A. 4; v. Wilm.-Kurlb. A. 3; Pet.-Kleinf. A. II 3. Die Annahme, daß das rückständige Honorar des Verwalters unter Anwendung des § 79 GKG. zu den gerichtlichen Kosten des § 58 Nr. 1 gerechnet werden müsse, weil der Verwalter Beamter sei und deshalb nach § 79 GKG. einen Anspruch an die Staatskasse habe (Eccius in Gruch. 33 S. 744; 34 S. 152), scheint nicht gerechtfertigt, da der KV. infolge seiner Bestellung durch das KGericht ebensowenig ein Organ staatlicher Verwaltung wird wie der Vormund; RG. 43 S. 62.

2 **2.** Zu den Massekosten gehören nicht die Kosten, welche den einzelnen Gläubigern durch ihre Teilnahme an dem Verfahren erwachsen (§ 63 Nr. 2), die Kosten eines besonderen Prozesses zur Feststellung streitiger Forderungen (§ 146), die Kosten eines erfolglos gebliebenen KAntrags (§ 53 GKG.), die Kosten eines besonderen Prüfungstermins (§ 54 GKG., vgl. § 82 Nr. 2), die Kosten der erfolglosen Beschwerde eines Gläubigers (§ 57 GKG.); Jaeger A. 3. Ob die Kosten des Zwangsvergleichsverfahrens zu den Massekosten gehören, ist streitig. Die Frage wird im Einklang mit M. 242 zu verneinen sein, da das Zwangsvergleichsverfahren nur auf den ohne den gemeinsamen Vorteil der KGl. möglichen Antrag des GSch. erfolgt. Die gerichtlichen Kosten des Zwangsvergleichsverfahrens hat also in allen Fällen der GSch. zu tragen; Pet.-Kleinf. A. II 3; v. Wilm.-Kurlb. A. 1 b (a. M. Jaeger A. 3; v. Sarw.-Boss. § 185 A. 3; Fitting § 14 A. 8).

3 **II.** Zu Nr. 2. **1.** Die Ausgaben für die Verwaltung, Verwertung und Verteilung der Masse (sumtus oeconomici). Hierher gehören die Gebühren und Auslagen des Verwalters und der Mitglieder eines GlA. (§§ 85, 91 KO; RG. 43 S. 62), die Verwaltungs- und Wirtschaftsunkosten, die Arbeits- und Gesindelöhne, die Mietsvergütungen, die Saat- und Erntekosten, Versicherungsprämien, die gerichtlichen und außergerichtlichen Kosten der von dem KV. geführten Prozesse, soweit sie ihm zur Last fallen (z. B. auch die Kosten eines gegen den KV. entschiedenen Prozesses über ein Absonderungsrecht; JW. 90 S. 151[5]; dagegen nicht Gerichtskosten, welche während des Konkurses durch Eintragung eines Personenwechsels der Organe einer Gesellschaft m. b. H. entstehen; KG. bei Johow 28 B S. 47), die gerichtlichen und außergerichtlichen Kosten der auf Betreiben des KV. erfolgten Zwangsverwaltung oder Zwangsversteigerung eines zur KM. gehörigen Gegenstandes, soweit sie nicht aus dem Ertrage oder Erlöse des Gegenstandes gedeckt sind, die auf Grundstücken haftenden öffentlichen und gemeinen Abgaben, also alle Grundsteuern, Leistungen zu Brücken-

und Wegebauten, Kirchen- und Pfarrbauten, die Deichlasten, Schul-, Ortsarmen-Abgaben u. dergl., dingliche Lasten, sofern sie Leistungen für die Zeit des Verfahrens betreffen (M. 243), die Einquartierungslast des Grundstücks (Strieth. 81 S. 175), Beiträge eines Gewerken zur Gewerkschaftskasse für die Bergwerksverwaltung, soweit sie für den Betrieb nach der KE. erforderlich sind und verwendet werden; RG. 17 S. 174. Persönliche Steuern des GSch. gehören nicht zu den Massekosten, wohl aber Gewerbesteuern eines für die Masse fortgesetzten oder versehentlich nicht abgemeldeten Gewerbebetriebs. Beiträge für Unfallversicherung sind Massekosten, soweit sie für die Zeit der Fortsetzung des Gewerbebetriebes seitens des KV. zu leisten sind; Beiträge, welche auf die Zeit vor der KE. fallen, begründen nur KForderungen. RG. 30 S. 6. Hat der KV. aus eigenen Mitteln Aufwendungen für die Verwaltung, Verwertung oder Verteilung der Masse gemacht, z. B. für Reisen, so fällt sein Ersatzanspruch unter § 58 Nr. 2; Jaeger A. 7; v. Wilm.-Kurlb. A. 2b.

2. Befriedigt ein Dritter einen Massegläubiger, indem dieser seine Forderung 4
an ihn abtritt, so tritt der Dritte als neuer Massegläubiger an dessen Stelle. § 398 Satz 2 (nicht § 401 Abs. 2) BGB.; v. Wilm.-Kurlb. A. 2a. Erfolgt keine Abtretung, so erwirbt der Dritte, falls er im Auftrage des KV. handelt (§ 670 BGB.) oder dieser seine Geschäftsführung genehmigt (§ 684 Satz 2 BGB.), einen Masseanspruch gemäß § 59 Nr. 1; Jaeger A. 7. Das gleiche wird gelten müssen im Falle des § 683 BGB.; v. Wilm.-Kurlb. A. 2a. Im übrigen wird der Dritte, abgesehen von den Fällen der sog. „fingierten" oder „notwendigen" Zession (vgl. z. B. §§ 268, 774 BGB.), überhaupt keinen im Konkurse verfolgbaren Anspruch (§ 3) erwerben; Jaeger a. a. O. AM. v. Wilm.-Kurlb. a. a. O., der einen Masseanspruch nach § 59 Nr. 3 entstehen lassen will.

III. Zu Nr. 3. Unterstützung. Hierher gehört nur die nach §§ 129 Abs. 1, 5
132 Abs. 1 dem GSch. und seiner Familie aus freien Stücken bewilligte Unterstützung. Vergütungen für Dienstleistungen des GSch. sind Masseschulden. M. 244. Die Kosten der Beerdigung des GSch. sind im Nachlaßkonkurse Masseschulden; § 224 Nr. 2. Die Kosten der Beerdigung eines Familiengliedes des GSch. sind keine Massekosten (M. 244), können aber aus dem bewilligten Unterhaltsbeitrag bestritten werden.

§ 59 (52). Masseschulden sind:

1. die Ansprüche, welche aus Geschäften oder Handlungen des Konkursverwalters entstehen;
2. die Ansprüche aus zweiseitigen Verträgen, deren Erfüllung zur Konkursmasse verlangt wird oder für die Zeit nach der Eröffnung des Verfahrens erfolgen muß;
3. die Ansprüche aus einer rechtlosen Bereicherung der Masse.

I. Zu Nr. 1. Zu den Masseschulden gehören die Ansprüche Dritter, welche 1
aus Rechtsgeschäften oder Rechtshandlungen des KV. als gesetzlichen Vertreters der KM. gegen diese entstehen. Handlungen, welche der KV. innerhalb seiner gesetzlichen Vertretungsbefugnis vorgenommen hat, sind der Masse gegenüber immer verbindlich, auch wenn er deren Interesse schlecht vertreten hat und dem GSch. oder den KGl. gegenüber regreßpflichtig sein mag. Deshalb sind auch die Entschädigungsforderungen für seine rechtswidrigen in Vertretung begangenen Handlungen Masseschulden; OTr. 20 S. 521; ROHG. 9 S. 165, 169; RG. 2 S. 265; JW. 87 S. 14; Gruch. 31 S. 395. (Vgl. aber Fitting § 14 A. 14.) Daneben besteht eine Rückgriffsforderung der Gläubiger gegen den Verwalter. M. 244.

2 Es gehören hierher Forderungen aus Darlehen, welche der Verwalter für die Masse aufgenommen, Ansprüche aus Kaufverträgen, welche er über Stücke der Masse abgeschlossen hat, mögen diese Ansprüche auf Erfüllung oder Gewährleistung gerichtet sein, Ansprüche aus den mit dem GSch. selbst oder mit Dritten geschlossenen Dienstverträgen, Mietszinsen, die Kosten der vom KV. beantragten Zwangsverwaltungen und Zwangsversteigerungen. Ebenso die dem Verwalter auferlegten Kosten eines von ihm oder gegen ihn geführten, begonnenen oder fortgesetzten Prozesses, ohne daß hierbei zwischen den vor und den nach der KE. erwachsenen Kosten unterschieden werden darf, weil in der Aufnahme die Genehmigung der vorausgegangenen Prozeßführung enthalten ist; RG. 52 S. 332; JW. 91 S. 310; 94 S. 56; 95 S. 226; 96 S. 103; OLG. Dresden in OLG. 1 S. 408; OLG. Karlsruhe ebenda 10 S. 201; OLG. Oldenburg ebenda 10 S. 202; Eccius in Gruch. 33 S. 740. Vgl. auch A. 5 zu § 11. Auch das Halten eines Tieres mit den in § 833 BGB. vorgesehenen Folgen ist als Handlung des KV. im Sinne des § 59 Nr. 1 anzusehen; Jaeger A. 3; v. Wilm.-Kurlb. A. 2. Den Handlungen stehen die Unterlassungen (Zahlungsverzug, prozessualische Versäumnis) gleich; Fitting § 14 II B. 1.

3 Hat der KV. nur eine bereits früher bestandene Forderung anerkannt, so liegt eine Masseschuld nicht vor, weil der Anspruch nicht durch ein Rechtsgeschäft oder eine Handlung des KV. entstanden ist; RG. JW. 90 S. 114. Schenkungsversprechen des KV. begründen keine Masseschuld, weil sich die Vertretungsmacht des KV. auf Schenkungen aus der Masse nicht erstreckt; RG. 29 S. 82; 53 S. 192. Wegen Patentverletzung (§ 35 des Patentgesetzes) kann Schadensersatz für die Zeit nach der KE. nur dann gefordert werden, wenn auch der KV. wissentlich oder grob fahrlässig gehandelt hat; RG. JW. 07 S. 58.

II. Zu Nr. 2. Masseschulden sind ferner:

4 **1.** die Ansprüche aus zweiseitigen Verträgen, welche der GSch. vor der KE. abgeschlossen hat, die aber zur Zeit der KE. noch nicht vollständig erfüllt sind, falls der Verwalter gemäß §§ 17, 20 Abs. 2 die Erfüllung seitens des andern Teiles verlangt. Verlangt der KV. nach § 17 die Erfüllung, so kann der andere Teil die noch rückständige Gegenleistung als Masseschuld geltend machen. Andererseits ist aber der gegen den GSch. bestehende Gewährleistungsanspruch aus der von dem GSch. geleisteten Erfüllung nicht Masseschuld, sondern nur KForderung; M. 245; RG. 32 S. 3. AM. Jaeger A. 6.

5 **2.** die Ansprüche aus denjenigen zweiseitigen Verträgen, deren beiderseitige Erfüllung auch ohne das Verlangen des Verwalters gesetzlich noch nach der KE. fortgesetzt werden muß (§§ 19, 21, 22, 25, 27, 28), für die Zeit nach der KE.

6 **a.** Die Bestimmung findet hauptsächlich Anwendung auf Pacht-, Miet- und Dienstverträge, kann aber auch bei Ansprüchen aus andern Verträgen und Verhältnissen Platz greifen, namentlich aus solchen Gesellschafts-, Gütergemeinschafts- und Gemeinschaftsverhältnissen, die durch den Konkurs nicht aufgelöst werden. So ist ein nach Eröffnung des KVerf. über das Vermögen eines Gewerken durch Gewerkschaftsbeschluß festgesetzter Beitrag als Masseschuld zu erachten. M. 245. Die Ansprüche aus den Dienstverhältnissen des § 22 fallen unter die Bestimmung zu 2 auch soweit, als die Dienste der Person des GSch. zu leisten sind; v. Wilm.-Kurlb. A. 4. Auch die Verpflichtung des Verkäufers eines Grundstücks zur Beseitigung von Hypotheken bildet eine Masseschuld, OLG. Karlsruhe in OLG. 10 S. 203.

7 **b.** Masseschulden aus den Verträgen zu a. sind aber nur die Leistungen, welche

auf die Zeit nach der KE. fallen (pro rata temporis), ohne Rücksicht auf die Fälligkeit. Alle Ansprüche, welche für die Zeit vor der KE. zu erfüllen waren, sind nicht Masseschulden, sondern nur KForderungen. So beispielsweise Entschädigungsforderungen für die vorzeitige Auflösung durch Kündigung oder Verkauf; ferner die Rückforderung einer Kaution seitens des Pächters im Konkurse des Verpächters; RG. JW. 89 S. 155. Ebenso der Anspruch des Pächters betreffs des Inventars im Konkurse des Verpächters. Im Falle des § 589 Abs. 3 BGB. wird der Pächter in Ansehung der während des Konkurses des Verpächters gemachten Anschaffungen und Verbesserungen (§ 588 Abs. 2) seinen Anspruch als Masseschuld geltend machen können; v. Wilm.-Kurlb. A. 5. Der Anspruch des Verpächters für Verschlechterungen und Inventariendefekte im Konkurse des Pächters ist KForderung, soweit die Verschlechterungen und Defekte vor der KE. entstanden sind; Masseschuld, soweit sie später entstanden sind; OLG. Oldenburg in OLG. 4 S. 163. Bei einem Sukzessivlieferungsvertrage, der sich als ein einheitliches Geschäft darstellt, ist, wenn der Verwalter Erfüllung des Vertrages verlangt, auch die Kaufpreisforderung für die bereits vor KE. erfolgten Lieferungen als Masseschuld anzusehen; RG. im Recht 6 S. 23.

III. Zu Nr. 3. Die bezeichneten Ansprüche liegen vor, wenn ein fremder Wert ohne Rechtsgrund in die KMasse geflossen ist. M. 246. RG. 29 S. 1. 8

a. Die Bereicherung (§§ 812 ff. BGB.) muß also nach der KE. eingetreten sein, denn vor der KE. ist eine KM. noch gar nicht vorhanden. Ist das Vermögen des GSch. vor der KE. bereichert worden, so kann der Anspruch nur als KForderung geltend gemacht werden. Ein Masseanspruch ist also z. B. gegeben, wenn der KV. fremde, im Besitze des GSch. vorgefundene Sachen an einen redlichen Dritten veräußert und den Erlös zur Masse eingezogen hat. Dagegen liegt nur eine KForderung vor, wenn der GSch. vor der KE. eine fremde Sache verkauft und den Erlös für sich verwendet hat; OTr. 66 S. 229. Ebenso dann, wenn für eine angefochtene Rechtshandlung der GSch. die Gegenleistung erhalten hat, ohne daß die Masse um ihren Wert bereichert ist (vgl. § 38).

b. Die Bereicherung muß eine rechtliche sein. Eine solche liegt z. B. vor, wenn eine Nichtschuld an die Masse geleistet oder wenn vom KV. eine dem Absonderungsrecht unterliegende Sache veräußert und der Erlös zur Masse eingezogen ist. — Vgl. außer § 38 noch §§ 7 Abs. 2, 147 Satz 2. 9

Über den Fall der Befriedigung eines Massegläubigers durch den KV. aus eigenen Mitteln oder durch einen Dritten vgl. § 58 A. 3, 4. Über die Frage, inwieweit eine Einzahlung auf Girokonto sich als ungerechtfertigte Bereicherung darstellt, vgl. OLG. Kiel in OLG. 3 S. 56; RG. 54 S. 329 sowie RG. im Recht 7 S. 294.

IV. Eine Erweiterung der Masseschulden findet sich im Nachlaßkonkurse und im Konkurse über das Gesamtgut bei fortgesetzter Gütergemeinschaft; §§ 224, 236. 10

§ 60 (53). **Sobald sich herausstellt, daß die Konkursmasse zur vollständigen Befriedigung aller Massegläubiger nicht ausreicht, tritt eine verhältnismäßige Befriedigung derselben in der Weise ein, daß zunächst die Masseschulden, dann die Massekosten, von diesen zuerst die baren Auslagen und zuletzt die dem Gemeinschuldner und dessen Familie bewilligte Unterstützung zu berichtigen sind.**

---

1. Die Massegläubiger stehen der Masse gegenüber nicht anders wie einzelne Gläubiger eines nicht im Konkurse befindlichen Schuldners gegenüber dessen 1

Vermögen. Jeder kann, sobald sein Anspruch fällig ist und feststeht, selbständig und ohne Rücksicht auf den anderen gegen den KV. klagen, Pfändungen erwirken und Verpfändungen erlangen. Stellt sich erst nachträglich heraus, daß die Masse zur Befriedigung der sämtlichen Massegläubiger nicht ausreicht, so kann dem befriedigten Massegläubiger, da er nur dasjenige erhalten hat, was ihm gebührt, das Erhaltene nicht wieder entzogen werden; M. 248. Im Interesse der Gerechtigkeit muß aber das Gesetz mit einer für die Zukunft geltenden Vorschrift in dem Zeitpunkte eingreifen, in welchem die Unzulänglichkeit der Masse in Ansehung der Befriedigung der Massegläubiger offenbar wird. Freilich tritt jetzt nicht etwa „ein Konkurs der Massegläubiger im Konkurse der Konkursgläubiger" (M.) ein, aber „sobald sich herausstellt (A. 2), das heißt: sobald tatsächlich erkennbar wird (RG. 61 S. 259), daß die Masse zur vollständigen Befriedigung aller Massegläubiger nicht ausreicht," kann die Befriedigung nur nach gesetzlicher Ordnung erfolgen. Diese Ordnung bestimmt der § 60 durch Feststellung folgender Rangklassen: a. Masseschulden (§§ 27, 28, 59, 224, 236); b. Massekosten (§ 58 Nr. 1, 2), soweit sie in baren Auslagen bestehen; c. die sonstigen Massekosten des § 58 Nr. 1, 2; d. die dem GSch. und dessen Familie bewilligte Unterstützung; § 58 Nr. 3. Jede spätere Rangklasse kommt erst nach Befriedigung der ihr vorausgehenden zur Hebung. Massegläubiger derselben Rangklasse müssen bei unzureichender Masse nach Verhältnis ihrer Forderungen befriedigt werden.

2 2. Die Feststellung des Zeitpunktes, in dem die Unzulänglichkeit der Masse sich herausstellt, ist Sache des die Verteilung bewirkenden Verwalters. Ein über diese Feststellung unter den Beteiligten entstehender Streit ist durch Entscheidung des Prozeßgerichts zum Austrag zu bringen; Jaeger A. 4; Pet.-Kleinf. A. 6; v. Wilm.-Kurlb. A. 2. Das KGericht ist zu dieser Feststellung nicht berufen; (a. M. Fitting § 14 A. 30; v. Sarw.-Boss. A. 4). Führt ein Massegläubiger durch Pfändung eine Erschöpfung der Masse herbei, so kann der Verwalter diese Unzulässigkeit der Zwangsvollstreckung durch Klage feststellen, OLG. Posen in OLG. 10 S. 203. Fordert der Verwalter gemäß § 17 KO. Erfüllung eines beiderseits noch nicht vollständig erfüllten Vertrages und verlangt der andere Teil als Massegläubiger Befriedigung wegen der ihm noch nicht bezahlten Raten, so kann in diesem Prozesse über Anerkennung der Forderung nicht die Unzulänglichkeit der Masse und eine prozentuale Befriedigung festgestellt werden, RG. in DJZ. 07 S. 1258.

3 3. Die Verteilung ist vom Verwalter zu bewirken. Eine analoge Anwendung der Vorschriften über die Verteilung unter die KGl (§§ 150, 161) erscheint unnötig; RG. JW. 90 S. 151. Beschwerden sind durch Beschreitung des Rechtswegs zum Austrag zu bringen. Entsteht Streit darüber, ob ein Masseanspruch vorhanden und an welcher Stelle er zu befriedigen ist, so hat der KV. den streitigen Betrag zu hinterlegen und den Beteiligten zu überlassen, ihre Rechte im Prozeßwege geltend zu machen.

4 4. Hat ein Massegläubiger nach dem festgestellten Zeitpunkt der Unzulänglichkeit der gesetzlichen Rangordnung zuwider Zahlung erhalten, so unterliegt der gezahlte Betrag der condictio sine causa (§ 812 BGB.). Dieser Rechtsbehelf steht dem Verwalter, dessen Funktion bis nach der Verteilung an alle Massegläubiger fortdauert, zu, kann aber auch dem zu kurz gekommenen Massegläubiger nicht versagt werden.

Der Verwalter, welcher gegen § 60 verstoßen hat, wird persönlich den Benachteiligten regreßpflichtig.

Achter Titel.

Konkursgläubiger.

§ 61 (54). Die Konkursforderungen werden nach folgender Rangordnung, bei gleichem Range nach Verhältnis ihrer Beträge, berichtigt:

1. die für das letzte Jahr vor der Eröffnung des Verfahrens oder dem Ableben des Gemeinschuldners rückständigen Forderungen an Lohn, Kostgeld oder anderen Dienstbezügen der Personen, welche sich dem Gemeinschuldner für dessen Haushalt, Wirtschaftsbetrieb oder Erwerbsgeschäft zur Leistung von Diensten verdungen hatten;
2. die Forderungen der Reichskasse, der Staatskassen und der Gemeinden, sowie der Amts-, Kreis- und Provinzialverbände wegen öffentlicher Abgaben, welche im letzten Jahre vor der Eröffnung des Verfahrens fällig geworden sind oder nach § 65 als fällig gelten; es macht hierbei keinen Unterschied, ob der Steuererheber die Abgabe bereits vorschußweise zur Kasse entrichtet hat;
3. die Forderungen der Kirchen und Schulen, der öffentlichen Verbände und der öffentlichen, zur Annahme der Versicherung verpflichteten Feuerversicherungsanstalten wegen der nach Gesetz oder Verfassung zu entrichtenden Abgaben und Leistungen aus dem letzten Jahre vor der Eröffnung des Verfahrens;
4. die Forderungen der Ärzte, Wundärzte, Tierärzte, Apotheker, Hebammen und Krankenpfleger wegen Kur- und Pflegekosten aus dem letzten Jahre vor der Eröffnung des Verfahrens, insoweit der Betrag der Forderungen den Betrag der taxmäßigen Gebührnisse nicht übersteigt;
5. die Forderungen der Kinder, der Mündel und der Pflegebefohlenen des Gemeinschuldners in Ansehung ihres gesetzlich der Verwaltung desselben unterworfenen Vermögens; das Vorrecht steht ihnen nicht zu, wenn die Forderung nicht binnen zwei Jahren nach Beendigung der Vermögensverwaltung gerichtlich geltend gemacht und bis zur Eröffnung des Verfahrens verfolgt worden ist;
6. alle übrigen Konkursforderungen.

I. Allgemeine Grundsätze.

1. Die bisherigen, nach gemeinem Konkursrecht und Landesrecht bestehenden Vorrechte sind beseitigt, insbesondere auch das Vorrecht der Ehefrauen. Andere Vorrechte als die in § 61 unter Nr. 1—5 bezeichneten können nur auf Grund reichsgesetzlicher Vorschriften, auf Grund der Landesgesetze aber lediglich nach Maßgabe der §§ 12, 13, 14 des EG. z. KO. angeordnet werden. 1

2. Neben den allgemeinen, die gesamte KM. umfassenden Vorrechten des § 61 Nr. 1—5 sind noch zwei besondere, auf einen Teil der KM. beschränkte Vorrechte (Vorrechte eigener Art, keine Absonderungsrechte) zugelassen, nämlich 2

a. durch § 35 des Hypothekenbankgesetzes v. 13. Juli 1899, RGBl. S. 375 (in Kraft seit dem 1. Januar 1900) für den Pfandbriefgläubiger und

b. durch § 61 des Ges. über die privaten Versicherungsunternehmungen

v. 12. Mai 1901, RGBl. S. 139 (in Kraft seit dem 1. Januar 1902) für den Versicherten. Diese besonderen Vorrechte gehen den allgemeinen Vorrechten des § 61 Nr. 1—5 vor. Vgl. hierüber Jaeger A. 1—3; v. Wilm.-Kurlb. S. 264 A. 3, 4.

3 3. Durch die Abstufungen des § 61 ist die Rangordnung der KGl. gegeben, d. i. die Festsetzung der Reihenfolge, in welcher sie je nach der Beschaffenheit ihrer Forderungen zur Befriedigung gelangen sollen. Jede frühere Klasse hat vor der späteren den Vorrang. In derselben Klasse erfolgt, falls sie zur völligen Befriedigung aller Ansprüche nicht ausreicht, die Befriedigung nach Verhältnis der Beträge ohne Rücksicht auf das Alter der Forderung.

4 4. Die Rangordnung der Forderungen ist durchweg, also auch für diejenigen, welche unter der Herrschaft eines außerdeutschen Gesetzes entstanden sind, oder von Ausländern geltend gemacht werden, nach dem am Sitze des KGerichts geltenden Rechte zu beurteilen; RG. 1 S. 322; 8 S. 114; JW. 91 S. 10. Auch auf Forderungen, welche vor dem 1. Oktober 1879 entstanden sind, findet § 61 Anwendung; RG. 17 S. 41. Sind mehrere Forderungen desselben Gläubigers summiert angemeldet und anerkannt, so sind die einzelnen Forderungen mit demjenigen Prozentsatz zu berichtigen, der auf Forderungen der betreffenden Rangklasse trifft; RG. JW. 95 S. 507.

5 5. Die Rangordnung ist eine zwingende. Durch Privatvereinbarungen können weder andere Vorrechte geschaffen, noch kann die gesetzliche Reihenfolge geändert werden. Eine dem § 61 widersprechende Anerkennung von Vorrechten durch den KV. würde für die KM. unverbindlich sein; RG. Bolze 17 Nr. 854; Jaeger A. 6. Jeder Gläubiger kann zwar auf sein Vorrecht verzichten, aber nicht durch einseitige Übertragung des Vorrechts ohne die Forderung einem nicht bevorrechtigten Gläubiger den Vorrang vor den übrigen verschaffen; Pet.-Kleinf. A. 5.

6 6. Das Vorrecht ist nur auf Antrag, nicht von Amts wegen zu berücksichtigen. Die Anmeldung muß unter Bezeichnung des Grundes und der Rangklasse spätestens im Prüfungstermin erfolgen. Andernfalls ist die Forderung als einfache KForderung (§ 61 Nr. 6) zu behandeln. Ist die ohne Vorrecht angemeldete Forderung als unstreitig festgestellt, so steht der nachträglichen Geltendmachung des Vorrechts die Einrede der rechtskräftig entschiedenen Sache (§ 145 Abs. 2) entgegen. RG. 20 S. 412; 38 S. 419.

7 7. Die Vorrechte sind materiellrechtliche Eigenschaften der Forderung selbst (Jaeger A. 8), können also auch dann geltend gemacht werden, wenn die Forderungen durch Abtretung (§ 401 Abs. 2 BGB.) oder kraft Gesetzes (§ 412 BGB.), durch Sonder- oder Gesamtrechtsnachfolge, unter Lebenden oder von Todes wegen, vor oder nach der Anmeldurg im Konkurse, auf eine andere, nicht zu der betreffenden Klasse gehörige Person übertragen worden sind; RG. 3 S. 38. Die gesonderte Übertragung der Vorrechtseigenschaft auf eine andere Forderung ist unzulässig; OLG. Braunschweig, SeuffA. 53 Nr. 139. Wird die bevorrechtigte Forderung in eine andere, z. B. die Lohnforderung in eine Darlehnsforderung umgewandelt, so erlischt das Vorrecht; Jaeger A. 8. Ist eine bevorrechtigte Forderung in ein Kontokurrent aufgenommen, also in die Saldoforderung aufgegangen, so darf das Vorrecht nicht auf die letztere übertragen werden, auch nicht bis zum Betrage des betreffenden Forderungspostens; RG. 3 S. 17; JW. 02 S. 321.

Auf festgestellte bevorrechtigte Forderungen kann der Verwalter mit Ermächtigung des Gerichts unabhängig von den Verteilungen Zahlungen leisten; § 170 KO. Ein

Zwangsvergleich setzt volle Befriedigung aller bevorrechtigten Gläubiger voraus; §§ 181, 191 Abs. 2, 193.

II. Die einzelnen Rangklassen.

1. Zu Nr. 1. Dienstbezüge.

a. In Frage stehen Dienstverhältnisse im Sinne des § 22. S. dort. 8
Voraussetzung ist der Abschluß eines Dienstvertrages, durch welchen der Gläubiger seine Erwerbstätigkeit dem GSch. für die bezeichneten Zwecke verdungen hatte. Durch die Nov. sind die Worte „zur Leistung von Diensten" an Stelle der früheren Fassung „zu dauernden Diensten" gesetzt worden. Hiernach ist eine Hausgemeinschaft nicht erforderlich; vielmehr können außer dem Gesinde auch Handlungsgehilfen, Fabrikarbeiter, Gesellen, Meister, Wirtschaftsbeamte, Schreiber, Förster, Hauslehrer, Erzieher, Sekretäre, Hausdiener, Gewerbegehilfen, Packer, Markthelfer, Werkmeister, Techniker und Tagelöhner unter die Vorschrift fallen; M. 83, 266; RG. 27 S. 226; Gruch. 24 S. 526. Auch ein vom Schuldner angestellter Bücherrevisor genießt wegen seiner Forderungen aus dem Dienstverhältnis das Vorrecht; OLG. Dresden in den Annalen dieses Gerichts 25 S. 538 bzw. in OLG. 10 S. 205; vgl. auch SächsArch. 07 S. 494; ebenso ist bevorrechtigt ein Schneidermeister, der vertragsmäßig verpflichtet ist, alle im Betriebe eines Garderobegeschäfts einschlägigen Anzüge bestimmter Arten und Preislagen, zu denen ihm der Stoff geliefert wird, herzustellen, selbst wenn ihm gestattet ist, auch für andere Firmen tätig zu sein, LG. I Berlin in den KGBl. 05 S. 115; auch gewerbliche Heimarbeiter haben das Vorrecht des § 61 [1], OLG. Dresden in OLG. 11 S. 361. Nicht aber fallen unter § 61 [1] die Ansprüche aus Werkverträgen; vgl. OLG. Hamm im Recht 06 S. 448. Handlungsagenten haben wegen ihrer Provisionsforderungen kein Vorrecht; so RG. 62 S. 229; OLG. Dresden im Recht 7 S. 83; KG. in der DJZ. 8 S. 179; OLG. Hamburg in OLG. 10 S. 205; vgl. auch Jaeger A. 11 und die dort angegebene Literatur. Ein Vorrecht genießen ferner die Vorstandsmitglieder einer Aktiengesellschaft, die Geschäftsführer einer Gesellschaft m. b. H., nicht dagegen die Aufsichtsratsmitglieder; Jaeger A. 11. Rechtsanwälte haben wegen ihrer Gebührenforderungen kein Vorrecht; OLG. Dresden in OLG. 10 S. 206. Ebenso fällt unter Nr. 1 der Liquidator einer offenen Handelsgesellschaft, aber nur dann, wenn er nicht als Gesellschafter, sondern als Dritter für die Gesellschaft die Liquidation gegen Entgelt übernommen hat; so Staub § 149 HGB. A. 36; v. Wilm.-Kurlb. A. 4; a. M. RG. bei Bolze 21 S. 441. Ein Abhängigkeitsverhältnis braucht nicht begründet zu sein; RG. 38 S. 113; JW. 97 S. 135. Daß jemand dem GSch. nicht bloß sich selbst, sondern auch außerdem mehrere Gehilfen zur Arbeit zu stellen hatte, steht weder der Annahme eines Dienstvertrages noch der Zuerkennung des Vorrechts entgegen; RG. 4 S. 424; 27 S. 223.

b. Das Vorrecht bezieht sich auf alle Arten der vertragsmäßigen Dienst- 9
vergütung: Lohn, Honorar, Gehalt, Kostgeld, Diäten, Livree, Stamm- und Schießgeld, Provisionen, Tantieme, Deputat, Naturalbezüge u. dgl.; auch auf die Weihnachtsgeschenke, wenn sie als Teil der Dienstvergütung bedungen werden; nicht aber auf Auslagen oder auf hinterlegte Dienstkautionen (vgl. § 43; übereignete Barkautionen können nur eine gewöhnliche KForderung begründen); Jaeger A. 13; auch nicht auf bloße Schadensansprüche, z. B. wegen Körperverletzung; M. 266, 267. Der Entschädigungsanspruch wegen vorzeitiger, infolge der KE. erklärter Kündigung des Dienstes (§ 22 Abs. 2) gehört, weil er die Zeit nach der KE. betrifft, nicht hierher, wohl aber der Schadensersatz für die Zeit vor der KE. infolge vertragswidriger

Entlassung seitens des GSch. oder auch (gegen v. Wilm.-Kurlb. A. 5) infolge einer durch vertragswidriges Verhalten des GSch. veranlaßten Kündigung des Dienstverpflichteten; diese letzte Forderung ist nur Ersatz der Lohnforderung und deshalb bevorrechtigt, ebenso Staub, HGB. § 70 A. 16; Jaeger A. 13.

10 c. Der zeitliche Umfang des Vorrechts umfaßt das letzte Jahr vor der KE. Nur dann, wenn der GSch. vor der KE. gestorben und über den Nachlaß Konkurs eröffnet ist, ist das Jahr vom Todestage zurückzurechnen. Die Frist erstreckt sich in diesem Falle über einen Zeitraum, der mehr als ein Jahr ausmacht; sie beginnt nämlich ein Jahr vor dem Todestage und endet erst mit der KE. Die Forderung muß innerhalb der Jahresfrist entstanden sein; ob das Dienstverhältnis zur Zeit der KE. oder des Todes des GSch. noch bestanden hat, ist für die Geltendmachung des Vorrechts ohne Einfluß; RG. 22 S. 139. Für die Zeit nach der KE. sind diese Ansprüche entweder Masseansprüche — soweit der Vertrag kraft gesetzlicher Vorschriften noch eine Zeitlang fortdauert oder vom Verwalter und dem anderen Teile freiwillig fortgesetzt wird, — oder sie können gegen die KM. überhaupt nicht geltend gemacht werden, sofern das Dienstverhältnis lediglich dem GSch. gegenüber fortbesteht. Der Zeitpunkt der Fälligkeit ist einflußlos; RG. 22 S. 142. Anders bei Ziffer 2 und 3. Ein Provisionsreisender, der im letzten Jahre vor der KE. für den GSch. nicht mehr tätig war, hat kein Vorrecht nach § 61[1], selbst wenn die Zahlungen erst im Laufe des letzten Jahres vor KE. eingegangen sind; OLG. Köln in der LZ. f. Handels-, Konkurs- u. VersRecht 1 S. 680.

Zuständig für die Klagen auf Anerkennung des Vorrechts ist stets das ordentliche Gericht, nicht etwa das Gewerbegericht; OLG. Dresden in OLG. 15 S. 43.

11 Das Vorrecht der Nr. 1 ist ausgedehnt

aa. auf rückständige Eintrittsgelder und Beiträge des Arbeitgebers zu den Krankenkassen; §§ 55, 65, 72, 73 des KrankenversGes. v. 10. April 1892 (RGBl. S. 417, 00 S. 332, 03 S. 233); § 90 der GewerbeO.Nov. v. 26. Juli 1897 (RGBl. S. 663, 00 S. 871);

bb. auf Rückstände zur Invaliditäts- und Altersversicherung; § 168 Satz 2 des InvalidenversG. v. 13. Juli 1899 (RGBl. S. 463).

2. Zu Nr. 2. Öffentliche Abgaben.

12 a. Das Vorrecht steht zu der Reichskasse, den Staatskassen, den Gemeinden, Amts-, Kreis- und Provinzialverbänden sowie ähnlichen politischen Verbänden. Das entscheidende Merkmal liegt in dem politischen Charakter des Verbandes.

13 b. Gegenstand des Vorrechts sind alle diejenigen Abgaben und Gefälle, welche ohne Rücksicht auf bestimmte Gegenleistungen seitens des Staates aus dem öffentlichen Rechte fließen, direkte und indirekte, ordentliche und außerordentliche, insbesondere Stempel- und Zollabgaben, nicht aber diejenigen, welche nur auf Privatrechtstiteln beruhen, z. B. Forderungen aus Lieferungsverträgen, Reichspostporto, Vergütung für Eisenbahntransporte. Auch nicht Defekte; Prot. 52. Das Vorrecht bezieht sich auch auf die rückständigen öffentlichen Abgaben, welche auf einem Grundstück des GSch. ruhen, auch wenn sie durch ein Absonderungsrecht an dem Grundstück gesichert sind. Die Frage, ob dem Verwalter, wenn er in letzterem Falle aus der KM. gezahlt hat, ein Anspruch auf Ersatz gegen die Absonderungsmasse zusteht, ist zu verneinen; Jaeger § 47 A. 28.

14 Die Gerichtskosten und die Gebühren anderer Behörden für die Inanspruchnahme ihrer Dienste gehören zwar im Sinne des § 70 Abs. 3 GVG., nicht aber im Sinne des § 61 Nr. 2 zu den öffentlichen Abgaben. So im Einklang

mit M. 255, 256 die herrschende Ansicht; RG. 21 S. 46; 28 S. 86. Erl. d. preuß.
Min. f. H. u. G. v. 6. Febr. 1903 und die Kommentare mit Ausnahme von Jaeger.
(AM. das BayObLG., welches das Vorrecht der Gerichtskosten verneint, dagegen das
Vorrecht der Notariatsgebühren bejaht. So das Urteil v. 1. Mai 1903. Entsch. N.
F. 4 S. 301 bzw. im Recht 7 S. 316; Jaeger A. 17—19 vertritt die Ansicht,
daß das Vorrecht des § 61 Nr. 2 sowohl die Gerichtskosten als auch die Gebühren
anderer Behörden umfaßt.) Auf Ortsstatut beruhende Kanalbaubeiträge sowie An-
sprüche auf Ersatz von Straßenbaukosten sind keine öffentlichen Abgaben im Sinne
des § 62[2]; so OLG. Stuttgart in den WürttJ. 18 S. 276.

c. Das Vorrecht umfaßt alle rückständigen Abgaben, welche im letzten Jahre 15
vor KE. fällig geworden sind oder nach § 65 als fällig gelten. Im letzteren Falle
sind gemäß § 65 Abs. 2 die Zwischenzinsen zu berechnen und abzuziehen. Durch
Stundung wird die Fälligkeit hinausgeschoben; JW. 91 S. 416[24].

d. Die vorschußweise Entrichtung der Steuer durch den Steuererheber ist nur eine 16
vorläufige Deckung der Kasse, durch welche in der Person des Berechtigten gegenüber dem
Steuerpflichtigen nichts geändert wird. Gläubigerin bleibt die Kasse. Vgl. RG. 3 S. 37.

3. Zu Nr. 3. **a.** Bevorrechtigt sind:

aa. Kirchen, d. h. alle nach Landesrecht als öffentliche Körperschaften aner- 17
kannten Religionsgesellschaften, sowohl die gesamte Landeskirche als die einzelnen
Kirchengemeinden; RG. 17 S. 192; JW. 95 S. 498. Die Frage, ob außer der
christlichen Kirche auch andere Religionsgesellschaften, insbesondere die Synagogen-
gemeinden unter den Begriff der „Kirche" oder der „öffentlichen Verbände" fallen,
muß nach dem Staatskirchenrecht des Landes entschieden werden. In Ansehung
der Synagogengemeinden wird die Frage u. a. für Preußen, Württemberg, Baden
und wohl auch (Jaeger A. 23) Bayern zu bejahen sein. Vgl. v. Sarw.-Boss. A. 14;

bb. öffentliche Schulen, mögen sie Staats- oder Gemeindeinstitute sein. 18
Privatschulen sind ausgeschlossen. M. 256;

cc. öffentliche Verbände d. h. alle kraft staatlicher Anerkennung be- 19
stehenden, öffentlichen Interessen dienenden Verbindungen; § 89 BGB. Hierher ge-
hören die Orts- und Land-Armenverbände (G. über den Unterstützungswohnsitz v.
6. Juni 1870, §§ 2 bis 5), die Wege- und Deichverbände, die Uferschutzgenossen-
schaften, Meliorationsverbände, die staatlich begründeten Gewerbe-, Landwirtschafts-
und Handelskammern, die Landschaftsverbände, die Innungen, die auf Grund der
Reichsgesetzgebung für Zwecke der Unfall- und Krankenversicherung gebildeten Ver-
bände (RG. 22 S. 139), die Anwalts-, Apotheker- und Ärztekammern, die Knappschafts-
vereine im Konkurse der Gewerkschaft; RG. Bolze 2 Nr. 1992. Verbindungen, welche
nur Privatinteressen dienen, auch wenn sie staatlich anerkannt sind, gehören nicht hierher,
z. B. Aktiengesellschaften, Eisenbahngesellschaften, eingetragene Genossenschaften, Kunst-
genossenschaften, Bodenkreditvereine; Jaeger A. 25; v. Wilm.-Kurlb. A. 16;
Pet.-Kleinf. A. 16; v. Sarw.-Boss. A. 16;

dd. die öffentlichen, zur Annahme der Versicherung verpflichteten Feuerver- 20
sicherungsanstalten. Entscheidend ist der Umstand, ob im gegebenen Falle
die Anstalt nach dem Gesetz oder nach dem Statut zur Annahme der Versicherung ver-
pflichtet war. Darauf, ob die Versicherung selbst eine freiwillige ist, oder ob eine
Verpflichtung dazu vorliegt, ob sie Mobilien oder Immobilien betrifft, ob sie auf
fester Prämie oder auf Gegenseitigkeit beruht, kommt es nicht an; Prot. S. 49 bis 52,
150 bis 152. Andere (z. B. Hagel-)Versicherungsgesellschaften können sich auf den
§ 61 nicht berufen, sofern sie nicht als ein öffentlicher Verband anzusehen sind.

21 b. Gegenstand des Vorrechts sind die Forderungen wegen der, nach Gesetz oder Verfassung zu entrichtenden Abgaben und Leistungen aus dem letzten Jahre vor der KE. d. h. diejenigen Forderungen, welche — wie im Falle des § 61 Nr. 2 — im letzten Jahre vor der KE. fällig geworden sind oder nach § 65 als fällig gelten; RG. 22 S. 139. Verfassung ist der Inbegriff der die Mitglieder des Vereins bindenden Normen, — Satzung, Statuten, Beschlüsse, Gewohnheitsrechte. Voraussetzung ist, daß die Forderung dem Verbande selbst, also der Kirche, der Schule usw., nicht etwa einem Beamten des Verbandes, dem Geistlichen, dem Lehrer zusteht; M. 256. Deshalb sind Stolgebühren der Geistlichen, sowie Kollegiengelder der Professoren nicht hierher zu rechnen; Jaeger A. 22; v. Sarw.-Boss. A. 19; Pet.-Kleinf. A. 18; v. Wilm.-Kurlb. A. 15.

22 4. Zu Nr. 4. Kur- und Pflegekosten.

a. Das Vorrecht trifft die Forderungen der nach § 29 GewO. approbierten Ärzte, insbesondere auch der Wundärzte, Geburtshelfer (§ 196[14] BGB.), Zahnärzte (auch wegen der Forderung für das Herstellen von Zahngebissen, LG. I Berlin, KGBl. 5 S. 61), der approbierten Apotheker, der Hebammen, der gewerbs- oder doch gewohnheitsmäßigen Krankenpfleger, also auch der Krankenhäuser, der Diakonissenhäuser und ähnlicher Anstalten. Die bisherige Streitfrage, ob auch Tierärzte unter § 61 Nr. 4 fallen, ist durch die KNov. bejahend entschieden. Durch Approbation im Auslande, welche zur Führung des Arzttitels im Deutschen Reiche nicht berechtigt, wird das Vorrecht nicht erwirkt; LG Rostock, ZfDZP. 29 S. 245. Auch Naturheilkundige haben das Vorrecht nicht, weil sie keine Ärzte sind.

23 b. Das Vorrecht umfaßt die Forderungen, welche gegen den GSch. während des letzten Jahres vor der KE. entstanden sind. Das Vorrecht besteht, mag die Forderung aus einer Krankheit des GSch. oder seiner Familie oder seiner Hausgenossen oder dritter Personen entstanden sein, sofern nur der GSch., sei es infolge seiner Unterhaltspflicht, sei es infolge eines Auftrags, als der Zahlungspflichtige erscheint; Jaeger A. 27; Pet.-Kleinf. A. 21; v. Sarw.-Boss. A. 21; Fitting § 11 A. 17; v. Wilm.-Kurlb. A. 19.

24 c. Besteht für die Forderungen eine Gebührentaxe, so ist das Vorrecht auf den in der Taxe festgesetzten Betrag beschränkt. Besteht eine Taxe nicht, so ist die ganze Forderung bevorrechtigt; Jaeger A. 27; v. Wilm.-Kurlb. A. 19; a. M. OLG. Rostock, SeuffA. 46 Nr. 300, welches das Vorrecht auf den „angemessenen und billigen Betrag" beschränkt. Für den Fall des § 316 BGB. ist das billige Ermessen des Fordernden maßgebend (RG. 57 S. 49).

25 5. Zu Nr. 5.

a. Bevorrechtigt sind:

aa. die Kinder des GSch. d. h. die Abkömmlinge ersten Grades, eheliche, legitimierte (§§ 1719, 1736 BGB.) und angenommene Kinder (§ 1757 BGB.), Kinder aus nichtigen und geschiedenen Ehen gemäß §§ 1699—1704, 1635 BGB., nicht aber Stief- und Pflegekinder (vgl. RG. 11 S. 63). Uneheliche Kinder haben die Rechte ehelicher nur gegenüber der Mutter und deren Verwandten; § 1705 BGB. Die uneheliche Mutter kann aber nur als Vormünderin in Betracht kommen, da ihr die elterliche Gewalt nicht zusteht (§§ 1707, 1778 Abs. 3 BGB.);

bb. die Mündel des GSch. (eingeschaltet durch die KNov.), das sind die durch ihn bevormundeten Personen (§§ 1773ff., 1896ff., 1906ff. BGB.);

cc. Die Pflegebefohlenen des GSch., das sind diejenigen Personen, die unter seiner Pflegschaft stehen (§§ 1909ff., 1960ff., 1975 BGB.).

b. Gegenstand des Vorrechts ist dasjenige Vermögen, „dessen Verwaltung 26
der GSch. kraft des Gesetzes in seiner Eigenschaft als gesetzlicher Vertreter des Verfügungsunfähigen oder als gesetzlicher Nutzungsberechtigter zu führen hatte". M. 264. RG. 3 S. 294, 11 S. 63. Wann dies der Fall ist, bestimmt sich nach dem bürgerlichen Recht. Die bloß tatsächliche, nicht auf gesetzliche Notwendigkeit gegründete Verwaltung gewährt ein Vorrecht nicht. Das Vorrecht bezieht sich also nicht auf solche Forderungen, die nur dadurch entstehen, daß der GSch. auf Grund eines Vertrages oder einer letztwilligen Verfügung oder ohne Rechtsgrund das Vermögen der bezeichneten Personen verwaltet hat; RG. Gruch. 38 S. 1174; JW. 92 S. 274. Wohl aber findet es bei hinzukommender letztwilliger oder rechtsgeschäftlicher Bestimmung dann Anwendung, wenn schon vom Gesetz dem GSch. das Recht zur Verwaltung des Vermögens gewährt wird; RG. 42 S. 21. Das muß auch für eine Bestätigung des elterlichen Verwaltungsrechts in den Fällen des § 1638 BGB. gelten; v. Wilm.-Kurlb. A. 23; Jaeger A. 34. Das Vorrecht der Kinder besteht überhaupt nicht, wenn der GSch. bereits früher einmal in Konkurs verfallen war, aber Vermögen seiner Kinder nachher wieder verwaltet hat, sofern nicht das Vormundschaftsgericht ihm die Verwaltung wieder übertragen hat, denn durch den früheren Konkurs hat der GSch. das Verwaltungsrecht an dem Vermögen seiner Kinder verloren, u. zwar nicht nur an dem damals vorhanden gewesenen, sondern auch an dem später erworbenen; § 1647 BGB. Vgl. RG. Gruch. 38 S. 1174; JW. 92 S. 274.

Das Vorrecht ist nicht beschränkt auf die durch die Vermögensverwaltung erwachsenen Ansprüche auf Schadensersatz (§§ 1648, 1686, 1833, 1897, 1915, 1646, 1834 BGB.; RG. 39 S. 70; JW. 00 S. 73), sondern erstreckt sich auch auf solche Forderungen gegen den GSch., die ursprünglich Dritten zugestanden haben und erst durch Rechtsnachfolge vor der KE. auf die Kinder, Mündel, Pflegebefohlenen übergegangen sind. Insbesondere ist das Vorrecht in dem Falle anerkannt, wenn die Kinder als Erben ihrer Mutter hinsichtlich des vom Vater zurückbehaltenen eingebrachten Vermögens Ansprüche haben; OTr. 55 S. 268; ROHG. 18 S. 375; RG. 17 S. 41. Vgl. auch RG. 3 S. 293; 39 S. 70; 45 S. 156; Gruch. 46 S. 1116; Jaeger A. 33; v. Wilm.-Kurlb. A. 24 (a. M. Kohl., Leitf. S. 193).

Die Verwaltung des Gesamtgutes bei fortgesetzter Gütergemeinschaft ist sowohl im Falle des § 1483 als auch (a. M. Pet.-Kleinf. A. 24) des § 1557 „gesetzliche" Verwaltung im Sinne der Nr. 5; Jaeger A. 34.

Hat die Mutter die elterliche Gewalt über das Kind, so ist § 61 [5] im Konkurse der Mutter anwendbar; OLG. Dresden in OLG. 6 S. 238. Über Anwendbarkeit des § 61 [5] bei Bestellung eines Pflegers ad hoc vgl. OLG. Dresden in OLG. 10 S. 209.

c. Das Vorrecht geht verloren, sobald die Forderung nicht binnen zwei 27
Jahren nach Beendigung der Vermögensverwaltung gerichtlich geltend gemacht ist, entweder im KVerf. selbst, oder vor der KE. durch einen bis dahin fortgesetzten Prozeß. Ist das Recht auf Herausgabe nicht in dieser Weise geltend gemacht, so erhält die Forderung die Natur des kreditierten Geldes und büßt ihr Vorrecht ein. M. 265. Die Beendigung der Verwaltung bestimmt sich nach dem Zeitpunkt, in welchem die Verwaltung kraft Gesetzes aufgehört hat (vgl. §§ 1647, 1666 Abs. 2, 1670, 1676 ff., 1882 ff., 1897, 1908, 1918 ff. BGB.); die tatsächliche Beendigung der Verwaltung kommt nicht in Betracht; BayObLG. bei SeuffA. 50 Nr. 233.

d. Über Aussonderung vgl. §§ 43, 46, über Masseforderungen § 59.

6. Zu Nr. 6. Alle übrigen KGl. (Chirographargläubiger) teilen sich 28
in den nach Befriedigung der Absonderungsberechtigten und der bevorzugten Gläubiger

verbleibenden Rest der KM. nach Verhältnis des Betrages ihrer Forderungen, soweit sie nicht durch § 63 von der Geltendmachung im Konkurse überhaupt ausgeschlossen sind. Eine besondere Bestimmung gilt für den Konkurs einer Versicherungsgesellschaft auf Gegenseitigkeit; § 51 Ges. v. 12. Mai 1901.

§ 62 (55). Mit der Kapitalsforderung werden an derselben Stelle angesetzt:

1. **die Kosten, welche dem Gläubiger vor der Eröffnung des Verfahrens erwachsen sind;**
2. **die Vertragsstrafen;**
3. **die bis zur Eröffnung des Verfahrens aufgelaufenen Zinsen.**

---

1 1. Kosten. Hierher gehören die Kosten der Einklagung und Beitreibung, gerichtliche und außergerichtliche, gleichviel, ob sie in noch schwebenden oder in beendigten Prozessen entstanden sind und ob über deren Erstattung endgültig entschieden ist oder nicht; RG. JW. 95 S. 504. Wird die angemeldete Kostenforderung bestritten, so kann der Gläubiger ihre Feststellung durch Aufnahme des durch die KE. unterbrochenen Prozesses (§ 146) betreiben; M. 270. Siegt der Gläubiger ob, so haben die vor der KE. erwachsenen Prozeßkosten die Eigenschaft einer KForderung, während die seit der Aufnahme des Prozesses erwachsenen Kosten Masseschuld (§ 59) sind. Ist dem KV. gegenüber ein Prozeß nicht nur über die entstandenen Kosten, sondern über die Hauptsache aufgenommen, so sind im Falle des Obsiegens des Gläubigers die sämtlichen Prozeßkosten, sowohl die nach als die vor der KE. entstandenen, Masseschulden im Sinne des § 59; RG. JW. 91 S. 310; 94 S. 56; 95 S. 226. War die Aufnahme nur gegenüber einem widersprechenden KGl. erfolgt und dieser zur Kostentragung verurteilt, so kann der obsiegende Gläubiger nur die vor der KE. entstandenen Kosten ersetzt verlangen und auch diesen Anspruch nur als K.Forderung geltend machen. Eccius in Gruch. 33 S. 739, 840; JW. 91 S. 310; 94 S. 56; 95 S. 226.

Wegen der den KGl. durch die Teilnahme am KVerf. verursachten Kosten: § 63 Nr. 2.

2 2. Vertragsstrafen (§§ 339—345 BGB., § 348 HGB., § 4 Ges. betr. die Abzahlungsgeschäfte v. 16. Mai 1894). Was die vom BGB. in den §§ 340 und 341 unterschiedenen beiden Arten der Vertragsstrafe anlangt, so findet § 62 Nr. 2 unmittelbar nur auf die neben der Erfüllung geschuldete Strafe (§ 341) Anwendung. Mittelbar enthält aber § 62 Nr. 2 zugleich den Ausspruch, daß die statt der Erfüllung geschuldete Strafe (§ 340) auch an der für die Hauptforderung bestimmten Stelle im Konkurse geltend gemacht werden kann. Darauf, ob die Vertragsstrafe vor oder nach der KE. verfallen ist, kommt es nicht an, denn auch im letzteren Falle bestand die Forderung (als eine bedingte) schon vor dem Erfüllungstage; RG. 21 S. 5; 26 S. 92. Die durch einseitige Verfügung von Todes wegen oder ein sonstiges einseitiges Rechtsgeschäft verordnete Strafe steht der Vertragsstrafe gleich; Jaeger A. 2; Fitting § 10 A. 16; Oetker S. 154; a. M. v. Sarw.=Boss. A. 2 und Pet.=Kleinf. A. 4. Die Zuwiderhandlung des Verwalters gegen ein nur gegen den GSch., nicht auch gegen dessen Gläubiger gerichtetes Untersagungsverbot kann nicht einen im Konkurse als KForderung oder Masseschuld geltend zu machenden Anspruch begründen; RG. 35 S. 29; JW. 95 S. 297.

Der im Wege der Klage, Widerklage oder Einrede zu verfolgende Antrag (RG.

JW. 03 Beil. S. 96) auf Herabsetzung einer unverhältnismäßig hohen Strafe (§ 343 BGB., § 4 des Ges. v. 16. Mai 1894) steht gemäß § 6 dem KV. zu.

3. Zinsen. Es gehören hierher die sämtlichen nicht verjährten rückständigen 3
Zinsen für die Zeit bis zu der KE. ohne Rücksicht auf den Zinssatz und den Rechtsgrund der Zinspflicht. Für den Tag der KE. selbst dürfen Zinsen nicht berechnet werden, da deren Fälligkeit erst mit dem Ablauf dieses Tages eintreten würde; Jaeger A. 4; Pet.-Kleinf. A. 5; Fitting § 10 A. 17; v. Sarw.-Boss. A. 3. Wegen der seit der Eröffnung des Verfahrens laufenden Zinsen: § 63 Nr. 1.

§ 63 (56). **Im Konkursverfahren können nicht geltend gemacht werden:**

1. **die seit der Eröffnung des Verfahrens laufenden Zinsen;**
2. **die Kosten, welche den einzelnen Gläubigern durch ihre Teilnahme an dem Verfahren erwachsen;**
3. **Geldstrafen;**
4. **Forderungen aus einer Freigebigkeit des Gemeinschuldners unter Lebenden oder von Todes wegen.**

---

1. Allgemeine Grundsätze. Nur die Geltendmachung im KVerf. ist den 1
hier aufgeführten Forderungen versagt. Daraus folgt einerseits, daß diese Forderungen nicht als KForderungen anzusehen, also auch von der Teilnahme an den Abstimmungen ausgeschlossen und den Wirkungen des Zwangsvergleichs nicht unterworfen sind (§§ 95, 173), andererseits, daß sie dem GSch. gegenüber in Kraft bleiben; M. 270, 271; RG. JW. 87 S. 115. Deshalb können die Gläubiger auch während des Konkurses eine Zwangsvollstreckung in das nicht zur KM. gehörige Vermögen des GSch. betreiben. Auch können die Forderungen des § 63 bei der abgesonderten Befriedigung geltend gemacht werden, JW. 88 S. 196[4]. — Die etwaige Anmeldung der Forderung ist unwirksam und unterbricht die Verjährung nicht; § 209 BGB. Von der Aufrechnung sind die Forderungen nicht ausgeschlossen, soweit nicht nach § 55 Nr. 2 die Aufrechnung der Zinsen und Kosten unzulässig ist (vgl. § 53 A. 9). Ausnahmen von § 63 enthalten die §§ 226, 227, 236.

2. Zinsen. Die Ausschließung erstreckt sich sowohl auf Vertrags- als auf 2
gesetzliche Zinsen. Zinsen, welche von dem Liquidanten selbst gezahlt sind, die also eine Entschädigungsforderung für ihn bilden, werden durch den § 63 nicht betroffen; RG. 8 S. 236. Zu diesen Entschädigungsforderungen gehört z. B. der Zinsenersatzanspruch des Indossanten, welcher nach der KE. einen Wechsel eingelöst hat.

3. Die Kosten, welche dem einzelnen Gläubiger durch seine Teilnahme an 3
dem Verfahren erwachsen, mag er seine Rechte selbst oder durch einen Vertreter wahrgenommen haben, sind erst nach der KE. entstanden, gehören also nicht zu den KForderungen; § 3. Ob nach Beendigung des Verfahrens der GSch. ersatzpflichtig ist, hängt von den Umständen ab. Die Ersatzpflicht wird da zu bejahen sein, wo sich die Kosten als ein durch Verschulden des Kridars dem Gläubiger entstandener Schaden darstellen; v. Völd. 1 S. 650 A. 17. Kosten, welche ein Gläubiger auf die Eröffnung des Konkurses verwendet hat, können als KForderungen geltend gemacht werden, soweit sie nicht — als Vorschußleistungen — Massekosten sind; v. Wilm.-Kurlb. A. 3.

4. Geldstrafen fallen unter § 63, wenn sie dem GSch. kraft öffentlichen 4
Rechtes von einer öffentlichen Behörde, gleichviel ob vom Strafrichter, vom Zivil-

richter, vom Disziplinargericht oder von einer Verwaltungsbehörde auferlegt sind. Hierher gehört auch die im Zwangsvollstreckungsverfahren verhängte Geldstrafe (§§ 888, 890 ZPO.) und die Verpflichtung zur Werterstattung nach § 335 Strafgesetzbuchs, nicht aber eine zuerkannte Buße, da diese nur den Charakter der Entschädigung hat; (RGSt. 12 S. 223; 15 S. 352; 24 S. 397; 31 S. 334), auch nicht die Vertragsstrafe (§ 62 Nr. 2; RG. 49 S. 192). Die Vermögensbeschlagnahme (§§ 93, 140 StGB.; §§ 325, 326 StPO.) trifft nur das nach Abzug der Schulden verbleibende Vermögen, beeinträchtigt also nicht die Befriedigung der KGl. Die „Einziehung" des Strafrechts ist jedenfalls keine Geldstrafe; sie begründet, auch während des Konkurses (a. M. nur v. Sarw.-Boss. A. 4), ein Aussonderungsrecht.

5 5. Forderungen aus einer Freigebigkeit des GSch. Nur die bezeichneten „Forderungen" sind ausgeschlossen. Ist das Freigebigkeitsversprechen bereits erfüllt, ist z. B. aus Freigebigkeit ein Wechsel gegeben, so kann allerdings nach § 32 die Anfechtung des Schenkungsversprechens begründet sein, der § 63 Nr. 4 findet aber keine Anwendung: RG. JW. 86 S. 274; v. Wilm.-Kurlb. A. 5; Pet.-Kleinf. A. 6; v. Sarw.-Boss. A. 5 (a. M. in betreff des Wechsels Jaeger A. 5). Ob eine „Freigebigkeit" vorliegt, ist nach den Umständen des Falles zu beurteilen. Remunerationen, Belohnungen für geleistete Dienste können nicht ohne weiteres als Schenkungen angesehen werden; KB. S. 53. Die „Forderungen" des § 63[4] müssen auf einem Rechtsgeschäft des GSch. beruhen; deshalb kann z. B. die auf Gesetz beruhende Steuerforderung des Staates darum nicht als eine Forderung aus einer freigebigen Verfügung angesehen werden, weil der GSch. das zu besteuernde Vermögen oder Einkommen wissentlich zu hoch angegeben hat: RG. 14 S. 118. § 1620 BGB. verpflichtet unter den dort bestimmten Voraussetzungen zur Gewährung einer Aussteuer. Wird die Ehe vor der KE. geschlossen, so kommt hiernach § 63 Nr. 4 nicht in Frage (vgl. aber § 1623 BGB.), es sei denn, daß eine unangemessen große Aussteuer versprochen wäre. Im Falle der Eheschließung während des Konkurses ermangelt (bei der Annahme, daß die Verhältnisse zur Zeit der Eheschließung maßgebend sind) ein Aussteueranspruch wegen der fehlenden Leistungsfähigkeit des GSch.; die Forderung aus einem Aussteuerversprechen fiele also unter § 63 Nr. 4. (Ähnlich Jaeger A. 6; a. M. v. Wilm.-Kurlb. A. 5 unter unrichtiger Bezugnahme auf Jaeger.) Die innerhalb des angemessenen Rahmens von § 1624 BGB. verbleibende Ausstattung ist ebenfalls keine „Freigebigkeit". Vgl. Jaeger a. a. O.; (a. M. v. Wilm.-Kurlb.) und die Komment. z. BGB. Das Versprechen des Vaters, die Kosten des einjährig-freiwilligen Militärdienstes seines Sohnes zu bestreiten, kann im Konkurse des Vaters nicht geltend gemacht werden; OLG. Celle in SeuffA. 56 S. 77.

6 Im Nachlaßkonkurse sind die Verbindlichkeiten aus den vom Erblasser angeordneten Vermächtnissen und Auflagen als KForderungen anerkannt; § 226 Ziffer 5. Im Konkurse des mit einem Vermächtnisse belasteten Erben kann die Vermächtnisforderung deshalb geltend gemacht werden, weil es sich nicht um eine Forderung aus einer Freigebigkeit des GSch. handelt; RG. 43 S. 236.

§ 64 (57). Ein Gläubiger, welcher abgesonderte Befriedigung beansprucht, kann die Forderung, wenn der Gemeinschuldner auch persönlich für sie haftet, zur Konkursmasse geltend machen, aus derselben aber nur für den Betrag verhältnismäßige Befriedigung verlangen, zu welchem er auf abgesonderte Befriedigung verzichtet, oder mit welchem er bei der letzteren ausgefallen ist.

1. Allgemeine Grundsätze. 1

a. Absonderungsberechtigte, welche zugleich persönliche Gläubiger des GSch. sind, haben die Wahl, ob sie ihre Befriedigung aus den Absonderungsgegenständen oder aus der KM. suchen wollen. Es ist ihnen aber nicht gestattet, nebeneinander einen Anspruch aus beiden Massen geltend zu machen. Sie können vielmehr am KVerf. nur mit demjenigen Betrage ihrer Forderungen teilnehmen, der durch das Absonderungsrecht nicht berichtigt wird (M. 274), dürfen aber nicht umgekehrt zunächst ihre volle Dividende von der ganzen Forderung im Konkurse sich erwirken und erst demnächst wegen des Restbetrags ihre Befriedigung aus dem Absonderungsgegenstand herbeiführen; RG. 16 S. 70.

b. Die Anmeldung der Forderung kann erfolgen, ohne daß schon zur Zeit 2 der Anmeldung oder Feststellung auf das besondere Deckungsobjekt verzichtet zu werden, oder der Ausfall festzustehen braucht; RG. 26 S. 112; JW. 95 S. 479. Die angemeldete Forderung wird im vollen angemeldeten Betrage in die Tabelle eingetragen. Ebendaselbst wird — Spalte Bemerkungen — vermerkt, daß und aus welchen Gegenständen der Gläubiger abgesonderte Befriedigung beansprucht.

c. Die angemeldete Forderung unterliegt dem ordentlichen Feststellungs- 3 verfahren mit allen gesetzlichen Wirkungen der Feststellung. Die Feststellung erstreckt sich auf die ganze KForderung, nicht nur auf den ungedeckten Ausfall, nicht aber auf das Absonderungsrecht als solches; RG. 22 S. 154; OLG. Hamburg in OLG. 15 S. 242. Die Feststellung des Absonderungsrechts erfolgt außerhalb des KVerf.; Jaeger A. 7.

d. Festgestellte Forderungen können in Höhe ihres „mutmaßlichen Ausfalls" an 4 den Abstimmungen der Gläubiger und an den Abschlagsverteilungen teilnehmen; §§ 96, 153 Abs. 2. Die entsprechende Dividende wird aber dem Gläubiger nicht ausgezahlt, sondern für ihn zurückbehalten; § 168 Nr. 3. Zahlung erfolgt nur, wenn der Ausfall oder Verzicht bis zum Ablauf der Ausschlußfrist dem Verwalter nachgewiesen ist; §§ 153 Abs. 1, 155. Bei der Schlußverteilung wird die Forderung nur berücksichtigt in Höhe des nachgewiesenen wirklichen Ausfalls oder eines endgültigen Verzichts auf abgesonderte Befriedigung. Für die Schlußverteilung werden auch diejenigen Anteile frei, welche bei den Abschlagsverteilungen zurückbehalten sind, sofern der Gläubiger nicht rechtzeitig auf sein Absonderungsrecht verzichtet oder seinen Ausfall nachgewiesen hat; § 156, RG. JW. 84 S. 89. Bei der Berechnung des Ausfalls eines Hypothekengläubigers bei der Zwangsversteigerung ist der Gewinn, den er als Ersteher erzielt, nicht zu berücksichtigen; OLG. Dresden in OLG. 15 S. 242a.

2. Voraussetzung für die Anwendung des § 64 ist, daß dem Gläu- 5 biger wegen derselben Forderung, für welche ihm der GSch. persönlich haftet, ein Absonderungsanspruch an einem zur KM. des GSch. gehörigen Vermögensstück zusteht. Die Vorschrift gilt also auch dann, wenn ein jetzt zur Masse gehörender Gegenstand von einem Nichtberechtigten wirksam zu gunsten des redlichen KGläubigers belastet wurde; RG. JW. 01 S. 82. Liegt nur ein Absonderungsrecht, aber keine Forderung an den GSch., oder umgekehrt zwar eine Forderung an den GSch., aber kein Absonderungsrecht an einer zur KM. gehörigen Sache, sondern — beispielsweise — nur ein Pfandrecht an Sachen Dritter vor, so ist für die Anwendung des § 64 kein Raum; RG. 7 S. 90. Auch eine vertragsmäßig dem GSch. erteilte Befugnis zur Veräußerung oder Verpfändung einer fremden Sache macht diese nicht zu einem Teile des Vermögens des GSch., also nicht zu einem Teile der KM.; der Gläubiger welchem auf Grund dessen die Sache verpfändet ist, ist daher nicht als Absonderungs-

berechtigter zu behandeln; RG. JW. 87 S. 328. Eine durch Aufrechnungsbefugnis teilweise gedeckte Forderung ist keine Ausfallforderung im Sinne des § 64; RG. 26 S. 110, 116. Wohl aber findet § 64 auf den Fall entsprechende Anwendung, wenn einem Gläubiger zur Sicherung seiner Forderung Sachen des Schuldners zu Eigentum übertragen, Forderungen des Schuldners abgetreten sind; RG. 24 S. 45 (vgl. § 48 A. 1a); Jaeger A. 2; v. Wilm.-Kurlb. A. 5 (a. M. Pet.-Kleinf. A. 1; v. Sarw.-Boss. A. 1). Auch soll § 64 nach § 35 Abs. 1 des Hypothekenbankgesetzes im Konkurse der Hypothekenbank den Pfandbriefgläubigern gegenüber und nach § 61 des Ges. über die privaten Versicherungsunternehmungen im Konkurse der Lebensversicherungsanstalt den Versicherten gegenüber entsprechend angewendet werden. Daraus, daß der Gläubiger, welchem der GSch. persönlich haftet, seine Forderung im Konkurse liquidieren kann, folgt, daß er nicht gemäß § 777 ZPO. auf den Gegenstand seines Absonderungsrechts verwiesen werden darf; RG. 26 S. 110; 7 S. 88; JW. 90 S. 277; 84 S. 89; 91 S. 345; 87 S. 328.

6 3. Der Verzicht auf das Absonderungsrecht gewährt dem Absonderungsberechtigten, wenn der GSch. ihm persönlich haftet, alle Rechte eines KGl., muß aber um diese Wirkung herbeizuführen, dem KV. gegenüber bestimmt und unbedingt erklärt werden. M. 274; JW. 91 S. 10, 11. Eine Form für den Verzicht ist nicht vorgeschrieben. Er ist zwar eine empfangsbedürftige Willenserklärung, der Annahme durch den KV. bedarf er aber nicht. Vgl. §§ 875, 1168, 1178, 1192, 1199 BGB., §§ 27, 29, 47 GBO. Eine stillschweigende Erklärung des Verzichts durch konkludente Handlungen ist nicht ausgeschlossen; indessen enthält die bloße Einlassung auf den Konkurs noch keinen Verzicht auf das Absonderungsrecht, RG. 16 S. 36 und S. 70; OLG. Karlsruhe im SächsArch. 2 S. 515. Annahme der Zwangsvergleichsquote enthält nur dann einen Verzicht auf abgesonderte Befriedigung, wenn der Wille des Gläubigers auf seine Befriedigung als KGl. mit Aufgabe seines Sonderrechts gegangen ist; RG. JW. 96 S. 35; JW. 00 S. 344; RG. 37 S. 13; Gruchot 44 S. 729. Es kann nicht nur für einen Teil der Forderung, sondern auch für den ganzen Betrag der Forderung auf die Geltendmachung des Absonderungsrechts verzichtet werden. Der Gläubiger, dem ein Absonderungsrecht zusteht, kann selbst bestimmen, zu welchem Teile er aus dem Absonderungsrecht und zu welchem Teile er als KGl. Befriedigung suchen will; er ist aber nicht berechtigt, von der einmal getroffenen Wahl wieder abzugehen, nachdem der Verwalter die Forderung als Konkursforderung anerkannt hat oder rechtskräftig zur Anerkennung verurteilt worden ist, RG. 64 S. 425. Der Verzicht ist für den Absonderungsberechtigten endgültig, nicht nur für das KVerf., sondern auch nach dessen Beendigung bindend, so daß er, soweit er verzichtet hat, auf sein Absonderungsrecht nicht mehr zurückgreifen kann. Im übrigen werden, da § 64 nur das Rechtsverhältnis zwischen dem Absonderungsberechtigten und den KGl. regelt, die Rechte des KGl., welche dieser nach Beendigung des KVerf. gegen den GSch. geltend machen kann, durch die Bestimmungen des § 64 nicht berührt; ebensowenig die Rechtsbehelfe des GSch., z. B. das Recht, den Gläubiger zunächst auf das Pfand zu verweisen; OTr. 43 S. 423; v. Wilm.-Kurlb. A. 6.

§ 65 (58). Betagte Forderungen gelten als fällig.

Eine betagte unverzinsliche Forderung vermindert sich auf den Betrag, welcher mit Hinzurechnung der gesetzlichen Zinsen desselben für die Zeit von der Eröffnung des Verfahrens bis zur Fälligkeit dem vollen Betrage der Forderung gleichkommt.

1. Betagte Forderungen im Sinne des § 65 sind diejenigen, die noch 1
nicht fällig sind, bei denen aber der Zeitpunkt der Fälligkeit bereits feststeht (dies certus an et quando); vgl. § 111 ZVG. Auch die kündbaren Forderungen fallen hierunter (Strieth. 85 S. 112; RG. 9 S. 229). Ist der Fälligkeitstag unbestimmt (dies certus an, incertus quando), so kommt nicht § 65, sondern § 69 zur Anwendung; M. 278.

Die Vorschrift des § 65 entspringt aus dem Zwecke des KVerf., das gesamte 2
Schuldenwesen auf einmal zu erledigen. Deshalb ist sie nur auf die KGl. und die Grenzen des KVerf. zu beziehen, nicht auf den GSch. außerhalb des KVerf., nicht auf Absonderungsberechtigte hinsichtlich ihres Absonderungsanspruchs, auch nicht auf Dritte, insbesondere nicht auf den Bürgen; RG. 3 S. 356; OLG. Hamburg in OLG. 6 S. 365. Es werden also betagte Hypothekenforderungen durch den Konkurs nicht fällig, da ihre Beitreibung im Wege der Zwangsversteigerung außerhalb des KVerf. erfolgt; v. Wilm.-Kurlb. A. 2. Dagegen gilt die Vorschrift hinsichtlich der Forderungen im KVerf. unbeschränkt, nicht nur bei Verteilungen, sondern auch bei der Aufrechnung, bei den Beschlußfassungen der KGl. und schon bei der Feststellung. Die Fälligkeit gilt auch gegen den Gläubiger. „Wenngleich der Termin zu seinen Gunsten gesetzt war, ist der Gläubiger dennoch verpflichtet, falls er anmeldet, den jetzigen Wert seiner künftigen Forderungen anzunehmen"; M. 276.

2. Nach § 272 BGB. ist der Schuldner, der eine unverzinsliche Schuld vor 3
Fälligkeit bezahlt, zu einem Abzuge der Zwischenzinsen nicht berechtigt. Hiervon wird im § 65 Abs. 2 der KO. für das KVerf. eine Ausnahme gemacht, ähnlich wie im § 111 des Zwangsversteigerungsges. vom 24. März 1897. Der Abs. 2 findet nur Anwendung auf betagte unverzinsliche Forderungen, ist aber ausgeschlossen, sobald die Forderung verzinslich ist, wenn auch zu einem geringeren als dem gesetzlichen Zinsfuß; M. 278. In diesem Falle gilt Abs. 1 unbeschränkt.

Die Berechnung erfolgt ebenso wie in den §§ 1133, 1217 BGB. nach der 4
Hoffmannschen Formel: $x = \frac{100\ s}{100 + n\ p}$.

Hierbei bezeichnen: x den zu berechnenden Betrag, s den Nennbetrag der Forderung, n den Zeitraum zwischen der KE. und dem Tage der Fälligkeit der Forderung, p den Zinsfuß. Dabei ist für Handelssachen nach allgemeinem deutschen Handelsgebrauch das Jahr zu 360 Tagen, jeder Monat zu 30 Tagen, für andere Forderungen von Tag zum Tage zu rechnen; v. Wilm.-Kurlb. A. 3; v. Sarw.-Bossi. A. 2. Die gesetzlichen Zinsen betragen bei Wechselforderungen 6 % (Art. 50, 98 Nr. 6 WO.). bei Forderungen aus beiderseitigen Handelsgeschäften 5 % (§ 352 HGB.), bei anderen Forderungen 4 % (§§ 246, 288, 291 BGB.).

§ 66 (59). Forderungen unter auflösender Bedingung werden wie unbedingte geltend gemacht.

1. Unter „Forderungen" im Sinne des § 66 sind ebenso wie im § 65 nur 1
Konkursforderungen zu verstehen, vgl. A. 1 zu § 65.

2. Die Forderungen unter auflösender Bedingung (§ 158 Abs. 2 BGB.) werden, 2
soweit es sich um Beschlußfassung der Gläubiger handelt, ohne Beschränkung und bei Verteilungen zur vollen Höhe berücksichtigt. Die Anteile auf solche Forderungen werden aber nach § 168 Nr. 4, falls der Gläubiger nach bürgerlichem Recht zu einer Sicherheitsleistung verpflichtet ist und die Sicherheit nicht leistet, an ihn nicht ausgezahlt,

sondern zurückbehalten. Die Entscheidung darüber, ob der Gläubiger zur Sicherheitsbestellung verpflichtet ist oder nicht, erfolgt im Prozeßwege; ebenso Jaeger A. 3; Fitting § 10 A. 13; Oetker S. 462; a. M. Pet.-Kleinf. A. 1; v. Sarw.-Boss. A. 1; v. Wilm.-Kurlb. A. 2.

§ 67 (60). Forderungen unter aufschiebender Bedingung berechtigen nur zu einer Sicherung.

1 1. Bedingungen, deren Eintritt von einer Tätigkeit des GSch. abhängt, schließen die Forderung von der Teilnahme am KVerf. gänzlich aus. „Jede Rechtshandlung, welche der GSch. nach der KE. vornimmt, ist in bezug auf die KGl. nichtig; § 6 (richtiger: unwirksam § 7). Die Erfüllung der Bedingung durch ihn vermag daher eine KForderung nicht zu erzeugen." M. 279.

2 2. Die übrigen aufschiebenden Bedingungen. Abgesehen von dem Falle zu 1 bezieht sich der § 67 auf alle Forderungen, deren Entstehung von einer zur Zeit der KE. noch schwebenden Bedingung abhängt (§ 158 Abs. 1 BGB.). Das Recht auf Sicherung im Konkurse steht dem Bedingt-Berechtigten immer zu, mag zivilrechtlich der GSch. zur Sicherheitsbestellung verpflichtet gewesen sein oder nicht. Anwendungsfälle des § 67 bilden z. B. die Kosten eines noch anhängigen Prozesses, die als bedingte KForderung angemeldet werden können; OLG. Hamburg in OLG. 13 S. 93 A.; ferner die Regreßforderung des Zessionars aus der Gewährleistungspflicht des Zedenten (vgl. § 438 BGB.), namentlich aber die Forderungen der Bürgen und Mitverpflichteten für den Fall, daß sie für den Haupt- oder Mitschuldner zahlen müssen, die Forderung des Wechselausstellers, der den Wechsel weiter begeben hat und besorgt, ihn einlösen zu müssen, gegen den Akzeptanten, die Forderung der Indossanten eines Wechsels, den die Indossanten vor der KE. begeben haben und eventuell später einlösen müssen; ROHG. 24 S. 1. Ob die Bedingung auf Rechtsgeschäft oder Rechtssatz (z. B. §§ 426 Abs. 2, 774, 804, 2058 BGB., Art. 25ff., 29ff., 41ff. WO.) beruht, macht für die Anwendung des § 67 keinen Unterschied; RG. JW. 04 S. 97; Jaeger A. 1; Wolff A. 6 (a. M. Fitting § 8, III 3; v. Sarw.-Boss. A. 2; v. Wilm.-Kurlb. A. 4. Danach soll § 67 nur Anwendung finden, wenn die Regreß- und Ausgleichsforderung auf einem selbständigen Rechtsverhältnis gegenüber dem GSch. beruht). Für die Forderung des Bürgen und die analogen Fälle ist aber zu beachten, daß der Bürge im Konkurse des Hauptschuldners seinen eventuellen Ersatzanspruch nur insoweit geltend machen kann, als nicht der Gläubiger selbst in diesem Konkurse seine Forderung geltend macht. Denn der Hauptschuldner (jetzt die Masse) braucht nur einmal zu zahlen: entweder an den Gläubiger oder an den regreßberechtigten Bürgen. Die Schuld kann für die Feststellung und Berechnung der KDividende und für die Akkordrate beim Zwangsvergleich nur einmal zum Ansatz kommen. S. RG. 9 S. 75; 14 S. 172 (Pl.), 32 S. 87; 37 S. 3; 42 S. 35; JW. 00 S. 184; Fitting § 8 III 3; Jaeger A. 5; v. Wilm.-Kurlb. A. 5 (a. M. M. 282, RG. 7 S. 80).

3 3. Die Forderungen können gegen die KM. in dem vollen Betrage, der den Berechtigten im Falle ihrer Zahlung zusteht, geltend gemacht werden, gewähren aber, solange die Bedingung noch schwebt, nur ein Recht auf „Sicherung" gemäß §§ 154, 156, 168 Nr. 2, 169, 171. Es wird also bei der Abschlagsverteilung die Dividende vom vollen Betrage der Forderung berechnet, aber dem Gläubiger nicht ausgezahlt, sondern zurückbehalten und nach Anordnung des Gerichts bis zum Eintritt der Be-

dingung hinterlegt; §§ 154 Abs. 1, 156, 168 Nr. 2, 169. Bei der Schlußverteilung wird die Dividende ebenfalls von der vollen Forderung berücksichtigt und hinterlegt; §§ 154, 169. Doch wird bei der Schlußverteilung, wenn bis dahin die Bedingung nicht schon eingetreten ist, die Forderung dann überhaupt nicht mehr berücksichtigt, wenn die Möglichkeit des Eintritts der Bedingung eine so entfernte ist, daß die bedingte Forderung einen gegenwärtigen Vermögenswert nicht hat. In diesem Falle werden die Anteile, mit welchen der Gläubiger bei den Abschlagsverteilungen berücksichtigt war, für die Schlußverteilung frei; §§ 154 Abs. 2, 156—167. Bezüglich des Stimmrechts ist § 96 maßgebend.

Die bedingte Forderung ist im vollen Betrage in die Tabelle einzutragen und 4
zur Prüfung zu bringen. Wird sie für begründet erachtet, so ist das Ergebnis dahin einzutragen: „Festgestellt als sicherungsberechtigt.“ Auch in das Verzeichnis der bei einer Abschlagsverteilung zu berücksichtigenden Forderungen ist die bedingte Forderung im Falle ihrer Feststellung oder der Erfüllung der im § 152 bestimmten Voraussetzung zu ihrem vollen Betrage einzutragen (§ 154 Abs. 1). Über die Schlußverteilung s. § 154 Abs. 2.

4. Ist der GSch. selbst Bürge (Gesamtschuldner: § 68), so stehen dem 5
Verwalter alle die Einreden zu, welche dem GSch. selbst zugestanden haben würden, also namentlich auch die Einrede der Vorausklage (§ 771 BGB.). Vgl. auch RG. JW. 85 S. 268. Dringt die Einrede der Vorausklage durch, so kann der Gläubiger nur Sicherung gemäß § 67 verlangen. — Das Verhältnis des Gläubigers zum Bürgen des GSch. sowie das Verhältnis der Bürgen untereinander ist nach bürgerlichem Rechte zu beurteilen (§§ 765ff., 773 Nr. 3, 774 Abs. 2 BGB.); RG. 4 S. 123; ROHG. 1 S. 102; 18 S. 171; 24 S. 99.

5. Aufrechnung: § 54 Abs. 3.

§ 68 (61). Wird über das Vermögen mehrerer oder einer von mehreren Personen, welche nebeneinander für dieselbe Leistung auf das Ganze haften, das Konkursverfahren eröffnet, so kann der Gläubiger bis zu seiner vollen Befriedigung in jedem Verfahren den Betrag geltend machen, den er zur Zeit der Eröffnung des Verfahrens zu fordern hatte.

---

1. Voraussetzungen. Der § 68 setzt voraus, 1

a. daß mehrere Schuldner nebeneinander für dieselbe Forderung dergestalt haften, daß jeder wegen des ganzen Betrages in Anspruch genommen werden kann, dieser aber nur einmal gefordert werden darf (§ 421 BGB.);

b. daß wenigstens einer dieser Verpflichteten in Konkurs geraten ist;

c. daß der Gläubiger schon zur Zeit der KE. über den einen Schuldner die Forderung gegen alle Schuldner geltend machen kann; Prot. 55, 58, 131.

Auf den Rechtsgrund der Haftung kommt es nicht an. Es sollen durch § 68 sowohl die Korreal- als die Solidarobligationen (des früheren Rechtes) umfaßt werden (M. 286), z. B. die Fälle der §§ 427, 431, 769, 840, 1833 Abs. 2, 2058 BGB., insbesondere auch Wechselschulden; RG. 11 S. 18; 27 S. 141; JW. 90 S. 411. Steht der Hauptschuldner im Konkurs, so findet im Konkurs des Bürgen § 68 selbst dann Anwendung, wenn er nicht auf die Einrede der Vorausklage verzichtet hat, weil nach § 773 Nr. 3 BGB. diese Einrede ausgeschlossen ist, wenn über das Vermögen des Hauptschuldners der Konkurs eröffnet ist. In diesem Falle sowie in den übrigen Fällen des § 773 (vgl. § 349 HGB.) liegt zwar kein eigentliches Gesamtschuldverhältnis vor (vgl. RG. 8 S. 264; 34 S. 156; ROHG. 20 S. 47), § 68 gilt aber auch nicht ausschließlich für Gesamtschuldner im engeren Sinne; Jaeger A. 3.

2 **2. Berechnung.** Der Gläubiger ist befugt, jeden einzelnen Mitschuldner im vollen Betrage der Forderung zu verfolgen, als ob er sein alleiniger Schuldner wäre. „Darin kann die Eröffnung des Konkurses nichts ändern. Mag nur ein oder mögen alle Schuldner in Konkurs gefallen sein, durch die Geltendmachung der Forderung gegen den einen Schuldner oder dessen KM. verliert der Gläubiger nicht seinen Anspruch gegen die anderen Schuldner oder deren Massen. Der Gläubiger kann das, was er zu fordern hat, zum vollen Betrage in den verschiedenen Konkursen anmelden"; M. 285; RG. 9 S. 27; JW. 90 S. 411.

3 Zahlungen, welche der Gläubiger vor der KE. erhalten hat, vermindern seine Forderung, so daß diese nur in der Höhe, in der sie zur Zeit der KE. besteht, geltend gemacht werden kann; RG. 2 S. 179; 8 S. 291; 9 S. 41; 11 S. 18. Mit diesem Betrage nimmt der Gläubiger an dem Konkurse eines jeden seiner Mitschuldner derart teil, daß bis zu seiner vollständigen Befriedigung für Kapital, Zinsen und Nebenforderungen bei der Feststellung, Abstimmung und bei den Verteilungen der ganze Betrag seiner Forderung berücksichtigt werden muß, ohne Anrechnung der Teilzahlungen, welche er nach der KE. von seiten eines anderen der Schuldner oder aus der KM. eines solchen erhalten hat; RG. 9 S. 77; Bolze 11 Nr. 938. Beil. z. RAnz. 90 S. 10. Das Bezugsrecht bleibt in jedem Konkurse auf die volle Forderung gewahrt. Es endigt erst mit der „vollen Befriedigung" des Gläubigers. Sollte eine KM. nach dieser dem Gläubiger noch weitere Zahlungen geleistet haben, so kann der KV. dieser Masse die überschießenden Beträge mit der condictio indebiti (§§ 812 ff., 819 ff. BGB.) zurückfordern; Jaeger A. 8.

4 Wenn der Gläubiger dem einen Gesamtschuldner gegenüber eine dingliche Sicherheit hat, wenn ihm z. B. ein Pfandrecht bestellt ist, so findet der § 64 zwar auf die Verfolgung seines persönlichen Konkursanspruchs gegen die Masse dieses Schuldners, nicht aber auf deren Verfolgung im Konkurse der übrigen Mitschuldner Anwendung; Prot. 57, 58. Der Gläubiger kann also in demjenigen Konkurse, in welchem er ein Absonderungsrecht ausübt, eine KForderung nur in Höhe des Ausfalls geltend machen (§ 64), während er befugt ist, in den anderen Konkursen, in welchen er ein Absonderungsrecht nicht beansprucht, die ganze Forderung anzumelden und zu verfolgen; RG. 52 S. 170.

5 **3.** Abweichend von § 68 findet bei gleichzeitigem Konkurse über das Gesellschaftsvermögen einer Handelsgesellschaft und über das Privatvermögen eines persönlich haftenden Gesellschafters in letzterem für Gesellschaftsgläubiger nur eine Befriedigung in Höhe des in dem KVerf. über das Gesellschaftsvermögen erlittenen Ausfalls statt; näheres vgl. in § 212.

6 **4. Rückgriff.** Die Ausgleichung der Massen unter sich erfolgt nach dem Rechtsverhältnis, welches der Gesamtschuld zugrunde liegt. Die Rückgriffsforderung einer KM. gegen eine andere (vgl. auch § 67) hat ihren Grund in dem schon vor der KE. unter den mehreren Verpflichteten bestehenden Rechtsverhältnisse. Dieses ist auch maßgebend für die Frage, ob der Rückgriffsanspruch als KForderung oder (vgl. § 17) als Masseanspruch wegen rechtloser Bereicherung (§ 59 Nr. 3) aufzufassen ist; v. Wilm.-Kurlb. A. 3; Jaeger A. 9. In keinem Falle kann eine KM. mehr erstattet verlangen, als sie selbst an Dividenden ausgezahlt hat; RG. JW. 00 S. 184; 03 S. 245. Neben dem Gläubiger, welcher für seine volle Forderung Konkursdividende erhält, kann nicht auch der Mitverpflichtete, der einen selbständigen

Regreßanspruch geltend macht, Konkursdividende beanspruchen; RG. 14 S. 172; 42 S. 35. Solange der Gläubiger wegen seiner Forderung nicht voll befriedigt ist, kann der Bürge nicht verlangen, in Höhe des von ihm, dem Bürgen, gezahlten Betrages an Stelle des Gläubigers als KGl. einzurücken; OLG. Dresden im SächsArch. 07 S. 390.

§ 69 (62). Forderungen, welche nicht auf einen Geldbetrag gerichtet sind, oder deren Geldbetrag unbestimmt oder ungewiß oder nicht in Reichswährung festgesetzt ist, sind nach ihrem Schätzungswerte in Reichswährung geltend zu machen.

---

1. Geldbetrag. „Die Verteilung geschieht in Geld. Dem entspricht, daß jeder persönliche Gläubiger, der teilnehmen will an der Masse, seine Forderung (vorausgesetzt, daß sie überhaupt eine KForderung, also schon vor der KE. begründet ist) auf einen bestimmten Geldbetrag richten muß. Jede Forderung, deren Gegenstand in einer Leistung, Handlung oder Unterlassung, Hergabe von individuellen Sachen, von fungiblen oder nichtfungiblen besteht, verwandelt sich — für und gegen den Gläubiger — durch die KE. in eine Geldforderung"; M. 290. 1

Zu den Forderungen, deren Geldbetrag unbestimmt ist, gehören die Schadensersatzansprüche und die Interesseforderungen, sofern ihr Betrag noch nicht festgestellt ist; zu den Forderungen, deren Geldbetrag ungewiß ist, die Forderungen, bei denen der Anfangstermin, von welchem, oder der Endtermin, bis zu welchem die Leistung geschuldet wird, durch ein der Zeit nach ungewisses Ereignis bestimmt wird, insbesondere die Rechte auf den Bezug fortlaufender Hebungen; M. 290. Beispiele: die künftigen Alimente für ein uneheliches Kind, die Leibrentenverträge und Pensionen.

2. Die Umrechnung geschieht nach dem zur Zeit der KE. bestehenden Schätzungswert; Prot. S. 58. Welche Umstände für die Umrechnung maßgebend sind, läßt sich im allgemeinen nicht bestimmen. Doch darf die bedungene Zeit der Leistung nicht außer Betracht bleiben; ROHG. 7 S. 345 ff.; M. 290. Beispiel: § 18 Abs. 2. 2

3. Reichswährung. Der Wert ist in „Reichsgoldwährung" mit der Rechnungseinheit der Reichsmark geltend zu machen; Münzgesetz v. 9. Juli 1873 Art. 1 (RGBl. S. 233); G. v. 4. Dezember 71 § 2 (RGBl. S. 404); RG. 1 S. 23; 6 S. 125; ROHG. 23 S. 205; 24 S. 188; 25 S. 41. Die Angabe des Schätzungswerts liegt dem Gläubiger ob (§ 139). Die Feststellung erfolgt, falls der Verwalter oder die KGl. im Prüfungstermine bestreiten, im Feststellungsverfahren, § 146. Die bezüglich des Schätzungswerts für Wechsel- und Reichsstempelberechnung erlassenen Beschlüsse des Bundesrats v. 9. März 1899 können nicht ohne weiteres maßgebend sein, da es auf den Schätzungswert zur Zeit der KE. ankommt; v. Wilm.-Kurlb. A. 3. Auch für Forderungen aus der Leihe von Wertpapieren ist der geforderte Geldwert anzugeben; RG. JW. 98 S. 160. 3

Eine Liquidation, welche dem § 69 nicht entspricht, ist zur Prüfung nicht geeignet und kann in die Tabelle nicht eingetragen werden.

4. Der § 69 bezieht sich nur auf KForderungen, nicht auf Aussonderungsansprüche oder Masseschulden; Jaeger A. 6. 4

§ 70 (63). Wiederkehrende Hebungen zu einem bestimmten Betrage und von einer bestimmten Zeitdauer werden unter Abrechnung der

Zwischenzinsen (§ 65) durch Zusammenzählung der einzelnen Hebungen kapitalisiert. Der Gesamtbetrag darf den zum gesetzlichen Zinssatze kapitalisierten Betrag derselben nicht übersteigen.

---

1 **1.** § 70 bezieht sich auf wiederkehrende Leistungen, die erst nach der KE. zu erfolgen haben. „Vorausgesetzt wird, daß das Recht auf den Bezug der fortlaufenden Hebungen schon vor der KE. begründet, daß es nicht erst jedesmal mit den einzelnen Terminen und Raten zur Entstehung gelangt, daß es vielmehr in seiner Gesamtheit schon jetzt entstanden ist. Dann besteht die KForderung aus dem jetzigen Werte der Gesamtheit aller künftigen Hebungen, aus dem unter Anschlag der Zwischenzeiten und der andern Tatumstände festzustellenden Kapitalbetrage. Die Forderung ist nicht mit einer bedingten zu verwechseln. Und darum muß sie nicht bloß zur Sicherstellung zugelassen werden, sondern nach dem Kapitalswert zur Teilnahme, wie in allen Beschlußfassungen, namentlich an einem Akkorde, so an allen Verteilungen"; M. 292. Der Kapitalswert wird gefunden durch Zusammenrechnung der einzelnen Hebungen, nachdem von jeder einzelnen die Zwischenzinsen nach § 65 abgezogen sind. Der Gesamtbetrag darf den zum gesetzlichen Zinsfuß (§ 246 BGB.; § 352 HGB.) kapitalisierten Betrag der einzelnen Hebungen nicht übersteigen.

Zu den wiederkehrenden Hebungen im Sinne des § 70 gehört z. B. das auf Vertrag oder letztwilliger Verordnung beruhende Recht auf Bezüge, nicht aber das Recht auf Emolumente, welche durch Dienste oder andere Gegenleistungen bedingt sind; ebensowenig Ansprüche auf Abzahlung eines Kapitals, die unter § 65 fallen (v. Wilm.-Kurlb. A. 1; Jaeger A. 1).

2 **2.** § 70 bezieht sich nur auf Hebungen, bei denen sowohl der Betrag wie die Zeitdauer bestimmt sind. Handelt es sich um wiederkehrende Hebungen von einer bestimmten Zeitdauer, aber von unbestimmtem Betrage, so ist zunächst der letztere gemäß § 69 festzustellen und dann der Wert der Gesamtforderung nach § 70 zu berechnen. Für Hebungen von unbestimmter Dauer (z. B. auf Lebenszeit) ist § 69 allein maßgebend.

Zweites Buch.

Konkursverfahren.

Erster Titel.

Allgemeine Bestimmungen.

§ 71 (64). Für das Konkursverfahren ist das Amtsgericht ausschließlich zuständig, bei welchem der Gemeinschuldner seine gewerbliche Niederlassung oder in Ermangelung einer solchen seinen allgemeinen Gerichtsstand hat.

Sind mehrere Gerichte zuständig, so schließt dasjenige, bei welchem zuerst die Eröffnung des Verfahrens beantragt worden ist, die übrigen aus.

---

1. Sachlich zuständig sind, gleichviel ob es sich um Kaufleute oder um Nichtkaufleute handelt, die Amtsgerichte, im Bereiche der Konsulargerichtsbarkeit der Konsul (§ 7 Nr. 1 Ges. über die Konsulargerichtsbarkeit v. 7. April 1900, RGBl. S. 213), in den deutschen Schutzgebieten der vom Reichskanzler zur Ausübung der Gerichtsbarkeit ermächtigte Beamte (§ 2 Ges. betr. Rechtsverh. der deutschen Schutzgebiete, i. d. F. v. 10. Sept. 1900, RGBl. S. 813). Der Einzelrichter des Amtsgerichts hat zu den vor ihm anstehenden Verhandlungen einen Gerichtsschreiber zuzuziehen; §§ 22 GVG.; § 165 ZPO. Ihm stehen die Befugnisse des Gerichtsvorsitzenden zu; §§ 177 ff. GVG.; §§ 136, 139 ZPO. 1

2. Örtlich zuständig ist das Amtsgericht, in dessen Bezirke der GSch. seine gewerbliche Niederlassung hat. Gewerbliche Niederlassung ist eine für den Betrieb einer Fabrik, einer Handlung oder eines anderen Gewerbes bestimmte, zum unmittelbaren Abschlusse von Geschäften ermächtigte Betriebsstelle; § 42 Abs. 2 GewO.; § 21 ZPO.; RG. 50 S. 398. Bloße Nebenstellen (Zweiggeschäfte, Filialen, Agenturen) begründen keine Zuständigkeit. 2

Hat der GSch. im Deutschen Reiche keine gewerbliche Niederlassung, so wird die örtliche Zuständigkeit begründet durch den allgemeinen Gerichtsstand. Dieser wird bestimmt durch die §§ 13—19 ZPO. Danach ist dasjenige Amtsgericht zuständig, in dessen Bezirke der GSch. seinen Wohnsitz hat. Der allgemeine Gerichtsstand einer Person, welche keinen Wohnsitz hat, wird durch den Aufenthaltsort im Deutschen Reich und, wenn ein solcher nicht bekannt ist, durch den letzten Wohnsitz bestimmt; § 16 ZPO. Der allgemeine Gerichtsstand der Gemeinden, der Korporationen sowie derjenigen Gesellschaften, Genossenschaften und anderen Vereine und derjenigen

Stiftungen, Anstalten und Vermögensmassen, welche als solche verklagt werden können, wird durch deren Sitz bestimmt. Als Sitz gilt, wenn nicht ein anderes erhellt, der Ort, wo die Verwaltung geführt wird. Gewerkschaften haben den allgemeinen Gerichtsstand bei demjenigen Gerichte, in dessen Bezirke das Bergwerk liegt, Behörden, wenn sie als solche verklagt werden können, bei dem Gerichte ihres Amtssitzes. Neben dem durch diese Vorschriften bestimmten Gerichtsstand ist ein durch Statut oder in anderer Weise besonders geregelter Gerichtsstand zulässig; § 17 ZPO.

Wenn der Schuldner im Deutschen Reiche zwar eine gewerbliche Niederlassung, aber keinen allgemeinen Gerichtsstand hat, so umfaßt das KVerf. nur das im Inlande befindliche Vermögen. Hat er im Deutschen Reiche weder eine gewerbliche Niederlassung noch einen allgemeinen Gerichtsstand, so findet ein KVerf. über das im Inlande befindliche Vermögen des Schuldners nur statt, wenn er im Inlande ein mit Wohn- und Wirtschaftsgebäuden versehenes Gut als Eigentümer, Nutznießer oder Pächter bewirtschaftet. Für das Verfahren ist das Amtsgericht ausschließlich zuständig, in dessen Bezirke das Gut sich befindet; § 238.

Für das KVerf. über einen Nachlaß ist in jedem Falle — ohne Rücksicht darauf, ob der Schuldner eine gewerbliche Niederlassung hatte — das Gericht zuständig, bei dem der Erblasser zur Zeit seines Todes den allgemeinen Gerichtsstand hatte; § 214 KO.

3 **3.** Die Zuständigkeit ist eine ausschließliche, mithin Prorogation ausgeschlossen; § 40 ZPO. Der von einem unzuständigen Gericht erlassene Eröffnungsbeschluß kann vom GSch. mit der sofortigen Beschwerde angefochten werden; §§ 73 Abs. 3, 109. Ist der Beschluß rechtskräftig geworden, so ist die Unzuständigkeit geheilt.

4 **4.** Sind mehrere Gerichte zuständig, z. B. wenn der Schuldner mehrere Wohnsitze oder mehrere gewerbliche Niederlassungen oder im Falle des § 238 mehrere Güter in verschiedenen Gerichtsbezirken hat, so entscheidet nicht die erste gerichtliche Handlung, sondern die Priorität des für begründet erachteten Antrags. Ob dieser vom GSch. oder von einem Gläubiger gestellt wird, ist gleichgültig. Doch gilt diese Bestimmung nur für das Verhältnis der Gerichte des Deutschen Reiches untereinander. Durch die Eröffnung eines Konkurses im Ausland wird die Eröffnung eines Konkurses im Deutschen Reiche nicht ausgeschlossen (vgl. §§ 237, 238).

5 5. Das im Instanzenzuge zunächst höhere Gericht hat das zuständige Gericht zu bestimmen:

a. wenn das an sich zuständige Gericht in einem einzelnen Falle an der Ausübung des Richteramtes rechtlich oder tatsächlich verhindert ist;

b. wenn es mit Rücksicht auf die Grenzen verschiedener Gerichtsbezirke ungewiß ist, welches Gericht zuständig sei;

c. wenn verschiedene Gerichte sich rechtskräftig für zuständig erklärt haben;

d. wenn verschiedene Gerichte, von welchen eines zuständig ist, sich rechtskräftig für unzuständig erklärt haben.

Die Entscheidung über das Gesuch um Bestimmung des zuständigen Gerichtes kann ohne vorgängige mündliche Verhandlung erfolgen.

Eine Anfechtung des Beschlusses, welcher das zuständige Gericht bestimmt, findet nicht statt: § 36 Nr. 1, 2, 5, 6, § 37 ZPO.

§ 72 (65). Die Vorschriften der Zivilprozeßordnung finden, soweit nicht aus den Bestimmungen dieses Gesetzes sich Abweichungen ergeben, auf das Konkursverfahren entsprechende Anwendung.

1. Es findet z. B. auch Anwendung § 99 ZPO. (Unzulässigkeit der Beschwerde 1
nur über den Kostenpunkt; JW. 94 S. 359[4]); ferner § 766 bei Streitigkeiten zwischen dem GSch. und dem Verwalter über die Herausgabe von Sachen zur Konkursmasse RG. 37 S. 398, §§ 41 ff. über die Ausschließung von Gerichtspersonen, § 88 über Vollmachten, § 299 über Akteneinsicht.

2. Auch die Vorschriften des GVG. finden ergänzend im Konkurse An- 2
wendung (§ 2 EG. z. GVG.), da das KVerf. den ordentlichen Gerichten zugewiesen ist und bei der Abfassung der Reichsjustizgesetze zu der ordentlichen streitigen Gerichtsbarkeit gerechnet wurde. Insbesondere sind anwendbar die Vorschriften über Rechtshilfe, §§ 157—169, Sitzungspolizei, §§ 177—185, Gerichtssprache, §§ 186—193, und Gerichtsferien, § 204. Danach sind die Ferien auf das KVerf. selbst ohne Einfluß, gelten aber für die außerhalb des KVerf. zu erledigenden Prozesse. Die Bestimmungen über die Öffentlichkeit des Verfahrens (§ 170 GVG.) finden keine Anwendung, da das Konkursgericht kein erkennendes Gericht im Sinne des § 170 ist; ebenso Jaeger A. 6.

3. Wo es sich nur um Verwaltung der KM. handelt, kann von der An- 3
wendung der ZPO. keine Rede sein, weil diese über Vermögensverwaltung keine Bestimmungen enthält. Auch für die Verwertung der KM. sind der Regel nach die Bestimmungen der ZPO., betreffend die Verwertung gepfändeter Sachen im Zwangsvollstreckungsverfahren, ausgeschlossen, weil die KO. diese Materie selbständig (§§ 117 ff., 149 ff.) geordnet hat.

Im übrigen vgl. die A. zu § 73.

§ 73 (66). Die Entscheidungen im Konkursverfahren können ohne vorgängige mündliche Verhandlung erfolgen.

Die Zustellung geschieht von Amts wegen.

Gegen die Entscheidungen im Konkursverfahren findet, soweit dieses Gesetz nicht ein anderes bestimmt, die sofortige Beschwerde statt.

1. Entscheidungen sind Urteile, Beschlüsse und Verfügungen; § 160 Nr. 5 1
ZPO. Urteile im Sinne der ZPO. läßt das KVerf. nicht zu, da die Entscheidungen in diesem Verfahren, auch wenn sie — wie bei der KE. und beim Zwangsvergleich — das Gesamtverfahren unmittelbar betreffen, doch nicht einen bestimmten Rechtsstreit unter bestimmten Parteien zur Erledigung bringen. Die Form der Entscheidungen ist daher die der Beschlüsse; §§ 109, 163, 185, 189, 190, 198, 205. Tatbestand und Gründe sind also nicht wesentlich.

Eine mündliche Verhandlung im Sinne der ZPO. gibt es im KVerf. 2
nicht, sondern nur eine mündliche Verhandlung im weiteren Sinne, eine mündliche freie Erörterung vor und mit dem KGerichte, bei welcher die Berücksichtigung schriftlichen Vorbringens nicht ausgeschlossen ist; v. Wilm.-Kurlb. A. 2. Keine Anwendung auf das Verfahren finden also die §§ 132—135, 138, 145—148, 150 ZPO. M. 298. Ebensowenig § 102 ZPO. und § 48 GKG. Auch nicht die §§ 78, 297, 298 ZPO., denn Anwaltszwang ist ausgeschlossen, da das Verfahren vor einem Amtsgericht stattfindet. Die Anhörung der Beteiligten, welche in den §§ 84, 95, 101, 105, 121, 127, 184, 203, 208, 210, 217, 218, 230, 236 KO. vorgeschrieben ist, hat — wie in den Fällen der §§ 102, 225, 891 ZPO. — nur die Bedeutung, daß den Beteiligten rechtliches Gehör gewährt werden soll; dies kann aber auch geschehen durch Eröffnung einer Frist zur schriftlichen oder mündlichen Erklärung. Die Fälle, in denen eine

mündliche Verhandlung stattzufinden hat, sind in der KO. vorgeschrieben (vgl. z. B. §§ 141 ff., 162, 179, 182).

3 2. Die Zustellung ist für alle Entscheidungen, auch für die verkündeten, vorgeschrieben. Die hierin enthaltene Abweichung von § 329 Abs. 3 ZPO. ist beabsichtigt; Prot. S. 59, 60. Die öffentliche Bekanntmachung, wo sie vorgeschrieben oder zugelassen ist, gilt als Zustellung an alle Beteiligten, auch wenn neben ihr eine besondere Zustellung vorgeschrieben ist; § 76. Für die Bestätigung oder Verwerfung eines Zwangsvergleichs ist die Verkündung für genügend erklärt; §§ 185, 189 Abs. 2.

Die Beteiligten, an welche die Zustellung zu erfolgen hat, sind in jedem Falle zu ermitteln. Die Gläubigerversammlung ist kein Rechtssubjekt. Die Zustellung muß also an alle Beteiligten erfolgen. Dies geschieht nach § 76 Abs. 3 durch öffentliche Bekanntmachung.

Bezüglich der Form der Zustellung von Amts wegen sind die Bestimmungen der §§ 208 ff. ZPO. maßgebend.

4 3. Die sofortige Beschwerde ist das alleinige Rechtsmittel gegen alle Entscheidungen, welche im KVerf. auf Grund der KO. erlassen sind. Berechtigt zur Einlegung sind alle, deren Interesse durch die Entscheidung verletzt ist, regelmäßig der KV., die KGl. und der GSch., dieser sofern nicht ein Fall vorliegt, in welchem seine Zuziehung ausgeschlossen oder gemäß § 6 dem KV. die Vertretungsbefugnis eingeräumt ist. Trifft die Verletzung alle KGl., wie bei Ablehnung von Anträgen oder Beschlüssen der Gläubigerversammlung, so ist jeder einzelne Gläubiger, auch derjenige, welcher in der Versammlung nicht zugegen oder vertreten war, zur Einlegung der Beschwerde befugt. Bei einer in Liquidation befindlichen G. m. b. H. ist jeder einzelne Liquidator beschwerdeberechtigt; OLG. Colmar in OLG. 15 S. 243. Der GlVersammlung selbst steht ebensowenig ein Beschwerderecht zu wie dem GlAusschuß, da sie keine Parteirolle haben; ebenso OLG. Marienwerder in SeuffA. 58 S. 254; Jaeger A. 8; a. M. OLG. Hamburg in SeuffA. 61 S. 487; v. Wilm.-Kurlb. A. 8. Das Verfahren folgt den Vorschriften der §§ 567—577 ZPO. Die Frist für die Einlegung der sofortigen Beschwerde beginnt mit der Zustellung der Entscheidung. Ausnahmen sind in den §§ 158, 189 KO. festgesetzt. Die Regel des § 577 Abs. 3 ZPO., wonach das Gericht auch vor Einlegung der sofortigen Beschwerde zu einer Änderung seiner Entscheidung nicht befugt ist, gilt auch im KVerf.; Pet.-Kleinf. A. 10; Fitting § 26 A. 26; v. Wilm.-Kurlb. A. 1. (AM. Jaeger A. 10.) Eine Abweichung findet statt in den Konsulargerichtsbezirken. Der Konsul ist zur Änderung seiner durch sofortige Beschwerde angegriffenen Verfügung berechtigt. Über die Beschwerde gegen die Entscheidung des Konsuls entscheidet das Reichsgericht endgültig; §§ 44, 14 Ges. v. 7. April 1900. Für die Schutzgebiete vgl. Schutzgebietsges. (RGBl. 00 S. 813) §§ 2, 3.

5 Die gewöhnliche Beschwerde (§ 567 ZPO.) ist zulässig, wenn die Entscheidung nicht auf Grund der KO., sondern auf Grund eines anderen Gesetzes getroffen ist. So z. B. bei Entscheidungen gemäß §§ 380, 390, 409 ZPO. gegen Zeugen und Sachverständige oder gemäß §§ 159, 160, 183 GVG. wegen verweigerter Rechtshilfe oder wegen Ungebühr oder gemäß § 17 der GebO. f. Z. u. Sachv., § 4 GKG., § 22 GebO. f. Gerichtsvollzieher bei der Festsetzung von Gebühren der Zeugen und Sachverständigen, der Gerichtskosten, der Gebühren eines Gerichtsvollziehers.

6 Weitere Beschwerde ist ausgeschlossen in betreff des Beschlusses über Bestätigung oder Verwerfung des Zwangsvergleichs; § 189 Abs. 3.

Für Beschwerden, welche den Geschäftsbetrieb und Verzögerungen betreffen, ist das Landesgesetz maßgebend. Preußen: § 85 AG. z. GVG.

Ausgeschlossen ist die Anfechtung der Entscheidungen in den 7
Fällen der §§ 95, 96, 163, 189 Abs. 3, 190 sowie in dem Falle des § 108 des Ges. betr. die Erwerbs- und Wirtschaftsgenossenschaften vom 1. Mai 1889 (Fass. v. 20. Mai 1898). Der Annahme, daß auch die Entscheidung in den Fällen unanfechtbar sei, in denen eine in das freie Ermessen des KGerichts gestellte Maßregel (z. B. § 135 Abs. 2) abgelehnt wird (Kohl. S. 523, Leitf. S. 61, 329), kann nicht beigetreten werden. Das Ermessen des KG. ist kein souveränes, sondern der Korrektur durch das Ermessen des Beschwerdegerichts unterworfen; v. Wilm.-Kurlb. A. 6; Jaeger A. 7. Der Grundsatz des § 99 ZPO., wonach die Beschwerde unzulässig ist, wenn sie nur die Entscheidung über die Kostenpflicht betrifft, gilt auch für die KO.; RG. JW. 94 S. 359. Für unzulässig ist auch eine Beschwerde wegen Ablehnung der Festsetzung einer Ordnungsstrafe gegen den Verwalter erachtet worden; OLG. Königsberg in OLG. 4 S. 172.

§ 74 (66 a). Die Entscheidung des Beschwerdegerichts wird erst mit der Rechtskraft wirksam. Das Beschwerdegericht kann jedoch die sofortige Wirksamkeit der Entscheidung anordnen.

Die dem § 26 des RGes. über die freiw. Gerichtsbarkeit nachgebildete Vorschrift 1
ist durch die KNov. — gegenüber dem § 572 ZPO. — neu eingefügt. Die Anordnung aus Satz 2, für deren Erlaß es keines Antrags bedarf, ist mit der Entscheidung selbst zu verbinden. Eine vom Beschwerdegericht gemäß Satz 2 getroffene Anordnung kann vom Gericht der weiteren Beschwerde aufgehoben werden; § 572 Abs. 3 ZPO. Auch kann das Gericht der weiteren Beschwerde eine vom Beschwerdegericht abgelehnte Anordnung gemäß Satz 2 selbst erlassen. Übrigens versagt die erlassene Anordnung in allen Fällen, in denen das Gesetz, z. B. §§ 1419, 1543, 1647 BGB., den Eintritt der Rechtsfolge von der Rechtskraft des Eröffnungsbeschlußes abhängig macht; Jaeger A. 2, 3.

§ 75 (67). Das Konkursgericht kann zur Aufklärung aller das Verfahren betreffenden Verhältnisse die erforderlichen Ermittelungen, insbesondere die Vernehmung von Zeugen und Sachverständigen anordnen.

---

1. Der § 75 findet sowohl auf Antrag als von Amts wegen Anwendung 1
und gilt für alle Abschnitte des KVerf., also auch für die Verhandlungen über die KE. und über einen Zwangsvergleich.

2. „Das Gesetz gebraucht das Wort „Zeugen und Sachverständige" im 2
technischen Sinn und will dadurch die entsprechende Anwendung der Vorschriften der ZPO. (§§ 373 ff., 402 ff.) über die Aufnahme des Beweises, insbesondere über die Zeugenpflicht, die Ablehnung eines Sachverständigen, die zulässigen Zwangsmittel, die Eidespflicht, die Entschädigung und die Zuziehung der Beteiligten sicherstellen. Als selbstverständlich ist vorausgesetzt, daß das Gericht jede andere zuständige Behörde um die Vernehmung oder sonstige Ermittelung ersuchen kann"; M. 299, 300. Die Gebührenordnung für Zeugen und Sachverständige gilt nach ihrem § 1 auch für den Konkurs. Des Erlasses eines förmlichen Beweisbeschlusses bedarf es nicht.

3. Der Verzicht auf die Beeidigung (§§ 391, 410 ZPO.) ist unausführ- 3

bar, sobald (was regelmäßig der Fall sein wird) die Rechte nicht nur bestimmter Einzelner, sondern aller KBeteiligten betroffen werden. Wenn ein gültiger Verzicht auf die Beeidigung nicht vorliegt, so hat das Gericht diese vorzunehmen. Die Beeidigung von dem Ermessen des Richters abhängig zu machen (so: v. Völd. 2 S. 32 u. a.), erscheint unstatthaft, weil hierin nicht eine entsprechende Anwendung, sondern eine Umkehr der Regel, wonach mangels eines Verzichtes die Beeidigung erfolgen muß, liegen würde, v. Wilm.=Kurlb. A. 1. Pet.=Kleinf. A. 3 und Jaeger A. 2 halten auch den Verzicht aller Beteiligten für unwirksam.

§ 76 (68). **Die öffentlichen Bekanntmachungen erfolgen durch mindestens einmalige Einrückung in das zur Veröffentlichung amtlicher Bekanntmachungen des Gerichts bestimmte Blatt; die Einrückung kann auszugsweise geschehen. Die Bekanntmachung gilt als bewirkt mit dem Ablaufe des zweiten Tages nach der Ausgabe des die Einrückung oder die erste Einrückung enthaltenden Blattes.**

Das Gericht kann weitere Bekanntmachungen anordnen.

Die öffentliche Bekanntmachung gilt als Zustellung an alle Beteiligten, auch wenn dieses Gesetz neben ihr eine besondere Zustellung vorschreibt.

---

1 **1.** Die öffentliche Bekanntmachung ist vorgeschrieben für die Fälle der §§ 81, 93, 98, 111, 116, 151, 163, 179, 190, 198, 203, 205, zugelassen im § 106. Sie liegt im Falle des § 151 dem KV., in allen übrigen Fällen dem KGericht ob und ist in diesen Fällen nach den Geschäftsanweisungen durch den Gerichtsschreiber zu besorgen. Für die Art der Bekanntmachung ist nur § 76 Satz 1 maßgebend. Der § 204 ZPO. kommt nicht in Betracht. Nur für einzelne Fälle (§§ 111, 116, 163, 190, 198, 205) ist außer der Bekanntmachung gemäß § 76 noch die auszugsweise Einrückung in den Deutschen Reichsanzeiger vorgeschrieben. Im Bereiche der Konsulargerichtsbarkeit ist die Einrückung einer öffentlichen Bekanntmachung in den RAnzeiger regelmäßig nicht erforderlich; § 29 Ges. über die Konsulargerichtsbarkeit v. 7. April 00, RGBl. S. 213. Für die Schutzgebiete vgl. § 3 des Schutzgebietsgesetzes (RGBl. 00 S. 813).

Weitere Bekanntmachungen (§ 76 Abs. 2) können sowohl durch nochmalige Veröffentlichung in derselben oder in einer anderen Zeitung, als auch durch Anheften an die Gerichts= oder Gemeindetafel, Anschlag an der Börse usw. bewirkt werden. Die Einrückung eines Auszugs ist mit Rücksicht auf die Kostenersparung zugelassen; KB. S. 60.

2 **2.** Der entscheidende Zeitpunkt ist der Tag der allgemeinen Ausgabe des Blattes, nicht seines Datums. Von diesem Tage an, der selbst nicht mitgerechnet wird, müssen zwei Tage vergangen sein, bevor die Bekanntmachung als bewirkt gilt. Ob einer dieser Tage ein Sonn= oder Feiertag ist, macht keinen Unterschied.

3 **3.** Wirkung. Ist eine öffentliche Bekanntmachung gemäß Abs. 1 erfolgt, so ersetzt sie die besondere Zustellung in allen Fällen, auch wenn eine solche — wie in §§ 111 Abs. 3, 179 — ausdrücklich vorgeschrieben ist. Diese Vorschriften haben hiernach den Charakter von Sollvorschriften. Die sofortige Beschwerde aus § 73 Abs. 3 läuft also von dem in § 76 Satz 2 bestimmten Termine. Nur dann, wenn schon vorher eine besondere Zustellung erfolgt ist, muß die Beschwerdefrist von dieser früheren Zustellung an gerechnet werden, deren Gültigkeit durch die nachfolgende öffentliche Bekanntmachung nicht berührt wird; Jaeger A. 2; a. M. Wengler

S. 428; Pet.-Kleinf. A. 3. Danach ist der Zeitpunkt der öff. Bekanntm. ausschließlich maßgebend. Auf „weitere Bekanntmachungen" im Sinne des Abs. 2 findet Abs. 3 keine Anwendung, auch nicht auf die in der KO. selbst vorgeschriebenen Bekanntmachungen im Deutschen Reichsanzeiger (s. oben A. 1).

§ 77 (69). Wenn neben der öffentlichen Bekanntmachung eine besondere Zustellung vorgeschrieben ist, so kann dieselbe durch Aufgabe zur Post bewirkt werden. Einer Beglaubigung der Abschrift des zuzustellenden Schriftstücks bedarf es nicht.

Die dem Verwalter obliegenden Mitteilungen können unmittelbar und ohne besondere Form geschehen.

---

1. Besondere Zustellung ist vorgeschrieben in den Fällen der §§ 111 1
Abs. 3, 179. Sie kann stets durch „Aufgabe zur Post" (§§ 175, 192, 213 ZPO.) erfolgen. Als bewirkt gilt diese Zustellung, welche nicht mit der Zustellung „durch die Post" (§§ 193 ff. ZPO.) verwechselt werden darf, schon mit Einlieferung am Postschalter oder bei nichteingeschriebenen Sendungen durch Einwurf in den Briefkasten, selbst dann, wenn der Adressat im Auslande wohnt oder wenn die Sendung als unbestellbar zurückkommt; § 175 ZPO. Der Aufnahme einer Zustellungsurkunde (§ 192 ZPO.) oder der nach §§ 170, 210 ZPO. für sonstige Fälle der von Amts wegen zu bewirkenden Zustellungen vorgeschriebenen Beglaubigung durch den Gerichtsschreiber bedarf es nicht.

2. Mitteilungen des Verwalters (§§ 135, 159) können ohne besondere 2
Form auf mündlichem oder schriftlichem Wege bewirkt werden. Die öffentliche Bekanntmachung des § 76 Abs. 1 ersetzt auch die formfreien Mitteilungen des Verwalters. Der öffentlichen Bekanntmachung des Verwalters bedarf es nur im Falle des § 151.

§ 78 (70). Der Konkursverwalter wird von dem Gerichte ernannt. Das Gericht kann demselben die Leistung einer Sicherheit auferlegen.

---

1. Die Ernennung des KV. ist Sache des Gerichts. Die Gläubiger haben 1
nur ein Vorschlagsrecht; §§ 80, 110. Dies gilt nicht nur bei der KE., sondern auch für die etwa im Laufe des KVerf. erfolgende Beendigung des KVerwalteramtes. Gegen die Ernennung (§ 78 Abs. 1) und gegen die Versagung der Ernennung des gewählten Verwalters (§ 80) steht dem GSch. und jedem KGl., nicht aber dem Abgelehnten die sofortige Beschwerde nach § 73 Abs. 3 zu; Fitting § 29 A. 3; Jaeger A. 9; Pet.-Kleinf. A. 2; v. Wilm.-Kurlb. A. 1. Der alleinige Rechtsgrund für die Befugnisse des Verwalters ist dessen Ernennung. Diese legt auch dem Verwalter die gesetzlichen Pflichten auf (M. 301—305), so daß es einer Beeidigung oder Verpflichtung nicht bedarf. Beamter ist der Verwalter nicht. Seine Rechtsstellung ist ähnlich derjenigen eines Pflegers.

2. Ausgeschlossen von der Fähigkeit, KV. zu sein, sind nur: geschäfts- 2
unfähige Personen, der GSch. selbst (§ 6, M. 304) und diejenigen, denen die bürgerlichen Ehrenrechte aberkannt sind, während der im Urteil bestimmten Zeit (§ 34 Nr. 6 StGB., Art. 34 I EG. z. BGB.).

Weitere Beschränkungen bestehen nicht. Es können deshalb auch Frauen, Verwandte des GSch. sowie dessen Gläubiger und Schuldner ernannt werden. Für etwaige Kollissionsfälle ist ein KV. ad hoc zu ernennen. Ob bei Beamten die Genehmigung der vorgesetzten Dienstbehörde erforderlich ist, bestimmt sich nach Landesrecht.*) Daß der KV. am Sitze des KG. wohnt, ist nicht notwendig.

3 **3.** Eine Verpflichtung zur Annahme der Ernennung ist reichsgesetzlich nicht angeordnet. Der Landesgesetzgebung ist nicht verwehrt, derartige Verpflichtungen als eine Art von Bürgerpflicht einzuführen.**) AM. v. Völd. 2 S. 52.

4 **4.** Die Tätigkeit des Verwalters beginnt, sobald die ausgesprochene Ernennung ihm — gleichgültig in welcher Form — mitgeteilt und von ihm — wenn auch nur stillschweigend — angenommen ist. Eine besondere Verpflichtung erfolgt nicht. Die Bestallung (§ 81) ist nur Beweismittel der Ernennung. — Die Übernahme der KVerwaltung bezieht sich auf die gesamte Dauer des Konkurses. Der KV. kann das Amt nicht beliebig niederlegen, vielmehr nach § 84 durch Ordnungsstrafen zur Fortführung angehalten werden; OLG. Köln im Recht 06 S. 1204; v. Sarw.-Boss. A. 2; v. Wilm.-Kurlb. A. 4; (a. M. Pet.-Kleinf. A. II. 9).

5 **5.** Die KVerwaltung endigt mit der Beendigung des KVerf., mit dem Tode des KV. oder mit seiner Entlassung nach § 84. Verlust der bürgerlichen Ehrenrechte (A. 2) beendigt nicht ohne weiteres das Amt des KV., kommt vielmehr (wie im Falle des § 1886 BGB.) nur als Entlassungsgrund in Betracht; v. Wilm.-Kurlb. A. 4. Dasselbe gilt von der körperlichen oder geistigen Unfähigkeit der KV.; Fitting § 29 A. 30; v. Wilm.-Kurlb. A. 4; a. M. v. Sarw.-Boss. A. 2. Mit der Entmündigung endigt nach allgemeiner Annahme das Amt ohne weiteres (vgl. auch §§ 1885, 1915 BGB.).

6 **6.** Sicherheitsleistung. Das KG. kann nach seinem freien Ermessen dem KV. sowohl bei seiner Ernennung als auch jederzeit später die Leistung einer Sicherheit auferlegen. Die Sicherheit dient, da eine Einschränkung nicht bestimmt ist, für die ganze Amtsführung des KV., haftet also nicht nur den KGl., dem GSch., den Massegläubigern, den Absonderungs- und den Aussonderungsberechtigten für den ihnen durch schuldhafte Nichterfüllung der dem KV. obliegenden Pflichten erwachsenen Schaden, sondern — gegen Jaeger A. 14 — auch dem Fiskus für Ordnungsstrafen; v. Wilm.-Kurlb. A. 5 Abs. 1. Das Ermessen des Gerichts bezieht sich sowohl darauf, ob überhaupt eine Sicherheit zu bestellen ist, als auch darauf, in welcher Art und Höhe und in welchem Zeitpunkt sie zu leisten und wann sie zurückzugewähren ist; § 108 ZPO. und § 232 BGB. sind nicht maßgebend. Wie im Falle des § 1844 kann das KG., solange das Amt des KV. dauert, jederzeit die Erhöhung, Minderung oder Aufhebung der Sicherheit anordnen. Daraus folgt, daß es zur Rückgabe der Sicherheit nicht der Zustimmung der Beteiligten bedarf, vielmehr nach seinem Ermessen die Rückgabe anordnen kann; Fitting § 29 A. III; Jaeger A. II 12b; Pet.-Kleinf. A. II 11; v. Sarw.-Boss. A. 3; v. Wilm.-Kurlb. A. 6. Beschwerdeberechtigt ist jeder Beteiligte, namentlich steht gegen die Auferlegung einer Sicherheit dem KV., gegen die Zurückweisung eines Antrags auf Auferlegung einer Sicherheit dem Antragsteller die sofortige Beschwerde zu; § 73.

§ 79 (71). Wenn die Verwaltung verschiedene Geschäftszweige umfaßt, so können mehrere Konkursverwalter ernannt werden. Jeder von ihnen ist in seiner Geschäftsführung selbständig.

*) In Preußen bedarf es für Staatsbeamte der Genehmigung der vorgesetzten Dienstbehörde.

**) In Württemberg sind nach Art. 1 des Württ. AG. z. KO. die Gerichts- und Amtsnotare (Bezirksnotare) zur Annahme verpflichtet.

1. Mehrere Verwalter. Eine kollegialische Verwaltung unter gemeinsamer 1
Haftbarkeit ist als unzweckmäßig und hemmend abgelehnt. Die Ernennung mehrerer KV. kann nur für den Fall angeordnet werden, daß jedem ein besonderer in sich abgeschlossener Geschäftszweig, für welchen er allein haftet, übertragen werden kann; M. 306. Kompetenzstreitigkeiten unter den einzelnen Verwaltern entscheidet das KG.

2. Gehilfen. Läßt sich die Teilung der Geschäfte nach bestimmten Zweigen 2
nicht ausführen, so muß es dem Verwalter überlassen bleiben, sich der Unterstützung von Gehilfen zu bedienen, welche seiner Beaufsichtigung und seinen Anweisungen unterworfen sind, und für deren Tätigkeit er nach Maßgabe der Vorschriften des bürgerlichen Rechtes (§§ 278, 831 BGB.) aufzukommen hat; M. 305, 306.

3. Einen Vertreter des behinderten Verwalters, der nach außen hin dessen 3
Befugnisse ausüben soll — z. B. zur Prüfung seiner eigenen Forderung, wenn der KV. selbst KGl. ist —, kann nicht der Verwalter, sondern nur das Gericht bestellen; Fitting § 29 A. 35.

§ 80 (72). In der auf die Ernennung eines Verwalters folgenden Gläubigerversammlung können die Konkursgläubiger statt des Ernannten eine andere Person wählen. Das Gericht kann die Ernennung des Gewählten versagen.

1. Termin zur Gläubigerversammlung: § 110. 1

2. Der Wahlakt ist nicht geheim und erfordert zur Gültigkeit der Wahl ab- 2
solute Mehrheit der Stimmen; § 94.

3. Kommt keine gültige Wahl zustande, oder wird die Ernennung des 3
Gewählten versagt, so bleibt der bisherige Verwalter in Tätigkeit. Das Gesetz geht davon aus, daß nur aus triftigen Gründen eine Neuwahl von dem Gerichte unbeachtet bleiben wird; M. 303. Einer Angabe dieser Gründe bedarf es nicht; Prot. 62.

4. Die Beschwerde (§ 73) gegen die Entscheidung des KG. steht allen Be- 4
teiligten zu, auch wenn sie nicht im Termine anwesend waren; Prot. 62. Beteiligte sind der GSch. und jeder (a. M. Pet.-Kleinf. A. 2) stimmberechtigte KGl., nicht aber der bisherige Verwalter, dessen Rechte mit seiner Entlassung aufgehört haben, auch nicht der neu gewählte, aber nicht ernannte Verwalter, der noch gar keine Rechte auf die Verwaltung erworben hat.

5. Der Verwalter kann sich gegenüber Ansprüchen Dritter an die Masse nicht 5
darauf berufen, daß seine Bestätigung durch die Gläubigerversammlung noch nicht erfolgt ist; OLG. Dresden in SächsOLG. 26 S. 172.

§ 81 (73). Der Name des Verwalters ist öffentlich bekannt zu machen.

Dem Verwalter ist eine urkundliche Bescheinigung seiner Ernennung zu erteilen. Er hat dieselbe bei der Beendigung seines Amts dem Gerichte zurückzureichen.

1. Öffentliche Bekanntmachung: § 76. Die Vorschrift bezieht sich so- 1
wohl auf den ersten Verwalter (§ 110), dessen Name mit dem Eröffnungsbeschlusse (§ 111) bekannt gemacht wird, als auch auf jeden späteren Verwalter. Bei mehreren Verwaltern sind auch die einem jeden zugewiesenen Geschäftszweige bekannt zu machen.

Ebendasselbe gilt für die zur Erleichterung des Legitimationsnachweises vorgeschriebene, dem Verwalter zu erteilende Bescheinigung seiner Ernennung (Bestallung). Diese hat der KV. bei der Beendigung seines Amtes dem KG. zurückzureichen. Das KG. kann den KV. zur Rückgabe der Bestallung nach § 84 durch Ordnungsstrafen anhalten, da die „bei der Beendigung seines Amtes zu leistende Rückgabe noch in die Zeit des Amtes fällt und als Amtspflicht erscheint"; Fitting § 29 A. 9; Jaeger A. 3; a. M. Pet.-Kleinf. §§ 78—81 A. 8, welcher meint, es sei Sache des neuen KV. auf Herausgabe der Bestallung an das Gericht zu klagen. Jedenfalls sind die KGl. zu dieser Klage nicht berechtigt, da sie sich in die Verwaltung überhaupt nicht einzumischen haben. Auch der GSch. ist zur Klage nicht legitimiert (a. M. Wolff A. 1), da weder er noch die Masse durch mißbräuchliche Fortbenutzung der Bestallung geschädigt werden kann. Vgl. A. 2.

2 2. Die Befugnisse des KV. beginnen mit der Annahme seiner Ernennung und hören auf mit seiner Entlassung; § 78. Daraus folgt, daß der ernannte KV. schon vor der Bekanntmachung und unabhängig von deren etwa irrtümlichen Inhalt zur Ausübung des Amtes berechtigt ist, und daß Verwaltungshandlungen, die er nach der Beendigung seines Amtes, wenn auch noch im Besitze der Bestallung, für die Masse vorgenommen hat, für diese nicht verbindlich sind, auch nicht zugunsten Dritter, welche diese Person in gutem Glauben für den Verwalter gehalten haben; §§ 177 bis 180 BGB.; Jaeger A. 2. Eine irrtümlich in der Bekanntmachung als KV. bezeichnete Person würde zu Verwaltungshandlungen nicht ermächtigt sein, denn die Befugnisse des KV. beruhen auf der Ernennung, nicht auf der Bekanntmachung.

§ 82 (74). Der Verwalter ist für die Erfüllung der ihm obliegenden Pflichten allen Beteiligten verantwortlich.

---

1 1. Der KV. haftet für Vorsatz und Fahrlässigkeit. „Fahrlässig handelt, wer die im Verkehr erforderliche Sorgfalt außer acht läßt. Die Vorschriften der §§ 827, 828 BGB. finden Anwendung"; § 276 BGB. Unter den Begriff der Fahrlässigkeit fällt auch der nicht entschuldbare Irrtum. Rechtsirrtum über zweifelhafte Rechtsfragen kann entschuldbar sein; RG. 39 S. 94 ff.; JW. 00 S. 73; SächsArch. 7 S. 652. Vorsätzlich handelt der KV., wenn er weiß, daß durch sein Handeln die KM. geschädigt werden kann; RG. 23 S. 130, 137. Vorsatz sowohl wie Fahrlässigkeit kann auch in einer Unterlassung bestehen; RG. 34 S. 26. Ohne Vorsatz oder Fahrlässigkeit ist eine Haftung nicht begründet; der Umstand allein, daß eine Handlung der KM. zum Nachteil gereichte (RG. BadAnn. 64 S. 75), genügt nicht; RG. JW. 96 S. 34. Über konkurrierendes Verschulden des Beschädigten vgl. § 254 BGB.

2 2. Ersatzberechtigt sind alle Beteiligten: die Konkursgläubiger, die Massegläubiger, die Aus- und Absonderungsberechtigten (a. M. Wolff A. 3), der GSch. Der Verwalter haftet z. B. dem Aussonderungsberechtigten, wenn er Sachen, die diesem gehören, zur KM. verwertet; OLG. Karlsruhe in der BadRpr. 70 S. 234. Jeder Beteiligte kann wegen des ihm selbst erwachsenen Schadens gegen den KV. unmittelbar auf Schadensersatz klagen, Aussonderungsberechtigte nach Verfolgung der Ansprüche aus § 46. Auf Erstattung des der KM. entstandenen Schadens kann aber gemäß § 6 nur ein neuer Verwalter Klage erheben, nicht der GSch., nicht die Gesamtheit der KGl., auch nicht der einzelne KGl.; RG. Gruch. 31 S. 1129; Jaeger A. 3.

3 3. Beweispflichtig für die Verschuldung ist der einen Ersatzanspruch er-

hebende Kläger (RG. JW. 96 S. 34), für die Voraussetzungen der §§ 827 und 254 BGB. der KV.; Jaeger A. 4.

4. Der Ersatzanspruch verjährt in 30 Jahren; § 195 BGB. Er kann 4 auch noch nach Beendigung des KVerf. geltend gemacht werden; RG. in OLG. 1 S. 440. Wegen versehentlicher Nichtaufnahme einer KForderung in das Schlußverzeichnis kann der übergangene KGl. Ansprüche aus § 82 nicht erheben, wenn er den zur Rüge dieses Mangels vorgesehenen gesetzlichen Weg (§ 162) zu betreten unterlassen hat; OLG. Dresden in OLG. 6 S. 366; Jaeger A. 5.

5. Die eventuelle Haftung des KV. für unerlaubte Handlungen regeln 5 die §§ 823 ff. BGB.; RG. JW. 04 S. 113.

§ 83 (75). Der Verwalter steht unter der Aufsicht des Konkursgerichts.

---

1. Über die Ausübung der Aufsicht sagen die Motive: „Keineswegs ist 1 beabsichtigt, das Gericht durch Beilegung von Disziplinarbefugnissen indirekt zu einer oberen Instanz zu machen. Der bezeichnende Unterschied liegt darin, daß dasselbe niemals die Zweckmäßigkeit, sondern nur die Pflichtwidrigkeit der Handlungen oder Unterlassungen des Verwalters zu prüfen hat. Direkte Verstöße gegen die gesetzlichen Vorschriften, grobe Vernachlässigungen der Amtspflichten usw. können von dem Gerichte ohne Einmischung in die eigentliche Verwaltung sehr wohl geahndet werden. In der Regel wird dasselbe nicht von Amts wegen, sondern nur auf Antrag vorgehen"; M. 306.

2. Hieraus folgt die Befugnis des Gerichts, jederzeit Auskunft und 2 Rechenschaft über die Geschäftsführung des Verwalters zu verlangen, insbesondere den gesetzmäßigen Vollzug von Verteilungen (LG. Dresden, ZfDZP. 8 S. 492) und die Anfertigung einer Inventur und einer Bilanz (§ 124) zu überwachen, gesetzwidrige Maßregeln des Verwalters (§§ 133, 134, 135 Abs. 2) anzuhalten, ihn zur Erfüllung seiner Pflichten aufzufordern. Das Gericht entscheidet nach freiem Ermessen; RG. 29 S. 83; OLG. Rostock in SeuffA. 55 Nr. 59. Zwangsmittel bieten die §§ 78, 84 (Auferlegung der Leistung einer Sicherheit, Ordnungsstrafen, Entlassung). Die Befugnis, vom Verwalter zu verlangen, daß er bestimmte Verwaltungsmaßregeln vornehme, z. B. einen Miets- oder Pachtvertrag fortsetze, einen Verkauf aus freier Hand vornehme, eine Anfechtungsklage anstelle, steht dem Gerichte nicht zu; RG. 29 S. 83. KG. in der LZ. f. Handels-, Konkurs- u. VersRecht 1 S. 297. Auch ist das KGericht nicht befugt, Rechtsstreitigkeiten zwischen dem GSch. und dem KV. zu entscheiden; Jaeger A. 1. Das KG. kann z. B. auch den Verwalter nicht zwingen, die Geschäftsbücher des GSch. der Steuerbehörde zur Einsicht vorzulegen; OLG. Bamberg ebenda 1 S. 364. Das Privatverhalten des Verwalters kann zwar einen Grund zur Entlassung geben, unterliegt aber nicht der Disziplinargewalt des Gerichtes.

3. Vorsätzliche oder fahrlässige Verletzung der Aufsichtspflicht kann den 3 Konkursrichter schadensersatzpflichtig machen; § 839 BGB.

4. Gegen die von dem KGericht auf Grund des § 83 getroffenen Entscheidungen 4 ist sofortige Beschwerde nach § 73 zulässig; a. M. Jaeger A. 4.

§ 84 (76). Das Gericht kann gegen den Verwalter Ordnungsstrafen bis zu zweihundert Mark festsetzen. Es kann denselben vor der auf seine Ernennung folgenden Gläubigerversammlung von Amts wegen, später nur auf Antrag der Gläubigerversammlung oder des Gläubigerausschusses seines Amts entlassen.

Vor der Entscheidung ist der Verwalter zu hören.

---

1 1. Ordnungsstrafen können sowohl Zwangsmittel als auch wirkliche Strafen sein; sie können also sowohl zur Erzwingung einer künftigen Handlung als auch wegen bereits begangener Pflichtwidrigkeiten festgesetzt werden. Wiederholte Bestrafung ist zulässig; a. M. Pet.-Kleinf. A. 3 und v. Sarw.-Boss. A. 1, welche die Ordnungsstrafe nur als Strafe für eine bereits begangene Pflichtwidrigkeit ansehen und ihre Wiederholung für unzulässig halten. Umgekehrt sehen Jaeger A. 1 und Fitting § 29 IV die Ordnungsstrafe nur als Zwangsmittel an. Der Festsetzung der Ordnungsstrafe braucht eine Androhung nicht vorauszugehen; § 33 RFG. ist nur für die freiwillige Gerichtsbarkeit anwendbar; a. M. Jaeger A. 2. Die Ordnungsstrafe darf jedes einzelne Mal über den Betrag von 200 M. nicht hinausgehen. Ihre Umwandlung in eine Freiheitsstrafe (§§ 28, 29 StGB.) ist ausgeschlossen. Die Festsetzung erfolgt von Amts wegen. Der Verwalter hat sowohl gegen die Androhung wie gegen die Festsetzung der Ordnungsstrafe die sofortige Beschwerde (§ 73), aber gemäß § 572 ZPO., abweichend von § 24 RFG., ohne aufschiebende Wirkung; Jaeger A. 3; Pet.-Kleinf. A. 2; a. M. Fitting § 29 A. 24. Vollstreckung der Strafe erfolgt nach §§ 803 ff. ZPO.

2 2. Die Entlassung, gleichviel ob sie wegen Pflichtverletzung oder wegen Unfähigkeit des Verwalters erfolgt, kann vom Gerichte von Amts wegen nur bis zu der auf die Ernennung des Verwalters folgenden GlVersammlung, nach dieser nur auf Antrag der GlVersammlung oder des GlAusschusses angeordnet werden. Dies gilt auch dann, wenn die GlVersammlung keinen anderen Verwalter erwählt, oder das Gericht die Ernennung des von ihr Gewählten versagt hat; §§ 80, 110. Einzelne Gläubiger sind zur Stellung des Entlassungsantrags nicht befugt. Gründe brauchen in dem Entlassungsbeschluß nicht angegeben zu werden. Die Entlassung erfolgt durch einen dem KV. zuzustellenden Beschluß. Gegen diesen Beschluß steht dem KV. die sofortige Beschwerde zu (§ 73) aber ohne aufschiebende Wirkung. Vgl. A. 1. Gegen die Zurückweisung des Entlassungsantrags hat der Gläubigerausschuß, nicht aber der einzelne Gläubiger ein Beschwerderecht; OLG. Hamburg in OLG. 15 S. 246; a. M. Jaeger A. 5.

3 3. Die Anhörung des Verwalters, welcher auch durch die Aufforderung zur schriftlichen Äußerung genügt wird, soll sowohl der Festsetzung einer Ordnungsstrafe als der Entlassung vorausgehen. Doch ist das Hören vor der Entlassung nur dann notwendig, wenn es tunlich ist; Prot. S. 161.

4 4. Die Niederlegung des Amtes kann dem KV. nicht versagt werden. Ebensowenig wie zur Annahme erscheint er zur Fortführung des Amtes verpflichtet. Es wird ihm gegenüber die für Bevollmächtigte gegebene Bestimmung des § 671 BGB entsprechende Anwendung finden. Danach darf er sein Amt nur so niederlegen, daß für die Ernennung eines anderen KV. Fürsorge getroffen werden kann, es sei denn, daß ein wichtiger Grund für die unzeitige Kündigung vorliegt. Zur Fortführung des Amtes kann der Verwalter durch Ordnungsstrafen angehalten werden; Jaeger A. 6; Pet.-Kleinf. A. 8; OLG. Köln im Recht 06 S. 1204.

5 5. Ist eine vom GSch. gegen den Verwalter erhobene Beschwerde als unbegründet vom Amtsgericht zurückgewiesen, so ist gegen diese Entscheidung Beschwerde nicht zulässig; OLG. Dresden in OLG. 15 S. 244.

§ 85 (77). Der Verwalter hat Anspruch auf Erstattung angemessener barer Auslagen und auf Vergütung für seine Geschäftsführung. Die Festsetzung der Auslagen und der Vergütung erfolgt durch das Konkursgericht.

Die Landesjustizverwaltung kann für die dem Verwalter zu gewährende Vergütung allgemeine Anordnungen treffen.

---

1. Auslagen, die der KV. in Ausübung seines Amtes gehabt hat, sind ihm zu erstatten, wenn und soweit sie nach Annahme des KG. angemessen waren. Als Auslagen für Reisen, die der KV. in den von ihm geführten Prozessen unternimmt, hat er nur die entstandenen Fuhrkosten, aber weder Diäten noch eine Versäumnisgebühr zu beanspruchen; diese Tätigkeit wird durch seine Vergütung als KV. abgegolten; OLG. Oldenburg, SeuffA. 53 S. 124. Dies gilt auch für den zum KV. bestellten Rechtsanwalt; OLG. Oldenburg a. a. O., RG. SeuffA. 49 S. 458. Auch für die Erhebung und Ablieferung von Wertpapieren auf Grund eines für die KM. geführten Prozesses darf der Rechtsanwalt die besondere Gebühr des § 87 RAGO. nicht zur KM. liquidieren; OLG. Darmstadt, HessRspr. 4 S. 50. Wohl aber kann er die bezeichneten Kosten und Gebühren von dem in die Kosten verurteilten Prozeßgegner beanspruchen; RG. 9 S. 332; 10 S. 374; OLG. Königsberg, Pos. MSchr. 03 S. 96; Pet.-Kleinf. A. 5. Hat der zum KV. bestellte Rechtsanwalt für die KM. Prozesse geführt oder gemäß § 126 die Zwangsvollstreckung in unbewegliche Sachen betrieben, so kann er die für diese Tätigkeit ihm zustehenden Gebühren unabhängig von der Vergütung aus § 85 liquidieren; OLG. Oldenburg, ZfDZP. 90 S. 214—216; Jaeger A. 3; Pet.-Kleinf. A. 5. 1

2. Das Honorar ist vom KG. festzusetzen. Vereinbarungen, die der KV. mit dem GSch. oder mit dem KG. über das Honorar getroffen hat, können das Festsetzungsrecht des KG. weder ausschließen noch einschränken; M. 307; RG. bei Gruchot 50 S. 1126. Maßgebend für die nach freiem Ermessen zu übende Festsetzung ist nicht nur der Betrag der Teilungsmasse, es sind vielmehr daneben die Umstände des einzelnen Falles, insbesondere der Umfang und die Schwierigkeit der Verwaltung und die Art der Erledigung des Konkurses in Betracht zu ziehen; OLG. Marienwerder, SeuffA. 47 S. 481, 482; OLG. Hamburg, HansGZ. 13 S. 180; OLG. Oldenburg SeuffA. 53 S. 124; OLG. Köln, Zeitschr. f. franz. Zivilr. 29 S. 647. Von Aufstellung eines einheitlichen Tarifs hat das Gesetz Abstand genommen. Dagegen ist durch den neuen Abs. 2 der Landesjustizverwaltung gestattet, für die Bemessung des Honorars allgemeine Anordnungen zu treffen. In Preußen sind solche Anordnungen bisher nicht erlassen, wohl aber in Elsaß-Lothringen (Vfg. v. 4. Oktober 87, abgedruckt in Senst, Verwaltung von Konkursen S. 23) und in Württemberg (JMBl. 00 S. 144). 2

3. Der Verwalter hat wegen seines Anspruchs auf Vergütung kein gesetzliches Zurückbehaltungsrecht an Gegenständen der KM.; RG. 53 S. 190. Verjährung der Honoraransprüche tritt in zwei Jahren seit Fälligkeit (§§ 196[a], 201 BGB.) ein, nach Rechtskraft des Festsetzungsbeschlusses in 30 Jahren (§ 218 BGB.). 3

4. Der festgesetzte Betrag gehört zu den Massekosten; § 58[2]. Schuldner ist also der GSch.; OLG. Köln, Zeitschr. f. franz. Zivilrecht 25 S. 127. Ist die Masse zur Befriedigung des festgesetzten Betrages unzureichend, so bleibt der Anspruch des Verwalters gegen den GSch. bestehen und kann geltend gemacht werden, wenn der GSch. nachträglich neues Vermögen erwirbt. Zur Annahme einer Haftung der 4

KGl. oder des Staates für den Betrag, mit welchem der KV. aus der Masse nicht befriedigt werden kann, fehlt die gesetzliche Grundlage; RG. 43 S. 62; OLG. Hamburg, HansGZ. 20 S. 88; Jaeger A. 4; Pet.-Kleinf. A. 2; a. M. Eccius in Gruch. 33 S. 744; 34 S. 152.

5 **5.** Gegen den Festsetzungsbeschluß ist die sofortige Beschwerde zulässig; § 73. Beschwerdeberechtigt sind der KV., der GSch. und jeder KGl.; OLG. Karlsruhe in der BadRpr. 06 S. 284. Die Beschwerdefrist (§ 577 ZPO.) beginnt mit der Zustellung des Beschlusses; Jaeger A. 5; nach OLG. Braunschweig in OLG. 15 S. 245 kann die Beschwerde aber schon von der Verkündung des Beschlusses an eingelegt werden. Die Beschwerde ist jedenfalls aber nicht mehr zulässig, wenn der Betrag der Vergütung in das Schlußverzeichnis aufgenommen und gegen dieses nicht rechtzeitig (§§ 162, 158) Einwendung erhoben war, OLG. Marienwerder in SeuffA. 60 S. 256; a. M. OLG. Jena ebenda 51 S. 379.

§ 86 (78). Der Verwalter hat bei der Beendigung seines Amts einer Gläubigerversammlung Schlußrechnung zu legen. Die Rechnung muß mit den Belegen und, wenn ein Gläubigerausschuß bestellt ist, mit dessen Bemerkungen spätestens drei Tage vor dem Termine auf der Gerichtsschreiberei zur Einsicht der Beteiligten niedergelegt werden. Der Gemeinschuldner, jeder Konkursgläubiger und der nachfolgende Verwalter sind berechtigt, Einwendungen gegen die Rechnung zu erheben. Soweit in dem Termine Einwendungen nicht erhoben werden, gilt die Rechnung als anerkannt.

---

1 **1.** Die gesetzliche Verpflichtung des KV. zur Legung der Schlußrechnung tritt in allen Fällen der Beendigung seines Amtes ein, gleichviel ob diese Beendigung des Amtes die Folge der Beendigung (§§ 163, 190, 202 ff.) des KVerf. ist oder ob während der Dauer des KVerf. ein anderer KV. an die Stelle des bisherigen tritt. Auch in dem Falle, wenn das KVerf. durch Zwangsvergleich beendigt wird, findet § 86 Anwendung. Für diese Annahme spricht neben der allgemeinen Fassung des Gesetzes die Erwägung, daß sowohl der GSch. als die KGl. an der Legung der Schlußrechnung interessiert sind; OLG. Köln, RheinArch. 77 II S. 69; Miltner, Bl. f. Rechtsanw. 52 S. 369; Jaeger A. 1; Pet.-Kleinf. A. 1, 2. Stirbt der KV. oder wird er geschäftsunfähig, so geht die Pflicht zur Rechnungslegung auf seine Erben bzw. seinen gesetzlichen Vertreter über (§§ 666, 672, 675 BGB.); Jaeger A. 1; a. M. Pet.-Kleinf. A. 8; v. Sarw.-Bossi. A. 1; Fitting § 29 A. 26.

2 **2.** Inhaltlich muß die Schlußrechnung eine vollständige Übersicht der gesamten Geschäftsführung des KV., insbesondere eine übersichtliche Zusammenstellung der Einnahmen und Ausgaben enthalten und mit Belegen, insoweit solche erteilt zu werden pflegen (§ 259 BGB.), versehen sein. Besteht Grund zu der Annahme, daß die in der Rechnung enthaltenen Angaben über die Einnahmen nicht mit der erforderlichen Sorgfalt gemacht worden sind, so hat der KV. auf Verlangen den Offenbarungseid gemäß § 259 Abs. 2 BGB. zu leisten. Die Abnahme der Schlußrechnung durch das KG. erfolgt spätestens im Schlußtermin (§ 162). Die Rechnung ist zunächst dem Gläubigerausschuß, sofern ein solcher besteht, vorzulegen, der sie mit seinen Bemerkungen versieht. Spätestens drei Tage vor dem Termin ist die Rechnung auf der Gerichtsschreiberei zur Einsicht der Beteiligten niederzulegen. Im Falle verspäteter Niederlegung sind die Beteiligten berechtigt, Terminsverlegung zu beantragen.

3 **3.** Das KG. ist kraft seines Aufsichtsrechts (§ 83) berechtigt und verpflichtet,

die Rechnung zu prüfen, wenn nötig durch Sachverständige gemäß § 75; ebenso Jaeger A. 3; Fitting § 29 A. 27; a. M. Pet.-Kleinf. A. 5.

4. Zur Erfüllung der Rechnungspflicht kann das KG. den KV. durch Ordnungsstrafen anhalten; § 84. Es können aber auch der neue KV. (§§ 6, 86) und nach Beendigung des KVerf. der GSch. (§§ 666, 675, 259 ZPO.) auf Rechnungslegung, Leistung des Offenbarungseides sowie auf Herausgabe dessen, was der KV. aus seiner Amtsführung schuldet (§ 254 ZPO), klagen; Jaeger A. 4. 4

5. Einwendungen können nur vom GSch., von jedem KGl. und von dem nachfolgenden KV. (nicht also von Ab- und Aussonderungsberechtigten sowie von Massegläubigern) und nur „in dem Termin", also nur mündlich erhoben werden. Schriftliche Einwendungen bleiben unbeachtet; Pet.-Kleinf. A. 3; Jaeger A. 5; a. M. Wolff A. 4. Etwaige Bemerkungen des Gläubigerausschusses (Satz 2) können den Berechtigten Anlaß zu Einwendungen geben, haben aber nicht die Bedeutung selbständiger Einwendungen. Werden in dem Termin Einwendungen nicht erhoben, so gilt die Rechnung als anerkannt, der KV. als entlastet. Dies gilt auch für die Beteiligten, welche den Termin nicht wahrgenommen haben. Die Anfechtung wegen Irrtums oder Betruges (§§ 119, 123 BGB.) wird durch das Anerkenntnis allerdings nicht ausgeschlossen. Soweit Einwendungen erhoben werden, erfolgt ihre Erledigung im Prozeßwege. M. II 308. 5

§ 87 (79). Vor der ersten Gläubigerversammlung kann das Gericht aus der Zahl der Gläubiger oder der Vertreter von Gläubigern einen Gläubigerausschuß bestellen.

Die Gläubigerversammlung hat über die Bestellung eines Gläubigerausschusses zu beschließen. Die Mitglieder des Gläubigerausschusses sind von der Gläubigerversammlung zu wählen. Zu Mitgliedern können Gläubiger oder andere Personen gewählt werden.

---

1. Abs. 1 behandelt den provisorischen GlAusschuß den das Gericht bestellt, Abs. 2 den von der GlVersammlung gewählten GlAusschuß. Notwendig ist die Bestellung eines GlAusschusses gemäß Abs. 1 nur im Genossenschaftskonkurse; § 103 GenG. Der GlAusschuß muß aus einer (zweckmäßig ungeraden) Mehrzahl von Mitgliedern bestehen, am besten aus drei oder fünf. Mitglieder des GlAusschusses können auch juristische Personen sein; OLG. Dresden in SeuffA. 60 S. 41. Sie üben ihre Funktion durch ihre Vertreter aus. Geschäftsfähigkeit wird vorausgesetzt. Auch Frauen können Mitglieder des GlAusschusses sein. Der KV. ist von der Mitgliedschaft ausgeschlossen, weil er unter der Kontrolle des GlAusschusses steht; § 88. Auch der GSch. muß wegen seines Gegensatzes zur Gläubigerschaft als ausgeschlossen erachtet werden; Jaeger A. 5; Pet.-Kleinf. A. 4; Fitting § 30 A. 2; a. M. hinsichtlich des GSch. v. Wilm.-Kurlb. A. 3; Wolff S. 238 A. 3. Sind (nach § 79) mehrere Verwalter ernannt, so kann jedem von ihnen ein GlAusschuß an die Seite gestellt werden. Eine Verpflichtung zur Annahme des Amtes eines Mitgliedes des GlAusschusses besteht nicht. Ist aber das Amt angenommen, so kann es nicht willkürlich, sondern nur unter denselben Voraussetzungen wie das Amt des KV. niedergelegt werden. Eine Vereidigung oder Verpflichtung der Mitglieder findet nicht statt. Zur Legitimation dient im Falle des Abs. 1 eine Bescheinigung darüber, daß ein GlAusschuß bestellt ist und aus welchen Mitgliedern er besteht, im Falle des Abs. 2 eine 1

Ausfertigung des über die Wahl aufgenommenen Protokolls. Der Aufsicht des KGerichts untersteht der GlAusschuß nicht.

2 2. Das Bestellungsrecht des Gerichtes nach Absatz 1 erstreckt sich nur auf Gläubiger d. h. auf solche Personen, deren Gläubigereigenschaft sich aus den Angaben des GSch. oder dessen Büchern ergibt, sowie auf deren Vertreter und gilt nur bis zur ersten Gläubigerversammlung. Nach dieser kann das Gericht weder einen Ausschuß überhaupt noch einzelne Ausschußmitglieder ernennen, selbst dann nicht, wenn ein solches durch den Tod ausscheidet. Die Bestellung ist widerruflich (§ 92). Hat das Gericht versehentlich eine Person, die weder Gläubiger noch Gläubigervertreter ist, zum GlAusschußmitglied bestellt, so bleibt diese Person es so lange, bis das Gericht die Bestellung widerruft; ebenso Jaeger A. 4; a. M. Wolff A. 3. Gegen die Bestellung steht allen Interessenten die sofortige Beschwerde zu; § 73 Abs. 3. Der vom Gerichte gewählte Ausschuß ist nur ein provisorischer und tritt ohne weiteres außer Tätigkeit mit der ersten Gläubigerversammlung, gleichviel ob in dieser die Bestellung eines GlAusschusses beschlossen wird oder nicht.

3 3. Ein definitiver GlAusschuß kann erst aus der Wahl der Gläubigerversammlung hervorgehen. Wenn diese die Bestellung eines GlAusschusses beschließt, so hat sie zugleich dessen Mitglieder zu wählen. Bei dieser Wahl ist sie nicht auf die Gläubiger oder Gläubigervertreter beschränkt, kann vielmehr jede geschäftsfähige Person wählen. Ein in den GlAusschuß gewählter KGl. kann also auch nach Abtretung seiner Forderung Ausschußmitglied bleiben; RG. 30 S. 25. Für den Fall der Behinderung oder der Ablehnung einzelner gewählter Mitglieder können Ersatzmänner gewählt werden. Das Bestellungs- und Wahlrecht der Gläubigerversammlung kann nicht nur in der ersten, sondern auch in jeder folgenden Gläubigerversammlung (§§ 93—98), vorausgesetzt daß dieser Gegenstand der Tagesordnung nach § 98 bekannt gemacht ist, erfolgen. Einer gerichtlichen Bestätigung bedarf die Wahl des Ausschusses nicht. Jede spätere Versammlung kann die Beschlüsse der früheren abändern, einschränken, ergänzen, also auch die früheren Ernennungen widerrufen. Die Beschlüsse der Gläubigerversammlung werden mit absoluter Mehrheit der Stimmen gefaßt. Für die Wahl der Mitglieder des Gläubigerausschusses genügt relative Mehrheit der Stimmen; § 94 Abs. 2.

§ 88 (80). Die Mitglieder des Gläubigerausschusses haben den Verwalter bei seiner Geschäftsführung zu unterstützen und zu überwachen. Dieselben können sich von dem Gange der Geschäfte unterrichten, die Bücher und Schriften des Verwalters einsehen und den Bestand seiner Kasse untersuchen.

Der Gläubigerausschuß ist berechtigt, von dem Verwalter Berichterstattung über die Lage der Sache und die Geschäftsführung zu verlangen. Er ist verpflichtet, die Untersuchung der Kasse des Verwalters wenigstens einmal in jedem Monate durch ein Mitglied vornehmen zu lassen.

---

1 **1. Die Rechte und Pflichten der Mitglieder (Abs. 1) kommen einem jeden von ihnen selbständig zu und sind von einem Beschlusse des GlAusschusses (§ 90) unabhängig; RG. 20 S. 110. Zur „Überwachung" gehört auch die Kontrolle darüber, daß der Verwalter den berechtigten Anweisungen, insbesondere der Anweisung zur Hinterlegung der Masse (§ 132) Folge leistet; RG. 20 S. 110; 31 S. 119.**

2. Die Rechte und Pflichten des **Gesamtausschusses** (Abs. 2) werden neben 2
Abs. 2 geregelt durch die §§ 84, 86, 93, 100, 123, 129, 133, 134, 137, 150, 159, 176, 177, 180, 184. Der GlAusschuß hat die rechtliche Stellung eines von den Gläubigern unabhängigen, selbständigen Hilfsorgans der KVerwaltung, er leitet seine Rechte und Pflichten nicht aus einem Mandat der Gläubiger, sondern unmittelbar aus dem Gesetz ab; RG. 31 S. 119. Ein selbständiges Beschwerderecht hat er nicht; RG. im SächsArch. 5 S. 389; OLG. Marienwerder in SeuffA. 58 S. 254. Ein Recht der Zeugnisverweigerung auf Grund des § 383⁵ ZPO. in späteren Prozessen des GSch. steht den GlAusschußmitgliedern nicht zu; Gruchot 43 S. 509. Durch einen gemäß § 132 Abs. 2 gefaßten Beschluß der Gläubigerversammlung über Berichterstattung und Rechnungslegung werden die Rechte und Pflichten des GlAusschusses nicht beeinflußt. Zu einigen besonders wichtigen Geschäften soll der KV. die Genehmigung des GlAusschusses einholen, nämlich in den Fällen der §§ 123 Abs. 2, 129 Abs. 1, 133, 134, 150. Wird die Genehmigung versagt, so bleibt es dem KV., wenn er seinen Willen durchsetzen will, überlassen, gemäß § 93 beim Gericht die Berufung einer Gläubigerversammlung zu beantragen und dieser die Beschlußfassung über die streitige Angelegenheit zu unterbreiten. Dritten Personen gegenüber wird die Gültigkeit einer Rechtshandlung des KV. durch unterlassene Einholung oder Versagung der Genehmigung des GlAusschusses (§§ 133, 134) nicht berührt; § 136; RG. JW. 88 S. 99. Dem KG. ist die Befugnis, den GlAusschuß zur Erteilung der Genehmigung anzuweisen oder die verweigerte Genehmigung seinerseits zu ergänzen, versagt.

3. Die Überwachung des GlAusschusses ist auf die Funktionen beschränkt, 3
welche ihm das Gesetz zuweist. Insbesondere ist ihm die Befugnis versagt, dem KV. die Vornahme bestimmter Handlungen vorzuschreiben oder selbst Rechtsgeschäfte abzuschließen. Er kann auch nicht dem Verwalter in Prozessen, welche die Masse betreffen, als Nebenintervenient beitreten; RG. 36 S. 367. Will der GlAusschuß oder ein Mitglied des GlAusschusses in Angelegenheiten, die seinem eigenen Eingreifen entzogen sind, auf den Gang des Konkurses einwirken, so kann dies nur durch Anregung beim KG. (§ 83) geschehen; RG. SeuffA. 55 Nr. 192; Jaeger A. 1. Die Überwachungs- und Schadensersatzpflicht des GlAusschusses ist durch § 88 Abs. 2 nicht etwa bis zum letzten Tage des Monats befristet, sondern hat sofort zu erfolgen; RG. 63 S. 133 ff.

4. Die einzelnen Mitglieder des GlAusschusses haben nicht das Recht, die 4
Funktionen des Gesamtausschusses selbständig auszuüben.

§ 89 (81). Die Mitglieder des Gläubigerausschusses sind für die Erfüllung der ihnen obliegenden Pflichten allen Beteiligten verantwortlich.

---

1. Vgl. § 82. Zu den Beteiligten im Sinne des § 89 gehört auch der GSch. 1
(RG. 31 S. 119), ferner Aussonderungs-, Absonderungsberechtigte und Massegläubiger. Eine Haftung dem GSch. gegenüber ist aber nur bezüglich des ihm entstandenen Schadens begründet. Während des Konkurses kann ein einzelner Gläubiger nur wegen des ihm persönlich erwachsenen Schadens (RG. Gruch. 31 S. 1129), dagegen wegen Schädigung der Masse nur der KV. Klage erheben, selbst dann, wenn ihm vom GlAusschuß die nach § 133 Nr. 2 erforderliche Genehmigung zur Prozeßführung versagt wird; § 136; RG. 20 S. 108.

2. Die persönliche Haftpflicht eines Mitgliedes des GlAusschusses ist dadurch 2

bedingt, daß ihm selbst eine Pflichtwidrigkeit (Vorsatz oder Fahrlässigkeit) zur Last fällt. Wegen eines pflichtwidrigen Beschlusses des GlAusschusses können diejenigen Mitglieder, die gegen den Beschluß gestimmt haben, nicht haftbar gemacht werden; Jaeger A. 2; Pet.=Kleinf. A. 5; a. M. v. Voeld. 2 S. 99. Mehrere verantwortliche Mitglieder haften dem Gläubiger gegenüber als Gesamtschuldner (§ 421 BGB.), im Verhältnis zueinander nach § 426 BGB. Die Verantwortlichkeit mehrerer Mitglieder für den aus einer unerlaubten Handlung entstehenden Schaden regeln die §§ 830, 840 BGB., vgl. auch RG. 31 S. 122.

§ 90 (82). Ein Beschluß des Gläubigerausschusses ist gültig, wenn die Mehrheit der Mitglieder an der Beschlußfassung teilgenommen hat, und der Beschluß mit absoluter Mehrheit der abgegebenen Stimmen gefaßt ist.

---

1 **1.** Die Regelung seiner Geschäftsordnung ist dem GlAusschuß überlassen. Insbesondere kann dieser selbst regeln die Form der Berufung, die Leitung der Verhandlungen, die Art der Abstimmung, welche unbedenklich in geeigneten Fällen auch auf schriftlichem Wege geschehen kann, die Beurkundung, Mitteilung und Ausführung der Beschlüsse; M. II 313.

2 **2.** Nur die Normierung der gesetzlichen Bedingungen der Gültigkeit des Beschlusses ist seiner Bestimmung entzogen und in § 90 gesetzlich derart geregelt, daß dem GlAusschuß eine Abweichung nicht gestattet ist. Zu diesen gesetzlichen Bedingungen gehört auch die, daß bei Stimmengleichheit die Stimme des Vorsitzenden nicht den Ausschlag gibt. Daß die Mehrheit der abgegebenen Stimmen zugleich die Mehrheit der Ausschußmitglieder bildet, ist nicht erforderlich. Es muß aber allen Mitgliedern Gelegenheit gegeben sein, an der Beschlußfassung teilzunehmen. Der Umstand, daß einzelne Mitglieder an dem Gegenstande der Beschlußfassung ein dem gemeinsamen Interesse der KGl. entgegenstehendes Sonderinteresse haben, steht der Gültigkeit des durch die Stimme dieser Mitglieder zustande gekommenen Beschlusses nicht entgegen; JW. 02 S. 324; Jaeger A. 3 will von dieser Regel eine Ausnahme machen: wenn das Vorgehen des KV. gegen ein Mitglied des GlAusschusses der Genehmigung des betreffenden Mitgliedes bedarf, so soll dieses nicht zu seinen eigenen Gunsten den Ausschlag geben dürfen. Hierfür gibt das Gesetz aber keine ausreichende Grundlage.

3 **.** Die nach § 90 erforderliche Mehrheit ist eine doppelte:

a. es müssen mehr als die Hälfte der überhaupt vorhandenen Mitglieder des GlAusschusses an der Beschlußfassung teilgenommen haben; **und**

b. von den Mitgliedern, die an der Beschlußfassung teilgenommen haben, müssen mehr als die Hälfte dafür gestimmt haben. Stimmengleichheit gilt als Ablehnung, M. II, 313. Es wird nicht nach Forderungsbeträgen gestimmt wie in der Gläubigerversammlung; § 94 Abs. 3. Ist ein Beschluß nicht zustande gekommen, so kann gemäß § 93 die Berufung der Gläubigerversammlung erfolgen. Ihre Beschlüsse sind maßgebend; M. II 313 und Pet.=Kleinf. A. 2; a. M. Jaeger A. 2. Das KGericht kann nach § 99 die Ausführung der Beschlüsse der Gläubigerversammlung nur untersagen, wenn der KV. oder ein überstimmter Gläubiger dies beantragt und der gefaßte Beschluß dem gemeinsamen Interesse der KGl. widerspricht.

4 **4.** Von der Beobachtung einer bestimmten Form, sofern nicht die Geschäftsordnung eine solche vorschreibt, ist die Gültigkeit eines Beschlusses des GlAusschusses

unabhängig. Dies gilt auch für den Fall, daß der Beschluß die Genehmigung eines Vertrages betrifft, der zu seiner Gültigkeit der gerichtlichen oder notariellen Beurkundung bedarf, z. B. des Kaufvertrags über ein Grundstück; § 313 BGB. Vgl. § 134[1] und die Anm. dazu. Zur Beurkundung des ordnungsmäßigen Zustandekommens und des richtigen Inhalts des Beschlusses empfiehlt es sich, daß der GlAusschuß über seine Sitzungen Protokolle führt oder doch die gefaßten Beschlüsse schriftlich feststellt.

§ 91 (83). **Die Mitglieder des Gläubigerausschusses haben Anspruch auf Erstattung angemessener barer Auslagen und auf Vergütung für ihre Geschäftsführung. Die Festsetzung der Auslagen und der Vergütung erfolgt nach Anhörung der Gläubigerversammlung durch das Konkursgericht.**

Die Landesjustizverwaltung kann für die den Mitgliedern des Gläubigerausschusses zu gewährende Vergütung allgemeine Anordnungen treffen.

---

1. Die Festsetzung der Vergütung erfolgt stets durch das KG.; die Gläubigerversammlung ist nur zu hören d. h. es ist ihr Gelegenheit zur Äußerung zu geben, was am zweckmäßigsten im Schlußtermin geschieht. Selbstverständlich muß dieser Gegenstand der Tagesordnung in der öffentlichen Bekanntmachung erwähnt sein (§ 98). Erscheint in dem dazu bestimmten Termine kein Gläubiger, so ist die Anberaumung eines neuen Termins nicht erforderlich. Eine Einigung zwischen GlAusschuß und Gläubigerversammlung über die Höhe der Vergütung ist ohne jede Bedeutung für das Gericht. Gegen den Festsetzungsbeschluß steht den Beteiligten, nämlich dem betreffenden Ausschußmitgliede, dem GSch., dem KV. und den einzelnen KGl. das Recht der sofortigen Beschwerde zu; § 73. Die Zahlung des festgesetzten Betrages erfolgt durch den KV. aus der KM.; § 58 Nr. 2. Nach Aufhebung des KVerf. kann eine Vergütung für die GlAusschußmitglieder nicht mehr festgesetzt werden, da dann die Zusammenberufung einer Gläubigerversammlung nicht mehr zulässig ist. Wenn ein Rechtsanwalt als GlAusschußmitglied Vergütung erhält, so kann er eine weitere Konferenzgebühr nicht verlangen; OLG. Karlsruhe in der BadRpr. 05 S. 231. 1

2. Über die Frage, ob seitens des GlAusschusses oder eines Mitgliedes ein bindender Verzicht auf die Vergütung erklärt ist, hat nicht das KG., sondern das Prozeßgericht zu entscheiden; a. M. nur v. Voeld. 2 S. 106 A. 9. 2

3. Von der Befugnis des Abs. 2 ist in Preußen bisher kein Gebrauch gemacht worden. 3

§ 92 (84). **Die durch das Gericht erfolgte Bestellung zum Mitgliede des Gläubigerausschusses kann von dem Gerichte, die durch die Gläubigerversammlung erfolgte Bestellung zum Mitgliede des Gläubigerausschusses durch Beschluß der Gläubigerversammlung widerrufen werden.**

---

1. Der Widerruf der Bestellung ist in die freie Entschließung des zum Widerruf Berechtigten gestellt. Der Angabe von Gründen bedarf es nicht. Das Widerrufsrecht des Gerichtes dauert nur bis zur ersten Gläubigerversammlung (§ 87) und unterliegt der sofortigen Beschwerde der Beteiligten (§ 73); Jaeger A. 1; Fitting § 30 A. 9; a. M. Pet.-Kleinf. A. 2; v. Sarw.-Boss. A. 1. Für 1 den Beschluß des Widerrufs seitens der Gläubigerversammlung bedarf es der absoluten Mehrheit der Stimmen, während für die Wahl selbst relative Stimmenmehrheit ausreicht; § 94. Der Widerrufsbeschluß der Gläubigerversammlung ist keine „Entscheidung" und unterliegt deshalb nicht der Beschwerde; Jaeger A. 1.

2 2. Kündigung. Infolge der freiwilligen Übernahme der Funktion kann auch jedes Mitglied beliebig kündigen, nur nicht unzeitig oder arglistig, widrigenfalls es sich regreßpflichtig macht. Konkurs sowie geistige oder körperliche Unfähigkeit eines Mitgliedes berechtigen zum Widerruf, lösen aber nicht ohne weiteres die Mitgliedschaft.

§ 93 (85). Über die Berufung der Gläubigerversammlung beschließt das Gericht. Die Berufung muß erfolgen, wenn sie von dem Verwalter, dem Gläubigerausschusse oder von mindestens fünf Konkursgläubigern, deren Forderungen nach der Schätzung des Gerichts den fünften Teil der Schuldenmasse erreichen, beantragt wird.

Die Berufung muß öffentlich bekannt gemacht werden. Der öffentlichen Bekanntmachung bedarf es nicht, wenn in einer Gläubigerversammlung eine Vertagung der Verhandlung angeordnet wird.

---

1 1. Der Wirkungskreis der Gläubigerversammlung ist gesetzlich festgelegt in den §§ 80, 84, 87 Abs. 2, 91, 92, 100, 132, 134, 135 Abs. 2, 137, 162, 182. Über diesen Wirkungskreis hinaus darf sich die Gläubigerversammlung in die Verwaltung, Verwertung und Verwendung der Teilungsmasse nicht einmischen noch den KV. zur Vornahme oder Unterlassung bestimmter Handlungen anweisen; Jaeger A. 1; Pet.-Kleinf. §§ 93—98 A. 2; Fitting § 31 A. 6.

Die Befugnisse der einzelnen Gläubiger in der Gläubigerversammlung sind festgelegt in den §§ 86, 93 Abs. 2, 95 Abs. 2, 96, 125, 142, 144, 188.

2 2. Berechtigt zur Berufung der Gläubigerversammlung ist nur das KG. Dieses kann die Gläubigerversammlung jederzeit berufen. Es muß sie berufen:

a. von Amts wegen in den Fällen der §§ 110, 135, 162, 179;

b. auf Antrag im Falle des § 93 Abs. 1 Satz 2.

3 3. Der Gläubigerantrag (Abs. 1 Satz 2) ist nur zu berücksichtigen, wenn er von mindestens fünf KGl. gestellt wird, deren Forderungen zusammen nach der Schätzung des Gerichts ein Fünftel aller Konkursforderungen betragen. Für die Berechnung ist die Zeit der Berufung maßgebend. Noch nicht geprüfte oder streitig gebliebene Forderungen sind vom KG. abzuschätzen. Eine Beschwerde gegen die Abschätzung erscheint mit Rücksicht auf §§ 95 Abs. 3, 96 Abs. 2 unzulässig. AM. v. Sarw.-Boss. A. 4; Wolff A. 3. Der Antrag muß den Gegenstand bezeichnen, über den in der Gläubigerversammlung Beschluß gefaßt werden soll; § 98. Dieser Gegenstand braucht nicht notwendig ein solcher zu sein, über den die Gläubigerversammlung nach dem Gesetz gehört werden muß; die Gläubigerversammlung kann z. B. auch berufen werden, wenn der KV., um sich gegen Schadensersatzansprüche zu sichern, die Beschlußfassung der Gläubigerversammlung über ein Rechtsgeschäft beantragt, welches er nach dem Gesetze selbständig vornehmen könnte; Senst, Verwaltung von Konkursen S. 323.

4 4. Sofortige Beschwerde (§ 73) steht gegen die Berufung der Gläubigerversammlung (auch bezüglich des Orts, der Zeit und des Gegenstandes der Beschlußfassung, § 98) allen Beteiligten, gegen die Ablehnung des Antrags auf Berufung nur dem Antragsteller zu.

5. Die öffentliche Bekanntmachung (Abs. 2) erfolgt nach § 76. Sie muß außer Zeit und Ort des Termins auch den Gegenstand, über den Beschluß gefaßt werden soll, angeben. Tritt Vertagung ein, so bedarf es der Wiederholung der öffentlichen Bekanntmachung dann nicht, wenn gleichzeitig bei der Vertagung der neue Termin anberaumt wird und die Tagesordnung des neuen Termins dieselbe ist wie die des früheren; Prot. 68. 5

6. Zu unterscheiden von der Gläubigerversammlung der KO. ist die Versammlung der Besitzer von Schuldverschreibungen des GSch. nach dem Ges. v. 4. Dez. 1899 (RGBl. S. 691) und § 35 Abs. 4 des HypBankG. v. 13. Juli 1899 (RGBl. S. 375). Auch diese Versammlung ist vom KG. zu berufen und zu leiten. Ihr Zweck ist aber lediglich der, über die Bestellung eines gemeinsamen Vertreters im KVerf. Beschluß zu fassen. Vgl. Seuffert in ZfDZP. 27 S. 112 ff. und Könige a. a. O. 28 S. 41 ff. 6

§ 94 (86). Die Gläubigerversammlung findet unter der Leitung des Gerichts statt.

Die Beschlüsse der Gläubigerversammlung werden mit absoluter Mehrheit der Stimmen gefaßt. Für die Wahl der Mitglieder des Gläubigerausschusses genügt relative Mehrheit der Stimmen.

Die Stimmenmehrheit ist nach den Forderungsbeträgen zu berechnen. Bei Gleichheit der Summen entscheidet die Zahl der Gläubiger.

---

1. Die Leitung der Gläubigerversammlung durch das KG. erfolgt nach den Vorschriften der ZPO.; § 72. Der Amtsrichter hat also die Verhandlung zu eröffnen und zu schließen, das Wort zu erteilen und nötigenfalls zu entziehen, etwaige Legitimationsstreitigkeiten zu erledigen, für erschöpfende Erörterung der Tagesordnung Sorge zu tragen und die Sitzungspolizei auszuüben; § 136 ZPO.; § 177 GVG. Zu den Verhandlungen ist ein Gerichtsschreiber zuzuziehen. Die Ergebnisse der Verhandlung sind zu protokollieren; §§ 159, 165, 509 ZPO. 1

2. Die Verhandlung ist nicht öffentlich; Prot. 68, 69. Berechtigt zur Teilnahme sind die KGl. d. h. alle diejenigen, welche eine Forderung in zulässiger Weise als KForderung angemeldet haben, solange diese Forderung noch nicht vollständig befriedigt oder rechtskräftig zurückgewiesen ist (Fitting § 31 III), die Vertreter der KGl., der KV., der GSch. und die Mitglieder des GlA. Über die Zulassung Unbeteiligter, insbesondere der Massegläubiger, der Absonderungsberechtigten und der Aussonderungsberechtigten, sofern sie an dem Verhandlungsgegenstande ein Interesse haben, entscheidet das KG. nach freiem Ermessen. 2

3. Stimmberechtigt sind nur die KGl., soweit sie erschienen oder vertreten sind, § 97. Bevorrechtigte KGl. stehen hinsichtlich des Stimmrechts den nicht bevorrechtigten gleich, nur bei der Abstimmung über einen Zwangsvergleich ist ihr Stimmrecht ausgeschlossen; § 173. Aus- und Absonderungsberechtigte sowie Massegläubiger haben kein Stimmrecht. 3

4. Die Mehrheit der Stimmen wird nach den Forderungsbeträgen berechnet. Nur bei Summengleichheit entscheidet die Zahl der stimmenden Gläubiger. Bei Berechnung der Forderungen sind die Nebenforderungen des § 62 mit anzusetzen. Ist die Zahl der Gläubiger maßgebend, so wird ein Vertreter mehrerer Forderungen mehrfach, ein Gläubiger mit mehreren Forderungen nur einfach gezählt. Die Stimmen mehrerer Gesamtgläubiger (§ 428 BGB.) können nur als eine einzige, einheitlich abzu- 4 gebende Stimme gezählt werden. Die Entscheidung über die Zulassung noch nicht festgestellter Forderungen zum Stimmen erfolgt im Streitfalle durch das KG.; diese Entscheidung ist nicht anfechtbar, §§ 95, 96.

5 5. Zur Gültigkeit des Beschlusses ist absolute Mehrheit erforderlich. Nur für die Wahl der einzelnen Mitglieder des GlA. genügt relative Mehrheit der Stimmen. Diese Ausnahme ist aber auf die Wahl selbst beschränkt; die Entscheidung darüber, ob überhaupt ein GlA. bestellt, oder ob ein Mitglied entlassen werden soll, erfordert absolute Majorität. Diese ist vorhanden, wenn mehr als die Hälfte aller abgegebenen Stimmen (Anm. 4) sich für einen Antrag erklärt. Relative Mehrheit bei der Wahl eines Mitgliedes des GlA. liegt vor, wenn der Gewählte mehr Stimmen auf sich vereinigt als einer der anderen Kandidaten.

Bezüglich der Gültigkeit eines Zwangsvergleichs gelten besondere Vorschriften; §§ 182, 183.

§ 95 (87). Zur Teilnahme an den Abstimmungen berechtigen die festgestellten Konkursforderungen. In Ansehung einer streitig gebliebenen Forderung wird bei der Prüfung mit den Parteien erörtert, ob und zu welchem Betrage ein bleibendes Stimmrecht für dieselbe zu gewähren ist. In Ermangelung einer Einigung entscheidet das Konkursgericht. Das Gericht kann die Entscheidung auf den weiteren Antrag einer Partei abändern.

Ob und zu welchem Betrage nicht geprüfte Konkursforderungen zum Stimmen in einer Gläubigerversammlung berechtigen, entscheidet auf den Widerspruch eines Konkursgläubigers oder des Verwalters das Gericht.

Eine Anfechtung der Entscheidungen findet nicht statt.

---

1 1. Für die erste Gläubigerversammlung (§ 110), die vor dem Prüfungstermin stattfindet, ist der Absatz 2 des § 95 maßgebend; es werden die KGl. ohne weiteres zum Mitstimmen so lange zugelassen, bis der KV. oder ein KGl. dagegen Widerspruch erhebt. Der GSch. hat kein Widerspruchsrecht. Wird Widerspruch erhoben, so entscheidet das KG., ob und zu welchem Betrage die ungeprüfte Forderung zum Mitstimmen zuzulassen ist. Diese Entscheidung ist unanfechtbar, gilt aber nur für die betreffende Versammlung. In jeder späteren Gläubigerversammlung ist die ungeprüfte Forderung vorläufig stimmberechtigt, wenn kein neuer Widerspruch erfolgt; M. 315.

Das Stimmrecht für eine nicht geprüfte Forderung kann aber nur dann ausgeübt werden, wenn die Forderung angemeldet ist, denn Einfluß auf das Verfahren kann nur dem Gläubiger gewährt werden, der sich am Verfahren beteiligen will. Die Erklärung dieses Willens kann aber nur durch die Anmeldung der Forderung wirksam bekundet werden; Pet.-Kleinf. §§ 93—98 A. 12; Jaeger A. 5; a. M. Gottschalk A. zu § 95.

2 2. Für die späteren Gläubigerversammlungen sind beide Absätze des § 95 maßgebend. Danach sind stimmberechtigt:

a. die gemäß § 144 festgestellten KForderungen. Das Stimmrecht gebührt auch denjenigen, welche die festgestellte Forderung nach der KE. oder Feststellung durch Erbgang, notwendige oder freiwillige Abtretung, Überweisung an Zahlungsstatt oder zur Einziehung erworben haben; v. Sarw.-Boss. A. 1. „Die Gefahr der Erzielung künstlicher Majoritäten durch Teilzessionen ist nicht völlig auszuschließen. Da aber, wo sie am meisten zu besorgen ist, im Akkordverfahren, muß der Schutz gegen sie in dem richterlichen Bestätigungsrechte gesucht werden und zur Abwehr simulierter Teilzessionen wird das allgemeine Zivilrecht genügen"; M. 314.

b. die zwar geprüften, aber bei der Prüfung streitig gebliebenen KForderungen 3
in Höhe des ihnen gewährten bleibenden Stimmrechts. Die Erörterung über das Stimmrecht soll gleich im Prüfungstermin erfolgen. Gewährt ist das Stimmrecht wenn und soweit „die Parteien" sich darüber einigen. Parteien sind der anmeldende KGl. und diejenigen (Verwalter, Konkursgläubiger), die die Forderung bestreiten; § 144 Abs. 1. Kommt eine Einigung nicht zustande, so entscheidet das KG. Ist die Feststellung des Stimmrechts im Prüfungstermine unterblieben, so sind auf Antrag des Gläubigers die „Parteien" zur mündlichen Erörterung in einem anderen Termine zu laden; Jaeger A. 2. Das verliehene Stimmrecht verbleibt dem Gläubiger bis zur rechtskräftigen Entscheidung über das Bestehen der Forderung; § 147. Doch kann das Gericht die von ihm getroffene Entscheidung über Gewährung oder Versagung des Stimmrechts auf den Antrag einer Partei, aber nicht von Amts wegen, jederzeit, ohne daß es einer mündlichen Verhandlung bedarf, abändern. Die über das Stimmrecht getroffenen Entscheidungen des KG. sind in das Protokoll aufzunehmen und, auch wenn sie verkündet werden, von Amts wegen zuzustellen, sofern nicht auf die Zustellung verzichtet wird; § 73. Die Entscheidungen sind unanfechtbar; Abs. 3.

c. die überhaupt noch nicht geprüften Forderungen nach Maßgabe der in 4
Anm. 1 entwickelten Grundsätze.

3. Der KGl., dessen Forderung festgestellt ist, ist zu allen Abstimmungen be- 5
rechtigt, z. B. auch zu einer Abstimmung darüber, ob gegen ihn selbst ein Prozeß angestrengt werden soll; OLG. Jena im Recht 8 S. 316.

§ 96 (88). **Ob und zu welchem Betrage Forderungen, für welche abgesonderte Befriedigung beansprucht wird, in Ansehung ihres mutmaßlichen Ausfalls, sowie Konkursforderungen unter aufschiebender Bedingung zum Stimmen in einer Gläubigerversammlung berechtigen, entscheidet auf den Widerspruch eines Konkursgläubigers oder des Verwalters das Gericht.**

Eine Anfechtung der Entscheidung findet nicht statt.

1. So lange von dem Verwalter oder von anderen KGl. kein Widerspruch er- 1
hoben wird, steht den absonderungsberechtigten Gläubigern (§ 64) in Höhe des von ihnen angemeldeten Betrages ihres mutmaßlichen Ausfalls, den Gläubigern von Forderungen unter aufschiebender Bedingung (§ 67) zum vollen angemeldeten Betrage Stimmrecht zu. (AM. RG. 37 S. 16. Danach soll dem absonderungsberechtigten Gläubiger ein vorläufiges Stimmrecht zum ganzen Betrage seiner festgestellten Forderung zustehen.) Auf den Widerspruch eines KGl. oder des KV. hat aber das KG. über Grund und Betrag des Stimmrechts zu entscheiden. Die Entscheidung ist unanfechtbar, gilt aber ebenso wie im Abs. 2 des § 95 nur für das Stimmrecht „in einer", also in der tagenden Gläubigerversammlung. Protokollierung und Zustellung: § 95 A. 3. Auflösend bedingte Forderungen haben dasselbe Stimmrecht wie unbedingte; § 66.

2. Gesellschaftsgläubiger im Falle des § 212 und Nachlaßgläubiger im Falle 2
des § 234 haben ein dem Stimmrecht der absonderungsberechtigten Gläubiger entsprechendes Stimmrecht. Dagegen müssen im Konkurse einer Hypothekenbank die

Pfandbriefsgläubiger und im Konkurse einer Lebensversicherungsanstalt die Versicherten zum vollen Betrage ihrer Forderungen als stimmberechtigt gelten, da weder § 35 Abs. 2 des HypBankG. v. 13. Juli 1899 (RGBl. S. 375) noch § 61 Abs. 3 des Ges. über die privaten Versicherungsunternehmungen v. 12. Mai 1901 (RGBl. S. 139) die entsprechende Anwendung des § 96 KO. vorschreiben. Vgl. Jaeger A. 3 und die dortigen Zitate.

§ 97 (89). Gezählt werden nur die Stimmen der in der Gläubigerversammlung erschienenen Gläubiger. Die nicht erschienenen Gläubiger sind an die Beschlüsse gebunden.

---

1 **1.** Schriftliche Abstimmungserklärungen bleiben unberücksichtigt. Gläubiger, die nicht erschienen sind oder an der Abstimmung nicht teilgenommen haben, sind an die Beschlüsse gebunden. Beschwerde findet nicht statt; § 73. OLG. Köln, RheinArch. 87 I S. 286.

2 **2.** Bevollmächtigung ist statthaft. Bezüglich der Vollmachten finden die Bestimmungen der ZPO. (§§ 56, 79 ff.) entsprechende Anwendung; § 72. Die Vollmacht ist zu den Akten einzureichen und ermächtigt, falls sie keine Einschränkungen enthält, zu allen Verhandlungen, auch zur Vertretung im Zwangsvergleichstermin. Die Prozeßvollmacht erstreckt sich nicht auf den Konkurs; § 81 ZPO.

3 **3.** Jeder Beteiligte kann mit einer prozeßfähigen Person als Beistand erscheinen; § 90 ZPO.

§ 98 (90). Der Gegenstand, über welchen in der Gläubigerversammlung ein Beschluß gefaßt werden soll, muß bei der Berufung derselben öffentlich bekannt gemacht werden.

---

1 **1.** Die Bekanntmachung muß von der Art sein, daß sie nicht nur die allgemeine Gattung des Beschlusses, sondern den bestimmten Gegenstand der Tagesordnung erkennen läßt. Ohne Mitteilung der Tagesordnung kann auch mit Zustimmung der erschienenen Gläubiger kein Beschluß gefaßt werden, weil dieser die nicht erschienenen Gläubiger nicht binden würde, wohl aber kann eine Beratung ohne Beschlußfassung vorgenommen werden.

2 **2.** Ob § 98 auch dann Anwendung findet, wenn es sich um einen nur vertragsmäßig vorbehaltenen Zustimmungsbeschluß der Gläubigerschaft handelt, ist nach dem Willen der Vertragsparteien zu entscheiden; RG. JW. 93 S. 487.

§ 99 (91). Das Gericht hat die Ausführung eines von der Gläubigerversammlung gefaßten Beschlusses auf den in der Gläubigerversammlung gestellten Antrag des Verwalters oder eines überstimmten Gläubigers zu untersagen, wenn der Beschluß dem gemeinsamen Interesse der Konkursgläubiger widerspricht.

---

1 **1.** Voraussetzungen des Untersagungsrechts sind:

a. Ein formgerechter Beschluß muß vorliegen. Die Ausführung nichtiger, z. B. gegen die §§ 93—98 verstoßender Beschlüsse ist selbstverständlich zu untersagen; M. 314.

b. Der Beschluß muß nach dem Ermessen des KG. dem gemeinsamen Interesse der KGl. widersprechen und seinem Inhalte nach noch einer Ausführung bedürfen.

Der § 99 findet also keine Anwendung auf die Wahl des Verwalters, denn dieser wird vom Gericht ernannt; auch nicht auf die Wahl oder Entlassung eines GlA., denn diese bedarf keiner Ausführung, auch steht dem KG. kein Bestätigungs- und deshalb auch kein Einspruchsrecht zu; OLG. Oldenburg in der DJZ. 8 S. 372. AM. nur Wolff S. 292.

c. Ein in der Verhandlung selbst vom KV. oder von einem überstimmten KGl. mündlich gestellter Antrag; M. 317. Ein etwa vorher eingereichter schriftlicher Antrag genügt nicht.

Der Beschluß des KG. braucht nicht in der Gläubigerversammlung erlassen zu werden. Er ist, wenn dem Antrage auf Untersagung stattgegeben wird, mit Rücksicht auf das allen KGl. zustehende Beschwerderecht nach § 76 öffentlich bekannt zu machen; Jaeger A. 3; Fitting § 31 A. 31.

Die Befugnis, den Beschluß der Gläubigerversammlung aufzuheben oder durch eine Verfügung zu ersetzen, ist dem KG. nicht beigelegt.

2. Gegen eine auf Grund des § 99 ergangene Entscheidung ist die sofortige 2 Beschwerde zulässig; § 73 Abs. 3. Sie steht zu:

a. gegen den Untersagungsbeschluß: dem Verwalter und allen KGl. einschließlich der in der Gläubigerversammlung ausgebliebenen (§ 97 Satz 2), sofern sie nicht gegen den Beschluß der Gläubigerversammlung gestimmt oder die Untersagung seitens des KG. beantragt haben;

b. gegen den die Untersagung ablehnenden Beschluß (OLG. Oldenburg, DJZ. 8 S. 372) nur dem Antragsteller. Es ist daher auch nur diesem der Beschluß zuzustellen; Jaeger A. 4; Fitting § 31 A. 31. AM. Pet.-Kleinf. A. 1.

§ 100 (92). **Der Gemeinschuldner ist verpflichtet, dem Verwalter dem Gläubigerausschusse und auf Anordnung des Gerichts der Gläubigerversammlung über alle das Verfahren betreffenden Verhältnisse Auskunft zu geben.**

---

1. Die Pflicht zur Auskunftserteilung geht dahin, daß der GSch. den 1 Auskunftsberechtigten (A. 2) alles dasjenige an die Hand zu geben hat, was zur Ermittelung und Herbeischaffung des Vermögens und zur Abwehr der dagegen gerichteten Ansprüche dienlich sein kann; M. 317. Auch über das konkursfreie Vermögen kann Auskunft verlangt werden, wenn solche nach den vorliegenden Umständen, z. B. für den Beschluß über die Bewilligung einer Unterstützung des GSch. erforderlich erscheint. Zur Auskunftserteilung gehört auch die Vorlegung der betreffenden Schriftstücke, z. B. der Vertragsurkunden und Prozeßakten; Pet.-Kleinf. A. 2. Die Auskunft ist mündlich zu erteilen, sofern sich der Auskunftsberechtigte nicht mit schriftlicher Auskunftserteilung einverstanden erklärt. Die Pflicht zur Auskunftserteilung dauert fort während des ganzen KVerf., liegt aber nur dem GSch. selbst, nicht auch dessen Angehörigen ob. Kann der GSch. wegen Geschäftsunfähigkeit die Auskunft nicht selbst erteilen, so trifft die Auskunftspflicht seinen gesetzlichen Vertreter. Sie trifft im Konkurse einer juristischen Person, z. B. einer Aktiengesellschaft, einer Genossenschaft, einer Gesellschaft mit beschränkter Haftung, jedes Vorstandsmitglied, im Konkurse einer offenen Handelsgesellschaft sämtliche Gesellschafter, im Nachlaßkonkurse sämtliche Erben; Jaeger A. 4; Fitting § 33 A. 5. Ein Anspruch auf Entgelt für Mühewaltung und Zeitversäumnis bei Erteilung der verlangten Auskunft steht dem GSch. nicht zu.

Zwangsmittel: Haft (§ 100 Abs. 2) und Entziehung der nach §§ 129, 132 bewilligten Unterstützung.

2 2. Auskunftsberechtigt sind

a. der Verwalter,

b. der Gläubigerausschuß (nicht aber die einzelnen Ausschußmitglieder),

c. die Gläubigerversammlung, diese aber („zur Niederhaltung leidenschaftlicher Ausbrüche"; M. 317) nur auf Anordnung des KG. Die einzelnen KGl. gehören nicht zu den Auskunftsberechtigten.

3 3. Neben der Pflicht zur Auskunftserteilung liegt dem GSch. ob, bei der Aufzeichnung der KM. behilflich zu sein (§§ 123 Abs. 1, 104), die Richtigkeit des Inventars eidlich zu erhärten (§ 125) und sich im Prüfungstermin über die angemeldeten Forderungen zu erklären (§ 141 Abs. 2). Dagegen ist er zu persönlichen Dienstleistungen, insbesondere zum Mitwirken bei Veräußerungen nicht verpflichtet; M. 318, 351. Will der KV. sich der Dienste des GSch. bedienen, so ist es seine Sache, sich darüber und über die dafür zu leistende Vergütung mit dem GSch. zu einigen.

§ 101 (93). **Der Gemeinschuldner darf sich von seinem Wohnorte nur mit Erlaubnis des Gerichts entfernen.**

Das Gericht kann die zwangsweise Vorführung und nach Anhörung des Gemeinschuldners die Haft desselben anordnen, wenn er die ihm von dem Gesetze auferlegten Pflichten nicht erfüllt, oder wenn es zur Sicherung der Masse notwendig erscheint.

---

1 1. Das Verbot in Abs. 1 soll den GSch. verhindern, sich der ihm während des Verfahrens obliegenden Verpflichtungen willkürlich zu entziehen. Es richtet sich sowohl gegen die dauernde wie gegen die vorübergehende Entfernung vom Wohnorte, nicht aber gegen kurze Ausflüge. Die Erlaubnis zur Entfernung kann vom Gericht widerruflich erteilt, auch an die Bedingung geknüpft werden, daß der GSch. seinen jedesmaligen Aufenthalt dem KV. anzeigt; Pet.-Kleinf. §§ 100, 101 A. 6. Gegen das Versagen der Erlaubnis steht dem GSch. die sofortige Beschwerde zu.

2 2. Als Zwangsmittel gegen den GSch. sind gegeben:

a. zwangsweise Vorführung,

b. Haft nach §§ 904 ff. ZPO. Vor Anordnung der Haft muß der GSch. gehört werden.

Beide Zwangsmittel können Anwendung finden, sowohl wenn der GSch. die ihm vom Gesetze (z. B. in §§ 100, 101 Abs. 1) auferlegten Pflichten nicht erfüllt, als auch zur Sicherung der Masse, insbesondere wenn zu besorgen ist, daß der GSch. seine Freiheit zur Verbringung von Vermögensstücken, zur Entziehung von Außenständen oder zu nachteiligen Verdunkelungen mißbrauchen werde; M. 318. Die Verhängung der Haft als Strafmittel ist ausgeschlossen; Jaeger A. 3; Fitting § 33 A. 7. AM. M. 318; Pet.-Kleinf. §§ 100, 101 A. 7; v. Sarw.-Boss. A. 3.

3 3. Auf die Statthaftigkeit, Ausführung, Vollstreckung und Dauer der Haft finden die §§ 904—910, 912, 913, 933 ZPO. entsprechende Anwendung. Es können, wenn es sich um eine Sicherungsmaßregel handelt, auch sonstige, mildere Beschränkungen der persönlichen Freiheit, z. B. Hausarrest, angeordnet werden; Fitting § 33 A. 7. Eine Verpflichtung des Antragstellers, die Kosten vorzuschießen, besteht nicht (abweichend von § 911 ZPO.), da die Haft immer nur im gemeinsamen In=

teresse der Gläubigerschaft verhängt werden darf; M. 318. Die Kosten sind als Massekosten aus der Masse zu zahlen; § 58 Nr. 1.

4 **4.** Die Anordnung der Vorführung und Haft erfolgt durch Gerichtsbeschluß, der dem GSch., dem KV. und dem Antragsteller von Amts wegen zuzustellen ist. Gegen die Anordnung steht sowohl dem GSch. als auch — der Kosten wegen — dem KV. und jedem KGl., gegen den die Anordnung ablehnenden Beschluß aber nur dem Antragsteller die sofortige Beschwerde zu. Betroffen von den Beschränkungen des § 101 werden alle diejenigen, denen die Pflicht zur Auskunftserteilung obliegt. Vgl. § 100 A. 1. Jaeger A. 5; Fitting § 33 A. 7.

Die Ausführung der Vorführung und der Verhaftung erfolgt durch den Gerichtsvollzieher.

Zweiter Titel.

Eröffnungsverfahren.

§ 102 (94). **Die Eröffnung des Konkursverfahrens setzt die Zahlungsunfähigkeit des Gemeinschuldners voraus.**

Zahlungsunfähigkeit ist insbesondere anzunehmen, wenn Zahlungseinstellung erfolgt ist.

---

1 **1.** Zahlungsunfähigkeit. Es sind zu unterscheiden: Überschuldung, Zahlungsunfähigkeit und Zahlungseinstellung.

A. Überschuldung (Vermögensunzulänglichkeit) ist vorhanden, wenn die Passiven mehr betragen als die Aktiven.

2 B. Zahlungsunfähigkeit (Insolvenz) besteht in dem im allgemeinen vorliegenden Fehlen bereiter Mittel zur Tilgung fälliger Schulden; M. 319, 320. RG. 50 S. 41; 51 S. 413; JW. 88 S. 167; Gruch. 32 S. 1163; SeuffA. 43 S. 281. (AM. Oetker Grundbegriffe S. 174, 180. Danach sind auch die nichtfälligen Schulden in Betracht zu ziehen.) Mit der Vermögensunzulänglichkeit hängt die Zahlungsunfähigkeit begrifflich nicht zusammen. Auch bei vorliegender Vermögensunzulänglichkeit ist der Schuldner solange zahlungsfähig, als er seine Gläubiger zu befriedigen vermag und tatsächlich befriedigt, sei es aus eigenen Mitteln, sei es vermöge des ihm noch zustehenden Kredites (RG. Gruch. 44 S. 1216; JW. 00 S. 132), gleichviel ob er sich die Mittel auf redliche oder auf unredliche Weise verschafft hat; RG. JW. 01 S. 653. Umgekehrt kann Zahlungsunfähigkeit trotz Vermögenszulänglichkeit vorliegen, wenn das Vermögen sich nicht derart verwerten läßt, daß die Bezahlung der fälligen Schulden ermöglicht wird; RG. 7 S. 195 und in StS. 3 S. 195.

3 C. Zahlungseinstellung ist die erkennbar gewordene Tatsache der Nichterfüllung fälliger Geldschulden wegen eines nicht bloß vorübergehenden Mangels an Zahlungsmitteln; RG. 6 S. 96, 111; 14 S. 221; 21 S. 23. Wegen des Begriffs der Zahlungseinstellung und der Judikatur hierüber vgl. § 30 A. 2—5.

Die Zahlungseinstellung muß eine allgemeine sein. Es muß aus ihr hervorgehen, „daß nicht eine bestimmte einzelne Zahlung und nur diese, sondern daß alle vorkommenden Zahlungen unterbleiben sollen. Hierzu ist freilich keineswegs die Unterlassung mehrerer Zahlungen erforderlich; ein einzelner Fall der Nichtzahlung kann den auf die allgemeine Zahlungseinstellung gerichteten Willen genügend dokumentieren, und diese kann auch in einer andern Handlung als einer Nichtzahlung enthalten sein. Umgekehrt wird die Zahlungseinstellung nicht notwendig beseitigt durch vereinzelte Zahlungen und Rechtsgeschäfte, welche der Gemeinschuldner vielleicht später vornimmt. Die allgemeine Zahlungseinstellung braucht nicht eine absolute zu sein"; M. 324; ROHG. 13 S. 227. Die Erfüllung einzelner etwa besonders dringender oder verhältnismäßig unbedeutender Zahlungen (z. B. Löhne) schließt die Annahme der Zahlungseinstellung nicht aus; RG. 6 S. 97; 21 S. 21; 50 S. 39; JW. 96 S. 357.

Die Zahlungseinstellung muß in einer — voraussichtlich andauernden — Zahlungsunfähigkeit, in dem Mangel an flüssigen Zahlungsmitteln, eigenen und fremden, ihren Grund haben. „Das Nichtzahlen muß auf einem Nichtkönnen beruhen"; Jaeger § 30 A. 9. M. 323; Prot. S. 71. Der Kredit des GSch. kann die Annahme der Zahlungseinstellung nur dann ausschließen, wenn seine Gewährung bereits erfolgt war oder doch in sicherer Aussicht stand und wenn er zugleich so beschaffen war, daß sich durch seine Inanspruchnahme die Erfüllung oder doch die Stundung der fälligen Geldschulden des GSch. herbeiführen ließ; RG. JW. 98 S. 12; 02 S. 546.

Bloße Zahlungsstockung ist noch keine Zahlungsunfähigkeit. Der Unterschied liegt darin, „daß die erstere ein vorübergehender, die letztere ein abgeschlossener, nicht zu beseitigender oder wenigstens nicht wieder beseitigter Zustand ist". Prot. S. 72.

Darüber, ob im Einzelfalle Zahlungseinstellung vorliegt, entscheidet das richterliche Beweiswürdigungsrecht nach der Anschauung des Verkehrslebens; RG. JW. 89 S. 171; 92 S. 238; 97 S. 238; 99 S. 770; 00 S. 132. — Auch aus der Klageerhebung kann Zahlungseinstellung entnommen werden, wenn aus den Umständen erhellt, daß die Klage auf der Unfähigkeit des Beklagten zur Erfüllung seiner Verbindlichkeiten beruht; RG. JW. 94 S. 182. Dagegen ist die Befürchtung, daß ein Konkurs bald bevorstehe, zur Annahme einer Zahlungseinstellung nicht genügend; RG. JW. 95 S. 505. Die Nichtzahlung von Schulden, wegen welcher der Schuldner nicht gemahnt ist, kann in der Regel nicht als Beweis einer Zahlungseinstellung gelten; RG. JW. 91 S. 250; 98 S. 508. Die Zahlungseinstellung kann auch aus anderen Umständen z. B. Schließung des Geschäftslokals, Flucht (RG. Gruch. 26 S. 832) gefolgert werden. Die Zahlungseinstellung muß aber den beteiligten Geschäftskreisen (RG. 51 S. 414) erkennbar geworden sein. Hierfür genügt, wenn der GSch. einem einzelnen Gläubiger seinen Entschluß allgemeiner Nichtzahlung erklärt hat; RG. 6 S. 97; JW. 02 S. 96. Mindestens einer der Gläubiger muß wegen Zahlung wirklich gemahnt haben; RG. JW. 89 S. 171; 91 S. 250; 98 S. 508.

Es ist hiernach begrifflich möglich:

a. eine Zahlungsunfähigkeit ohne Überschuldung,
b. eine Überschuldung ohne Zahlungsunfähigkeit,
c. eine Zahlungseinstellung ohne Überschuldung,
d. eine Überschuldung ohne Zahlungseinstellung,
e. eine Zahlungseinstellung ohne Zahlungsunfähigkeit

nicht aber:

f. eine Zahlungsunfähigkeit ohne Zahlungseinstellung.

4 2. Voraussetzung der KE. ist die Zahlungsunfähigkeit. Liegt Zahlungseinstellung vor, so wird Zahlungsunfähigkeit vermutet. Doch ist Gegenbeweis zulässig; RG. StS. 3 S. 294.

Zahlungsunfähigkeit oder Überschuldung ist Voraussetzung der KE. bei

Aktiengesellschaften, Kommanditgesellschaften auf Aktien, juristischen Personen, nicht rechtsfähigen, aber verklagbaren Vereinen, Gesellschaften m. b. H. (§§ 207, 209, 213 KO.; § 63 Ges. betr. die Gesellschaften m. b. H.); ferner bei Genossenschaften nach näherer Maßgabe der §§ 98, 140 des Genossenschaftsgesetzes.

Überschuldung ist alleinige Voraussetzung der KE. beim Nachlaßkonkurse; § 215 KO.

Eine Sonderbestimmung für ausländische Konkurse enthält § 238 Abs. 2 KO.

3. Über jedes konkursfähige Rechtssubjekt muß ein besonderer Konkurs 5 eröffnet werden. Konkursfähige Rechtssubjekte sind außer den zu 2 genannten noch die offene Handelsgesellschaft und die Kommanditgesellschaft (§ 209), nicht aber die stille Gesellschaft, da bei dieser der Inhaber des Handelsgewerbes Eigentümer der Einlage des stillen Gesellschafters wird. Besondere Bestimmungen sind für das inländische Vermögen eines Schuldners, über den im Auslande Konkurs eröffnet worden ist, in den §§ 237 ff. gegeben.

Gegen Eheleute kann ein einheitliches KVerf. niemals eröffnet werden, gleichviel welches Güterrecht unter ihnen obwaltet, denn es würden in solchem Konkurse nicht ein, sondern zwei GSch. vorhanden sein.

4. Das Anbringen mehrerer Gläubiger ist nicht Voraussetzung der KE. 6 Es genügt das Vorhandensein Eines Gläubigers; RG. 11 S. 40; JW. 84 S. 90; RGSt. 39 S. 326.

§ 103 (95). Das Verfahren kann nur auf Antrag eröffnet werden. Zu dem Antrage ist der Gemeinschuldner und jeder Konkursgläubiger berechtigt.

---

1. Die Eröffnung von Amts wegen ist grundsätzlich ausgeschlossen. Es bedarf 1 stets eines Antrages. Antragsberechtigt ist der GSch. und jeder KGl., dieser auch dann, wenn seine Forderung bevorrechtigt, bedingt oder betagt ist (M. 326) oder wenn ihr ein Absonderungsrecht zur Seite steht (Prot. 73). Ist die Forderung verpfändet, so kann sowohl der Gläubiger als der Pfandgläubiger den Antrag stellen, es sei denn, daß der Pfandgläubiger allein zur Einziehung berechtigt ist, in welchem Falle ihm allein das Antragsrecht zusteht; BGB. §§ 1281, 1282; Jaeger A. 2. Außer den KGl. sind zum Antrage auf KE. befugt:

a. bei Aktiengesellschaften, juristischen Personen, Vereinen und eingetragenen Genossenschaften jedes Mitglied des Vorstandes und jeder Liquidator (§§ 208 Abs. 1, 213 KO., §§ 100, 118 Ges. v. 1. Mai 89, RGBl. S. 55, in der F. v. 20. Mai 98, RGBl. S. 810);

b. bei offenen Handelsgesellschaften, Kommanditgesellschaften und Kommanditgesellschaften auf Aktien jeder persönlich haftende Gesellschafter und jeder Liquidator; § 210 Abs. 1;

c. bei dem Konkurse über einen Nachlaß außer den Nachlaßgläubigern jeder Erbe, der Nachlaßverwalter, ein anderer Nachlaßpfleger sowie ein Testamentsvollstrecker, dem die Verwaltung des Nachlasses zusteht; § 217 Abs. 1.

Das KVerf. über das Vermögen einer privaten Versicherungsunternehmung kann nur von der Aufsichtsbehörde beantragt werden; § 68 Abs. 1 PrivVersUntern.-Ges. v. 12. Mai 01.

Eine Antragspflicht und zwar ohne Rücksicht darauf, ob eine zur Deckung der Kosten hinreichende Masse vorhanden ist, besteht nur in den Fällen der §§ 42

Abs. 2, 48 Abs. 2, 53, 86, 89 Abs. 2, 1980, 1985 Abs. 2 BGB., §§ 240 Abs. 2, 241, 298 Abs. 2, 315 Nr. 2, 320 Abs. 3, 325 Nr. 8 HGB., §§ 64, 71 Abs. 1, 84 Ges. betr. die Gesellsch. m. b. H. v. 20. Mai 98, §§ 34, 99, 118, 140, 148 Nr. 2 GenossGes. v. 20. Mai 98.

2 2. Der Antrag kann schriftlich oder durch Erklärung zu Protokoll des Gerichtsschreibers gestellt werden (§ 496 ZPO.), für Prozeßunfähige durch ihre gesetzlichen Vertreter. Bevollmächtigung ist zulässig; §§ 78, 79 ZPO.

3 3. Jeder Antragsteller hat einen Gebührenvorschuß zu zahlen; §§ 82, 53 Abs. 1, 52 GKG. Die Bewilligung des Armenrechts ist zulässig, wenn die gesetzlichen Voraussetzungen hierzu vorliegen; § 114 ZPO.; § 72 KO. Ist die Masse zur Bestreitung der Massekosten unzureichend, mithin die KE. nach § 99 abzulehnen, so ist das Armenrecht zu versagen, da der beabsichtigte Antrag aussichtslos erscheint.

4 4. Zurücknahme des Antrags auf KE. ist nur bis zur Eröffnung des Konkurses, in der Beschwerdeinstanz nur dann zulässig, wenn der Eröffnungsbeschluß erst vom Beschwerdegericht erlassen und nicht für sofort wirksam erklärt worden ist; OLG. Hamburg, SeuffA. 56 S. 115; OLG. Karlsruhe, BadRpr. 01 S. 31; OLG. Kolmar in OLG. 5 S. 215; Jaeger A. 3; Fitting § 35 A. 9; Pet.-Kleinf. A. 2; a. M. Prot. 162; Wolff A. 1. Die Zurücknahme des Antrags bringt die Sache in die Lage, als ob ein Antrag überhaupt nicht gestellt wäre. Es kann daher auch ein anderer Gläubiger in das Verfahren nicht eintreten; er muß den Erfordernissen des § 105 vollauf genügen; M. 329. Die Zurücknahme erfolgt durch privatschriftliche oder zu Protokoll des Gerichtsschreibers abgegebene Erklärung an das Gericht.

5 5. Ob ein vertragsmäßiger Verzicht auf das Antragsrecht zulässig ist, ist streitig. Die herrschende Lehre verneint es; vgl. hierzu Jaeger A. 3.

§ 104 (96). **Beantragt der Gemeinschuldner die Eröffnung des Verfahrens, so hat er ein Verzeichnis der Gläubiger und Schuldner, sowie eine Übersicht der Vermögensmasse bei Stellung des Antrags einzureichen oder, wenn dies nicht tunlich ist, ohne Verzug nachzuliefern.**

1 1. Der Eröffnungsantrag des GSch. ist zuzulassen, ohne daß die Zahlungsunfähigkeit glaubhaft gemacht zu werden braucht. Dies folgt per argumentum e contrario aus den §§ 105, 208 Abs. 2, 210 Abs. 2, 217 Abs. 2; vgl. auch Prot. 74—76. Das Gericht hat sich aber die Überzeugung von dem Vorliegen der Zahlungsunfähigkeit zu verschaffen, da sonst der Konkurs nicht eröffnet werden kann; § 102. Ist diese Überzeugung nicht erbracht, so hat das Gericht den Antrag auf KE. abzuweisen, sofern es nicht gemäß § 75 die Anordnung weiterer Ermittelungen für angemessen erachtet; a. M. nur Pet.-Kleinf. A. 4.

2 2. Die vorzulegende Vermögensübersicht muß ersichtlich machen, „welche Vermögensstücke einem Anspruch auf Herausgabe oder auf abgesonderte Befriedigung unterliegen. Bei zweifelhaften Forderungen wird der wahrscheinliche Wert, bei den Schulden außer dem Betrage auch der Rechtsgrund anzugeben sein. Das gleichzeitig einzureichende Verzeichnis der Gläubiger und Schuldner ist mit Rücksicht auf die nach der KE. sofort zu erlassenden Benachrichtigungen (§ 111) erforderlich, wünschenswert wird in vielen Fällen auch die Bezeichnung der Wohnung sein"; M. 329. Mit Rücksicht auf § 107 hat die Vermögensübersicht auch erkennbar zu machen, ob eine den Kosten des Verfahrens entsprechende Masse vorhanden ist. Sowohl die Vermögens-

übersicht wie das Verzeichnis der Gläubiger und Schuldner können, wenn die Einreichung bei Stellung des KAntrags untunlich ist, nachträglich, also auch noch nach der KE. eingereicht werden.

3 **3.** Der Antrag auf Eröffnung des Konkurses über eine Aktiengesellschaft, eine juristische Person, einen Verein, der als solcher verklagt werden kann, eine Genossenschaft oder eine Gesellschaft m. b. H. wird ohne weiteres nur dann zugelassen, wenn er von allen Vertretern gemeinsam gestellt wird. Wird der Antrag nur von einzelnen Vertretern gestellt, so ist die Zahlungsunfähigkeit (oder Überschuldung) glaubhaft zu machen; §§ 208, 213 KO.; §§ 100, 118 GenG.; § 63 G. betr. Gesellschaften m. b. H. Entsprechendes gilt bei dem Antrage auf Eröffnung des Konkurses über das Gesellschaftsvermögen nach §§ 209, 210, über einen Nachlaß (§ 217) oder über das Gesamtgut nach § 236.

§ **105** (97). Der Antrag eines Gläubigers auf Eröffnung des Verfahrens ist zuzulassen, wenn die Forderung des Gläubigers und die Zahlungsunfähigkeit des Gemeinschuldners glaubhaft gemacht werden.

Wird der Antrag zugelassen, so hat das Gericht den Schuldner zu hören und, sofern dieser nicht seine Zahlungsunfähigkeit oder Zahlungseinstellung einräumt, die erforderlichen Ermittelungen anzuordnen.

Die Anhörung des Schuldners kann unterbleiben, wenn sie eine öffentliche Zustellung oder eine Zustellung im Auslande erfordert; in diesem Falle ist, soweit tunlich, ein Vertreter oder Angehöriger des Schuldners zu hören.

---

1 **1.** Der Eröffnungsantrag des Gläubigers hat sowohl die Forderung des Gläubigers als die Zahlungsunfähigkeit des GSch. gemäß § 294 ZPO. glaubhaft zu machen. Fehlt die Glaubhaftmachung auch nur einer dieser Tatsachen, so ist der Antrag kostenpflichtig zurückzuweisen (Gerichtsgebühr: § 53 Abs. 2, 3 GKG.). Der zurückweisende Beschluß ist nur dem Antragsteller zuzustellen, da nur er allein Beteiligter und zur Beschwerde berechtigt ist. Wird die Glaubhaftmachung als erbracht angesehen, so ist der Antrag zuzulassen. Die Zulassung erfolgt durch Einleitung des weiteren Verfahrens aus Abs. 2. Eines besonderen Zulassungsbeschlusses bedarf es nicht. Ist ein solcher Beschluß ergangen, so unterliegt er nicht der Beschwerde, da er keine Entscheidung enthält; § 73; OLG. Hamburg, HansGerZ. 10 S. 224; SeuffA. 45 S. 252.

2 **2.** Für das weitere Verfahren ist das Hören des Schuldners obligatorisch. (Ausnahme: Abs. 3.) Das Hören geschieht durch die Aufforderung, sich über den Antrag mündlich oder schriftlich zu äußern. Eines bestimmten Präjudizes bedarf es nicht. Einen Zwang, sich zu äußern, kann das Gericht gegen den Schuldner nicht ausüben. In jedem Falle, also gleichviel ob der Schuldner sich äußert oder nicht, ob er seine Zahlungsunfähigkeit oder Zahlungseinstellung einräumt oder nicht, muß das Gericht sich von Amts wegen die Überzeugung von dem Vorhandensein oder Nichtvorhandensein des Konkursgrundes verschaffen, eventuell die erforderlichen weiteren Ermittelungen vornehmen; § 75; a. M. nur Pet.-Kleinf. A. 4. Ein von dem KG. unterlassenes Hören des Schuldners kann in zweiter Instanz nachgeholt werden; OLG. Dresden in den Annalen dieses Gerichts 25 S. 540. Bei einer Gesellschaft des BGB. ist auch die Anhörung der übrigen Gesellschafter erforderlich; Kammerg. in OLG. 10 S. 212. Vor der Entscheidung über die KE. kann das Gericht die zwangsweise Vorführung

oder die Haft des Schuldners anordnen, auch alle zur Sicherung der Masse erforderlichen einstweiligen Anordnungen treffen; § 106.

Der Schuldner braucht sich nicht auf das Bestreiten des KGrundes zu beschränken, kann vielmehr auch geltend machen, daß die Forderung des Antragstellers nicht oder nicht mehr besteht, daß die zur Deckung der Kosten erforderliche Masse nicht vorhanden ist (§ 107), daß das Gericht nicht zuständig oder daß bereits bei einem anderen zuständigen Gerichte ein Eröffnungsantrag gestellt ist; Jaeger A. 3; Fitting § 35 A. 13.

3 **3.** Die Anhörung des Schuldners kann unterbleiben, wenn es dazu, besonders weil sein Aufenthalt unbekannt ist, einer öff. Zustellung (§ 203 ZPO.) oder einer Zustellung im Auslande (§ 199 ZPO.) bedürfte. Doch soll alsdann, soweit tunlich, ein Vertreter oder Angehöriger des Schuldners gehört werden. Angehörige im Sinne dieser Vorschrift sind alle diejenigen, welche zur Familie oder zum Hausstande des Schuldners gehören.

§ 106 (98). **Das Gericht kann die zwangsweise Vorführung und die Haft des Schuldners anordnen. Dasselbe kann alle zur Sicherung der Masse dienenden einstweiligen Anordnungen treffen. Es kann insbesondere ein allgemeines Veräußerungsverbot an den Schuldner erlassen.**

Bei der Abweisung des Eröffnungsantrags sind die angeordneten Sicherheitsmaßregeln aufzuheben.

---

1 **1.** Die Anwendbarkeit des § 106 ist auf die Fälle beschränkt, in denen der endgültigen Beschlußfassung über den gestellten und an sich zulässigen Antrag auf KE. noch tatsächliche Ermittlungen vorausgehen müssen. Es soll während dieses Zwischenstadiums der Zweck des KVerf., eine gleichmäßige Befriedigung der Gläubiger zu erzielen, durch Handlungen des Schuldners oder anderer Gläubiger nicht vereitelt werden dürfen; M. 329, 330.

2 **2.** Zuständig zum Erlaß der bezeichneten, von Amts wegen oder auf Antrag zu erlassenden Anordnungen ist nur das KGericht. Ein anderes Gericht würde Sicherheitsmaßregeln gegen den GSch. nur unter den Voraussetzungen der §§ 916 ff. ZPO. anordnen können.

3 **3.** Entsprechende Anwendung der §§ 935 ff. ZPO. auf das Verfahren bezüglich der in Abs. 1 bezeichneten Anordnungen ist ausgeschlossen, da ihr der allgemeine Sicherungszweck des Konkurses entgegensteht. Insbesondere kann der Schuldner die getroffenen Maßregeln nicht durch Kautionsleistung beseitigen (§§ 923, 934 ff. ZPO.); M. 331. Dagegen ist es nicht für unzulässig zu erachten, daß die Anordnung von einer Sicherheitsleistung abhängig gemacht und dem Schuldner nachgelassen wird, den Vollzug der Anordnung durch Bestellung einer Sicherheit zu hemmen. Für unbewegliche Sachen ist das Veräußerungsverbot in das Grundbuch einzutragen; § 113.

4 **4.** Die zwangsweise Vorführung und Haft dienen dazu, die Auskunft des Schuldners über seine Vermögenslage zu erzwingen oder im Falle des Verdachtes der Beseitigung von Vermögensgegenständen oder der Flucht die Masse sicher zu stellen. Die Haft kann abweichend von § 101 Abs. 2 ohne vorgängiges Gehör des Schuldners verhängt werden. Die §§ 905, 913 ZPO. finden entsprechende Anwendung. An Stelle der Haft kann das Gericht auch sonstige Beschränkungen der persönlichen Freiheit anordnen; § 933 ZPO.

5. Zu den *einstweiligen Anordnungen*, welche zur Sicherheit der Masse 5
dienen, gehören Siegelung, Erlaß von Inhibitorien, Eintragung von Sperrvermerken in den Grund- und Hypothekenbüchern, Hinterlegung von Geld- oder Wertpapieren, Anordnung einer Sequestration. Schließung des Geschäfts- oder Fabrikbetriebes ist zulässig, aber unzweckmäßig, da diese Maßregel eine dauernde Beeinträchtigung des Kredits des GSch. zur Folge haben könnte. Unstatthaft ist die Einstellung der schwebenden Zwangsvollstreckungen, weil dadurch für den Fall der Zurückweisung des Eröffnungsantrages die andringenden Gläubiger in ungerechtfertigter Weise geschädigt werden könnten; M. 330.

6. Ein allgemeines Veräußerungsverbot wird dem Schuldner gegenüber wirksam 6
mit der Zustellung an ihn; § 73 Abs. 2. Die Zustellung wird durch die öff. Bekanntmachung ersetzt; § 76 Abs. 3. Die Wirkungen des Veräußerungsverbots ergeben sich aus §§ 135, 136 BGB. Danach sind alle Rechte, die nach Zustellung des Verbots an den Schuldner *im Wege der Zwangsvollstreckung oder des Arrestes* an den zur Masse gehörigen Sachen erworben sind, sowie die zwangsweise Eintragung einer Vormerkung *den KGl. gegenüber in jedem Falle*, ohne daß es einer Anfechtung bedarf, unwirksam, so daß derjenige, welcher ein solches Recht erwirbt, sich niemals auf seinen guten Glauben berufen kann; M. II S. 38. (Anders der § 98 früh. F. wonach die Unwirksamkeit auf Pfand- und Hypothekenrechte beschränkt und bestimmt war, daß der auf den Mangel einer Bekanntmachung beruhende gute Glaube des Erwerbers den Einwand der Unwirksamkeit ausschloß.) Es tritt nach jetzigem Recht also *relative* Nichtigkeit ein; OLG. Dresden im SächsArch. 13 S. 257. Dagegen sind *rechtsgeschäftliche* Verfügungen, welche der Schuldner trotz des Veräußerungsverbots vornimmt, wirksam, sofern nicht dem Erwerber das Verbot bekannt oder nur infolge grober Fahrlässigkeit unbekannt ist; §§ 135, 136, 932 BGB. Beweispflichtig für die Kenntnis oder grobe Fahrlässigkeit ist der KV. Eine „Beschlagnahme" im Sinne der §§ 137, 288 StGB. wird durch den Erlaß des Veräußerungsverbots nicht begründet; RGSt. 20 S. 244.

Hat der Gläubiger eine sog. Vorpfändung nach § 845 ZPO. vorgenommen, so ist, wenn inzwischen ein allgemeines Veräußerungsverbot nach § 106 KO. ergeht, die ordentliche (gerichtliche) Pfändung nicht mehr zulässig; RG. 26 S. 426; 42 S. 366.

7. Die angeordneten Maßregeln *können* auf Antrag oder von Amts wegen 7
schon vor der Entscheidung über den Eröffnungsantrag aufgehoben werden, wenn die Gründe, durch welche die Anordnung veranlaßt war, wegfallen, also insbesondere wegen veränderter Umstände (§ 927 ZPO.). Nach erhobener Beschwerde kann das Gericht den Beschluß über die Anordnung von Sicherungsmaßregeln nicht mehr abändern; § 577 Abs. 3 ZPO. *Von Amts wegen* aufgehoben *sind* die angeordneten Sicherungsmaßregeln, sobald der Antrag auf KE. zurückgenommen oder abgewiesen wird. Wird der Konkurs eröffnet, so treten an Stelle der getroffenen einstweiligen Maßregeln die für den Konkurs geltenden endgültigen Bestimmungen.

8. Das zuständige Rechtsmittel ist die sofortige Beschwerde; § 73 Abs. 3. Sie 8
steht gegen die angeordneten Maßregeln dem Schuldner, gegen die Zurückweisung eines Antrags auf Anordnung einer solchen Maßregel dem Antragsteller zu.

9. Wird der Eröffnungsantrag zurückgenommen oder abgewiesen, so fallen die 9
durch die Sicherungsmaßregeln entstandenen Kosten dem Antragsteller zur Last. Für den Fall der Eröffnung des Konkurses sind die Kosten den Massekosten (§ 58 Nr. 1) zuzurechnen; M. 331.

§ **107** (99). Die Abweisung des Eröffnungsantrags kann erfolgen, wenn nach dem Ermessen des Gerichts eine den Kosten des Verfahrens entsprechende Konkursmasse nicht vorhanden ist. Die Abweisung unterbleibt, wenn ein zur Deckung der im § 58 Nr. 1, 2 bezeichneten Massekosten ausreichender Geldbetrag vorgeschossen wird.

Das Gericht hat ein Verzeichnis derjenigen Schuldner zu führen, bezüglich deren der Eröffnungsantrag auf Grund der Vorschrift des Abs. 1 Satz 1 abgewiesen worden ist. Die Einsicht des Verzeichnisses ist Jedem gestattet. Nach dem Ablaufe von fünf Jahren seit der Abweisung des Eröffnungsantrags ist die Eintragung in dem Verzeichnisse dadurch zu löschen, daß der Name unkenntlich gemacht wird.

---

1 **1.** Der Eröffnungsantrag ist abzuweisen, wenn eine den Kosten des Verfahrens d. h. eine den im Satz 2 des § 107 genannten Kosten entsprechende KM. nicht vorhanden ist; es kommen also nur die im § 58 Abs. 1 und 2 bezeichneten Massekosten für die Entscheidung in Betracht; Jaeger A. 1; Pet.-Kleinf. A. 1, 3; Fitting § 35 V. Ob die Masse zur Deckung dieser Kosten ausreicht oder nicht, hat das Gericht nach freiem Ermessen zu entscheiden. Die Prüfung hat sich auch darauf zu erstrecken, ob nicht aus den Ausständen und aus den Anfechtungsansprüchen Befriedigungsmittel zu erwarten sind; M. 332; RG. JW. 98 S. 74. Die mit Absonderungsrechten belasteten Vermögensstücke dürfen nur in Höhe des wahrscheinlichen Überschusses der Masse zugerechnet werden. (M. 332; RG. JW. 97 S. 188.) Dieselben Grundsätze gelten für die Nachlaßverwaltung; § 1982 BGB. Eine Ausnahme findet statt, wenn über das Vermögen einer eingetragenen Genossenschaft Konkurs eröffnet werden soll; §§ 100, 140 GenossG.

Den Fall der Einstellung eines bereits eröffneten Konkurses wegen unzureichender Masse regelt § 204.

2 **2.** Durch Leistung eines zur Deckung der in § 58 Nr. 1 und 2 bezeichneten Massekosten ausreichenden Geldbetrages wird die Ablehnung des Eröffnungsantrages ausgeschlossen. Die Höhe dieses Betrages hat das Gericht nach freiem Ermessen zu bestimmen. Eine Verpflichtung zur Vorschußleistung besteht für den Antragsteller nur nach Maßgabe der §§ 82, 53 Abs. 1 GKG. Wird auf Aufforderung des Gerichts der von diesem festgesetzte Vorschuß nicht geleistet, so bleibt nur die Abweisung des Eröffnungsantrages übrig.

3 **3.** Abs. 2 ist dem § 915 ZPO. (Verzeichnis der Manifestanten) nachgebildet. Eintragung sowohl wie Löschung erfolgen von Amts wegen. Die Eintragung erfolgt, nachdem der Abweisungsbeschluß Rechtskraft erlangt hat. In das Verzeichnis werden nur die Fälle eingetragen, in denen die Abweisung auf Grund des § 107 Abs. 1 Satz 1 erfolgt ist; nicht auch die Fälle, in denen der Antrag auf KE. aus anderen Gründen abgewiesen worden ist.

§ **108** (100). Der Eröffnungsbeschluß hat die Stunde der Eröffnung anzugeben.

Ist dies versäumt worden, so gilt als Zeitpunkt der Eröffnung die Mittagsstunde des Tages, an welchem der Beschluß erlassen ist.

---

1 **1.** Die Wirkungen des Konkurses beginnen mit dessen Eröffnung. Die Eröffnung erfolgt in dem Zeitpunkte, in welchem der Richter den Eröffnungsbeschluß

unterschreibt; Jaeger A. 1; Pet.-Kleinf. A. 1; Wolff A. 2. Allerdings bemerken die Motive S. 332: „Die Eröffnung fällt mit dem Augenblick der Verkündung des Urteils zusammen." Daraus ist die Behauptung hergeleitet, daß der Konkurs erst mit der Verkündung des Eröffnungsbeschlusses eröffnet werde; Wengler S. 494. Die Bemerkung der Mot. ist aber nur versehentlich aus den Mot. zum Entwurfe der Gemeinschuldordnung, in der eine obligatorische mündliche Verhandlung vorgesehen war, herübergenommen und hat für die KO., die regelmäßig nur die Eröffnung durch einen ohne mündliches Verfahren ergehenden Gerichtsbeschluß kennt, keine Bedeutung, es sei denn, daß ausnahmsweise der Eröffnungsbeschluß auf Grund einer — nach § 73 KO., § 329 ZPO. gestatteten — mündlichen Verhandlung erlassen werden sollte. Für die Annahme, daß die Erlassung des Eröffnungsbeschlusses erst durch die Übergabe des vom KRichter unterschriebenen Beschlusses an den Gerichtsschreiber zur weiteren Veranlassung (Bekanntmachung usw.) geschehe (Fitting § 36 I; Oetker, Grundbegriffe S. 78ff.), läßt sich eine Grundlage im Gesetz nicht finden. Die Zeit der Zustellung des Beschlusses kann deshalb nicht in Betracht kommen, weil der Eröffnungsbeschluß die Stunde der Eröffnung anzugeben hat, die Zeit der Zustellung aber nicht im voraus bestimmt werden kann.

2. Ob die Zeitangabe im Eröffnungsbeschlusse als unrichtig mit der sofortigen 2
Beschwerde angefochten werden kann, ist streitig; § 109 KO. steht der Annahme eines Beschwerderechts jedenfalls nicht entgegen (a. M. Jaeger A. 2), da § 109 nur bestimmt, wer zur Beschwerde berechtigt ist, nicht aber wegen welcher Punkte Beschwerde eingelegt werden kann. Es wird darauf ankommen, ob § 417 ZPO. einen Gegenbeweis zuläßt; dies dürfte zu bejahen sein.

3. Ist die Angabe der Eröffnungsstunde im Beschlusse nicht angegeben, so tritt 3
die unwiderlegbare Rechtsvermutung des Abs. 2 ein; M. 332. Für Rechtshandlungen des GSch. gilt die Vermutung des § 7 KO.

4. Maßgebend für die Zeit ist mitteleuropäische Zeit; Reichsges. v. 12. März 93 4
(RGBl. S. 93).

§ 109 (101). Die sofortige Beschwerde steht gegen den Eröffnungsbeschluß nur dem Gemeinschuldner, gegen den abweisenden Beschluß nur demjenigen zu, welcher den Eröffnungsantrag gestellt hat.

---

1. Richtet sich der Eröffnungsbeschluß gegen eine Handelsgesellschaft, eine 1
eingetragene Genossenschaft, eine sonstige Personenvereinigung oder einen Nachlaß, so steht das Recht der sofortigen Beschwerde gegen den Eröffnungsbeschluß jedem einzelnen Gesellschafter, Vorstandsmitglied, Liquidator, Erben oder Nachlaßvertreter sowie dem Testamentsvollstrecker zu; JW. 95 S. 454. Die Beschwerde muß binnen 2 Wochen nach der Bekanntmachung (§ 76) oder Zustellung (§ 111) eingelegt werden. Die Einlegung kann sowohl beim KG. wie beim Beschwerdegericht erfolgen. Liegen die Erfordernisse der Nichtigkeits- oder der Restitutionsklage vor, so kann die Beschwerde auch nach Ablauf der Notfrist innerhalb der für diese Klagen geltenden Notfristen erhoben werden; § 72 KO.; § 577 ZPO. Die Anwendbarkeit des § 572 Abs. 2, 3 ist in den Mot. S. 334 anerkannt. Danach kann das KG. auf die Einlegung der Beschwerde hin die Vollziehung der angefochtenen Entscheidung aussetzen; auch kann das Beschwerdegericht, bevor es auf die Beschwerde endgültig entscheidet, eine einstweilige Anordnung erlassen, insbesondere die Vollziehung der mit der Beschwerde angefochtenen Entscheidung des KGerichts aussetzen.

Hat der GSch. selbst den Antrag auf KE. gestellt, so ist sein Beschwerderecht ausgeschlossen; a. M. Kohler S. 233. Unanfechtbar ist der Beschluß der Eröffnung des Konkurses einer Lebensversicherungsanstalt nach § 68 des Gesetzes über die privaten Versicherungsunternehmungen (RGBl. 01 S. 139).

2 2. Ist die Beschwerde gegen den KEröffnungsbeschluß begründet, so wird der Eröffnungsbeschluß vom Beschwerdegericht aufgehoben. Die Entscheidung des Beschwerdegerichts wird aber erst mit der Rechtskraft wirksam, sofern nicht das Beschwerdegericht die sofortige Wirksamkeit seiner Entscheidung anordnet; § 74 KO. Ist eine solche Anordnung nicht ergangen, so bleibt der Eröffnungsbeschluß des KGerichts so lange wirksam, bis der Beschluß des Beschwerdegerichts rechtskräftig geworden ist; § 705 ZPO. Ist der Eröffnungsbeschluß rechtskräftig aufgehoben, so werden damit sämtliche mit der KE. kraft Gesetzes eingetretenen Rechtsfolgen hinfällig. Die Rechtswirksamkeit der von dem KV. vor der Wirksamkeit des Aufhebungsbeschlusses vorgenommenen Geschäfte wird durch den Aufhebungsbeschluß jedoch nicht betroffen; RG. 36 S. 93.

3 3. Gegen den abweisenden Beschluß kann nur der abgewiesene Antragsteller, sei es der GSch. oder ein KGl., von mehreren Antragstellern jeder einzelne Beschwerde erheben. Erscheint die Beschwerde begründet, so kann sich das Beschwerdegericht darauf beschränken, das KG. zur Eröffnung des Konkurses anzuweisen (§ 575 ZPO.), oder es kann den Konkurs selbst eröffnen. Im ersteren Falle hat das KG. den Eröffnungsbeschluß gemäß § 108 zu erlassen und zwar, wenn die sofortige Wirksamkeit des Beschwerdebeschlusses angeordnet worden ist (§ 74 Satz 2), sofort, andernfalls (§ 74 Satz 1) erst nach Rechtskraft des Beschlusses. Eröffnet das Beschwerdegericht selbst den Konkurs, so wird es zweckmäßig von der Befugnis des § 74 Satz 2 Gebrauch machen, da sonst der KEröffnungsbeschluß erst nach erlangter Rechtskraft wirksam sein würde, was praktisch bedenkliche Folgen haben würde. Das Beschwerdegericht hat also nur, wenn es den Konkurs selbst eröffnet und die sofortige Wirksamkeit seiner Entscheidung anordnet, in seinem Beschlusse die Stunde der Eröffnung anzugeben. Die Maßnahmen der §§ 110, 111 hat das Beschwerdegericht in jedem Falle dem KG. zu überlassen; Jaeger A. 7.

4 4. Eine weitere Beschwerde ist nur nach Maßgabe des § 568 Abs. 2 ZPO. zulässig; § 109 bestimmt nur, wer zu der ersten sofortigen Beschwerde legitimiert ist. Die Frage, wer zur weiteren Beschwerde berechtigt ist, wird nicht durch § 109 geregelt, ist vielmehr nach allgemeinen Grundsätzen zu prüfen; a. M. Jaeger A. 8. Gegen die Entscheidung des OLG. findet eine weitere Beschwerde nicht statt; § 568 Abs. 4 ZPO., i. d. F. des Ges. v. 5. Juni 05 (RGBl. S. 536).

§ 110 (102). **Bei der Eröffnung des Konkursverfahrens ernennt das Gericht den Konkursverwalter, verordnet einen nicht über einen Monat hinauszusetzenden Termin zur Beschlußfassung über die Wahl eines anderen Verwalters, sowie über die Bestellung eines Gläubigerausschusses, erläßt den offenen Arrest und bestimmt die Anmeldefrist und den allgemeinen Prüfungstermin.**

Das Gericht kann die Termine verbinden, wenn die Konkursmasse von geringerem Betrage oder der Kreis der Konkursgläubiger von geringerem Umfange ist, oder wenn der Gemeinschuldner einen Zwangsvergleichsvorschlag eingereicht hat.

1. Konkursverwalter: § 78. 1
Gläubigerversammlung: §§ 80, 131, 132.
Gläubigerausschuß, der auch schon vor dem Termine zur Gläubigerversamm- bestellt werden kann: § 87.
Offener Arrest: §§ 118, 119.
Anmeldefrist: §§ 138, 141.
Allgemeiner Prüfungstermin: §§ 138—141. Im Falle der Verbindung des Wahl- und Prüfungstermins ist der Termin mindestens 3 Wochen (§ 138 Satz 1, 2), aber nicht über einen Monat (Abs. 1) hinaus anzuberaumen. Anfangstag der Frist: § 76 Abs. 1.

2. Nach § 47 des KonsGerG. v. 7. April 00 (RGBl. S. 213) ist der Wahl- 2
und der Vergleichstermin nicht über 2, in Ausnahmefällen nicht über 3 Monate hinauszuschieben.

§ 111 (103). Der Gerichtsschreiber hat die Formel des Eröffnungsbeschlusses, den offenen Arrest, die Anmeldefrist und die Termine sofort öffentlich bekannt zu machen.

Die Bekanntmachung ist, unbeschadet der Vorschriften des § 76 Abs. 1, auszugsweise in den Deutschen Reichsanzeiger einzurücken.

An die ihrem Wohnorte nach bekannten Gläubiger und Schuldner des Gemeinschuldners erfolgt besondere Zustellung.

1. Der zuständige Gerichtsschreiber ist der des KGerichts, auch dann, wenn der 1
Eröffnungsbeschluß ausnahmsweise von dem Beschwerdegericht erlassen worden ist. Die von Amts wegen zu bewirkende öff. Bekanntmachung hat außer den in § 111 bezeichneten Vermerken — Formel des Eröff.Beschlusses, Inhalt des off. Arrestes (§ 118), Anmeldefrist (§ 138), ersten Termin und Prüfungstermin (§§ 110, 138 ff.) — auch den Namen des KV. zu enthalten (§ 81 Abs. 1). Wesentlich für die Wirksamkeit der Bekanntmachung ist deren Einrückung in das Amtsblatt des Gerichts (§ 76 Abs. 1), nicht deren daneben als Sollvorschrift (Prot. 78) angeordnete auszugsweise Einrückung in den Reichsanzeiger. Diese ist in Konsularsachen überhaupt nicht erforderlich; §§ 19 Nr. 1, 29 KonsGerGes. v. 7. April 00 (RGBl. S. 213).

2. Die besondere Zustellung an die ihrem Wohnorte nach bekannten Gläubiger 2
und Schuldner kann durch Aufgabe zur Post erfolgen; § 77 Abs. 1. Zuzustellen ist den Gläubigern und Schuldnern der Inhalt des Abs. 1. Ferner ist dem GSch. der Eröffnungsbeschluß und zwar wegen des ihm nach § 109 zustehenden Beschwerderechts unverkürzt zuzustellen. Ein etwaiger Mangel der besonderen Zustellung wird durch die ordnungsmäßige öff. Bekanntmachung geheilt; § 76 Abs. 3.

Auch die etwa in Betracht kommende Berufsgenossenschaft (Allg. Verfügung 3
v. 23. November 01 im Preußischen JMBl. 01 S. 267) sowie die Staatsanwaltschaft (§ 12 des Preuß. Ges. v. 6. März 79; GS. S. 109) erhalten Nachricht von der KE. Eine Mitteilung an den Börsenvorstand ist zwar nicht vorgeschrieben, jedoch zu empfehlen; vgl. auch für Preußen Allg. Verfügung des Justizministers v. 24. März 98, JMBl. 98 S. 77.

§ 112 (104). Der Gerichtsschreiber hat unter Bezeichnung des Konkursverwalters beglaubigte Abschriften der Formel des Eröffnungsbeschlusses den Behörden für die Führung des Handels- oder Genossenschaftsregisters oder ähnlicher Register und der Dienstbehörde des Gemeinschuldners mitzuteilen.

---

1 **1.** Die Mitteilung an die Registerbehörde muß auch dann erfolgen, wenn derselbe Amtsrichter sowohl KRichter als auch Registerrichter ist. Die KE. wird im Handels- und Genossenschaftsregister eingetragen; §§ 8ff., 32ff. HGB.; § 125 FGG., §§ 7, 13 Abs. 2 des Reichsges. über die Ges. mit beschränkter Haftung; §§ 10, 102 des Genossenschaftsgesetzes. Als Behörden „ähnlicher Register" werden nur solche in Betracht kommen, welche den Konkurs von Amts wegen eintragen müssen; Jaeger A. 2. Hierher gehören das Vereinsregister (§§ 21, 55, 75 BGB.) und, wenn über das Vermögen eines im Reichsschuldbuch eingetragenen Gläubigers Konkurs eröffnet ist, die Reichsschuldenverwaltung (§ 15 Nr. 3 des Ges. v. 31. Mai 91; RGBl. S. 321), nicht aber (a. M. Pet.-Kleinf. A. 4; Wolff A. 2) das Schiffsregister (§ 4 Flaggenges. v. 22. Juni 99, RGBl. 99 S. 319; 01 S. 184; § 120 BinnenschiffahrtsG. v. 15. Juni 95 i. d. F. v. 20. Mai 98, RGBl. S. 868) und das Güterrechtsregister (§§ 1558, 1560 BGB.).

2 **2.** Die Vorschriften der §§ 111 Abs. 2, 112, 113 KO. finden entsprechende Anwendung auf die Aufhebung (§§ 116, 163, 190), die Einstellung (§ 205) und die Wiederaufnahme des KVerf. (§ 198). Auch in diesen Fällen ist also der Registerbehörde Nachricht zu geben. Nur bei Vereinen wird sich die Benachrichtigung von der Aufhebung des KVerf. erübrigen, da diese nicht in das Vereinsregister eingetragen wird; § 75 BGB.

§ 113 (106). Ein von dem Konkursgericht in Gemäßheit des § 106 erlassenes allgemeines Veräußerungsverbot, sowie die Eröffnung des Konkursverfahrens ist in das Grundbuch einzutragen:

1. bei denjenigen Grundstücken, als deren Eigentümer der Gemeinschuldner im Grundbuch eingetragen ist;
2. bei den für den Gemeinschuldner eingetragenen Rechten an Grundstücken oder an eingetragenen Rechten, wenn nach der Art des Rechts und den obwaltenden Umständen bei Unterlassung der Eintragung eine Beeinträchtigung der Konkursgläubiger zu besorgen ist.

Das Konkursgericht hat, soweit ihm solche Grundstücke oder Rechte bekannt sind, das Grundbuchamt von Amts wegen um die Eintragung zu ersuchen.

Die Eintragung kann auch von dem Konkursverwalter bei dem Grundbuchamte beantragt werden.

---

1 **1.** Während die KO. früher bezüglich der Eintragung der Eröffnung und Aufhebung des Konkurses in das Grundbuch wegen der Verschiedenheit des geltenden Liegenschaftsrechts auf die Landesgesetze verweisen mußte, ist nunmehr die Frage dieser Eintragung reichsgesetzlich geregelt. Nur so lange bleiben die Landesgesetze anwendbar, als in einem einzelnen Grundbuchbezirke das Grundbuch nicht als angelegt anzusehen ist (§ 82 GBO.); Pet.-Kleinf. A. 1.

2 **2.** Stets einzutragen ist das gemäß § 106 erlassene allgemeine Veräußerungsverbot und der KVermerk in das Grundbuch der Grundstücke, als deren Eigentümer der GSch. eingetragen ist. Den Grundstücken stehen gleich das Erbbaurecht (§ 1017

BGB.) sowie die in den Art. 63, 68 des EG. z. BGB. bezeichneten Rechte. Dagegen soll bei den für den GSch. eingetragenen Rechten an fremden Grundstücken oder an solchen Rechten (z. B. Dienstbarkeiten, Nießbrauch, Hypothek, Pfandrecht an einem Nießbrauch oder an einer Hypothek) die Eintragung nur dann erfolgen, wenn bei Unterlassung der Eintragung eine Beeinträchtigung der KGl. zu besorgen ist. Bei diesen Rechten wird häufig die Eintragung ohne Gefahr für die KGl. unterbleiben können. Insbesondere lassen sich Hypotheken, Grundschulden und Rentenschulden, über welche ein Brief ausgestellt ist, der Verfügung des GSch. schon dadurch entziehen, daß der KV. den Brief in Besitz nimmt (§§ 1154 Abs. 1, 1192, 1199 BGB.); M. II 40.

3. Die Eintragung ist von dem KG. schon vor Eintritt der Rechtskraft des KEröffnungsbeschlusses bei dem Grundbuchamt zu beantragen. Dies folgt aus § 116 KO. Die Eintragung dient zum Schutze gegen unberechtigte Verfügungen des GSch. Denn wegen des öff. Glaubens des Grundbuchs können bis zur Eintragung gutgläubige Dritte an den Grundstücken und eingetragenen Rechten mit Wirksamkeit gegenüber der KM. Rechte erwerben. Die Eintragung wird deshalb auch schon vor der Bestellung des Verwalters herbeigeführt werden müssen. Daher hat das KG. von Amts wegen das Grundbuchamt um die Eintragung zu ersuchen. Das Ersuchen muß formgerecht (Preußen: AG. z. GBO. Art. 9) ausgestellt sein. Durch die formgerechte „Nachricht" der KE. an das Grundbuchamt wird es ersetzt; ebenso KG. in OLG. 3 S. 196. Die Pflicht des KG. beschränkt sich auf die ihm bekannten Grundstücke und Rechte des GSch. Sofern in dieser Hinsicht weitere Ermittelungen erforderlich werden, gehören sie zu den Aufgaben des Verwalters. Deshalb kann die Eintragung auch von diesem bei dem Grundbuchamte beantragt werden. Geschieht dies, so hat er zu seiner Legitimation Ausfertigung der Formel des Eröffnungsbeschlusses und seine Bestallung beizufügen. Einer Beglaubigung bedarf der Antrag nicht; § 30 GBO. Zur Eintragung des KVermerks bei der Brief-, Hypothek-, Grund-, oder Rentenschuld ist — abweichend von § 42 GBO. — die Vorlegung des Briefes nicht erforderlich; OLG. Hamburg in OLG. 3 S. 194; Eccius in DJZ. 01 S. 379. Die Eintragung geschieht gebührenfrei; § 115. 3

4. Eine Sperrung des Grundbuchs durch den KVermerk tritt nicht ein. Denn nach § 7 sind Rechtshandlungen, welche der GSch. nach der KE. vorgenommen hat, nur den KGl. gegenüber unwirksam, konvaleszieren aber in den Fällen des Zwangsvergleichs oder Konkursverzichts und zwar ex tunc. Deshalb steht der Eintragung der vom GSch. während des Konkurses über das liegenschaftliche Vermögen getroffenen Verfügungen nichts entgegen; KG. in OLG. 3 S. 194; 4 S. 146; Kohler S. 176 A. 3. Die Frage ist aber sehr streitig; a. M. z. B. Jaeger § 113 A. 7. 4

5. Durch die Nichteintragung des nach § 113 KO. vorgeschriebenen Vermerks tritt eine Unrichtigkeit des Grundbuchs ein. Diese muß auch bei Löschungsanträgen von Bedenken seitens des Grundbuchamts berücksichtigt werden; KG. bei Johow 30 A S. 266. 5

§ 114 (106 a). **Werden Grundstücke oder Rechte, bei denen eine Eintragung nach Maßgabe des § 113 Abs. 1, 2 bewirkt worden ist, von dem Verwalter freigegeben oder veräußert, so kann das Konkursgericht auf Antrag das Grundbuchamt um Löschung der Eintragung ersuchen.**

---

1. Wenn Grundstücke oder Rechte von dem KV. freigegeben oder veräußert werden, so kann der GSch. oder der Erwerber gemäß §§ 894, 435, 445 BGB. die Löschung der nach § 113 eingetragenen Vermerke — des Veräußerungsverbots und 1 des Konkursvermerks — im Wege der Berichtigung des Grundbuchs verlangen. Ist die Eintragung auf Ersuchen des KG. (nicht des KV.) erfolgt, so kann dieses auf Antrag, nicht von Amts wegen, das Grundbuchamt um Löschung der Eintragung ersuchen. Antragsberechtigt ist bei Freigabe der GSch., bei Veräußerung der Erwerber, in beiden Fällen auch der KV. Vgl. BayObLG. in OLG. 15 S. 247. Der KV. ist, wenn er ein Grundstück freigibt, sogar verpflichtet, die Löschung des KVermerks im Grundbuch herbeizuführen; OLG. Dresden in SächsOLG. 25 S. 553. Die Legitimation des KV. gegenüber dem Grundbuchamt endet mit der Löschung; OLG. Hamburg in OLG. 4 S. 166. Das KG. hat zu prüfen, ob es zu dem Ersuchen befugt ist. Fehlt diese Befugnis, so ist das Ersuchen abzulehnen. Anderenfalls muß dem Antrage entsprochen werden. Gegen die Ablehnung des Ersuchens steht dem Antragsteller die sofortige Beschwerde zu; § 73 Abs. 3.

2 2. Die Löschung ist gebührenfrei; § 115.

§ 115 (106 b). Die Eintragung und Löschung von Vermerken auf Grund der §§ 113, 114 geschieht gebührenfrei.

1 1. Die Bestimmung, welche darauf abzielt, „die ohnehin durch Gerichtskosten und Verwaltungsgebühren stark in Anspruch genommenen KM. von der Kostenpflicht für die bezeichneten Vermerke zu befreien" (KB. 27), wird auch auf die Fälle der §§ 116, 163 Abs. 3, 190 Abs. 3, 198 Abs. 2, 205 Abs. 2 auszudehnen sein, da bei ihnen der § 113 entsprechende Anwendung findet; desgleichen auch auf die Löschung der Eintragung eines allgemeinen Veräußerungsverbotes im Falle des § 106 Abs. 2 (Abweisung des Eröffnungsantrags); Jaeger A. 2; a. M. Pet.-Kleinf. §§ 113 bis 115 A. 8.

2 2. Die Befreiung erstreckt sich nur auf die Gebühren, nicht auf die Auslagen (Schreibgebühren).

§ 116 (106 c). Sobald eine den Eröffnungsbeschluß aufhebende Entscheidung die Rechtskraft erlangt hat, ist die Aufhebung des Verfahrens öffentlich bekannt zu machen. Die Vorschriften der §§ 111 Abs. 2, 112, 113, 191 finden entsprechende Anwendung.

Die Aufhebung ist gemäß §§ 76, 111 Abs. 2 in derselben Form wie die Eröffnung bekannt zu machen, insbesondere auch durch Einrückung in den Deutschen Reichsanzeiger (§ 111 Abs. 2) und durch Mitteilung beglaubigter Abschriften der Entscheidungsformel an die Registerbehörden und die Dienstbehörde des GSch.; § 112. Zuständig für diese Bekanntmachungen ist wie im Falle des § 111 der Gerichtsschreiber des KG., nicht der des Beschwerdegerichts; Jaeger A. 1; a. M. Fitting § 36 A. 20; Pet.-Kleinf. A. 1; v. Sarw.-Boss. A. 2. Die in das Grundbuch eingetragenen KVermerke sind auf ein von Amts wegen zu stellendes Ersuchen des KG. oder auf Antrag des KV. wieder zu löschen; § 113. Endlich hat der KV. vor Herausgabe der KM. an den GSch. die ihm bekannten Massegläubiger, soweit ihre Forderungen unstreitig und fällig sind, zu befriedigen und, soweit sie streitig oder noch nicht fällig sind, gemäß § 108 ZPO. sicher zu stellen; § 191 Abs. 1. (§ 191 Abs. 2, wonach der KV. auch für die Befriedigung bzw. Sicherstellung der bevorrechtigten Forderungen zu sorgen hat, findet keine Anwendung; KB. S. 1960, 1968; Jaeger §§ 205 ff. A. 2; Fitting § 36 A. 20; a. M. Pet.-Kleinf. A. 2; Wolff A. 2.).

Dritter Titel.

Teilungsmasse.

§ 117 (107). Nach der Eröffnung des Verfahrens hat der Verwalter das gesamte zur Konkursmasse gehörige Vermögen sofort in Besitz und Verwaltung zu nehmen und dasselbe zu verwerten.

Die Geschäftsbücher des Gemeinschuldners dürfen nur mit dem Geschäft im ganzen und nur insoweit veräußert werden, als sie zur Fortführung des Geschäftsbetriebs unentbehrlich sind.

---

1. Besitznahme.

a. Begriff. Der Besitz einer Sache wird durch die Erlangung der tatsächlichen Gewalt über die Sache erworben; § 854 BGB. Durch die sofort vorzunehmende Besitzergreifung wird der KV. unmittelbarer Besitzer und erlangt als solcher die Besitzschutzmittel der §§ 859 ff., 1007 BGB. Neben ihm hat nach § 868 BGB. der GSch. den mittelbaren Eigenbesitz (§ 872); Jaeger A. 5 und die dort angegebene Literatur. Der Besitz des KV. geht auf dessen Erben über (§ 857 BGB.), vorausgesetzt, daß der KV. die tatsächliche Gewalt bis zu seinem Tode behalten hat, da durch Aufgeben oder Verlieren der tatsächlichen Gewalt der Besitz beendigt wird; § 856 BGB. Also tritt kein Übergang auf den Erben ein, wenn der KV. die zur KMasse gehörigen Wertpapiere bei einer Bank in Verwahrung gegeben hat, da in diesem Falle schon der KV. selbst nicht mehr Besitzer der Wertpapiere war; Jaeger A. 5. 1

b. Gegenstand. Die Pflicht des Verwalters zur Besitznahme erstreckt sich auf das ganze zur Konkursmasse gehörige Vermögen, einschließlich derjenigen Objekte, die mit Absonderungsansprüchen belastet sind. Er hat also, vorbehaltlich der Mitwirkung des GlAusschusses und des GSch. (§§ 133, 135), außer den dem GSch. zu belassenden unverwertbaren Gegenständen diejenigen Vermögensstücke auszusondern, welche 2

α. nicht zu dem Vermögen des Gemeinschuldners gehören (RG. 51 S. 83),

β. zwar zu diesem Vermögen gehören, jedoch nicht der Zwangsvollstreckung unterliegen.

Die Sachen zu *α.* sind den Berechtigten zurückzugeben, die Sachen zu *β.* dem Gemeinschuldner zu belassen.

Im Zweifel ist zu vermuten, daß jedes Vermögensstück, welches tatsächlich beim GSch. vorgefunden wird, auch zur KMasse gehört. Eine Verpflichtung, die Sachen Dritter in Besitz zu nehmen, läßt sich für den Verwalter aus § 117 nicht herleiten. Deshalb wird auch der Verwalter durch die Unterlassung dieser Besitznahme Dritten gegenüber nicht verantwortlich.

c. Art und Weise. Das Recht zur eigenmächtigen Besitznahme ist dem KV. nicht beigelegt. Der etwa von ihm unternommenen eigenmächtigen Besitznahme darf sich der GSch. mit Gewalt erwehren; § 859 Abs. 1 BGB. Leistet der GSch. gegen die Besitznahme der KMasse durch den Verwalter Widerstand, so ist es Recht und Pflicht des Verwalters, ohne weitere Ermächtigung diesen Widerstand zu beseitigen dadurch, daß er: 3

α. entweder die Verhaftung des GSch. beantragt (§ 101 Abs. 2) oder

β. unter Übergabe einer mit der Vollstreckungsklausel versehenen Ausfertigung des Eröffnungsbeschlusses und seiner Bestallung den Gerichtsvollzieher beauftragt, die

Herausgabe beweglicher und unbeweglicher Sachen oder Räumung seitens des GSch. zu erwirken; §§ 724, 794 Nr. 3, 883, 885 ZPO.; M. 342.

Vollstreckbare Ausfertigung des Eröffnungsbeschlusses (§ 724 ZPO.) ist vom Gerichtsschreiber dem Verwalter auf Antrag sofort zu erteilen, da die Beschwerde gegen den Beschluß keine aufschiebende Wirkung hat.

Gegen Dritte läßt sich, abgesehen von den §§ 126, 127, ein Anspruch auf Herausgabe von Sachen, die zur KMasse gehören, zwangsweise nur im Prozeßwege geltend machen; M. 342.

4 2. Verwaltung. Von einer speziellen Aufzählung der Obliegenheiten des Verwalters ist Abstand genommen. Durch den Zweck der Verwaltung, die Interessen der Gläubiger und des GSch. zu wahren, und durch die in § 82 dem Verwalter auferlegte Pflicht, die im Verkehr erforderliche Sorgfalt anzuwenden (§ 276 BGB.), ist die Aufgabe des Verwalters hinreichend gekennzeichnet.

5 3. Verwertung. Das in § 107 gebrauchte Wort „sofort" bezieht sich nur auf das „in Besitz und Verwaltung nehmen", nicht aber auf das „verwerten". Den geeigneten Zeitpunkt der Verwertung hat der Verwalter nach seinem pflichtmäßigen Ermessen der Möglichkeit und Gelegenheit anzupassen. Vgl. §§ 126—137.

Auch die Art der Verwertung ist seinem Ermessen anheimgegeben und kann in jeder geeigneten Weise geschehen. Seine Veräußerungen, auch wenn sie in der Form der Zwangsvollstreckung erfolgen, sind nicht als wirkliche Zwangsvollstreckungen anzusehen, unterliegen also nicht dem § 771 ZPO.; RG. JW. 93 S. 153.

6 4. Die Geschäftsbücher des GSch. gehören zur KMasse (§ 1 Abs. 3), dürfen aber nur nach § 117 Abs. 2 veräußert werden. Ist bei Beendigung des KVerf. die Veräußerung unterblieben, so sind sie dem GSch. zurückzugeben; §§ 192, 206 Abs. 1. Dem einzelnen KGl. steht ein Recht auf Einsicht der Bücher nicht zu.

§ 118 (108). Durch den offenen Arrest wird allen Personen, welche eine zur Konkursmasse gehörige Sache in Besitz haben oder zur Konkursmasse etwas schuldig sind, aufgegeben, nichts an den Gemeinschuldner zu verabfolgen oder zu leisten, auch die Verpflichtung auferlegt, von dem Besitze der Sache und von den Forderungen, für welche sie aus der Sache abgesonderte Befriedigung in Anspruch nehmen, dem Konkursverwalter innerhalb einer bestimmten Frist Anzeige zu machen.

---

1 1. Das Verbot, welches der § 118 in seinem ersten Halbsatze aufstellt, ist lediglich aus Gründen der Zweckmäßigkeit erlassen. Es sollen dadurch rechtsirrtümliche Leistungen an den GSch. verhütet werden. Eine besondere Rechtswirkung kommt dem Verbot nicht zu. Es schafft keine anderen Rechte, als der § 8 bestimmt, und die Kenntnis oder Unkenntnis vom Arreste ist für § 8 unwesentlich; M. 341.

2 2. Dagegen wird die im zweiten Halbsatze des § 118 gebotene Anzeigepflicht erst durch den offenen Arrest begründet. Sie trifft den unmittelbaren, nicht auch den mittelbaren Besitzer (Jaeger A. 4; a. M. Pet.-Kleinf. §§ 118ff. A. 2; Wolff A. 2) und zwar ausnahmslos, insbesondere also auch Pfandhäuser (Prot. 79), die Hinterlegungsstellen, die Frachtführer und Spediteure und bezieht sich auf den Besitz aller Sachen, beweglicher und unbeweglicher, auch von Urkunden, aber nur soweit die Sachen zur KMasse gehören. Deshalb fällt die Anzeigepflicht des Frachtführers dann fort, wenn der Absender gemäß § 433 HGB. die Verfügungsgewalt über das an den GSch. adressierte Frachtgut behalten hat; Pet.-Kleinf. A. 2.

Für Forderungspfandgläubiger gilt § 118 dagegen nicht; OLG. Hamburg in OLG. 10 S. 212. Die Anzeige ist — schriftlich oder mündlich — dem Verwalter zu machen. Folge der Unterlassung: § 119.

3. Die Bekanntmachung des offenen Arrestes erfolgt nach §§ 76, 111. 3

§ 119 (109). Wer die Anzeige über den Besitz von Sachen des Gemeinschuldners innerhalb der bestimmten Frist zu machen unterläßt, haftet für allen aus der Unterlassung oder Verzögerung der Anzeige entstehenden Schaden.

---

1. Der allgemeine Grundsatz, wonach die Ersatzverbindlichkeit nur im Falle 1
des Verschuldens d. h. der vorsätzlichen oder fahrlässigen Unterlassung begründet wird (§§ 276, 823 Abs. 2 BGB.), muß auch hier durchgreifen. Zur Begründung der Schadensersatzklage gehört also nicht nur objektiv der Nachweis des ursächlichen Zusammenhanges zwischen Unterlassung der Anzeige und dem Schaden, sondern auch subjektiv der Nachweis, daß dem in Anspruch genommenen Besitzer das Gebot der Anzeige (§ 118) bekannt war. Allein aus der Tatsache der öffentlichen Bekanntmachung des offenen Arrestes dürfte diese Kenntnis nicht zu entnehmen sein; Jaeger A. 1. (a. M. Pet.-Kleinf. A. 6. Danach hat der Beklagte seine Unkenntnis zu beweisen.)

2. Für die Höhe des Schadensersatzes sind die §§ 249ff. BGB. maßgebend. 2
Danach umfaßt der zu ersetzende Schaden auch den entgangenen Gewinn; § 252 BGB. Bei konkurrierendem Verschulden ist § 254 anwendbar. Legitimiert zur Schadensersatzklage ist nur der KV. Schwebt die Klage noch bei Beendigung des Konkurses, so wird sie gegenstandslos; Jaeger A. 2.

3. Betrügliches Verschweigen wird bestraft nach § 242 Ziffer 1 KO. 3

§ 120 (110). Gläubiger, welche abgesonderte Befriedigung aus einer in ihrem Besitze befindlichen Sache beanspruchen, haben dem Verwalter auf dessen Verlangen die Sache zur Ansicht vorzuzeigen und die Abschätzung derselben zu gestatten.

---

1. Das Absonderungsrecht geht nur bis zur Höhe der berechtigten Forderung. 1
Ein überschießender Wert des Absonderungsgegenstandes fließt zur Masse. Um sich über diesen überschießenden Wert unterrichten zu können, wird der Verwalter für berechtigt erklärt, von dem Besitzer die Vorzeigung der Sache zur Ansicht und Abschätzung zu fordern. Eines besonderen Nachweises des Interesses an der Vorzeigung (§ 809 BGB.) bedarf es nicht.

Eine Pflicht des Besitzers, die Sache zum Zweck ihrer Besichtigung an einen 2
anderen Ort zu schaffen oder sich den Transport der Sache dorthin gefallen zu lassen, ist aus § 120 nicht herzuleiten. Nach § 811 BGB. hat die Vorzeigung da zu erfolgen, wo sich die Sache befindet. Nur wenn ein wichtiger Grund vorliegt, können sowohl der Verwalter wie der Besitzer die Vorzeigung an einem anderen Orte verlangen. Gefahr und Kosten des Transportes hat in diesem Falle stets der KV. als Massekosten zu tragen; eventuell muß der Verwalter die Transportkosten vorschießen und wegen der Gefahr Sicherheit leisten; § 811 BGB.

2. Für den durch die Weigerung der Vorzeigung entstandenen Schaden haftet 3
der Absonderungsberechtigte.

§ 121 (111). Die Post- und Telegraphenanstalten sind verpflichtet, auf Anordnung des Konkursgerichts alle für den Gemeinschuldner eingehenden Sendungen, Briefe und Depeschen dem Verwalter auszuhändigen. Dieser ist zur Eröffnung derselben berechtigt. Der Gemeinschuldner kann die Einsicht und, wenn ihr Inhalt die Masse nicht betrifft, die Herausgabe derselben verlangen.

Das Gericht kann die Anordnung auf Antrag des Gemeinschuldners nach Anhörung des Verwalters aufheben oder beschränken.

---

1 **1.** Der Zweck der Beschlagnahme geht dahin, einen genaueren Einblick in die Vermögensverhältnisse des GSch. zu ermöglichen und insbesondere die von ihm geschlossenen, noch nicht erfüllten Rechtsgeschäfte zu erfahren, um deren einseitige Auflösung verhindern zu können.

2 **2.** Das Recht zur Beschlagnahme bezieht sich auf alle Sendungen, Briefe und Depeschen, welche für den GSch. d. h. unter seiner Adresse oder sonst erkennbar für den GSch. eingehen. Hierzu werden im Nachlaßkonkurse außer den Sendungen an den Erblasser auch die an den Nachlaßpfleger, den bisherigen Nachlaßverwalter oder den Testamentsvollstrecker zu rechnen sein; Jaeger A. 2. Die Anordnung kann sowohl allgemein und für die ganze Dauer des Konkurses als auch dem Gegenstand und der Zeit nach beschränkt vom KGericht nach dessen Ermessen sofort bei der KE. oder im Laufe des Verfahrens ohne Anhörung des GSch. oder des Verwalters von Amts wegen erlassen, aber gemäß Abs. 2 nur auf Antrag des GSch. und nach Anhörung des Verwalters beschränkt oder aufgehoben werden; Prot. S. 80, 81, 131. Empfehlenswert ist es, die vom KV. an den GSch. gerichteten Sendungen allgemein von der Beschlagnahme auszuschließen, da andernfalls jeder Verkehr des KV. mit dem GSch. im Postwege unmöglich sein würde; Jaeger A. 5.

3 **3.** Wirkung. Durch die Beschlagnahme, welche dem KV. und dem GSch. von Amts wegen zuzustellen und dem Vorstande der Post- und Telegraphenanstalten mitzuteilen ist, werden die letzteren verpflichtet, die beschlagnahmten Sendungen dem KV. auszuhändigen; § 5 G. v. 28. Oktober 71, RGBl. S. 348; § 8 Telegraphenges. v. 6. April 92. Der Verwalter ist berechtigt, von dem Inhalt der Sendungen Kenntnis zu nehmen. Seine Verpflichtung, dem GSch. die Einsicht der Sendungen zu gestatten und ihm diejenigen, deren Inhalt die Masse nicht betrifft, herauszugeben, tritt nur dann ein, wenn der GSch. es verlangt. Ein Streit über die Verpflichtung des KV. zur Herausgabe ist vom KGericht zu entscheiden, da eine öffentlichrechtliche, nicht eine privatrechtliche Verpflichtung des KV. in Frage steht; Pet.-Kleinf. A. 6; Fitting § 37 A. 5. (AM. Jaeger. Danach steht dem GSch. gegen den KV. nur ein Klagerecht zu.)

4 Sendungen der Eisenbahn unterliegen nicht der Vorschrift des § 121, sind vielmehr ohne weiteres dem Verwalter auszuhändigen.

5 **4.** Die für den GSch. bestimmten Briefe mit Zustellungsurkunde sind als unbestellbar zu behandeln; Anweisung des Reichspostamts § 5 Abs. V v. 26. Okt. 99 (preuß. JMBl. S. 722); Bayr. Vorschrift (Bayr. JMBl. 00 S. 504). Der Absender erhält das Schriftstück zurück und kann es je nach dem Inhalt dem Verwalter oder durch den Gerichtsvollzieher oder Gerichtsdiener dem GSch. selbst zustellen lassen; Jaeger A. 5.

6 **5.** Das zulässige Rechtsmittel ist die sofortige Beschwerde; § 73 Abs. 3 Sie steht zu:

a. dem GSch. gegen die Anordnung wie gegen die Abweisung eines gemäß Abs. 2 auf Aufhebung oder Beschränkung gestellten Antrages;

b. dem KV., wenn er die Anordnung beantragt hat und seinem Antrage gar nicht oder nur beschränkt stattgegeben ist; a. M. (zu b) Pet.-Kleinf. A. 3, welcher dem Verwalter die Beschwerde nur dann zugesteht, wenn die Anordnung erlassen, ihr aber eine Beschränkung beigefügt ist.

§ 122 (112). Der Verwalter kann zur Sicherung der zur Konkursmasse gehörigen Sachen durch eine zur Vornahme solcher Handlungen gesetzlich ermächtigte Person siegeln lassen.

Die Geschäftsbücher des Gemeinschuldners sind durch den Gerichtsschreiber zu schließen.

1. Die Siegelung ist nur fakultativ. Der Verwalter wird sie nur insoweit 1
zu veranlassen haben, als sie zur Sicherung der zur KM. gehörigen Sachen erforderlich scheint. Er ist befugt, gänzlich von einer Siegelung abzusehen, auch einzelne Sachen davon auszuschließen; M. 344. Der Regel nach werden auszuschließen sein Geld und Wertsachen, welche in besondere Verwahrung zu nehmen sind (Hinterlegung; § 129 Abs. 2), die zur Kompetenz des GSch. gehörigen Sachen, wie Kleidungsstücke, Hausgerät, welche dem GSch. überlassen bleiben müssen, die dem raschen Verderben oder schneller Entwertung ausgesetzten, die zur Fortsetzung des Geschäftsbetriebs erforderlichen sowie die Sachen, welche unzweifelhaft an Dritte herausgegeben werden müssen.

Die Bestimmung darüber, durch welche Personen der Verwalter die Siegelung zu bewirken hat, und in welcher Weise diese vorzunehmen und zu beurkunden ist, ist der Landesgesetzgebung überlassen; M. 344. (Preußen und Bayern: Gerichtsschreiber, Gerichtsvollzieher und Notare.)

Über die Siegelung und Entsiegelung ist ein Protokoll aufzunehmen; § 124.

2. Die Schließung der Bücher ist obligatorisch und muß sofort nach der 2
KE. vom Gerichtsschreiber vorgenommen werden. Zuständig ist der Gerichtsschreiber des KG. oder auf Ersuchen des KG. der Gerichtsschreiber des Amtsgerichts, in dessen Bezirke sich die Bücher befinden. Das Ersuchen um Schließung der Bücher kann von dem ersuchten Gericht nur aus den Gründen des § 159 GVG. abgelehnt werden; OLG. Hamburg in OLG. 8 S. 1. Die Schließung soll nicht ein Bücherabschluß im technischen Sinne sein, vielmehr nur durch einfachen Vermerk am Schlusse Nachtragungen verhindern. Zugleich soll der äußere Zustand der Bücher festgestellt werden. (Nicht obligatorisch; Prot. 83.) M. 344. Die Vorschrift bezieht sich auf alle Geschäftsbücher des Schuldners, nicht aber auf solche Bücher, welche dem GSch. und anderen gemeinschaftlich gehören; LG. Bremen, ZfDZP. 10 S. 399.

§ 123 (113). Der Verwalter hat die einzelnen zur Konkursmasse gehörigen Gegenstände unter Angabe ihres Werts aufzuzeichnen. Der Wert ist erforderlichenfalls durch Sachverständige zu ermitteln. Bei der Aufzeichnung ist eine obrigkeitliche oder eine Urkundsperson zuzuziehen. Der Gemeinschuldner ist zuzuziehen, wenn er ohne Aufschub zu erlangen ist.

Auf Antrag des Verwalters und, wenn ein Gläubigerausschuß bestellt ist, des letzteren, kann das Gericht gestatten, daß die Aufzeichnung unterbleibe oder ohne Zuziehung einer obrigkeitlichen oder einer Urkundsperson vorgenommen werde.

1 1. Die Aufzeichnung muß erfolgen, wenn nicht der Ausnahmefall des Abs. 2 vorliegt, gleichviel ob gesiegelt ist oder nicht. Sie muß alle zur Teilungsmasse gehörigen Gegenstände, Mobilien und Immobilien, auch die im Besitze anderer und mit Absonderungsrechten belasteten, desgleichen die ausstehenden Forderungen u. dergl. enthalten. Auszuschließen sind nur solche Sachen, welche der Verwalter unzweifelhaft aussondern und nicht zur Masse ziehen will. Die Verpflichtung des Verwalters zur Aufzeichnung ist nach § 84 durch Ordnungsstrafen erzwingbar. Zu unterscheiden von der im § 123 vorgeschriebenen Aufzeichnung der einzelnen Gegenstände ist die im § 124 vorgeschriebene Inventur; s. darüber die Anmerkungen zu § 124.

2 2. Eine Beeidigung der Sachverständigen ist nicht erforderlich, weil die Aufzeichnung kein Akt des Gerichts ist.

3 3. Obrigkeitliche oder Urkundsperson. Wem die Eigenschaft einer solchen zukommt, bestimmt sich nach Landesrecht. Prot. 84. Als Urkundsperson kommen in Preußen und Bayern die Gerichtsschreiber bei den Amtsgerichten, die Gerichtsvollzieher und die Notare in Betracht; als obrigkeitliche Personen z. B. die Bürgermeister, Polizeiverwalter.

4 4. Die Dispensation aus Absatz 2 wird insbesondere gerechtfertigt sein, wenn eine zuverlässige Aufzeichnung bereits vom GSch. gemacht oder in seinen Büchern vorhanden ist, ferner wenn das Geschäft sofort im ganzen verkauft werden soll; M. 345. Die Dispensation kann sich wie auf die ganze Masse, so auch auf einen Teil davon oder auf die Wertangabe beziehen; Prot. 84.

Ist ein GlAusschuß vorhanden, so kann von der Befugnis des Abs. 2 nur dann Gebrauch gemacht werden, wenn GlAusschuß und Verwalter dies beantragen.

§ 124 (114). Dem Verwalter liegt die Anfertigung eines Inventars und einer Bilanz ob. Derselbe hat eine von ihm gezeichnete Abschrift des Inventars und der Bilanz und, wenn eine Siegelung und Entsiegelung stattgefunden hat, die Protokolle über dieselben auf der Gerichtsschreiberei zur Einsicht der Beteiligten niederzulegen.

1 1. Auf Grund der in § 123 vorgeschriebenen Aufzeichnung der Bücher, Papiere und mündlichen Aufschlüsse des GSch., der Anzeigen Dritter, sowie der sonstigen Ermittelungen hat der KV. in jedem Falle (keine Ausnahme!) ein Inventar und eine Bilanz anzufertigen. Beide haben den Zweck, eine genaue Übersicht der Vermögenslage des GSch. zu ermöglichen. Dementsprechend muß das Inventar eine vollständige, übersichtliche und systematisch geordnete Aufstellung der Aktiven sowie der Schulden, zu deren Befriedigung die KMasse in Anspruch genommen werden kann, enthalten. Absonderungsberechtigte, Massegläubiger, bevorrechtigte und nicht bevorrechtigte KGl. sind zu trennen. Es ist die Verfallzeit der einzelnen Schuldposten und bei Korrealverbindlichkeiten, insbesondere bei Wechseln, die Bezeichnung der Mitverpflichteten und des Grundes ihrer Haftung anzugeben. Auch darf ein etwaiges Rückgriffsrecht des GSch. auf seine Mitschuldner bei Aufnahme der Aktiva nicht unbeachtet bleiben; M. 346. Desgleichen sind zu erwähnen Aussonderungsansprüche und die bezüglich der Auseinandersetzung einer Gemeinschaft bestehenden Verhältnisse.

Die Bilanz enthält nur die Zusammenstellung der Gesamtwerte der Aktiva und Passiva. Dabei sind die mit Pfand- oder Hypothekenrechten belasteten Sachen nur mit dem unter Berücksichtigung der Belastung für die Masse verbleibenden Werte, ausstehende Forderungen nur zum Schätzungswerte einzustellen.

2. Inventar und Bilanz sind in Abschrift, die Protokolle über Siegelung und Entsiegelung dagegen in Urschrift auf der Gerichtsschreiberei zur Einsicht der Beteiligten niederzulegen. Das Recht, die Erteilung von Abschriften gegen Kostenerstattung zu verlangen, wird — gegen M. 346 — den Beteiligten nach § 72 in Verbindung mit § 299 ZPO. nicht versagt werden können. 2

Ein Recht auf Einsicht der Geschäftsbücher des GSch. steht nur den GlAusschußmitgliedern (§ 88), nicht aber den anderen Gläubigern zu; auch die Steuerbehörde hat kein Recht auf Einsicht der Geschäftsbücher; OLG. Bamberg in der LZ. für Handels-, Konkurs- u. Versicherungsrecht 1 S. 364. 3

§ 125 (115). Nach der Anfertigung des Inventars kann der Verwalter oder ein Konkursgläubiger den Gemeinschuldner in eine Sitzung des Amtsgerichts, bei welchem das Konkursverfahren anhängig ist, zur Leistung des Offenbarungseides laden.

---

1. Berechtigt zum Antrag auf Eidesleistung sind der Verwalter und jeder KGl., einschließlich der Absonderungsberechtigten, die ihre Forderung angemeldet haben. Daß die angemeldete Forderung im Prüfungstermin anerkannt oder mit einem Vollstreckungstitel versehen ist, wird nicht erfordert. AM. Kohler S. 180; Oetker S. 519; OLG. Cöln in PucheltsZ. 35 S. 42. Solange aber die Forderung des Antragstellers nicht festgestellt ist, kann der GSch. dessen Legitimation bestreiten und damit seine Verpflichtung zur Leistung des Eides in Abrede stellen. Aussonderungsberechtigten steht der Antrag nicht zu, ebensowenig dem KG. 1

2. Zuständig für die Abnahme ist nicht das KG. als solches, wohl aber in Gemäßheit des § 899 ZPO. dasselbe Amtsgericht als Vollstreckungsgericht. Dies stellt sich unter Umständen, z. B. wenn der GSch. inzwischen seinen Wohnsitz verlegt hat, als Ausnahme von § 899 ZPO. dar. Zuständig für die Abnahme des Eides ist nicht die KAbteilung, sondern stets die Vollstreckungsabteilung. Das Verfahren beginnt entsprechend § 900 ZPO. mit der Ladung des GSch. in eine Sitzung des Amtsgerichts und nimmt nach §§ 901, 902, 904—913 seinen Fortgang. Die §§ 903 und 914 sind nicht anwendbar; M. 346; Jaeger A. 5 und die dortigen Zitate. 2

3. Die Eidesformel wird in entsprechender Anwendung des § 807 ZPO. dahin normiert werden können, daß der GSch. „nach bestem Wissen sein bei der KEröffnung vorhandenes Vermögen so vollständig angegeben habe, als er dazu imstande sei". Die Eidespflicht bezieht sich wie bei dem Offenbarungseide der ZPO. nur auf die Aktivmasse; ebenso Jaeger A. 1. AM. Pet.-Kleinf. A. 3; v. Sarw.-Boss. A. 2; Fitting § 37 A. 16. 3

4. Bestreitet der GSch. die Verpflichtung zur Leistung des Eides, so ist von dem Vollstreckungsgericht durch Beschluß über den Widerspruch zu entscheiden. Die Eidesleistung erfolgt erst nach Eintritt der Rechtskraft der Entscheidung. Das Vollstreckungsgericht kann jedoch die Eidesleistung vor Eintritt der Rechtskraft anordnen, wenn bereits ein früherer Widerspruch rechtskräftig verworfen ist; § 900 Abs. 3 ZPO. 4

Ein Streit über die Verpflichtung zur Eidesleistung kann dann entstehen, wenn der geladene GSch. die KEröffnung selbst oder die Legitimation des Antragstellers in Abrede stellt oder sich darauf beruft, daß das Inventar noch nicht angefertigt, oder daß der Eid schon einmal geleistet, oder die sechsmonatige Haft (vgl. Anm. 5) abgebüßt sei.

5 5. Haft. Gegen den GSch., welcher im Termine nicht erscheint oder die Leistung des Eides ohne Grund verweigert, hat das Vollstreckungsgericht auf mündlichen oder schriftlichen Antrag des Ladenden die Haft anzuordnen. Das Gericht erläßt den Haftbefehl und übergibt ihn dem Antragsteller, welcher ihn durch den Gerichtsvollzieher ausführen läßt. Der verhaftete GSch. kann zu jeder Zeit bei dem Amtsgericht des Haftorts beantragen, ihm den Eid abzunehmen. Nach Leistung des Eides wird er aus der Haft entlassen. Die Haft darf die Dauer von sechs Monaten nicht übersteigen. Nach Ablauf der sechs Monate wird der Schuldner von Amts wegen aus der Haft entlassen; §§ 901, 902, 913 ZPO.

6 Solange der GSch. die Ableistung des Offenbarungseides verweigert, ist ein Zwangsvergleich unzulässig; § 175 Nr. 1. Ist aber einmal ein Zwangsvergleich rechtskräftig bestätigt, so kann der Offenbarungseid nicht mehr verlangt werden; OLG. Colmar in OLG. 15 S. 248.

7 6. Auf Angehörige und Hausstandsgenossen des GSch. bezieht sich die Verpflichtung zur Eidesleistung nicht; M. 346; RG. Gruch. 47 S. 915.

8 7. Gerichtsgebühren werden für die Abhaltung des zur Abnahme des Offenbarungseides bestimmten Termines sowie für das Verfahren und die Entscheidung über Anträge auf Erzwingung der Eidesleistung nicht erhoben; § 56 GKG.

9 Die Haftkosten sind vom Antragsteller — wenn dieser der Verwalter ist: aus Massemitteln — von Monat zu Monat vorauszubezahlen; § 911 ZPO. (AM. Jaeger A. 8. Danach bilden die Haftkosten stets Massekosten nach § 58 Nr. 1, auch wenn ein KGl. die Haft erwirkt hat.)

10 8. Entsprechende Anwendung findet § 125 gegenüber den Vorstandsmitgliedern und Liquidatoren einer Aktiengesellschaft oder einer eingetragenen Genossenschaft, gegenüber den persönlich haftenden Gesellschaftern und Liquidatoren einer offenen Handelsgesellschaft, einer Kommanditgesellschaft oder einer Kommanditgesellschaft auf Aktien, sowie im Nachlaßkonkurse gegenüber den Erben oder sonstigen Vertretern eines Nachlasses. Zur Eidesleistung sind alle Vorstandsmitglieder oder Liquidatoren verpflichtet. Ist der in erster Linie zur Eidesleistung Verpflichtete nicht eidesfähig, ist z. B. im Nachlaßkonkurse der Erbe noch unter 16 Jahren, so muß sein gesetzlicher Vertreter den Eid leisten. Für die Frage der Eidesfähigkeit wird nicht der Zeitpunkt der KE., sondern der Zeitpunkt der tatsächlichen Eidesleistung maßgebend sein; vgl. hierzu auch LG. München in der Zeitschr. f. Rechtspflege in Bayern 3 S. 284.

§ 126 (116). Die Zwangsverwaltung und die Zwangsversteigerung der zur Masse gehörigen unbeweglichen Gegenstände kann bei der zuständigen Behörde durch den Konkursverwalter betrieben werden.

---

1 1. Wegen des Begriffs der unbeweglichen Gegenstände s. §§ 864, 865 ZPO.

2 2. Konkurrenz der Befugnisse des Verwalters und der Pfandgläubiger. Die Pfandgläubiger werden in der Geltendmachung ihres Realrechts durch die Eröffnung des KVerf. in keiner Weise gehemmt, dürfen aber den Anspruch der KGl. auf den der KM. zufließenden Überschuß nicht vereiteln. Deshalb ist dem KV. das Recht — nicht aber die Pflicht; OLG. Karlsruhe in OLG. 3 S. 48 — bei-

gelegt, die Zwangsverwaltung und die Zwangsversteigerung der zur Masse gehörigen unbeweglichen Gegenstände zu betreiben, sofern aus dem Erlöse ein Überschuß für die Masse zu erwarten steht. Aus diesem Rechte folgt von selbst die Legitimation des Verwalters, ein bereits anhängiges Zwangsverwaltungs- oder Zwangsversteigerungsverfahren aufzunehmen oder ihm beizutreten; M. 347. Ein auf Antrag eines Absonderungsberechtigten eingeleitetes Verfahren wird durch die KE. nicht aufgehalten, wie denn auch dem Absonderungsberechtigten nicht verwehrt ist, sein eigenes Beitreibungsrecht unabhängig von dem Beitreibungsrecht des Verwalters aus § 126 geltend zu machen.

Der vollstreckbare Titel wird durch Vorlegung der Bestallungsurkunde des Verwalters ersetzt. Einer vollstreckbaren Ausfertigung des KEröffnungsbeschlusses bedarf es nicht, da nicht eine wirkliche Zwangsvollstreckung, sondern nur eine in den Formen der Zwangsvollstreckung betriebene Verwertung vorliegt; v. Wilm.-Kurlb. A. 2; Jaeger A. 6. Nach KE. können außer dem KV. nur die Realberechtigten die Zwangsversteigerung des betreffenden Grundstücks einleiten oder ihr beitreten (§§ 14, 15 KO.). 3

Das Recht aus § 126 steht dem Verwalter auch dann zu, wenn an den Immobilien keine Absonderungsrechte bestehen. 4

Wegen der Befugnis des Verwalters zur Veräußerung aus freier Hand: § 134 Nr. 1. 5

3. Das Verfahren, mag es vom Verwalter oder von einem absonderungsberechtigten Gläubiger veranlaßt sein, geht seinen selbständigen Gang und wird nicht ein Teil des KVerf. Auf das Verfahren finden die §§ 1—171 ZwVG. entsprechende Anwendung, soweit sich nicht aus den §§ 173, 174 ein anderes ergibt; § 172 ZwVG. Der § 173 ZwVG. bestimmt: „Der Beschluß, durch welchen das Verfahren angeordnet wird, gilt nicht als Beschlagnahme. Im Sinne der §§ 13, 55 ist jedoch die Zustellung des Beschlusses an den KV. als Beschlagnahme anzusehen". Der § 13 ZwVG. setzt für die Fälle wiederkehrender Leistungen den Zeitpunkt fest, nach welchem sich die Grenze zwischen den laufenden und den rückständigen Beträgen bestimmt. Der § 55 regelt den Umfang des Gegenstandes der Versteigerung. Da nach § 173 Satz 1 der auf Antrag des KV. die Zwangsvollstreckung anordnende Beschluß nicht als Beschlagnahme des Grundstücks gilt, so kann der KV. auch nach Einleitung des Zwangsvollstreckungsverfahrens immer noch anderweit über das Grundstück selbst oder die mithaftenden Gegenstände verfügen, z. B. durch Veräußerung oder Belastung; ebenso Jaeger A. 7; abweichend RG. 42 S. 89. 6

Zuständig für das Verfahren ist das Amtsgericht, in dessen Bezirk das Grundstück gelegen ist. Der KV. vereinigt in seiner Person die Rolle des betreibenden Gläubigers und des Schuldners; RG. JW. 02 S. 402. Da er den GSch. im Zwangsversteigerungsverfahren vertritt, so hat nur der KV., nicht daneben auch noch der GSch. ein Beschwerderecht gegen die Erteilung des Zuschlages; vgl. Jaeger A. 2 und die dortigen Zitate. Zwangsverwalter wird der KV. nur dann, wenn er als solcher ausdrücklich bestellt wird. Als Betreiber des Verfahrens hat der KV. die erforderlichen Vorschüsse zu leisten. 7

4. Der Zuschlag auf ein Gebot, welches in der vom KV. gemäß § 126 betriebenen Zwangsversteigerung abgegeben ist, kann nach § 44 des ZwVG. nur erteilt werden, wenn dadurch die sämtlichen eingetragenen Hypotheken und sonstigen Realrechte einschließlich aller Kosten sowie aller laufenden und rückständigen Abgaben und Zinsen gedeckt werden. Zur Hebung der hieraus sich ergebenden Übelstände bestimmt 8

§ 174 ZwVG., daß in einem vom KV. beantragten Zwangsversteigerungsverfahren auf den Antrag eines Hypotheken- oder sonstigen Realgläubigers, dem der GSch. auch persönlich haftet und dessen Anspruch vom KV. anerkannt wird, bei der Feststellung des zulässigen geringsten Gebots nur die Rechte berücksichtigt werden, welche dem Anspruche des betreffenden Hypotheken- oder sonstigen Realgläubigers vorgehen. Das Grundstück wird dann mit und ohne Übernahme des Anspruchs ausgeboten. Nicht erforderlich ist, daß der betreffende Hypotheken- oder Realgläubiger einen vollstreckbaren Titel besitzt; auch wird er durch einen gemäß § 174 gestellten Antrag nicht betreibender Gläubiger. Den Zuschlag erhält das höchste Gebot; *Jaeger* A. 9 nimmt an, das gemäß § 174 erfolgte Gebot verdiene stets den Vorzug von dem regelmäßigen Gebot.

9 **5.** Die Kosten einer vom KV. nach § 126 KO. betriebenen Zwangsvollstreckung sind Massekosten; § 58 Nr. 2.

§ **127** (117). Der Verwalter ist berechtigt, die Verwertung eines zur Masse gehörigen beweglichen Gegenstandes, an welchem ein Gläubiger ein durch Rechtsgeschäft bestelltes Pfandrecht oder ein diesem gleichstehendes Recht beansprucht, nach Maßgabe der Vorschriften über die Zwangsvollstreckung oder über den Pfandverkauf zu betreiben. Der Gläubiger kann einer solchen Verwertung nicht widersprechen, vielmehr seine Rechte nur auf den Erlös geltend machen.

Ist der Gläubiger befugt, sich aus dem Gegenstande ohne gerichtliches Verfahren zu befriedigen, so kann auf Antrag des Verwalters das Konkursgericht dem Gläubiger nach dessen Anhörung eine Frist bestimmen, innerhalb welcher er den Gegenstand zu verwerten hat. Nach dem Ablaufe der Frist findet die Vorschrift des ersten Absatzes Anwendung.

---

1 **I.** Abs. 1. *Konkurrenz der Befugnisse des Verwalters und der Pfandgläubiger.*

1. § 127 hat den Zweck, einer Verzögerung des Absonderungsberechtigten bei der Verwertung des Absonderungsgegenstandes vorzubeugen und den Verwalter zu ermächtigen, den Zeitpunkt der Verwertung des Gegenstandes zu bestimmen. Durch § 127 ist (ebenso wie durch § 126) dem Verwalter keine *Verpflichtung* auferlegt, sondern nur ein *Recht* für den Fall gewährt, daß aus dem Erlöse ein Überschuß für die KM. zu erwarten ist; M. 349. Das dem Absonderungsberechtigten selbst zustehende Recht wird durch das Recht des Verwalters nicht berührt, sondern läuft daneben fort; RG. JW. 90 S. 151. Gegen eine von dem *Gläubiger* betriebene Zwangsvollstreckung kann der Verwalter Rechte aus § 766 ZPO. geltend machen; JW. 88 S. 136. Doch ist der KV. nicht befugt, beim Vollstreckungsgericht oder beim KG. die Einstellung der vom Pfandgläubiger betriebenen Zwangsverwertung aus dem Grunde zu erwirken, weil er die Zeit für ungünstig hält; OLG. Königsberg in OLG. 3 S. 58; wohl aber kann der KV. das Absonderungsrecht durch vollständige Befriedigung des Absonderungsberechtigten beseitigen. Dazu bedarf er jedoch, wenn es sich um einen Wert von mehr als 300 M. handelt, der Genehmigung des GlA., falls ein solcher bestellt ist; § 133 Nr. 2.

2 **2.** *Gegenstand des Rechtes.* Der § 127 umfaßt die zur KM. gehörigen *beweglichen Gegenstände* (sowohl körperliche Sachen als Forderungen), an welchen ein Faustpfandrecht (§ 48) oder ein diesem gleichstehendes Recht (§ 49) be-

ansprucht wird. Ein nicht beanspruchtes Absonderungsrecht braucht der Verwalter überhaupt nicht zu berücksichtigen; RG. 14 S. 1; 23 S. 59; 25 S. 22. Darauf, ob das beanspruchte Absonderungsrecht vom KV. anerkannt wird, kommt es für die Anwendbarkeit des § 127 nicht an; OLG. Königsberg, Pos. Mschr. 01 S. 167. Ist ein Absonderungsrecht nicht geltend gemacht, so kann der KV. den mit einem Pfandrecht belasteten Gegenstand zwar ohne Rücksicht auf die Befriedigung des Absonderungsrechts, aber nur mit Aufrechterhaltung des ihm bekannten Pfandrechts für die Masse verwerten. Ist die Aufrechterhaltung des Pfandrechts unterblieben, so steht dem dadurch verletzten Absonderungsberechtigten im Falle eines Verstoßes gegen § 127 gegen den KV. (§ 823 Abs. 1 BGB.) und gegen die KM. (§ 59 Nr. 1), nicht aber gegen den Käufer der Sache ein Anspruch auf Schadensersatz zu; v. Wilm.-Kurlb. A. 1; RG. in PucheltsZ. 35 S. 649.

Andere bewegliche Gegenstände d. h. solche, an denen ein durch Rechtsgeschäft 3
bestelltes Pfandrecht oder ein diesem gleichstehendes Recht von keiner Seite beansprucht wird, kann der KV. nur freihändig, nicht nach Maßgabe der Vorschriften über die Zwangsvollstreckung verwerten. Selbstverständlich steht das Recht der freihändigen Verwertung dem KV. auch bei den dem § 127 KO. unterliegenden Gegenständen zu, so daß er hier zwischen freihändiger Verwertung und Verwertung gemäß § 127 die Wahl hat.

3. Inhaltlich geht das Recht des Verwalters dahin, die Verwertung 4
nach Maßgabe der Vorschriften über die Zwangsvollstreckung oder über den Pfandverkauf zu betreiben. Zur Verwertung nach den Vorschriften über die Zwangsvollstreckung braucht der KV., da es sich nicht um eine eigentliche Zwangsvollstreckung handelt, keinen Vollstreckungstitel, es genügt vielmehr wie im Falle des § 126 die Vorzeigung der Bestallungsurkunde. Einer Pfändung bedarf es nach der herrschenden Ansicht nicht, da der § 127 nur von einer nach Maßgabe der Vorschriften über die Zwangsvollstreckung erfolgenden „Verwertung" spricht; Fitting § 20 A. 13; v. Wilm.-Kurlb. A. 5; v. Sarw.-Bossf. A. 2; RG. 58 S. 12; JW. 04 S. 98 (a. M. Jaeger A. 9). Der vom KV. mit dem Verkaufe beauftragte Gerichtsvollzieher holt den Gegenstand von dem die Absonderung beanspruchenden Besitzer ab. Wenn dieser die Herausgabe verweigert, so muß der KV. gegen ihn aus § 127 Abs. 1 Satz 2 auf Herausgabe des Gegenstandes und Duldung des Verkaufs klagen. Der Gerichtsvollzieher darf den Gegenstand nicht ohne weiteres wegnehmen; Jaeger A. 11 und die dortigen Zitate. Bildet eine Forderung den Absonderungsgegenstand, so ist eine Überweisung an den KV. nach § 835 ZPO. nicht erforderlich, da die Forderung schon zur KM. gehört; Prot. 87. Von den Vorschriften über die Zwangsvollstreckung finden die §§ 814, 816 Abs. 2—4, 817, 819—825, 827, 844, 853—858, 872 ff. ZPO. entsprechende Anwendung. Ist die Versteigerung eines mit einem Pfandrecht belasteten Gegenstandes nicht gemäß § 814 ZPO. durch den Gerichtsvollzieher, sondern durch den KV. selbst vorgenommen worden, so ist § 127 KO. nicht anwendbar, vielmehr bleibt das Pfandrecht bestehen, der Erwerber des Gegenstandes muß es gegen sich gelten lassen; RG. 62 S. 232.

4. Die Vorschriften über den Pfandverkauf sind enthalten in den §§ 1233 ff. 5
BGB. Da aber der KV. die Rollen des betreibenden Gläubigers und des Pfandschuldners in seiner Person vereinigt, so scheiden aus die Androhung des Verkaufs nach § 1234 Abs. 1 BGB., die Beobachtung der in § 1234 Abs. 2 BGB. bestimmten Frist und die Benachrichtigung des Eigentümers nach §§ 1237, 1241 BGB.; Jaeger A. 8; Fitting § 20 A. 13. Zwischen der Verwertung nach den Vorschriften der

Zwangsvollstreckung und denen des Pfandverkaufs hat der KV die Wahl. Einer Vereinbarung des KV. mit dem Absonderungsberechtigten über eine von den Vorschriften der §§ 1235—1240 BGB. abweichenden Verwertungsart steht nichts entgegen; Jaeger A. 14; v. Wilm.-Kurlb. A. 1; vgl. auch RG. im SächsArch. 15 S. 201.

6 5. Der Absonderungsberechtigte darf sich der Verwertung gemäß § 127 nicht widersetzen, kann vielmehr seine Ansprüche nur in Ansehung des Erlöses geltend machen. Die Geltendmachung erfolgt nach § 805 Abs. 1, 2 ZPO., also nötigenfalls durch Klage bei dem Vollstreckungsgericht (§ 764 Abs. 2 ZPO.) oder dem übergeordneten Landgericht, und zwar ohne Rücksicht darauf, ob die Forderung fällig ist oder nicht. Ob für eine betagte unverzinsliche Forderung Zwischenzinsen zu berechnen sind, ist nach bürgerlichem Rechte zu beurteilen, da der § 65 Abs. 2 nur für Konkursforderungen gilt; v. Wilm.-Kurlb. A. 6. Wenn mehrere Absonderungsberechtigte über die Verteilung streiten, so ist der Erlös zu hinterlegen (§§ 827 Abs. 2, 853, 854 ZPO.) und das Verteilungsverfahren (§§ 872 ff. ZPO.) einzuleiten; JW. 91 S. 11. Ist der Erlös vom KV. zur Masse gezogen, so ist für den Absonderungsberechtigten nach § 59 Nr. 1, 3 ein Masseanspruch begründet; Fitting § 20 A. 14; Jaeger A. 12; v. Wilm.-Kurlb. A. 6.

7 II. Abs. 2. Die Befugnis des Absonderungsberechtigten, sich ohne gerichtliches Verfahren aus dem Gegenstande zu befriedigen, liegt insbesondere vor bei dem durch Rechtsgeschäft bestellten und bei dem gesetzlichen Pfandrecht an beweglichen Sachen nach §§ 1219 ff., 1228, 1233 ff. BGB., § 368 HGB., an Inhaberpapieren und an durch Indossament übertragbaren Papieren, die einen Markt- oder Börsenpreis haben (§§ 1293, 1295 BGB.), und bei dem kaufmännischen Zurückbehaltungsrechte nach § 371 HGB. Liegt ein Fall des § 127 Abs. 2 vor, so hat das KGericht den auf Bestimmung einer Frist gerichteten Antrag des KV. dem Gläubiger zur Erklärung binnen einer bestimmten Frist mitzuteilen und nach Eingang der Erklärung oder fruchtlosem Ablauf der Erklärungsfrist eine Frist zur Verwertung des Gegenstandes festzusetzen. Die Festsetzung erfolgt auch dann, wenn eine Forderung den Gegenstand des Absonderungsrechts bildet und der Gläubiger zu deren selbständiger Einziehung nach § 1282 BGB. befugt ist. Für die Berechnung der Verwertungsfrist sind die §§ 221 ff. ZPO. maßgebend. Eine Androhung der Folgen der Frist ist nicht erforderlich. Mit Ablauf der Frist kann der KV. die Verwertung nach Abs. 1 betreiben. Solange er es nicht tut, ist der Gläubiger an der Verwertung nach Maßgabe der ihm außerhalb des KVerf. zustehenden Rechte nicht behindert; v. Wilm.-Kurlb. A. 4; Jaeger A. 6; KammerG. in der LZ. f. Handels- zc. Recht 1 S. 295. Herrscht unter den Beteiligten noch Streit darüber, ob der Verwalter überhaupt zur Verwertung eines Gegenstandes befugt ist, so muß ein von dem Verwalter gemäß § 127 Abs. 2 gestellter Antrag auf Anordnung eines freihändigen Verkaufs abgelehnt werden; KammerG. in OLG. 6 S. 370.

§ 128 (117 a). Ist der Gemeinschuldner Vorerbe, so darf der Verwalter die zur Erbschaft gehörigen Gegenstände nicht veräußern, wenn die Veräußerung im Falle des Eintritts der Nacherbfolge nach § 2115 des Bürgerlichen Gesetzbuchs dem Nacherben gegenüber unwirksam ist.

---

1 1. Wird über das Vermögen eines Vorerben (§ 2100 BGB.) Konkurs eröffnet, so gehören die Gegenstände der Vorerbschaft als Eigentum des GSch. zur KM. Der

KV. darf aber diese Gegenstände nicht veräußern, wenn die Veräußerung im Falle des Eintritts der Nacherbfolge nach § 2115 BGB. dem Nacherben gegenüber unwirksam sein d. h. wenn sie das Recht des Nacherben vereiteln oder beeinträchtigen würde; § 2115 Satz 1. Unbeschränkt wirksam ist die Veräußerung nach § 2115 Satz 2:

a. wenn der Anspruch eines Nachlaßgläubigers verfolgt wird. Da die mit der Nacherbeneinsetzung belastete Masse nur von den Gläubigern des Nachlasses in Anspruch genommen werden kann, so wird es in einem solchen Falle der Bildung zweier verschiedener Vermögensmassen bedürfen; Kohler S. 112.

b. wenn ein an einem Erbschaftsgegenstande bestehendes Recht geltend gemacht wird, das im Falle des Eintritts der Nacherbfolge dem Nacherben gegenüber wirksam ist, z. B. eine mit Zustimmung des Nacherben bestellte Hypothek. Dieser Fall scheidet aber hier aus, da es sich bei ihm um die Anerkennung eines Absonderungsrechts, nicht um eine Veräußerung durch den KV. handelt.

Von der Eintragung des Nacherbenrechts in das Grundbuch (§ 52 GBO.) ist die Wirkung des Veräußerungsverbots aus § 128 unabhängig; RG. 46 S. 165. Ist aber die Eintragung nicht erfolgt, so steht dem gutgläubigen Erwerber, zu dessen Gunsten der KV. verfügt hat, der § 892 BGB. zur Seite; Jaeger A. 9.

2. Im Falle der Einsetzung des Nacherben auf den Überrest (§ 2137) findet 2
§ 128 gleichfalls Anwendung. Die Unwirksamkeit der nach § 128 verbotswidrigen Veräußerung ist hier eine unbedingte und tritt auch dann ein, wenn außerhalb des Konkurses die entsprechende Veräußerung von Seiten des GSch. dem Nacherben gegenüber wirksam sein sollte; Fitting § 23 I. Die befreiende Bestimmung des § 2137 BGB. trifft nur den Vorerben persönlich, nicht aber dessen Gläubiger; Kohler S. 77. Zwischen dem Konkurse und dem Verfahren außerhalb des Konkurses besteht aber insofern ein Unterschied, als § 128 KO. imperativisch, der dem § 128 entsprechende § 773 ZPO. aber nur instruktionell („soll") ist.

3. Über die Erträge der Erbschaftsgegenstände für die Zeit bis zum Eintritt 3
der Nacherbfolge kann der KV., soweit diese Erträge nach §§ 850 Nr. 3, 863 Abs. 1 ZPO. überhaupt pfändbar und damit nach § 1 KO. als zur KM. gehörig zu betrachten sind, nach § 857 Abs. 3 u. 4 ZPO. zugunsten der KM. verfügen; nach § 850[3] sind die Beträge nicht pfändbar, soweit der GSch. sie zur Bestreitung des notdürftigen Unterhalts für sich, seinen Ehegatten und seine unversorgten Kinder bedarf; nach § 863 sind für den Fall der Pflichtteilsbeschränkung in guter Absicht durch Einsetzung eines Nacherben die Erträge nicht pfändbar, soweit sie zur Erfüllung der dem GSch. seinem Ehegatten, seinem früheren Ehegatten oder seinen Verwandten gegenüber gesetzlich obliegenden Unterhaltspflicht und zur Bestreitung des standesmäßigen Unterhalts des GSch. erforderlich sind. Hiervon ist im § 863 Abs. 2 eine dem Satz 2 des § 2115 BGB. entsprechende Ausnahme gemacht.

4. Veräußerungen des KV., die gegen § 128 verstoßen, sind den Nacherben 4
gegenüber unwirksam; §§ 2115, 135 BGB. Zum Schutze gegen eine im Widerspruch mit § 128 beabsichtigte Veräußerung wird man, obwohl zwar der Fall einer Zwangsvollstreckung nicht vorliegt, dem Vorerben ein dem § 766 ZPO., dem Nacherben ein den §§ 773, 771 ZPO. entsprechendes Widerspruchsrecht zugestehen müssen; Fitting § 23 A. 12; aM. Jaeger A. 9; Pet.-Kleinf. A. 4.

§ 129 (118). **Bis zur Beschlußfassung durch eine Gläubigerversammlung kann der Verwalter mit Genehmigung des Gerichts oder, wenn**

von dem Gerichte ein Gläubigerausschuß bestellt ist, mit dessen Genehmigung dem Gemeinschuldner und der Familie desselben notdürftigen Unterhalt aus der Konkursmasse gewähren.

Bis zur Beschlußfassung durch eine Gläubigerversammlung hat der Verwalter nach seinem Ermessen das Geschäft des Gemeinschuldners zu schließen oder fortzuführen und die Gelder, Wertpapiere und Kostbarkeiten nach Anordnung des Gerichts zu hinterlegen. Ist von dem Gerichte ein Gläubigerausschuß bestellt, so beschließt dieser über die Schließung oder die Fortführung des Geschäfts und über die Hinterlegung der Gelder, Wertpapiere und Kostbarkeiten.

---

1 1. Über die im § 129 bezeichneten Angelegenheiten, nämlich

a. die Gewährung von Unterhalt,

b. die Schließung des Geschäfts,

c. die Hinterlegung der Gelder ꝛc. hat die GlV. (die erste oder eine spätere) zu beschließen; § 132. Bis zu dieser Beschlußfassung steht die Bestimmung zu: bei a. dem KV. aber mit zwei Einschränkungen, nämlich:

α. er darf nur notdürftigen Unterhalt gewähren;

β. auch diesen darf er nur mit Genehmigung des KG. oder, wenn von diesem ein GlA. bestellt ist, mit dessen Genehmigung gewähren; bei b und c. dem etwa vom Gericht bestellten Gläubigerausschuß; in dessen Ermangelung bei b dem KV., bei c dem KGericht.

2 2. Ein Rechtsanspruch auf Gewährung von Unterhalt aus der KM. steht dem GSch. nicht zu; Prot. 89. Aus Billigkeitsgründen kann ein Unterhalt sowohl dem GSch. selbst als auch dessen Familie gewährt werden. Zur „Familie" sind außer Frau und Kinder auch andere Verwandte des GSch. zu rechnen, die zu seinem Hausstande gehören. Beim Tode des GSch. sowie im Nachlaßkonkurse kann auch den Hinterbliebenen Unterhalt bewilligt werden. Zum notdürftigen Unterhalt ist auch eine Wohnung zu rechnen; M. 350. Der bewilligte Unterhalt gehört zu den Massekosten; §§ 58 Nr. 3, 60. Er kann zu jeder Zeit wieder entzogen werden. Für die Berechtigung zur Entziehung gelten dieselben Grundsätze, welche für die Bewilligung maßgebend sind. Eine Vergütung für etwaige Dienstleistungen des GSch. fällt nicht unter den Begriff der Unterstützung; M. 351.

3 Verweigert der GlAusschuß seine Zustimmung zur Gewährung von Unterhalt, so ist nur die Anrufung der GlV. zulässig; § 132. Versagt das Gericht die vom KV. beantragte Genehmigung zur Unterhaltsgewährung, so steht nur diesem die Beschwerde zu; Jaeger A. 5.; a. M. Fitting § 23 A. 50; Pet.-Kleinf. A. 3, die jedes Rechtsmittel ausschließen. Nach Sarw.-Boss. A. 2 ist auch der GSch. zur Beschwerde berechtigt.

4 3. Die Schließung des Geschäfts wird, wenigstens vorläufig d. h. bis eine Übersicht möglich ist, die Regel bilden. Die Fortführung empfiehlt sich zur Verarbeitung vorhandener Vorräte, zum Ausverkauf des Warenlagers oder wenn der Verkauf des Geschäfts im ganzen angestrebt wird; RG. JW. 99 S. 305. Bei der Fortführung ist der KV. berechtigt, neue Geschäfte für die KM. einzugehen, hat aber auch alle Verpflichtungen zu erfüllen, die nach gesetzlichen Vorschriften (gewerbepolizeilichen Bestimmungen, Steuervorschriften, Vorschriften über Kranken-, Unfall- sowie Alters- und Invalidenversicherung) dem Betriebsunternehmer obliegen. Im einzelnen vgl. wegen der Schließung des Geschäfts § 130.

Wenn der KV. entgegen dem Beschlusse des GlAusschusses oder der GlVersammlung das Geschäft fortführt, so macht er sich zwar den Beteiligten gegenüber schadensersatzpflichtig; die von ihm vorgenommenen Rechtshandlungen sind aber gültig; Jaeger A. 10.

4. Vom Hinterlegen ist das Anlegen (§ 132) d. h. das Nutzbarmachen 5
insbesondere durch Ankauf von Staatsobligationen usw. zu unterscheiden. Durch den Ausdruck „Hinterlegung" ist eine Zinsbarmachung der deponierten Gelder nicht ausgeschlossen. Die Hinterlegung kann bei jeder Bank und bei jedem sonst angeordnet oder beschlossen werden; M. 352; Prot. 88. Zu den zu hinterlegenden Kostbarkeiten gehören Gold- und Silbersachen, Juwelen, Perlen, seltene Münzen und Medaillen, Kunstgegenstände und Antiquitäten; RG. 13 S. 26.

§ 130 (118a). Soll nach § 129 das Geschäft des Gemeinschuldners geschlossen werden, so hat der Verwalter vor der Beschlußfassung des Gläubigerausschusses oder, wenn ein Gläubigerausschuß nicht bestellt ist, vor der Schließung des Geschäfts dem Gemeinschuldner, sofern derselbe ohne Aufschub zu erlangen ist, von der beabsichtigten Maßregel Mitteilung zu machen.

Das Gericht kann auf Antrag des Gemeinschuldners die Schließung des Geschäfts untersagen, wenn der Gemeinschuldner einen Zwangsvergleichsvorschlag eingereicht hat.

---

1. Die Vorschrift bezieht sich nur auf den Fall der vorläufigen Schließung nach 1
§ 129. (Über endgültige Schließung entscheidet die GlVersammlung, § 132.) § 130 soll der Vereitelung eines vom GSch. beabsichtigten Zwangsvergleichs vorbeugen. Zu diesem Zwecke hat der KV. vor der Beschlußfassung des GlAusschusses oder in Ermangelung eines solchen vor der beabsichtigten Schließung des Geschäfts von dieser dem GSch. mündlich oder schriftlich (§ 77 Abs. 2) Mitteilung zu machen.

2. Das Gericht wird von der ihm in Abs. 2 beigelegten Befugnis, die Schließung 2
zu untersagen bzw. im Falle bereits erfolgter Schließung die Wiedereröffnung des Geschäfts anzuordnen, insbesondere dann Gebrauch machen, wenn Aussicht auf Annahme eines Zwangsvergleichs besteht; M. II 42. Beschwerdeberechtigt (§ 73 Abs. 3) ist bei Zurückweisung des Antrags der GSch., bei Untersagung der Schließung der KV.

§ 131 (119). In der ersten Gläubigerversammlung hat der Verwalter über die Entstehung der Zahlungsunfähigkeit des Gemeinschuldners, über die Lage der Sache und über die bisher ergriffenen Maßregeln zu berichten.

---

1. Der Bericht in der ersten Gläubigerversammlung erfolgt je nach 1
dem Belieben des KV. mündlich oder durch Vorlesung eines schriftlichen Berichts. Jeder Anwesende kann Fragen stellen, über die eine Erörterung unter Leitung des Gerichts zu erfolgen hat.

2. Der Termin beginnt mit dem Berichte. Es folgen die Wahlen nach 2
§§ 80, 87. Den Schluß bilden die Beschlüsse aus § 132; M. 352.

§ 132 (120). Die Gläubigerversammlung beschließt über eine dem Gemeinschuldner und dessen Familie zu bewilligende Unterstützung, über die Schließung oder die Fortführung des Geschäfts und über die Stelle, bei welcher, sowie über die Bedingungen, unter welchen die Gelder, Wertpapiere und Kostbarkeiten hinterlegt oder angelegt werden sollen.

Die Gläubigerversammlung beschließt, in welcher Weise und in welchen Zeiträumen der Verwalter ihr oder einem Gläubigerausschusse über die Verwaltung und Verwertung der Masse Bericht erstatten und Rechnung legen soll.

---

1 **1.** Abs. 1. Die endgültige Beschlußfassung über die nach § 129 der vorläufigen Beschlußfassung unterbreiteten Angelegenheiten steht der GlV. zu, der ersten sowohl wie jeder späteren. Die Beschränkung auf den „notdürftigen Unterhalt" fällt hier fort. Es kann darüber hinaus standesmäßige „Unterstützung" bewilligt werden. Außer über die „Hinterlegung" der Gelder ist auch über deren „Anlegung" d. h. deren nutzbringende Verwendung zum Ankauf von Wertpapieren rc. (Prot. 88; RG. 54 S. 211) zu beschließen. Mündelsichere Anlegung ist nicht vorgeschrieben. Es steht der GlV. frei, die Befugnisse aus Abs. 1 dem GlAusschuß oder dem KV. zu übertragen; M. 352. Das KG. kann die Ausführung eines von der GlV. gefaßten Beschlusses bei Vorliegen der Voraussetzungen des § 99 untersagen, aber nicht durch eine andere Anordnung ersetzen.

2 **2.** Abs. 2. Die GlV. hat darüber zu beschließen, in welcher Weise und in welchen Zeiträumen der KV. ihr oder dem GlAusschuß über die Verwaltung und Verwertung der Masse Bericht zu erstatten hat. Zwangsmittel zur Erfüllung dieser Verpflichtung des KV. bietet § 84. Den einzelnen Gläubigern steht ein Recht auf Berichterstattung nicht zu.

§ 133 (121). Der Verwalter hat, falls ein Gläubigerausschuß bestellt ist, dessen Genehmigung einzuholen:

1. wenn Gegenstände, deren Verkauf ohne offenbaren Nachteil für die Masse ausgesetzt werden kann und nicht durch die Fortführung des Geschäfts veranlaßt wird, verkauft werden sollen, bevor der allgemeine Prüfungstermin abgehalten oder ein vor dem Schlusse desselben eingereichter Zwangsvergleichsvorschlag erledigt ist;
2. wenn die Erfüllung von Rechtsgeschäften des Gemeinschuldners verlangt, Prozesse anhängig gemacht, deren Aufnahme abgelehnt, Vergleiche oder Schiedsverträge geschlossen, Aussonderungs-, Absonderungs- oder Masseansprüche anerkannt, Pfandstücke eingelöst, oder Forderungen veräußert werden sollen, und es sich in diesen Fällen um einen Wertgegenstand von mehr als dreihundert Mark handelt.

---

1 **I.** Allgemeine Grundsätze für die §§ 133, 134.

1. Dem GlAusschuß sowohl wie der GlV. bleibt unbenommen, die vorgeschriebene Genehmigung generell zu erteilen, während andererseits dem KV. nicht versagt werden kann, auf eigene Verantwortung in dringenden Fällen die Genehmigung nach Vornahme der Handlung einzuholen; M. 356. Grundsätzlich ist allerdings die Genehmigung vor der betreffenden Handlung einzuholen; dies geht daraus hervor, daß es sowohl in § 133 wie im 134 stets heißt: „sollen". Vor der Handlung ist auch der GSch. zu hören; § 135. Ist ein GlAusschuß nicht bestellt, so hat der KV. in den Fällen des § 133 selbständig zu handeln, dagegen in den Fällen des § 134 die Genehmigung einer GlV. einzuholen. Freigebige Verfügungen darf der KV. überhaupt nicht vornehmen, auch nicht mit Genehmigung des GlAusschusses oder der GlV., es sei denn, daß es sich um übliche Freigebigkeiten, z. B. um Weihnachtsgeschenke an das Geschäftspersonal handelt; RG. JW. 86 S. 196. In allen Fällen sind die §§ 133, 134 nur „Kautelen für den inneren Geschäftsgang“ (M. 356); dritten Personen gegenüber wird die Gültigkeit einer Rechtshandlung des KV. durch sie nicht berührt. Vgl. § 136.

Ein Untersagungsrecht hat das KG. in 2 Fällen:

a. wenn der GSch. die Untersagung beantragt, und die GlV. die Genehmigung 2
zu der betreffenden Handlung noch nicht erteilt hat; § 135 Abs. 2; in diesem Falle hat das KG. gleichzeitig mit der Untersagung eine GlV. zur Beschlußfassung über die Vornahme der Handlung zu berufen;

b. wenn zwar ein Beschluß der GlV. bereits vorliegt, dieser aber dem gemeinsamen Interesse der KGläubiger widerspricht, und der Antrag auf Untersagung in derselben GlV. von dem KVerwalter oder von einem überstimmten Gläubiger gestellt wird; § 99.

II. 1. Zu § 133 Nr. 1. Die Nr. 1 des § 133 unterscheidet sich von der Nr. 2 3
dadurch, daß Nr. 1 eine zeitliche Schranke enthält, die bei Nr. 2 fehlt. Die zeitliche Schranke der Ziffer 1 ist eine doppelte: sie reicht entweder:

a. bis zur Abhaltung des allgemeinen Prüfungstermins oder

b. bis zur Erledigung eines vor dem Schlusse des allgemeinen Prüfungstermins eingereichten Zwangsvergleichsvorschlags.

Die Genehmigungsbedürftigkeit nach Ziffer 1 dauert so lange fort, als auch nur eine dieser beiden zeitlichen Schranken noch besteht. Die Schranke zu b will die Vereitelung eines günstigen Zwangsvergleichsvorschlags durch übereilte Versilberung der Masse verhüten; Motive 354. Eine Erledigung des Zwangsvergleichsvorschlags liegt nach § 177 Abs. 2 auch schon dann vor, wenn der GlAusschuß den Vorschlag nicht für annehmbar erklärt.

Genehmigung ist nicht erforderlich zu dem Verkaufe von Gegenständen, die dem Verderben oder der Entwertung ausgesetzt sind oder deren Aufbewahrung unverhältnismäßig hohe Kosten verursachen würde, wohl aber zu einem allgemeinen Ausverkauf durch den KVerwalter. Ein von dritten Erwerbern angekündigter „Konkursmassen-Ausverkauf“ ist tatsächlich kein solcher, stellt sich vielmehr als unlauterer Wettbewerb im Sinne des § 1 Ges. v. 27. Mai 1896 (RGBl. S. 145) dar; OLG. Dresden in OLG. 7 S. 174.

2. Zu Nr. 2. Voraussetzung für alle Handlungen unter Nr. 2 ist, daß es 4
sich um einen Wert von mehr als 300 M. handelt; M. 354. Ist der Wert zu veräußernder Gegenstände zweifelhaft, so kann deren Abschätzung durch Sachverständige erfolgen. Die Festsetzung erfolgt, wenn der GlAusschuß das KG. als Aufsichtsbehörde anruft, vom KG.; sofern der GlAusschuß gegen den Verwalter auf Schadensersatz klagt, vom Prozeßgericht; Pet.-Kleinf. §§ 133 ff. A. 7. Bei Forderungen ist nicht der Nominalwert, sondern der wirkliche Verkaufswert zur Zeit der beabsichtigten Veräußerung maßgebend. Im übrigen gelten die §§ 3—9 ZPO.

a. Erfüllung von Rechtsgeschäften; §§ 17, 59 Nr. 2. Die Nichter- 5
füllung gilt als Regel, da die Nichterfüllung nur KForderungen, das Verlangen der Erfüllung aber eine Masseschuld begründet; M. 354. Deshalb ist die Genehmigung nicht einzuholen, wenn der Verwalter es bei der Nichterfüllung belassen will, also auch nicht bei der Kündigung von Pacht-, Miet- und Dienstverträgen.

6 **b.** Anhängigmachung von Prozessen. Ob der Verwalter zur Verfolgung von Ansprüchen den Rechtsweg beschreiten will oder nicht, ist zunächst seinem Ermessen anheimgegeben. Ein Recht des GlA., ihn hierzu zu nötigen, besteht nicht, wie denn überhaupt das Wollen des Verwalters Voraussetzung für alle in den §§ 133, 134 erwähnten Handlungen ist; Prot. 87. Hat der Verwalter sich zur Prozeßführung entschlossen, so muß er die Genehmigung aus § 133 einholen, sowohl als Kläger wie als Widerkläger. Der Einreichung der Genehmigungsurkunde zu den Prozeßakten bedarf es nicht; es genügt die Vorlegung der Bestallung.

Zur Aufnahme bereits anhängiger Prozesse bedarf der Verwalter keiner Genehmigung, ebensowenig zur Unterlassung eines Prozesses.

Unter den im § 133 erwähnten Prozessen sind nicht nur diejenigen verstanden, welche das Aktivvermögen, die Teilungsmasse, betreffen, sondern auch Prozesse über die Passivmasse.

7 **c.** Ablehnung der Aufnahme von Prozessen: §§ 10, 11. Vergleich (auch Zwangsvergleich, § 173): § 779 BGB.; Schiedsvertrag: § 1025 ZPO. Maßgebender Wert bei Vergleichen ist der Wert des Gegenstandes des Streits; Jaeger A. 11; vgl. auch § 1822 Ziffer 12 BGB.

8 **d.** Dem ausdrücklich erklärten Anerkenntnis steht das tatsächliche gleich, insbesondere dasjenige, welches durch Unterlassen eines Widerspruchs im gerichtlichen Verfahren erfolgt; RG. JW. 93 S. 428. Ebenso die Aufrechnung gegen einen Masseanspruch.

9 **e.** Veräußerungen von Forderungen. Hierher gehört nicht „eine nach der Art des Geschäftsverkehrs übliche Verwertung durch Weiterbegebung; es ist vielmehr eine von der gewöhnlichen Verwertung und Einziehung der Forderung abweichende Art der Verwertung gemeint, soll aber in dieser Voraussetzung sowohl einen freihändigen als einen meistbietenden Verkauf umfassen"; M. 354, 355. Über die Veräußerung von Forderungen, deren Gegenstand periodisch wiederkehrende Leistungen sind, trifft § 134 Nr. 1 Bestimmung.

§ 134 (122). Der Verwalter hat die Genehmigung des Gläubigerausschusses oder, wenn ein solcher nicht bestellt ist, die Genehmigung einer Gläubigerversammlung einzuholen:

1. wenn ein unbeweglicher Gegenstand aus freier Hand, oder das Geschäft oder das Waarenlager des Gemeinschuldners im ganzen, oder das Recht auf den Bezug wiederkehrender Einkünfte veräußert werden soll;
2. wenn Darlehen aufgenommen, fremde Verbindlichkeiten übernommen, zur Masse gehörige Gegenstände verpfändet, oder Grundstücke erstanden werden sollen.

---

1 **1.** Es sind in Abs. 1 die Worte „oder das Warenlager" durch die Novelle neu aufgenommen, dagegen in Abs. 2 die Eingangsworte des § 122 früh. F. „wenn Erbschaften oder Vermächtnisse für die Masse aufgegeben oder" (wegen des neu eingefügten § 9) fortgelassen.

2 **2.** Der Begriff „Veräußerung aus freier Hand" deckt sich nicht mit dem Begriff „freiwillige Veräußerung". Gegensatz zur „Veräußerung aus freier Hand" ist die öffentliche Versteigerung (vgl. §§ 383 Abs. 3, 156, 385, 1221, 1235 BGB., § 820

ZPO. und § 373 Abs. 2 HGB.). Gegensatz zur freiwilligen Veräußerung ist die Zwangsversteigerung. Die Einholung der vorgeschriebenen Genehmigung ist also erforderlich zu einer Veräußerung, die nicht im Wege der öffentlichen, sei es zwangsweisen oder freiwilligen Versteigerung erfolgen soll; Jaeger A. 1; Pet.=Kleinf. A. 15; Fitting § 23 A. 35. AM. M. 355; v. Sarw.=Boss. A. 3; Wolff A. 3; v. Wilm.=Kurlb. A. 1. Die Veräußerung beweglicher Zubehörstücke (Erntevorräte, Inventarium) fällt nicht unter § 134.

3. Als Gegensatz zur „Veräußerung im ganzen" stellt sich die Ver- 3
wertung im Ausverkauf oder im einzelnen dar. Durch die Ausschließung vereinzelter Teile des Geschäfts wird der Charakter des Verkaufs im ganzen nicht geändert; M. 355. Auch die Veräußerung eines Zweiggeschäfts oder des Warenlagers eines solchen fällt unter § 134. Begründung 33. Die Firma kann der Verwalter mit dem Geschäfte nur mit Genehmigung des GSch. veräußern; § 22 HGB.

4. Forderungen, welche in fortlaufenden Bezügen bestehen, unterliegen 4
der Veräußerung nur insoweit, als das Bezugsrecht nicht unlösbar an die Person des GSch. geknüpft ist, sondern der Zwangsvollstreckung unterliegt — wie z. B. die Leibrente, §§ 759 ff., 330 BGB. — und die nach der KE. fällig werdenden Bezüge zu dem vom GSch. bereits erworbenen Vermögen und daher zur KMasse gehören. M. 355.

5. Das Erstehen von Grundstücken umfaßt den Erwerb sowohl bei frei- 5
williger Veräußerung als im Wege der Zwangsversteigerung; M. 356.

§ 135 (123). Der Verwalter hat in den Fällen der §§ 133, 134 vor der Beschlußfassung des Gläubigerausschusses oder der Gläubigerversammlung, und in den Fällen des § 133, wenn ein Gläubigerausschuß nicht bestellt ist, vor der Vornahme der Rechtshandlung dem Gemeinschuldner, sofern derselbe ohne Aufschub zu erlangen ist, von der beabsichtigten Maßregel Mitteilung zu machen.

Das Gericht kann auf Antrag des Gemeinschuldners, sofern nicht die Gläubigerversammlung die Genehmigung erteilt hat, die Vornahme der Rechtshandlung vorläufig untersagen und zur Beschlußfassung über die Vornahme eine Gläubigerversammlung berufen.

---

1. Zweck der Mitteilung, die einer besonderen Form nicht bedarf (§ 77 Abs. 2), 1
ist, dem GSch. Gelegenheit zu geben, gegen unzweckmäßige oder nachteilige Maßregeln seine Einwendungen geltend zu machen. Bleiben die Einwendungen bei dem KV. oder bei dem GlAusschuß ohne Erfolg, so kann der GSch. beim KG. beantragen, dem KV. die Ausführung der beabsichtigten Maßregel einstweilen zu untersagen. Die vorläufige Untersagung kann auch dann erfolgen, wenn der GlAusschuß bereits seine Genehmigung zu der Maßregel erteilt hat. Macht das KG. von seiner Untersagungsbefugnis Gebrauch, so hat es eine GlV. zu berufen, die dann endgültig entscheidet.

2. Rechtsmittel. Gegen die vorläufige Untersagung steht dem Verwalter, 2
gegen den Beschluß, durch welchen vom Gericht ein Antrag des GSch. auf vorläufige Untersagung abgelehnt wird, dem GSch. die sofortige Beschwerde zu.

3. Ist die Beschlußfassung durch die (zu berufende) GlVersammlung 3
erfolgt, so gilt § 99.

4. Durch Unterlassen der Mitteilung macht sich der KV. dem GSch. sowohl wie 4
den Gläubigern schadenersatzpflichtig. Das Verhältnis Dritten gegenüber regelt § 136.

§ 136 (124). Durch die Vorschriften der §§ 133—135 wird die Gültigkeit einer Rechtshandlung des Verwalters dritten Personen gegenüber nicht berührt.

---

1 **1.** Verstöße gegen die §§ 133—135 wirken nur nach innen, nicht nach außen, d. h. sie machen zwar den KV. dem GSch. und den KGläubigern gegenüber schadensersatzpflichtig, können auch Anlaß zu Ordnungsstrafen oder sonstigen Maßnahmen aus § 84 geben, berühren aber nicht die Gültigkeit der Rechtshandlung. Weder dem Verwalter noch den Gläubigern noch dem GSch. gibt der Mangel der Genehmigung aus §§ 133, 134 und die Nichtbeachtung des § 135 ein Recht zur Anfechtung der Handlung. Ebensowenig kann der Dritte aus den Vorschriften der §§ 133—135 Einwendungen gegen die Rechtsgültigkeit der Handlungen des Verwalters entnehmen, auch wenn er gewußt hat, daß ein GlAusschuß bestellt und dessen Genehmigung nicht eingeholt worden ist. Der Prozeßgegner kann die Legitimation des Verwalters zur Klageerhebung nicht wegen mangelnder Genehmigung des GlAusschusses beanstanden; RG. 20 S. 110; JW. 82 S. 91; OLG. Dresden, Wengler Arch. 3 S. 121. Den Behörden, welche zur Prüfung der Rechtshandlungen des Verwalters berufen sind, braucht der KV. die Genehmigung aus §§ 133, 134 nicht nachzuweisen. Es genügt die Vorlegung der Bestallung. Dies gilt insbesondere gegenüber dem Prozeßgericht für die Vornahme prozessualischer Akte und gegenüber dem Grundbuchrichter für Auflassungs-, Eintragungs- und Löschungserklärungen.

2 **2.** Selbstverständlich ist es dem Verwalter nicht verwehrt, bei seinen Rechtshandlungen die Genehmigung des GlAusschusses oder der GlV. ausdrücklich vorzubehalten. Ein solcher Vorbehalt suspendiert als Bedingung die Gültigkeit auch dem Dritten gegenüber.

§ 137 (125). Wenn ein Gläubigerausschuß bestellt ist, und die Gläubigerversammlung nicht ein Anderes beschließt, bedürfen Quittungen des Verwalters über den Empfang von Geldern, Wertpapieren oder Kostbarkeiten von der Hinterlegungsstelle und Anweisungen des Verwalters auf die Hinterlegungsstelle zu ihrer Gültigkeit der Mitzeichnung eines Mitgliedes des Gläubigerausschusses.

---

1 **1.** Die Vorschrift des § 137 gilt lediglich für den Verkehr des Verwalters mit der nach §§ 129, 132 bestimmten Hinterlegungsstelle, nicht aber irgend einem anderen gegenüber; Prot. 88. Auch ein Bankhaus kann als Hinterlegungsstelle bestimmt sein.

2 **2.** Ist ein Gl.Ausschuß bestellt, so bedarf die vom KV. der Hinterlegungsstelle zu erteilende Quittung zu ihrer Gültigkeit der Mitzeichnung eines Mitgliedes dieses Ausschusses. Dasselbe gilt für Anweisungen des KV. auf die Hinterlegungsstelle. Unter den Begriff der Anweisungen fallen auch Schecks oder andere kaufmännische Anweisungen (§§ 363 ff. HGB.) sowie die vom KV. auf die Hinterlegungsstelle gezogenen Wechsel; Fitting § 23 A. 54; Jaeger A. 4; Kohler S. 221; a. M. Pet.-Kleinf. A. 3; v. Sarw.-Boss. A. 3. Zahlt die Hinterlegungsstelle auf eine Quittung oder Anweisung,, die der Mitzeichnung eines Mitgliedes des GlAusschusses entbehrt, so ist sie für den entstandenen Schaden ersatzpflichtig. Voraussetzung ist jedoch, daß sie von ihrer Bestimmung als Hinterlegungsstelle in Kenntnis gesetzt war. Ist dies nicht geschehen, hat also der KV. z. B. auf seinen Namen hinterlegt, ohne

daß der Hinterlegungsstelle erkennbar gemacht war, es sei für die KM. hinterlegt worden, so findet § 137 keine Anwendung; RG. 54 S. 209.

§ 137 ist zwingenden Rechts; er kann deshalb nicht durch eine Vereinbarung 3 zwischen KV. und Hinterlegungsstelle, z. B. dahingehend, daß die Hinterlegungsstelle befugt sein soll, auf Schecks ohne weitere Legitimationsprüfung an den Überbringer zu zahlen, außer Kraft gesetzt werden.

2. Die GlV. kann die im § 137 ausgesprochene Verpflichtung des KV. aufheben 4 oder einschränken, aber nicht steigern. Sie kann insbesondere nicht mit Wirksamkeit für die Hinterlegungsstelle anordnen, daß die Mitzeichnung von mehreren Mitgliedern oder von einem bestimmten Mitgliede des GlAusschusses zu erfolgen habe; Kohler S. 221; Jaeger A. 4; Pet.-Kleinf. A. 3.

3. Will der KV. allein eine Quittung oder Anweisung für die Hinterlegungs- 5 stelle ausstellen, so muß er durch eine Bescheinigung des KG. oder in anderer Weise nachweisen, daß ein GlAusschuß nicht bestellt oder daß durch Beschluß der GlV. von dem Erfordernis der Mitzeichnung eines Mitgliedes des GlAusschusses Abstand genommen ist. Ist die Quittung oder Anweisung von einem Mitgliede des GlAusschusses mitgezeichnet, so ist der Hinterlegungsstelle vom KV. eine Bescheinigung darüber vorzulegen, daß der Mitzeichnende wirklich zum GlAusschuß gehört; a. M. Fitting § 23 A. 54; Jaeger A. 2 und v. Sarw.-Boss. A. 2 Nr. 3. Danach ist es Sache der Hinterlegungsstelle, sich zu erkundigen, ob ein GlAusschuß besteht und wer die Mitglieder sind. Nach Pet.-Kleinf. A. 2 hat das KG. der Hinterlegungsstelle nicht nur — was unstreitig — auf Anfrage, sondern von Amts wegen die erforderlichen Mitteilungen zu machen.

Vierter Titel.

Schuldenmasse.

§ 138 (126). Die Frist zur Anmeldung der Konkursforderungen beträgt zwei Wochen bis drei Monate. Der Zeitraum zwischen dem Ablaufe der Anmeldefrist und dem allgemeinen Prüfungstermine soll mindestens eine Woche und höchstens zwei Monate betragen.

---

1. Nur die KGl., welche ihre Forderungen zum Konkurse anmelden, haben 1 Anspruch auf Befriedigung aus der Masse. Eine Ausnahme findet nur im Nachlaßkonkurse statt; § 229. Ob die KForderungen, sich als privatrechtliche oder als öffentlichrechtliche Ansprüche darstellen, ist einerlei. Es bedürfen also z. B. auch Steuerforderungen der Anmeldung. Absonderungsberechtigte suchen ihre Befriedigung außerhalb des KVerf. (OLG. Jena, Thür. Bl. 33 S. 337), haben also nach § 64 ihre Forderung nur für den Betrag anzumelden, zu welchem sie auf abgesonderte Befriedigung verzichten, oder mit welchem sie bei dieser ausgefallen sind.

2. Die Anmeldefrist ist auf mindestens zwei Wochen (nach § 126 früh. F. drei 2 Wochen) und höchstens drei Monate zu bestimmen. Bei ihrer Abmessung ist neben der Entfernung der ihrem Wohnort nach bekannten Gläubiger zugleich auf den Umfang und die Bedeutung des Konkurses Rücksicht zu nehmen. Die Bestimmung erfolgt zweckmäßig durch Angabe des Tages des Ablaufs der Frist, kann aber auch nach Monaten oder Wochen erfolgen. Die Frist beginnt mit dem Tage, mit dem nach § 76 Abs. 1 die vorgeschriebene öffentliche Bekanntmachung der Anmeldefrist als bewirkt gilt. Für die Berechnung des Endpunktes im Falle der Bestimmung der Frist nach Monaten oder Wochen ist § 222 ZPO. maßgebend.

3 Für die Berücksichtigung einer Anmeldung ist es hinreichend, daß diese nach der KE., wenn auch vor dem Beginne des Laufes der Anmeldefrist erfolgt. Anmeldungen vor der KE. sind wirkungslos.

4 Die Folgen der Versäumung der Anmeldefrist und des Prüfungstermins bestimmt § 142. Eine Notfrist ist die Anmeldefrist nicht; deshalb ist auch gegen ihren Ablauf die Wiedereinsetzung in den vorigen Stand ausgeschlossen; § 233 ZPO.

5 **3.** Der in Satz 2 bestimmte Zwischenraum beträgt in Konsularsachen mindestens zwei Wochen und höchstens drei Monate; § 47 Abs. 3 RGes. über die Konsulargerichtsbarkeit v. 7. April 00 (RGBl. S. 213). Bei Bemessung des Zwischenraumes ist darauf Rücksicht zu nehmen, daß die Tabelle gemäß § 140 rechtzeitig angefertigt und abschriftlich dem KV. mitgeteilt werden kann; § 138 Satz 2 enthält nur eine Ordnungsvorschrift („soll"); deshalb kann in besonders umfangreichen Konkursen eine längere Frist bestimmt werden, um dem KV. Zeit zur Prüfung der Anmeldungen zu lassen; Jaeger A. 5.

6 **4.** Verstöße gegen das Einhalten der in § 138 bestimmten Grenzen machen das weitere Verfahren nicht unwirksam, geben aber den Beteiligten (den KGl., dem GSch. und dem KV.) das Recht zur sofortigen Beschwerde nach § 73 Abs. 3.

7 **5.** Wird der allgemeine Prüfungstermin gemäß § 110 Abs. 2 mit der ersten GlV. verbunden, so ist der gemeinschaftliche Termin mit einer Frist von mindestens drei Wochen (zwei nach § 138 Satz 1 und eine nach § 138 Satz 2) und höchstens einen Monat (§ 110 Abs. 1) anzuberaumen.

Auf Antrag ist eine Verbindung des Zwangsvergleichstermins mit dem allgemeinen Prüfungstermin zulässig; § 180.

§ 139 (127). Die Anmeldung hat die Angabe des Betrages und des Grundes der Forderung sowie des beanspruchten Vorrechts zu enthalten. Sie kann bei dem Gerichte schriftlich eingereicht oder zum Protokolle des Gerichtsschreibers angebracht werden. Die urkundlichen Beweisstücke oder eine Abschrift derselben sind beizufügen.

---

1 **1.** Form. Die Anmeldung kann privatschriftlich oder zum Protokoll des Gerichtsschreibers erklärt werden. Anwaltszwang besteht nicht. Entscheidend für den Zeitpunkt der Anmeldung ist die Einreichung oder Protokollierung beim Gerichte; die Einreichung an den Verwalter genügt nicht; M. 359. Eigenhändige Unterschrift ist nicht erforderlich, vielmehr genügt auch die genehmigte Unterschrift durch einen anderen. Eine telegraphische Anmeldung ist zulässig; RGSt. 8 S. 92 (Plen.), 9 S. 38; 10 S. 166; Rspr. des RG. 6 S. 624; 10 S. 176. Die Gerichtssprache ist die deutsche (GVG. § 186); es brauchen also schriftliche Anmeldungen in fremder Sprache nicht berücksichtigt zu werden; RG. 31 S. 429. Bevollmächtigung ist zulässig. Bevollmächtigter kann jede prozeßfähige Person sein; § 79 ZPO. Eine allgemein zur Vertretung im KVerf. ausgestellte Vollmacht ermächtigt zu allen Rechtshandlungen, die durch das Verfahren veranlaßt werden, insbesondere auch zur Bestreitung im Prüfungstermin, zur Verhandlung und Abstimmung über einen Zwangsvergleich, zur Empfangnahme der aus der KM. den Gläubigern zufallenden Beträge, dagegen nicht — gegen Fitting § 38 A. 5 — zur Vertretung des Voll-

machtgebers in Feststellungsprozessen, da diese außerhalb des KVerf. auszutragen sind; Jaeger A. 4. Vgl. OLG. 1 S. 2. Die Prozeßvollmacht legitimiert nicht zur Vertretung im Konkurse. Die Beibringung der Vollmacht kann bis zum Prüfungstermin ausgesetzt werden; ihr Mangel ist von Amts wegen zu berücksichtigen; § 88 Abs. 2 ZPO. Eine besondere Rüge des Formmangels der Anmeldung ist im Prüfungstermin nicht erforderlich; RG. im SächsArch. 7 S. 629. Ist die Forderung festgestellt worden, so kann ein etwaiger Formmangel später nicht mehr gerügt werden. Eine mangelhafte Anmeldung unterbricht die Verjährung nicht; RG. 39 S. 45.

2. Inhalt. Wesentlich für die Anmeldung des nach Namen und Wohnort genau zu bezeichnenden Gläubigers ist die Angabe des Betrages, des Grundes und des Vorrechts der Forderung; vgl. § 146 Abs. 4; nicht wesentlich ist dagegen die Beifügung der urkundlichen Beweisstücke (§ 139 Satz 2). Fehlt die Angabe des mit unverkennbarer Bestimmtheit zu bezeichnenden Vorrechts, so kann ein solches auch nicht zugelassen werden; RG. JW. 90 S. 256. Die Berücksichtigung des Vorrechts von Amts wegen ist unzulässig; M. 359, 360. Die Angaben von Grund und Betrag sind wesentlich. Eine Anmeldung, welche auch nur einer dieser Angaben entbehrt, ist unwirksam und kann weder in die Tabelle eingetragen noch geprüft werden. Nachträgliche Ergänzungen und Änderungen sind als neue Anmeldungen nach § 142 zu behandeln. (Gegen diese herrschende Ansicht: Pet.-Kleinf. A. 6. Danach soll nur die Änderung des Schuldgrundes, nicht aber — wegen § 268 Nr. 2 ZPO. — die des Betrages als eine neue Anmeldung gelten.) Wie die nachträgliche Anmeldung neuer Forderungen (RG. JW. 89 S. 418) muß die Geltendmachung eines Vorrechts für eine ohne Vorrecht oder mit einem geringeren Vorrecht angemeldete Forderung auch dann statthaft sein, wenn die Forderung bereits in der Tabelle als unstreitig festgestellt ist; Fitting § 38 A. 6; Jaeger A. 11 und § 145 A. 9; v. Wilm.-Kurlb. § 145 A. 9. (A. M. RG. 20 S. 412; 38 S. 416. Danach sind alle nicht spätestens im Prüfungstermin angemeldeten Vorrechte ausgeschlossen.) 2

Die Anmeldung einer Forderung zum Konkurse wird durch Erhebung einer Widerklage des Gläubigers gegen den Verwalter nicht ersetzt; dies gilt selbst dann, wenn der Verwalter den Gegenanspruch anerkennt; OLG. Kolmar im SächsArch. 9 S. 586.

Der Betrag muß in Reichswährung angegeben werden; § 69. Bei Anmeldung einer abgetretenen Forderung ist die Abtretungsurkunde in Urschrift oder Abschrift beizufügen; KG. in OLG. 5 S. 144.

Eine Verpflichtung des Gerichts, von Amts wegen die Ergänzung unvollständiger Anmeldungen herbeizuführen, besteht nicht.

3. Rechtsnachfolger, gleichviel ob Gesamt- oder Sonderrechtsnachfolge vorliegt, brauchen eine bereits angemeldete Forderung nicht von neuem anzumelden. (A. M. Pet.-Kleinf. §§ 141—143 A. 19.) Selbstverständlich müssen sie sich jedesmal, wenn sie Rechte im KVerf. ausüben wollen, den Organen und Personen gegenüber legitimieren, zu denen sie in Beziehung treten; v. Wilm.-Kurlb. § 141 A. 4. 3

4. Zurücknahme der Anmeldung ist zu jeder Zeit zulässig. Sie enthält einen Verzicht nicht auf die angemeldete Forderung, sondern nur auf das durch die Anmeldung oder Feststellung der Forderung erworbene Recht; es kommt also durch die Zurücknahme sowohl das Recht auf Prüfung, als auch die Wirkung für die Verjährung in Fortfall; § 214 Abs. 2 BGB. Die zurückgenommene Anmeldung kann wiederholt werden. 4

5. Ein Bevollmächtigter kann mehrere Gläubiger vertreten. Verschiedenheit der Instruktionen bezüglich der Abstimmung über einen Zwangsvergleich oder über 5

andere Anträge steht nicht entgegen; v. Wilm.=Kurlb. A. 9; Jaeger A. 5. In den §§ 18, 19 des Schuldverschreibungsgesetzes v. 4. Dez. 99 (RGBl. S. 691) ist eine gemeinsame Vertretung der Schuldverschreibungsbesitzer im Konkurse des Schuldners, insbesondere der Pfandbriefgläubiger im Konkurse der Hypothekenbank vorgesehen. In dem Konkurse über das Vermögen einer Lebensversicherungsanstalt werden die Versicherten durch einen ihnen vom KG. zu bestellenden Pfleger vertreten, jedoch vorbehaltlich ihres Rechtes, selbst aufzutreten; § 62 Ges. über die priv. Versicherungsunt. v. 12. Mai 01 (RGBl. S. 139). Vgl. Jaeger A. 6.

§ 140 (128). Die Anmeldungen sind in der Gerichtsschreiberei zur Einsicht der Beteiligten niederzulegen.

Der Gerichtsschreiber hat jede Forderung sofort nach der Anmeldung derselben in der Rangordnung des beanspruchten Vorrechts in eine Tabelle einzutragen, welche innerhalb des ersten Dritteils des zwischen dem Ablaufe der Anmeldefrist und dem Prüfungstermine liegenden Zeitraums auf der Gerichtsschreiberei zur Einsicht der Beteiligten niederzulegen und abschriften dem Verwalter mitzuteilen ist.

---

1 **1.** Die abschriftliche Mitteilung der Anmeldungen an den Verwalter ist abgelehnt, dagegen die Befugnis des Verwalters, auf Kosten der Masse von einzelnen Anmeldungen Abschrift zu nehmen oder zu erfordern, als unzweifelhaft anerkannt; M. 361.

2 **2.** Beteiligte im Sinne des § 140 sind: der KV., die KGl., der GSch. und (Jaeger A. 1) die Mitglieder des GlAusschusses, nicht auch Absonderungsberechtigte und Anfechtungsbeklagte.

3 **3.** In die Tabelle eingetragen werden von Gerichtsschreiber die im KVerf. angemeldeten Forderungen, im Konkurse über einen Nachlaß auch die in dem Verfahren zwecks Aufgebots der Nachlaßgläubiger angemeldeten, nicht ausgeschlossenen Forderungen; § 229 KO.; § 996 ZPO. Einzutragen ist „jede" angemeldete selbständige Forderung (M. 360), von mehreren in derselben Anmeldung enthaltenen Forderungen jede einzelne und zwar in der Rangordnung des „beanspruchten" Vorrechts, also ohne solches, wenn es nicht ausdrücklich beansprucht ist, in allen Fällen ohne Rücksicht darauf, ob die Anmeldungen vor oder nach der Anmeldefrist (§ 138) eingegangen, ob sie zulässig oder (§§ 3, 63) unzulässig sind, und ob sie den Bestimmungen des § 139 entsprechen oder nicht. Das Recht, aus irgend einem Grunde Anmeldungen von der Eintragung auszuschließen, steht dem Gerichtsschreiber, der nur eine beurkundende Tätigkeit auszuüben hat, nicht zu. Schutz gegen eine erfolgte oder unterlassene Eintragung gewährt das Prüfungsverfahren; eine Beschwerde gegen eine Eintragung oder Nichteintragung ist versagt, da eine Entscheidung im Sinne des § 73 Abs. 3 nicht vorliegt; Jaeger A. 2; a. M. v. Wilm.=Kurlb. A. 2 u. Gottschalk A. zu § 140, welche den § 576 ZPO. für anwendbar halten. Wegen Unterlassung der Eintragung ist der Gerichtsschreiber verantwortlich; RG. JW. 94 S. 63. Gerichtsschreiber ist jeder zu der betreffenden Tätigkeit „an sich befähigte und dienstlich berufene" Beamte (RG. JW. 95 S. 385), also nicht nur der erste Beamte der Gerichtsschreiberei, sondern auch ein Gerichtsschreibergehilfe.

4 **4.** Die Tabelle dient als urkundliche Grundlage für das ganze weitere Verfahren. Ihre Einrichtung ist den Landesjustizverwaltungen überlassen; M. 360. Sie ist innerhalb des in Abs. 2 bezeichneten Zeitraums auf der Gerichtsschreiberei zur Einsicht

der Beteiligten niederzulegen und dem Verwalter von Amts wegen, anderen Beteiligten auf Antrag und gegen Erstattung der Kosten abschriftlich mitzuteilen. Nichtbeachtung der Frist gibt den Beteiligten das Recht, die Verlegung des Prüfungstermins zu verlangen und zwar auf Kosten des Gerichtsschreibers, wenn diesem ein grobes Versehen zur Last fällt (§ 72 KO.; § 102 ZPO.); M. 360; Jaeger A. 4; Fitting § 38 A. 10; a. M. Pet.=Kleinf. A. 4. Danach kann die Kostenpflicht des Gerichtsschreibers nur durch Klage des KV. festgestellt werden; vgl. auch § 141 A. 3.

§ 141 (129). **In dem Prüfungstermine werden die angemeldeten Forderungen ihrem Betrage und ihrem Vorrechte nach einzeln erörtert. Der Gemeinschuldner hat sich über die Forderungen zu erklären.**

I. Beteiligte. **1.** Im Prüfungstermin (§§ 110, 142) muß der KV. anwesend sein. Etwaige vor dem Termine von ihm abgegebene Erklärungen sind ohne Bedeutung; M. 360, 361. „Verabsäumt der Verwalter den Termin, so muß dieser wiederholt werden und er haftet im Falle des Verschuldens für Schäden und Kosten"; M. 362. Über die Zulassung eines Vertreters hat das KG. zu befinden; § 78. Die für einen Rechtsbeistand oder zugelassenen Vertreter aufgewendeten Kosten kann der KV. als Massekosten (§ 58 Nr. 2) liquidieren, falls die Aufwendung vom KG. als zweckentsprechend gebilligt wird; Pet.=Kleinf. §§ 141 ff. A. 10. „Die Teilnahme der einzelnen Gläubiger an dem Prüfungsgeschäft ist eine freiwillige; sie können erscheinen und sich erklären, brauchen es aber nicht; ihr Schweigen gilt, soweit es sich nicht um ihre eigenen Forderungen handelt, als Zustimmung zu den Erklärungen des Verwalters. Ihre Teilnahme ist eine selbständige; ihr Bestreiten macht trotz eines Anerkenntnisses des Verwalters die Forderung zu einer streitigen"; M. 362. Berechtigt zur Teilnahme an der Prüfung sind alle KGl., deren Anmeldungen zugelassen sind. Das Bestreiten auf Grund einer noch nicht zugelassenen Forderung wird erst mit der Zulassung wirksam und kann auch erst dann eingetragen werden. Die Zulassung des Anspruchs erfolgt stillschweigend durch dessen Prüfung; Jaeger A. 2, 8. Vertretungskosten der Gläubiger: § 63 Nr. 2. 1

2. Der GSch. ist wegen seiner Auskunftspflicht (§ 100 und § 141 Abs. 2) zum Erscheinen im Prüfungstermin verpflichtet. Zwangsmittel: § 106 Abs. 1 Satz 1. Streitig wird eine Forderung nur durch den Widerspruch des Verwalters oder eines zugelassenen Gläubigers; in diesem Falle ist sie als streitig in die Tabelle Kolonne „Ergebnis der Prüfungsverhandlung" einzutragen. Die Erklärung oder Nichterklärung des GSch. hat rechtliche Bedeutung nur bezüglich seiner Haftung nach dem Konkurse; §§ 144, 164. Mit Rücksicht hierauf ist sein Bestreiten in die Tabelle unter der Rubrik „Bemerkungen" einzutragen; M. 362; Gruch. 36 S. 135. Soweit nur die Auskunftspflicht des GSch. in Frage kommt, kann er, auch wenn er nur beschränkt geschäftsfähig, z. B. minderjährig oder wegen Verschwendung oder Trunksucht entmündigt ist, Erklärungen abgeben. Soweit dagegen die Vollstreckbarkeit nach § 164 in Betracht kommt, sind Erklärungen oder Nichterklärungen des GSch. nur dann beachtlich, wenn der GSch. prozeßfähig ist; anderenfalls muß sich der gesetzliche Vertreter des GSch. erklären: Jaeger A. 1; Fitting § 12 A. 8. 2

Die durch Zuziehung eines Vertreters entstandenen Kosten kann der GSch. aus der Masse nicht ersetzt verlangen.

II. Gegenstand. Zu erörtern sind nur die angemeldeten KForderungen; 3
diese aber ohne Rücksicht darauf, ob ihre Eintragung in die Tabelle bereits erfolgt ist

oder nicht. Die Nichtberücksichtigung einer angemeldeten Forderung, die durch Versehen des Gerichtsschreibers nicht in die Tabelle eingetragen ist, macht auch den Konkursrichter verantwortlich; RG. 94 S. 63. Aussonderungs-, Absonderungs- und Masseansprüche sind von der Erörterung ausgeschlossen. Die Erörterung der nach dem Ablaufe der Anmeldefrist (§ 138) angemeldeten Forderungen regelt § 142.

4 **III. Erörterungsverfahren. 1.** Der Erörterung jeder Forderung muß eine Prüfung der Zulässigkeit ihrer Anmeldung vorausgehen. Diese Prüfung kann im Prüfungstermine selbst oder auch vorher vorgenommen werden; Jaeger A. 4; Fitting § 38 A. V. Unzulässig ist eine Anmeldung, wenn sie nicht den Erfordernissen des § 139 entspricht, wenn sie z. B. der Angabe des Betrages in Reichswährung oder des Grundes der Forderung entbehrt, ferner wenn der Anmeldende nicht prozeßfähig oder als gesetzlicher Vertreter das prozeßunfähigen Gläubigers nicht legitimiert ist, oder wenn er als bevollmächtigter Vertreter seine Vollmacht nicht beibringt. Dagegen kann nicht als unzulässig erachtet werden die Anmeldung von Forderungen, die nach §§ 3, 63 im Konkurse nicht geltend gemacht werden können, vielmehr ist es Sache der Beteiligten gegen solche Forderungen Widerspruch zu erheben. Ebenso verhält es sich, wenn dieselbe Forderung von mehreren Personen, z. B. vom Zedenten und vom Zessionar angemeldet wird. In solchem Falle sind beide Anmeldungen in die Tabelle einzutragen und zur Prüfung zuzulassen. Den Beteiligten bleibt es überlassen, durch gegenseitiges Bestreiten die doppelte Feststellung zu verhindern; Jaeger A. 3; Pet.-Kleinf. A. 3. Unzulässige Anmeldungen sind durch Beschluß zurückzuweisen, der von Amts wegen dem Anmeldenden zuzustellen ist und von diesem durch sofortige Beschwerde angefochten werden kann; § 73. Die Zulassung der Anmeldungen kann ohne weiteres dadurch erfolgen, daß der KRichter sie zur Erörterung durch die Beteiligten stellt.

5 **2.** Die angemeldeten Forderungen werden ihrem Grunde, Betrage und Vorrechte nach, in der Reihenfolge der Tabelle einzeln mit den Beteiligten erörtert. Die Erörterung erfolgt in mündlicher Verhandlung gemäß §§ 137, 138, 237, 298 ZPO. Die für die Feststellung der Forderungen in Betracht kommenden Materialien, insbesondere Bücher und Schriften des GSch. sind möglichst bereit zu halten. Im Falle des Widerspruchs gegen eine Forderung kann das KG. die gütliche Beilegung des Streites versuchen; es kann nach § 75 alle zur Aufklärung erforderlichen Ermittelungen, welche sofort vornehmbar sind, anordnen; M. 361. Ein Widerspruch gegen eine angemeldete Forderung muß mit Rücksicht auf § 145 Abs. 2 im Prüfungstermine selbst erfolgen; Gründe für den Widerspruch brauchen nicht angegeben zu werden. Die Zurücknahme eines erhobenen Widerspruchs ist jederzeit zulässig. Bei der Prüfung ist auch zu erörtern, ob und zu welchem Betrage ein Stimmrecht für streitig gebliebene Forderungen zu gewähren ist; § 95. Die Feststellung der Ergebnisse des Prüfungstermins regeln die §§ 144, 145.

6 **3.** Über die Prüfungsverhandlung ist nach Maßgabe der §§ 159 Abs. 2, 160 Abs. 1 ZPO. ein Protokoll aufzunehmen, das nach § 163 vom Richter und Gerichtsschreiber zu unterschreiben ist. Die Tabelle bildet einen integrierenden Bestandteil des Protokolls. Die im Prüfungstermine erfolgenden Eintragungen in die Tabelle sind ebenfalls von dem Richter und von dem Gerichtsschreiber zu unterschreiben.

Vor Abhaltung des Prüfungstermins kann auch mit Zustimmung der Parteien nicht auf Feststellung einer angemeldeten Forderung geklagt werden, RG. JW. 02 S. 397.

§ 142 (130). In dem Prüfungstermine sind auch diejenigen Forderungen, welche nach dem Ablaufe der Anmeldefrist angemeldet sind, zu prüfen, wenn weder der Verwalter noch ein Konkursgläubiger hiergegen Widerspruch erhebt; anderenfalls ist auf Kosten des Säumigen ein besonderer Prüfungstermin zu bestimmen.

Auf nachträglich beanspruchte Vorrechte und sonstige Änderungen der Anmeldung findet die vorstehende Bestimmung entsprechende Anwendung.

Gläubiger, welche Forderungen nach dem Prüfungstermine anmelden, tragen die Kosten des besonderen Prüfungstermins.

---

1. Anmeldungen, welche erst nach dem Ablaufe der Anmeldefrist (§ 138), 1
aber noch vor dem allgemeinen Prüfungstermin erfolgen, werden in bezug auf ihre Behandlung den rechtzeitig eingegangenen insoweit gleichgestellt, als es eines besonderen Termins nur dann bedarf, wenn der KV. oder ein KGl. der sofortigen Prüfung widerspricht. Für Anmeldungen, die erst nach dem allgemeinen Prüfungstermin eingehen, bedarf es eines besonderen Prüfungstermins. „Die Folgen nicht rechtzeitiger Anmeldung bestehen also nur darin, daß die Nachzügler den Konkurs in der Lage, in welcher er sich befindet, zu übernehmen und die Kosten des besonderen Prüfungstermins, d. h. des ganzen nachträglichen Prüfungsverfahrens einschließlich der öffentlichen Bekanntmachung zu tragen haben .... Die Frage, innerhalb welcher Frist der besondere Prüfungstermin anzusetzen ist, läßt das Gesetz offen; die Vorschrift des § 138 ist darauf nicht anwendbar. Das Gericht wird sich durch das Interesse der Beteiligten leiten lassen, und daher nicht immer sofort für jede einzelne Anmeldung einen Termin bestimmen, vielmehr, wenn nicht eine Verteilung oder andere wichtige Verhandlungen nahe bevorstehen, bis zum Eingang anderer nachträglicher Anmeldungen warten, und für diese gemeinsam den besonderen Prüfungstermin ansetzen"; M. 359.

2. Zu den den Nachzüglern zur Last fallenden Kosten des besonderen Prüfungs- 2
termins gehören insbesondere die Gebühren (§ 54 GKG.) und die Auslagen des Gerichts einschließlich der Kosten der öffentlichen Bekanntmachung. Etwaige Kosten, die den Gläubigern durch ihre Teilnahme am nachträglichen Prüfungstermin entstehen, sind ebensowenig zu ersetzen wie die Kosten, die den Gläubigern durch Teilnahme am allgemeinen Prüfungstermin erwachsen; § 63 Nr. 2; v. Wilm.-Kurlb. A. 6; a. M. Jaeger A. 4 und die dortigen Zitate.

Für die gemeinschaftlichen Kosten und Auslagen des nachträglichen Prüfungstermins, z. B. die Kosten der öffentlichen Bekanntmachung, haften mehrere Nachzügler nicht solidarisch, auch nicht im Verhältnis der Höhe ihrer Anmeldungen, sondern nach Kopfteilen; § 100 ZPO.; § 91 GKG.

3. Der nachträgliche Prüfungstermin ist von Amts wegen anzube- 3
raumen und gemäß §§ 76, 111 öffentlich und den ihrem Wohnorte nach bekannten beteiligten Gläubigern auch durch besondere Zustellung bekannt zu machen; Pet.-Kleinf. A. 21; Fitting § 38 A. 15. (AM. v. Sarw.-Boss. A. 3. Danach findet § 76, nicht § 111 Anwendung.)

4. Zulässig sind nachträgliche Anmeldungen bis zum Schlusse des 4
KVerf. Denn wenn auch den KGl., welche sich so spät melden, daß ihre Forderungen vor Ablauf der Ausschlußfrist für die Schlußverteilung nicht geprüft werden können, ein Anspruch auf Berücksichtigung bei der Schluß- oder Nachtragsverteilung (§§ 152, 161, 166) nicht zusteht, so sind sie doch wegen § 164 Abs. 2 an der Feststellung ihres Anspruchs interessiert; Jaeger A. 2; Fitting § 38 A. 15; Oetker I S. 285; a. M. Pet.-Kleinf. §§ 141 ff. A. 18; v. Wilm.-Kurlb. A. 3.

5. Eine Änderung der Anmeldung liegt vor, wenn der Grund der Forderung 5

geändert, ein höherer Betrag, ein Vorrecht überhaupt oder ein besseres Vorrecht beansprucht wird. Die Rechtsnachfolger einer bereits festgestellten Forderung bedürfen zur Teilnahme am KVerf. keiner neuen Anmeldung; es genügt der Nachweis des nach der Feststellung eingetretenen Rechtsüberganges. Dagegen ist eine neue Anmeldung dann erforderlich, wenn ein Gläubiger eine von einem anderen Gläubiger angemeldete Forderung für sich aus eigenem Rechte beansprucht.

§ 143 (131). Die Prüfung einer angemeldeten Forderung findet statt, wenngleich der anmeldende Gläubiger im Prüfungstermine ausbleibt.

1 1. Die Bestimmung gilt sowohl für den allgemeinen als für den besonderen Prüfungstermin.

2 2. Es steht dem anmeldenden Gläubiger frei, sich durch einen Bevollmächtigten vertreten zu lassen. Als Bevollmächtigter kann jede prozeßfähige Person bestellt werden. Dem ausgebliebenen Gläubiger steht nicht etwa das Recht zu, eine neue Prüfung auf seine Kosten in einem besonderen Termine herbeizuführen.

§ 144 (132). Eine Forderung gilt als festgestellt, soweit gegen sie im Prüfungstermine ein Widerspruch weder von dem Verwalter noch von einem Konkursgläubiger erhoben wird, oder soweit ein erhobener Widerspruch beseitigt ist.

Ist die Forderung vom Gemeinschuldner im Prüfungstermine bestritten, so kann ein Rechtsstreit, welcher über dieselbe zur Zeit der Eröffnung des Konkursverfahrens anhängig war, gegen den Gemeinschuldner aufgenommen werden.

1 1. Berechtigt zum Widerspruch gegen die Feststellung einer angemeldeten Forderung sind nur der KV. und die zugelassenen KGl., nicht auch der GSch. Vgl. hierüber § 141 A. 1. Nichtbestreiten seitens dieser Berechtigten wirkt als stillschweigendes Anerkenntnis der Forderung u. zwar gegenüber allen KGl., auch gegenüber denjenigen, die im Prüfungstermine nicht erschienen sind oder ihre Forderungen überhaupt nicht angemeldet haben; RG. 55 S. 160. Ist eine Forderung als Ausfallsforderung angemeldet und als solche festgestellt, so bezieht sich die Feststellung sowohl auf den Grund der Forderung als auf den Ausfall; der Ausfall braucht zur Zeit der Feststellung noch nicht bestimmt zu sein, kann vielmehr später berechnet werden; RG. 26 S. 112; 36 S. 61. Ein unter Vorbehalt (z. B. einer Sicherheitsleistung oder des Nachweises der Legitimation) abgegebenes Anerkenntnis gilt als Bestreiten; RG. 37 S. 4. Der Widerspruch muß in dem zur Prüfung der Forderung bestimmten Termine mündlich erklärt werden u. zwar vor der nach § 145 Abs. 1 vorgeschriebenen Eintragung in die Tabelle. Ein vor dem Termine schriftlich eingebrachter Protest ist wirkungslos, ein Widerspruch nach der Eintragung in die Tabelle ist dadurch ausgeschlossen, daß diese Eintragung wie ein rechtskräftiges Urteil wirkt; § 145 Abs. 2. Einer Begründung des Widerspruchs bedarf es nicht; doch kann es dem Gerichte nicht versagt werden, in Ausübung seines Fragerechts auf die Beseitigung eines sachwidrigen Widerspruchs hinzuwirken; M. 363. In dem Feststellungsprozesse ist der Widersprechende auf den etwa von ihm angegebenen Grund des Widerspruchs nicht beschränkt.

2 2. Die Beseitigung des Widerspruchs erfolgt durch dessen Zurücknahme oder durch Prozeß; § 146. Die Zurücknahme kann nur dann wirksam sein, wenn

sie von jedem Widersprechenden erklärt wird; Prot. 92. Es genügt eine schriftliche oder zu Protokoll des Gerichtsschreibers abgegebene Erklärung, ohne Anwaltszwang. Zweifel über die Echtheit sind nach Maßgabe des § 75 aufzuklären. Auf Grund der Zurücknahme des Widerspruchs, ihre Echtheit vorausgesetzt, kann die Tabelle ohne weiteres berichtigt werden. Des Umweges, die Zurücknahme-Erklärung dem Gläubiger der bestrittenen Forderung zuzustellen und diesem den Antrag auf Berichtigung der Tabelle zu überlassen (so: Pet. u. Kleinf. §§ 144 ff. A. 2 und v. Wilm.-Kurlb. § 144 A. 3) bedarf es nicht. Denn die Anmeldung einer Forderung schließt von vornherein den Antrag des Gläubigers, die Forderung festzustellen und die Feststellung in die Tabelle einzutragen, in sich. Es bedarf also der Wiederholung dieses Antrages nach Zurücknahme des Widerspruchs nicht.

3. Das Bestreiten einer Forderung seitens des GSch. ist für die Feststellung der Forderung einflußlos. Doch wird durch dieses Bestreiten das Recht des Gläubigers ausgeschlossen, nach Beendigung des KVerf. seine Restforderung gegen den GSch. durch Zwangsvollstreckung beizutreiben; §§ 164 Abs. 2, 194, 206 Abs. 2. Um „dem Gläubiger die Verschaffung eines für die Zeit nach der KE. verwendbaren exekutorischen Titels zu ermöglichen" (Prot. 98), ist ihm durch § 144 Abs. 2 die Befugnis beigelegt, schon während der Dauer des Konkurses gegen den GSch. den durch die KE. unterbrochenen (§ 240 ZPO.) Rechtsstreit durch Zustellung eines Schriftsatzes (§ 250 ZPO.) aufzunehmen oder eine neue Klage anzustellen mit dem Antrag auf Feststellung des Rechtsverhältnisses oder auf Leistung nach beendigtem Konkurse; RG. 29 S. 76; Bolze 5 Nr. 1420. Ein besonderes Interesse an der Aufnahme braucht der Gläubiger nicht nachzuweisen; RG. 13 S. 315. Doch ist die Aufnahme nur dem Gläubiger gegen den GSch., nicht auch umgekehrt gestattet; Prot. 98–100; RG. 16 S. 358; 24 S. 405. Ist die Forderung außer vom GSch. noch vom Verwalter oder von einem Gläubiger bestritten, so kann zur Beseitigung dieses Widerspruchs der Prozeß gemäß § 146 gegen alle Bestreitenden aufgenommen werden; BayObLG. SeuffA. 54 S. 203; v. Sarw.-Boss. A. 6. In diesem Falle wird der GSch. vom Verwalter vertreten; nur das Interesse, welches über das der Masse hinausgeht, hat er selbst wahrzunehmen; RG. 13 S. 315; Bolze 5 Nr. 1420. In dem gleichzeitigen Verfahren sind der Verwalter und der GSch. Streitgenossen im Sinne des § 61 ZPO. Der Antrag gegen den GSch. muß in diesem Falle auf Anerkennung der Forderung oder auf Zahlung nach Aufhebung des Konkurses gerichtet werden; RG. 13 S. 315; 24 S. 407; 28 S. 422; 29 S. 76; JW. 95 S. 266; Gruch. 39 S. 690. Ist ein Prozeß gegen den GSch. noch nicht anhängig, so wird die Befugnis des Gläubigers, im Laufe des KVerf. gegen den GSch. Klage zu erheben, durch § 144 Abs. 2 nicht ausgeschlossen; RG. 24 S. 405; JW. 89 S. 207. Hat der GSch. seine Verpflichtung in dem früheren Prozesse bestritten, im Prüfungstermin aber nicht bestritten, so verliert das frühere Bestreiten seine Wirkung und wird die Forderung gegen den GSch. vollstreckbar. Vor Abschluß der Prüfung im Konkurse kann wegen einer angemeldeten Forderung ein Prozeß von einem KGl. weder angefangen noch aufgenommen werden, selbst nicht gegen den GSch.; RG. 29 S. 73; Gruch. 31 S. 1122.

§ 145 (133). Das Gericht hat nach der Erörterung einer jeden Forderung das Ergebnis in die Tabelle einzutragen. Auf Wechseln und sonstigen Schuldurkunden ist von dem Gerichtsschreiber die Feststellung zu vermerken.

Die Eintragung in die Tabelle gilt rücksichtlich der festgestellten Forderungen ihrem Betrage und ihrem Vorrechte nach wie ein rechtskräftiges Urteil gegenüber allen Konkursgläubigern.

---

1 **1.** Protokoll. „Daß über die Verhandlung ein Protokoll aufzunehmen, ist selbstverständlich. Da die Tabelle als ein Teil des Protokolls anzusehen ist, so wird letzteres außer den allgemeinen Requisiten des § 159 Nr. 1 bis 4 der ZPO. (Ort und Tag der Verhandlung, Namen des Amtsrichters, Bezeichnung des Konkurses, Namen der erschienenen Parteien, gesetzlichen Vertreter, Bevollmächtigten, Beistände) gewöhnlich nur die Bezeichnung der geprüften Forderungen der Nummer nach unter Hinweis auf die Tabelle zu enthalten haben. Insbesondere kann es für die Regel einer Aufzeichnung der Gründe, aus welchen eine Forderung bestritten ist, nicht bedürfen, da diese erst in dem späteren Prozesse interessieren. Durch das Protokoll sind dagegen die etwaigen Modifikationen der Anmeldung des Gläubigers (vgl. § 509 ZPO.) und die etwaige Rückgabe von Urkunden zu konstatieren, welche letztere, soweit die Urkunden streitig gebliebene Forderungen betreffen, immer, in Ansehung unstreitiger Forderungen nur auf Verlangen geschehen muß, jedoch auch in diesem Falle von Amts wegen geschehen kann;" M. 360.

2 **2.** Inhalt der Eintragung. „Zu jeder geprüften Forderung ist zu vermerken, ob und inwieweit und ev. mit welchem Vorrecht sie als unstreitig sich gestellt, oder ob und inwieweit sie streitig geblieben und von wem sie bestritten, oder endlich, ob und inwieweit die Anmeldung zurückgenommen ist. Wird für eine Forderung erst im Termine ein Vorrecht in Anspruch genommen, so ist dieselbe in eine der Vorabteilungen zu übertragen und dies in der Hauptabteilung unter der Rubrik „Bemerkungen" zu registrieren, in welche außer den negierenden Erklärungen des GSch., namentlich auch in Gemäßheit des § 95 Abs. 1 der Vermerk über das bleibende Stimmrecht gehört;" M. 363.

3 Unter den einzutragenden Vorrechten sind nur die Vorzugsrechte des § 61 Nr. 1 bis 5, nicht aber Absonderungsrechte zu verstehen. Diese gehören in die Tabelle überhaupt nicht. Durch ihre Eintragung wird nicht das Absonderungsrecht, sondern nur die Existenz der Forderung festgestellt; RG. 55 S. 159; Jaeger A. 7. Versehentlich angemeldete Masse- oder Aussonderungsansprüche werden durch die Feststellung nicht zu KForderungen. OLG. Karlsruhe, BadAnn. 87 S. 229; RG. Bolze 9 Nr. 942. Ebendasselbe gilt für die nach § 63 unanmeldbaren Ansprüche; Jaeger A. 7. (AM. v. Wilm.-Kurlb. A. 5.)

4 Der eingetragene Vermerk ist unter Angabe des Orts und Datums vom Amtsrichter und Gerichtsschreiber zu unterzeichnen und am Schlusse der Verhandlung mit den übrigen Ergebnissen vorzulesen oder zur Durchsicht vorzulegen; M. 363.

5 Die Beurkundung der Feststellung auf Wechseln und Schuldurkunden geschieht nur dann, wenn die Feststellung erfolgt, nicht aber wenn sie abgelehnt ist. Die Ausfertigung besorgt der Gerichtsschreiber unter Beidrückung des Gerichtssiegels. Die mit dem Vermerke versehenen Wechsel ꝛc. sind dem Gläubiger zurückzugeben.

6 **3.** Wirkung der Eintragung. Rücksichtlich der als unstreitig festgestellten Forderungen wirkt die Eintragung in die Tabelle, obwohl sie an sich eine das Verhalten der Beteiligten im Prüfungsverfahren rein beurkundende Tätigkeit ist (RG. 37 S. 388; Jaeger A. 3; Foerster-Eccius I § 115 A. 6; Kohl., Leitfaden S. 250), wie ein rechtskräftiges Urteil und zwar kraft Gesetzes, ohne daß es der Zustellung oder Verkündung der Eintragung bedarf. An die im Feststellungsvermerk enthaltene

Beurkundung ist das KG. ebenso gebunden wie das Prozeßgericht an die in einem Urteil enthaltene Entscheidung; § 318 ZPO. OLG. Stuttgart in OLG. 5 S. 218; RG. 57 S. 270. Die Klage auf Grund der Eintragung ist eine Judikatsklage, so daß gegen die Klage aus der vorbehaltlich des Nachweises des Ausfalls erfolgten Eintragung einer Ausfallsforderung des § 64 nur geltend gemacht werden kann, daß ein Ausfall ganz oder teilweise nicht entstanden ist; RG. JW. 95 S. 479.

Die Wirkung ist nicht auf das KVerf. beschränkt; RG. 55 S. 160; OLG. Königs- 7
berg in OLG. 6 S. 68. Sie trifft unterschiedslos alle KGl., mögen sie ihre Forderung angemeldet haben oder nicht und mögen sie im ersteren Falle den Prüfungstermin wahrgenommen oder versäumt haben; M. 364. Sie trifft den GSch. für die Zeit nach der Beendigung des KVerf., aber nur, wenn er selbst die Forderung nicht bestritten hat; §§ 164, 194, 206; RG. 16 S. 32; JW. 82 S. 261; Gruch. 27 S. 1128. Auch der Gläubiger ist mit der Eintragung der Feststellung an seine Forderung gebunden, er kann für die angemeldete Forderung nach Eintragung der Feststellung weder einen höheren Betrag noch ein besseres Vorrecht beanspruchen. Dem einen wie dem andern würde die Einrede der Rechtskraft entgegenstehen; RG. 20 S. 412; JW. 92 S. 274: Fitting S. 105 A. 11. Beansprucht der Gläubiger nach Eintragung der Feststellung seiner Forderung einen höheren Betrag oder ein besseres Vorrecht, oder stützt er die Forderung auf einen anderen Rechtsgrund, so muß dieser Anspruch als neue Anmeldung angesehen werden; eine solche ist zulässig trotz RG. 20 S. 412 und 38 S. 419; vgl. § 139 A. 2 sowie Gruch. 42 S. 1129 u. JW. 98 S. 417. Da die Feststellung nur die KForderungen betrifft, so wird dem Gläubiger nicht das Recht abgeschnitten werden können, die anfangs als KForderung angesehene Forderung demnächst als Masseanspruch geltend zu machen; OLG. Dresden im SächsArch. 9 S. 707. Auch die Geltendmachung eines Aussonderungsanspruches wird durch die Feststellung zur Tabelle nicht ausgeschlossen; OLG. Braunschweig in der BraunschwZ. 53 S. 111; KG. in der LZ. f. Handels- ꝛc. Recht 1 S. 679. Endlich erstreckt sich die Wirkung der Eintragung der festgestellten Forderungen auch auf den KV. Dieser ist nicht befugt, eine Forderung nachträglich zu einer streitigen zu machen, nachdem sie einmal als unstreitig in die Tabelle aufgenommen ist, muß vielmehr die festgestellte Forderung in das Schlußverzeichnis aufnehmen; §§ 162, 158 Abs. 2; RG. 27 S. 91. In dieser Entscheidung ist weiterhin ausgeführt, daß trotz der Rechtskraftwirkung der Eintragung dem KV. das Anfechtungsrecht bezüglich derjenigen Rechtshandlungen des Schuldners zustehe, deren Ergebnis als Rechnungsposten zugunsten des Gläubigers in die der Anmeldung der Forderungen zugrunde liegende Rechnung aufgenommen worden ist und zur Feststellung des anerkannten Saldos geführt hat. Dies erscheint mit Rücksicht auf die in der Feststellung der Forderung liegende Anerkennung des Saldos unzutreffend.

Als Vertreter des GSch. kann der KV. gemäß § 767 ZPO. Einwendungen, 8
die erst nach der Feststellung entstanden sind, z. B. Zahlung, durch Klage geltend machen; RG. 21 S. 336.

4. Die Eintragung der Feststellung in die Tabelle hat die Wirkung, daß sich 9
die KGl. eine Teilnahme der festgestellten Forderung an den Verteilungen gefallen lassen müssen. Eine weitergehende Tragweite hat die Eintragung nicht; insbesondere schließt sie einen sog. Prätendentenstreit nicht aus, d. h. es ist zulässig, daß ein Dritter die bereits zur Tabelle festgestellte Forderung für sich in Anspruch nimmt; RG. 58 S. 369; 37 S. 1. Die zuletzt genannte Entscheidung läßt die Feststellung einer Wechselforderung seitens des Wechselinhabers zu, wenn dieselbe Forderung bereits

vorher für einen anderen Gläubiger, der sich nicht im Besitze des Wechsels befand, angemeldet war.

10 Im Konkurse einer Kommanditgesellschaft ist für die Haftung der einlagepflichtigen Kommanditisten die im KVerf. erfolgte Feststellung der Gesellschaftsschulden nicht maßgebend; RG. 51 S. 40.

11 5. Rechtsmittel gegen die Eintragung. Hat der GSch. den Prüfungstermin versäumt, so ist ihm auf Antrag die Wiedereinsetzung in den vorigen Stand zu erteilen; § 165. Im übrigen ist nur die Wiederaufnahme des Verfahrens nach Analogie der §§ 578 ff. ZPO. zulässig; M. 364; RG. 37 S. 386. Berechtigt zu dem Antrage auf Wiederaufnahme ist jeder von der Feststellung betroffene Gläubiger, der KV. und der GSch., wenn er die Forderung nicht bestritten hat (§ 164 Abs. 2); v. Wilm.-Kurlb. A. 11. Ausschließlich zuständig ist das Amtsgericht, bei welchem das KVerf. schwebt, bzw. bei Objekten über 300 M. das übergeordnete Landgericht; § 584 Abs. 2 ZPO.

12 6. Schreibfehler, Rechnungsfehler und ähnliche offenbare Unrichtigkeiten sind jederzeit von dem KGericht von Amts wegen zu berichtigen; § 319 ZPO. Gegen den Beschluß, durch welchen der Berichtigungsantrag zurückgewiesen wird, findet kein Rechtsmittel, gegen den Beschluß, welcher eine Berichtigung ausspricht, findet sofortige Beschwerde statt. Die Notfrist für die Beschwerde beginnt mit der Zustellung des Berichtigungsbeschlusses; §§ 329 Abs. 3; 577 Abs. 2 ZPO. Handelt es sich dagegen nicht bloß um eine unter § 319 ZPO. fallende Unrichtigkeit, so ist ein Mittel zur Beseitigung der Unrichtigkeit außer der Wiederaufnahme des Verfahrens nicht gegeben, da die Eintragung in die Tabelle wie ein rechtskräftiges Urteil gilt und Irrtümer des Gerichts der Rechtskraft seines Urteils nicht entgegenstehen; v. Wilm.-Kurlb. A. 2; a. M. Jaeger A. 3b.

§ 146 (134). Den Gläubigern streitig gebliebener Forderungen bleibt überlassen, die Feststellung derselben gegen die Bestreitenden zu betreiben. Zu diesem Behufe hat das Gericht den Gläubigern einen Auszug aus der Tabelle in beglaubigter Form zu erteilen.

Auf die Feststellung ist im ordentlichen Verfahren Klage zu erheben. Für die Klage ist das Amtsgericht, bei welchem das Konkursverfahren anhängig ist und, wenn der Streitgegenstand zur Zuständigkeit der Amtsgerichte nicht gehört, das Landgericht ausschließlich zuständig, zu dessen Bezirke der Bezirk des Konkursgerichts gehört.

War zur Zeit der Eröffnung des Konkursverfahrens ein Rechtsstreit über die Forderung anhängig, so ist die Feststellung derselben durch Aufnahme des Rechtsstreits zu verfolgen.

Die Feststellung kann nur auf den Grund gestützt und nur auf den Betrag gerichtet werden, welcher in der Anmeldung oder dem Prüfungstermine angegeben ist.

Die Bestimmungen des ersten, dritten und vierten Absatzes finden auf Forderungen, für deren Feststellung ein besonderes Gericht, eine Verwaltungsbehörde oder ein Verwaltungsgericht zuständig ist, entsprechende Anwendung.

Der Widerspruch gegen eine Forderung, für welche ein mit der Vollstreckungsklausel versehener Schuldtitel, ein Endurteil oder ein Vollstreckungsbefehl vorliegt, ist von dem Widersprechenden zu verfolgen.

Die obsiegende Partei hat die Berichtigung der Tabelle zu bewirken.

I. Abs. 1. **1.** Streitig gebliebene Forderungen sind solche, gegen welche von dem KV. oder von einem KGl. ein nicht beseitigter Widerspruch im Prüfungstermin erhoben worden ist. Der Widerspruch des GSch. ist für die Feststellung der Forderung des anmeldenden Gläubigers unwesentlich; § 144 Abs. 1. Als streitig geblieben muß eine Forderung auch dann angesehen werden, wenn der Verwalter sie im Prüfungstermin „vorläufig“ oder „bis zum Nachweise ihres Bestehens“ bestritten hat; OLG. Hamburg in der HansGZ. 27 Bl. 143; KG. in der LZ. f. Handels- ꝛc. Recht 1 S. 298. Die Feststellung streitig gebliebener Forderungen kann, sofern nicht noch nachträglich Einigung erfolgt, nur im Prozeßwege herbeigeführt werden. 1

§ 146 unterscheidet, ob für eine angemeldete Forderung ein vollstreckbarer Schuldtitel vorliegt (Abs. 6) oder nicht (Abs. 1—5). Im letzteren Falle hat der anmeldende Gläubiger die Feststellung der streitig gebliebenen Forderung zu betreiben; im ersteren Falle hat der Widersprechende den Widerspruch zu verfolgen; solange dies nicht mit Erfolg geschehen ist, nimmt die bestrittene Forderung an den Verteilungen teil. Nichttitulierte streitig gebliebene Forderungen bleiben dagegen, solange ihre Feststellung nicht vom Anmeldenden im Prozeßwege oder durch nachträgliche Einigung herbeigeführt worden ist, bei Verteilungen unberücksichtigt; §§ 152, 155. Als Kläger kann, wenn die Forderung keine titulierte ist, nur der anmeldende Gläubiger auftreten. Dem KV. sowie dem widersprechenden Gläubiger ist die Klage aus § 146 versagt (RG. 16 S. 358; JW. 94 S. 172; 98 S. 602), wohl aber ist für sie ein besonderes Interesse an einer alsbaldigen Feststellung des den anmeldenden Gläubiger betreffenden Rechtsverhältnisses denkbar; liegt ein solches Interesse vor, so können sie gemäß § 256 ZPO. die negative Feststellungsklage erheben; RG. JW. 01 S. 393 sowie RG. im Recht 7 S. 405; vgl. auch OLG. Karlsruhe in OLG. 11 S. 371. Hat der Verwalter bereits auf Löschung einer auf einem Grundstück des GSch. haftenden Darlehnshypothek geklagt, so kann er nicht noch auf Feststellung des Nichtbestehens der durch die Hypothek gesicherten Forderung klagen, da für ihn alsdann kein rechtliches Interesse mehr vorliegt; so OLG. Dresden in SächsOLG. 23 S. 336. 2

2. Die Klage aus § 146 deckt sich nicht mit der Feststellungsklage aus § 256 ZPO. Beide Klagen gehen zwar auf Feststellung; die Klage aus § 146 KO. geht aber — abgesehen von dem Begehren der Feststellung des Bestehens der Forderung — noch auf Feststellung des Teilnahmerechts an der KM.; RG. 24 S. 61. Die Klage aus § 146 KO. ist außerdem nicht an die Voraussetzungen des § 256 ZPO. gebunden; RG. 34 S. 411. Es sind also zwei nebeneinander bestehende, voneinander unabhängige Klagen; a. M. Jaeger A. 12. Der Klageantrag ist nicht auf Zahlung zu richten, sondern: 3

a. wenn die Klage gegen alle Widersprechenden gerichtet wird, auf Feststellung der Forderung als KForderung (eventuell mit bestimmtem Vorrecht),

b. wenn die Klage nur gegen einzelne Widersprechende gerichtet wird, auf Zurückweisung des Widerspruchs.

Im Falle des § 67 hat der Antrag dahin zu lauten, die Forderung als sicherungsberechtigt festzustellen; v. Wilm.-Kurlb. A. 2.

3. Dem Kläger ist, um ihm die Möglichkeit zu gewähren, das Erfordernis des Abs. 4 als vorhanden nachzuweisen, von Amts wegen ein beglaubigter Auszug aus der Tabelle zu erteilen. Die Beglaubigung erfolgt durch den Gerichtsschreiber. Der Einreichung des Auszuges zu den Prozeßakten bedarf es nur dann, wenn durch den Einwand des Beklagten Zweifel über das Zutreffen des Erfordernisses des Abs. 4 angeregt werden. Die Anmeldung der Forderung zur Tabelle ist Voraussetzung der Klage, 4 aber nicht Klagefundament; deshalb genügt es, wenn die Anmeldung (z. B. bei Erweiterung des Klageanspruches) zur Zeit der Urteilsfällung vorliegt; Gruchot 42 S. 1128.

Die Mitteilung einer beglaubigten Abschrift der Anmeldung und der Prüfungsverhandlung erfolgt von Amts wegen nicht. Doch kann der Gläubiger die Mitteilung dieser Abschriften gegen Kostenersatz verlangen; M. 365.

5 **4.** Als *Beklagte* sind die sämtlichen Widersprechenden in Anspruch zu nehmen. Denn nur durch die Beseitigung des Widerspruchs *aller* Bestreitenden kann die Feststellung der streitig gebliebenen Forderung durch Urteil herbeigeführt werden; § 144 Abs. 1; Prot. S. 92. Ist der Forderung außer vom Verwalter oder von einem KGl. auch vom GSch. widersprochen, so ist der Prozeß auch gegen diesen zu richten. Doch berührt der Prozeß insoweit, als er gegen den GSch. verfolgt wird, nicht die Masse; Prot. S. 173. Der GSch. wird in solchem Falle vom Verwalter vertreten; nur das Interesse, welches nicht mit dem der Masse zusammenfällt, hat er selbst wahrzunehmen; RG. 13 S. 315; *Bolze* 5 Nr. 1420. Ein Gläubiger, welcher der Forderung nicht rechtzeitig (§ 144) widersprochen hat, ist mit seinem Widerspruchsrecht ausgeschlossen, kann dieses also auch nicht dadurch ausüben, daß er nachträglich einem widersprechenden Gläubiger im Prozesse als Nebenintervenient beitritt. Ebensowenig kann der GSch. dem bestreitenden KV. oder dem Gläubiger als Nebenintervenient beitreten; RG. 28 S. 422; *Jaeger* A. 11.

6 Nicht erforderlich ist, daß gegen die sämtlichen Bestreitenden in *demselben* Prozesse verhandelt und entschieden wird. Der Gläubiger kann *alle Widersprechenden gleichzeitig* in derselben Klage belangen. In diesem Falle werden die Beklagten, da das streitige Rechtsverhältnis gegen sie nur einheitlich festgestellt werden kann, zu notwendigen Streitgenossen; § 62 ZPO. Es kann also jeder von ihnen dem Klageanspruche besondere Einreden entgegensetzen, es kommen aber die Einreden und Prozeßhandlungen des einzelnen der Gesamtheit zugute, dergestalt daß der Klageanspruch gegen alle Beklagte abzuweisen ist, wenn auch nur der Widerspruch eines von ihnen durchgreift. Richtet sich der Widerspruch der mehreren Gläubiger gegen verschiedene Punkte, bestreitet z. B. der eine Gläubiger den Grund oder die Höhe der Forderung, der andere deren Vorrecht, so ist der Fall einer Streitgenossenschaft nicht gegeben. Der Gläubiger kann auch *gegen die einzelnen* in besonderen Prozessen klagbar werden; Prot. 175; RG. 51 S. 97; *Jaeger* A. 3; *Pet.-Kleinf.* A. 5; (aM. *Fitting* § 12 A. 46). Festgestellt wird in diesem Falle die Forderung erst dann, wenn die Prozesse gegen die *sämtlichen* Widersprechenden durchgefochten sind, und wenn der Gläubiger in allen ein obsiegendes Urteil erstritten hat.

Dem Prozeßgericht steht frei, die erhobenen verschiedenen Prozesse nach § 147 ZPO. zu verbinden.

7 Hat der widersprechende Gläubiger seine Forderung zediert, so bleibt er, sofern die Tabelle nicht berichtigt ist, für Feststellungsprozesse passiv legitimiert; OLG. Breslau in der Breslau AK. 17 S. 15.

8 **5.** *Bezüglich der Einreden* ist der Widersprechende nicht beschränkt auf diejenigen, welche er im Prüfungstermin geltend gemacht hat. Er kann sich aller Einwendungen bedienen, die gegen die angemeldete Forderung selbst, ihren Betrag und ihr Vorrecht gerichtet sind. Da das Urteil auch die Höhe der Forderung, also den Betrag, mit welchem sie bei der Verteilung zu berücksichtigen ist, festzustellen hat, so ist, wenn eine gegen den Erblasser begründete Forderung im Konkurse über den Nachlaß angemeldet und bestritten wird, der Einwand des Widersprechenden, daß der

GSch. nur in Höhe des Nachlasses hafte, im Feststellungsprozeß selbst zuzulassen und nicht in die Zwangsvollstreckungsinstanz zu verweisen; RG. 24 S. 60; JW. 92 S. 218; Gruch. 34 S. 936.

Das Verwaltungs- und Verfügungsrecht wird nur durch den KV. ausgeübt; 9
§ 6 Abs. 2. Deshalb sind dem widersprechenden Gläubiger alle Einreden versagt, welche aus dem Verwaltungs- und Verfügungsrecht abgeleitet werden. Er darf sich also nicht der Einrede bedienen, daß die angemeldete Forderung durch eine ihr entgegenstehende Forderung des GSch. getilgt sei, und darf ebensowenig das nach § 36 vom Verwalter auszuübende Anfechtungsrecht einredeweise geltend zu machen; Prot. 92; v. Wilm.-Kurlb. A. 5.

6. Eine Widerklage unter den Voraussetzungen des § 33 ZPO. ist statt- 10
haft. So z. B. wenn der widersprechende Gläubiger den Anspruch erhebt, daß der Kläger ihm gegenüber nicht befugt sei, ein Vorrecht geltend zu machen; RG. 16 S. 116.

II. Abs. 2. **1.** Die Klage ist im ordentlichen Verfahren gemäß 11
§§ 253—291 ZPO. zu erheben. Urkunden-, Wechselprozeß, Mahnverfahren und Schiedsgerichtsverfahren sind also unstatthaft. So RG. 32 S. 230, KG. in OLG. 3 S. 60; OLG. Braunschweig ebenda 5 S. 203 und die herrschende Meinung; v. Wilm.-Kurlb. A. 6; Fitting § 12 A. 48; Pet.-Kleinf. A. 9; v. Sarw.-Boss. A. 6; Oetker I S. 344. (AM. Jaeger A. 5; Kohler Lehrb. S. 564 A. 4; ihre Ansicht stützt sich auf die Bemerkung der Mot. S. 364, wonach „im ordentlichen Verfahren" nur bedeuten soll „nicht im KVerfahren".) Die Zulässigkeit materieller Einreden wird hierdurch nicht berührt, so daß, wenn die KForderung auf einem Wechsel beruht, die nach Art. 82 WO. gegen die Wechselklage unstatthaften Einreden auch für das Feststellungsverfahren zu versagen sind. Ist aber eine Wechselforderung schon gegen den GSch. festgestellt, so geht die Judikatsnatur des Urteils gegenüber späteren Einwendungen (Aufrechnung) nicht verloren; RG. JW. 94 S. 426.

2. Zuständig ist (Ausnahme: Abs. 5) das Amtsgericht des KVerf. und 12
wenn sachlich (§§ 23, 70 GVG.) der Rechtsstreit vor das Landgericht gehört, das Landgericht des KGerichtsbezirks, eventuell die Kammer für Handelssachen. Die Zuständigkeit ist eine ausschließliche, mithin Prorogation vor ein anderes Gericht, auch vor ein Schiedsgericht, ausgeschlossen; § 40 ZPO. Ob die Zuständigkeit begründet ist, hat das Prozeßgericht von Amts wegen zu prüfen; RG. 1 S. 438. Für Klagen auf Feststellung von Absonderungsrechten ist der ausschließliche Gerichtsstand des § 146 Abs. 2 nicht vorgeschrieben; OLG. Zweibrücken in OLG. 5 S. 215.

III. Abs. 3. **1.** Berechtigt zur Aufnahme eines Rechtsstreits, 13
welcher zur Zeit der KE. im Inlande anhängig war und durch die KE. unterbrochen ist (§ 240 ZPO.), ist nach dem leitenden Grundsatz des Abs. 1 nur der anmeldende Gläubiger, nicht der Verwalter, auch nicht der widersprechende Gläubiger; RG. 16 S. 361. Auch der Antrag aus § 239 Abs. 2 ZPO. ist dem Wiedersprechenden versagt, da für die Aufnahme nicht § 239, sondern § 240 ZPO. und § 146 Abs. 1 und 3 KO. Anwendung finden; RG. 16 S. 363. Nur im Falle des Abs. 6 hat die Aufnahme von dem Widersprechenden auszugehen. Hat der anmeldende Gläubiger den Prozeß nur wegen der Prozeßkosten aufgenommen, so kann der KV. nicht zur Hauptsache Urteil verlangen; RG. im Recht 4 S. 153. Über das Verfahren in einem Rechtsstreit, der im Auslande anhängig ist, kann das deutsche Gesetz keine Anordnung treffen. In solchem Falle bedarf es nach Abs. 2 der neuen Klage; Oetker S. 345; Pet.-Kleinf. S. 444. A. 1; Gruch. 33 S. 626; v. Sarw.-Boss. S. 697.

14 2. Die Aufnahme richtet sich, abgesehen vom Falle des Abs. 6, gegen den widersprechenden KV. und gegen die widersprechenden Gläubiger. — Hat der GSch. auch seinerseits die Forderung bestritten und will der anmeldende Gläubiger gegen ihn nach Aufhebung des Konkurses die Eintragung in die Tabelle als einen zur Zwangsvollstreckung geeigneten Schuldtitel verwenden (§§ 164, 194, 206), so muß er den Prozeß auch gegen ihn aufnehmen.

15 3. Formell erfolgt die Aufnahme durch Zustellung eines Schriftsatzes an den Gegner; § 250 ZPO. Die Aufnahme braucht nicht gegen alle Widersprechenden gleichzeitig zu geschehen, sondern kann gegen einzelne auch nachträglich bewirkt werden, da der Prozeß gegen den GSch. anhängig bleibt.

16 4. Das zuständige Gericht zur Verhandlung des aufzunehmenden Prozesses ist dasjenige, bei welchem der Prozeß zur Zeit der Aufnahme — gleichviel in welcher Instanz — anhängig war, auch wenn es ein besonderes Gericht oder eine Verwaltungsbehörde ist. Die ausschließliche Zuständigkeitsbestimmung des Abs. 2 gilt nicht für Abs. 3; RG. 52 S. 54; JW. 01 S. 162. So dauert die Zuständigkeit des Landgerichts — gegebenen Falles der Kammer für Handelssachen, wenn der Prozeß dort anhängig war — auch dann fort, wenn infolge der durch § 148 begründeten Wertverminderung an sich das Amtsgericht zuständig sein würde. Auch ein durch die KE. unterbrochenes Schiedsgerichtsverfahren nimmt seinen Fortgang gegen den Bestreitenden; so OLG. Hamburg in OLG. 11 S. 362. Dagegen ist die Feststellung einer im Strafprozesse geltend gemachten Forderung auf Buße nach § 146 Abs. 2 zu betreiben; v. Wilm.-Kurlb. A. 13. Beim Urkunden- und Wechselprozeß ist die Umleitung in das ordentliche Verfahren nicht erforderlich; vielmehr ist die Fortsetzung des Urkundenprozesses mit dem Antrage auf Feststellung als KForderung zulässig; ebenso OLG. Hamburg in der HansGZ. 07 Bl. 25 und Jaeger A. 5; a. M. RG. 32 S. 231; als zweifelhaft ist die Frage in RG. 50 S. 414 behandelt. Ist vor KE. die Zustellung eines Zahlungsbefehls im Mahnverfahren erfolgt, so ist die Feststellung der Forderung von dem anmeldenden Gläubiger gemäß §§ 696, 697 ZPO. herbeizuführen. Dies ist auch dann nötig, wenn gegen den Zahlungsbefehl nicht rechtzeitig Widerspruch eingelegt worden ist; Jaeger A. 19. War zur Zeit der KE. aber bereits ein Vollstreckungsbefehl ergangen, so ist Abs. 6 anzuwenden.

17 5. Eine Veränderung der Anträge ist nur insofern zulässig, aber auch zugleich geboten, als die früheren Anträge nach Aufnahme des Rechtsstreits der veränderten Sachlage anzupassen sind. Der Klageantrag darf nicht mehr auf Leistung gehen, sondern muß auf Feststellung oder Beseitigung des Widerspruchs gerichtet werden; M. 366; Prot. 92. Ist die Forderung und das Vorrecht streitig, so kann der Klageantrag gemäß § 268 Abs. 2 ZPO. erweitert werden. Ist nur das Vorrecht bestritten, so versagt die Aufnahme des früheren Prozesses; es bedarf vielmehr eines besonderen Prozesses. Handelte es sich in dem zur Zeit der KE. anhängigen Rechtsstreite nicht um einen in einer Geldforderung bestehenden Anspruch, z. B. um einen Wandlungsanspruch, so ist die Umwandlung des Anspruchs in eine Geldforderung gemäß § 69 KO. nicht als unzulässige Klageänderung anzusehen; RG. 65 S. 132. Bei Aufnahme eines Prozesses im Läuterungsverfahren ist die Folge der Eidesleistung entsprechend der Sachlage zu verändern; OLG. Dresden in OLG. 15 S. 248.

18 6. Erkennt der Verwalter nach Aufnahme des Prozesses den geltend gemachten Anspruch sofort an, so befreit ihn dieses Anerkenntnis dann nicht von der Verpflichtung zur Tragung der Prozeßkosten, wenn er durch sein früheres Bestreiten dem

Gläubiger Anlaß zur Aufnahme des Prozesses gegeben hatte; OLG. Dresden in OLG. 15 S. 250.

IV. Abs. 4. **1.** Durch die Anmeldung, die Verhandlung im Prüfungs- 19
termin und die Eintragung in der Tabelle ist das zu entscheidende Streitverhältnis sowohl in Bezug auf die Person der Parteien als in Bezug auf seinen Inhalt festgelegt und umgrenzt; RG. 39 S. 48; ferner RG. JW. 94 S. 16; Gruch. 38 S. 1174. Es darf weder etwas Anderes noch ein Mehr verlangt werden. Der Rechtsgrund der Klage muß sich mit dem der Anmeldung decken. Der Betrag, dessen Feststellung die Klage zum Gegenstand hat, darf den zum KVerf. angemeldeten nicht überschreiten. Forderungen aus einem anderen Rechtsgrunde und Erweiterung der bestrittenen Forderung nach Betrag und Vorrecht können zunächst nur durch eine neue Anmeldung geltend gemacht werden; M. 366. Eine aus einem nicht rechtskräftigen Urteil angemeldete Forderung kann nicht um den Betrag, mit dem die Klage abgewiesen war, erweitert werden, solange dieser Betrag nicht als Forderung angemeldet worden ist; OLG. Karlsruhe in OLG. 11 S. 363.

2. Die Ergänzung oder Berichtigung des tatsächlichen Vor- 20
bringens innerhalb der in der vorigen Anm. bezeichneten Grenzen ist nicht ausgeschlossen; § 268 ZPO. Ist z. B. eine Darlehnsforderung angemeldet, so kann später ausgeführt werden, es sei die ursprünglich auf einem anderen Rechtsgrunde beruhende Forderung in eine Darlehnsforderung umgewandelt worden; RG. 10 S. 395. Ebenso ist es statthaft, wenn die Ehefrau des GSch., nachdem sie eine Forderung wegen ihres ursprünglichen Eingebrachten angemeldet hatte, im Prozesse geltend macht, sie habe ihr in einem früheren KVerf. vom KV. zurückgegebenes Eingebrachtes nach Erledigung dieses Verfahrens dem Ehemann neuerdings übergeben; RG. Bolze 3 Nr. 1516. Eine Forderung, welche als eine unbedingte angemeldet ist, kann im Prozesse als eine bedingte geltend gemacht werden. Einer angemeldeten Wechselforderung kann im Prozesse der Bereicherungsanspruch aus § 83 WO. substituiert werden. Denn auch dieser Anspruch ist als ein wechselrechtlicher aufzufassen (ROHG. 5 S. 253; 6 S. 283; 10 S. 44; 13 S. 223), und die zum Nachweise der Bereicherung erforderliche Darlegung des dem Wechsel zugrunde liegenden Geschäftes ist nur als eine zulässige Ergänzung des tatsächlichen Vorbringens aufzufassen. Derselbe Rechtsgrund liegt ferner vor, wenn die angemeldete Forderung sich auf einen Arrestbefehl gründete und mit der Feststellungsklage die Forderung, zu deren Sicherung der Arrestbefehl ergangen war, verfolgt wird; RG. 54 S. 311. Der Schadensersatzanspruch des Verkäufers gegen den KV. wegen Ablehnung der Erfüllung des Kaufvertrages seitens des Verwalters ist ein anderer Anspruch als die Kaufpreisforderung; deshalb kann, wenn die Kaufpreisforderung zum Konkurse angemeldet war, mit der Klage aus § 146 nicht Schadensersatz wegen Nichterfüllung des Vertrages verlangt werden; so RG. in der LZ. für Handels ꝛc. Recht 1 S. 51.

3. Abs. 4 findet auch dann Anwendung, wenn bei der KE. nur noch die Ent- 21
scheidung über die Kosten aussteht; KG. in OLG. 15 S. 249.

V. Abs. 5. **1.** Die Zuständigkeit besonderer Gerichte (§§ 13, 14 GVG.) 22
bleibt bestehen, ebenso das vor diesen Gerichten zulässige Verfahren. Für die Feststellung bestrittenen Ansprüche aus dem gewerblichen bzw. kaufmännischen Arbeitsverhältnisse sind die Gewerbegerichte bzw. die Kaufmannsgerichte dann zuständig, wenn der Rechtsstreit zur Zeit der KE. bei einem Gewerbegericht anhängig war. Dies folgt aus §§ 146 Abs. 5, 3 KO. Die Frage, ob die Zuständigkeit der Gewerbegerichte bzw. Kaufmannsgerichte auch dann begründet ist, wenn der Rechtsstreit vor der KE.

nicht anhängig war, ist streitig. Nach der herrschenden Ansicht ist die Frage zu bejahen; OLG. Karlsruhe, ZfDZP. 22 S. 425; Jaeger A. 15; Fitting § 12 A. 55; Pet.-Kleinf. A. 11; Wolff A. 7; a. M. v. Wilm.-Kurlb. A. 8 und Oetker I S. 346.

23 Strafgerichte, welche eine Buße zusprechen können (§§ 188, 231 ff. StGB.; §§ 414, 435 ff. StPO.), sind keine besonderen Gerichte, fallen also nicht unter Abs. 5. Die Feststellung eines bestrittenen Anspruchs auf Buße kann deshalb nicht im Strafprozesse, sondern nur im Zivilprozesse nach Abs. 2 betrieben werden; Jaeger A. 17 Fitting § 12 A. 55; Pet.-Kleinf. A. 12; v. Wilm.-Kurlb. A. 21. (A. M. Wolff A. 7.)

24 2. Über die Verwaltungsbehörden und Verwaltungsgerichte s. für Preußen: G. v. 3. Juli 75 (GS. S. 375); G. v. 26. Juli 76 (GS. S. 297); G. v. 19. März 81 (GS. S. 155, 179); G. v. 24. Mai 61 (GS. S. 241); V. v. 1. Aug. 79 (GS. S. 573); G. v. 26. Juli und 2. Aug. 80 (GS. S. 291, 315); G. über die allgemeine Landesverwaltung v. 30. Juli 83 (GS. S. 195); Zuständigkeits-G. v. 1. Aug. 83 (GS. S. 237). Ansprüche, welche nur durch Verwaltungsbehörden und Verwaltungsgerichte verbindlich festgesetzt werden können, unterliegen der Festsetzung derjenigen Behörden, welche ohne Rücksicht auf das KVerf. zuständig sind; RG. 32 S. 349; OLG. Dresden in SächsOLG. 23 S. 344. Richtet sich der Widerspruch gegen ein beanspruchtes Vorrecht oder gegen die Eigenschaft der Forderung als KForderung, so hat der Anmeldende die Entscheidung darüber bei dem nach § 146 Abs. 2 zuständigen ordentlichen Gericht zu beantragen, sofern nicht dafür durch Landesrecht besondere Gerichte zuständig sind; Fitting § 12 A. 56; Jaeger A. 3, 16; Pet.-Kleinf. A. 1, 16; v. Wilm.-Kurlb. A. 9.

25 Enthält die Entscheidung der Verwaltungsbehörde einen vollstreckbaren Titel, so kommt Abs. 6 zur Anwendung. Der widersprechende Verwalter oder Gläubiger hat dann nur das Recht, den Widerspruch seinerseits in Gemäßheit der landesgesetzlichen Vorschriften im Verwaltungs- oder im Rechtswege vor den danach zuständigen Behörden zu verfolgen; Prot. 93.

26 **VI.** Abs. 6. **1.** Titulierte Forderungen. Maßgebend für die Anwendung des Abs. 6 ist das tatsächliche Vorliegen eines Titels. Die bloße Behauptung des Vorliegens genügt nicht. Nachträgliche Geltendmachung des Titels fällt unter § 142 Abs. 2; v. Wilm.-Kurlb. A. 15. (A. M. Jaeger A. 2.) Die in Betracht kommenden Titel sind:

a. die mit Vollstreckungsklausel gegen den GSch. versehenen Schuldtitel (§ 794 ZPO.),

b. Endurteile,

c. Vollstreckungsbefehle (§§ 699, 700, 796 Abs. 1 ZPO.). Lauten die Titel zu b und c nicht gegen den GSch., so müssen sie noch mit einer dieses Erfordernis nachholenden Vollstreckungsklausel versehen sein. Versäumnisurteile sind Endurteile selbst dann, wenn zur Zeit der KE. Einspruch eingelegt war, denn nicht durch diesen, sondern erst durch eine aufhebende Entscheidung nach § 343 Satz 2 ZPO. wird das VersUrteil beseitigt; RG. 50 S. 415. Zu den Endurteilen gehören auch Vorbehaltsurteile und inländische Schiedssprüche (§ 1040 ZPO.), nicht aber bedingte Eidesurteile nach § 460 ZPO.; RG. 16 S. 361. Ausländische Urteile bedürfen des Hinzukommens eines inländischen Vollstreckungsurteils (§ 722 ZPO.). Der Schuldtitel muß in allen Fällen des Abs. 6 bereits vor der KE. von dem anmeldenden Gläubiger oder seinem Rechtsvorgänger erworben sein; § 12; M. 366. Auch die Erteilung der Vollstreckungsklausel muß vor der KE. stattgefunden haben. Die Umschreibung der Vollstreckungsklausel kann dagegen nach KE. erfolgt sein; vgl. Jaeger A. 22. Für die Anwendung des Abs. 6 kommen nur solche Titel in Betracht, die auf eine Geldforderung lauten; die Umrechnung in Reichswährung steht der Anwendung des Abs. 6 nicht entgegen.

2. Der Anmeldung, Prüfung und Feststellung bedürfen auch die in 27
Anm. 26 bezeichneten Forderungen. Doch hat im Falle des Bestreitens nicht der anmeldende Gläubiger, sondern der Bestreitende den Widerspruch zu verfolgen.

Der titulierte anmeldende Gläubiger erleidet durch die Einlegung des Widerspruchs keinen Nachteil bei der Verteilung; er kann abwarten, ob der Widersprechende seinen Widerspruch verfolgen wird. Doch ist ihm nicht verwehrt, auf Beseitigung des Widerspruchs zu klagen. Ein Interesse an der Klage hat der anmeldende Gläubiger insofern, als er bis zur Schlußverteilung der Erhebung der Klage durch den Widersprechenden und damit der Zurückbehaltung des auf seine Forderung entfallenden Anteils ausgesetzt ist; § 168 Nr. 1. Die Verfolgung des Anspruchs kann auch durch Aufnahme eines noch schwebenden Rechtsstreits erfolgen; RG. 34 S. 410; Jaeger A. 27.

3. Die Mittel der Verfolgung des Widerspruchs sind die nämlichen, 28
welche der GSch. gegen den Schuldtitel gehabt haben würde, wenn kein Konkurs schwebte; also bei rechtskräftigen Urteilen die Nichtigkeits- oder Restitutionsklage oder Vollstreckungsgegenklage gemäß § 767 ZPO., bei obsieglichen, noch nicht rechtskräftigen Urteilen die Aufnahme des Rechtsstreits unter Einlegung von Einspruch, Berufung, Revision oder Beschwerde; Vollstreckungsbefehle sind nach §§ 794 Nr. 4, 795, 796, 699, 700 ZPO., andere vollstreckbare Schuldtitel (§§ 794, 801 ZPO.) nach §§ 795, 797, 767, 732 ZPO. angreifbar; RG. 27 S. 350; 34 S. 409; Gruch. 38 S. 1172; JW. 94 S. 426; OLG. Kolmar in OLG. 11 S. 364. — Der Widerspruch gegen die Forderung aus einer durch Urteil des Strafgerichts zuerkannten Buße (§§ 288, 231 ff. StGB.; §§ 414, 435 ff. StPO.) kann, wenn das Urteil noch nicht rechtskräftig ist, vom Widersprechenden mit den dem Schuldner gegen das Urteil zustehenden Rechtsmitteln geltend gemacht werden, aber nur soweit das Urteil die Buße betrifft; v. Wilm.-Kurlb. A. 21; Jaeger A. 17. Das Anfechtungsrecht aus §§ 29 ff. steht nur dem Verwalter zu (§ 36).

Wird lediglich der Titel beseitigt, ohne daß über die Forderung selbst entschieden 29
wird, wird z. B. das den Schuldtitel bildende Urteil in höherer Instanz lediglich aufgehoben, so verwandelt sich die bisherige titulierte Forderung in eine nicht titulierte, ihre Feststellung ist also nicht nach Abs. 6, sondern nach Abs. 1 d. h. nicht von den Feststellungsgegnern, sondern von dem anmeldenden Gläubiger zu betreiben; Jaeger A. 25; v. Wilm.-Kurlb. A. 18.

4. Mehrere widersprechende Gläubiger können gemeinsam oder 30
einzeln klagen. Wenn auch nur der Widerspruch Eines den Erfolg hat, daß der Anspruch für unbegründet erklärt wird, so kommt dies allen KGl. zu statten. Dagegen beseitigt die Verwerfung des Widerspruchs Eines noch nicht den Widerspruch der Übrigen.

5. Gerichtsstand. Der Widerspruch ist zu verfolgen nicht im Gerichtsstand 31
des Absatz 2, sondern in dem für den Widerspruch selbst begründeten Gerichtsstand; M. 367. Dies gilt auch für Forderungen, für die ein im Verwaltungswege vollstreckbarer Schuldtitel vorliegt; v. Wilm.-Kurlb. A. 20.

6. Zur Aktivlegitimation gehört der Nachweis, daß der Kläger im 32

Prüfungstermin Widerspruch erhoben hat. Dieser Nachweis kann durch Bezugnahme auf die KAkten angetreten werden. Der beglaubigte Auszug aus der tabellarischen Nachweisung wird von Amts wegen nach Abs. 1 nur dem Gläubiger der bestrittenen Forderung, also nicht dem Widerspruchskläger erteilt. Doch wird seinem Antrag, ihm einen solchen Auszug auf seine Kosten zu erteilen, stattzugeben sein.

33 **VII.** Abs. 7. **1.** Berichtigung der Tabelle. Die Tabelle ist maßgebend für die Verteilung. Der Verwalter kann nicht von dem Ausgange der nur gegen einzelne Gläubiger vorliegenden Prozesse unterrichtet sein. Deshalb ist nicht nur in dem Falle des geführten Spezialprozesses, sondern auch in anderen analogen Fällen (Beseitigung des Widerspruchs durch Zurücknahme usw.) die Berichtigung der Tabelle von demjenigen herbeizuführen, in dessen Interesse sie liegt; M. 367.

„Eine solche Berichtigung ist in allen Fällen unter Vorlegung der zur Begründung dienenden Urkunden bei dem Gerichte in Antrag zu bringen, und von den konkreten Umständen hängt es ab, ob dem Antrag sofort oder nach vorgängiger Anhörung der Beteiligten stattzugeben ist"; M 367.

34 **2.** Sowohl gegen die Berichtigung als gegen deren Ablehnung ist die sofortige Beschwerde zulässig. Es muß deshalb den Beteiligten, nämlich dem Antragsteller, dem KV. und den betroffenen KGl. von der ergangenen Entscheidung Nachricht gegeben werden. Der GSch. wird weder durch die Berichtigung noch durch deren Ablehnung beschwert, ihm steht also auch eine Beschwerde nicht zu.

Die Kosten des Berichtigungsverfahrens sind Massekosten.

§ 147 (135). **Soweit durch ein Urteil rechtskräftig eine Forderung festgestellt oder ein Widerspruch für begründet erklärt ist, wirkt dasselbe gegenüber allen Konkursgläubigern. War der Prozeß nur gegen einzelne Gläubiger geführt, so können diese den Ersatz ihrer Prozeßkosten aus der Konkursmasse insoweit verlangen, als der letzteren durch das Urteil ein Vorteil erwachsen ist.**

---

1 **1.** Durch Urteil festgestellt ist eine Forderung nur dann, wenn der Widerspruch aller, welche sie im Prüfungstermin bestritten haben, beseitigt ist; Prot. 92. Wenn auch nur der Widerspruch eines der Bestreitenden durchgreift, so ist die Forderung für nicht festgestellt zu erklären; Prot. 91—95, 173—178. Klagt der Anmeldende gegen die einzelnen Widersprechenden in besonderen Prozessen, was ihm freisteht (Prot. 175, M. 368; a. M. Fitting § 12 A. 46), so wird der Klageantrag und der Urteilstenor zweckmäßig dahin zu fassen sein, daß der Widerspruch der Beklagten für unbegründet erklärt wird. Sollte das Urteil versehentlich dahin lauten, daß die Forderung für festgestellt erklärt wird, so könnte es doch nur dahin verstanden werden, daß der Widerspruch der Partei der Feststellung der Forderung nicht entgegensteht; v. Wilm.-Kurlb. A. 3. Dem Prozeßgericht steht es frei, die angestellten verschiedenen Prozesse zu verbinden und wieder zu trennen; §§ 147, 150 ZPO.

2 Die gleichen Grundsätze kommen auch dann zur Anwendung, wenn gemäß § 146 Abs. 6 der Widersprechende den Widerspruch zu verfolgen hat. Sind mehrere Widersprechende vorhanden, so ist die Feststellung der Forderung beseitigt, wenn die Feststellung auf den Widerspruch auch nur Eines für unbegründet erklärt worden ist, gleichviel ob die mehreren Widersprechenden ihren Widerspruch gemeinschaftlich in Einem Prozesse oder jeder für sich verfolgt haben. Die Worte: „gegenüber allen Konkurs-

gläubigern" im § 147 haben hiernach nur die Bedeutung, daß, wenn die Widersprüche aller Widersprechenden beseitigt sind, oder wenn der Widerspruch eines Widersprechenden für begründet erklärt worden ist, dies auch Wirkung gegenüber den KGl. hat, die nicht rechtzeitig widersprochen haben.

2. Der Kostenpunkt im Feststellungs- oder Widerspruchsprozeß wird nach 3 den allgemeinen Grundsätzen (§§ 91 ff. ZPO.) entschieden. Im einzelnen gilt folgendes:

a. Die dem Verwalter zur Last fallenden Kosten sind Masseschulden (§ 59 Nr. 1).

b. Die den einzelnen widersprechenden KGl. erwachsenen Kosten fallen ihnen persönlich zur Last und können von ihnen im KVerf. nicht geltend gemacht werden; § 63 Nr. 2.

c. Nach dem Satz 2 des § 147 kann der erfolgreich klagende Gläubiger unter gewissen Voraussetzungen, die sämtlich erfüllt sein müssen, Ersatz seiner Prozeßkosten aus der KM. als Masseschuld verlangen; diese Voraussetzungen sind:

α. der KV. darf nicht selbst ebenfalls Prozeßpartei, sei es als Kläger, sei es als Beklagter, gewesen sein. Dies ist die Bedeutung der Worte: „nur gegen einzelne Gläubiger"; M. 368;

β. der KM. muß durch das erstrittene Urteil ein Vorteil erwachsen sein. Bis zur Höhe dieses Vorteils ist der Anspruch auf Erstattung der Prozeßkosten gegeben. Der Erstattungsanspruch kann erst nach Feststellung des der Masse erwachsenen Vorteils, also nach Ermittelung der für die Masse geretteten Dividende geltend gemacht werden.

d. Die Erstattungspflicht des Prozeßgegners wird von dem § 147 nicht betroffen. Soweit die KM. dem obsiegenden KGl. die Prozeßkosten ersetzt hat, kann sie von ihm die Abtretung seines Erstattungsanspruchs verlangen; Fitting § 12 A. 71; Jaeger A. 7.

§ 148 (136). Der Wert des Streitgegenstandes eines Prozesses über die Richtigkeit oder das Vorrecht einer Forderung ist mit Rücksicht auf das Verhältnis der Teilungs- zur Schuldenmasse von dem Prozeßgerichte nach freiem Ermessen festzusetzen.

---

1. Die Vorschrift bezieht sich sowohl auf die Zuständigkeit der Gerichte (§§ 23, 1 70 GVG.) als auf die Kostenberechnung (§§ 9, 54 GKG., §§ 10, 59 GO. f. RA.) und auf die Ermittelung der Revisionssumme (§ 546 Abs. 2 ZPO.; RG. 10 S. 68), findet aber nur auf KForderungen (§§ 61 ff.), also nicht auf Masseforderungen (§§ 57 ff.), Aussonderungsansprüche (§§ 43 ff.) oder Ansprüche auf abgesonderte Befriedigung (§§ 47 ff.) Anwendung; RG. JW. 96 S. 281; die Vorschrift des § 148 gilt auch nur für Feststellungsprozesse gemäß § 146 sowie für Anfechtungprozesse (OLG. Jena in den ThürBl. 50 S. 203).

2. Streitgegenstand in den bezeichneten Prozessen ist nicht der Nennwert 2 der streitigen Forderungen, sondern die Dividende d. h. derjenige Betrag, den der KGl. aus der Teilungsmasse zu erwarten hat. Die Festsetzung des Werts erfolgt durch Beschluß des Prozeßgerichts; §§ 3 ff. ZPO. Für das hierbei zu übende freie Ermessen wird regelmäßig die Auskunft des KV. einen zuverlässigen Anhalt geben. Maßgebend für die Wertfestsetzung ist nach der Regel der §§ 3, 4 ZPO. der Zeitpunkt der Klageerhebung. So die neuere Praxis des RG. (Gruch. 43 S. 1217), während die frühere Praxis den Zeitpunkt der Festsetzung des Streitwerts für maßgebend erachtete; RG. Gruch. 38 S. 1180. War der Rechtsstreit über die Richtigkeit

der Forderung schon zur Zeit der KE. anhängig, so ist für das Verfahren vor der KE. der bisherige Streitwert, für das spätere Verfahren, sofern an Stelle des ursprünglichen Antrages nunmehr die Feststellung der Forderung im Konkurse beantragt wird, der Streitwert aus § 148 maßgebend; RG. JW. 93 S. 126; 94 S. 114. Bei Ermittlung der Dividende sind bestrittene Forderungen, auf deren Feststellung nicht geklagt ist, mit einer der Wahrscheinlichkeit entsprechenden Teilquote in die Berechnung einzustellen; RG. JW. 99 S. 228. Nicht zu berücksichtigen sind Werte, die von einem Dritten zur Ermöglichung eines Zwangsvergleichs eingeworfen sind; OLG. Kolmar im Recht 03 S. 240.

3 **3.** Betrifft der Rechtsstreit nur das Vorrecht, so besteht der Streitwert in der Differenz zwischen der KDividende und dem Betrage, der bei Feststellung des Vorrechts auf die Forderung entfallen sein würde.

Fünfter Titel.

Verteilung.

§ **149** (137). Nach der Abhaltung des allgemeinen Prüfungstermins soll, so oft hinreichende bare Masse vorhanden ist, eine Verteilung an die Konkursgläubiger erfolgen.

---

1 **1.** Das Gesetz unterscheidet:

a. Abschlagsverteilungen d. s. Zahlungen, welche an alle KGl. verhältnismäßig auf Abschlag ihrer Forderungen geleistet werden (§§ 155—160);

b. die Schlußverteilung d. i. die das KVerf. abschließende Ausschüttung der KM. (§§ 161—164);

c. die Nachtragsverteilung d. i. die Verteilung der nach der Schlußverteilung neu gewonnenen Teilungsmasse (§ 166).

2 **2.** Auf festgestellte bevorrechtigte Forderungen kann der KV. mit Ermächtigung des KGerichts unabhängig von den Verteilungen Zahlungen leisten; § 170. Dagegen können Verteilungen an nicht bevorrechtigte Forderungen nur nach Maßgabe des durch die KO. geordneten Verfahrens (§§ 149—172) bewirkt werden. Abschlagsverteilungen sind erst nach Abhaltung des allgemeinen Prüfungstermins zulässig, sollen aber dann so oft stattfinden, wie hinreichende bare Masse vorhanden ist. Verfügbar für die Befriedigung der KGl. ist aber nur die Masse, die nach Berichtigung oder Sicherstellung der bekannten Aussonderungs-, Absonderungs- und Masseansprüche übrig bleibt; M. 373. Verzögerungen der Verteilung berechtigen das KG. gegen den KV. nach §§ 83, 84 vorzugehen. Auch kann sowohl der KV. (§ 82) als der GlA. (§§ 150, 89) wegen etwaiger Verzögerungen schadensersatzpflichtig werden. Dagegen ist ein Klagerecht der einzelnen KGl. auf Vornahme von Verteilungen nicht begründet; RG. Gruch. 34 S. 1201.

3 **3.** Zur Vornahme jeder Verteilung ist, sofern ein GlAusschuß bestellt ist, dessen Genehmigung (§ 150), zur Vornahme der Schlußverteilung stets die Genehmigung des KG. einzuholen (§ 161 Abs. 2).

4 **4.** Wegen Aussetzung der Abschlagsverteilung im Falle der Einreichung eines Zwangsvergleichsvorschlages vgl. § 160.

§ 150 (138). **Zur Vornahme einer Verteilung hat der Verwalter, wenn ein Gläubigerausschuß bestellt ist, dessen Genehmigung einzuholen.**

1. „Die Initiative bezüglich einer vorzunehmenden Verteilung gebührt dem 1
Verwalter, ... es (bleibt) jedoch dem Gerichte unbenommen, in Ausübung seines Aufsichtsrechts (§§ 83, 84) gegen pflichtwidrige Verzögerungen einer Verteilung disponibler Bestände durch den Verwalter allenfalls mit Ordnungsstrafen einzuschreiten;" M. 373, 374; RG. 29 S. 83.

2. Ist ein GlAusschuß bestellt, so ist dessen Genehmigung zu jeder Ab- 2
schlags- oder Schlußverteilung notwendig. Zur Schlußverteilung bedarf es außerdem noch der Genehmigung des KG.; § 161 Abs. 2. Wird die Genehmigung versagt, so kann die Verteilung nicht stattfinden. Der GlVersammlung ist das Recht, an Stelle des GlAusschusses die Genehmigung einer Verteilung zu beschließen, nicht beigelegt; Oetker S. 405. A. M. Jaeger A. 2; Fitting § 40 A. 7; Pet.-Kleinf. §§ 149, 150 A. 3; v. Sarw.-Boss. A. 1. Der GlAusschuß kann auf Grund der ihm zustehenden Kontrolle den Verwalter zur Verteilung zwar veranlassen, aber nicht zwingen; Prot. 100.

3. Ist kein GlAusschuß bestellt, so ist der Verwalter zu Abschlagsver- 3
teilungen selbständig berechtigt. Doch kann das Gericht im Falle des § 160 die Aussetzung einer Abschlagsverteilung anordnen.

§ 151 (139). **Vor der Vornahme einer Verteilung hat der Verwalter ein Verzeichnis der bei derselben zu berücksichtigenden Forderungen auf der Gerichtsschreiberei zur Einsicht der Beteiligten niederzulegen und die Summe der Forderungen sowie den zur Verteilung verfügbaren Massebestand öffentlich bekannt zu machen.**

1. Vor Vornahme einer Verteilung hat der Verwalter nach § 151 zwei Pflichten 1
zu erfüllen nämlich:

a. auf der Gerichtsschreiberei ein Verzeichnis der bei der Verteilung zu berücksichtigenden Forderungen zur Einsicht der Beteiligten niederzulegen,

b. die Summe der zu berücksichtigenden Forderungen und den zur Verteilung verfügbaren Massebestand öffentlich bekannt zu machen.

2. Niederlegung des Verzeichnisses. „Für die Aufstellung des Ver- 2
zeichnisses dient die Tabelle als Grundlage. Durch die Niederlegung desselben auf der Gerichtsschreiberei erhält jeder Gläubiger Gelegenheit, sich von seiner Berücksichtigung zu überzeugen, sowie von dem sonstigen Inhalt des Verzeichnisses Einsicht zu nehmen, und eintretenden Falles die Berichtigung desselben (§§ 158, 162) zu erwirken"; M. 374. Aufzunehmen in das Verzeichnis sind nur KForderungen, nicht auch Masseansprüche. Das Verzeichnis muß die sämtlichen Forderungen, für welche bei der vorzunehmenden Verteilung gemäß §§ 152 bis 156 eine Dividende zu berechnen ist, enthalten, also:

a. alle diejenigen, welche in der Tabelle als festgestellt bezeichnet sind; die nur zum Teil festgestellten in Höhe des festgestellten Betrages. Ob die Feststellung schon im Prüfungstermine oder später, ob sie freiwillig oder erzwungen stattgefunden hat, ist einerlei. Auch die Forderungen müssen in das Verzeichnis aufgenommen werden, die nach der Feststellung durch Verzicht, Befriedigung oder auf andere Weise getilgt sind. Die

Tilgung einer festgestellten Forderung kann der KV. im Streitfalle nur durch Klage (§ 767 ZPO.) geltend machen; RG. 21 S. 331; Jaeger A. 3.

b. diejenigen streitig gebliebenen Forderungen, für welche ein mit der Vollstreckungsklausel versehener Schuldtitel, ein Endurteil oder ein Vollstreckungsbefehl vorliegt (§ 146 Abs. 6) ohne Rücksicht darauf, ob der Widersprechende gegen den Gläubiger bereits Klage erhoben hat, oder ob der KGl. dem KV. die Erhebung der Feststellungsklage oder die Aufnahme des anhängigen Prozesses (§ 146 Abs. 1, 3) nachgewiesen hat; § 152.

Ob die Hebungen auf die zu a und b bezeichneten Forderungen sogleich ausgezahlt werden können oder zurückzubehalten sind (§ 168), ist für die Aufnahme in das Verzeichnis unerheblich.

c. diejenigen streitig gebliebenen Forderungen, für welche der in § 152 vorbehaltene Nachweis der Prozeßverfolgung erbracht ist.

Betagte und bedingte Forderungen sind, sofern die Voraussetzungen zu a, b oder c vorliegen, von der Aufnahme in das Verzeichnis nicht ausgeschlossen. Auflösend bedingte Forderungen können aber nur aufgenommen werden, wenn die Bedingung noch nicht eingetreten ist (§§ 66, 168 Nr. 4); aufschiebend bedingte Forderungen können bei der Schlußverteilung nur aufgenommen werden, wenn die Möglichkeit des Eintritts der Bedingung nicht aussichtslos erscheint; §§ 154, 171. Über Ausfallforderungen s. § 153.

Da die Forderungen nach Prozentsätzen befriedigt werden, ist jede Forderung bei jeder Verteilung im ganzen Betrage, nicht unter Abzug der bereits berichtigten Dividenden anzusetzen. Nicht aufgenommene Forderungen bleiben bei der Verteilung unberücksichtigt. Nicht angemeldete sowie nicht geprüfte Forderungen sind von der Aufnahme in das Verzeichnis ausgeschlossen.

3 **3. Bekanntmachung.** Die nach Niederlegung des Verzeichnisses gemäß § 76 zu erlassende öffentliche Bekanntmachung des Verwalters, welcher die Genehmigung des GlAusschusses, wenn ein solcher bestellt ist, voranzugehen hat (§ 150), muß den Betrag angeben, welcher nach Abzug der zur Deckung der Masseansprüche und der Aus- und Absonderungsrechte erforderlichen Beträge zur Verteilung unter die KGl. vorhanden ist. Eine gesonderte Angabe der Summe der bevorrechtigten Forderungen und der Summe der nicht bevorrechtigten Forderungen erscheint zweckmäßig.

§ 152 (140). Konkursgläubiger, deren Forderungen nicht festgestellt sind und für deren Forderungen ein mit der Vollstreckungsklausel versehener Schuldtitel, ein Endurteil oder ein Vollstreckungsbefehl nicht vorliegt, haben bis zum Ablaufe einer Ausschlußfrist von zwei Wochen nach der öffentlichen Bekanntmachung dem Verwalter den Nachweis zu führen, daß und für welchen Betrag die Feststellungsklage erhoben oder das Verfahren in dem früher anhängigen Prozesse aufgenommen ist. Wird der Nachweis nicht rechtzeitig geführt, so werden die Forderungen bei der vorzunehmenden Verteilung nicht berücksichtigt.

---

1 **1. Grundsatz.** Durch die Bekanntmachung aus § 151 erhalten die KGl., welche bei Aufstellung des Verzeichnisses noch keinen Anspruch auf Berücksichtigung hatten, Gelegenheit, diesen Anspruch sich noch nachträglich u. zwar bis zum Ablaufe der Ausschlußfrist durch Änderung des Verzeichnisses (§ 157) zu verschaffen. Forderungen, welche zwar angemeldet, aber noch nicht geprüft sind, werden durch die §§ 152ff. nicht

betroffen (M. 375) und dürfen unter keinen Umständen bei einer Verteilung be-
rücksichtigt werden, auch wenn für sie ein vollstreckbarer Schuldtitel vorliegt.

2. Die Ausschlußfrist beginnt mit dem Ablauf des zweiten Tages nach der 2
Ausgabe des die erste Einrückung enthaltenden Blattes; § 76 Abs. 1 Satz 2. Sie endigt
an dem Kalendertage, welcher in der zweitfolgenden Woche dem Tage entspricht, mit
welchem die Frist zu laufen begonnen hat, und wenn dieser Tag ein bürgerlicher Feiertag
ist, am folgenden Werktage; § 222 ZPO. Ist z. B. das Blatt an einem Donnerstag
ausgegeben, so beginnt die Ausschlußfrist mit dem folgenden Sonntag und endigt mit
dem Ablauf des dritten auf diesen Sonntag folgenden Montags. Die Frist ist keine
Notfrist, daher auch die Wiedereinsetzung in den vorigen Stand ausgeschlossen (§ 233
Abs. 1 ZPO.), wohl aber eine gesetzliche Frist, welche durch die Gerichtsferien nicht
unterbrochen wird und durch Vereinbarung der Parteien (§ 224 ZPO.) nicht geändert
werden kann, weil im Konkurse Parteien im Sinne der ZPO. überhaupt nicht vor-
handen sind.

3. Nachweis. Der Nachweis ist zu führen durch Vorlegung der Klageschrift mit 3
Zustellungsurkunde, im Falle des § 146 Abs. 3 durch Vorlegung der Aufnahmeerklärung
mit Zustellungsurkunde. Haben Mehrere der Forderung widersprochen, so muß die
Betreibung gegen alle Widersprechenden nachgewiesen werden; Jaeger A. 5; Wolff
A. 2; a. M. v. Sarw.-Boss. A. 4. Der Nachweis ist dem KV., nicht dem KG. zu er-
bringen. Ist der KV. selbst Partei, so bedarf es des Nachweises überhaupt nicht; M. 376.

4. Ausschluß. Diejenigen KGl. bestrittener Forderungen, welche sich innerhalb 4
der Frist nicht gemeldet haben, sind von der Berücksichtigung bei der jeweiligen Ver-
teilung ausgeschlossen dergestalt, daß die zur Verteilung überwiesenen Beträge vor
jedem späteren Angriff und die berücksichtigten KGl. vor jeder Rückforderung gesichert
bleiben, gleichviel von wem sie ausgeht und unter welchem Rechtstitel sie auftritt;
M. 376. Die nachträgliche Befriedigung der bei einer Abschlagsverteilung nicht be-
rücksichtigten Gläubiger kann nur nach Maßgabe der §§ 155, 170 erfolgen. Für die
Schlußverteilung ist der Ausschluß ein absoluter (§ 166 Abs. 1) und bezieht sich ins-
besondere auch auf etwaige Nachtragsverteilungen; Jaeger A. 7.

5. In Konsularsachen beträgt die Ausschlußfrist einen Monat, in bestimmten 5
Fällen zwei Monate; § 47 Abs. 4 des KonsG. v. 7. April 00 (RGBl. S. 213). Diese
Vorschrift findet entsprechende Anwendung für die Schutzgebiete; § 3 Schutzgeb.G. v.
10. Sept. 00 (RGBl. S. 813).

§ 153 (141). Gläubiger, von welchen abgesonderte Befriedigung be-
ansprucht wird, haben bis zum Ablaufe der Ausschlußfrist dem Verwalter
den Nachweis ihres Verzichts oder ihres Ausfalls nach Maßgabe des
§ 64 zu führen. Wird der Nachweis nicht rechtzeitig geführt, so werden
die Forderungen bei der vorzunehmenden Verteilung nicht berücksichtigt.

Zur Berücksichtigung bei einer Abschlagsverteilung genügt es, wenn
bis zum Ablaufe der Ausschlußfrist dem Verwalter der Nachweis, daß
die Veräußerung des zur abgesonderten Befriedigung dienenden Gegen-
standes betrieben ist, geführt und der Betrag des mutmaßlichen Ausfalls
glaubhaft gemacht wird.

---

1. Absonderungsberechtigte Gläubiger können ihre Forderung, wenn der GSch. 1
auch persönlich für sie haftet, zur KM. geltend machen, aber Befriedigung aus dieser
nur beanspruchen, wenn und soweit — abgesehen von § 152, der auch hier An-

wendung findet — den besonderen Erfordernissen des § 153 genügt ist; § 64. Dies gilt auch dann, wenn der GSch. dem Absonderungsberechtigten durch Vertrag die Befugnis eingeräumt hat, sich wegen seiner Forderung in erster Reihe aus dem sonstigen Vermögen und erst in zweiter Reihe aus dem Gegenstande des Absonderungsrechtes zu befriedigen; RG. 6 S. 60; 24 S. 45. Die besonderen Erfordernisse der Berücksichtigung regelt Abs. 1 für die Schlußverteilung, Abs. 2 für Abschlagsverteilungen. In beiden Fällen muß das Vorliegen dieser Erfordernisse vor Ablauf der Ausschlußfrist (§ 152) dem KV. gegenüber nachgewiesen werden. Ist dies geschehen, so wird die Dividende, welche auf den dem Verzicht oder dem Ausfall entsprechenden Betrag fällt, bei der Schlußverteilung dem Gläubiger gezahlt, bei der Abschlagsverteilung gemäß § 168 Nr. 3 zurückbehalten. Anderenfalls erhält der absonderungsberechtigte KGl. aus der KM. nichts, etwa früher zurückbehaltene Anteile werden für die Schlußverteilung frei; § 156; ebenso OLG. Dresden im SächsArch. 07 S. 392. Eine nachträgliche Befriedigung der Gläubiger kann nur nach Maßgabe des § 155 erfolgen.

2 2. Verzicht. Sein Nachweis deckt sich mit der Verzichtserklärung, da diese nur berücksichtigt werden kann, wenn sie dem KV. gegenüber abgegeben ist; § 64; Jaeger A. 3. Eine Form ist für den Verzicht nicht vorgeschrieben. Herausgabe der Pfandsache und — bei Hypotheken — formgerechte Löschungsbewilligung (§ 29 GBO.) sowie Aushändigung des Hypothekenbriefes an den KV. sind nur erzwingbare Folgen, nicht aber Bedingungen der Wirksamkeit des Verzichts; Jaeger A. 3; a. M. Eccius in Gruch. 45 S. 175 f.

3 3. Ausfall. Bei der Schlußverteilung muß der Ausfall erwiesen sein, das Ergebnis der Pfandverwertung also feststehen. Bei der Abschlagsverteilung (Abs. 2) genügt es, wenn dem KV. der Nachweis, daß die Veräußerung des Absonderungsgegenstandes von dem Absonderungsberechtigten selbst oder einem anderen betrieben ist, erbracht und der Betrag des mutmaßlichen Ausfalls glaubhaft gemacht wird. Zur Führung des erwähnten Nachweises reicht es nicht aus, wenn nur die Erhebung der Klage, durch welche der zur Zwangsvollstreckung in den Absonderungsgegenstand erforderliche vollstreckbare Titel erwirkt werden soll, dargetan wird. Auch in der vom Verwalter ausgehenden Stellung eines Antrages aus § 127 Abs. 2 kann eine Betreibung durch den KV. nicht gefunden werden; Jaeger A. 5; a. M. v. Sarw.-Boss. A. 6. Die Glaubhaftmachung des mutmaßlichen Ausfalls kann dem KV. in jeder Weise, die er für ausreichend erachtet, erbracht werden.

4 4. Hat der GSch. dem Gläubiger Sachen verpfändet, die nicht dem GSch., sondern einem Dritten gehören, so kann der Gläubiger wegen seiner Forderung zunächst in voller Höhe Konkursdividende verlangen und sich alsdann wegen des Ausfalls an das Pfand halten. Ist streitig, ob die Pfandsache dem GSch. oder einem Dritten gehört, so kann der Gläubiger, sobald nachgewiesen ist, daß der GSch. Eigentümer der Pfandsache ist, seine Forderung nicht mehr in voller Höhe, sondern nur in Höhe des bei der Pfandverwertung erlittenen Ausfalls als KForderung geltend machen; OLG. Dresden im SächsArch. 07 S. 387.

§ 154 (142). Forderungen unter aufschiebender Bedingung werden bei einer Abschlagsverteilung zu dem Betrage berücksichtigt, welcher auf die unbedingte Forderung fallen würde.

Bei der Schlußverteilung ist die Berücksichtigung ausgeschlossen, wenn die Möglichkeit des Eintritts der Bedingung eine so entfernte

ist, daß die bedingte Forderung einen gegenwärtigen Vermögenswert nicht hat.

---

1. Ist eine Forderung nach §§ 152, 153 überhaupt zu berücksichtigen, so wird 1
diese Berücksichtigung nicht dadurch ausgeschlossen, daß die Forderung aufschiebend bedingt ist. Solche Forderungen sind zu ihrem vollen Betrage in das Verzeichnis aufzunehmen und zu berücksichtigen. Die Berücksichtigung erfolgt bei Abschlagsverteilungen durch vorläufiges Zurückbehalten der Anteile (§ 168 Nr. 2), bei der Schlußverteilung dadurch, daß die Anteile hinterlegt und beim Eintritt der Bedingung ausgezahlt (§ 169), beim Ausfall der Bedingung zur Nachtragsverteilung gebracht werden.

2. Nach § 67 berechtigen Forderungen unter einer aufschiebenden Bedingung zu 2
einer Sicherung. Hiervon macht Abs. 2 des § 154 für die Schlußverteilung — nicht auch für eine Abschlagsverteilung — eine Ausnahme. Die Forderungen bleiben unberücksichtigt, wenn die Möglichkeit des Eintritts der Bedingung eine so entfernte ist, daß die Forderung einen gegenwärtigen Vermögenswert nicht hat. In diesem Falle werden die Anteile, welche bei Abschlagsverteilungen für die bedingte Forderung zurückbehalten sind, für die Schlußverteilung frei und unter die übrigen Gläubiger mit verteilt; §§ 156, 171. Die Entscheidung darüber, ob die Voraussetzung des Abs. 2 vorliegt, steht im Streitfalle dem GSch. zu; §§ 158 Abs. 2, 162 Abs. 2. Beweispflichtig ist der KV.

3. Forderungen unter auflösender Bedingung werden wie unbedingte behandelt 3
(§ 66), sind also zum vollen Betrage in die Verteilungsliste aufzunehmen. Sie fallen fort, sobald die Bedingung eintritt. Darüber, ob dies der Fall ist, hat das KG. zu entscheiden; §§ 158 Abs. 2, 162 Abs. 2. Die Beweislast trifft auch hier den KV.

§ 155 (143). Gläubiger, welche bei einer Abschlagsverteilung nicht berücksichtigt worden sind, können nachträglich, sobald sie die Vorschriften der §§ 152, 153 erfüllt haben, die bisher festgesetzten Prozentsätze aus der Restmasse verlangen, soweit diese reicht und nicht in die Folge des Ablaufs einer Ausschlußfrist für eine neue Verteilung zu verwenden ist.

---

1. § 155 bezieht sich auf solche KGl., welche bei einer Abschlagsverteilung des- 1
halb unberücksichtigt geblieben sind, weil sie die Erfordernisse der §§ 152, 153 nicht rechtzeitig erfüllt haben. Hierher gehören auch die Gläubiger, die aus bloßem Versehen bei einer Abschlagsverteilung unberücksichtigt geblieben sind, sofern sie dem KV. das Versehen rechtzeitig nachweisen; Jaeger A. 1. Ob nur eine oder mehrere Abschlagsverteilungen versäumt sind, macht keinen Unterschied; v. Wilm.-Kurlb. A. 2.

2. Voraussetzung einer Berücksichtigung gemäß § 155 ist: 2

a. die nachträgliche Erfüllung der Erfordernisse der §§ 152, 153 und

b. ein Antrag der betreffenden Gläubiger. Eine Zuweisung von Amts wegen erfolgt nicht; M. 378. Der Anspruch selbst geht auf vollständige Nachzahlung aller früheren Dividenden nach Maßgabe der vorhandenen Masse. Es können also die bevorrechtigten Gläubiger die Zuweisung des vollen Betrages ihrer Forderungen, die nicht bevorrechtigten die Zuweisung der bei den bisherigen Verteilungen festgesetzten Prozentsätze beanspruchen; M. 378. Zur Herbeiführung dieser Zuweisungen können nur Anträge bei dem KG. gestellt werden; ein Klagerecht gegen den KV. ist ausgeschlossen; RG. JW. 90 S. 114.

3. Das Recht der Nachzügler ist auf die Restmasse beschränkt; auch diese haftet 3
nur insoweit, als sie nicht infolge des Ablaufs einer Ausschlußfrist gemäß § 152 für

eine neue Verteilung festgelegt ist. Zur Restmasse gehören auch die Beträge, welche aus früheren Verteilungen frei geworden oder zur Masse zurückgeflossen sind; §§ 156, 166 Abs. 1; M. 378. Reicht die Restmasse zur Befriedigung sämtlicher Nachzügler nicht aus, so ist sie unter diese verhältnismäßig, nach Maßgabe der gesetzlichen Rangordnung, § 61, nicht etwa nach der Reihenfolge der Anträge zu verteilen. Die Nachzahlung wird zweckmäßig, wenn auch nicht notwendig, bis zu einer neuen allgemeinen Verteilung ausgesetzt. Sie ist stets nach § 151 vorzubereiten und bekannt zu machen und, wenn ein GlAusschuß besteht, von diesem zu genehmigen; Fitting § 40 A. 22; Jaeger A. 2; v. Wilm.-Kurlb. A. 4 (a. M. v. Sarw.-Boss. A. 2; Pet.-Kleinf. A. 3, 4). Nichtberücksichtigung des § 155 seitens des Verwalters macht ihn gegen die dadurch benachteiligten Gläubiger regreßpflichtig. Auch können diese die infolge dieser Nichtberücksichtigung an die übrigen Gläubiger zu viel gezahlten Beträge wegen ungerechtfertigter Bereicherung kondizieren, sofern nicht Vorschriften des bürgerlichen Rechtes entgegenstehen; RG. JW. 90 S. 114.

§ 156 (144). **Die Anteile, mit welchen Gläubiger bei Abschlagszahlungen nach Maßgabe des § 153 Abs. 2 oder des § 154 Abs. 1 berücksichtigt worden sind, werden für die Schlußverteilung frei, wenn bei dieser die Voraussetzungen des § 153 Abs. 1 nicht erfüllt sind oder nach Maßgabe des § 154 Abs. 2 die Berücksichtigung der bedingten Forderung ausgeschlossen ist.**

Vgl. die Anm. zu § 153 und § 154.

§ 157 (145). **Binnen drei Tagen nach dem Ablaufe der Ausschlußfrist hat der Verwalter die auf Grund der vorstehenden Bestimmungen erforderlichen Änderungen des Verzeichnisses zu bewirken.**

1 **1.** Während der dreitägigen Frist darf der KV. das Verzeichnis nur auf Grund der §§ 152, 153, 155, nach Ablauf der Frist aber bei Vermeidung von Ordnungsstrafen (§§ 82, 84) überhaupt nicht mehr ändern, wohl aber bloße Schreibfehler berichtigen; M. 379. Einwendungen gegen das rechtzeitig geänderte Verzeichnis unterliegen den §§ 158, 162. Verspätete Änderungen bleiben unberücksichtigt.

2 **2.** Das abgeänderte Verzeichnis ist auf der Gerichtsschreiberei niederzulegen; § 151; M. 379. Einer besonderen Mitteilung von der Änderung an die Beteiligten bedarf es nicht.

§ 158 (146). **Bei einer Abschlagsverteilung sind Einwendungen gegen das Verzeichnis bis zum Ablaufe einer Woche nach dem Ende der Ausschlußfrist bei dem Konkursgerichte zu erheben.**

Das Gericht entscheidet über die Einwendungen. Die Entscheidung, durch welche eine Berichtigung des Verzeichnisses angeordnet wird, ist auf der Gerichtsschreiberei niederzulegen. Die Beschwerdefrist beginnt mit dem Tage, an welchem die Niederlegung der Entscheidung erfolgt ist.

§§ 158—160 gelten nur für die Abschlagsverteilung, nicht auch für die Schlußverteilung.

1 **1.** Berechtigt zu Einwendungen sind nur KGl. und auch diese nur, soweit sie an der betreffenden Änderung des Verzeichnisses ein Interesse haben. Nicht

also ungeprüfte oder schon befriedigte KGl., nicht die Massegläubiger, auch nicht der GSch., da er durch seinen Widerspruch die Feststellung einer Forderung für das KVerf. nicht verhindern kann, ebensowenig der bevorrechtigte Gläubiger gegen den gewöhnlichen KGl.

2. Gegner des Einwendenden sind der Verwalter und die KGl., welche durch die verlangte Änderung benachteiligt werden würden. 2

3. Zulässig sind nur Einwendungen gegen das Verzeichnis, und zwar sowohl gegen das ursprüngliche (§ 151) wie gegen das ergänzte (§ 157), also nur solche, die sich gegen die Nichtberücksichtigung der eigenen oder gegen die Berücksichtigung einer anderen Forderung richten; M. 379; RG. Gruch. 34 S. 1201. Anderweite Einreden sind versagt. So z. B. diejenigen wegen Auszahlung oder Zurückbehaltung von Anteilen. Einwendungen, durch welche die im Prüfungstermin erfolgte Feststellung beseitigt werden soll, können ebenso wie Einwendungen, welche sich auf die angeblich erfolgte Tilgung der Forderung beziehen, nur gemäß § 767 ZPO. durch Klage und nur von dem KV. geltend gemacht werden; RG. 21 S. 336 ff. Unstatthaft ist es auch, noch nachträglich die mit Ablauf der Ausschlußfrist bereits ausgeschlossenen Nachweise beizubringen. 3

4. Frist. Die nach § 222 ZPO. zu berechnende Einwandsfrist läuft vom Ende der Ausschlußfrist, nicht vom Ende der in § 157 festgesetzten Frist von drei Tagen. Es können Einwendungen aber schon vor Beginn der einwöchigen Frist, sogar schon vor Beginn der Ausschlußfrist erhoben werden; JW. 90 S. 114. 4

5. Verfahren. Der Prozeßweg ist ausgeschlossen. Es findet nur ein Verfahren vor dem KG. statt. Die Einwendungen können schriftlich oder zu Protokoll des Gerichtsschreibers angebracht werden. Mündliche Verhandlung ist statthaft (§ 75), aber nicht notwendig. Der Einwendung kann aus anderen Gründen als den vorgebrachten stattgegeben werden. 5

6. Die Entscheidung ergeht in Form eines Beschlusses. Der Abweisungsbeschluß ist den Beteiligten, nämlich dem Einwendenden, seinen Gegnern und dem KV. von Amts wegen zuzustellen; § 78 Abs. 2. Die Entscheidungen, durch welche eine Berichtigung des Verzeichnisses angeordnet wird, sind anstatt der Zustellung an die Beteiligten auf der Gerichtsschreiberei niederzulegen. Eine Zustellung neben der Niederlegung findet nicht statt; Fitting § 41 A. 5; Jaeger A. 7; Pet.-Kleinf. A. 4; a. M. v. Sarw.-Boss. A. 7; Wolff A. 3. Wird der Einwendung nur teilweise stattgegeben, z. B. eine Forderung neu eingestellt, aber zu einem niedrigeren Betrage, so muß die Entscheidung sowohl den Beteiligten zugestellt als auch auf der Gerichtsschreiberei niedergelegt werden; Jaeger A. 8. 6

7. Rechtsmittel. Gegen die Entscheidung steht den Verletzten die sofortige Beschwerde zu; § 73 Abs. 3. Berechtigt zur Einlegung sind im Falle der Abweisung der Einwendung nur der Abgewiesene (a. M. Wolff A. 3: auch ein bisher am Streite nicht beteiligter KGl.), im Falle der Anordnung einer Änderung des Verzeichnisses der Verwalter und jeder KGl., dem die Berichtigung zum Nachteil gereicht. Die Notfrist von zwei Wochen (§ 577 Abs. 2 ZPO.) läuft: 7

a. wenn der Einwand als unbegründet zurückgewiesen ist, vom Tage der Zustellung an den Gläubiger;

b. wenn der Einwand für begründet erachtet und dementsprechend das Verzeichnis berichtigt ist, von der Niederlegung der Entscheidung auf der Gerichtsschreiberei;

c. wenn der Einwendung nur teilweise stattgegeben ist, für die Beschwerde wegen Abweisung mit der Zustellung, für die Beschwerde wegen Berichtigung mit der Niederlegung des Beschlusses; Jaeger A. 8.

8 8. In der Beschwerdeinstanz ist entsprechend dem Verfahren in erster Instanz der eine Einwendung abweisende Beschluß den Beteiligten zuzustellen, der Beschluß durch welchen eine Berichtigung angeordnet wird, auf der Gerichtsschreiberei des KG. niederzulegen; Jaeger A. 9; Fitting § 41 A. 7.

9 9. „Nach dem Ablauf der in § 158 Abs. 1 bestimmten Frist oder nach endgültiger Entscheidung über die innerhalb derselben erhobenen Einwendungen steht mit völliger Sicherheit der Kreis der teilnahmeberechtigten KGl. und der zu berücksichtigende Betrag jeder Forderung fest"; M. 379. Die Erledigung der gegen eine Entscheidung des KG. eingelegten Beschwerde muß ausgesetzt werden, wenn dies gemäß § 572 Abs. 2, 3 ZPO. vom KG. oder vom Beschwerdegericht angeordnet ist; die Aussetzung empfiehlt sich aber auch zur Vermeidung von Rückgriffen gegen den KV. oder gegen die Gläubiger, welche zuviel erhalten haben, allgemein; Jaeger A. 10; Fitting § 41 A. 9; v. Sarw.-Boss. A. 9.

§ 159 (147). Für eine Abschlagsverteilung bestimmt der Verwalter und, wenn ein Gläubigerausschuß bestellt ist, dieser auf Antrag des Verwalters den zu zahlenden Prozentsatz.

Der Verwalter hat den Prozentsatz den berücksichtigten Gläubigern mitzuteilen.

---

1 1. Sobald die Einwendungsfrist abgelaufen und über die erhobenen Einwendungen vom KG. endgültig entschieden ist, kann die Ausführung der Abschlagsverteilung erfolgen. Zu diesem Zwecke ist der zu zahlende Prozentsatz vom KV. und, wenn ein GlA. bestellt ist, von diesem auf Antrag des KV. festzusetzen. Daß die Festsetzung des GlA. sich mit dem Antrage des KV. decken muß, ist im Gesetz nicht gesagt. Der GlA. kann daher sowohl einen höheren wie einen niedrigeren als den vom KV. beantragten Prozentsatz festsetzen; v. Sarw.-Boss. A. 2; Jaeger A. 2; Fitting § 41 A. 10; Wolff A. 2. A. M. (keinen höheren) Pet.-Kleinf. A. 6. Unrichtige Festsetzung kann nur eine Haftung des KV. oder der Mitglieder des GlA. für den dadurch verursachten Schaden sowie ein Einschreiten gegen den KV. gemäß §§ 83, 84 nach sich ziehen. Einwendungen der KGl. gegen die Festsetzung des Prozentsatzes sind ausgeschlossen. Eine Mitwirkung des KG. bei Bestimmung des Prozentsatzes findet nicht statt.

2 2. Höhe des Prozentsatzes. Der in der öffentlichen Bekanntmachung (§ 151) als für die Verteilung verfügbar bezeichnete Betrag darf nicht überschritten werden. Ein inzwischen eingetretener Zuwachs ist nicht zu berücksichtigen; M. 374. Von dem zur Verfügung stehenden Betrage — soweit er nicht durch inzwischen notwendig gewordene unvorhergesehene Ausgaben, wie z. B. Verwaltungsausgaben, gemäß § 155 geleistete Nachzahlungen, Befriedigung von Masseansprüchen, die erst nach der öffentlichen Bekanntmachung aber vor Festsetzung des Prozentsatzes (§ 172) zur Kenntnis des Verwalters gelangt sind, geschmälert ist — werden zunächst die zu berücksichtigenden bevorrechtigten Forderungen befriedigt. Das Verhältnis des Restbetrages zu den zu berücksichtigenden nicht bevorrechtigten Forderungen ergibt den Prozentsatz für diese. Doch braucht die Verteilung nicht den ganzen Bestand zu erschöpfen. Dem Zwecke entspricht ein annähernd passender Prozentsatz, möglichst in

runder Zahl, welcher eine rasche Berechnung der Dividende jedes einzelnen Gläubigers gestattet; M. 380.

3 **3.** Die Mitteilung des Prozentsatzes seitens des Verwalters an die zu berücksichtigenden Gläubiger kann unmittelbar und ohne besondere Form, also auch durch einen nicht eingeschriebenen Brief geschehen, auch durch öffentliche Bekanntmachung ersetzt werden; § 76 Abs. 3; Jaeger A. 4; Fitting § 41 A. 17; a. M. v. Sarw.-Boss. A. 3; Pet.-Kleinf. A. 6. Durch die Mitteilung des Prozentsatzes sollen die berücksichtigten Gläubiger in den Stand gesetzt werden, nunmehr die ihnen gebührende Dividende zu erheben; M. 380. Dabei sind sie zur Innehaltung eines etwa vom Verwalter gesetzten Termines nicht verpflichtet. Doch müssen sie den für sie ausgeworfenen Betrag abholen. Eine etwaige Zusendung, zu welcher der Verwalter nicht verpflichtet ist, geschieht auf ihre Gefahr und Kosten. Bis zur Mitteilung des Prozentsatzes kann dieser geändert werden. Mit der erfolgten Mitteilung an wenigstens einen der berücksichtigten Gläubiger ist die Änderung ausgeschlossen. Die Mitteilung bildet den Zeitpunkt der Ausschließung für die dem Verwalter unbekannten Massegläubiger (§ 172) und den „Beginn des Vollzuges der Abschlagsverteilung" im Sinne des § 51 Nr. 3 GKG. Ein klagbarer Anspruch gegen den KV. auf Auszahlung bzw. Zurückbehaltung (§ 168) des auf die berücksichtigten Gläubiger fallenden Betrages wird für diese durch die Mitteilung nicht begründet. Nur wegen eines eventuellen Schadensersatzanspruchs kann der benachteiligte Gläubiger gegen den KV. klagen; RG. Gruch. 34 S. 1201; OLG. Karlsruhe, SeuffA. 51 Nr. 48; Jaeger A. 5.

§ 160 (148). **Das Gericht kann auf Antrag des Gemeinschuldners, wenn derselbe einen Zwangsvergleich vorgeschlagen hat, die Aussetzung einer Abschlagsverteilung anordnen, sofern nicht schon die Ausschlußfrist abgelaufen ist.**

---

1 **1.** Die Entscheidung aus § 160 erfolgt nach freiem Ermessen des KG. 3 Voraussetzungen müssen vorliegen:

a. ein Aussetzungsantrag des GSch.;

b. ein Zwangsvergleichsvorschlag des GSch., der den §§ 174, 175 entspricht;

c. die Ausschlußfrist des § 152 darf noch nicht abgelaufen sein. Daß auch die gerichtliche Anordnung vor diesem Zeitpunkt erfolgt, ist nicht nötig; durch eine Verzögerung der gerichtlichen Anordnung darf der GSch. nicht um den Vorteil eines rechtzeitig gestellten Antrages gebracht werden; Jaeger A. 1; Fitting § 41 III; Pet.-Kleinf. A. 8; v. Sarw.-Boss. A. 2; a. M. Oetker I S. 414.

2 **2.** Das zulässige Rechtsmittel gegen die Entscheidung ist die sofortige Beschwerde; § 73 Abs. 3. Sie steht im Falle der Ablehnung des Antrages dem GSch., im Falle der Anordnung der Aussetzung dem Verwalter und jedem beteiligten Gläubiger zu.

3 **3.** Die Anordnung der Aussetzung bewirkt eine Unterbrechung des Verteilungsverfahrens im Sinne des § 249 ZPO. Die Aussetzung endet mit der Ablehnung (§§ 182 f.) oder rechtskräftigen Verwerfung (§§ 184—189) des Vergleichsvorschlags. Die damit eintretende Fortsetzung des Verteilungsverfahrens ist öffentlich bekannt zu machen; Jaeger A. 5.

§ 161 (149). **Die Schlußverteilung erfolgt, sobald die Verwertung der Masse beendigt ist.**

Die Vornahme der Schlußverteilung unterliegt der Genehmigung des Gerichts.

---

1 1. Verwertung. Es kommt nicht darauf an, daß die Verwertung eine erschöpfende gewesen ist. Vielmehr genügt, daß für die KM. die Werte gewonnen sind, welche sich den Umständen nach erreichen lassen, daß, wie die Motive erläutern, „die Verwertung der realisierbaren Masse erfolgt ist"; M. 380. Der Ausgang der über die Aktivmasse schwebenden Prozesse wird der Regel nach abgewartet werden müssen. Wird von ihrer Erledigung abgesehen, so liegt hierin der stillschweigende Vorbehalt einer Nachtragsverteilung, die nach Analogie des § 166 Abs. 2 für statthaft zu erachten ist; Jaeger A. 3. In solchen Fällen ist der KV. auch nach Bekanntmachung des KAufhebungsbeschlusses noch zur weiteren Prozeßführung legitimiert; RG. 28 S. 68. Dagegen bedarf es nicht der Abwartung der Erledigung aller Spezialprozesse über streitige KForderungen, da für diese gemäß § 152 durch Zurückbehaltung entsprechender Beträge gesorgt wird; M. 380. Über die nicht verwertbaren Vermögensstücke haben die Gläubiger im Schlußtermin Beschluß zu fassen; § 162. Äußerstenfalls sind solche Vermögensstücke der freien Verfügung des GSch. zu überlassen; M. 381. Diese Überlassung kann auch durch konkludente Handlungen stillschweigend erfolgen; RG. JW. 88 S. 288. Wenn seitens der Gläubiger noch eine Verwertung bekannter Gegenstände beabsichtigt wird, so darf die Schlußverteilung erst nach geschehener Verwertung vorgenommen werden.

2 2. Die Genehmigung des Gerichtes ist für erforderlich erachtet mit Rücksicht auf die Wichtigkeit der Schlußverteilung, da diese „eine definitive und nicht wieder zu heilende tatsächliche Präklusion aller bis dahin nicht geltend gemachten Ansprüche gegenüber der KM. involviert"; M. 380. Durch die Ausschließung werden getroffen: a) die nicht geprüften Forderungen (§ 152), mögen sie überhaupt nicht oder zu spät angemeldet sein; b) die bestrittenen, vom Gläubiger zu betreibenden Forderungen, deren Rechtshängigkeit (§ 152) nicht nachgewiesen ist; c) absonderungsberechtigte und suspensiv bedingte Forderungen, für welche der Nachweis aus § 153 Abs. 1 oder § 154 Abs. 2 nicht geführt worden ist.

Verzögert der KV. die Schlußverteilung, so hat ihn das KG. zu deren Vornahme im Aufsichtswege, nötigenfalls durch Ordnungsstrafen (§§ 83, 84) anzuhalten.

3 3. Zur Vornahme der Schlußverteilung hat der KV., wenn ein GlAusschuß bestellt ist, zunächst dessen Genehmigung einzuholen; § 150. Erklärt sich der Ausschuß zustimmend, so hat der Verwalter die Genehmigung des Gerichtes zu beantragen. Dem Antrag sind die Schlußrechnung und das Schlußverzeichnis (§ 162) nebst Belegen sowie die Bemerkungen des Ausschusses beizufügen; § 86. Das Gericht hat — zweckmäßig nach Prüfung der Schlußrechnung — nach freiem Ermessen zu prüfen, ob die Verwertung der realisierbaren Masse beendigt ist. Die Entscheidung des Gerichtes kann ohne mündliche Verhandlung durch Beschluß, der dem KV. und dem GSch. von Amts wegen zugestellt wird (§ 73), erfolgen und unterliegt der sofortigen Beschwerde; § 73. Diese steht im Falle der Ablehnung der Genehmigung nur dem Verwalter zu. Die Erteilung der Genehmigung ist unanfechtbar, da den einzelnen KGl., abgesehen von § 160, auf die Vornahme der Verteilungen keine maßgebende Einwirkung zusteht; Jaeger A. 7; Fitting § 42 A. 3; a. M. Pet.-Kleinf. A. 3, der in beiden Fällen das Beschwerderecht auch den einzelnen KGl. einräumt; ferner v. Sarw.-Boss. A. 5, nach dessen Ansicht das Beschwerderecht im Falle der Genehmigung

den einzelnen Gläubigern, im Falle der Verweigerung dem KV., in beiden Fällen auch dem GSch. zusteht.

Nach Erteilung der Genehmigung hat das Gericht nach § 162, der Verwalter nach § 151 zu verfahren. Vollzug der Verteilung: § 167.

4. Die Schlußverteilung (§§ 161, 162) muß auch dann stattfinden, wenn infolge 4
von Nachzahlungen (§ 155) oder infolge der nachträglichen Befriedigung von Massegläubigern (§ 172) eine zur Befriedigung der KGl. verwendbare Masse nicht mehr vorhanden ist, es sei denn daß nach §§ 202ff. die Einstellung des KVerf. erfolgt; Jaeger A. 9; Fitting § 42 A. 1.

§ 162 (150). Zur Abnahme der Schlußrechnung, zur Erhebung von Einwendungen gegen das Schlußverzeichnis und zur Beschlußfassung der Gläubiger über die nicht verwertbaren Vermögensstücke bestimmt das Gericht einen Schlußtermin, welcher nicht unter drei Wochen und nicht über einen Monat hinaus anzuberaumen ist.

Die Bestimmungen des § 158 Abs. 2 finden auf die Schlußverteilung Anwendung.

---

1. Nach Genehmigung der Schlußverteilung (§ 161 Abs. 2) hat das Gericht 1
von Amts wegen eine GlVersammlung zum Schlußtermine zu berufen. Der Termin ist mit der in Abs. 1 bestimmten, vom Tage der Bewirkung der Bekanntmachung zu berechnenden Frist (§ 76 Abs. 1) öffentlich bekannt zu machen; §§ 93 Abs. 2, 76. Im Falle der Vertagung genügt es, wenn der neue Termin verkündet wird.

2. Auf der Tagesordnung des Schlußtermins haben 3 Punkte zu stehen: 2

a. Abnahme der Schlußrechnung;

b. Erhebung von Einwendungen gegen das Schlußverzeichnis;

c. Beschlußfassung der Gläubiger über nicht verwertbare Vermögensstücke.

Ist ein GlAusschuß vorhanden, dessen Mitglieder Erstattung ihrer baren Auslagen oder eine Vergütung verlangen, so wird mit dem Schlußtermin zweckmäßig die GlVersammlung verbunden, die nach § 91 über die Zubilligung der Auslagen oder der Vergütung an die Mitglieder des GlAusschusses zu hören ist.

3. Schlußrechnung: § 86, Abs. 4. Das Schlußverzeichnis ist vom 3
Verwalter aufzustellen und gemäß § 151 niederzulegen. Es tritt an die Stelle der Tabelle (§ 140 Abs. 2) und soll alle von der Ausschließung (§ 152) nicht betroffenen Forderungen in ihren Restbeträgen enthalten. Einwendungen können zwar vor dem Termine schriftlich vorbereitet, aber — abweichend von § 158 — nur im Falle des mündlichen Vorbringens im Schlußtermin berücksichtigt werden. Der Schlußtermin soll die in § 158 Abs. 1 für die Erhebung von Einwendungen bei Abschlagsverteilungen bestimmte Frist ersetzen. Die Einwendungen können sowohl die Nichtberücksichtigung der Forderung des Einwendenden als die Berücksichtigung der Forderung eines anderen zum Gegenstande haben. Es kann aber ein Gläubiger, der die Ausschlußfrist versäumt hat, seine Berücksichtigung nicht dadurch erreichen, daß er gegen das Schlußverzeichnis Einwendungen erhebt. Einwendungsberechtigt sind nur die KGl., nicht der KV. Einwendungen eines Absonderungsberechtigten darüber, daß Einnahme-Posten zur Masse genommen sind, während ihm ein Absonderungsrecht daran zustehe, sind keine durch den Schlußtermin ausgeschlossenen Einwendungen gegen das Schlußverzeichnis, sondern Einwendungen gegen die Schlußrechnung; RG. JW. 87 S. 41. Entschieden wird über die Einwendungen, sofern sie das Verzeichnis

betreffen, vom KG. (§ 158 Abs. 2). Die Entscheidungen des KG. können sogleich im Termine ergehen und verkündet werden, bedürfen aber der Zustellung und, soweit sie auf Berichtigung des Verzeichnisses lauten, der Niederlegung auf der Gerichtsschreiberei; §§ 162 Abs. 2, 158 Abs. 2. Mit dem Tage der Niederlegung beginnt die Frist zur sofortigen Beschwerde; § 158 Abs. 2.

Die Vollziehung der Schlußverteilung kann erst erfolgen, wenn über die gegen das Schlußverzeichnis erhobenen Einwendungen rechtskräftig entschieden ist.

Bis zum Schlusse des Termins nicht erhobene Einwendungen sind präkludiert; der präkludierte KGl. kann auch den Verwalter für den erlittenen Verlust nicht mehr haftbar machen; OLG. Dresden in OLG. 6 S. 366. Ebensowenig kann der präkludierte KGl. gegen die anteilig befriedigten KGl. aus dem Gesichtspunkt der Bereicherung klagen; OLG. Stuttgart ebenda 11 S. 366.

4 **4. Nicht verwertbare Vermögensstücke.** Über ihre Übernahme durch einzelne Gläubiger ist zu verhandeln. Äußersten Falles sind sie der freien Verfügung des GSch. zu überlassen; M. 381. Es gehören hierher sowohl körperliche Sachen als auch Forderungen. Der Beschluß der Gläubiger bedarf nicht der Zustimmung des Verwalters, wohl aber kann das Gericht auf den Antrag eines überstimmten Gläubigers die Ausführung untersagen, wenn der Beschluß das gemeinsame Interesse der KGl. verletzt (§ 99); gegen die im Schlußtermin über die nicht verwertbaren Vermögensstücke gefaßten Beschlüsse hat weder der GSch. noch der Verwalter ein Widerspruchs- oder Beschwerderecht. Der Verwalter hat die gefaßten Beschlüsse zur Ausführung zu bringen. Ist über nicht verwertete, dem Verwalter bekannte Vermögensstücke des GSch. ein abweichender Beschluß nicht gefaßt, so fallen sie mit der KBeendigung ohne weiteres dem GSch. zu; JW. 88 S. 288.

§ 163 (151). Nach der Abhaltung des Schlußtermins beschließt das Gericht die Aufhebung des Konkursverfahrens. Eine Anfechtung des Beschlusses findet nicht statt.

Der Beschluß und der Grund der Aufhebung sind öffentlich bekannt zu machen.

Die Vorschriften der §§ 111 Abs. 2, 112, 113 finden entsprechende Anwendung.

---

1 **1. Aufhebung des Verfahrens.** „Mit der Schlußverteilung ist der Konkurs erledigt, dieselbe hat die Aufhebung des Verfahrens zur notwendigen Folge"; M. 381. Es darf also die Aufhebung des KVerf. erst nach Vollziehung der Schlußverteilung erfolgen; a. M. Jaeger A. 1, der die Aufhebung des KVerf. schon nach Abhaltung des Schlußtermins ohne Rücksicht auf den Vollzug der Schlußverteilung für zulässig hält. Der Verwalter hat dem Gerichte die Vollziehung nachzuweisen und das Gericht hat zu prüfen, ob wirklich die Vollziehung stattgefunden hat; Prot. S. 107.

2 **2. Bekanntmachung.** Öffentlich bekannt zu machen sind der Beschluß und der Grund der Aufhebung („nach erfolgter Abhaltung des Schlußtermins"). Die Motive empfehlen, die Aufhebung durch alle Blätter bekannt zu machen, in welchen die Bekanntmachung der Eröffnung erfolgt ist. Die Veröffentlichung durch den Deutschen Reichsanzeiger (§ 111 Abs. 2) ist obligatorisch, die besondere Zustellung des Aufhebungsbeschlusses an die Gläubiger entbehrlich, zumal im § 163 auf Abs. 3 des § 111 nicht Bezug genommen wird; Mot. 381. Die öffentliche Bekanntmachung gilt

als Zustellung an alle Beteiligten; § 76 Abs. 3. Beglaubigte Abschrift des Beschlusses hat der Gerichtsschreiber den Behörden für die Führung des Handels- oder Genossenschaftsregisters oder ähnlicher Register und der Dienstbehörde des GSch. mitzuteilen; § 112. Im Falle des § 121 sind auch die Post- und Telegraphenanstalten von der Aufhebung des KVerf. zu benachrichtigen. Die in das Grundbuch eingetragenen Konkursvermerke sind auf Antrag des KG., des KV. oder des bisherigen GSch. zu löschen; § 113. Die Löschung geschieht gebührenfrei: § 115.

3. Rechtlich wirksam wird der Aufhebungsbeschluß nach der herrschenden Meinung 3
nicht schon mit seiner Abfassung (a. M. RG. 45 S. 326; Fitting § 42 VI; v. Sarw.-Boss. A. 2), sondern, da § 108 nicht in Bezug genommen ist, erst mit bewirkter Bekanntmachung, also mit dem Ablaufe des zweiten Tages nach der Ausgabe des die erste Einrückung enthaltenden Amtsblatts; M. 421; Pet.-Kleinf. A. 4; v. Wilm.-Kurlb. A. 2; Wolff. S. 384; Jaeger A 4. Mit dem bezeichneten Zeitpunkt ist das KVerf. für alle Beteiligten, auch für den GSch., aufgehoben.

4. Folgen der Aufhebung. 4

a. Der GSch. erhält kraft Gesetzes die Verfügung über den Rest dessen, was zur KM. gehörte, zurück, insbesondere über das, was der KV. aus der Masse aufgegeben hat oder was nicht hat verwertet werden können oder was gemäß § 162 durch Beschluß der GlVersammlung dem GSch. überlassen worden ist; RG. 25 S. 8; 36 S. 23; JW. 95 S. 601. Auf Herausgabe der bezeichneten Vermögensstücke kann der GSch. im ordentlichen Rechtswege gegen den KV. vorgehen.

b. Die Funktion des KV., an der KM. das Verwaltungs- und Verfügungs- 5
recht auszuüben (§ 6), wird von selbst gegenstandslos, da eine KM. nicht mehr vorhanden ist. Nur soweit als es zur Vornahme der in § 166 bezeichneten Nachtragsverteilungen erforderlich ist, dauert das Verwaltungs- und Verfügungsrecht des Verwalters zugunsten der noch nicht vollständig befriedigten KGl. fort. Insoweit ist dem Verwalter auch die Befugnis zur Prozeßführung für die KM. behufs Erstreitung eines der nachträglichen Verteilung vorbehaltenen Forderungsbetrages beizulegen; RG. 28 S. 68. Im übrigen verliert der Verwalter jede Vertretungsbefugnis, auch die Legitimation zur Prozeßführung für die Masse; RG. 27 S. 113. Hinsichtlich des Kostenpunktes tritt der GSch. in die Parteistellung ein; RG. 52 S. 331. Ein behufs Befriedigung wegen einer Masseschuld gegen den KV. angestellter Prozeß kann gegen denselben Beklagten nicht mehr fortgeführt werden. Massegläubiger, deren Befriedigung, wenngleich zu Unrecht, unterblieben ist, sind durch die nach der Schlußverteilung erfolgte Aufhebung des Konkurses für dieses Verfahren mit ihren Ansprüchen ausgeschlossen; RG. 32 S. 74; JW. 95 S. 185.

c. Die Gemeinschaft der Gläubiger ist beendet, das Sonderrecht jedes ein- 6
zelnen Gläubigers lebt auf in dem Zustande, wie es zur Zeit der KE. bestanden hat, und kann insoweit geltend gemacht werden, als nicht bereits Deckung aus der KM. erfolgt ist. Die Tätigkeit des GlAusschusses und der GlVersammlung erlischt. Die durch den Konkurs begründeten Unterbrechungen (der Verjährung, § 214 BGB.; des Verfolgungsrechts der Gläubiger gegen den GSch., §§ 14, 164 Abs. 1 KO.; der die KM. betreffenden Prozesse, § 240 ZPO.) hören auf.

§ 164 (152). **Nach der Aufhebung des Konkursverfahrens können die nicht befriedigten Konkursgläubiger ihre Forderungen gegen den Schuldner unbeschränkt geltend machen.**

Für die Gläubiger, deren Forderungen festgestellt und nicht von dem

Gemeinschuldner im Prüfungstermine ausdrücklich bestritten worden sind, findet gegen den Schuldner aus der Eintragung in die Tabelle die Zwangsvollstreckung unter entsprechender Anwendung der §§ 724—793 der Zivilprozeßordnung statt.

Für Klagen auf Erteilung der Vollstreckungsklausel, sowie für Klagen, durch welche die die Forderung selbst betreffenden Einwendungen geltend gemacht werden, oder der bei der Erteilung der Vollstreckungsklausel als bewiesen angenommene Eintritt der Tatsache, von welcher die Vollstreckung aus der Eintragung in die Tabelle abhängt, oder die als eingetreten angenommene Rechtsnachfolge bestritten wird, ist das im § 146 Abs. 2 dieses Gesetzes bezeichnete Gericht zuständig.

---

1 **I.** Abs. 1. **1.** Das Nachforderungsrecht aus § 164 gestattet die unbeschränkte d. h. von den Schranken des § 14 befreite Geltendmachung der im KVerf. nicht vollständig getilgten KForderungen, soweit sie nicht durch Zwangsvergleich oder Erlaß gemindert sind. Zinsen können von der KE. ab verlangt werden; RG. 15 S. 117. Eine Nachtragsverteilung (§ 166) braucht nicht abgewartet zu werden. Alle partikularrechtlichen Beschränkungen dieses Nachforderungsrechts sind aufgehoben, insbesondere die Vorschriften, nach denen nur neuer Vermögenserwerb in Anspruch genommen werden dürfe oder dem Schuldner das beneficium competentiae zukomme. Soweit dieses gegenüber einzelnen Gläubigern abgesehen vom KVerf. auf Grund des allgemeinen bürgerlichen Rechtes beansprucht werden kann, ist es von der KO. unabhängig. Die Bestimmungen der §§ 811, 850 ZPO. über die der Zwangsvollstreckung allgemein entzogenen Vermögensbestandteile werden durch den § 164 nicht berührt. Im Falle einer Einstellung des Konkurses gemäß §§ 202—204 findet § 164 entsprechende Anwendung; § 206 Abs. 2.

2 **2.** Berechtigt zur Ausübung des Nachforderungsrechts sind alle nicht befriedigten KGl. Ob sie ihre Forderungen zum Konkurse angemeldet haben oder nicht, macht keinen Unterschied. Ebensowenig ist es erheblich, ob die Forderungen anerkannt oder bestritten sind. Auch für solche Forderungen, die im KVerf. nicht geltend gemacht werden können (§ 63), kommt § 164 zur Anwendung. Beweispflichtig bezüglich der erfolgten Befriedigung ist der GSch. Die Vollstreckung auf Grund des Abs. 1 des § 164 darf jedoch nicht in Gegenstände betrieben werden, von denen der Gläubiger weiß oder wissen muß, daß sie gemäß § 166 zur Nachtragsverteilung gebracht werden müssen; RG. 25 S. 10.

3 **II.** Abs. 2. **1.** Unter Abs. 2 fallen die Gläubiger, deren Forderungen

a. festgestellt — gleichviel ob in oder nach dem Prüfungstermin — und außerdem

b. vom GSch. im Prüfungstermin nicht ausdrücklich bestritten worden sind. Ein späteres Bestreiten seitens des GSch. ist nur unter den Voraussetzungen des § 165 beachtlich.

Die unter Abs. 2 fallenden Gläubiger brauchen nicht Klage zu erheben, erhalten vielmehr auf Antrag einen mit Vollstreckungsklausel nach §§ 724 ff. ZPO. versehenen, vom Gerichtsschreiber des KG. beglaubigten Auszug aus der Tabelle und können auf Grund dieses Schuldtitels ohne weiteres die Zwangsvollstreckung wegen ihrer noch bestehenden Forderung gegen den GSch. betreiben. Die Vollstreckungsklausel ist ohne Rücksicht auf die im Konkurs erfolgten Verteilungen zu erteilen; es ist Sache des Schuldners, diese Zahlungen nach § 767 ZPO. geltend zu machen; § 757 ZPO. greift nicht etwa Platz, da dieser Paragraph nur für den Gerichtsvollzieher gilt; a. M. Jaeger A. 7. Voraussetzung der Erteilung ist die Aufhebung des KVerf., denn während des KVerf. ist Einzelvollstreckung nicht zulässig; die Vollstreckungsklausel kann also — gegen Jaeger A. 6 — erst nach der Beendigung des KVerf. verlangt werden; v. Wilm.-Kurlb. A. 6.

2. Die ohne Widerspruch des GSch. durch Eintragung in die Tabelle erfolgte 4
Feststellung der Forderung hat die Wirkung eines rechtskräftigen Urteils gegen den GSch.; RG. 11 S. 44; 16 S. 32; 22 S. 174; 24 S. 45; JW. 95 S. 329. Aus der Urteilsnatur der Feststellung folgt, daß bei der gemäß Abs. 2 erfolgten Zwangsvollstreckung die festgestellten Forderungen nur mit dem in die Tabelle eingetragenen festgestellten Inhalt geltend gemacht werden können, und daß ein Zurückgreifen auf das ursprüngliche Rechtsverhältnis ausgeschlossen ist. Dies gilt insbesondere von den auch gegen den Gläubiger wirkenden Feststellungen nach den §§ 65, 69, 70; Jaeger A. 10; v. Sarw.-Boss. A. 9; Pet.-Kleinf. A. 6; v. Wilm.-Kurlb. A. 4.

3. Forderungen, die 5

a. nicht festgestellt oder

b. zwar festgestellt, aber vom GSch. bestritten sind, müssen nach der Aufhebung des KVerf. gegen den Schuldner so geltend gemacht werden, als wenn der Konkurs nicht geschwebt hätte; RG. 22 S. 153. Hat der Gläubiger vor oder während des Konkurses gegen den Schuldner einen vollstreckbaren Schuldtitel erwirkt, so kann er daraus nach Aufhebung des KVerf. ohne weiteres vollstrecken. Anderenfalls muß er gegen den Schuldner klagen. Die Klage kann schon vor der Beendigung des Konkurses erhoben und, wenn sie bei der KE. schon schwebte, fortgeführt, aber nur auf Verurteilung zur Zahlung nach Beendigung des Konkurses gerichtet werden; RG. 29 S. 73; JW. 92 S. 162. Die Klage darf, anders als im Falle der vor. Anm. nach den Motiven und der herrschenden Ansicht nur aus dem ursprünglichen Schuldverhältnis erhoben werden. So sagen die Motive zu §§ 62, 63 in Rücksicht auf kapitalisierte wiederkehrende Hebungen (§ 70): „dem GSch. gegenüber bleibt das ursprüngliche Verhältnis bestehen; er mag sich nach Aufhebung des Verfahrens mit dem Gläubiger ausgleichen, — soweit er sich nicht an die im Verfahren erfolgte Feststellung in Gemäßheit der §§ 141 Abs. 2, 164, 194, 206 selbst gebunden hat"; (M. 292). Ferner zu § 65: daß die nach diesem § eintretende Fälligkeit betagter Forderungen „auf den GSch. eigentlich nicht bezogen werden dürfe, vielmehr nur auf die KGl. und die Grenzen des KVerf."; (M. 276). Ebenso: Pet.-Kleinf. A. 9; Seuff. S. 395 A. 33; v. Wilm.-Kurlb. A. 8; a. M. Fitting § 25 A. 24. Mit v. Sarw.-Boss. A. 5 und Jaeger A. 11 wird der herrschenden Ansicht mit der Maßgabe beizutreten sein, daß nach einer Teilbefriedigung im Konkurse das Zurückgreifen auf das ursprüngliche Schuldverhältnis dann für ausgeschlossen erachtet werden muß, wenn der ursprüngliche Leistungsgegenstand unteilbar ist.

4. Die Abweisung des Gläubigers mit der Feststellungsklage aus § 146 er- 6
ledigt nur dessen Anspruch auf Teilnahme an der KM. und steht der sonstigen Verfolgung der Forderung gegen den Schuldner nicht entgegen; Pet.-Kleinf. A. 10; v. Sarw.-Boss. A. 9; Jaeger § 147 A. 3; v. Wilm.-Kurlb. A. 9.

5. Ein Anspruch des Schuldners auf Rückzahlung der den Gläubigern vom 7
KV. angeblich zu Unrecht bewilligten Dividende ist unzulässig, auch wenn der Schuldner die Forderung im Prüfungstermin bestritten haben sollte; Fitting § 12 A. 40; Jaeger A. 12; Pet.-Kleinf. A. 11; v. Wilm.-Kurlb. A. 10. (A. M. v. Sarw.-Boss. A. 9.)

8 6. Der bei Beendigung des KVerf. noch schwebende Feststellungsstreit wird zwischen den bisherigen Parteien fortgeführt. Die Legitimation des KV. zur Fortführung schwebender Prozesse über Beträge, die nach §§ 166, 168 zurückbehalten sind, bleibt bestehen; RG. 28 S. 68.

9 III. Abs. 3. Die hier erwähnten Fälle sind die der §§ 731, 732, 767 bis 770 ZPO. Die angeordnete Zuständigkeit der Gerichte ist eine ausschließliche und sonach auch dann maßgebend, wenn der frühere GSch. seinen Wohnort verändert hat. Prorogation ist ausgeschlossen.

§ 165 (152 a). **Hat der Schuldner den Prüfungstermin versäumt, so ist ihm auf Antrag die Wiedereinsetzung in den vorigen Stand zu erteilen. Die Vorschriften des § 232 Abs. 2 und der §§ 233—236 der Zivilprozeßordnung finden entsprechende Anwendung. Der den Antrag auf Wiedereinsetzung enthaltende Schriftsatz ist dem Gläubiger zuzustellen, dessen Forderung nachträglich bestritten werden soll. Das Bestreiten in diesem Schriftsatze steht, wenn die Wiedereinsetzung erteilt wird, dem Bestreiten im Prüfungstermine gleich und ist in die Tabelle einzutragen.**

---

1 1. Die Bestimmung des § 164 Abs. 2 kann gegenüber dem GSch., der eine Forderung zu bestreiten beabsichtigte, aber ohne sein Verschulden verhindert war, in dem Prüfungstermine zu erscheinen, mit großen Härten verbunden sein. Deshalb gewährt § 165 dem GSch. gegen die Versäumung des Prüfungstermins — sowohl des allgemeinen wie eines besonderen — die Wiedereinsetzung in den vorigen Stand. Sie wird nur gegeben im Falle der Verhinderung durch Naturereignisse oder andere unabwendbare Zufälle; § 233 Abs. 1 ZPO. Im Falle des plötzlichen Todes des GSch. ist dessen Erbe zum Antrage auf Wiedereinsetzung berechtigt; Jaeger A. 2. Das Verschulden eines Vertreters des GSch. z. B. seines Rechtsanwalts ist dem unabwendbaren Zufall nicht gleichgestellt; § 232 Abs. 2 ZPO.

2 2. Der Wiedereinsetzungsantrag ist an eine mit dem Tage der Hebung des Hindernisses beginnende Frist von zwei Wochen geknüpft und muß spätestens vor Ablauf eines Jahres nach dem versäumten Termin gestellt werden; § 234 ZPO. Die Frist kann weder durch Vereinbarung der Beteiligten noch vom Gericht verlängert oder abgekürzt werden; §§ 224 Abs. 2; 234 Abs. 2 ZPO. Die zweiwöchige Frist ist keine Notfrist (§ 223 Abs. 3 ZPO.), es ist also eine Wiedereinsetzung gegen ihre Versäumung ausgeschlossen; RG. JW. 93 S. 382. Durch die Gerichtsferien wird der Lauf der Wiedereinsetzungsfrist — abweichend von Zivilprozeßverfahren — nicht gehemmt, da die Ferien auf das KVerf. ohne Einfluß sind; § 204 GVG. Die Zulässigkeit des Wiedereinsetzungsantrages ist nicht durch die Dauer des KVerf. begrenzt. Ist das KVerf. vor Ablauf der Jahresfrist des § 234 Abs. 3 ZPO. aufgehoben, so kann der Wiedereinsetzungsantrag auch noch nach Aufhebung des KVerf. gestellt werden; Jaeger A. 5; Fitting § 12 A. 20; a. M. Pet.-Kleinf. A. 2.

3 3. Der den Wiedereinsetzungsantrag enthaltende Schriftsatz, dem eine Erklärung zum Protokoll des Gerichtsschreibers gleichsteht, muß nach § 236 Abs. 1 ZPO. u. § 165 KO. enthalten:

a. die Angabe der die Wiedereinsetzung begründenden Tatsachen;

b. die Angabe der Mittel für deren Glaubhaftmachung (§ 294 ZPO.);

c. die Bezeichnung der Forderung, die bestritten werden soll, und die Nachholung des Bestreitens.

Der Schriftsatz ist vom GSch. jedem KGl., dessen Forderung nachträglich bestritten werden soll, zuzustellen. Hat der betroffene KGl. für das KVerf. einen Prozeßbevollmächtigten bestellt, so kann nur diesem wirksam zugestellt werden; § 176 ZPO; § 72 KO. Die Zustellung ist für die Wahrung der Wiedereinsetzungsfrist maßgebend. Alsdann ist der Schriftsatz mit der Zustellungsurkunde dem KG., das zur Entscheidung über den Antrag zuständig ist, einzureichen. Die Entscheidung kann ohne Anhörung des Gegners erfolgen. Der Beschluß ist dem GSch. und dem beteiligten KGl. von Amts wegen zuzustellen. Er unterliegt der sofortigen Beschwerde, die im Falle der Abweisung dem GSch., im anderen Falle dem KGl. zusteht; § 73. Der Zustellung an den KV. bedarf es nicht, da die KM. durch die Wiedereinsetzung nicht berührt wird; Fitting § 12 A. 24; Jaeger A. 9; Pet.-Kleinf. A. 3; a. M. v. Sarw.-Boss. A. 1.

4. Wird dem Wiedereinsetzungsantrage stattgegeben, so steht das in dem zu- 4
gestellten Schriftsatze enthaltene Bestreiten des GSch. dem Bestreiten im Prüfungstermin gleich. Der KRichter hat von Amts wegen das Bestreiten in die Tabelle einzutragen.

§ 166 (153). Wenn nach dem Vollzuge der Schlußverteilung Beträge, welche von der Masse zurückbehalten sind, für dieselbe frei werden, oder Beträge, welche aus der Masse gezahlt sind, zur Masse zurückfließen, so sind dieselben von dem Verwalter nach Anordnung des Konkursgerichts auf Grund des Schlußverzeichnisses zur nachträglichen Verteilung zu bringen. Die über die Verwaltung und Verteilung solcher Beträge abzulegende Rechnung unterliegt der Prüfung des Konkursgerichts.

Dasselbe gilt, wenn nach der Schlußverteilung oder der Aufhebung des Verfahrens zur Konkursmasse gehörige Vermögensstücke ermittelt werden.

---

1. Nach § 166 tritt Nachtragsverteilung in 3 Fällen ein: 1

a. wenn nach dem Vollzuge der Schlußverteilung Beträge, die von der Masse zurückbehalten waren, für diese frei werden,

b. wenn nach dem Vollzuge der Schlußverteilung Beträge, die aus der Masse gezahlt waren, zu dieser zurückfließen,

c. wenn nach der Schlußverteilung oder der Aufhebung des KVerf. zur KM. gehörige Vermögensstücke ermittelt werden.

Ob das KVerf. bereits aufgehoben ist oder nicht, ist für die Nachtragsverteilung stets gleichgültig; M. 386. Die Fassung des Gesetzes ist bezüglich dieses Punktes nur ungenau. Ebenso bedeuten auch die Worte „nach dem Vollzuge der Schlußverteilung" in Abs. 1 und „nach der Schlußverteilung" in Abs. 2 nichts Verschiedenes. Beide Ausdrücke sind ungenau; als Anfangszeitpunkt ist in beiden Fällen der Beginn des Vollzuges der Schlußverteilung zu verstehen, also die Mitteilung der Berechnung für die Schlußverteilung an mindestens einen der teilnahmeberechtigten Gläubiger; ebenso Fitting § 43 A. 1; v. Wilm.-Kurlb. A. 1; Jaeger A. 8; Oetker I S. 417. Nach Pet.-Kleinf. A. 1 u. v. Sarw.-Boss. A. 1 ist schon der Zeitpunkt der erfolgten Berechnung der Schlußdividende, nach Kohler, Lehrbuch S. 584 A. 3 die gerichtliche Hinterlegung des Schlußverzeichnisses, nach Wolff A. 2 der Schlußtermin maßgebend.

2. Daß Beträge, welche von der Masse zurückbehalten sind, für diese frei 2
werden, kann in drei Fällen eintreten;

a. wenn eine streitig gebliebene Forderung in dem Feststellungsprozeß für unbegründet erklärt wird (§§ 152, 168 Nr. 1);

b. wenn bei einer suspensiv bedingten Forderung die Bedingung ausfällt, nachdem der Verwalter die ihm gesetzlich obliegende Sicherheit geleistet hat (§§ 154, 168 Nr. 2);

c. wenn die Resolutivbedingung einer Forderung eintritt und der zur Sicherheitsleistung verpflichtete Gläubiger die Sicherheit nicht geleistet hat (§ 168 Nr. 4).

Auch die Gegenstände unterliegen als „freigeworden" der Nachtragsverteilung, die wegen einstweiliger Unverwertbarkeit durch Beschluß der GlV. der Nachtragsverteilung vorbehalten und inzwischen verwertbar geworden sind; RG. 28 S. 71; 31 S. 42; Fitting § 42 A. 13; Jaeger A. 2; Oetker in ZfDZP. 25 S. 45. (AM. v. Sarw.-Boss. § 161 A. 1, § 166 A. 7, weil kein nachträgliches „Ermitteln", Abs. 2, vorliegt.)

Die Gegenstände müssen aber „für die Masse" freigeworden sein; deshalb fällt, wenn die Aktivmasse in Bausch und Bogen vom KV. verkauft worden ist, ein für Rechnung der Masse hinterlegter Streitgegenstand beim Unterliegen des Gegners nicht den KGl., sondern dem Käufer der Masse zu; Kammergericht in OLG. 6 S. 368.

3 **3.** Daß Beträge, welche aus der Masse gezahlt worden, demnächst zu dieser zurückfließen, kann z. B. eintreten im Falle des § 171; ferner, wenn ein Gläubiger eine irrtümlich empfangene Zahlung als Nichtschuld zurückzahlt; wenn die Resolutivbedingung einer getilgten Forderung eintritt. Der Rechtsgrund des Zurückfließens ist ebenso unerheblich wie die Person, von welcher die Rückzahlung an die Masse erfolgt.

4 **4.** Nach Beginn des Vollzuges der Schlußverteilung (A. 1) ermittelte Vermögensstücke. Hierher gehören nur solche Vermögensstücke, deren Zugehörigkeit zur KM. dem KV. bei der Schlußverteilung nicht bekannt war, also außer den verheimlichten oder bei Seite geschafften auch solche Vermögensstücke, die der KV. irrtümlich als mit andern veräußert angesehen (RG. 25 S. 10), ebenso Forderungen, die er irrtümlich als durch Gegenforderungen aufgezehrt erachtet hat; RG. 36 S. 23. Massegegenstände, die dem GSch. vom Verwalter freigegeben sind, können als nachträglich ermittelte auch dann nicht angesehen werden, wenn die Freigabe in irrtümlicher Annahme der Unverwertbarkeit erfolgt ist; RG. 25 S. 8.

5 **5.** Auch die Vermögensstücke, welche Gegenstand einer Nachtragsverteilung sein können, gelangen durch die Aufhebung des KVerf. in die freie Verfügung des GSch. zurück. Hat demnächst der GSch. über einen solchen Gegenstand verfügt, oder ein einzelner Gläubiger ihn zu seiner Befriedigung in Beschlag genommen oder verwendet, so hat damit die Möglichkeit aufgehört, daß der Gegenstand als ein zur Masse gehöriger noch nachträglich ermittelt werde und für die Anwendung des § 166 Abs. 2 bleibt kein Raum. Der Gläubiger aber, welcher weiß, daß ein Gegenstand zu denen gehört, die nach Konkursrecht zur Befriedigung der Gesamtheit dienen sollen, und daß nur aus Unkenntnis diese Verwendung bis zur Schlußverteilung unterblieben ist, handelt arglistig, indem er die Unkenntnis des Verwalters und der Gläubigerschaft zu seinem Vorteil benutzt. Er kann deshalb von seinem im übrigen gültig erworbenen Rechte an der Sache der Gläubigerschaft gegenüber keinen Gebrauch machen; RG. 25 S. 7; Bolze 6 Nr. 1297; Pet.-Kleinf. A. 5; Jaeger A. 7; v. Sarw.-Boss. A. 7. AM. Fitting § 43 A. 4.

6 **6.** Die Nachtragsverteilung muß vom KG. besonders angeordnet werden. Die Anordnung, welche die Verteilung selbst, deren Zeit und die Festsetzung der Teilungssumme zum Gegenstande hat, kann sowohl von Amts wegen als auf Antrag des

Verwalters oder eines KGl. getroffen werden. Der Beschluß des Gerichts ist im Falle der Ablehnung dem Antragsteller, im Falle der Anordnung dem GSch. und dem KV. zuzustellen und kann von diesem durch sofortige Beschwerde angefochten werden; § 73. Jaeger A. 10; Fitting § 43 A. 6.

7. Verfahren. Die Nachtragsverteilung gilt als Ergänzung der Schlußver- 7 teilung. Deshalb hat sie auch der bisherige KV. kraft seines durch § 6 Abs. 2 ihm eingeräumten und fortwirkenden Verwaltungs- und Verfügungsrechts vorzunehmen. Er hat auch die KM. in Prozessen, welche die Nachtragsverteilung betreffen, zu vertreten, selbst wenn das KVerf. bereits aufgehoben war; RG. 28 S. 68; 53 S. 265. Zur Fortsetzung eines Anfechtungsprozesses ist er aber nicht mehr befugt; RG. 31 S. 42. Ist der Verwalter nicht mehr zu erlangen, z. B. verstorben, so ist vom KG. für die Nachtragsverteilung ein neuer Verwalter zu bestellen. „Die Bewilligung eines nachträglichen Honorars (auch für den bisherigen KV.) ist nicht ausgeschlossen;" M. 386.

Das für die Schlußverteilung festgestellte Schlußverzeichnis bleibt auch für die 8 Nachtragsverteilung maßgebend, so daß KForderungen, die von der Schlußverteilung ausgeschlossen sind, auch bei der Nachtragsverteilung nicht berücksichtigt werden können. Die nachträgliche Teilungssumme ist gemäß § 151 bekannt zu machen, und gemäß § 159 Abs. 2 den zu berücksichtigenden Gläubigern der Prozentsatz der Nachtragsverteilung mitzuteilen; M. 386; dagegen bedarf es nicht der Bekanntmachung des Betrages der teilnahmeberechtigten Forderungen oder der nochmaligen Niederlegung des Schlußverzeichnisses auf der Gerichtsschreiberei. Eine besondere Ausschlußfrist (§ 152) fällt fort. Verfügbar für die KGl. ist aber die vorhandene Masse nur nach Berichtigung der dem KV. bekannten Massekosten (Auslagen des KG.) und Masseschulden. Masseansprüche müssen vom KV. insoweit berücksichtigt werden, als sie ihm bis zur Bekanntmachung der Nachtragsverteilung d. h. bis zum Ablaufe des zweiten Tages seit der Ausgabe des die Bekanntmachung enthaltenden Amtsblattes (§ 76) bekannt geworden sind; § 172.

8. Über die Verwaltung und Verteilung der zur Nachtragsverteilung gebrachten 9 Beträge hat der KV. dem KG. Rechnung zu legen. Diese Bestimmung gilt ausnahmslos, also auch dann, wenn die Nachtragsverteilung vor der Beendigung des Konkurses, mithin zu einer Zeit stattgefunden hat, in welcher die Funktion der GlV. und des etwa bestellten GlA. noch fortdauerte; Jaeger A. 12.

9. Werden für eine eventuelle Nachlaßverteilung nur ganz unbedeutende Be- 10 träge frei z. B. infolge Zurückzahlung des Restes eines nicht verbrauchten Gerichtskostenvorschusses an den Verwalter, so kann zweifelhaft sein, was mit einem solchen kleinen Betrage angefangen werden soll. Nachtragsverteilung ist ausgeschlossen, weil der verfügbare Betrag zur Bestreitung der Kosten einer solchen nicht ausreicht. Dem GSch. steht ein Recht auf solche Beträge jedenfalls nicht zu. Es dürfte sich empfehlen, solche kleinen Beträge dem Verwalter als nachträgliches Honorar zu überweisen.

§ 167 (154). Der Vollzug einer jeden Verteilung erfolgt durch den Verwalter.

1. Der Vollzug der Verteilung beginnt bei Abschlagsverteilungen mit der Mit- 1 teilung des Prozentsatzes (§ 159 Abs. 2; § 51 Nr. 3 GKG.), bei Schluß- und Nachtragsverteilungen mit der Mitteilung des dem einzelnen Gläubiger zukommenden Betrages. Er ist vollendet, wenn jeder Gläubiger den ihm zukommenden Betrag er-

halten hat oder sich im Annahmeverzuge befindet Annahmeverzug des Gläubigers liegt dann vor, wenn er innerhalb der vom KV. bestimmten Frist oder, wenn solche Bestimmung nicht ergangen ist, innerhalb eines angemessenen Zeitraums den ihm zukommenden Betrag nicht erhoben hat. Jeder Gläubiger kann Zahlung in barem Gelde verlangen, muß es aber erheben (§ 169), also vom Verwalter holen. Eine Verpflichtung des Verwalters, dem Gläubiger das Geld zuzusenden, besteht nicht. Kommt er einem hierauf gerichteten Wunsche nach, so hat der Gläubiger die Gefahr zu tragen. Anweisungen auf die Hinterlegungsstelle gelten nur mit Zustimmung des Gläubigers als Zahlungsmittel. Aufrechnung müssen sich die Gläubiger dann gefallen lassen, wenn sie zur Masse etwas verschulden und die Aufrechnung nach §§ 387 ff. BGB. zulässig ist.

2 **2.** Der Vollzug jeder Verteilung erfolgt durch den KV. Etwaige Streitigkeiten über den Vollzug unterliegen nicht der Entscheidung des KG., sondern sind im Prozeßwege zum Austrag zu bringen, sofern nicht im Aufsichtswege gemäß § 84 Abhilfe möglich ist; RG. JW. 96 S. 34.

§ 168 (155). Die Anteile

1. auf Forderungen, welche in Folge eines bei der Prüfung erhobenen Widerspruchs im Prozesse befangen sind,
2. auf Forderungen, welche von einer aufschiebenden Bedingung abhängen,
3. auf Forderungen, für welche eine abgesonderte Befriedigung beansprucht und der Vorschrift des § 153 Abs. 2 genügt ist,
4. auf Forderungen unter auflösender Bedingung, sofern der Gläubiger zu einer Sicherheitsleistung verpflichtet ist und die Sicherheit nicht leistet,

werden zurückbehalten.

---

1 **1.** Die Nr. 1, 2 und 4 gelten für alle Verteilungen, Nr. 3 nur für Abschlagsverteilungen; §§ 153 Abs. 2, 156. In allen Fällen dauert die Zurückbehaltung so lange, als deren Grund besteht. Die Zinsen der bei Abschlagsverteilungen zurückbehaltenen Anteile wachsen der Masse zu, während die Zinsen der bei der Schluß- (oder Nachtrags-) Verteilung zurückbehaltenen oder nicht erhobenen, nach Anordnung des Gerichts hinterlegten Beträge den Beteiligten gebühren; § 169.

2 **2.** Zu Nr. 1. Hierher gehören alle Forderungen, welche infolge eines bei der Prüfung, nicht etwa erst später, erhobenen Widerspruchs im Prozesse befangen sind. Ist die Forderung, gegen welche der Widerspruch sich richtet, nicht mit einem Vollstreckungstitel versehen, so bleibt sie bei der Verteilung unberücksichtigt, wenn nicht bis zum Ablauf der Ausschlußfrist dem Verwalter der Nachweis geführt wird, daß die Feststellungsklage überhaupt, wenngleich nur gegen einen Widersprechenden, zugestellt ist; § 152. Wird dieser Nachweis geführt, so ist der betreffende Anteil zurückzubehalten. Die Auszahlung kann erst dann erfolgen, wenn der Widerspruch aller beseitigt ist. Bei Forderungen, welche mit einem Vollstreckungstitel versehen sind, steht die Erhebung des Widerspruchs der Auszahlung des darauf fallenden Anteils nicht entgegen. Wird vor der tatsächlich erfolgten Auszahlung die Widerspruchsklage zugestellt, so ist der Anteil zurückzubehalten, auch wenn die Klage nur von einem der mehreren Widersprechenden und nach Ablauf der Ausschlußfrist (M. 387) erhoben sein sollte. Wird rechtskräftig zugunsten des Widersprechenden erkannt, so bleibt die Forderung unberücksichtigt. Wird der Widerspruch rechtskräftig verworfen,

so ist die Forderung auszuzahlen, auch wenn noch andere, die nicht geklagt haben, widersprochen haben sollten; §§ 152, 146 Abs. 6.

3. Zu Nr. 2: Vgl. §§ 67, 154, 156. Zu Nr. 3: Vgl. §§ 153, 156. Zu Nr. 4: Vgl. § 66. 3

4. Liegt Annahmeverzug seitens des Gläubigers vor oder können aus einem anderen in der Person des Gläubigers liegenden Grunde oder infolge einer Ungewißheit über die Person des Gläubigers die Anteile nicht mit Sicherheit ausgezahlt werden, so ist nach Maßgabe der §§ 372 ff. BGB. zu hinterlegen. 4

§ 169 (156). **Die Beträge, welche bei dem Vollzuge der Schlußverteilung zurückzubehalten sind, oder welche bis zu diesem Zeitpunkte nicht erhoben werden, hat der Verwalter nach Anordnung des Gerichts für Rechnung der Beteiligten zu hinterlegen.**

---

1. Den Gegenstand des § 169 bilden: 1

a. die nach § 168 Nr. 1, 2, 4 bei Beginn der Schlußverteilung zurückzubehaltenden Beträge;

b. die Beträge, welche bei dem Vollzuge der Schlußverteilung tatsächlich nicht abgehoben worden sind.

2. Die Hinterlegung geschieht nach Anordnung des Gerichtes. Die Anordnung ist nach Feststellung der Voraussetzungen des § 169 von Amts wegen zu treffen und hat sowohl die Hinterlegungsstelle als auch die Art und Weise der Hinterlegung zu bestimmen. Der Regel nach wird die Hinterlegung bei der amtlichen Hinterlegungsstelle erfolgen; es kann aber auch anderswo, z. B. bei Banken oder Sparkassen, hinterlegt werden. Gegen die Anordnung steht dem KV., dem Bezugsberechtigten und allen am Freiwerden des hinterlegten Betrages interessierten Gläubigern die sofortige Beschwerde zu; § 73. Die Hinterlegung selbst ist Sache des KV. Den Nachweis der Empfangsberechtigung hat der sich meldende Gläubiger der Hinterlegungsstelle zu führen. Die Hinterlegung erfolgt auf Rechnung der Beteiligten. Der Bezugsberechtigte trägt also einen etwaigen Verlust des hinterlegten Geldes, hat aber auch Anspruch auf die aufgelaufenen Zinsen. Etwa später frei werdende Beträge werden nachträglich unter die KGl. verteilt; § 166. 2

3. Dauer. Die Hinterlegung zurückbehaltener Beträge dauert so lange wie das der Auszahlung entgegenstehende Hindernis. Nicht erhobene Beträge bleiben hinterlegt bis zur Erhebung. Unterbleibt diese Erhebung auch nachträglich, so bestimmen sich die Folgen nach dem bürgerlichen Rechte. Die §§ 375, 378, 381, 382 BGB. finden Anwendung. Eine Befugnis, dem Bezugsberechtigten eine Frist zur Erhebung unter Androhung des Verlustes zu erteilen, steht dem KG. nicht zu; Pet.-Kleinf. A. 9. A. M. Jaeger A. 4; wo ausgeführt ist, das KG. sei nach § 169 ermächtigt anzuordnen, daß die nicht erhobenen, aber zahlbaren Beträge nach fruchtlosem Verlauf einer bestimmten Frist zur Nachtragsverteilung zu bringen seien. 3

4. § 169 spricht zwar nur von der Schlußverteilung, dürfte aber auf Nachtragsverteilungen entsprechend anzuwenden sein. 4

§ 170 (157). **Zahlungen auf festgestellte bevorrechtigte Forderungen kann der Verwalter mit Ermächtigung des Gerichts unabhängig von den Verteilungen leisten.**

1 1. Auf bevorrechtigte Forderungen (§ 61 Nr. 1—5) kann der Verwalter, sofern sie nach ihrem Betrage und Vorrechte festgestellt sind, Zahlungen auch unabhängig von den Verteilungen leisten, jedoch nur mit Ermächtigung des KGerichts. Diese Ermächtigung wird das Gericht nur dann erteilen, wenn es die Überzeugung erlangt hat, daß die Masse zur Befriedigung aller Masseansprüche (auch der streitigen und der später erst entstehenden) sowie zur Befriedigung der gleich oder besser berechtigten KGl. hinreicht. Die Erteilung der Ermächtigung berechtigt den Verwalter zwar zu Zahlungen, verpflichtet ihn aber nicht dazu; M. 373. Die Erteilung der Ermächtigung giebt den betreffenden bevorrechtigten Gläubigern auch keinen im Prozeßwege verfolgbaren Anspruch auf Zahlung unabhängig von den Verteilungen. Die bevorrechtigten KGl. können nur die Erteilung der Ermächtigung an den KV. bei dem KG. beantragen und gegen den abschlägigen Bescheid sofortige Beschwerde einlegen; § 73 Abs. 3. Gegen die Erteilung der Ermächtigung steht den gleich oder besser berechtigten KGl. sowie den Massegläubigern die sofortige Beschwerde zu; Jaeger A. 2; Fitting § 39 A. 5; v. Wilm.-Kurlb. A. 1; Pet.-Kleinf. A. 1; a. M. v. Sarw.-Boss. A. 1 (keine Beschwerde gegen die Ablehnung) u. Wolff A. 1 (Massegläubiger sind nicht beschwerdeberechtigt.)

2 2. Zahlungen ohne gerichtliche Ermächtigung machen den KV. schadensersatzpflichtig; § 82. Haben durch die Zahlung Gläubiger besseren oder gleichen Ranges einen Ausfall erlitten, so steht ihnen gegen die auf ihre Kosten bereicherten Zahlungsempfänger der Bereicherungsanspruch aus § 812 BGB. zu; Jaeger A. 4; Wolff A. 1. (A. M. Oetker S. 493 u. Seuffert S. 369. Beide wollen nur dem KV. und seinem Nachfolger die condictio sine causa einräumen.)

§ 171 (158). **Beträge, welche zur Sicherstellung eines bedingt zur Aufrechnung befugten Gläubigers nach Maßgabe des § 54 Abs. 3 hinterlegt worden sind, fließen für die Schlußverteilung zur Konkursmasse zurück, wenn die Möglichkeit des Eintritts der Bedingung eine so entfernte ist, daß die bedingte Forderung einen gegenwärtigen Vermögenswert nicht hat.**

1 Die Vorschrift entspricht dem § 154 Abs. 2. Sie ist aus Zweckmäßigkeitsgründen in das Gesetz aufgenommen, damit die Schlußverteilung nicht übermäßig hinausgeschoben wird.

§ 172 (159). **Masseansprüche, welche nicht bis zu der Festsetzung des Prozentsatzes oder der Beendigung des Schlußtermins oder der Bekanntmachung einer Nachtragsverteilung zur Kenntnis des Verwalters gelangt sind, können nicht auf den Massebestand geltend gemacht werden, welcher zur Auszahlung des festgesetzten Prozentsatzes erforderlich ist oder den Gegenstand der Schlußverteilung oder der Nachtragsverteilung bildet.**

1 1. Masseansprüche (§§ 58, 59) sind außerhalb des KVerf., ein jeder sobald er fällig ist, der Regel nach (Ausnahme: § 60) ohne Rücksicht auf andere Masseansprüche vorweg aus der KM. zu berichtigen; § 57. Der KV. hat also auf sie bei den Verteilungen Rücksicht zu nehmen, vorausgesetzt, daß sie ihm rechtzeitig bekannt geworden sind. Nicht rechtzeitig zur Kenntnis des KV. gelangte Masseansprüche sind von dem Anspruch auf Befriedigung ausgeschlossen. Auf die Ursachen, welche diese Kenntnis-

nahme verhindert haben, kommt es nicht an. Hat der Verwalter die Nichtkenntnis selbst verschuldet, so ist er schadensersatzpflichtig.

2. Zeitpunkt der Ausschließung: 2

a. bei Abschlagsverteilungen. Die Frist für die Kenntnisnahme des Verwalters läuft bis zur Mitteilung des festgesetzten Prozentsatzes an die Gläubiger, wenn auch nur an einen von ihnen; §§ 152, 159 Abs. 2. Die Ausschließung umfaßt nur den zur Auszahlung des festgesetzten Prozentsatzes erforderlichen Betrag, nicht also die übrig gebliebene Restmasse; § 155.

b. bei der Schlußverteilung. Die Ausschließung tritt ein, sobald der 3
Schlußtermin für geschlossen erklärt ist; § 136 Abs. 4 ZPO. Die Wiedereröffnung des Termines gemäß § 156 ZPO. zum Zwecke der nachträglichen Zulassung eines Massegläubigers kann nicht für zulässig gehalten werden. Die Ausschließung erstreckt sich auf die ganze Masse, welche bei der Schlußverteilung zu berücksichtigen ist, einschließlich der Gläubigeranteile, welche nach der Beendigung des Schlußtermins, aber vor dem Vollzuge der Schlußverteilung frei geworden sind, da diese Anteile den übrigen anteilberechtigten Gläubigern zuwachsen, mithin zur Schlußverteilung gehören; § 166. Dagegen erstreckt sich die Ausschließung nicht auf die nach dem Vollzuge der Schlußverteilung freigewordenen Anteile sowie auf die nach diesem Zeitpunkt ermittelten Werte der Masse und auf die zur Masse zurückgeflossenen Beträge. Diese Anteile und Beträge bilden den Gegenstand einer Nachtragsverteilung.

c. bei Nachtragsverteilungen. Die Ausschließung beginnt mit der Be- 4
kanntmachung der Nachtragsverteilung (§ 76) und bezieht sich auf die sämtlichen bei dieser auszuzahlenden oder zurückzubehaltenden Beträge.

3. Soweit in den Fällen zu a, b und c die Ausschließung der Massegläubiger 5
reicht, sind die berücksichtigten KGl. vor jeder Rückforderung gesichert. Immer aber erstreckt sich die Ausschließung nur auf die KM. selbst. Der persönliche Anspruch der ausgeschlossenen Massegläubiger an den GSch. bleibt unberührt.

Die Nichtberücksichtigung rechtzeitig geltend gemachter Masseansprüche bildet einen Arrestgrund nach § 917 ZPO.; vgl. Motive 389.

Sechster Titel.

Zwangsvergleich.

§ **173** (160). Sobald der allgemeine Prüfungstermin abgehalten und so lange nicht die Vornahme der Schlußverteilung genehmigt worden ist, kann auf den Vorschlag des Gemeinschuldners zwischen diesem und den nicht bevorrechtigten Konkursgläubigern ein Zwangsvergleich geschlossen werden.

---

1. Allgemeines. Wenn nach Ausschüttung der ganzen KM. die Forde- 1
rungen der KGl. nicht vollständig getilgt sind, so bleibt der GSch. mit seinem gesamten Vermögen für die ausgefallenen Beträge haftbar. Von dieser Haftung kann er sich durch Herbeiführung eines Zwangsvergleichs frei machen.

Über die rechtliche Natur des Zwangsvergleichs herrscht Streit. Es wird von einer Seite die Urteilstheorie, von der andern Seite die Vertragstheorie vertreten. Eine vollständige Angabe der Literatur gibt Jaeger § 173 A. 4 ff. Nach der

Urteilstheorie ist der Zwangsvergleich ein auf den Vergleichsvorschlag erlassenes richterliches Urteil, durch das der Konkurs unter bestimmten Modalitäten für erledigt erklärt wird. Nach der Vertragstheorie ist der Zwangsvergleich ein Vertrag. Die Vertragstheorie ist die herrschende und muß als die zutreffende angesehen werden. Sie steht im Einklang sowohl mit den Motiven (M. 390, 396) als auch mit dem Wortlaut des Gesetzes. So § 173, wonach „zwischen dem GSch. und den nicht bevorrechtigten KGl. ein Vergleich geschlossen wird.“ Ferner § 182, der von der „Annahme des Vergleichs“ und § 184, der von der „Bestätigung des angenommenen Vergleichs“ handelt. Endlich § 196, wonach „der vergleichsweise Erlaß“ wegen Betruges anfechtbar ist. Die auf positiver Gesetzesvorschrift beruhende Bindung der Minderheit an den Mehrheitsbeschluß (§§ 182 f., 193) erklärt sich durch die Annahme einer Zwangsvertretung. Die richterliche Bestätigung des Zwangsvergleichs enthält nur die Bestätigung, daß die gesetzlichen Voraussetzungen der Wirksamkeit des Vergleichs erfüllt sind. Auch als Vergleich im Sinne des § 779 BGB. ist der Zwangsvergleich aufzufassen, da durch ihn die Unsicherheit der Verwirklichung eines Anspruchs beseitigt wird. Es finden also der § 133 Nr. 2 KO. und § 1822 Nr. 12 BGB. Anwendung; Jaeger A. 5—14.

2 **2.** Die **zeitlichen Grenzen** für den Abschluß des Zwangsvergleichs bilden:

a. einerseits der abgehaltene allgemeine Prüfungstermin (§ 141), weil erst durch diesen eine Grundlage für die Beurteilung des Vermögenszustandes des Schuldners gewonnen werden kann; M. 403. Der Verbindung des Vergleichstermins mit dem Prüfungstermin steht nichts entgegen; § 180. Doch kann mit dem ersteren erst nach Abschluß des letzteren begonnen werden.

b. andererseits der Zeitpunkt, in welchem das KG. gemäß § 161 Abs. 2 die Schlußverteilung genehmigt. Wird vor der vom KV. beabsichtigten Schlußverteilung ein Vergleichsvorschlag gemacht, so steht es dem KG. frei, die Genehmigung der Schlußverteilung einstweilen auszusetzen; Jaeger A. 22; Fitting § 47 A. 2. (AM. Pet.-Kleinf. A. 2 u. v. Sarw.-Boss. A. 2. Danach ist das KG. zur Aussetzung der Genehmigung der Schlußverteilung verpflichtet.)

3 **3.** **Unzulässig** ist ein Zwangsvergleich nur im Konkurse über das Vermögen einer eingetragenen Genossenschaft, eines Versicherungsvereins auf Gegenseitigkeit und einer registrierten Gesellschaft des älteren bayr. Rechtes; § 116 GenG. v. 20. Mai 1898, §§ 52, 53 Ges. v. 12. Mai 1901; § 6 Abs. 2 EG. z. KO. In dem Konkurse einer offenen Handelsgesellschaft, einer Kommanditgesellschaft oder einer Kommanditgesellschaft auf Aktien müssen sämtliche persönlich haftenden Gesellschafter, in dem Konkurse über einen Nachlaß sämtliche Erben (oder der Nachlaßverwalter) den Vergleichsvorschlag machen, sonst ist ein Zwangsvergleich nicht zulässig; §§ 211, 230.

4 **4.** **Berechtigt zu dem Vorschlage** eines Zwangsvergleichs ist nur der GSch., nicht ein Dritter, auch wenn er zur Vermittelung des Zustandekommens des Zwangsvergleichs, z. B. als Bürge auftritt und aus diesem Grunde die Wirkungen des Zwangsvergleichs auch gegen sich gelten lassen muß, § 194. Für den prozeßunfähigen Schuldner ist der Antrag von seinem gesetzlichen Vertreter zu stellen, also für den Mündel vom Vormunde, für eine juristische Person von deren durch Gesetz oder Statut berufenem Organ. Antragsstellung durch einen Bevollmächtigten ist zulässig. Der **Antrag** (Inhalt: § 174) kann schriftlich oder zu Protokoll des Gerichtsschreibers bis zu dem unter 2b angegebenen Zeitpunkt in jedem Abschnitt des Verfahrens, auch vor dem allgemeinen Prüfungstermin, gestellt und sogar mit dem Antrag auf KE. verbunden werden.

5. Die Interessenten des Zwangsvergleichsverfahrens sind 5
außer dem GSch. nur die nichtbevorrechtigten KGl. (§ 61 Nr. 6). Es scheiden also aus:

a. die Massegläubiger (§ 191 Abs. 1);

b. die Aussonderungsberechtigten;

c. die Absonderungsberechtigten (§ 193), soweit sie nicht als KGl. aufgetreten sind (§ 64). Soweit ein Absonderungsberechtigter auf seine Befugnis zur abgesonderten Befriedigung verzichtet, unterliegt er den Wirkungen des Zwangsvergleichs: RG. 23 S. 43;

d. die bevorrechtigten Gläubiger (§ 191 Abs. 2).

6. Zurückziehung des Vergleichsvorschlags. Ihre Zulässigkeit ergibt 6
sich aus § 176. Wird mit der vorherrschenden Ansicht daran festgehalten, daß der Zwangsvergleich Vertragsnatur hat (A. 1), so ist die Zurückziehung des Vergleichsvorschlags nur so lange möglich, als der Vorschlag noch nicht von der Gläubigerversammlung angenommen ist (§ 182), nicht aber, wie aus der Urteilstheorie folgen würde, bis zur Erlassung des gerichtlichen Bestätigungsbeschlusses; Jaeger A. 23; Fitting § 46 A. 3. AM. (nach der Urteilstheorie) Foerster-Eccius I § 120 A. 3. Durch den Tod oder die Geschäftsunfähigkeit des GSch. wird der noch nicht angenommene Vergleichsvorschlag nicht unwirksam (§ 153 BGB.), kann aber bis zur Vergleichsannahme von jedem einzelnen Erben oder vom Vormund widerrufen werden. Tritt der Tod des GSch. erst nach Annahme des Vergleichsvorschlages ein, so ist das Widerrufsrecht des Erben ausgeschlossen; Pet.-Kleinf. § 174 A. 5.

7. Aussetzung der Abschlagsverteilung: § 160. Verwertung der Masse trotz des 7
eingereichten Zwangsvergleichsvorschlags: §§ 133 Nr. 1, 135 Abs. 2. Einstellung des KVerf. auf Grund der Zustimmung aller Gläubiger: § 202.

8. Ein Verfahren zur Abwendung eines KVerf. (Präventivakkord) gibt es nach 8
der KO. nicht. Die Vorschriften der Landesgesetze über ein solches Verfahren sind aufgehoben; § 4 EG. z. KO.

§ 174 (161). Der Vergleichsvorschlag muß angeben, in welcher Weise die Befriedigung der Gläubiger erfolgen, sowie ob und in welcher Art eine Sicherstellung derselben bewirkt werden soll.

1. Der Vergleichsvorschlag muß Höhe und Art der Befriedigung der beteiligten 1
KGl. ergeben. Ein Nachlaß der Forderungen ist nicht wesentlich; M. 406. Auch Sicherstellung gehört nicht zum notwendigen Inhalt des Vergleichs, wird aber regelmäßig von den Gläubigern gefordert werden. Wesentlich ist dagegen, daß allen nicht bevorrechtigten KGl. gleiche Rechte gewährt werden, und daß Ungleichheiten nur mit ausdrücklicher Einwilligung der zurückgesetzten Gläubiger zulässig sind; § 181. Die angebotene Sicherstellung (durch Pfand oder Bürgschaft) braucht nicht schon bei Einreichung des Vergleichsvorschlags zu geschehen. Der Annahme, es könne ein Zwangsvergleich auch in der Weise geschlossen werden, daß die Befriedigung der Gläubiger durch einen Dritten an Stelle des GSch. vereinbart wird (L. Seuffert S. 414), steht der Wortlaut des § 194 entgegen; Jaeger A. 5.

2. Die Vorschrift des § 174 ist zwingend („muß"). Fehlt der vorgeschriebene 2
Inhalt, so ist der Vergleichsvorschlag, sofern er nicht auf Aufforderung des Gerichts ergänzt wird, zurückzuweisen. Die Zurückweisung ist aber keine „Verwerfung" im Sinne des § 176. Der zurückweisende Beschluß ist dem GSch., dem dagegen die

sofortige Beschwerde zusteht (§ 73), von Amts wegen zuzustellen. Durch die Zurückweisung wird die Stellung eines neuen, besser begründeten Antrages nicht ausgeschlossen. Eine Änderung der gemachten Vorschläge ist jederzeit statthaft, solange noch nicht die Beschlußfassung der Gläubiger (§ 182) erfolgt ist Stellt aber der Gläubiger im Termine ungünstigere Bedingungen, so kann er nicht verlangen, daß darüber abgestimmt wird, vielmehr enthält eine solche Abänderung die Zurücknahme des bisherigen und das Vorbringen eines neuen Vorschlags; es finden also die §§ 176, 178 Anwendung.

3 **3.** Die bei Zwangsvergleichen vor dem KG. abgegebenen Bürgschaftserklärungen sind in Preußen stempelfrei; Allgemeine Verfügung vom 12. Mai 1893 (JMBl S. 142).

§ 175 (162). Ein Zwangsvergleich ist unzulässig:

1. **solange der Gemeinschuldner flüchtig ist oder die Ableistung des Offenbarungseides verweigert;**
2. **solange gegen den Gemeinschuldner wegen betrüglichen Bankerutts eine gerichtliche Untersuchung oder ein wiederaufgenommenes Verfahren anhängig ist;**
3. **wenn der Gemeinschuldner wegen betrüglichen Bankerutts rechtskräftig verurteilt worden ist.**

---

1 **1.** Die Feststellung des Vorhandenseins der Tatumstände zu 1, 2, und 3 erfolgt von Amts wegen. Gegebenen Falles ist der Vergleichsvorschlag zurückzuweisen. Hiergegen ist sofortige Beschwerde zulässig.

2 **2.** Als flüchtig wird der GSch. gelten müssen, wenn er sich ohne Erlaubnis des KG. von seinem Wohnorte entfernt oder, sofern sein Aufenthalt bekannt ist, auf Aufforderung nicht zurückkehrt. Mit der Rückkehr des GSch. fällt das Hindernis der Akkordschließung fort; M. 409. Rechtswidrige Verweigerung der Leistung des Offenbarungseides (§ 125) steht der Flucht gleich.

3 **3.** Die gerichtliche Untersuchung umfaßt nach der Nov. nicht nur das Hauptverfahren bis zu dessen endgültiger Erledigung, sondern auch die Voruntersuchung (§§ 176 ff. StPO.), nicht aber auch das staatsanwaltschaftliche Ermittelungsverfahren. In Frage steht nur der betrügliche Bankerutt (§ 239). Wiederaufnahme des Verfahrens (zu Ungunsten des Schuldners): §§ 402, 410 Abs. 2 StPO.

4 **4.** Die Verurteilung wegen betrüglichen Bankerutts (§ 239) bildet nicht nur, wie in den Fällen der Nr. 1 und 2, („solange") ein zeitweises, sondern ein dauerndes Hindernis für den Vergleichsschluß in dem Konkurse, in welchem die Verurteilung ergangen ist (a. M. Wolff A. 4). Der Fall des § 175 Ziff. 3 liegt auch dann vor, wenn der wegen betrüglichen Bankerutts rechtskräftig verurteilte GSch. während des KVerf. stirbt; Jaeger A. 8. AM. v. Voeldernndorff II S. 550; L. Seuffert S. 417. Eine Begnadigung kann die privatrechtlichen Folgen der Verurteilung nicht aufheben. Eine Verurteilung wegen eines früheren Konkurses ist kein Hindernis.

5 **5.** Wenn der Vergleichsvorschlag von mehreren Personen gestellt werden muß (§§ 211, 230), so findet § 175 auch dann Anwendung, wenn nur bezüglich einer dieser Personen ein Unzulässigkeitsgrund vorliegt. Ob im Konkurse juristischer Personen § 175 schon dann zutrifft, wenn nur bezüglich eines Vorstandsmitgliedes die Voraussetzungen des § 175 erfüllt sind, ist streitig, aber mit Rücksicht auf die ratio

des § 244 wohl zu bejahen; a. M. z. B. Jaeger A. 3, wo die Literatur über diese Frage angeführt ist.

6. Den Fall des nachträglichen Eintretens eines Unzulässigkeitsgrundes regeln 6
die §§ 186 Nr. 2, 197.

§ 176 (163). Auf Antrag des Verwalters und, wenn ein Gläubigerausschuß bestellt ist, des letzteren kann das Gericht den Vergleichsvorschlag zurückweisen, wenn bereits in dem Konkursverfahren ein Vergleichsvorschlag von den Gläubigern abgelehnt oder von dem Gerichte verworfen oder von dem Gemeinschuldner nach der öffentlichen Bekanntmachung des Vergleichstermins zurückgezogen worden ist.

1. Das KG. **kann** ohne Anberaumung eines Vergleichstermins den Vergleichs- 1
vorschlag zurückweisen, wenn folgende Voraussetzungen erfüllt sind:

a. Es muß ein auf Zurückweisung gerichteter Antrag des Verwalters vorliegen.

b. Ist ein GlAusschuß bestellt, so muß auch dieser einen solchen Antrag gestellt haben.

c. Ferner muß in demselben KVerf. ein Vergleichsvorschlag bereits entweder:

α. von den Gläubigern abgelehnt oder

β. von dem Gerichte verworfen (§§ 186—188) oder

γ. von dem GSch. nach der öffentlichen Bekanntmachung des Vergleichstermins zurückgezogen worden sein.

2. Gegen die Entscheidung des Gerichts findet die sofortige Beschwerde statt 2
(§ 73). Sie steht im Falle der Zurückweisung des Vorschlages dem GSch., im Falle der Zulassung dem Verwalter oder dem GlAusschuß, falls diese die Zurückweisung beantragt hatten, zu.

3. Wiederholung des Antrages. Eine formelle Rechtskraft des Gerichts- 3
beschlusses, durch welchen ein früherer Vergleichsvorschlag verworfen wurde, wird vom Gesetze nicht anerkannt. Eine Wiederholung des Vergleichsvorschlages mit dem gleichen oder veränderten Inhalt ist zulässig. M. 410.

§ 177 (164). Wird der Vergleichsvorschlag nicht zurückgewiesen, so hat der Gläubigerausschuß sich über die Annehmbarkeit des Vorschlags zu erklären.

Erklärt der Gläubigerausschuß den Vorschlag nicht für annehmbar, so ist ein Widerspruch des Gemeinschuldners gegen die Verwertung der Masse nicht zu berücksichtigen.

1. Jeden Vergleichsvorschlag, der nicht nach §§ 173—176 zurückgewiesen wird, 1
hat das Gericht, wenn ein GlAusschuß bestellt ist, diesem mit der Aufforderung vorzulegen, sich innerhalb einer bestimmten Frist über die Annehmbarkeit des Vorschlages gutachtlich zu erklären. Nach Ablauf der Frist ist, gleichviel ob das Gutachten eingegangen ist oder nicht, und ob es sich für oder gegen die Annehmbarkeit des Vorschlages ausspricht, gemäß § 179 der Vergleichstermin anzuberaumen. Das zur Information der Gläubiger dienende Gutachten kann schriftlich abgegeben oder zu Protokoll des Gerichtsschreibers erklärt, auch unaufgefordert dem Gericht eingereicht werden; M. 411. Ist ein Gutachten weder erfordert noch unaufgefordert eingereicht, so liegt eine Zuwiderhandlung gegen die Vorschriften über das Verfahren vor. Es muß daher nach

§ 186 Nr. 1 das Gutachten nachträglich eingefordert und den §§ 178, 179 genügt werden. Ist der Vorschlag bereits von den Gläubigern angenommen, so ist ein neuer Vergleichstermin anzuberaumen; Jaeger A. 2; Pet.-Kleinf. A. 5. Durch Rechtskraft des Bestätigungsbeschlusses wird der vorliegende Mangel geheilt; M. 416; RG. JW. 04 S. 298.

2 2. Erklärt sich der GlAusschuß gegen die Annehmbarkeit des Vergleichsvorschlags, so hat dies lediglich die Folge, daß ein Widerspruch des GSch. gegen die Verwertung der Masse — abweichend von §§ 135 Abs. 2, 133 Nr. 1 — nicht zu berücksichtigen ist. Das Verfahren über den Vergleichsvorschlag wird fortgesetzt.

§ 178 (165). **Der Vorschlag und die Erklärung des Gläubigerausschusses sind auf der Gerichtsschreiberei zur Einsicht der Beteiligten niederzulegen.**

1 Die Niederlegung muß spätestens bei Anberaumung der Vergleichstermins (§ 179) erfolgen und bis zum Vergleichstermin dauern.

§ 179 (166). **Der Vergleichstermin soll nicht über einen Monat hinaus anberaumt werden. Der Termin ist öffentlich bekannt zu machen. Zu demselben sind der Gemeinschuldner, der Verwalter, sowie unter Mitteilung des Vergleichsvorschlags und des Ergebnisses der Erklärung des Gläubigerausschusses die nicht bevorrechtigten Konkursgläubiger, welche Forderungen angemeldet haben, besonders zu laden.**

In der Bekanntmachung ist zu bemerken, daß der Vergleichsvorschlag und die Erklärung des Gläubigerausschusses auf der Gerichtsschreiberei des Konkursgerichts zur Einsicht der Beteiligten niedergelegt seien.

1 1. Die Berechnung der Ladungsfrist erfolgt nach § 76 Abs. 1. Maßgebend ist also der Ablauf des zweiten Tages nach der Ausgabe des die erste Einrückung der Bekanntmachung enthaltenden Amtsblattes. Die Bekanntmachung geschieht nach § 76. Daneben sind der GSch., der KV. und die nicht bevorrechtigten KGl., welche Forderungen angemeldet haben, besonders zu laden, die letzteren unter Mitteilung des Vergleichsvorschlages und des Ergebnisses der gutachtlichen Erklärung des GlAusschusses. Durch die öffentliche Bekanntmachung wird die besondere Ladung ersetzt (§ 76 Abs. 3), aber nur diese, nicht auch die vorgeschriebene Mitteilung. Mangel der letzteren rechtfertigt die Anwendung des § 186 Nr. 1, kommt aber nicht in Betracht, wenn die mangelhaft geladenen Gläubiger erschienen sind; Jaeger A. 1.

2 2. „Nur was im Vergleichstermine verhandelt ist, kann die Grundlage für die richterliche Bestätigung und die weiteren rechtlichen Folgen mit Sicherheit bilden; was vorher geschehen, dient zur Vorbereitung des Ergebnisses; nachträgliche Ergänzungen und Änderungen sind einflußlos auf dasselbe"; M. 412. Daraus folgt, daß der GSch., der etwaige Vergleichsbürge (§ 194) und die KGl., welche sich an den Vergleichsverhandlungen beteiligen wollen, im Termin persönlich anwesend sein oder sich durch eine mit Vollmacht versehene prozeßfähige Person vertreten lassen müssen; M. 412; Jaeger A. 2; Fitting § 47 A. 1; Pet.-Kleinf. A. 1; OLG. Dresden in OLG. 10 S. 216; RG. 64 S. 82. (A. M. v. Sarw.-Boss. A. 1, welcher meint, es könne auch ohne Anwesenheit des GSch. oder eines Vertreters des GSch. über den schriftlich vorliegenden Vergleichsvorschlag des GSch. verhandelt werden.)

Die Vertretung des GSch. durch den Verwalter ist ausgeschlossen, weil beim Zwangsvergleich die Rechtsstellung des GSch. erst für die Zeit nach dem Konkurse in Frage steht. Es ist also auch die Anwesenheit des Verwalters im Termin nicht unbedingt erforderlich, aber wünschenswert, da der Verwalter am besten über die Lage der Sache Auskunft geben kann.

3. Verfahren. „In dem Vergleichstermine wird der Richter nach Feststellung 3
der Stimmrechte die Verhandlung über den Vergleichsvorschlag zu eröffnen haben; der GSch. hat ihn zu begründen, der KV. und der GlAusschuß sich gutachtlich zu äußern. Der Richter hat dafür zu sorgen, daß der Vorschlag genau, vollständig und den gesetzlichen Bestimmungen gemäß sei, eine Abstimmung mit Ja oder Nein und im Falle der Annahme und Bestätigung eine Aufhebung des Verfahrens nach Vorschrift der Gesetze ermögliche. Die Befugnis, durch Mehrheitsbeschluß die Abstimmung über den Vergleichsvorschlag bis zu einem neuen Termine auszusetzen, ergibt sich nach dem Gesetze von selbst; dem ständigen GlAusschuß liegt die Klarstellung der Sache ob und, falls ausnahmsweise wegen ungenügender Aufklärung der Vergleich abgelehnt wird, ist eine Wiederholung des Vergleichsvorschlages zuzulassen. Enthält der Vergleich mehrere selbständige Stipulationen, so kann über die einzelnen Stipulationen getrennt abgestimmt werden; jedoch sind die angenommenen Stipulationen nochmals im ganzen zur Abstimmung zu bringen. Wird in solcher Weise der Vergleichsvorschlag in einzelnen Teilen angenommen, in anderen abgelehnt, so gilt der Vergleich nur dann als abgeschlossen, wenn der GSch. und die etwa für ihn eingetretenen Dritten in den Wegfall der abgelehnten Stipulationen ausdrücklich willigen. — Der wesentliche Hergang der Verhandlung, die Entscheidungen des Gerichts, eine Abänderung des Vergleichsvorschlags, die Abstimmung der Gläubiger (§ 182) und die Verkündung ihres Resultates müssen in das Protokoll oder eine Anlage aufgenommen werden; der Unterzeichnung desselben durch die Beteiligten bedarf es nicht"; M. 413.

§ 180 (167). Auf Antrag des Gemeinschuldners und, wenn ein Gläubigerausschuß bestellt ist, des letzteren kann das Gericht den Vergleichstermin mit dem allgemeinen Prüfungstermine verbinden.

1. Das Gericht **kann** den allgemeinen Prüfungstermin (§ 141) und den Ver- 1
gleichstermin (§ 179) verbinden, aber nur auf Antrag des GSch. bzw., wenn ein GlAusschuß bestellt ist, nur auf übereinstimmenden Antrag des GSch. und des GlAusschusses, nicht aber auf Antrag des Verwalters. Ist die Verbindung beider Termine erfolgt, so muß zunächst die Prüfung der Forderungen und dann die Vergleichsverhandlung erfolgen. Hat das Gericht auch von der Befugnis des § 110 Abs. 2, den Prüfungstermin und den Wahltermin zu verbinden, Gebrauch gemacht, so muß mit der Beschlußfassung über die Wahl des KV. und eines GlAusschusses begonnen werden.

2. Gegen die Abweisung des Antrages auf Verbindung gemäß § 180 steht nur 2
dem GSch. die sofortige Beschwerde zu; § 73.

§ 181 (168). Der Vergleich muß allen nicht bevorrechtigten Konkursgläubigern gleiche Rechte gewähren. Eine ungleiche Bestimmung der Rechte ist nur mit ausdrücklicher Einwilligung der zurückgesetzten Gläubiger zulässig. Jedes andere Abkommen des Gemeinschuldners oder anderer Personen mit einzelnen Gläubigern, durch welches diese bevorzugt werden sollen, ist nichtig.

1 1. Der Zwangsvergleich trifft alle nicht bevorrechtigten Gläubiger, gleichviel ob sie am KVerf. oder am Vergleichsverfahren teilgenommen haben oder nicht, ob sie für oder gegen den Vergleich gestimmt haben, ob sie bekannt oder unbekannt sind; § 193. Durch Zurücknahme der Anmeldung wird die Pflicht, sich dem Vergleiche zu unterwerfen, nicht ausgeschlossen. Nur ein Verzicht auf den Anspruch beseitigt diesen; BayObLG., SeuffA. 53 Nr. 70. Ein Verzicht auf Befriedigung im KVerf. ist nicht genügend; v. Wilm.-Kurlb. A. 1. Die bevorrechtigten Forderungen sind im vollen Betrage zu berichtigen; § 191 Abs. 2.

2 2. Das Gebot der Gewährung gleicher Rechte erstreckt sich sowohl auf den Prozentsatz als auf die Zahlungsmodalitäten — die Zahlungs-Bedingungen und Zeiten — und die Sicherheit.

3 3. Eine ungleiche Bestimmung der Rechte ist nur zulässig mit ausdrücklicher Einwilligung aller zurückgesetzten Gläubiger, anwesender und abwesender, stimmender und nichtstimmender. Die Einwilligung braucht nicht in der gerichtlichen Vergleichsverhandlung ausgesprochen zu werden. Eine nachträgliche Zustimmung ist nicht ausgeschlossen; RG. 28 S. 99; M. 407. Ein Nebenabkommen, daß bestimmte Gläubiger vor den anderen bevorzugt werden sollen, kann nur in der Weise getroffen werden, daß von den „anderen" Gläubigern die bekannten ihre Einwilligung erteilen, während den unbekannten, deren Einwilligung nicht erlangt werden kann, dieselben Rechte wie den meistbegünstigten Gläubigern eingeräumt werden müssen.

4 4. Abkommen mit einzelnen Gläubigern, durch welche diese vor den anderen Gläubigern bevorzugt werden sollen, z. B. durch Zusage der vollen Befriedigung oder einer größeren Quote, einer besonderen Entschädigung, besserer Sicherheit, früherer Zahlung u. dgl., sind nicht nur unter den Beteiligten und den KGl. gegenüber, sondern allgemein und unbedingt nichtig; RG. 28 S. 96; 30 S. 22; 39 S. 17; Gruch. 29 S. 1034. Es genügt aber nicht, daß objektiv eine Bevorzugung vorliegt, es muß vielmehr („Abkommen, durch welches bevorzugt werden sollen") wenigstens auf Seite des GSch. oder des Dritten, der dem begünstigten Gläubiger als Vertragspartei gegenübersteht, die Absicht der Bevorzugung des Gläubigers vorhanden sein; RG. 41 S. 41. Zur Nichtigkeit des Abkommens genügt, daß auch nur bei einem der Kontrahenten das Bewußtsein der Bevorzugung vorliegt; OLG. Marienwerder in OLG. 10 S. 212. Sind mit dem Sonderabkommen auch andere auf den Zwangsvergleich sich nicht beziehende Bestimmungen getroffen, so unterliegen im Zweifel auch diese der Nichtigkeit, § 139 BGB. Die Nichtigkeit ist absolut angedroht, weil die bezeichneten Abkommen das Zustandekommen eines Zwangsvergleichs beeinflussen können (RG. 28 S. 100; 30 S. 22; Gruch. 29 S. 1034), sie ist also nicht bedingt durch den nachweisbaren ursächlichen Zusammenhang zwischen der Bevorzugung und dem Zustandekommen des Zwangsvergleichs, vielmehr liegt der Fall der Nichtigkeit auch dann vor, wenn der bevorzugte Gläubiger sich an der Abstimmung gar nicht beteiligt hat, oder dessen Stimme ohne Einfluß war, oder wenn es zu dem vorausgesetzten Zwangsvergleich gar nicht kommt; RG. 28 S. 96; 30 S. 23; JW. 93 S. 427; Gruch. 29 S. 1034. Die Nichtigkeit des Abkommens wird nicht dadurch beseitigt, daß es zugleich für den Fall einer anderen als durch Zwangsvergleich herbeigeführten KBeendigung getroffen ist (RG. 28 S. 96), auch nicht dadurch, daß es eine Bestimmung, der Gläubiger solle für den Zwangsvergleich stimmen, nicht enthält; RG. JW. 93 S. 427. Durch nachträgliche Zustimmung aller Zurückgesetzten kann die Nichtigkeit des Abkommens geheilt werden; RG. JW. 93 S. 269.

5 Gültig ist dagegen ein Vertrag zwischen dem GSch. und einem Dritten, der nicht

KGl. ist, wenn der Dritte durch diesen Vertrag für die Vergleichssumme Bürgschaft übernimmt und sich als Gegenleistung dafür nach Abschluß des Zwangsvergleichs ein Pfandrecht an bestimmten Gegenständen versprechen läßt; OLG. Kolmar in OLG. 10 S. 190.

Eine Bevorzugung eines Gläubigers ist auch dann gegeben, wenn eine Forderung zu einem höheren als dem nach dem Vergleiche zu erzielenden Preise den Gläubigern von anderen Personen, namentlich von Verwandten des GSch. abgekauft wird, welche dann für den Vergleich stimmen; Strieth. 46 S. 353; RG. 30 S. 22. 6

Ein auf die Bevorzugung einzelner Gläubiger abzielendes Abkommen, welches erst nach Abschluß und Bestätigung des Zwangsvergleichs, wenn auch noch vor der Rechtskraft des Bestätigungsbeschlusses getroffen ist, das also das Zustandekommen des Zwangsvergleichs nicht hat beeinflussen können, unterliegt dem § 181 nicht. Nur dann ist eine Ausnahme von diesem Grundsatze zu machen, wenn das Abkommen nicht in lauterer Absicht, sondern zur Umgehung des § 181 und in der erklärten Absicht getroffen wird, ein bereits vor dem Zwangsvergleich bewußterweise unwirksam getroffenes Abkommen zu bestätigen; RG. 61 S. 296.

5. Wirkungen des Zuwiderhandelns gegen die Vorschrift.

a. Geht aus dem Vergleiche selbst hervor, daß er nicht allen KGl. gleiche Rechte gewährt, ohne daß eine Einwilligung der zurückgesetzten Gläubiger stattgefunden hat, so ist der Vergleich vom KG. zu verwerfen; § 186. Ist dies versehentlich unterblieben und der Bestätigungsbeschluß rechtskräftig geworden, so ist der Vergleich im vollen Umfang wirksam, ohne daß der ihm anhaftende Mangel gerügt werden kann; § 193. 7

b. Unstatthafte Abkommen, welche aus dem Vergleiche selbst nicht hervorgehen, sind nichtig und berechtigen die KGl. zu dem Antrag auf Verwerfung des Vergleiches; § 188. Die Nichtigkeit ist durch Prozeß festzustellen; RG. 28 S. 99; JW. 93 S. 269. Sie erstreckt sich aber nur auf das Abkommen, welches die Bevorzugung enthält. Wenn z. B. der GSch. zur Ausführung des Zwangsvergleichs von einem Gläubiger ein Darlehn aufnimmt und diesem dafür Bevorzugung verspricht, so ist dieses Versprechen nichtig, der Darlehnsvertrag selbst gütig; RG. JW. 88 S. 17. Die Zurückforderung des auf Grund eines unstatthaften Abkommens Geleisteten ist nach § 817 Satz 2 BGB. ausgeschlossen; Jaeger A. 8; v. Wilm.-Kurlb. A. 5. 8

6. Außergerichtliche Vergleiche, welche zur Abwendung des KVerf. abgeschlossen werden, unterliegen den Bestimmungen des § 181 nicht; RG. 6 S. 228; JW. 94 S. 438; Gruch. 38 S. 879; SeuffA. 46 S. 16; 60 S. 56. Auch spricht keine Vermutung dafür, daß bei solchen Vergleichen die Gewährung gleicher Rechte an alle Gläubiger die Regel bilden solle; RG. JW. 87 S. 100; Gruch. 31 S. 1131; RG. im Recht 06 S. 508. War aber die Gewährung gleicher Rechte als Vergleichsbedingung gewollt, so begründet die Verletzung der Gleichmäßigkeit die Anfechtbarkeit des Vergleiches; RG. JW. 86 S. 21; SeuffA. 43 S. 15; Gruch. 31 S. 1131. 9

§ 182 (169). Zur Annahme des Vergleichs ist erforderlich, daß

1. die Mehrzahl der in dem Termine anwesenden stimmberechtigten Gläubiger dem Vergleiche ausdrücklich zustimmt, und
2. die Gesamtsumme der Forderungen der zustimmenden Gläubiger wenigstens drei Viertеile der Gesamtsumme aller zum Stimmen berechtigenden Forderungen beträgt.

Wird nur eine der Mehrheiten erreicht, so kann der Gemeinschuldner

bis zum Schlusse des Termins die einmalige Wiederholung der Abstimmung in einem neuen Termine verlangen. Das Gericht hat denselben zu bestimmen und im Termine zu verkünden.

1 **1.** Zur Annahme des Vergleiches bedarf es des Zusammentreffens zweier Mehrheiten:

a. es muß mehr als die Hälfte der nicht bevorrechtigten Gläubiger, welche stimmberechtigt und in dem Termine anwesend oder vertreten sind, dem Vergleiche zustimmen (Personenmehrheit);

b. die Summe der von den zustimmenden Gläubigern vertretenen Forderungen muß mindestens drei Vierteile der Gesamtsumme aller Forderungen ausmachen, welche zur Zeit der Abstimmung stimmberechtigt sind, ohne Rücksicht darauf, ob deren Inhaber im Termine erschienen oder nicht erschienen sind, ob sie gestimmt haben oder nicht (Summenmehrheit). Schriftlich eingehende Zustimmungserklärungen werden nicht berücksichtigt; § 97.

2 **2.** Für die Stimmberechtigung sind die §§ 95 bis 97 maßgebend. Stimmberechtigt sind nur die nicht bevorrechtigten Gläubiger; § 173. Auf Grund der Tabelle ist eine Liste der stimmberechtigten Gläubiger und Forderungen vor dem Vergleichstermin vorzubereiten. Der Abschluß der Liste kann erst in dem Termine erfolgen, weil noch in diesem Anträge auf Gewährung oder Entziehung der Stimmberechtigung gestellt werden können, über welche vor der Verhandlung über den Vergleich gemäß § 95 Abs. 2 zu entscheiden ist.

3 **3.** Für die Berechnung der Personenmehrheit (Ziffer 1) sind folgende Grundsätze maßgebend:

a. Es zählen nur die an sich stimmberechtigten Gläubiger, welche in dem Termine anwesend oder vertreten sind und tatsächlich ihre Stimme abgeben. Ausgeschlossen sind nur die in § 183 bezeichneten Personen. Gläubiger, welche sich der Abstimmung enthalten, gelten als ablehnend; Jaeger A. 2; Fitting § 47 A. 18; v. Wilm.-Kurlb. A. 4. (A. M. Pet.-Kleinf. A. 1; v. Sarw.-Boss. A. 3.)

4 **b.** Für die Frage, wer als stimmberechtigter Gläubiger im Sinne der Ziffer 1 in Betracht kommt, ist der Zeitpunkt des Vergleichstermins, nicht etwa derjenige der KE. maßgebend; deshalb hat, wenn eine Forderung nach Eröffnung des KVerf. geteilt ist, jeder Teilgläubiger eine Stimme. Scheinübertragungen unterliegen der Anfechtung nach bürgerlichem Rechte; M. 415.

5 **c.** Mitberechtigte, denen eine Forderung ungeteilt zusteht (z. B. Erben in ungeteilter Erbengemeinschaft; §§ 2033, 2040 BGB.), gelten nur als eine Person und haben ihr Stimmrecht gemeinschaftlich auszuüben. Mangels einer Einigung müssen sie als nicht stimmend gelten. Hierher gehört auch der Fall, wenn die Forderung eines KGl. für einen Dritten gepfändet oder ihm nach § 835 ZPO. zur Einziehung überwiesen ist. Das Stimmrecht kann nur von dem KGl. und dem Dritten gemeinschaftlich ausgeübt werden, da weder die Pfändung noch die Überweisung zur Einziehung das Eigentum des Gläubigers an der betreffenden Forderung ausschließen; RG. 18 S. 398. Dasselbe gilt bei gemeinschaftlicher Beteiligung des Gläubigers und des Nießbrauchers einer Forderung; §§ 1077, 1074 Satz 3 BGB. Wenn in den bezeichneten Fällen einer der mehreren Beteiligten fehlt, so ist ein Gläubiger überhaupt nicht erschienen. Wird aber eine Forderung einem Dritten gemäß § 835 ZPO. an Zahlungsstatt überwiesen, so wird der Dritte Eigentümer und ist ohne Rücksicht auf den ursprünglichen Gläubiger stimmberechtigt; RG. 18 S. 399. Bei Gesamtgläubigern

genügt es, wenn einer das Stimmrecht ausübt; §§ 423, 429 BGB. Wollen mehrere Gesamtgläubiger verschieden stimmen, so gilt ihre Simme überhaupt nicht; v. Wilm.-Kurlb. A. 8.

d. Jeder Gläubiger zählt nur einmal, auch wenn er für mehrere ihm 6
zustehende Forderungen stimmt.

e. Ein Bevollmächtigter (Anm. 10) hat für jeden einzelnen Machtgeber eine 7
besondere Stimme. Ist er selbst Gläubiger, so kommt noch seine eigene Stimme hinzu.

f. Der Gläubiger, welcher sich für die Erfüllung des Zwangsvergleichs verbürgt, 8
verliert dadurch seine Stimmberechtigung nicht. Seine Stimme wird mitgezählt; RG. 4 S. 301; JW. 89 S. 154.

4. Den Gegenstand der Abstimmung bildet der Vergleichsvorschlag in 9
der ihm vom GSch. gegebenen endgültigen Gestalt. Nichtsdestoweniger wird es sich bisweilen empfehlen, die einzelnen Bestimmungen des Vorschlags besonders zur Beratung und Abstimmung zu bringen. Doch sind diese besonderen Abstimmungen nur vorbereitender Natur. Ihr Ergebnis kommt gegenüber dem Ergebnis der allein entscheidenden Schlußabstimmung nicht in Betracht.

5. Bevollmächtigung für die Abstimmung ist statthaft. Die für das 10
KVerf. selbst ausgestellte Vollmacht ermächtigt auch zur Abstimmung im Zwangsvergleich; §§ 79, 81, 83 ZPO. Ein Vorbehalt, durch welchen die Abstimmung über einen Vergleichsvorschlag von der Bevollmächtigung ausgeschlossen wird, ist nach § 83 ZPO. wirksam.

Die Zulassung gesetzlicher Vertreter regelt sich nach dem bürgerlichen 11
Rechte. Ein Vormund bedarf zur Abstimmung über einen Zwangsvergleich nach § 1822 Ziffer 12 BGB., sofern die Forderung mehr als 300 M. beträgt, der vormundschaftsgerichtlichen Genehmigung; a. M. Jaeger A. 2.

6. Ein neuer Termin kann bis zum Schlusse des Termins von dem GSch. 12
nur dann, wenn eine der beiden Mehrheiten erreicht ist, und nur einmal verlangt werden. Gegen eine Abweisung des Antrages findet die sofortige Beschwerde statt; § 73 Abs. 3.

a. Ist keine der beiden Mehrheiten erreicht, so ist der Vorschlag gefallen und erledigt.

b. Wenn in dem zweiten Termine nicht beide Mehrheiten erreicht werden, so ist der Vorschlag abgelehnt. Der Antrag auf einen dritten Termin ist unzulässig.

In beiden Fällen kann an Stelle des gefallenen Vorschlages ein neuer gestellt werden, welcher aber dem § 176 unterliegt.

c. Der neue Termin ist nur zu verkünden; es bedarf keiner Ladung, auch nicht der öffentlichen Bekanntmachung. Die Verhandlung im neuen Termine ist in allen Teilen zu wiederholen; die früheren Erklärungen haben keine Wirkung; M. 416.

7. Protokoll. Der wesentliche Hergang der Verhandlung, die Entscheidung 13
des Gerichtes, die Abstimmung der Gläubiger und die Verkündung ihres Ergebnisses müssen in das Protokoll oder eine Anlage aufgenommen werden; der Unterzeichnung des Protokolls durch die Beteiligten bedarf es nicht. (§§ 162, 163 ZPO.) M. 416.

§ 183 (169a). **Bei der Berechnung der nach § 182 Abs. 1 Nr. 1, 2 erforderlichen Mehrheiten bleibt der Ehegatte des Gemeinschuldners außer Betracht, wenn er dem Vergleiche zugestimmt hat.**

Das Gleiche gilt von demjenigen, welchem der Ehegatte des Gemeinschuldners während des Konkursverfahrens oder in dem letzten

Jahre vor der Eröffnung des Verfahrens eine Forderung gegen den Gemeinschuldner abgetreten hat, soweit das Stimmrecht auf der abgetretenen Forderung beruht. Diese Vorschrift findet keine Anwendung, wenn der Ehegatte zu der Abtretung durch das Gesetz oder durch einen Vertrag verpflichtet war, welcher früher als ein Jahr vor der Eröffnung des Konkursverfahrens geschlossen wurde.

---

1 **1.** Stimmt der Ehegatte — Mann oder Frau — *gegen* den Zwangsvergleich, so wird seine Stimme bei Berechnung der beiden nach § 182 Abs. 1 Nr. 1, 2 erforderlichen Mehrheiten wie diejenige anderer Gläubiger mitgezählt. Stimmenthaltung steht der ausdrücklichen Ablehnung gleich. Ein Stimmrecht *zugunsten* des Zwangsvergleichs ist dem Ehegatten dagegen versagt. Er wird deshalb weder bei Berechnung der Personenmehrheit, noch wird bei Berechnung der Summenmehrheit seine Forderung mitgerechnet. Auch bei Ermittlung der *Gesamtsumme der stimmberechtigten Forderungen* wird die Forderung der Ehegatten nicht mitgerechnet. Dies ist im Gesetz zwar nicht ausdrücklich gesagt, aber selbstverständlich; sonst könnte, wenn die Forderung des Ehegatten mehr als ein Viertel aller stimmberechtigten Forderungen beträgt, ein Zwangsvergleich überhaupt nie zustande kommen. Zustimmend *Jaeger* A. 3; *Pet.-Kleinf.* A. 5; a. M. *Fitting* § 47 A. 21.

2 **2.** Dieselbe Einschränkung wie bei dem Ehegatten erleidet das Stimmrecht des *Zessionars des Ehegatten*, wenn die Zession während des KVerf. oder im letzten Jahre vor der Eröffnung des Verfahrens stattgefunden hat. Für die Berechnung der Jahresfrist sind die §§ 187, 188 BGB. maßgebend. Ein Unterschied zwischen redlichem und unredlichem Erwerb ist im Gesetze nicht gemacht. Der Begriff der Abtretung ist im Abs. 2 im weitesten Sinne gefaßt; deshalb kommt nicht nur die Übertragung der Forderung nach § 398 BGB. in Betracht, sondern z. B. auch die Anweisung, Verpfändung und die Bestellung eines Nießbrauchs (RG. 45 S. 372), nicht aber ein Forderungsübergang kraft Gesetzes (§§ 268 Abs. 3; 426 Abs. 2; 774 Satz 1 BGB.), die Überweisung an Zahlungsstatt, der Übergang der Forderung von Todes wegen. Im Falle der Überweisung zur Einziehung wird dem Pfändungspfandgläubiger das Stimmrecht dadurch entzogen, daß er es nur in Gemeinschaft mit dem — an der Abstimmung verhinderten — Ehegatten ausüben könnte.

3 Ausgeschlossen ist die Beschränkung des Abs. 2 Satz 1, wenn der Ehegatte durch das Gesetz (§§ 255, 281 Abs. 1, 346, 818 BGB.) oder durch einen früher als ein Jahr vor Eröffnung des KVerf. abgeschlossenen Vertrag zur Abtretung verpflichtet war.

4 **3.** Abs. 2 gilt nicht nur für den *unmittelbaren* Rechtsnachfolger des Ehegatten, sondern auch für Zessionare des Rechtsnachfolgers. Sonst wäre die ganze Vorschrift sofort zu umgehen; ebenso *Jaeger* A. 7.

5 **4.** Wenn *Mitberechtigte*, z. B. Miterben, über die stimmberechtigte Forderung nur gemeinsam verfügen können, so müssen, wenn der Ehegatte des GSch. (Abs. 1) oder sein Rechtsnachfolger (Abs. 2) mitberechtigt ist, auch die zugunsten des Vergleichs abgegebenen Stimmen der anderen Mitberechtigten außer Betracht bleiben. Mit der Auseinandersetzung fällt die Beschränkung der anderen Mitberechtigten bezüglich ihrer Anteile fort; *Pet.-Kleinf.* A. 6; *Wolff* A. 4; *Jaeger* A. 8.

6 **5.** Der § 183 findet auch im Konkurse einer offenen Handelsgesellschaft oder einer Kommanditgesellschaft auf den Ehegatten eines offenen oder persönlich haftenden Gesellschafters Anwendung; § 211 Abs. 2; LG. Insterburg in PosMSchr. 6 S. 132. § 183 ist aber nicht anwendbar im Konkurse der Gesellschaften, die juristische Personen

sind, z. B. der Aktiengesellschaften und Gesellschaften mit beschränkter Haftung; Jaeger A. 9.

§ 184 (170). **Der angenommene Zwangsvergleich bedarf der Bestätigung des Konkursgerichts.**

Das Gericht entscheidet, nachdem es die Gläubiger, den Verwalter und den Gläubigerausschuß in dem Vergleichstermine oder einem zu verkündenden Termine gehört hat.

1 **1.** Nur der angenommene Zwangsvergleich bedarf der Bestätigung durch das KG. Ist der Vergleichsvorschlag abgelehnt, so nimmt das KVerf. seinen gewöhnlichen Fortgang.

2 **2.** Das Gericht kann den angenommenen Vergleich ohne Antrag nur aus den Gründen der §§ 186, 187, auf Antrag nur aus den Gründen der §§ 188, 230 Abs. 2, 236 verwerfen. In allen übrigen Fällen muß die Bestätigung des Vergleichs ererfolgen; Prot. 112. Ein Abänderungsrecht steht dem Gericht nicht zu.

3 **3.** Verfahren. Der von Amts wegen zu fällenden Entscheidung muß die Prüfung aus Abs. 2 vorausgehen und zwar, wenn möglich im Vergleichstermin selbst, anderenfalls in einem besonderen Termine, der in dem Vergleichstermin zu verkünden ist. Eine weitere Bekanntmachung des Termines sowie Ladung der Beteiligten ist nicht nötig; M. 417. — Zweck des Termines ist die Anhörung der für oder gegen die Bestätigung geltend zu machenden Gründe und Entgegennahme der auf Verwerfung des Vergleiches gerichteten Anträge der Beteiligten. Zu diesen gehört, außer den in Abs. 2 aufgeführten, auch der GSch. selbst als Kontrahent. — Das Verfahren ist mündlich; doch sind schriftliche Anträge nicht ausgeschlossen und auch dann zu berücksichtigen, wenn sie in der Verhandlung nicht mündlich gestellt werden, da das Gesetz nur von einem „Hören" der Beteiligten spricht; Jaeger A. 6; Wolff A. 3. (A. M. Prot. 184; Pet.-Kleinf. A. 3; v. Sarw.-Boss. § 188 A. 1. Danach ist der schriftliche Antrag nur zu berücksichtigen, wenn er in der Verhandlung mündlich wiederholt wird.)

4 **4.** Ein Zwangsvergleich kann unter einer Bedingung, z. B. unter der Bedingung, daß ein Dritter für den Vergleichsvorschlag selbstschuldnerische Bürgschaft übernimmt, geschlossen werden. Die Bestätigung eines solchen Zwangsvergleichs schon vor Eintritt der Bedingung ist zwar zulässig, aber nicht empfehlenswert, da, wenn die Bedingung nach der Bestätigung ausfällt, das KVerf. fortgesetzt werden muß, für die Zwischenzeit also ein mißlicher Schwebezustand entsteht; RG. 56 S. 72.

5 **5.** Die Bestätigung des Zwangsvergleichs hat die Wirkung, daß — abgesehen von den §§ 196, 197 — alle etwaigen Mängel durch die Rechtskraft des Bestätigungsbeschlusses geheilt werden; M. 420; RG. JW. 04 S. 298; Jaeger A. 3; Fitting § 48 A. 3.

§ 185 (171). **Der Beschluß, durch welchen der Zwangsvergleich bestätigt oder verworfen wird, ist zu verkünden.**

1 Die Entscheidung und Verkündung muß in einem der Termine des § 184 Abs. 2 erfolgen. Außer der Verkündung ist eine Zustellung an die Beteiligten ebensowenig erforderlich als eine öffentliche Bekanntmachung; M. 420. Die Verkündung ist im Protokoll zu beurkunden.

§ 186 (172). Der Vergleich ist zu verwerfen:
1. wenn die für das Verfahren und den Abschluß des Vergleichs gegebenen Vorschriften nicht beobachtet sind, und das Fehlende nicht ergänzt werden kann;
2. wenn ein Fall der Unzulässigkeit eines Zwangsvergleichs nachträglich eingetreten ist.

---

1 1. Die Verwerfung des Zwangsvergleichs hat in den Fällen der §§ 186 und 187 von Amts wegen, im Falle des § 188 dagegen nur auf Antrag zu erfolgen. In den Fällen der §§ 186 und 187 kann selbst ein Verzicht der Beteiligten die betreffenden Mängel nicht heilen; M. 418; deshalb ist hier auch ein einstimmig geschlossener Vergleich zu verwerfen; Prot. 111. Die Einstellung des Konkurses könnte der GSch. auf Grund des einstimmigen Beschlusses nach § 202 Abs. 1 nur dann verlangen, wenn sämtliche Gläubiger ihr Einverständnis damit erklärt hätten; Fitting § 47 A. 20; Jaeger A. 5. A. M. v. Sarw.-Boss. § 173 A. 5.

2 2. Nr. 1 findet Anwendung, wenn das vorangegangene Verfahren oder der Zwangsvergleich selbst an wesentlichen und unheilbaren Mängeln leidet. Als solche Mängel gelten Verstöße gegen die §§ 173, 177, 178, 179 Abs. 1 Satz 2, 181, 182, 183. Verstöße gegen §§ 176, 179 Abs. 1 Satz 1, 3 enthalten keine wesentlichen Mängel. Heilbare Mängel, z. B. das Fehlen der Einwilligung des gesetzlichen Vertreters oder der Vollmacht (§§ 107, 114, 177 BGB.), können nachträglich beseitigt werden. Nicht beseitigte Mängel werden — mit Ausnahme der Fälle der §§ 196, 197 — durch die Rechtskraft des Bestätigungsbeschlusses geheilt; M. 420. RG. JW. 04 S. 298.

3 3. Nr. 2 trifft die Fälle des § 175. Eine vor Abschluß des Vergleichs eingetretene, aber erst nachträglich bekannt gewordene Unzulässigkeit enthält einen wesentlichen Mangel im Sinne der Nr. 1.

§ 187 (172a). Der Vergleich ist zu verwerfen, wenn er den Gläubigern nicht mindestens den fünften Teil ihrer Forderungen gewährt und dieses Ergebnis auf ein unredliches Verhalten des Gemeinschuldners, insbesondere darauf zurückzuführen ist, daß der Gemeinschuldner durch ein solches Verhalten die Eröffnung des Konkursverfahrens verzögert hat. Der Vergleich kann verworfen werden, wenn das gleiche Ergebnis auf ein leichtsinniges Verhalten des Gemeinschuldners zurückzuführen ist.

---

1 1. Durch § 187 soll das Zustandekommen eines Zwangsvergleichs erschwert, zugleich aber auch darauf hingewirkt werden, daß die KAnmeldung nicht übermäßig hinausgeschoben, sondern noch zu einer Zeit bewirkt wird, zu der noch einigermaßen erhebliche Masse vorhanden ist.

§ 187 enthält zwei neue Verwerfungsgründe. Beide sind von Amts wegen zu berücksichtigen. Aus dem ersten (Satz 1) muß, aus dem zweiten (Satz 2) kann der Vergleich vom Gericht verworfen werden.

2 2. Der Vergleich muß, sofern nicht § 187 Anwendung finden soll, den Gläubigern mindestens 20% der Forderungsbeträge gewähren, die sie nach §§ 62 ff. beanspruchen können. Insbesondere findet bei betagten Forderungen der § 65 Anwendung. Der Satz von 20% muß auch dann als der zulässige Minimalprozentsatz

angesehen werden, wenn die Zahlungen aus dem Zwangsvergleich gestundet werden. Allerdings war in dem Antrage, auf Grund dessen der § 187 ergangen ist, die Einschränkung enthalten, daß der bestimmte Minimalsatz „längstens binnen zwei Jahren nach der Rechtskraft der Bestätigung des ZVergleichs" zahlbar sein müsse; KB. 39. Diese Einschränkung ist aber in das Gesetz nicht aufgenommen und damit fortgefallen; Jaeger A. 5. A. M. Pet.=Kleinf. A. 10 und Wolff A. 1.

3. Vergleiche unter 20% sind zwar nicht unzulässig, ihre Verwerfung ist aber 3

a. obligatorisch, wenn das Minderergebnis auf ein unredliches Verhalten des GSch.;

b. fakultativ, wenn es nur auf leichtsinniges Verhalten des GSch. zurückzuführen ist.

Unredliches Verhalten ist die bewußte und gewollte Herbeiführung des schädigenden Erfolges durch Tun oder Unterlassen, insbesondere die unredliche Verzögerung der KE. zum Nachteile der Gläubiger (§ 240 Nr. 2). Der Begriff des leichtsinnigen Verhaltens deckt sich mit dem der Fahrlässigkeit; Pet.=Kleinf. A. 8.

Bei dem Konkurse einer Mehrheit von Personen, z. B. einer offenen Handelsgesellschaft, genügt das unredliche oder leichtsinnige Verhalten einer einzigen Person. Im Konkurse juristischer Personen, z. B. einer Aktiengesellschaft, ist § 187 nicht anwendbar, da der Vorstand nicht GSch. ist; ebenso Jaeger A. 9 u. 10.

4. Zwischen dem unredlichen oder leichtsinnigen Verhalten des GSch. und der 4 Geringfügigkeit der Vergleichsquote muß ein ursächlicher Zusammenhang bestehen. Ein solcher liegt nur vor, wenn der GSch. nicht mehr bieten kann, nicht auch dann, wenn er weniger bietet, als er vermag; Wolff A. 1. Darüber, ob ursächlicher Zusammenhang vorliegt, entscheidet das KG. unter Vornahme der erforderlichen Ermittelungen (§ 75) nach freiem Ermessen. Als Fälle fehlenden Verschuldens des GSch. führt der KommB. auf: „Krisen, Zusammenbruch großer Häuser, die den GSch. mit in den Untergang ziehen, Krieg, eine große Zahlungsstockung, beträchtliche Veränderungen des Zollsystems;" KB. 40, 41.

5. Beschwerde: § 189. 5

§ 188 (173). Der Vergleich ist auf Antrag eines nicht bevorrechtigten Konkursgläubigers, welcher stimmberechtigt war oder seine Forderung glaubhaft macht, zu verwerfen:

1. wenn der Vergleich durch Begünstigung eines Gläubigers oder sonst in unlauterer Weise zustande gebracht ist;
2. wenn der Vergleich dem gemeinsamen Interesse der nicht bevorrechtigten Konkursgläubiger widerspricht.

Der Antrag ist nur zuzulassen, wenn die Tatsachen, auf welche derselbe gegründet wird, glaubhaft gemacht werden.

---

1. Eine Verwerfung des Vergleichs nach § 188 setzt — im Gegensatz zu §§ 186, 1 187 — einen Antrag voraus. Antragsberechtigt ist jeder Gläubiger, auf welchen sich die Wirkung des Zwangsvergleichs erstreckt (§ 193), mag er am Konkurse teilgenommen haben oder nicht, sofern er nur zur Zeit der Beschlußfassung über den Vergleich stimmberechtigt war oder seine Forderung glaubhaft macht. Auch ein Zustimmender kann die Verwerfung beantragen, insbesondere wenn seine Zustimmung durch Betrug oder Irrtum herbeigeführt ist; M. 418. — Der Antrag ist zulässig bis zur Verkündung des Bestätigungsbeschlusses; § 185. Er kann schriftlich eingereicht oder zu Protokoll des Gerichtsschreibers erklärt oder in den im § 184 Abs. 2 genannten Terminen mündlich gestellt werden; Jaeger A. 2; Fitting § 48 I; Wolff A. 4. (A. M. Prot. 184; Pet.-Kleinf. A. 13; v. Sarw.-Boss. A. 1.)

2 2. Zu Nr. 1. Durch die „Begünstigung" haben die Verletzungen des § 181, durch das Zustandebringen „in unlauterer Weise" die Fälle getroffen werden sollen, welche, auch ohne strafbar zu sein, sich als unerlaubt (gegen Treu und Glauben verstoßend) darstellen. „Namentlich das Stimmkaufen und Auskaufen eines Gläubigers kann unter diesen Gesichtspunkt fallen;" M. 418. Darauf, ob der GSch. selbst die unlautere Handlung vorgenommen hat, kommt es nicht an. Voraussetzung für die Anwendbarkeit der in Nr. 1 erwähnten Unlauterkeiten ist aber ein ursächlicher Zusammenhang zwischen diesen und dem Zustandekommen des Zwangsvergleichs. Ist ein gegen § 181 verstoßendes Sonderabkommen getroffen, so wird dadurch der Zwangsvergleich nicht nichtig. Ein solches Abkommen kann zwar die Bestätigung des Zwangsvergleichs verhindern; ist er aber rechtskräftig bestätigt, so besteht er zu Recht; RG. JW. 93 S. 269.

3 3. Zu Nr. 2. Der Anfechtungsgrund der Ziffer 2 liegt vor, wenn die Gläubiger durch den Zwangsvergleich ungünstiger gestellt werden, als sie durch die Verteilung der Masse gestellt sein würden. Ob dies zutrifft, ist reine Tatfrage, deren Beurteilung in das freie, pflichtmäßige Ermessen des Gerichtes gestellt ist; M. 419, 420. Die nicht genügende Sicherung der Erfüllung könnte z. B. zur Verwerfung des Zwangsvergleichs nach § 188 Ziffer 2 führen.

4 4. Abs. 2. Glaubhaftmachung: § 294 ZPO. Sind die Tatsachen, auf welche der Antrag gegründet wird, nicht glaubhaft gemacht, so ist der Antrag ohne mündliche Verhandlung als unzulässig zu verwerfen. Anderenfalls erfolgt die Zulassung des Antrages ohne besondere Entscheidung, und es ist Sache des Richters, wenn die Tatsachen nicht vollständig bewiesen sind, in Anwendung des § 75 alles zu tun, was ihm zur Erlangung voller Überzeugung von dem Vorliegen des Verwerfungsgrundes erforderlich erscheint; Prot. 113. Nur wenn diese Überzeugung gewonnen ist, kann der Richter die Verwerfung aussprechen.

§ 189 (174). Die sofortige Beschwerde gegen den Beschluß, durch welchen der Vergleich bestätigt oder verworfen ist, steht dem Gemeinschuldner und jedem nicht bevorrechtigten Konkursgläubiger zu, welcher stimmberechtigt war oder seine Forderung glaubhaft macht.

Die Frist zur Einlegung der Beschwerde beginnt mit der Verkündung des Beschlusses.

Eine Anfechtung der Entscheidung des Beschwerdegerichts findet nicht statt.

1 1. Beschwerdeberechtigt sind nur der GSch. und die nach § 188 A. 1 legitimierten KGl., „ein jeder natürlich, soweit er in der Lage ist, einen Beschwerdegrund geltend zu machen"; M. 420. Der Verwalter und der GlAusschuß sind bei dem Vergleiche als Kontrahenten nicht beteiligt, gelten vielmehr nur als Verwaltungsorgane mit gutachtlicher, nicht vertretender Stellung und sind deshalb zur Beschwerde nicht legitimiert; M. 420.

2 2. In der Beschwerdeinstanz soll eine nochmalige erschöpfende Erörterung der gesamten Sachlage stattfinden; M. 420. Neue tatsächliche Anführungen und Beweise können nachgeholt werden, nicht aber versäumte Anträge; § 570 ZPO. Wenn

also in erster Instanz ein Verwerfungsantrag nicht gestellt war und ein von Amts wegen zu berücksichtigender Verwerfungsgrund nicht vorlag, so kann ein Verwerfungsantrag nicht erst in der Beschwerdeinstanz neu gestellt werden. Dagegen ist die Aufstellung eines neuen Verwerfungsgrundes an Stelle des in erster Instanz geltend gemachten, aber durch die Vergleichsbestätigung abgelehnten Verwerfungsgrundes dem Beschwerdeführer auch dann nicht versagt, wenn der frühere Verwerfungsgrund nicht von ihm, sondern von einem anderen Gläubiger aufgestellt war; RG. 35 S. 428; BayObLG. 15 S. 53; Jaeger A. 2; Pet.-Kleinf. §§ 186ff. A. 13; v. Sarw.-Boss. A. 5; Fitting § 48 A. 18; a. M. L. Seuff. S. 432; Wolff A. 1. Die zweiwöchige Beschwerdefrist läuft von der Verkündung des Beschlusses, mag der Beschwerdeführer zugegen gewesen sein oder nicht. Die Entscheidung des Beschwerdegerichts erfordert weder eine mündliche Verhandlung noch eine Verkündung, bedarf aber der Zustellung an die Beteiligten.

3. Die Entscheidung des Beschwerdegerichts ist in keinem Falle weiter anfechtbar. 3
Zustimmend v. Sarw.-Boss. A. 5; Seuff. S. 432. Die von Jaeger A. 3, Fitting § 48 A. 19 und anderen vertretene Ansicht, nach welcher die weitere Beschwerde zulässig sein soll, wenn das Beschwerdegericht ohne materielle Prüfung entschieden, z. B. die Beschwerde wegen Nichtinnehaltung der zweiwöchigen Beschwerdefrist als unzulässig verworfen hat, erscheint mit dem klaren Wortlaut des Gesetzes nicht vereinbar.

§ 190 (175). Sobald der Vergleich rechtskräftig bestätigt ist, beschließt das Gericht die Aufhebung des Konkursverfahrens. Eine Anfechtung des Beschlusses findet nicht statt.

Der Beschluß und der Grund der Aufhebung sind öffentlich bekannt zu machen.

Die Vorschriften der §§ 111 Abs. 2, 112, 113 finden entsprechende Anwendung.

---

1. Satz 1 ist nicht dahin zu verstehen, daß der Aufhebungsbeschluß stets un- 1
mittelbar nach der Rechtskraft des Bestätigungsbeschlusses zu erlassen ist. „Vor der Aufhebung sind die mit der Beendigung des Verfahrens in Zusammenhang stehenden Akte — zu veranlassen"; M. 421; RG. 27 S. 113; 31 S. 40; 32 S. 72; 56 S. 72; JW. 00 S. 296; BayObLG. SeuffA. 50 Nr. 234; OLG. Braunschweig SeuffA. 47 S. 304; Jaeger A. 5; Pet.-Kleinf. A. 3; v. Sarw.-Boss. A. 2. (A. M. Wolff A. 2.) Diese Akte sind

a. die Abnahme der Schlußrechnung des KV. gemäß § 86,

b. die Berichtigung oder Sicherstellung der Masseansprüche und der bevorrechtigten Forderungen gemäß § 191.

Die Erledigung dieser Akte hat der Aufhebung des KVerf. voranzugehen. Ist die Rechtsbeständigkeit des Zwangsvergleichs von der vorherigen Leistung von Sicherheiten abhängig gemacht, so hat das KG. vor Aufhebung des KVerf. auch noch festzustellen, ob die versprochenen Sicherheiten wirklich geleistet sind.

2. Der Aufhebungsbeschluß ist unanfechtbar. Der KV. ist also nicht 2
berechtigt, sich einer verfrühten Aufhebung zu widersetzen; RG. JW. 00 S. 73. Der Beschluß muß ebenso wie derjenige, durch welchen das KVerf. wegen vollzogener Schlußverteilung aufgehoben wird, mit Angabe des Grundes der Aufhebung durch Einrückung

in das Amtsblatt und in den Deutschen Reichsanzeiger öffentlich bekannt gemacht, den beteiligten Behörden (§ 112) mitgeteilt und in das Grundbuch eingetragen werden.

3 3. Die Wirkung der Aufhebung beginnt mit Ablauf des zweiten Tages seit der Ausgabe des die erste Einrückung enthaltenden Amtsblattes (§ 76) und tritt für und gegen alle Beteiligten, Gläubiger und Dritte, gleichzeitig ein. Die Tätigkeit des KV., der GlVersammlung und des GlAusschusses erlischt mit diesem Zeitpunkte, nicht etwa schon mit dem Augenblick, in welchem der Zwangsvergleich rechtskräftig wird; RG. 31 S. 40; OLG. Stettin in OLG. 6 S. 367; OLG. Dresden im SächsArch. 6 S. 240. § 166 kommt im Falle der Beendigung des Konkurses durch Zwangsvergleich nicht in Betracht. Nach Aufhebung des KVerf. auf Grund eines rechtskräftig bestätigten Zwangsvergleichs ist der KV. auch zur Prozeßführung über Masseansprüche nicht mehr befugt; RG. JW. 00 S. 296; SeuffA. 55 S. 487. Schwebende Anfechtungsprozesse werden durch die Aufhebung des KVerf. nach geschlossenem Zwangsvergleich in der Hauptsache hinfällig, bleiben aber hinsichtlich der Kosten anhängig und zwar gegen den früheren GSch., nicht gegen den Verwalter; RG. 52 S. 331; OLG. Karlsruhe in der BadRpr. 70 S. 2; OLG. Celle in OLG. 9 S. 61; RG. 47 S. 373. Ist die Fortführung eines anhängigen Prozesses durch den Verwalter nach Aufhebung des KVerf. allseitig gewollt, so kann der Verwalter den Prozeß fortführen; OLG. Posen in OLG. 3 S. 62.

§ 191 (176). **Der Verwalter hat aus der Konkursmasse die Masseansprüche zu berichtigen. Die bestrittenen Masseansprüche sind sicher zu stellen.**

Die bevorrechtigten Konkursforderungen sind, insoweit sie festgestellt sind, zu berichtigen, insoweit sie glaubhaft gemacht sind, sicher zu stellen.

1 1. Masseansprüche. In Betracht kommen alle, die dem KV. bis zur Aufhebung des Konkurses bekannt werden (§ 172), auch wenn sie erst nach Bestätigung des Vergleichs entstanden sind; RG. JW. 00 S. 73. Die unstreitigen sind durch Barzahlung zu berichtigen, die vom KV. bestrittenen sowie die bedingten und betagten (§§ 168, 169) sicher zu stellen. Zu den letzteren gehören auch die Kosten aus schwebenden Prozessen sowie die Forderungen wegen Pacht- und Mietzinsen, die auf Grund eines für die KM. fortgesetzten Pacht- oder Mietvertrages später fällig werden; OLG. Posen in der PosMSchr. 05 S. 170; Jaeger A. 3.

2 2. Bevorrechtigte KForderungen. Der Berücksichtigung unterliegen alle, die dem KV bis zur Aufhebung des Konkurses bekannt werden, auch wenn sie gar nicht angemeldet sind; Jaeger A. 4; a. M. Wolff A. 3. Die festgestellten und unbedingten Forderungen müssen bar ausgezahlt werden. Die noch nicht festgestellten sind sicherzustellen, aber nur dann, wenn der KV. sie nach seinem pflichtmäßigen Ermessen für glaubhaft gemacht erachtet.

3 3. Die Sicherstellung erfolgt in Ermangelung einer anderweiten Einigung des KV. mit den Gläubigern gemäß § 108 ZPO, §§ 232 ff. BGB. Sind die zur Erfüllung der Vorschriften des § 191 KO. erforderlichen Barmittel nicht vorhanden, so muß der KV. zu diesem Zwecke Gegenstände, die zur KM. gehören, verkaufen.

4 4. Fahrlässiges Unterlassen der nach § 191 vorgeschriebenen Berichtigung oder Sicherstellung unterwirft den KV. den §§ 83, 84 und macht ihn nach § 82 den Gläubigern persönlich verantwortlich. Auch für Rechtsirrtum haftet er, wenn dieser nicht aus besonderen Gründen entschuldbar erscheint; Gruch. 44 S. 1124.

Die Ansprüche wegen schuldhafter Nichtbefolgung des § 191 werden von den 5
Massegläubigern im Wege der Klage gegen den Verwalter geltend gemacht. Hat der Verwalter dagegen gemäß § 191 einen bestrittenen Masseanspruch sicher gestellt, so ist ein anhängiger Rechtsstreit nach Aufhebung des KVerf. nicht gegen den Verwalter, sondern gegen den GSch. fortzusetzen; OLG. Braunschweig in der DJZ. 06 S. 1380.

§ 192 (177). **Soweit der Zwangsvergleich nicht ein anderes bestimmt, erhält der Gemeinschuldner das Recht zurück, über die Konkursmasse frei zu verfügen.**

---

1. Nicht schon mit dem Eintritt der Rechtskraft des bestätigten Vergleichs, sondern 1
erst mit dem Augenblick, mit welchem die Bekanntmachung des Aufhebungsbeschlusses als bewirkt gilt (§ 190 A. 3), fällt die gesetzliche Konkursbeschlagnahme für die Zukunft fort. „Mit diesem Augenblicke erhält der GSch. kraft des Gesetzes das Recht zurück, über die KM. frei zu verfügen"; M. 421; OLG. Kolmar in OLG. 15 S. 251. Die Tätigkeit des KV., der GlV. und des GlA. erlischt von da ab. Der KV. hat die Masse dem GSch. herauszugeben, soweit der Zwangsvergleich nicht ein anderes bestimmt, und kann hierzu durch Klage gezwungen werden; RG. JW. 93 S. 486, 487. Die Rechte und Pflichten aus dauernden Rechtsverhältnissen, insbesondere aus Miet- und Pachtverträgen gehen auf den GSch. über. Das Recht des KV. zur Fortführung der schwebenden Prozesse über streitige Masseansprüche, bevorrechtigte Forderungen und Gegenstände der KM. erlischt und ist fortan von dem GSch. auszuüben; RG. 27 S. 113; JW. 00 S. 296; 02 S. 643. Hat der Zwangsvergleich die Gegenstände der KM. der Verfügung des GSch. entzogen, so ist seine Befugnis zur Fortsetzung des Prozesses hierüber ausgeschlossen; RG. JW. 00 S. 296. Hat der GSch. sich nur den KGl. gegenüber verpflichtet, den zu erstreitenden Betrag an sie abzuführen, so steht dies seiner Befugnis zur Fortführung des schwebenden Prozesses nicht entgegen; RG. JW. 95 S. 62. Anfechtungsprozesse können weder vom GSch. noch vom KV. fortgesetzt werden, da die Anfechtung nur im Konkurse und nur für die KGl. ausgeübt werden kann; RG. JW. 93 S. 253; 95 S. 185. Der Kosten wegen ist die Fortsetzung der Anfechtungsprozesse nur dem GSch. und gegen ihn gestattet (RG. 53 S. 331), dagegen dem KV. versagt; RG. 27 S. 113; 31 S. 40. Eine Unterbrechung der schwebenden Prozesse wird durch die Aufhebung des Konkurses nicht herbeigeführt; RG. 47 S. 372; JW. 02 S. 643.

2. Die Erfüllung des Zwangsvergleichs zu erwirken, ist Sache der 2
Gläubiger. Der KV. hat nichts damit zu tun, da seine Tätigkeit erloschen ist. Die ihm im Zwangsvergleich übertragene Verwaltung einzelner Stücke oder Verteilung der Masse kann er nur als Beauftragter des GSch. oder der Gläubiger ausführen; M. 421; RG. 31 S. 120; Jaeger A. 1; Pet.-Kleinf. A. 6, 8; v. Sarw.-Boss. A. 1, 2; Fitting § 48 A. 28. (A. M. Wolff A. zu § 192; OLG. Posen in OLG. 3 S. 62.)

§ 193 (178). **Der rechtskräftig bestätigte Zwangsvergleich ist wirksam für und gegen alle nicht bevorrechtigten Konkursgläubiger, auch wenn dieselben an dem Konkursverfahren oder an der Beschlußfassung über den Vergleich nicht teilgenommen oder gegen den Vergleich gestimmt haben. Die Rechte der Gläubiger gegen Mitschuldner und Bürgen des Gemeinschuldners, sowie die Rechte aus einem für die Forderung**

bestehenden Pfandrecht, aus einer für sie bestehenden Hypothek, Grundschuld oder Rentenschuld oder aus einer zu ihrer Sicherung eingetragenen Vormerkung werden durch den Zwangsvergleich nicht berührt.

---

1 **1.** Betroffen werden vom Zwangsvergleich alle nicht bevorrechtigten Gläubiger, auch diejenigen, welche gegen den Vergleich gestimmt oder an der Beschlußfassung darüber oder an dem KVerf. selbst nicht teilgenommen oder auf die Teilnahme am Konkurse — nicht auf die Forderung selbst! — verzichtet haben. Hierher gehören auch Gläubiger bedingter, nicht fälliger und solcher KForderungen, die nicht auf einen Geldbetrag gerichtet, aber nach Geld schätzbar sind, sowie Gläubiger von Ansprüchen auf wiederkehrende Leistungen (§§ 65, 69, 70) u. zwar sind alle diese Forderungen so zu berücksichtigen, wie sie angemeldet werden mußten, um wirksam im Konkurse geltend gemacht zu werden; Jaeger A. 3, 4; Fitting § 49 A. 1; Wolff A. 2; OLG. Königsberg im Recht 06 S. 312. A. M. Pet.-Kleinf. A. 1. Auch § 67 findet Anwendung. Wird über den GSch. ein neues KVerf. eröffnet, so können die Gläubiger aus dem früheren Konkurse nur ihre Akkordforderungen als KGl. geltend machen, sofern nicht ein Fall der §§ 196, 197 vorliegen sollte.

2 Unberührt von den Wirkungen des Zwangsvergleichs bleiben Masseansprüche (§§ 58, 59, 27, 28, 224, 236), bevorrechtigte KForderungen, Forderungen, die nach der KE. entstanden sind (§ 3), Forderungen, auf welche die betreffenden Gläubiger verzichtet haben, sowie Forderungen aus § 63 Nr. 1—4. Doch wird bei einem Zwangsvergleiche mit teilweisem Erlasse der gleichzeitige Erlaß der in § 63 Nr 1 und 2 bezeichneten Forderungen (Zinsen und Kosten) als vermutlicher Wille der Vergleichsparteien zu unterstellen sein; OLG. Braunschweig in der BraunschwZ. 53 S. 110; Jaeger A. 7; Fitting § 49 A. 1. Eine bereits vor KE. begründete Aufrechnungsbefugnis wird durch den Zwangsvergleich ebenfalls nicht berührt; OLG. Frankfurt in OLG. 10 S. 214. Auf die Kostenerstattungspflicht in einem bereits zur Zeit der KE. für den GSch. anhängig gewesenen Prozesse hat der Zwangsvergleich, wenn der GSch. nach dessen Abschluß zur Tragung der Prozeßkosten verurteilt wird, die Wirkung, daß die bis zur KE. gegen den GSch. entstandenen Kosten nur in Höhe der Vergleichsquote geltend gemacht werden können, allerdings unbeschadet eines für die Kostenforderung etwa bestehenden Absonderungsrechts; OLG. Köln im Recht 5 S. 314.

3 Absonderungsberechtigte unterliegen dem Zwangsvergleich nur insoweit, als ihnen nach der abgesonderten Befriedigung noch eine — von ihnen nachzuweisende — Ausfallsforderung zusteht, oder als sie auf abgesonderte Befriedigung verzichtet haben, RG. 5 S. 394; 6 S. 66; 23 S. 45. Die Frage, ob die Zahlung und Annahme der Zwangsvergleichsquote den Verzicht auf die abgesonderte Befriedigung enthält, ist nach den Umständen des Falles zu entscheiden. Zur Bejahung der Frage gehört die Feststellung, daß der Wille des die Zahlung der Akkordrate annehmenden Gläubigers auf seine Befriedigung als KGl. mit Aufgabe seines Absonderungsrechts gegangen ist; RG. 37 S. 14; Bolze 11 Nr. 932; JW. 96 S. 35; Gruch. 44 S. 729; RG. im Recht 4 S. 215. Hat ein Absonderungsberechtigter im KVerf. erklärt, daß er in Höhe eines bestimmten Betrages aus dem Absonderungsrecht, in Höhe des Restes aus der KM. Befriedigung suchen wolle, so kann er sich nach Abschluß des Zwangsvergleichs, Aufhebung des Konkurses und vorbehaltloser Annahme der Vergleichsquote aus dem Gegenstande des Absonderungsrechts nicht zu einem höheren als dem ursprünglich angegebenen Betrage befriedigen; RG. 64 S. 425.

Hat bei einem zweiseitigen Vertrage, auf Grund dessen der GSch. eine Gegen- 4
leistung beanspruchen kann, der KV. auf Grund des § 17 Erfüllung verlangt, so ist
die Forderung des Gläubigers Masseforderung geworden, also den Wirkungen des
Zwangsvergleichs entzogen. Hat dagegen der KV. die Erfüllung abgelehnt, so steht
dem Gläubiger nur eine Entschädigungsforderung zu. Diese ist KForderung, unterliegt
mithin dem Zwangsvergleich; RG. JW. 01 S. 253.

2. Ausfall. Soweit der Zwangsvergleich nicht das Gegenteil besagt, befreit 5
er den GSch. von der Pflicht, den Ausfall nachträglich zu ersetzen, den die Gläubiger
durch den Vergleich erleiden. Die natürliche Verbindlichkeit (naturalis obligatio) zur
Nachzahlung bleibt aber bestehen, die Nachzahlung ist also nicht als Schenkung, sondern
als Schuldentilgung anzusehen. Dies erhellt aus Satz 2 des § 194 in Verbindung
mit den §§ 767, 768, 1252 BGB., wonach anderenfalls für den ausgefallenen Teil
die mit der Forderung verbundenen Sicherungen durch Bürgschaft oder Pfandrecht
erlöschen müßten; RG. 42 S. 118; 23 S. 120; Jaeger A. 5 und die dort angeführte
Literatur und Judikatur. Auch entspricht die Nachzahlung einer sittlichen Pflicht, die
Rückforderung ist mithin nach § 814 BGB. ausgeschlossen; Jaeger a. a. O.; Wolff
A. 3. (AM. v. Sarw.-Boss. A. 1.)

Durch den in einem ausländischen Konkursverf. geschlossenen Zwangs- 6
vergleich wird der Gläubiger nicht gehindert, das im Inland befindliche Vermögen
des Schuldners bis zu seiner vollen Befriedigung in Anspruch zu nehmen. Durch
die Zustimmung zu dem ausländischen Vergleiche gibt der Gläubiger nur seinen
Willen zu erkennen, sich den Beschränkungen zu unterwerfen, die der ausländische
Vergleich als solcher auferlegt; RG. 52 S. 155; 21 S. 9; 24 S. 388; Jaeger
A. 19; Fitting § 49 A. 10; Pet.-Kleinf. §§ 237, 238 A. 3.

3. Dem Rechtsgrunde nach werden die KForderungen von dem Zwangs- 7
vergleich nicht beeinflußt. Dieser berührt weder unmittelbar die Beschaffenheit der
einzelnen Forderungen, noch ist er auf deren Feststellung von Einfluß; er enthält
für sie kein Anerkenntnis, keinen Verzicht auf Einwendungsrechte (BayObLG. 9 S. 462),
keine Zurücknahme des bei der Prüfung vom GSch. erhobenen Widerspruchs, keinen
neuen und keinen andern Rechtsgrund; er ist weder ein Vergleich über die einzelne
Forderung, noch hat er für sie die Wirkung einer Novation; Jaeger A. 2.

4. Eine Anfechtung eines rechtskräftig bestätigten Zwangsvergleichs wegen 8
Irrtums ist ausgeschlossen; RG. JW. 04 S. 298.

5. Gegen Mitschuldner und Bürgen des GSch. behalten die Gläubiger 9
ihre bisherigen Rechte trotz des Vergleiches unverändert. Dies gilt auch für die Rechte
der Gläubiger, welche für den Zwangsvergleich gestimmt haben (M. 422, 423) und
ohne Rücksicht darauf, ob der Richter das Vorhandensein der gesetzlichen Voraus-
setzungen des Zwangsvergleichs mit Recht oder mit Unrecht angenommen hat; RG.
SeuffA. 39 S. 482; JW. 04 S. 298. Zu den Mitschuldnern im Sinne des § 193
gehört auch derjenige, welcher einem Gläubiger für seine Forderung an den GSch.
ein Pfand bestellt hat, ohne sich persönlich zu verbürgen. Die Haftung betrifft aber
nur den verpfändeten Gegenstand; RG. 22 S. 325; 23 S. 119; JW. 89 S. 68,
307. Der GSch. darf, auch wenn er seiner akkordmäßigen Verbindlichkeit genügt hat,
nichts tun, was die Rechte des Gläubigers gegen Mitschuldner und Bürgen schmälern
würde; er kann insbesondere weder die Rückgabe noch die Streichung seines Akzeptes
verlangen, wenn der Gläubiger des Wechsels zur Geltendmachung seiner Rechte gegen
andere Verpflichtete bedarf; Strieth. 20 S. 343 und 365; 40 S. 315.

6. Unberührt bleiben auch die Rechte der Gläubiger aus einem für die Forde- 10

rung bestehenden Pfandrecht, aus einer für sie bestehenden Hypothek, Grundschuld oder Rentenschuld oder aus einer zu ihrer Sicherung im Grundbuch oder im Schiffsregister eingetragenen Vormerkung. Diese, der bisherigen Rechtsprechung des Reichsgerichts (RG. 22 S. 330; 23 S. 44, 120) entsprechende Bestimmung ist durch die Novelle zur Beseitigung etwaiger Zweifel neu eingeschaltet mit Rücksicht auf die §§ 1137, 1211 BGB., nach denen der Eigentümer bzw. der Verpfänder dem Pfandgläubiger gegenüber die dem persönlichen Schuldner gegen die Forderung zustehenden Einreden geltend machen kann.

11 **7.** Die etwaige Regreßforderung der Mitschuldner und Bürgen gegen den GSch. wird von dem Zwangsvergleich mit betroffen; M. 423; RG. JW. 06 S. 36 bzw. Gruch. 50 S. 1117. Der vom Gläubiger in Anspruch genommene Bürge muß hiernach dem Gläubiger in voller Höhe zahlen, während er Regreß gegen den GSch. nur in Höhe der Zwangsvergleichsrate nehmen kann. Andererseits kann der GSch. Regreß gegen den Mitschuldner nur wegen des wirklich vom GSch. gezahlten Betrages nehmen; RG. Bolze 12 Nr. 773; 17 Nr. 858; JW. 00 S. 184.

§ 194 (179). **Aus dem rechtskräftig bestätigten Zwangsvergleiche findet für die Konkursgläubiger, deren Forderungen festgestellt und nicht von dem Gemeinschuldner in dem Prüfungstermine ausdrücklich bestritten worden sind, gegen den Gemeinschuldner und diejenigen, welche in dem Vergleiche für dessen Erfüllung neben dem Gemeinschuldner ohne Vorbehalt der Einrede der Vorausklage Verpflichtungen übernommen haben, die Zwangsvollstreckung unter entsprechender Anwendung der §§ 724 bis 793 der Zivilprozeßordnung und des § 164 Abs. 3 dieses Gesetzes statt.**

---

1 **1.** Schuldtitel.

a. Ist die Forderung im Prüfungstermin festgestellt und nicht vom GSch. im Prüfungstermin ausdrücklich bestritten, so erfolgt die Zwangsvollstreckung aus der Eintragung in die Tabelle; § 164. Dies gilt auch im Falle des Zwangsvergleichs; M. 424. Der Zwangsvergleich selbst ist kein Vollstreckungstitel, unterliegt insbesondere nicht dem § 794 Nr. 5 ZPO. (RG. 56 S. 73), bestimmt aber den Umfang der Zwangsvollstreckung. Deshalb ist der vollstreckbare Schuldtitel in der Weise herzustellen, daß der Gerichtsschreiber des KG. dem Gläubiger eine Ausfertigung sowohl der Eintragung in die Tabelle als des rechtskräftig bestätigten Zwangsvergleichs erteilt und beides mit der Vollstreckungsklausel versieht. Die beiden vollstreckbaren Ausfertigungen werden zweckmäßig zu einer Urkunde vereinigt, damit die Beitreibung des vollen zur Tabelle festgestellten Betrages verhütet wird. Die Erteilung der vollstreckbaren Ausfertigung darf erst nach Feststellung der Rechtskraft des Bestätigungsbeschlusses erfolgen, einerlei, ob die Bestätigung zu Recht oder zu Unrecht erfolgt ist; RG. JW. 04 S. 298.

2 **b.** Ist die Forderung im Prüfungstermin nicht festgestellt, oder ist sie zwar festgestellt, aber von dem GSch. in dem Prüfungstermin ausdrücklich bestritten, so bedarf es zur Zwangsvollstreckung außer der Ausfertigung des rechtskräftig bestätigten Zwangsvergleichs noch eines nach den Vorschriften der ZPO. zu erwerbenden Vollstreckungstitels gegen die Bestreitenden (rechtskräftiges Urteil oder ein Vollstreckungstitel aus § 794 Nr. 1, 2, 4, 5 ZPO.); RG. 22 S. 155. Zur Beschaffung eines solchen kann sowohl während des Konkurses wie nach dem Konkurse Klage erhoben werden. Ein zur Zeit des Zwangsvergleichsabschlusses an-

hängiger Feststellungsprozeß kann nach der rechtskräftigen Bestätigung des Vergleiches,
wenn der Verwalter der Prozeßgegner war, nur gegen den GSch. fortgesetzt werden.

2. *Wirkung des Schuldtitels.* Der vollstreckbare Schuldtitel wirkt nicht 3
nur gegen den GSch., sondern auch gegen den Vergleichsbürgen. Dies gilt nach dem
klaren Wortlaut des § 194 auch dann, wenn der Vollstreckungstitel gegen den GSch.
erst nach dem Vergleichsabschlusse erlangt ist; denn es muß angenommen werden, daß
der Vergleichsbürge, der neben dem GSch. ohne Vorbehalt eintritt, dies in der Ab-
sicht tut, sich diesem den Gläubigern gegenüber gleichzustellen; *Fitting* § 49 A. 9;
Jaeger A. 4; anders M. 424. Der Wortlaut des § 194 stellt klar, daß die Ein-
rede der Vorausklage — abweichend von §§ 771 ff. BGB. — dem Vergleichsbürgen
nur dann zusteht, wenn er sie sich ausdrücklich vorbehalten hat, und daß, wenn dies
geschehen ist, der § 194 gegen den Vergleichsbürgen überhaupt keine Anwendung
findet; *Jaeger* A. 5; *Fitting* § 49 A. 9; *Pet.-Kleinf.* A. 16. (AM.
v. *Voeld*. 2 S. 622, welcher annimmt, daß § 194 nach vergeblicher Vorausklage zu-
lässig sei, und *Wolff* A. 2, wonach § 194 nur bei ausdrücklichem Verzicht des Bürgen
auf die Rechtswohltat Anwendung finden soll.)

3. Ist der Akkordbürge selbst Gläubiger des GSch., so verliert er durch Über- 4
nahme der Bürgschaft nicht seinen Anspruch auf die ihm zustehende Zwangsvergleichs-
dividende. Er kann auch seine ganze Forderung gegen den Dritten geltend machen,
der ihm für diese ein Pfandrecht bestellt hat; RG. JW. 96 S. 5.

4. *Bevorrechtigte Forderungen* unterliegen dem Zwangsvergleich über- 5
haupt nicht und können, falls sie festgestellt und vom GSch. nicht bestritten sind, auf
Grund der Tabelle zum vollen Betrage beigetrieben werden; §§ 164, 193, 194. Ist nur
das Vorrecht, nicht aber die Forderung streitig geblieben, so liegt, solange das Vor-
recht nicht festgestellt ist, eine gewöhnliche „festgestellte" KForderung vor; diese fällt
aber unter § 194; der Gläubiger kann deshalb bis zum Betrage der Akkordrate
Zwangsvollstreckung auch gegen den Vergleichsbürgen betreiben; *Pet.-Kleinf.* A. 13;
a. M. *Jaeger* A. 7.

5. *Anspruch auf eine Hypothek.* Die Eintragung in die Tabelle gilt rück- 6
sichtlich der festgestellten Forderungen wie ein rechtskräftiges Urteil; § 145 Abs. 2. Für
fällige (§§ 726, 751 ZPO.), den Betrag von 300 M. übersteigende Vergleichsraten
kann also gemäß §§ 866 ff. ZPO.; §§ 13, 30 GBO. eine Zwangshypothek eingetragen
werden. Für noch nicht fällige Vergleichsraten kann der Gläubiger, wenn ein Arrest-
grund vorliegt (§ 917 ZPO.), einen Arrestbefehl erwirken (§ 916 Abs. 2 ZPO.) und
wegen des im Arrestbefehl festgestellten Geldbetrages (§ 923 ZPO.) die Eintragung
einer Sicherungshypothek beantragen; § 932 ZPO.

§ 195 (181). Eine Klage auf Aufhebung des Zwangsvergleichs aus dem Grunde der Nichterfüllung desselben findet nicht statt.

Nichterfüllung des Zwangsvergleichs berechtigt nur zum Herbei- 1
führen der Erfüllung durch Zwangsvollstreckung (§ 194), rechtfertigt aber nicht die
Aufhebung des Zwangsvergleichs, gewährt auch — abweichend von § 326 BGB. —
kein Rücktrittsrecht wegen Verzuges. Ist ausdrücklich vereinbart, der Zwangsvergleich
solle im Fälle der Nichterfüllung als nicht geschlossen gelten, so hat dies nur die Be-
deutung, daß jeder nicht rechtzeitig befriedigte Gläubiger mit der Nichtbefriedigung
das Recht erhält, seine Forderung wieder zum vollen Betrage geltend zu machen.
Ist eine solche Klausel nicht vereinbart, so bleibt der Zwangsvergleich — abgesehen

von den Fällen der §§ 196, 197 — auch dann wirksam, wenn über das Vermögen des GSch. ein neuer Konkurs eröffnet wird. Es können also in diesem neuen Konkurse vor den alten Gläubigern nur die bisher nicht berichtigten Vergleichsraten angemeldet werden; M. 430; Jaeger A. 2. (AM. Kohler S. 293.)

§ 196 (182). **Wenn der Zwangsvergleich durch Betrug zustande gebracht ist, so kann jeder Gläubiger den vergleichsmäßigen Erlaß seiner Forderung anfechten, unbeschadet der ihm durch den Vergleich gewährten Rechte.**

Die Anfechtung ist nur zulässig, wenn der Gläubiger ohne Verschulden außerstande war, den Anfechtungsgrund in dem Bestätigungsverfahren geltend zu machen.

---

1 **1.** Die Anfechtung des durch den Zwangsvergleich herbeigeführten Erlasses wegen Betruges — § 196 — erfolgt nur auf Antrag und nur für den einzelnen Gläubiger; dagegen hebt die rechtskräftige Verurteilung des GSch. wegen betrüglichen Bankerutts — § 197 — ohne weiteres den durch den Vergleich begründeten Erlaß für alle Gläubiger auf.

2 **2.** Betrug ist jede arglistige Täuschung; § 123 BGB. Eine Vermögensbeschädigung und die Absicht, sich oder einem anderen einen rechtswidrigen Vorteil zu verschaffen (§ 263 StGB.), ist nicht erforderlich; Prot. 114. Es genügt die Erregung eines Irrtums durch Vorspiegelung falscher oder durch Unterdrückung wahrer Tatsachen. Ein Betrug liegt z. B. dann vor, wenn wissentlich die Teilungsmasse zu niedrig oder die Schuldenmasse zu hoch angegeben oder wenn einer der Tatbestände des § 239 Nr. 1, 2 KO. erwiesen wird; RG. 39 S. 17 ff.

Der Vergleich muß „durch Betrug zustande gebracht" sein, es muß also feststehen, daß ohne den Betrug der Vergleichsvorschlag die erforderliche Mehrheit nicht gefunden haben würde; RG. 39 S. 23; 37 S. 142. Ob der Betrug vom GSch. oder von einer anderen Person ausgeht, ist unerheblich.

Irrtum und widerrechtliche Drohung (§§ 119, 120, 123 BGB.) berechtigen nicht zur Anfechtung des rechtskräftig bestätigten Zwangsvergleichs.

3 **3.** Anfechtungsberechtigt ist jeder Gläubiger, auch wenn er selbst nicht zu den Betrogenen gehört. Hat der Gläubiger selbst die Täuschung verübt oder sich an ihr beteiligt, so steht ihm die Einrede der Arglist entgegen.

4 **4.** Das Anfechtungsrecht erstreckt sich nur auf die Aufhebung des dem GSch. im Vergleiche bewilligten Erlasses, mag dieser sich auf Kapital oder Zinsen beziehen, oder nur eine Stundung vorliegen. Der Vergleich selbst wird durch die Anfechtung nicht berührt. Die durch den Vergleich erworbenen Rechte bleiben dem Gläubiger deshalb trotz der Anfechtung nicht nur gegen den GSch., sondern auch gegen den Bürgen erhalten; dieser haftet aber immer nur nach Maßgabe des Zwangsvergleichs, auch wenn beim Obsiegen des Anfechtungsklägers die Zahlungspflicht des GSch. über den Zwangsvergleich hinaus erweitert wird.

5 **5.** Die Anfechtung erfolgt durch formfreie Erklärung gegenüber dem Anfechtungsgegner (§ 143 BGB.) d. h. dem GSch. Sie kann nur innerhalb eines Jahres seit dem Zeitpunkt, in welchem der Anfechtende von dem Betruge Kenntnis erlangt hat, und längstens innerhalb dreißig Jahren seit der Annahme des Vergleiches geschehen; § 124 BGB.; Jaeger A. 6; Fitting § 50 A. 3. (AM. Pet.=

Kleinf. A. 5; v. Sarw.-Boss. A. 5.) Im Prozesse erfolgt die Anfechtung durch Klage auf Zahlung der vollen Konkursdividende.

Der anfechtende Gläubiger tritt nur für sich selbst auf. Ein günstiger Erfolg kommt nur ihm und seiner Forderung, nicht aber auch den anderen Gläubigern zustatten.

6. Beschränkt ist das Anfechtungsrecht nach Abs. 2 insofern, als es 6
an die Bedingung geknüpft ist, daß der anfechtende Gläubiger den Nachweis führt, er sei ohne Verschulden außerstande gewesen, den Anfechtungsgrund im Bestätigungsverfahren, wenn auch erst in der Beschwerdeinstanz, geltend zu machen. Es darf auch kein Verschulden des Vertreters des Gläubigers vorliegen; § 232 Abs. 2 ZPO. Die Unzulässigkeit des Anfechtungsrechts darf aber nur dann berücksichtigt werden, wenn sie vom Gegner geltend gemacht wird, da die Zulässigkeit nicht von Amts wegen zu prüfen ist. „Geltend machen" im Absatz 2 ist nur mit „Vorbringen" gleichbedeutend, nicht aber mit „glaubhaft machen". Die Anfechtung ist deshalb auch dann unzulässig, wenn im Falle des § 188 der Gläubiger den Anfechtungsgrund zwar vorbringen, aber nicht glaubhaft machen konnte; RG. JW. 03 S. 182 bzw. SeuffA. 59 S. 87.

§ 197 (183). Die rechtskräftige Verurteilung des Gemeinschuldners wegen betrüglichen Bankerutts hebt für alle Gläubiger den durch den Zwangsvergleich begründeten Erlaß auf, unbeschadet der ihnen durch den Vergleich gewährten Rechte.

Auf Antrag eines Gläubigers kann das Konkursgericht Sicherheitsmaßregeln gegen den Gemeinschuldner schon vor der rechtskräftigen Verurteilung desselben anordnen.

---

1. Wird der GSch. wegen betrüglichen Bankerutts (§ 239), der sich auf den 1
durch Zwangsvergleich erledigten Konkurs beziehen muß, rechtskräftig verurteilt, so wird dadurch kraft Gesetzes für alle Gläubiger der durch den Zwangsvergleich begründete Erlaß aufgehoben, während die ihnen durch den Vergleich gewährten Rechte bestehen bleiben. Jeder Gläubiger kann also auf Grund der Tabelle seine Forderung gegen den GSch. in voller Höhe, gegen den Vergleichsbürgen aber nur in Höhe der Akkordrate beitreiben. Der Gerichtsschreiber des KG. hat der von ihm zu erteilenden Ausfertigung der Tabelle den Vermerk der rechtskräftigen Verurteilung nachzutragen. Kommt es zu einem neuen Konkurse oder zur Wiederaufnahme des Konkurses (§ 198), so können in dem neuen Konkurse die festgestellten Forderungen in vollem Betrage als titulierte (§ 146 Abs. 6) geltend gemacht werden; Jaeger A. 2; Fitting § 50 A. 4, 5.

2. Sicherheitsmaßregeln kann das KG. auf Antrag eines vom Vergleiche 2
betroffenen Gläubigers sogar schon vor der Einleitung einer gerichtlichen Untersuchung dann anordnen, wenn es die Möglichkeit der Verurteilung als gegeben erachtet. Bei der Wahl der Sicherheitsmaßregeln ist das KG. an den Antrag nicht gebunden. Gegen die Anordnung von Sicherheitsmaßregeln steht dem GSch., gegen ihre Ablehnung dem Antragsteller die sofortige Beschwerde zu; § 73. Nach rechtskräftiger Freisprechung des GSch. sind die erlassenen Sicherheitsmaßregeln von Amts wegen wieder aufzuheben.

§ **198** (184). Im Falle der rechtskräftigen Verurteilung wird, wenn genügende Masse vorhanden ist oder ein zur Deckung der im § 58 Nr. 1, 2 bezeichneten Massekosten ausreichender Geldbetrag vorgeschossen wird, das Konkursverfahren auf Antrag eines Konkursgläubigers wieder aufgenommen.

Die Wiederaufnahme erfolgt durch Beschluß des Gerichts. Auf den Zeitpunkt der Wiederaufnahme und die Bekanntmachung derselben finden die Vorschriften der §§ 108, 111—113 entsprechende Anwendung.

---

1 **1.** Voraussetzung für die Anwendbarkeit des § 198 ist die im § 197 gedachte rechtskräftige Verurteilung des GSch. wegen eines mit Bezug auf den vorliegenden Konkurs begangenen betrüglichen Bankerutts. Antragsberechtigt ist jeder noch nicht wegen seiner ganzen KForderung (nicht bloß der Akkordquote!) befriedigte frühere KGläubiger, auch ein bevorrechtigter, der nicht nach § 191 Abs. 2 gedeckt ist; Jaeger A. 2; Fitting § 50 A. 7. (AM. Seuffert S. 448 A. 1.) Neue Gläubiger (§ 200) und der GSch. können nur die Eröffnung eines neuen Konkurses beantragen. Die Forderung des Antragsstellers ist glaubhaft zu machen; § 105 Abs. 1. Der Schuldner ist über den Antrag zu hören; § 105 Abs. 2. Die Wiederaufnahme ist entsprechend den §§ 107, 204 nur zulässig, wenn genügende Masse vorhanden ist oder ein zur Deckung der Massekosten (§ 58 Nr. 1, 2) ausreichender Geldbetrag vorgeschossen wird.

2 **2.** Die Wiederaufnahme erfolgt durch Beschluß des KGerichts und zwar stets des früheren KGerichts, auch wenn der GSch. inzwischen z. B. seinen Wohnsitz gewechselt hat. Die Vorschriften über den Eröffnungsbeschluß finden entsprechende Anwendung. Der Aufnahmebeschluß hat also die Stunde der Eröffnung anzugeben (§ 108), ist öffentlich bekannt zu machen (§ 111), den Registerbehörden, der Dienstbehörde sowie dem Grundbuchamt mitzuteilen (§ 112) und in das Grundbuch und in das Handelsregister einzutragen (§ 113). Ist ein neuer Konkurs eröffnet, so ist während dessen Dauer die Wiederaufnahme des alten ausgeschlossen, weil diese dasselbe Vermögen umfassen würde wie der neue Konkurs; Jaeger A. 5; Fitting § 50 A. 9.

Den Wiederaufnahmebeschluß kann der GSch., den abweisenden Beschluß der antragstellende KGl. mit der sofortigen Beschwerde anfechten; §§ 109, 73.

3 **3.** Das wiederaufgenommene Verfahren ist die Fortsetzung des früheren. Der bisherige KV. und der bisherige GlAusschuß wird von neuem tätig. Nur wenn der frühere Verwalter an der Aufnahme seiner Tätigkeit behindert ist, wird ein neuer KV. vom KG. ernannt, an dessen Stelle die Gläubiger nach § 80 einen anderen wählen können. Es bedarf nicht der nochmaligen Feststellung der Zahlungsunfähigkeit des GSch., das Verfahren ist nur, soweit nötig (§ 201 Abs. 1), zu wiederholen; geprüfte Forderungen werden nur hinsichtlich einer inzwischen eingetretenen Tilgung von neuem geprüft (§ 201 Abs. 2). Das aufgenommene Verfahren ist aber auch zugleich ein neues KVerfahren, denn es umfaßt nicht nur die alte KM., sondern alles pfändbare Vermögen des GSch., das ihm zur Zeit der Wiederaufnahme des Verfahrens gehört; Motive 429; Jaeger A. 7. Auch sind außer den früheren Gläubigern auch die neuen Gläubiger des GSch. zur Teilnahme am Verfahren berechtigt; § 200 Abs. 2.

§ **199** (185). Für die Anfechtung von Rechtshandlungen, welche in der Zeit von der Aufhebung bis zur Wiederaufnahme des Konkursverfahrens vorgenommen sind, sowie für die in diesem Zeitraume entstandenen Aufrechnungsbefugnisse gilt, wenn nicht inzwischen eine Zahlungseinstellung erfolgt ist, als Tag der Zahlungseinstellung der Tag des ersten die Verurteilung des Gemeinschuldners aussprechenden Urteils.

---

1. Die in der angegebenen Zwischenzeit von dem GSch. vorgenommenen Rechts- 1
handlungen sind an sich rechtsgültig. Sie unterliegen nur der Anfechtung nach §§ 29—42. „Hierbei tritt an Stelle des Zeitpunkts der KE. der Zeitpunkt der Wiederaufnahme und der Antrag auf letztere an Stelle des Antrags auf erstere. Der Wiederaufnahme kann eine neue Zahlungseinstellung vorausgegangen sein; dann bleibt natürlich diese maßgebend." In Ermangelung einer solchen tritt an die Stelle der Zahlungseinstellung der Tag des ersten die Verurteilung des GSch. wegen betrüglichen Bankerutts aussprechenden Urteils; es entscheidet also der Tag der Verkündung des erstinstanzlichen Strafurteils, nicht erst der Tag der Rechtskraft dieses Urteils; M. 428.

2. Diese Bestimmungen gelten auch für die in der Zwischenzeit entstandenen 2
Aufrechnungsbefugnisse (§§ 55 Nr. 3, 56).

§ **200** (186). An dem aufgenommenen Verfahren nehmen die Gläubiger, für und gegen welche der Vergleich wirksam war, mit dem noch nicht getilgten Betrage ihrer ursprünglichen Forderungen Teil.

Die neuen Gläubiger des Gemeinschuldners sind zur Teilnahme an dem Verfahren berechtigt. Dieselben haben keinen Anspruch auf Befriedigung aus einer für die Erfüllung des Zwangsvergleichs bestellten Sicherheit.

---

1. Teilnahmeberechtigt an dem aufgenommenen Verfahren sind: 1

a. Die Massegläubiger und die bevorrechtigten KGläubiger des früheren Verfahrens, soweit sie noch nicht befriedigt sind. Soweit ihre Sicherstellung erfolgt ist, gelten sie in Ansehung dieser Sicherheit als absonderungsberechtigt.

b. Die Akkordgläubiger des früheren Konkurses, auch diejenigen, welche ihre Forderungen in dem früheren Verfahren nicht angemeldet hatten, in Höhe des noch nicht getilgten Betrages ihrer ursprünglichen Forderungen. Die durch den Zwangsvergleich begründeten Beschränkungen sind fortgefallen.

c. Die neuen Gläubiger d. s. diejenigen, deren Forderungen zwischen der Eröffnung des früheren Konkurses und der Wiederaufnahme entstanden sind; M. 429. Hierunter fallen auch die früheren Gläubiger hinsichtlich der in dem angegebenen Zeitraum aufgelaufenen Zinsen und Kosten (§ 63 Nr. 1, 2).

2. In Ansehung einer den alten Gläubigern durch den Vergleich bestellten 2
Sicherheit stehen diese den neuen Gläubigern wie Absonderungsberechtigte (§§ 47 ff., 64, 96, 153, 155 ff., 168 Ziffer 3, 169) gegenüber; M. 429.

§ **201** (187). Das Verfahren ist so weit als nötig zu wiederholen. Früher geprüfte Forderungen werden nur hinsichtlich einer inzwischen eingetretenen Tilgung von neuem geprüft.

---

1. Die Wiederholung ist nur insoweit erforderlich, als die Erweiterung des 1
Verfahrens auf neues Vermögen und auf neue KGl. dies bedingt. Der Erlaß des

offenen Arrestes ist stets zu erneuern. Ebenso bedarf es der Anberaumung einer neuen Anmeldungsfrist und eines neuen allgemeinen Prüfungstermins. Der frühere Verwalter und der frühere GlAusschuß treten wieder in Tätigkeit. Neuwahl ist nur dann erforderlich, wenn dieser Wiedereintritt nicht möglich ist. Die alte Tabelle kann beibehalten werden und ist alsdann zu ergänzen. Vermögensaufzeichnung und Inventar (§§ 123, 124) sind zu berichtigen. Auch ist eine Bilanz aufzustellen. Die wiederholte Leistung des Offenbarungseides kann deshalb gefordert werden, weil der Umfang der Masse, zu welcher jetzt auch das neuerworbene Vermögen gehört, sich geändert haben kann. Anmeldungen, die im früheren KVerf. eingereicht waren, bleiben ebenso wie das Ergebnis der früheren Prüfung in Kraft. Eine neue Prüfung tritt nur ein, wenn von dem KV., einem KGl. oder dem GSch. eine inzwischen eingetretene Tilgung geltend gemacht wird. Wenn aus diesem Grunde der KV. oder ein KGl. Widerspruch erhebt, so ist es nach §§ 146 Abs. 6, 152, 168 Nr. 1, da die frühere Feststellung und deren Eintragung in die Tabelle gegenüber allen KGl. wie ein rechtskräftiges Urteil wirkt (§ 145 Abs. 2), Sache des Widersprechenden, seinen Widerspruch durch Klage nach § 767 ZPO. zu verfolgen. Während der Dauer des Prozesses muß die Forderung bei Verteilungen durch Zurückbehalten des auf sie fallenden Betrages berücksichtigt werden. Solange die Erhebung der Klage unterbleibt, wird die Forderung wie eine feststehende behandelt.

2 2. Das wiederaufgenommene Verfahren kann nur durch Schlußverteilung oder Einstellung beendigt werden; ein Zwangsvergleich ist unzulässig; § 175 Nr. 3.

Siebenter Titel.

Einstellung des Verfahrens.

§ 202 (188). Das Konkursverfahren ist auf Antrag des Gemeinschuldners einzustellen, wenn er nach dem Ablaufe der Anmeldefrist die Zustimmung aller Konkursgläubiger, welche Forderungen angemeldet haben, beibringt. Inwieweit es der Zustimmung oder der Sicherstellung von Gläubigern bedarf, deren Forderungen angemeldet aber nicht festgestellt sind, entscheidet das Konkursgericht nach freiem Ermessen.

Das Verfahren kann auf Antrag des Gemeinschuldners vor dem Ablaufe der Anmeldefrist eingestellt werden, wenn außer den Gläubigern, deren Zustimmung der Gemeinschuldner beibringt, andere Gläubiger nicht bekannt sind.

---

1 1. Das Gesetz unterscheidet Aufhebung und Einstellung des KVerf. Aufhebung ist die Beendigung des Verfahrens durch Ausschüttung der Masse (§ 163) oder durch Zwangsvergleich (§ 190); Einstellung ist die Beendigung durch KVerzicht (§§ 202, 203) oder mangels Kostendeckung (§ 204).

2 2. Die Beendigung des KVerf. wegen KVerzichts erfolgt nur auf Antrag des GSch., die Beendigung mangels Kostendeckung dagegen von Amts wegen. In ersterem Falle ist nur der GSch. antragsberechtigt. Der Antrag kann — privatschriftlich oder durch Erklärung zu Protokoll des Gerichtsschreibers — zu jeder Zeit gestellt werden, so lange nicht die Schlußverteilung vollzogen oder der abgeschlossene Zwangsvergleich rechtskräftig bestätigt ist. Soll die Einstellung des KVerf. nach

Ablauf der Anmeldefrist erfolgen, so muß sie das Gericht, sofern die gesetzlich erforderten Voraussetzungen erfüllt sind, beschließen (§ 202 Abs. 1); soll die Einstellung dagegen schon vor Ablauf der Anmeldefrist erfolgen, so kann das Gericht sie beschließen (§ 202 Abs. 2). Im einzelnen gilt für die beiden Fälle folgendes:

a. Soll die Einstellung nach dem Ablauf der Anmeldefrist (§ 138) erfolgen, so hat der Gemeinschuldner die Zustimmung aller (bevorrechtigten oder nicht bevorrechtigten) KGl. beizubringen, welche bis zum Ablauf der Widerspruchsfrist des § 203 Abs. 1 Forderungen angemeldet haben und deren Forderungen festgestellt sind. 3

Sind KForderungen angemeldet, aber nicht festgestellt, so hat das KG. nach freiem, aber der Nachprüfung in der Beschwerdeinstanz unterliegendem Ermessen zu entscheiden, ob der GSch. auch die Zustimmung dieser Gläubiger beizubringen oder ihre Sicherstellung nachzuweisen hat.

Durch den Widerspruch eines einzigen Gläubigers, dessen Forderung angemeldet und festgestellt ist, wird die Einstellung ausgeschlossen. Der Widerspruch kann nicht durch Sicherstellung, sondern nur durch Befriedigung ersetzt werden.

b. Soll die Einstellung schon vor dem Ablauf der Anmeldefrist d. h. so früh erfolgen, daß noch der Einstellungsbeschluß vor diesem Zeitpunkte ergeht (Jaeger A. 3; Fitting § 51 A. 59; Wolff A. 2), so hat der GSch. die Zustimmung aller zur Zeit des Einstellungsbeschlusses bekannten KGl. beizubringen, gleichviel, ob die Forderungen festgestellt oder nicht festgestellt, ob sie angemeldet oder nicht angemeldet sind. Die Entscheidung darüber, ob noch andere KGl. als bekannt anzusehen sind, hat das KG. zu treffen und zwar auf Grund des Gläubigerverzeichnisses, der Geschäftsbücher des GSch., der Korrespondenz des GSch., der Auskunft des Verwalters u. dergl. Werden in der Entscheidung des KG. noch andere Gläubiger als bekannt bezeichnet, so hat der GSch. auch deren Zustimmung beizubringen. Eine Ersetzung der Zustimmung durch Sicherheitsleistung ist unzulässig; ebenso Jaeger A. 6; v. Sarw.-Boss. A. 4; a. M. Pet.-Kleinf. A. 4; Fitting § 51 A. 13. 4

3. Die Zustimmung der Gläubiger bedarf keiner Begründung, muß aber ausdrücklich und vorbehaltlos sein. Eine besondere Form ist nicht vorgeschrieben. Von dem Erfordernis der Beglaubigung ist Abstand genommen; M. 437. Die Bestimmung einer Zeitgrenze für die Dauer der Zustimmung ist zulässig; Pet.-Kleinf. A. 1; Jaeger A. 2. Bei Zweifeln über die Echtheit einer Unterschrift kann das Gericht entsprechende Ermittelungen anstellen. Dafür, daß eine gemäß § 202 KO. von einem Gläubiger abgegebene Zustimmungserklärung unwiderruflich sein soll, wie Jaeger A. 2 annimmt, fehlt es an einem Anhaltspunkt im Gesetz. 5

Der Zustimmung der Gläubiger, deren Forderungen im Konkurse nicht geltend gemacht werden können (§ 63), bedarf es niemals.

Gläubiger, welche voll befriedigt sind sowie Massegläubiger, Aus- und Absonderungsberechtigte haben der Einstellung weder zuzustimmen, noch können sie ihr widersprechen.

4. Im Konkurse eingetragener Genossenschaften ist die Einstellung des Verfahrens erst zulässig, wenn mit dem Vollzuge der Schlußverteilung begonnen worden ist. Die Zustimmung aller bei der Schlußverteilung berücksichtigten Gläubiger ist beizubringen. Inwieweit es der Zustimmung oder der Sicherstellung von Gläubigern bedarf, deren Forderungen nicht festgestellt sind, entscheidet das KG. nach freiem Ermessen (§ 116 Abs. 2 des GenG. vom 20. Mai 1898). Dasselbe gilt für Versicherungsvereine auf Gegenseitigkeit (§ 52 des Reichsges. vom 12. Mai 1901). 6

§ **203** (189). Der Antrag ist öffentlich bekannt zu machen und mit den zustimmenden Erklärungen auf der Gerichtsschreiberei zur Einsicht der Konkursgläubiger niederzulegen. Die Konkursgläubiger können binnen einer mit der öffentlichen Bekanntmachung beginnenden Frist von einer Woche Widerspruch gegen den Antrag erheben. Im Falle des § 202 Abs. 1 steht der Widerspruch jedem Gläubiger zu, welcher bis zum Ablaufe der Frist eine Forderung angemeldet hat.

Das Gericht beschließt über die Einstellung nach Anhörung des Gemeinschuldners und des Verwalters. Im Falle eines Widerspruchs ist auch der widersprechende Gläubiger zu hören.

---

1 **1.** Sind die Voraussetzungen des § 202 nicht erfüllt, so ist der Einstellungsantrag des GSch. zurückzuweisen. Hiergegen hat der GSch. sofortige Beschwerde.

2 **2.** Sind die Voraussetzungen des § 202 erfüllt, so hat das KG. den Antrag öffentlich bekannt zu machen (§ 76) und zugleich seine Niederlegung mit den Zustimmungserklärungen der Gläubiger auf der Gerichtsschreiberei zur Einsicht der Beteiligten anzuordnen. Beteiligte sind die KGl., der GSch., der KV. und der GlAusschuß, nicht aber die Massegläubiger; Gruch. 42 S. 1131. Gegen die Anordnung der öffentlichen Bekanntmachung des Antrages hat weder der Verwalter noch ein Gläubiger das Recht der Beschwerde; der Gläubiger hat nur das im Satz 2 des Abs. 1 gedachte Widerspruchsrecht; RG. im SächsArch. 9 S. 120; JW. 98 S. 359.

3 **3.** Die Widerspruchsfrist von einer Woche beginnt mit dem Ablauf des zweiten Tages nach der Ausgabe des die Einrückung enthaltenden Blattes (§ 76) und ist nach § 222 ZPO. zu berechnen. Die Frist ist eine gesetzliche und kann deshalb nicht verlängert werden (§ 224 Abs. 2 ZPO.), ist aber keine ausschließende. Auch ein nachträglich eingegangener Widerspruch ist zu berücksichtigen (a. M. Kohler S. 506; Oetker S. 400), und gemäß § 570 ZPO. ist die Nachholung des versäumten Widerspruchs in der Beschwerdeinstanz zuzulassen; v. Wilm.-Kurlb. A. 5.

4 **4.** Widerspruchsberechtigt ist jeder KGl., dessen Zustimmung für die Einstellung des Verfahrens notwendig ist. Der Widerspruch hat privatschriftlich oder durch Erklärung zu Protokoll des Gerichtsschreibers zu erfolgen.

5 **5.** Verfahren nach der Bekanntmachung. Das Gericht muß sich von dem Vorhandensein der gesetzlichen Voraussetzungen der Einstellung von Amts wegen überzeugen, in allen Fällen den GSch. und den Verwalter, im Falle erhobenen Widerspruchs auch den widersprechenden Gläubiger hören (schriftlich oder mündlich). Dem Gerichte steht frei, auf Grund des § 75 Ermittelungen anzuordnen. Nach Maßgabe des § 125 kann dem GSch. der Offenbarungseid abgenommen werden. Sind die gesetzlichen Voraussetzungen der Einstellung erfüllt, so muß das Gericht im Falle des § 202 Absatz 1 die Einstellung des KVerf. beschließen. Ein Recht zur Prüfung darüber, ob die Einstellung dem Interesse der Gläubiger nicht nachteilig sei, ist dem KG. nicht beigelegt. Im Falle des § 202 Absatz 2 kann das Gericht das Verfahren einstellen. Der Einstellungsbeschluß ist stets öffentlich bekannt zu machen; § 205. Die Bekanntmachung gilt als Zustellung an alle Beteiligten; § 76 Abs. 3.

6 **6.** Gegen den Einstellungsbeschluß hat jeder widerspruchsberechtigte KGl. (vgl. A. 4) das Rechtsmittel der sofortigen Beschwerde. Diese kann auf neue Tatsachen und Beweise gestützt werden; § 570 ZPO.

Der Verwalter ist nur gutachtlich zu hören; ein Beschwerderecht steht ihm nicht zu.

7. Die Einstellung beseitigt das zur Zeit eröffnete KVerf. endgültig, steht aber 7
dem Antrage auf Eröffnung eines neuen KVerf. nicht entgegen; RG. JW. 86 S. 55.

§ 204 (190). **Das Gericht kann das Konkursverfahren einstellen, sobald sich ergibt, daß eine den Kosten des Verfahrens entsprechende Konkursmasse nicht vorhanden ist. Die Einstellung unterbleibt, wenn ein zur Deckung der im § 58 Nr. 1, 2 bezeichneten Massekosten ausreichender Geldbetrag vorgeschossen wird.**

Vor der Einstellung soll die Gläubigerversammlung gehört werden.

---

1. Abs. 1 Satz 2 und Abs. 2 sind durch die Nov. eingeschaltet. Abs. 1 ent- 1
spricht dem § 107 Abs. 1. Abs. 2 soll den Gläubigern Gelegenheit geben, „durch den Nachweis von Massegegenständen oder durch Vorschußleistung die Einstellung des Verfahrens abzuwenden“; M. z. Nov. S. 37.

2. Das KG. beschließt über die Einstellung gemäß § 204 von Amts wegen. 2
Da der Beschluß nicht von einem Antrage abhängig ist, so hat jeder Beteiligte, also jeder Gläubiger, der Verwalter und der GSch. gegen den Einstellungsbeschluß das Rechtsmittel der sofortigen Beschwerde; ebenso Jaeger A. 3, Pet.-Kleinf. A. 4. Der Einstellungsbeschluß ist gemäß § 205 öffentlich bekannt zu machen.

3. Ein gemäß § 204 eingestelltes KV. kann nicht wiedereröffnet und fortgesetzt 3
werden; OLG. Braunschweig in der BraunschwZ. 54 S. 31. Dagegen ist die Eröffnung eines *neuen* KVerf. selbstverständlich zulässig.

4. Im Genossenschaftskonkurse und im Konkurse eines Versicherungsvereins auf 4
Gegenseitigkeit findet § 204 keine Anwendung; § 116 Abs. 2 GenG., §§ 52 Abs. 2, 53 Priv. Vers.Gesetzes.

§ 205 (191). **Der Einstellungsbeschluß und der Grund der Einstellung sind öffentlich bekannt zu machen.**

Die Vorschriften der §§ 111 Abs. 2, 112, 113, 191 finden entsprechende Anwendung.

---

1. Die Vorschrift gilt sowohl für die Einstellung nach § 202 als für die nach 1
§ 204. Die Bekanntmachung des Einstellungsbeschlusses erfolgt gemäß § 76. Der Einstellungsbeschluß wird wirksam mit dem Zeitpunkt, in welchem seine öffentliche Bekanntmachung nach § 76 Abs. 2 als bewirkt gilt, nicht etwa erst mit dem Zeitpunkt des Eintritts seiner Rechtskraft; OLG. Naumburg in der Naumburg AK. 04 S. 45; Jaeger A. 4. Diese Wirksamkeit tritt einheitlich für *alle* Beteiligten ein, also auch für den GSch. selbst dann, wenn ihm der Beschluß noch besonders zugestellt war; JW. 89 S. 139. Sofortige Beschwerde gegen den Einstellungsbeschluß hat keine aufschiebende Wirkung; § 572 ZPO.

2. Die angezogenen §§ 111 Abs. 2, 112, 113 betreffen die Art der Bekannt- 2
machung und deren Eintragung in das Grundbuch. Von dem § 191 hat nach dem KommB. 1968 nur der Abs. 1 in Bezug genommen werden sollen. Die uneingeschränkte, also auch den Abs. 2 umfassende Bezugnahme ist nur versehentlich aufgenommen. Der KV. ist also zur Berichtigung bezw. Sicherstellung nur der Masseansprüche (§ 191 Abs. 1), nicht auch der bevorrechtigten KForderungen (§ 191 Abs. 2) verpflichtet; Jaeger A. 2; Fitting § 51 A. 31. AM. Pet.-Kleinf. A. 2; Wolff A. 2; v. Sarw.-Boss. A. 2.

§ 206 (192). **Der Gemeinschuldner erhält das Recht zurück, über die Konkursmasse frei zu verfügen.**

Die Vorschriften des § 164 finden entsprechende Anwendung.

---

1 **1.** Über die Frage, in welchem Zeitpunkt der Einstellungsbeschluß wirksam wird, s. A. 1 zu § 205. Mit dem Zeitpunkt der Wirksamkeit hören die Wirkungen der KE. auf; die nicht befriedigten Gläubiger erhalten also das Recht freien Zugriffs. Die vom Schuldner nicht bestrittene Feststellung in der Tabelle gewährt den Gläubigern einen Vollstreckungstitel gegen ihn. Der Schuldner erlangt die freie Verfügung über die KM. Die Tätigkeit der KOrgane ist beendigt; nur die dem KV. obliegende Schlußtätigkeit (A. 3) dauert fort. Die Wirkungen der KE. erlöschen aber nur für die Zukunft, nicht für die Vergangenheit. In Kraft bleiben also z. B. die Handlungen des KV. aus §§ 17, 19 KO.; vgl. RG. 54 S. 301. Ebenso verbleibt es bei der Auflösung einer Gesellschaft oder eines Vereins.

2 **2.** Wird gegen den Einstellungsbeschluß Beschwerde eingelegt, so kann sowohl vom KG. als vom Beschwerdegericht durch einstweilige Anordnung die Herausgabe der KM. an den GSch. untersagt werden; § 572 Abs. 2, 3 ZPO. Wird der Einstellungsbeschluß in der Beschwerdeinstanz aufgehoben, so kommt das KVerf. von neuem in Lauf. Die in der Zwischenzeit vorgenommenen Rechtsakte des Schuldners bleiben aber in Kraft; Jaeger A. 5; Fitting § 51 A. 38; Seuffert S. 462.

3 **3.** Die Schlußtätigkeit des KV. beschränkt sich darauf die KM. dem GSch. herauszugeben, vorher aber von den Massekosten und Masseschulden die unstreitigen und fälligen zu berichtigen, die streitigen und die noch nicht fälligen sicher zu stellen, dem GSch. Schlußrechnung zu legen, die Festsetzung seines Honorars und seiner Auslagen, sowie eventuell derjenigen eines GlAusschusses zu erwirken und seine Bestallung zurückzureichen.

Achter Titel.

Besondere Bestimmungen.

§ 207 (193). **I. Über das Vermögen einer Aktiengesellschaft findet das Konkursverfahren außer dem Falle der Zahlungsunfähigkeit in dem Falle der Überschuldung statt.**

Nach Auflösung einer Aktiengesellschaft ist die Eröffnung des Verfahrens so lange zulässig, als die Verteilung des Vermögens nicht vollzogen ist.

---

1 **1.** Der 8. Titel enthält besondere Bestimmungen unter

I. (§§ 207—213) für:
  a. Aktiengesellschaften: §§ 207—208.
  b. offene Handelsgesellschaften, Kommanditgesellschaften, Kommanditgesellschaften auf Aktien: §§ 208—212.
  c. juristische Personen und verklagbare Vereine: § 213.

II. (§§ 214—236) für:
  a. Nachlaß: §§ 214—235.
  b. Gesamtgut bei fortgesetzter Gütergemeinschaft: § 236.

III. (§§ 237—238) für inländisches Vermögen ausländischer Schuldner.

2. Aktiengesellschaft ist diejenige Handelsgesellschaft, bei der sich die sämtlichen Gesellschafter nur mit Einlagen beteiligen, ohne persönlich für die Verbindlichkeiten der Gesellschaft zu haften, auch wenn der Gegenstand des Unternehmens nicht in Handelsgeschäften besteht; § 178 HGB. Auch die Eisenbahnaktiengesellschaften gehören hierher; Prot. 187 bis 190. Ebenso Hypothekenbanken, wenn sie nicht als Kommanditaktiengesellschaften organisiert sind; § 1 HypBankG. v. 13. Juli 99 (RGBl. S. 375). Gemeinschuldnerin ist die Gesellschaft. Ihre Vertretung im Konkurse erfolgt durch die Vorstandsmitglieder oder die Liquidatoren in gleicher Art wie vor der KE.; M. 443, 445; RG. 14 S. 418; 50 S. 130; JW. 96 S. 673, 697; 99 S. 305. Dieser Grundsatz gilt auch für das neue Recht; Kammergericht in OLG. 6 S. 500; Jaeger A. 9. Soweit es sich um Sachen und Ansprüche handelt, die nicht in die KM. fallen, bleiben die Organe der Aktiengesellschaft auch während des KVerf. allein verfügungsberechtigt; z. B. wird ein zur Zeit der KE. anhängiger Prozeß darüber, ob jemand noch als Mitglied der Aktiengesellschaft anzusehen ist oder nicht, durch die KE. nicht unterbrochen; JW. 96 S. 373. Dagegen ist zur Erhebung einer Klage gegen Aktionäre auf Einzahlung des noch rückständigen Nominalbetrages ihrer Aktien nur der Verwalter mit Rücksicht auf § 6 KO. befugt; JW. 96 S. 189; ebenso zur Geltendmachung von Ansprüchen der Gesellschaft gegen die Gründer aus §§ 202—204 HGB.; JW. 96 S. 697; 97 S. 384. Abgesehen von dem Recht zum KAntrag (§ 208) bedarf es, sofern nicht im Gesellschaftsvertrag ein Anderes bestimmt ist, zur Vertretung der Gesellschaft der Mitwirkung sämtlicher Vorstandsmitglieder oder Liquidatoren; §§ 232 Abs. 1, 298 Abs. 3 HGB. Jeder einzelne von ihnen hat die dem GSch. obliegenden Pflichten zu erfüllen, insbesondere die Pflicht zur Auskunftserteilung, zum Verbleiben am Wohnort, zur Leistung des Offenbarungseides; Prot. 117. Der KV. hat nach § 117 das zur KM. gehörige Vermögen in Besitz und Verwaltung zu nehmen. Er ist deshalb auch berechtigt, die auf die Aktien zu leistenden, noch nicht erfolgten Zahlungen einzufordern, soweit nicht der bei der Zeichnung geschlossene Vertrag entgegensteht; RG. 45 S. 155; 51 S. 38; JW. 96 S. 189; 99 S. 305; 02 S. 423; Kammergericht in OLG. 6 S. 502. Ebenso steht ihm die Befugnis zu, die Regreßansprüche der Gesellschaft gegen Mitglieder des Vorstandes und des Aufsichtsrats geltend zu machen u. zwar mit der Wirkung, daß die Gesellschaft an die hierauf bezüglichen Verfügungen des KV. gebunden ist; RG. Bolze 7 Nr. 645; OLG. Dresden in SächsOLG. 16 S. 476.

3. Voraussetzung der KE. ist entweder 3

a. Zahlungsunfähigkeit, insbesondere Zahlungseinstellung (§ 102), oder

b. Überschuldung der Gesellschaft d. h. Unzulänglichkeit der Aktiva zur Deckung der Passiva. Die Überschuldung kann sich aus der Jahresbilanz oder aus einer Zwischenbilanz ergeben; § 240 Abs. 2 HGB. (Vgl. Jaeger A. 3.)

4. Zulässig ist die KE., wenn eine ihrer Voraussetzungen (A. 3) gegeben 4
ist, nicht nur während des Bestehens der Gesellschaft, sondern auch während ihrer Auflösung (Aktiengesellschaft in Liquidation); §§ 292, 294 HGB. Denn durch die Auflösung findet nur die produktive Seite der Gesellschaft ihr Ende, während die Selbständigkeit des Vermögens bis zur vollzogenen Schlußverteilung unter die Aktionäre bleibt; RG. 16 S. 1. Deshalb bildet auch erst die vollzogene Schlußverteilung den Endtermin für die Möglichkeit der KE., weil bis dahin eine Teilungsmasse konstituiert werden kann; M. 442. Selbst nach vollzogener Schlußverteilung ist die Möglichkeit der KE. dann gegeben, wenn jene anfechtbar ist; §§ 217 Abs. 2, 241, 249, 298 HGB.

5 5. Zuständig für die KE. ist das Amtsgericht der Hauptniederlassung. Auf die von dem Gerichtsschreiber dieses Gerichts gemäß § 112 zum Handelsregister gemachte Mitteilung ist vom Registerrichter die KE. in das Handelsregister einzutragen; §§ 6, 32 HGB.

6 6. Im Falle der Fusion einer Aktiengesellschaft gemäß § 305 HGB. kann bis zur Vereinigung der Vermögen der beiden Gesellschaften über die aufgelöste Aktiengesellschaft ein besonderer Konkurs eröffnet werden; vgl. § 306 Abs. 4 HGB. und Denkschrift z. Entwurf des HGB. in den Drucksachen des Reichstags, 9. Legislaturperiode 4. Session 1895/97 S. 168.

7 7. Im Konkurse der Aktiengesellschaft werden ihre Vorstandspersonen von den öffentlichrechtlichen Wirkungen der KE., z. B. Verlust der Wahlfähigkeit usw. nicht betroffen, da nicht die Vorstandspersonen, sondern die Aktiengesellschaft GSch. ist.

8 8. Im Konkurse der Aktiengesellschaft sind die Aktionäre als solche d. h. wegen ihres Aktienbesitzes nicht KGl., sondern gehen leer aus. Auch der Reservefonds kommt nicht den Aktionären, sondern den Gläubigern zugute. KGl. sind die Aktionäre dagegen in Höhe einer etwaigen Dividende, ferner wegen etwaiger Bauzinsen (§ 215 Abs. 2 HGB.) sowie wegen ihrer Ansprüche bei Herabsetzung des Grundkapitals (§ 289 Abs. 4 HGB.), vgl. Jaeger A. 12.

§ 208 (194). **Zu dem Antrage auf Eröffnung des Verfahrens ist außer den Konkursgläubigern jedes Mitglied des Vorstandes und jeder Liquidator berechtigt.**

Wird der Antrag nicht von allen Mitgliedern des Vorstandes oder allen Liquidatoren gestellt, so ist derselbe zuzulassen, wenn die Zahlungsunfähigkeit oder Überschuldung glaubhaft gemacht wird. Das Gericht hat die übrigen Mitglieder oder Liquidatoren nach Maßgabe des § 105 Abs. 2, 3 zu hören.

---

1. Antragsberechtigt ist jeder KGl., jedes Vorstandsmitglied und jeder Liquidator. Die Antragsberechtigung ist nicht beschränkt auf die zur Firmenzeichnung befugten Mitglieder, denn der Antrag ist kein Akt der Geschäftsführung. Es wird auch zu dem Antrage nicht die Übereinstimmung aller Vorstandsmitglieder oder aller Liquidatoren gefordert, vielmehr hat jeder von ihnen das Recht, den Antrag zu stellen; M. 442. Der Gläubiger hat außer der Zahlungsunfähigkeit oder Überschuldung auch seine Forderung glaubhaft zu machen; §§ 105, 208 Abs. 2.

Prokuristen gehören zu den Antragsberechtigten nicht. Ebensowenig die Aktionäre als solche, denn ihre Einlagen bilden den Grundstock der KM., sie können also nicht zu den KGl. gehören; Jaeger A. 12, 18. Sind sie dagegen aus besonderen Gründen KGl., so sind sie antragsberechtigt. Nicht antragsberechtigt sind endlich die Generalversammlung und der Aufsichtsrat; RG. 36 S. 30. Antragspflicht: §§ 240 Abs. 2, 298 Abs. 2, 315 Abs. 2 HGB. Bei Versicherungsvereinen auf Gegenseitigkeit steht nur der Aufsichtsbehörde das Antragsrecht zu; § 68 Abs. 1 Ges. v. 12. Mai 01; RGBl. S. 139.

2 2. Anhörung. Im Falle des Abs. 2, welcher auch dann vorliegt, wenn ein Gläubiger den Antrag stellt, sind nach erfolgter Glaubhaftmachung eines KGrundes sowie der KForderung des antragstellenden Gläubigers alle Vorstandsmitglieder oder Liquidatoren zu hören, mündlich oder schriftlich. Wenn diese nicht sämtlich die Zah-

lungsunfähigkeit oder Überschuldung einräumen, so hat das KG. gemäß § 105 Abs. 2 die etwa noch weiter erforderlichen Ermittlungen anzuordnen.

3. Verfahren. Weitere Sonderbestimmungen als die in den §§ 207, 208 3 gegebenen sind für das KVerf. über das Vermögen einer Aktiengesellschaft nicht getroffen. Insbesondere ist die Statthaftigkeit eines Zwangsvergleichs ausdrücklich anerkannt; M. 443. Auf diesen finden die allgemeinen Grundsätze Anwendung, mit Ausschluß der §§ 175, 186 Nr. 2, 197 bis 201, da die Aktiengesellschaft selbst als die alleinige GSchuldnerin weder flüchtig werden noch bestraft werden kann. Strafbare Handlungen und Flucht von Vorstandsmitgliedern oder Aktionären können vom Gerichte nach § 188 Nr. 1 berücksichtigt werden und zur Anfechtung des Vergleichs nach § 196 berechtigen. Auch wird die Verweigerung des Offenbarungseides seitens der Vorstandsmitglieder oder Liquidatoren die Unzulässigkeit des Zwangsvergleichs nach sich ziehen.

§ 209 (198). **Im Falle der Zahlungsunfähigkeit einer offenen Handelsgesellschaft, einer Kommanditgesellschaft oder einer Kommanditgesellschaft auf Aktien findet über das Gesellschaftsvermögen ein selbständiges Konkursverfahren statt. Über das Vermögen einer Kommanditgesellschaft auf Aktien findet das Konkursverfahren auch im Falle der Überschuldung statt.**

Die Vorschrift des § 207 Abs. 2 findet entsprechende Anwendung.

---

1. Konkursgrund ist bei der offenen Handelsgesellschaft und der Kommandit- 1 gesellschaft ausschließlich die Zahlungsunfähigkeit, bei der Kommanditgesellschaft auf Aktien Zahlungsunfähigkeit oder Überschuldung.

2. Die Konkursmasse besteht aus dem gesamten der Zwangsvollstreckung unter- 2 liegenden Vermögen, das zur Zeit der KE. der Gesellschaft gehört; § 1. Den Hauptbestandteil bilden die Einlagen der persönlich haftenden Gesellschafter und der Kommanditisten; § 172 HGB. Der KV. muß daher diese Einlagen, soweit sie rückständig sind, einfordern und zur Masse einziehen; § 171 Abs. 2 HGB.; RG. 37 S. 82; 46 S. 352; 51 S. 37. Die Gesellschafter sind nicht befugt ihre Ansprüche wegen der Einlagen als KForderungen geltend zu machen; auch wegen nicht erhobener Gewinnanteile aus dem vorletzten oder aus früheren Jahren sind die Gesellschafter nicht KGl., da diese Gewinnanteile nach § 122 HGB. der Kapitaleinlage der Gesellschafter zuzurechnen sind; dagegen können die Ansprüche auf Gewinnanteil aus dem letzten Jahre nach § 122 HGB. als KForderungen geltend gemacht werden; ebenso Ersatzansprüche aus § 110 HGB. sowie Ansprüche aus besonderen Rechtsgeschäften zwischen dem einzelnen Gesellschafter und der Gesellschaft; vgl. Jaeger A. 15.

3. Konkursgläubiger sind nur die Personen, die einen zur Zeit der KE. be- 3 gründeten Vermögensanspruch gegen die Gesellschaft selbst haben; §§ 3, 63. Hierunter fallen auch die Ansprüche auf Auseinandersetzung von Gesellschaftern, welche bei Konkursbeginn bereits aus der Gesellschaft ausgeschieden waren. Den Privatgläubigern eines einzelnen Gesellschafters ist die Teilnahme am Gesellschaftskonkurse versagt. Insbesondere ist die Ehefrau wegen ihres Eingebrachten nicht Gläubigerin der Gesellschaft, sie kann sich vielmehr nur an ihren Ehemann halten, selbst wenn dieser als Mitglied einer offenen HGesellschaft das eingebrachte Vermögen seiner Frau in das Gesellschaftsvermögen eingeworfen hat.

4. Die KE. über das Gesellschaftsvermögen zieht den Konkurs über das 4

Privatvermögen der persönlich haftenden Gesellschafter nicht notwendig nach sich. Soll auch noch über das Privatvermögen eines Gesellschafters Konkurs eröffnet werden, so ist der Nachweis der Zahlungsunfähigkeit dieses Gesellschafters und ein besonderer Antrag notwendig; §§ 102, 103; M. 450, 451. Im Konkurse über das Gesellschaftsvermögen sind lediglich die Rechtsverhältnisse der Gesellschaft, nicht die der einzelnen Gesellschafter entscheidend; RG. 30 S. 34. Hat also ein Gesellschafter aus seinem Privatvermögen ein Pfand gegeben, so ist für den Gläubiger kein Absonderungsrecht an einem Vermögensstück der Gesellschaft begründet; der Gläubiger ist daher auch nicht verpflichtet, gemäß § 64 im Gesellschaftskonkurse nur seinen Ausfall zu liquidieren, er kann vielmehr seine ganze Forderung als KGl. geltend machen; RG. 7 S. 88. Der Verwalter über die Konkursmasse einer offenen Handelsgesellschaft ist nicht befugt, Rechte geltend zu machen, die den persönlichen Gläubigern eines Teilhabers zukommen, oder aus deren Recht Einwendungen herzuleiten; RG. 29 S. 311.

5 5. GSchuldner sind, da der offenen Handelsgesellschaft und der Kommanditgesellschaft Rechtspersönlichkeit nicht zukommt (M. 447; RG. JW. 95 S. 454; Jaeger A. 10, 11; Pet.-Kleinf. A. 6; v. Sarw.-Boss. A. 1; Fitting § 55 A. 7; Staub HGB. § 131 A. 11),

a. im Konkurse der offenen Handelgesellschaft die Gesellschafter selbst und zwar alle, nicht nur die geschäftsführenden oder vertretenden, während bei einer in Liquidation befindlichen offenen Handelsgesellschaft diejenigen Liquidatoren, welche nicht zugleich offene Gesellschafter sind, nur als gesetzliche Vertreter der Gesellschafter in Betracht kommen,

b. im Konkurse der Kommanditgesellschaft die persönlich haftenden Gesellschafter, nicht auch die Kommanditisten.

c. Die Kommanditgesellschaft auf Aktien gilt als juristische Person, ist also selbst Gemeinschuldnerin und wird durch die persönlich haftenden Gesellschafter oder die Liquidatoren vertreten; Staub HGB. § 330 A. 7.

Nach § 209 Abs. 2 kann auch eine in Liquidation befindliche offene Handelsgesellschaft, Kommanditgesellschaft oder Kommanditgesellschaft auf Aktien bis zur Beendigung der Liquidation in Konkurs gehen. Erwirbt ein Dritter das Gesellschaftsvermögen, so ist von diesem Zeitpunkt ab ein Gesellschaftskonkurs nicht mehr möglich, es sei denn daß der Übertragungsvertrag mit Erfolg angefochten wird; dies gilt auch, wenn dritter Erwerber einer der Gesellschafter ist; RG. JW. 97 S. 307.

6 6. Zuständiges Gericht ist das Gericht des Orts, an welchem die Gesellschaft ihren Sitz oder eine Niederlassung hat; § 71 KO. Die Eintragung des KVermerks in das Grundbuch hat nur bei den Grundstücken zu erfolgen, als deren Eigentümer die im Konkurse befindliche Gesellschaft eingetragen ist. Wenn dieselben Personen mehrere offene Handelsgesellschaften bilden, so kann über das Vermögen einer jeden ein besonderer Konkurs eröffnet werden; RG. 43 S. 81; Bolze 19 Nr. 626. Dagegen kann über mehrere Niederlassungen derselben offenen Handelsgesellschaft nur ein KVerf. eröffnet werden.

7 7. Durch die KE. wird die Gesellschaft nur nach ihrer produktiven Seite aufgelöst; §§ 131 Nr. 3, 161 Abs. 2 HGB.; im übrigen besteht sie fort; deshalb kann sie nach Beendigung des Konkurses fortgesetzt werden. In diesem Falle haftet das Gesellschaftsvermögen den früheren Gläubigern, und zwar auch dann, wenn der Registerrichter irrtümlich nach Aufhebung des Konkurses die Gesellschaft im Register gelöscht hat; JW. 92 S. 163; RG. 28 S. 132.

§ 210 (199). Zu dem Antrage auf Eröffnung des Verfahrens ist außer den Konkursgläubigern jeder persönlich haftende Gesellschafter und jeder Liquidator berechtigt.

Wird der Antrag nicht von allen persönlich haftenden Gesellschaftern oder allen Liquidatoren gestellt, so ist derselbe zuzulassen, wenn bei der offenen Handelsgesellschaft oder der Kommanditgesellschaft die Zahlungsunfähigkeit, bei der Kommanditgesellschaft auf Aktien die Zahlungsunfähigkeit oder die Überschuldung glaubhaft gemacht wird. Das Gericht hat die übrigen persönlich haftenden Gesellschafter oder die Liquidatoren nach Maßgabe des § 105 Abs. 2, 3 zu hören.

---

1. Antragsberechtigt ist jeder KGläubiger der Gesellschaft (nicht der Privat- 1
gläubiger eines Gesellschafters!), jeder persönlich haftende Gesellschafter, gleichviel ob er die Gesellschaft zu vertreten befugt ist oder nicht, und jeder Liquidator, nicht aber ein bloßer Kommanditist, auch nicht die Generalversammlung oder der Aufsichtsrat der Kommanditgesellschaft auf Aktien; M. 447; Prot. 120. Eine Verpflichtung zum Antrage auf KE. besteht nur bei der Kommanditgesellschaft auf Aktien für die persönlich haftenden Gesellschafter, sobald Zahlungsunfähigkeit der Gesellschaft eintritt oder sich bei Aufstellung der Jahresbilanz oder einer Zwischenbilanz ergibt, daß das Gesellschaftsvermögen die Schulden nicht mehr deckt; §§ 240 Abs. 2, 325 Ziffer 8 HGB.

2. Abs. 2 entspricht der für die Aktiengesellschaft gegebenen Vorschrift des § 208 2
Abs. 2. Vorausgesetzt wird, daß der Antragsteller (Abs. 1) und der zu Hörende (Abs. 2) noch zur Zeit der KE. persönlich haftender Gesellschafter und nicht bereits ausgeschieden ist; RG. 29 S. 88.

3. Das Verfahren folgt den allgemeinen Regeln. Die Rechte des GSch. können 3
von jedem einzelnen der Gesellschafter selbständig (Jaeger A. 11), von den Liquidatoren gemäß § 150 HGB. regelmäßig gemeinschaftlich vorgenommen werden. Aus § 210 Abs. 1 folgt, daß jeder persönlich haftende Gesellschafter oder Liquidator wie zum KAntrage so auch zur Beschwerde gegenüber der nicht von ihm beantragten KE. berechtigt ist; RG. JW. 95 S. 454. Die Pflicht zur Auskunftserteilung liegt jedem persönlich haftenden Gesellschafter sowie jedem Liquidator einzeln und selbständig ob; M. 445. Dasselbe muß von der Offenbarungseidespflicht gelten, da diese nur Ausfluß der Auskunftspflicht ist; Jaeger A. 13. AM. Pet.-Kleinf. A. 1.

§ 211 (200). Ein Zwangsvergleich kann nur auf Vorschlag aller persönlich haftenden Gesellschafter geschlossen werden.

Der Zwangsvergleich begrenzt, soweit er nicht ein anderes festsetzt, zugleich den Umfang der persönlichen Haftung der Gesellschafter.

---

1. Das Vorschlagsrecht steht, auch wenn die Gesellschaft bei der KE. in 1
Liquidation begriffen war, nur der Gesamtheit der persönlich haftenden Gesellschafter, nicht auch den Liquidatoren und Kommanditisten zu, auch nicht dem vor der KE. bereits ausgeschiedenen persönlich haftenden Gesellschafter. Die Zustimmung der Kommanditisten zu dem Vergleichsvorschlag ist nicht nötig; M. 448.

2. Auf das Verfahren finden die allgemeinen Vorschriften (§§ 173 bis 201) 2
Anwendung, §§ 175, 186 Nr. 2 mit der Maßgabe, daß ein Zwangsvergleich auch dann unzulässig ist, wenn ein Unzulässigkeitsgrund auch nur gegen einen der Gesellschafter vorliegt. (A. M. nur Wolff A. 2.) Das Beschwerderecht muß, wenn es

nicht illusorisch werden soll, jedem einzelnen persönlich haftenden Gesellschafter eingeräumt werden; RG. JW. 95 S. 454; Jaeger A. 2. (A. M. v. Voeld. II S. 691; Pet.-Kleinf. A. 5; Wolff A. 2.)

3 3. Die beschränkte Haftung nach Abs. 2 kommt auch dem Kommanditisten in Höhe seiner noch rückständigen Einlage zu statten, da er nach § 171 Abs. 1 HGB. persönlich haftet, nicht aber dem schon vor der KE. ausgeschiedenen Gesellschafter, da dieser nach § 193 Satz 2 KO. als Mitschuldner des GSch. in unverändertem Maße haftbar bleibt; RG. 29 S. 38; 56 S. 366; JW. 97 S. 210; Jaeger A. 5, 6; Pet.-Kleinf. A. 6; Fitting § 55 A. 12. (A. M. Kohler S. 299; Seuff. S. 441.) Der Feststellungsvermerk der Tabelle stellt die Gesellschaftsschuld zwar gegen alle GSch. fest, die Zwangsvollstreckung aus der Tabelle ist aber nur gegen die nach der KBeendigung fortgesetzte Gesellschaft, nicht auch gegen die einzelnen Mitglieder zulässig; § 129 Abs. 4 HGB.; Jaeger A. 3.

4 4. Die Freiheit des Vertragswillens bleibt nach Abs. 2 vorbehalten. Der Vergleich kann ein Anderes überhaupt oder betreffs einzelner Gesellschafter festsetzen; M. 448. Erwirbt ein Einzelkaufmann von einer offenen Handelsgesellschaft deren Geschäft mit Firma, und gerät der Einzelkaufmann alsdann in Konkurs, so kommt, wenn der Einzelkaufmann einen Zwangsvergleich schließt, dieser einem etwa noch haftenden früheren Mitgesellschafter nicht zugute, da § 211 Abs. 2 das Vorliegen eines Konkurses über die Gesellschaft voraussetzt; RG. bei Bolze 2 Nr. 1998; Jaeger A. 8.

5 5. Ist im Gesellschaftskonkurse ein Zwangsvergleich geschlossen, so kann ein Gesellschaftsgläubiger seine Forderung gegen den einzelnen Gesellschafter nur in Höhe des durch den Zwangsvergleich bestimmten Betrages geltend machen. Wird nun im Privatkonkurse des Gesellschafters ebenfalls ein Zwangsvergleich geschlossen, so tritt diesem Gesellschafter gegenüber eine weitere Verminderung der Forderung ein; Fitting § 55 A. 21; Jaeger A. 9; Pet.-Kleinf. § 212 A. 4; Seuff. S. 442. (A M. Kohler S. 290.)

§ 212 (201). **In dem Konkursverfahren über das Privatvermögen eines persönlich haftenden Gesellschafters können die Gesellschaftsgläubiger, wenn das Konkursverfahren über das Gesellschaftsvermögen eröffnet ist, Befriedigung nur wegen desjenigen Betrags suchen, für welchen sie in dem letzteren Verfahren keine Befriedigung erhalten.**

Bei den Verteilungen sind die Anteile auf den vollen Betrag der Gesellschaftsforderungen zurückzubehalten, bis der Ausfall bei dem Gesellschaftsvermögen feststeht.

Im übrigen finden auf die bezeichneten Forderungen die Vorschriften der §§ 64, 96 entsprechende Anwendung.

---

1 1. Der Gesellschaftskonkurs zieht den Konkurs über das Privatvermögen der Gesellschafter nicht notwendig nach sich; M. 450; RG. 11 S. 8. Der Privatkonkurs zieht zwar nicht den Gesellschaftskonkurs, wohl aber die Auflösung der Gesellschaft nach sich; § 131 Ziffer 5 HGB.

2 2. Die Gesellschaftsgläubiger sind auch während der Dauer des Gesellschaftskonkurses berechtigt, ihre Forderungen gegen jeden persönlich haftenden Gesellschafter zum vollen Betrage geltend zu machen (§§ 128, 161 Abs. 2, 320 Abs. 1, 2 HGB.), sofern nicht die Forderung gegenüber der Gesellschaft selbst rechtskräftig abgewiesen ist; RG. Gruch. 37 S. 1157; OLG. Kolmar in OLG. 15

S. 252. Nur für den Fall, daß außer der KE. über das Gesellschaftsvermögen noch über das Privatvermögen eines persönlich haftenden Gesellschafters das KVerf. eröffnet worden ist, können — im Einklang mit Art. 122 des früheren HGB. — die Gesellschaftsgläubiger aus dem Privatvermögen der persönlich haftenden Gesellschafter Befriedigung nur für den Betrag erhalten, für welchen sie im Gesellschaftskonkurse keine Befriedigung erhalten haben, gleichviel ob sie im Gesellschaftskonkurse für diesen Betrag auf die Teilnahme an der Befriedigung verzichtet haben, ob sie damit ausgefallen sind oder ob sie ihre Forderungen im Gesellschaftskonkurse gar nicht angemeldet haben. Solange der Ausfall im Gesellschaftskonkurse nicht feststeht, werden die von den Gesellschaftsgläubigern im Privatkonkurse eines persönlich haftenden Gesellschafters angemeldeten Forderungen mit ihrem vollen Betrage berücksichtigt, aber bis zur Feststellung des Ausfalls im Gesellschaftskonkurse nicht ausgezahlt, sondern zurückbehalten. Dies gilt auch für die Schlußverteilung im Privatkonkurse; M. 452. Ist die Feststellung des Ausfalls im Gesellschaftskonkurse erfolgt, so erhalten die Gläubiger von dem im Privatkonkurse zurückbehaltenen Betrage nur die auf den Ausfallbetrag treffenden Dividenden, während die Restbeträge für eine Nachtragsverteilung unter die übrigen KGl. des Privatkonkurses frei werden.

Beispiel. Ein Gläubiger hat eine festgestellte Forderung von 20000 M. In dem Konkurse über das Privatvermögen des einen Gesellschafters erfolgt eine Verteilung in Höhe von 20%. Für den Gläubiger werden also bei der Verteilung 4000 M. zurückbehalten. Darauf erhält der Gläubiger im Gesellschaftskonkurse 50%, also 10000 M. ausgezahlt; sein Ausfall beträgt also 50% = 10000 M. Nur wegen dieser 10000 M. kann der Gläubiger nunmehr im Privatkonkurse Befriedigung in Höhe von 20%, also 2000 M. verlangen. Von den zurückbehaltenen 4000 M. werden deshalb die anderen 2000 M. für die Nachtragsverteilung unter die übrigen KGl. des Privatkonkurses frei.

Die hier vertretene Auffassung ist die herrschende. (A. M. nur *Kohler* S. 198. Danach sind die zurückbehaltenen Anteile dem Gesellschaftsgläubiger bis zur vollen Deckung seines Ausfalls auszuzahlen.)

Will ein Gläubiger mit derselben Forderung sowohl im Privatkonkurse eines Ge- 3
sellschafters wie im Gesellschaftskonkurse aufrechnen, so wird diese Aufrechnungserklärung für den Privatkonkurs erst wirksam, sobald der Ausfall im Gesellschaftskonkurse feststeht; RG. 56 S. 363.

3. *Der Verzicht des Gesellschaftsgläubigers auf Geltendmachung* 4
der Forderung im Gesellschaftskonkurse (§§ 212 Abs. 3, 64) kann sich auf die ganze Forderung erstrecken oder auf einen Teil der Forderung beschränken; in ersterem Falle kann der Gläubiger seine Forderung in voller Höhe im Privatkonkurse anmelden; RG. 41 S. 28; JW. 93 S. 254. Der Verzicht muß in jedem Falle ausdrücklich sein, dem Verwalter des Gesellschaftskonkurses erklärt und dem Verwalter des Privatkonkurses nachgewiesen werden. Für die Ausübung des Stimmrechts gilt § 96.

4. Der § 212 findet auch gegenüber dem bereits ausgeschiedenen, aber noch per- 5
sönlich haftenden Gesellschafter Anwendung; RG. 35 S. 12; JW. 02 S. 186. Im Konkurse eines Kommanditisten ist § 212 nicht anwendbar, da der Kommanditist nicht persönlich haftender Gesellschafter ist.

5. Haftet ein Gesellschafter für eine Forderung nicht nur auf Grund seiner 6
Eigenschaft als Gesellschafter, sondern noch aus einem selbständigen Rechtsgrunde, z. B. wenn auf einem Wechsel nicht nur die Firma der offenen Handelsgesellschaft, sondern auch noch der Name eines persönlich haftenden Gesellschafters steht, so

tritt die Beschränkung der Haftung nach § 212 KO. nicht ein; RG. Bolze 16 Nr. 500.

7 6. Wenn außer dem Gesellschaftskonkurse noch über das Privatvermögen mehrerer persönlich haftender Gesellschafter Konkurs eröffnet wird, findet § 68 Anwendung.

§ 213 (201 a). Auf das Konkursverfahren über das Vermögen einer juristischen Person, sowie eines Vereins, der als solcher verklagt werden kann, finden die Vorschriften der §§ 207, 208 entsprechende Anwendung.

---

1 1. Juristische Personen. Hierher gehören

a. die rechtsfähigen Vereine (§§ 21, 22 BGB.),

b. die privatrechtlichen rechtsfähigen Stiftungen (§§ 80 ff. BGB.),

c. die juristischen Personen des öffentlichen Rechts (Fiskus, Körperschaften, öffentlichrechtliche Stiftungen und Anstalten); § 89 BGB.; die zu c genannten aber nur vorbehaltlich anderweiter landesrechtlicher Bestimmungen (Art. IV EG. z. KNov.; § 15 Nr. 3 EG. z. ZPO.).

Die KE. ist bis zum Abschluß der Verteilung des Vermögens der genannten juristischen Personen zulässig. Fällt das Vermögen an den Fiskus, so ist nur der Nachlaßkonkurs statthaft; § 46 Satz 1 BGB.; §§ 214 ff. KO.

2 Konkursgründe sind Zahlungsunfähigkeit oder Überschuldung; § 207 Abs. 1. Im Falle der Überschuldung sind die Vorstandsmitglieder und Liquidatoren der oben unter a bis c genannten juristischen Personen den Gläubigern gegenüber zum Antrage auf KE. verpflichtet, widrigenfalls sie sich schadensersatzpflichtig machen; §§ 42 Abs. 2, 48 Abs. 2, 86, 89 Abs. 2 BGB. KG. ist das Amtsgericht des Ortes, an welchem die betreffende juristische Person ihren Sitz hat (§ 71 KO.; § 17 ZPO.; § 24 BGB.). GSch. ist die juristische Person, nicht deren Vorstandsmitglieder; für diese treten deshalb die öffentlich-rechtlichen Wirkungen der KE. nicht ein. KGl. sind die Gläubiger der juristischen Person, nicht die Privatgläubiger der einzelnen Mitglieder; ebensowenig sind die Mitglieder — entsprechend den Aktionären bei der Aktiengesellschaft — auf Grund der Tatsache ihrer Mitgliedschaft KGl.

Ein rechtsfähiger Verein verliert durch die KE. seine Rechtsfähigkeit; § 42 Abs. 1 BGB.

Im übrigen vgl. die Anmerkungen zu § 207 KO.

3 2. Vereine, die als solche verklagt werden können (§§ 50 Abs. 2, 735 ZPO.) sind die Vereine ohne Rechtsfähigkeit (§ 54 BGB.). GSch. sind nicht die Mitglieder des Vereins, sondern der Verein selbst, der insoweit als juristische Person behandelt wird; ebenso Jaeger A. 14; a. M. v. Sarw.-Boss. A. 2; v. Wilm.-Kurlb. A. 4. KM. ist nur das Vereinsvermögen. Berechtigt zum Antrage auf KE. ist außer den Gläubigern jedes Vereinsmitglied. Wird der Antrag nicht von allen Mitgliedern gestellt, so ist er zuzulassen, wenn die Zahlungsunfähigkeit oder Überschuldung glaubhaft gemacht wird. Das Gericht hat die übrigen Mitglieder zu hören. Eine Verpflichtung zur Stellung des Antrages auf KE. besteht nicht; v. Wilm.-Kurlb. A. 7. KGl. sind nur die Gläubiger des Vereins, nicht auch die Gläubiger der einzelnen Mitglieder. Genügt das Vereinsvermögen zur Befriedigung der KGl. nicht, so haften die Mitglieder persönlich nur dann, wenn die Satzung des Vereins dies ausdrücklich bestimmt; vgl. Jaeger A. 16 und die dort zitierte Literatur.

§ 214 (202). II. Für das Konkursverfahren über einen Nachlaß ist das Amtsgericht ausschließlich zuständig, bei welchem der Erblasser zur Zeit seines Todes den allgemeinen Gerichtsstand gehabt hat.

I. Allgemeines. **1.** Der Nachlaßkonkurs ist das KVerf. über die Erbschaft 1 eines Verstorbenen oder für tot Erklärten. Er kann nur über den ganzen Nachlaß, nicht auch über einen Erbteil eröffnet werden; § 235. Er dient wie die Nachlaßverwaltung (§§ 1960, 1975—1988 BGB.) einem doppelten Zweck:

a. dem Erben gewährt er die Möglichkeit, seine Haftung auf den Nachlaß zu beschränken (§ 1975 BGB.);

b. den Nachlaßgläubigern gewährt er die Möglichkeit, ihre Befriedigung aus dem Nachlasse unter Ausschluß der Gläubiger des Erben herbeizuführen (§ 1981 BGB.).

Überschuldung des Nachlasses ist Voraussetzung für Eröffnung 2 des Nachlaßkonkurses (§ 215). Liegt keine Überschuldung vor, so bietet die Nachlaßverwaltung das Mittel zur Herbeiführung der vorstehend unter a und b erwähnten Beschränkung der Haftung. Der Erbe haftet, wenn er nicht unverzüglich, nachdem er von der Überschuldung des Nachlasses Kenntnis erlangt hat, die Eröffnung des Nachlaßkonkurses beantragt, den Gläubigern für den daraus entstehenden Schaden; § 1980 BGB. Durch die Eröffnung des Nachlaßkonkurses wird eine etwa angeordnete Nachlaßverwaltung kraft Gesetzes beendigt; § 1988 Abs. 1.

2. Gemeinschuldner.

a. Mit dem Tode des Erblassers geht dessen Vermögen ohne weiteres auf den 3 Erben über (§§ 1922, 1942 BGB.) und bleibt Vermögen des Erben trotz Eröffnung des Nachlaßkonkurses. Schuldner der KForderungen ist deshalb der Erbe; es kann also auch für die Zeit seit Eintritt des Erbfalls nur der Erbe als GSch. im Nachlaßkonkurse betrachtet werden; Pet.-Kleinf. A. 1; v. Wilm.-Kurlb. A. 1. Bei einer Mehrheit von Erben sind alle Erben GSch. Im Falle eines Wechsels des Erben, z. B. bei der Nacherbfolge (§ 2100 BGB.), tritt der neue Erbe an die Stelle des ausscheidenden als GSch. ein. Für die Ereignisse und Rechtshandlungen, welche vor Eintritt des Erbfalls liegen, kann selbstverständlich nur der Erblasser als GSch. angesehen werden; ebenso Kammergericht in OLG. 1 S. 446; Jaeger A. 7; vgl. auch RG. 18 S. 272; 53 S. 11.

Der Nachlaß selbst kann nicht als GSch. gelten, weil er keine juristische Person ist. (A. M. Kohler, Leitf. S. 171; v. Voeld. 2 S. 702.) Eröffnet wird der Konkurs über den Nachlaß des namentlich zu bezeichnenden Erblassers; die Beifügung des Namens des Erben ist nicht nötig.

b. Im KVerf. tritt der Erbe durchweg als GSch. auf und hat alle Rechte und 4 Pflichten des GSch. Er ist z. B. zu hören, wo die KO. ein Hören des GSch. vorschreibt; er muß den Offenbarungseid leisten, er unterliegt dem Wohnungszwange des § 101, er kann einen Zwangsvergleich vorschlagen, ihm kann bei Bedürftigkeit eine Unterstützung gewährt werden, er hat das Recht, angemeldete Forderungen zu bestreiten. Hat er die angemeldete KForderung im Prüfungstermin bestritten, so wirkt die konkursmäßige Feststellung der Forderung nur für das KVerf. Hat er sie nicht bestritten, so wirkt die Feststellung über den Konkurs hinaus und bildet einen Titel zur Zwangsvollstreckung gegen den Erben (§ 164), schließt aber (arg. § 1975 BGB.) den Vorbehalt der Beschränkung der Haftung auf den Nachlaß von selbst in sich; v. Wilm.-Kurlb. A. 4. Das Bestreiten eines einzelnen Miterben kommt an sich nur ihm allein, nicht auch den übrigen Miterben zustatten. Da indessen bis zur Teilung des Nachlasses die Erben notwendige Streitgenossen sind, so muß der Gläubiger, dessen Forderung auch nur von einem der Miterben bestritten worden ist, doch gegen alle klagen; § 2059 Abs. 2 BGB.; § 747 ZPO.; RG. Gruch. 46 S. 661. Ist gemäß § 1960 BGB. ein Nachlaßpfleger bestellt, so wird diese Nachlaßpflegschaft nach Eröffnung des Nachlaßkonkurses aufzuheben sein, da für die Pflegschaft ein Bedürfnis nicht mehr besteht; § 1960 Abs. 1 Satz 1. Der Nachlaßpfleger ist Vertreter der Erben, also Vertreter der GSch.; er hat deshalb für die Dauer seines Amtes dieselbe Rechtsstellung wie ein Vormund im Konkurse seines Mündels, nicht aber die Stellung des GSch. selbst; darum hat er zwar die Pflicht zur Leistung des Offenbarungseides (§ 125), nicht aber die Pflicht des Aufenthalts (§ 101 Abs. 1); Pet.-Kleinf. A. 7, 8. Für die Tätigkeit des Testamentsvollstreckers (§§ 2197 ff. BGB.) ist im Nachlaßkonkurse insoweit, als das Verwaltungs- und Verfügungsrecht über die KM. auf den KV. übergeht (§ 6 Abs. 1) kein Raum; im übrigen bleibt sein Verwaltungs- und Verfügungsrecht bestehen. Unzweifelhaft ist er zur sofortigen Beschwerde gegen den Eröffnungsbeschluß (§ 109) befugt, da der Eröffnungsbeschluß in seine Rechte eingreift; Jaeger A. 19; v. Wilm.-Kurlb. A. 6. Zum Vorschlage eines Zwangsvergleichs ist er nur dann befugt, wenn seine Vertretungsmacht sich auf den ganzen Nachlaß erstreckt (§ 230 KO.).

5 c. Da es sich bei dem Nachlaßkonkurse nur um einen Konkurs über einen Teil des Vermögens des Erben handelt und zwar um einen Teil, hinsichtlich dessen der GSch. die Rechtspersönlichkeit eines Anderen fortsetzt, so sind im Nachlaßkonkurse die öffentlichrechtlichen Beschränkungen, die für den ordnungsmäßigen Fortgang des KVerf. selbst ohne Einfluß sind, auf den Erben als GSch. nicht anwendbar; er behält also seine staatsbürgerlichen Rechte, die Verwaltung und Nutznießung, die ihm als Ehemann (§ 1363 BGB.), die Vermögensverwaltung, die ihm als Vater (§ 1627 BGB.) zusteht, die Fähigkeit zum Amte eines Vormunds (§ 1781 Nr. 3 BGB.) usw. Eine strafrechtliche Verurteilung des Erben im Nachlaßkonkurse aus §§ 239 ff. KO. ist zulässig.

6 3. Die KMasse besteht nicht aus dem gesamten, dem GSch. zur Zeit der KE. gehörenden Vermögen, sondern nur aus seinem Vermögen, soweit es zum Nachlasse gehört. (Sonderkonkurs.) Gegenstände, die der Zwangsvollstreckung nicht unterliegen, sowie solche, welche nicht gepfändet werden sollen, gehören auch im Nachlaßkonkurse nicht zur KM.; § 1 Abs. 4. Für die auf dem Privatinteresse des Schuldners beruhenden Pfändungsverbote (§ 811 ZPO.) sind nicht die Vermögensverhältnisse des Erblassers, sondern die des Erben als des gegenwärtigen GSch. maßgebend; Jaeger A. 27; v. Wilm.-Kurlb. A. 9. (A. M. Pet.-Kleinf. § 216 A. 5.) In die KM. fallen außer den bei dem Eintreten des Erbfalls zum Vermögen des Erblassers gehörenden Gegenständen auch die nach dem Erbfalle z. B. durch Zerstörung, Beschädigung oder Entziehung eines Erbschaftsgegenstandes dem Erben als solchem entstandenen Ansprüche, nicht aber die mit Nachlaßmitteln neu erworbenen Gegenstände; v. Wilm.-Kurlb. A. 10. Nach § 1978 Abs. 2 BGB. gelten als zum Nachlasse gehörend auch die den Nachlaßgläubigern nach Abs. 1 ebenda gegen den Erben zustehenden Ansprüche; nach dem genannten Abs. 1 haftet der Erbe, wenn Nachlaßkonkurs eröffnet ist, den Nachlaßgläubigern für die von ihm vor Antritt der Erbschaft besorgten erbschaftlichen Geschäfte nach den Vorschriften über Geschäftsführung ohne Auftrag, für die seit Annahme der Erbschaft geführte Verwaltung nach den Regeln des Auftrages. Hiernach sind die Ersatzansprüche gegen den Erben wegen der von ihm vor Eröffnung des

Nachlaßkonkurses über einen Nachlaßgegenstand getroffenen Verfügungen zu beurteilen; eventuell unterliegen diese Verfügungen auch der Anfechtung nach §§ 29 ff. KO.

Mit der KE. gelten die infolge des Erbfalls durch Vereinigung von Recht und 7
Verbindlichkeit oder von Recht und Belastung erloschenen Rechtsverhältnisse als nicht erloschen (§ 1976 BGB.), die von einem Nachlaßgläubiger ohne Zustimmung des Erben vorgenommene Aufrechnung einer Forderung des Gläubigers gegen eine nicht zum Nachlasse gehörige Forderung des Erben als nicht erfolgt. Das gleiche gilt, wenn ein Gläubiger, der nicht Nachlaßgläubiger ist, die ihm gegen den Erben zustehende Forderung gegen eine zum Nachlasse gehörende Forderung aufgerechnet hat; § 1977 BGB. Haftet der Erbe für die Nachlaßverbindlichkeiten unbeschränkt, so findet nach § 2013 der § 1977 keine Anwendung. Auch die Anwendung der §§ 1978—1980 ist ausgeschlossen; es ist also auch die Verpflichtung des Erben, den Gläubigern für die Verwaltung des Nachlasses zu haften, fortgefallen.

4. Die Frage, ob während des Nachlaßkonkurses eine Sondervollstreckung in das 8
nicht zum Nachlaß gehörige Vermögen des Erben erfolgen kann, ist streitig, aber nach der ganz allgemeinen Fassung des § 14 KO. sowie nach der Stellung dieses Paragraphen unter den Allgemeinen Bestimmungen der KO. wohl zu verneinen (a. M. Jaeger A. 9). Sollte für den Nachlaßkonkurs eine Ausnahme von der allgemeinen Regel gemacht werden, so hätte dies im Gesetz besonders zum Ausdruck kommen müssen. Das Wesen des Nachlaßkonkurses als solches rechtfertigt jedenfalls eine derartige Ausnahme nicht.

5. Stirbt der GSch. im Laufe des KVerf., so wird der K. nicht als Nachlaß- 9
konkurs, sondern als gewöhnlicher Konkurs weitergeführt. Denn es liegt ja kein Konkurs „über den Nachlaß", sondern nur über einen Teil des Vermögens des GSch. vor, die §§ 214 ff. KO. sind also unanwendbar; ebenso Oetker in der Ztschr. für Zivilprozeß 25 S. 21; Schröder ebenda 28 S. 2 ff.; a. M. Fitting § 33 A. 14; § 56 A. 1; Jaeger A. 21 ff.; v. Wilm.-Kurlb. A. 19. Die Konkursmasse bleibt die alte, nachträglicher Erwerb darf nicht zur Masse gezogen werden. KGl. sind nur die zur Zeit der KE. vorhandenen persönlichen Gläubiger. An die Stelle des bisherigen GSch. tritt der Erbe als Schuldner der KForderungen und Eigentümer der Masse; er haftet den KGl. aber im Konkurse nur mit der KM., nicht auch mit dem außerhalb der KM. liegenden Teile des Nachlasses. Wollen sich die Gläubiger auch an diesen Teil halten, so muß neben dem schwebenden Konkurse ein Nachlaßkonkurs eröffnet werden, auf den dann die §§ 214 ff. anzuwenden sind.

6. Ist der Erblasser vor dem 1. Januar 1900 verstorben, so finden für den 10
Nachlaßkonkurs die Bestimmungen des alten Rechts (§§ 202 ff. der früheren KO.) Anwendung; Art. 213 EG. z. BGB.

II. Zu § 214. Die angeordnete Zuständigkeit ist eine ausschließliche, ein 11
anderer Gerichtsstand kann also nicht vereinbart werden; § 40 Abs. 2 ZPO. Im Falle einer Mehrheit von allgemeinen Gerichtsständen findet § 71 Abs. 2 Anwendung. Hat der Erblasser im Deutschen Reiche keinen allgemeinen Gerichtsstand gehabt, so kann über sein im Inlande befindliches Vermögen nur dann Konkurs eröffnet werden, wenn die Voraussetzungen des § 238 Abs. 1 und 2 vorliegen.

§ 215 (203). Die Eröffnung des Verfahrens setzt die Überschuldung des Nachlasses voraus.

---

1. Voraussetzung der KE. ist die zur Zeit der Erlassung des Eröffnungs- 1
beschlusses vorliegende Überschuldung des Nachlasses d. h. das Überwiegen der Passiv-

masse über die Aktivmasse. Zahlungsunfähigkeit des Erblassers oder des Erben kommt nur als Beweismittel für die Überschuldung in Frage. Von selbständiger Bedeutung ist sie dagegen für die Anfechtbarkeit der von dem Erblasser oder von dem Erben getroffenen Verfügungen (§ 30; RG. 25 S. 38; JW. 85 S. 92) und bezüglich der Bestimmungen der §§ 50, 55 Nr. 3, 56. Liegt Zahlungsunfähigkeit ohne Überschuldung vor, so kann der Erbe zur Beschränkung seiner Haftung nur Nachlaßverwaltung beantragen; §§ 1975 ff. BGB.

2 2. Bei Feststellung der Überschuldung wird der Wert des gesamten Nachlasses zur Zeit des Eröffnungsbeschlusses zugrunde gelegt. Der Wert ist, soweit erforderlich, durch Schätzung zu ermitteln. Eine vom Erblasser getroffene Wertbestimmung ist nicht maßgebend; vgl. § 2311 BGB. Die Feststellung des Wertes bedingter Rechte und Verbindlichkeiten richtet sich nach § 2313 BGB. Als Passiven kommen in Betracht die Masseschulden (§§ 59, 224), die in den §§ 225 bis 227 bezeichneten Forderungen und die Verbindlichkeiten aus Pflichtteilsrechten. Auch die Verbindlichkeiten aus Vermächtnissen und Auflagen sind zu den Passiven zu rechnen; vgl. § 226 Abs. 2 Ziffer 5. Die Bestimmung des § 1980 Abs. 1 BGB.: „Bei Bemessung der Zulänglichkeit des Nachlasses bleiben die Verbindlichkeiten aus Vermächtnissen und Auflagen außer Betracht" hat nur die Bedeutung, daß, wenn die Überschuldung des Nachlasses lediglich auf Vermächtnissen und Auflagen beruht, die Beteiligten den Konkurs vermeiden können, indem der Erbe den Vermächtnissen und Auflagen gegenüber die Einrede der Unzulänglichkeit nach § 1992 BGB. geltend macht; Jaeger A. 2; a. M. Pet.-Kleinf. A. 11.

§ 216 (204). **Die Eröffnung des Verfahrens wird nicht dadurch gehindert, daß der Erbe die Erbschaft noch nicht angenommen hat, oder daß er für die Nachlaßverbindlichkeiten unbeschränkt haftet.**

Bei dem Vorhandensein mehrerer Erben ist die Eröffnung des Verfahrens auch nach der Teilung des Nachlasses zulässig.

---

1 1. Eröffnung des Verfahrens vor Annahme der Erbschaft. Mit dem Tode einer Person geht die Erbschaft kraft Gesetzes auf den berufenen Erben über, unbeschadet des Rechtes sie auszuschlagen, §§ 1922, 1942 BGB. Vor der erfolgten oder als erfolgt geltenden Annahme der Erbschaft (§ 1943 BGB.) kann ein Anspruch, der sich gegen den Nachlaß richtet, nicht gegen den Erben durch Klage oder Zwangsvollstreckung geltend gemacht werden, damit der Erbe ungestört überlegen kann, ob er annehmen will oder nicht; § 1958 BGB. Die Eröffnung des Nachlaßkonkurses ist aber im Interesse der Gläubiger vor der Annahme der Erbschaft für zulässig erklärt, weil dadurch der Erbe nicht zur Entscheidung gedrängt wird; M. 454.

2 2. Eröffnung des Verfahrens bei unbeschränkter Haftung des Erben. Nach dem früheren Rechte war die Eröffnung des Konkurses über eine unbedingt angetretene Erbschaft ausgeschlossen; dagegen konnten in einem Konkurse über das Vermögen des Erben die Nachlaßgläubiger ein Absonderungsrecht an den Nachlaßgegenständen ausüben. Nach dem jetzigen Recht ist den Nachlaßgläubigern das fortgefallene Absonderungsrecht dadurch ersetzt, daß sie den Nachlaßkonkurs auch dann herbeiführen können, wenn der Erbe für die Nachlaßverbindlichkeiten unbeschränkt haftet (§§ 1994 Abs. 1, 2005 Abs. 1, 2006 Abs. 3 BGB.) Den Fall, daß neben dem Nachlaßkonkurse auch über das Vermögen des unbeschränkt haftenden Erben Konkurs eröffnet ist, regelt § 234. Ist gegen den Erben kein Konkurs eröffnet, so

kann jeder Nachlaßgläubiger, dem der Erbe unbeschränkt haftet, von diesem seine Forderung trotz ihrer Anmeldung im Nachlaßkonkurse zum vollen Betrage beitreiben. Der § 14 steht nicht entgegen; Jaeger A. 1; Fitting § 56 A. 7; v. Sarw.-Boss. A. 2.

3. Eröffnung des Verfahrens nach Teilung des Nachlasses. 3
Über einen Erbteil findet ein KV. nicht statt; § 235. „Bei der Regelung, welche die Erbengemeinschaft im BGB. (§§ 2032 ff., 2058 ff.) gefunden hat, verlangt es das Interesse der Nachlaßgläubiger, daß zu ihren Gunsten der Nachlaß auch dann noch als einheitliche Masse behandelt wird, wenn vor der Berichtigung der Nachlaßverbindlichkeiten die Teilung bewirkt ist"; Mot. Nov. 46.

Das Sammeln der Stücke des Nachlasses ist Sache des KV. nach § 117; Jaeger A. 6; Fitting § 56 A. 8.

Eine zeitliche Beschränkung gibt § 220.

§ 217 (205). Zu dem Antrag auf Eröffnung des Verfahrens ist jeder Erbe, der Nachlaßverwalter, sowie ein anderer Nachlaßpfleger, ein Testamentsvollstrecker, dem die Verwaltung des Nachlasses zusteht, und jeder Nachlaßgläubiger berechtigt.

Wird der Antrag nicht von allen Erben gestellt, so ist er zuzulassen, wenn die Überschuldung glaubhaft gemacht wird. Das Gericht hat die übrigen Erben, soweit tunlich, zu hören.

Steht die Verwaltung des Nachlasses einem Testamentsvollstrecker zu, so ist, wenn der Erbe die Eröffnung des Verfahrens beantragt, der Testamentsvollstrecker, wenn der Testamentsvollstrecker den Antrag stellt, der Erbe zu hören.

---

1. Antragsrecht. Die Eröffnung des Nachlaßkonkurses kann nie von Amts 1
wegen, sondern immer nur auf Antrag erfolgen. Antragsberechtigt ist:

a. jeder Erbe, auch der Fiskus (§§ 1936, 1942, 1943, 1946 BGB.), ohne Rücksicht darauf, ob er für die Nachlaßverbindlichkeiten beschränkt oder unbeschränkt haftet, ob der Nachlaß geteilt oder ungeteilt ist;

b. der Nachlaßverwalter (§§ 1975 ff. BGB.) sowie ein anderer Nachlaßpfleger (§§ 1960 ff. BGB.). Mehrere Pfleger führen der Regel nach die Pflegschaft gemeinschaftlich, können also auch den Antrag auf Eröffnung des Nachlaßkonkurses nur gemeinschaftlich stellen. Bei einer Meinungsverschiedenheit entscheidet das Nachlaßgericht; §§ 1915, 1797 BGB. Der Erbe ist selbständig neben dem Nachlaßverwalter zum Antrage berechtigt.;

c. derjenige Testamentsvollstrecker, dem die Verwaltung des Nachlasses im ganzen zusteht; §§ 2197 ff. BGB. Mehrere Testamentsvollstrecker sind regelmäßig nur gemeinschaftlich antragsberechtigt; bei einer Meinungsverschiedenheit entscheidet das Nachlaßgericht; § 2224 Abs. 1 BGB. Der Erbe ist neben dem Testamtsvollstrecker selbständig zum Antrage berechtigt;

d. jeder Nachlaßgläubiger. Sein Antragsrecht erlischt jedoch, wenn seit der Annahme der Erbschaft zwei Jahre verstrichen sind; § 220. Zu den Nachlaßgläubigern gehören nach § 1967 Abs. 2 auch Vermächtnisnehmer sowie Auflage- und Pflichtteilsberechtigte. Diese haben jedoch nur ein beschränktes Antragsrecht; im einzelnen vgl. hierzu § 219. In gleicher Weise beschränkt ist das Antragsrecht nach § 219 für die im Aufgebotsverfahren ausgeschlossenen und die diesen nach § 1974 BGB. gleichstehenden Nachlaßgläubiger.

2 2. Antragspflicht. Verpflichtet zum Antrage auf Eröffnung des Nachlaßkonkurses ist jeder Erbe nach Annahme der Erbschaft, sobald er von der Überschuldung des Nachlasses Kenntnis erlangt hat; versäumt er diese Pflicht, so haftet er den Nachlaßgläubigern für den daraus entstehenden Schaden; § 1980 BGB. Dieselbe Verpflichtung liegt dem Nachlaßverwalter statt des Erben, nicht neben dem Erben ob; § 1985 Abs. 2 BGB.; Jaeger A. 26. Die Versäumung der Pflicht hat ebenfalls die Anwendbarkeit des § 1980 BGB. zur Folge. Auch ein Nachlaßpfleger sowie ein zur Verwaltung des Nachlasses berufener Testamentsvollstrecker sind zum sofortigen KAntrag verpflichtet, wenn sie von der Überschuldung des Nachlasses Kenntnis erhalten haben, denn beide vertreten den Erben und haben die diesem obliegende Verbindlichkeit zu erfüllen. Durch die Versäumung dieser Pflicht werden sie aber nur dem Erben verantwortlich, während den Nachlaßgläubigern gegenüber auch in diesem Falle nur der Erbe verantwortlich bleibt; §§ 1915 Abs. 1, 1833, 2219 BGB.

In gewissen Fällen ist die Antragsverpflichtung des Erben ausgeschlossen: §§ 1980 Abs. 1 Satz 2, 1973, 1974, 1990, 1991, 2013 BGB.

3 3. Verfahren auf den Antrag.

a. Wird der KAntrag von dem alleinigen Erben oder von sämtlichen Miterben gestellt, so findet § 104 Anwendung. Dasselbe gilt für den Fall, daß der Nachlaßverwalter den Antrag stellt, da der Nachlaßverwalter alle Erben vertritt; a. M. Jaeger A. 31. Die Konkurrenz eines Erben mit einem antragsberechtigten Testamentsvollstrecker regelt § 217 Abs. 3.

Stellt nur ein Teil der Miterben den KAntrag, so ist der Antrag nur dann zuzulassen, wenn die Überschuldung glaubhaft gemacht wird. Das Gericht hat aber die übrigen Erben „soweit tunlich", d. h. soweit es ohne erhebliche Schwierigkeit und Verzögernng möglich ist, nach Maßgabe des § 105 Abs. 2, 3 zu hören; M. z. Nov. 47. Wird der Antrag zugelassen, so hat das Gericht zu prüfen, ob wirklich Überschuldung des Nachlasses vorliegt. Nur bei Bejahung dieser Frage darf das Gericht die Eröffnung des Konkurses beschließen.

b. Der Antrag des Testamentsvollstreckers ist nur zuzulassen, wenn der KGrund glaubhaft gemacht wird. Konkurrenz mit dem Einzelerben oder den sämtlichen Miterben: § 217 Abs. 3.

c. Der Antrag eines Nachlaßgläubigers ist zuzulassen, wenn sowohl die Forderung des Gläubigers (§ 105 Abs. 1) als auch die Überschuldung des Nachlasses (§§ 215, 217 Abs. 2) glaubhaft gemacht wird.

4 4. Die sofortige Beschwerde steht gegen den Eröffnungsbeschluß nur dem Erben, bei mehreren Erben jedem einzelnen zu; gegen den abweisenden Beschluß hat nur der Antragsteller das Beschwerderecht; § 109.

§ 218 (205a). **Ist eine Ehefrau die Erbin und gehört der Nachlaß zum eingebrachten Gute oder zum Gesamtgute, so kann sowohl die Ehefrau als der Ehemann die Eröffnung des Verfahrens beantragen, ohne daß die Zustimmung des anderen Teiles erforderlich ist. Das gleiche gilt, wenn der Nachlaß zum Gesamtgute gehört, auch nach Beendigung der Gemeinschaft.**

Wird der Antrag nicht von beiden Ehegatten gestellt, so ist er

zuzulassen, wenn die Überschuldung glaubhaft gemacht wird. Das Gericht hat den anderen Ehegatten, wenn tunlich, zu hören.

---

1 **1.** Die einer Ehefrau zugefallene Erbschaft gehört, sofern der Erblasser sie nicht ausdrücklich zum Vorbehaltsgut erklärt hat, zum eingebrachten Gute in den Fällen der §§ 1363, 1369, 1521, 1526 Abs. 1, 1551, 1553 Nr. 2 BGB., zum Gesamtgut in den Fällen der §§ 1438, 1440, 1549—1551 BGB. In beiden Gruppen von Fällen ist die Ehefrau als Erbin unabhängig von der Zustimmung des Ehemannes zum Antrage auf KE. berechtigt. Daneben hat der Ehemann, obwohl er nicht Erbe ist, ein von der Zustimmung der Ehefrau unabhängiges Recht zum Antrage auf KE. Dies folgt aus den güterrechtlichen Vorschriften des BGB. Die Motive zur KNov. S. 47 bemerken hierzu: „Dem Ehemanne aber kann das Recht im Hinblick auf die Verpflichtungen nicht versagt werden, die bei dem gesetzlichen Güterstand und der Gütergemeinschaft sich für ihn aus den Verbindlichkeiten der Frau ergeben. In den Fällen der Gütergemeinschaft muß ihm, wenn der Nachlaß zum Gesamtgute gehört, das Recht auch noch nach der Beendigung der Gemeinschaft zu Gebote stehen, da hier seine Haftung für die Verbindlichkeiten der Frau fortdauert (§§ 1459, 1530, 1549 BGB.)."

2 **2.** Wird der Antrag von **beiden** Ehegatten gestellt, so findet § 104 KO. Anwendung; wird er nur von **einem** Ehegatten gestellt, so kommt der Abs. 2 des § 218 in Verbindung mit § 105 Abs. 2 und 3 zur Anwendung.

3 **3.** Die sofortige Beschwerde steht gegen den Eröffnungsbeschluß jedem Ehegatten, gegen den abweisenden Beschluß nur dem Antragsteller zu; § 109.

§ 219 (205 b). Ein Nachlaßgläubiger, der im Aufgebotsverfahren ausgeschlossen ist oder nach § 1974 des Bürgerlichen Gesetzbuchs einem ausgeschlossenen Gläubiger gleichsteht, kann die Eröffnung des Verfahrens nur beantragen, wenn über das Vermögen des Erben das Konkursverfahren eröffnet ist. Das gleiche gilt von einem Vermächtnisnehmer, sowie von demjenigen, welcher berechtigt ist, die Vollziehung einer Auflage zu fordern.

Ist eine Ehefrau die Erbin und gehört der Nachlaß zum Gesamtgute, so können die im Abs. 1 bezeichneten Gläubiger den Antrag nur stellen, wenn über das Vermögen des Ehemanns das Konkursverfahren eröffnet ist.

---

1 **1.** § 219 stellt sich als eine Ausnahme von § 217 dar. Nach § 219 haben folgende Nachlaßgläubiger ein Recht zum Antrage auf Eröffnung eines Nachlaßkonkurses nur dann, wenn bereits über das Vermögen des Erben Konkurs eröffnet worden ist:

a. die im Aufgebotsverfahren der Nachlaßgläubiger gemäß §§ 1970 ff. BGB. ausgeschlossenen Nachlaßgläubiger. Nach § 1973 haftet der Erbe solchen ausgeschlossenen Nachlaßgläubigern nur insoweit, als der Nachlaß nicht durch die Befriedigung der übrigen Gläubiger erschöpft wird.

b. die Nachlaßgläubiger, die ihre Forderungen später als 5 Jahre nach dem Erbfalle dem Erben gegenüber geltend gemacht haben, es sei denn, daß die Forderungen dem Erben vor dem Ablaufe der 5 Jahre bekannt geworden oder im Aufgebotsverfahren angemeldet worden sind; § 1974 BGB. Die Haftung des Erben ist diesen Gläubigern gegenüber in derselben Weise beschränkt wie bei den zu a genannten Gläubigern.

c. Vermächtnisnehmer und Auflageberechtigte.

Durch § 219 ist den zu a bis c genannten Nachlaßgläubigern die Möglichkeit gegeben, sich durch Stellung des Antrages auf Eröffnung des Nachlaßkonkurses gegenüber den persönlichen Gläubigern des Erben die abgesonderte Befriedigung aus dem Nachlasse zu sichern.

2 2. Abs. 2 beruht auf der Vorschrift des § 2, wonach bei Eröffnung des Konkurses über das Vermögen des Ehemannes das Gesamtgut zur KM. gehört.

§ 220 (205 c). Die Eröffnung des Verfahrens kann von einem Nachlaßgläubiger nicht mehr beantragt werden, wenn seit der Annahme der Erbschaft zwei Jahre verstrichen sind.

---

1 1. § 220 stellt sich als eine Einschränkung des § 217 bezüglich des Antragsrechts der Nachlaßgläubiger dar. Für das Antragsrecht der Erben gilt § 220 nicht. Die Beschränkung des § 220 entspricht dem § 1981 Abs. 2 BGB., nach welchem der Antrag auf Anordnung einer Nachlaßverwaltung von einem Nachlaßgläubiger auch nur innerhalb zwei Jahren seit Annahme der Erbschaft gestellt werden kann.

2 2. Die Frist beginnt mit der Annahme, nicht mit dem Anfalle der Erbschaft (§ 1943 BGB.), bei mehreren Erben mit der Annahme durch den letzten. Die Berechnung erfolgt nach §§ 187 Abs. 1, 188 Abs. 2 BGB. Zur Wahrung der Frist genügt die Einreichung des Antrages, vorausgesetzt daß dieser, wenn auch erst nach Ablauf der Frist, die Eröffnung des Konkurses zur Folge hat. Durch den Eintritt eines Nacherben wird weder der Ablauf der begonnenen Frist gehindert, noch die Wirksamkeit des bereits erfolgten Ablaufs in Frage gestellt; Pet.-Kleinf. A. 1. Beschwerde: § 109.

§ 221 (205 d). Auf Grund einer nach dem Eintritte des Erbfalls gegen den Nachlaß erfolgten Maßregel der Zwangsvollstreckung oder der Arrestvollziehung kann abgesonderte Befriedigung nicht verlangt werden.

Eine nach dem Eintritte des Erbfalls im Wege der einstweiligen Verfügung erlangte Vormerkung ist unwirksam.

---

1 1. Die Nachlaßgläubiger können von dem Eintritt des Erbfalles an, die eigenen Gläubiger des Erben von der Annahme der Erbschaft an Maßregeln der Zwangsvollstreckung oder der Arrestvollziehung in den Nachlaß herbeiführen; §§ 778, 928 ZPO. Diese Maßregeln gewähren aber, wenn hinterher der Nachlaßkonkurs eröffnet wird, kein Absonderungsrecht; es ist vielmehr Sache des Verwalters, die Unzulässigkeit einer Durchführung der Vollstreckung nach § 766 ZPO. geltend zu machen. Ist die Zwangsvollstreckung vor der Eröffnung des Nachlaßkonkurses bereits vollständig durchgeführt, so ist für die Anwendbarkeit des § 221 kein Raum mehr. In solchem Falle sind die Nachlaßgläubiger — abgesehen von den Fällen der Anfechtbarkeit nach §§ 29 ff. — zur Herausgabe dessen, was sie durch die Zwangsvollstreckung erlangt haben, nicht verpflichtet. Anders die eigenen Gläubiger des Erben; diese haben durch die Befriedigung aus dem Nachlasse eine ungerechtfertigte Bereiche-

rung erfahren, die sie nach §§ 818, 819 BGB. auf Verlangen des KV. zur Masse des Nachlaßkonkurses herausgeben müssen; Jaeger A. 1—8; Pet.-Kleinf. A. 4.

2. Ob der Erbe für die Nachlaßverbindlichkeiten beschränkt oder unbeschränkt haftet, ist für die Anwendbarkeit des § 221 unerheblich; KomBer. z. KonkNov. S. 47. Ebensowenig macht es für die Anwendbarkeit des § 221 einen Unterschied, ob die Vollstreckungsmaßregel für einen Nachlaßgläubiger oder für einen Gläubiger des Erben bewirkt wurde; OLG. Hamburg in OLG. 10 S. 217. 2

3. Die Anwendbarkeit des § 221 setzt voraus, daß es sich um eine Maßregel der Zwangsvollstreckung oder der Arrestvollziehung gegen den Nachlaß handelt. Ist eine Maßregel der Zwangsvollstreckung oder der Arrestvollziehung gegen das nicht zum Nachlasse gehörige Vermögen des Erben vorgenommen worden, so kommt § 784 Abs. 1 ZPO. zur Anwendung; hiernach kann der Erbe, wenn die betreffende Maßregel zugunsten eines Nachlaßgläubigers erfolgt ist, verlangen, daß die Maßregel aufgehoben wird, es sei denn, daß der Erbe für die Nachlaßverbindlichkeiten unbeschränkt haftet; ist die Maßregel zugunsten eines eigenen Gläubigers des Erben erfolgt, so bleibt sie bestehen. 3

4. Die Unwirksamkeit der im Wege der einstweiligen Verfügung (§ 885 BGB.; §§ 935 ff. ZPO.) erlangten Vormerkung richtet sich sowohl gegen die Nachlaßgläubiger wie gegen die eigenen Gläubiger des Erben, aber nur für den Konkurs selbst. 4

5. Die durch eine Vorpfändung nach § 845 ZPO. erlangten Rechte treten nicht ein, wenn das Pfändungspfandrecht erst nach dem Tode des Schuldners erworben wird und über den Nachlaß Konkurs eröffnet ist; RG. JW. 07 S. 207. Wird der Nachlaßkonkurs wegen Unzulänglichkeit der Masse aufgehoben, so bleiben die durch Zwangsvollstreckung erworbenen Rechte durch § 221 unberührt; OLG. Breslau in Breslau AK. 06 S. 57; denn eine gegen § 221 verstoßende Rechtshandlung ist nicht schlechthin unwirksam, sondern nur im Konkurse unwirksam. 5

§ 222 (205 e). Hat der Erbe vor der Eröffnung des Verfahrens aus dem Nachlasse Pflichtteilsansprüche, Vermächtnisse oder Auflagen erfüllt, so ist die Leistung in gleicher Weise anfechtbar wie eine unentgeltliche Verfügung des Erben.

1. Pflichtteilsberechtigte (§§ 2303 ff.), Vermächtnisnehmer (§§ 2147 ff.) sowie diejenigen, welche berechtigt sind, die Vollziehung einer Auflage zu fordern (§§ 2192 ff. BGB.), können Befriedigung aus dem Nachlasse nur insoweit verlangen, als nach der Berichtigung der übrigen Nachlaßgläubiger ein Überschuß verbleibt; §§ 1980 Abs. 1, 1991 Abs. 4 BGB. Demgemäß stehen sie im Nachlaßkonkurs allen anderen Gläubigern im Range nach; § 226 Nr. 4, 5 KO.; § 1973 Abs. 1 Satz 2 BGB. Deshalb soll nach § 222, wenn der Erbe vor der KE. aus dem Nachlasse Pflichtteilsansprüche, Vermächtnisse oder Auflagen erfüllt, diese Leistung im Nachlaßkonkursverfahren in gleicher Weise anfechtbar sein wie eine unentgeltliche Verfügung des Erben; M. z. Nov. 49. Außerhalb des KVerf. findet die entsprechende Vorschrift des Anfechtungsgesetzes § 3a Anwendung. 1

2. Voraussetzung der Anfechtung ist auch hier eine Benachteiligung der KGl. Eine solche liegt vor, wenn ein zum Nachlasse gehörender Gegenstand weggegeben ist. (Vgl. § 224 Nr. 1; §§ 1979, 2013 BGB.); ferner dann, wenn die Nachlaßgläubiger nach § 1979 BGB. die Berichtigung einer Nachlaßverbindlichkeit als für Rechnung des Nachlasses erfolgt gelten lassen müssen, weil der Erbe den Umständen nach an- 2

nehmen durfte, daß der Nachlaß zur Berichtigung aller Nachlaßverbindlichkeiten ausreiche; endlich auch dann, wenn der Erbe zwar den Gläubigern erstattungspflichtig (§ 1980 BGB.), tatsächlich aber zahlungsunfähig ist; M. z. Nov. 49.

3 3. Der Anspruch geht auf Rückerstattung des anfechtbar der Masse Entzogenen, soweit es zur Befriedigung der Gläubiger notwendig ist. Geltend gemacht wird der Anspruch im Konkurse vom KV., außerhalb des Konkurses von jedem der geschädigten Gläubiger. Anfechtungsgegner ist der Pflichtteilsberechtigte, Vermächtnisnehmer oder Auflageberechtigte. Die allgemeinen Grundsätze über die Anfechtbarkeit unentgeltlicher Verfügungen (§§ 32 Nr. 1; 37 Abs. 2) finden auch hier Anwendung. Ob die Leistung von dem Erben selbst oder von einem Erbenvertreter (Nachlaßpfleger, Nachlaßverwalter, Testamentsvollstrecker) bewirkt, ob sie freiwillig geschehen oder erzwungen ist (§ 35), macht keinen Unterschied; Jaeger A. 9.

§ 223 (205f). Dem Erben steht wegen der ihm nach den §§ 1978, 1979 des Bürgerlichen Gesetzbuchs aus dem Nachlasse zu ersetzenden Aufwendungen ein Zurückbehaltungsrecht nicht zu.

---

1 1. Nach § 1978 BGB. ist der Erbe den Nachlaßgläubigern bis zur Annahme der Erbschaft als Geschäftsführer ohne Auftrag, seit Annahme der Erbschaft als Beauftragter verantwortlich. Als solcher hat er nach § 1978 Abs. 3 in Verbindung mit §§ 662 ff. und §§ 677 ff. BGB. Anspruch auf Ersatz seiner Auslagen. Nach § 273 BGB. würde ihm wegen dieses Ersatzanspruches ein Zurückbehaltungsrecht zustehen. Dieses ist durch § 223 KO. beseitigt; der Erbe ist vielmehr wegen der Ersatzansprüche nur Massegläubiger nach § 224 Ziffer 1. Die Motive zur KNov. S. 50 bemerken hierzu: „Durch die Ausübung des Zurückbehaltungsrechts gegenüber dem KV. könnte die Verwertung der Masse erheblich verzögert und der KV. genötigt werden, zum Zwecke der Berichtigung der Ersatzforderungen des Erben Geld auf den Kredit der Masse aufzunehmen. Andererseits ist der Erbe dadurch, daß sein Ersatzanspruch zu den Masseschulden gehört (§ 224 Nr. 1), genügend gesichert. Demgemäß schließt der § 223 das Zurückbehaltungsrecht für den Fall des Nachlaßkonkurses aus."

2 2. Versagt ist dem Erben nur die Zurückbehaltung von Nachlaßgegenständen, nicht auch die Aufrechnung mit eigenen Forderungen gegen Nachlaßforderungen; v. Wilm.-Kurlb. A. 2; a. M. Pet.-Kleinf. A. 1.

3 3. Auf die Gegenstände, die der Erbe nicht als solcher, sondern auf Grund eines besonderen Rechtsverhältnisses, z. B. eines Vertrages mit dem Erblasser, besitzt, findet § 223 keine Anwendung, vielmehr kann er diese Gegenstände nach § 273 BGB. unter Geltendmachung eines Absonderungsrechts (§ 49 Nr. 3) zurückbehalten; v. Sarw.-Boss. A. 1; Jaeger A. 5. Auch ist dem Nachlaßpfleger oder Nachlaßverwalter wegen der aus eigenen Mitteln für den Nachlaß gemachten Aufwendungen das Zurückbehaltungsrecht nicht versagt; v. Wilm.-Kurlb. A. 3, 4.

§ 224 (205g). Masseschulden sind außer den im § 59 bezeichneten Verbindlichkeiten:

1. die dem Erben nach den §§ 1978, 1979 des Bürgerlichen Gesetzbuchs aus dem Nachlasse zu ersetzenden Aufwendungen;
2. die Kosten der standesmäßigen Beerdigung des Erblassers;
3. die im Falle der Todeserklärung des Erblassers dem Nachlasse zur Last fallenden Kosten des Verfahrens;

4. die Kosten der Eröffnung einer Verfügung des Erblassers von Todes wegen, der gerichtlichen Sicherung des Nachlasses, einer Nachlaßpflegschaft, des Aufgebots der Nachlaßgläubiger und der Inventarerrichtung;
5. die Verbindlichkeiten aus den von einem Nachlaßpfleger oder einem Testamentsvollstrecker vorgenommenen Rechtsgeschäften;
6. die Verbindlichkeiten, welche für den Erben gegenüber einem Nachlaßpfleger, einem Testamentsvollstrecker oder einem Erben, der die Erbschaft ausgeschlagen hat, aus der Geschäftsführung dieser Personen entstanden sind, soweit die Nachlaßgläubiger verpflichtet sein würden, wenn die bezeichneten Personen die Geschäfte für sie zu besorgen gehabt hätten.

I. Allgemeines. Gegenüber dem § 59 wird der Kreis der Masseschulden für den Nachlaßkonkurs durch § 224 erweitert. Die Grundsätze der §§ 57, 60 finden auch hier Anwendung. Es werden also bei Unzulänglichkeit des Nachlasses die Masseschulden des § 224 nicht etwa in der Reihenfolge der Nummern, sondern — zugleich mit den gewöhnlichen Masseschulden — verhältnismäßig berichtigt. 1

II. Die einzelnen Fälle.

1. Nr. 1. Vgl. die Anmerkungen zu § 223. Die Ersatzansprüche stehen nur dem beschränkt haftenden Erben zu; § 2013 BGB. Sie umfassen die von dem Erben für die Verwaltung des Nachlasses und für die Tilgung von Nachlaßverbindlichkeiten aus eigenen Mitteln gemäß §§ 1978 Abs. 3, 1979, 2013 BGB. gemachten Aufwendungen sowie den Anspruch auf Befreiung von Verbindlichkeiten, die der Erbe zum Zwecke ordnungsmäßiger Verwaltung des Nachlasses eingegangen ist; z. B. bei Bezahlung der Hypothekenzinsen eines Nachlaßgrundstücks in der den Umständen nach berechtigten Annahme, der Nachlaß reiche zur Berichtigung aller Nachlaßverbindlichkeiten aus; OLG. Königsberg in OLG. 6 S. 68; RG. 55 S. 161; v. Wilm.-Kurlb. A. 2. 2

2. Nr. 2. Beerdigungskosten des Erblassers gehören zu den Nachlaßverbindlichkeiten und treffen den Erben als solchen; §§ 1967, 1968 BGB. Ihre Aufnahme unter die Masseschulden ist mit dem öffentlichen Interesse und der Volksanschauung gerechtfertigt; M. Nov. 50. Ob die Beerdigung vor oder nach der KE. erfolgt ist, macht keinen Unterschied. Standesmäßig ist der Aufwand, welcher der Lebensstellung des Erblassers entspricht; § 1610 BGB. Zu den Beerdigungskosten gehören die durch die Bestattung der Leiche veranlaßten notwendigen Ausgaben (für den Sarg, die Herstellung der Grabstätte, die Leichenhausgebühren, die Vornahme des Begräbnisses) immer, die Kosten für eine besonders feierliche Vornahme der Beerdigung, Trauerkleider der Familie und des Gesindes, Leichenschmaus, Setzung eines Grabsteins u. dgl., wenn die betreffenden Aufwendungen dem Herkommen am Orte der Bestattung entsprechen; Pet.-Kleinf. A. 3; v. Wilm.-Kurlb. A. 3. Daß die durch Feuerbestattung erwachsenen Mehrkosten in allen Fällen von der Geltendmachung als Masseschulden auszuschließen sind, wie Jaeger A. 4 meint, erscheint bedenklich; es wird auch hier auf die Umstände des Einzelfalles ankommen. 3

Massegläubiger ist sowohl derjenige, dem die Forderung von vornherein zusteht, als auch derjenige, der die Kosten dem ursprünglichen Gläubiger bezahlt hat.

3. Nr. 3. Zu den Kosten gehören die Gebühren und Auslagen des Gerichts und des Antragstellers, aber nur soweit sie zur zweckentsprechenden Durchführung des Verfahrens notwendig waren. Die Kosten sind nach § 971 ZPO. Nachlaßver- 4 bindlichkeiten und in § 224 aus Billigkeitsgründen (M. z. Nov. 50) zu den Masseschulden gerechnet. Als Gläubiger kommen in Betracht die Gerichtskasse, der Antragsteller und der Dritte, der die Kosten ausgelegt hat.

5 **4.** Nr. 4. Maßgebend für die Einreihung der unter Ziffer 4 gedachten Kosten in die Masseschulden ist die Erwägung, daß die der KEröffnung vorangehende Verwaltung des Nachlasses, aus der die Kosten unter Nr. 4 erwachsen, in ihrem Ergebnis auch den Nachlaßgläubigern zugute kommt; M. z. Nov. 50.

6 **5.** Nr. 5. Die Berechtigung des Nachlaßpflegers und des Testamentsvollstreckers, Verbindlichkeiten für den Nachlaß einzugehen, reicht nur so weit, als die ordnungsmäßige Verwaltung des Nachlasses das Eingehen solcher Verbindlichkeiten erfordert; § 2206. Trifft dies zu, so sind die eingegangenen Verbindlichkeiten Masseschulden. Dahin gehören z. B. auch die von einem Testamentsvollstrecker eingegangenen Wechselverbindlichkeiten und die Kosten eines wegen einer solchen Verbindlichkeit gegen den Nachlaßverwalter geführten Prozesses; RG. 60 S. 30.

7 **6.** Nr. 6 Als Masseschulden nach Ziffer 6 kommen insbesondere in Betracht die Ersatzansprüche eines Nachlaßpflegers, Nachlaßverwalters, Testamentsvollstreckers oder eines Erben, der die Erbschaft ausgeschlagen hat, für die im Interesse des Nachlasses gemachten Aufwendungen (§§ 1915, 1835, 2218, 1959 BGB) sowie die Honoraransprüche eines Nachlaßpflegers, Nachlaßverwalters oder Testamentsvollstreckers (§§ 1915, 1836, 1987, 2221 BGB.).

§ 225 (205 h). **Der Erbe kann die ihm gegen den Erblasser zustehenden Ansprüche geltend machen.**

Hat der Erbe eine Nachlaßverbindlichkeit berichtigt, so tritt er, soweit nicht die Berichtigung nach § 1979 des Bürgerlichen Gesetzbuchs als für Rechnung des Nachlasses erfolgt gilt, an die Stelle des Gläubigers, es sei denn, daß er für die Nachlaßverbindlichkeiten unbeschränkt haftet.

Haftet der Erbe einem einzelnen Gläubiger gegenüber unbeschränkt, so kann er dessen Forderung für den Fall geltend machen, daß der Gläubiger sie nicht geltend macht.

---

1 **I.** Abs. 1, eine Folge des § 1976 BGB., gilt ohne Rücksicht darauf, ob der Erbe den Nachlaßgläubigern beschränkt oder unbeschränkt haftet, und gestattet dem Erben, im Nachlaßkonkurse nicht nur als KGl., sondern auch als Massegläubiger (§§ 224, 59 Nr. 2) sowie als Aus- oder Absonderungsberechtigter aufzutreten, letzteres z. B. durch Geltendmachung des Pfandrechts an einem ihm bereits vom Erblasser verpfändeten Gegenstande; §§ 1256 Abs. 2, 1177 Abs. 2, 1197 BGB.

2 **II.** Abs. 2. Hat der Erbe Nachlaßverbindlichkeiten berichtigt, so sind folgende Fälle zu unterscheiden:

1. Durfte der Erbe bei der Berichtigung nach den damals vorliegenden Umständen annehmen, daß der Nachlaß zur Berichtigung aller Nachlaßverbindlichkeiten ausreichen würde, so müssen die Nachlaßgläubiger die Berichtigung als für Rechnung des Nachlasses erfolgt gelten lassen. Der Erbe kann deshalb seine zum Zwecke der Berichtigung aus e i g e n e n Mitteln gemachten notwendigen Aufwendungen als Massegläubiger geltend machen; § 224 Nr. 1 KO.; §§ 1978, 1979 BGB. Hat er die Befriedigung mit N a c h l a ß mitteln geleistet, so braucht er den Betrag zur Nachlaßkonkursmasse nicht zu erstatten; § 1976 BGB.

2. Durfte der Erbe *nicht* annehmen, daß der Nachlaß zur Berichtigung aller 3
Verbindlichkeiten ausreichen würde, so tritt er, wenn er mit *eigenen* Mitteln geleistet
hat, an die Stelle des befriedigten Nachlaßgläubigers; hat er mit *Nachlaß*mitteln
geleistet, so hat der Erbe den Betrag zur KM. zurückzuerstatten (§ 1978 Abs. 1, 2
BGB.), rückt aber mit der Erstattung in die Stelle des befriedigten Gläubigers.

3. *Voraussetzung* in den *beiden* Fällen zu 1 und 2 ist, daß der Erbe *nur* 4
beschränkt für die Nachlaßschulden haftet. Haftet er:

a. *allgemein unbeschränkt*, so stehen ihm wegen der Berichtigung von
Nachlaßschulden im Nachlaßkonkurse keine Ansprüche zu; § 2013 BGB.;

b. haftet er *nur einem einzelnen Gläubiger gegenüber* unbeschränkt,
so gilt Abs. 3 des § 225. Vgl. A. III.

4. Das Eintreten des Erben an die Stelle des befriedigten Nachlaßgläubigers 5
ist eine Übertragung der Forderung kraft Gesetzes; § 412 BGB. Der Erbe erwirbt
also die Forderung so, wie sie dem Befriedigten zustand (§ 401 BGB.), mithin unter
Umständen als Masseschuld oder mit dem damit etwa verbundenen Absonderungsrecht
oder Vorrecht; RG. 55 S. 161. AM. nur *Pet.-Kleinf.* A. 5. Hat der Erbe nur
eine Teilzahlung geleistet, so geht die Forderung nur in Höhe dieses Teilbetrages
auf ihn über, es sei denn, daß sich der Gläubiger mit einer geringeren Zahlung für
abgefunden erklärt, in welchem Falle der Erbe die ganze Forderung erwirbt; *Jaeger*
A. 7, 8. AM. v. *Wilm.-Kurlb.* A. 2.

III. *Abs.* 3 ermächtigt den Erben, der nicht allgemein, sondern nur einem 6
einzelnen Gläubiger gegenüber unbeschränkt haftet (§ 2006 Abs. 3 BGB., §§ 27, 139
HGB., § 780 ZPO.), dazu, die Forderung dieses Gläubigers an dessen Stelle zwar
als eine fremde, aber kraft eigenen Rechtes im Konkurse geltend zu machen. Er kann
dies aber nur, wenn der Gläubiger selbst seine Forderung nicht geltend macht. Ob
dies geschieht, kann erst bei der Schlußverteilung festgestellt werden. Deshalb sind
bis zu dieser die Hebungen, welche auf die vom Erben angemeldete Forderung fallen,
zurückzubehalten. Nimmt der Gläubiger später selbst am Konkurse teil, so werden
die für den Erben bei den früheren Verteilungen zurückbehaltenen Beträge für die
weiteren Verteilungen (§§ 154, 155, 156, 168) frei; v. *Wilm.-Kurlb.* A. 3.

§ 226 (205 i). **In dem Verfahren kann jede Nachlaßverbindlichkeit geltend gemacht werden.**

Nachstehende Verbindlichkeiten werden erst nach allen übrigen Verbindlichkeiten und in folgender Rangordnung, bei gleichem Range nach Verhältnis ihrer Beträge, berichtigt:

1. **die seit der Eröffnung des Verfahrens laufenden Zinsen der im § 61 bezeichneten Forderungen;**
2. **die gegen den Erblasser erkannten Geldstrafen;**
3. **die Verbindlichkeiten aus einer Freigebigkeit des Erblassers unter Lebenden;**
4. **die Verbindlichkeiten gegenüber Pflichtteilsberechtigten;**
5. **die Verbindlichkeiten aus den vom Erblasser angeordneten Vermächtnissen und Auflagen.**

Ein Vermächtnis, durch welches das Recht des Bedachten auf den Pflichtteil nach § 2307 des Bürgerlichen Gesetzbuchs ausgeschlossen wird, steht, soweit es den Pflichtteil nicht übersteigt, im Range den Pflichtteilsrechten gleich. Hat der Erblasser durch Verfügung von Todes

wegen angeordnet, daß ein Vermächtnis oder eine Auflage vor einem anderen Vermächtnis oder einer anderen Auflage erfüllt werden soll, so hat das Vermächtnis oder die Auflage den Vorrang.

Die Verbindlichkeiten, in Ansehung deren der Gläubiger im Wege des Aufgebotsverfahrens ausgeschlossen ist oder nach § 1974 des Bürgerlichen Gesetzbuchs einem ausgeschlossenen Gläubiger gleichsteht, werden erst nach den im Abs. 2 Nr. 1—3 bezeichneten Verbindlichkeiten und, soweit sie zu den im Abs. 2 Nr. 4, 5 bezeichneten Verbindlichkeiten gehören, erst nach den Verbindlichkeiten berichtigt, mit denen sie ohne die Beschränkung gleichen Rang haben würden. Im übrigen wird durch die Beschränkungen an der Rangordnung nichts geändert.

---

1 **I.** Abs. 1. **1.** Nachlaßverbindlichkeiten. Den Begriff gibt § 1967 Abs. 2: „Zu den Nachlaßverbindlichkeiten gehören außer den vom Erblasser herrührenden Schulden die den Erben als solchen treffenden Verbindlichkeiten, insbesondere die Verbindlichkeiten aus Pflichtteilsrechten, Vermächtnissen und Auflagen." Zu den Verbindlichkeiten, die den Erben als solchen treffen, also Nachlaßverbindlichkeiten sind, gehört auch ein von dem Erben abgegebenes abstraktes Schuldanerkenntnis nnd zwar selbst dann, wenn das Anerkenntnis nicht mit Recht abgegeben worden ist; RG. 62 S. 38 ff. Um eine vollständige Bereinigung des Nachlasses zu ermöglichen, ist allen Nachlaßgläubigern die Teilnahme am KVerf. gestattet worden; Begr. 45. Es können daher im Nachlaßkonkurse alle Forderungen, die vor Eröffnung des Verfahrens begründet sind, geltend gemacht werden, also außer den regelmäßigen, auch im gewöhnlichen KVerf. zu berücksichtigenden vollberechtigten (§§ 3, 63) die nur für den Nachlaßkonkurs zugelassenen minderberechtigten Verbindlichkeiten (§ 226 Abs. 2), nämlich:

a. die Unterhaltungsansprüche des § 3 Abs. 2;

b. die den Erben als solchen treffenden Verbindlichkeiten;

c. die Forderungen des § 63 Nr. 1, 3, 4. (Vgl. Jaeger A. 1—18; v. Wilm.-Kurlb. A. 1—13.)

2 **2.** Rangordnung. Die vollberechtigten Verbindlichkeiten gehen den minderberechtigten im Range vor. Die vollberechtigten rangieren in nachstehender Reihenfolge:

a. Massegläubiger (§§ 57—60, 224);

b. Vorrechtsgläubiger (§ 61 Nr. 1—5);

c. gewöhnliche KGl. (§ 61 Nr. 6). Die minderberechtigten Gläubiger (§ 226 Abs. 2—4) kommen erst nach der Befriedigung der vollberechtigten zur Hebung in folgender Rangordnung, bei gleichem Range nach Verhältnis ihrer Beträge:

a. Nr. 1;

b. Nr. 2;

c. Nr. 3;

d. Abs. 4 Satz 1, erster Teil;

e. Nr. 4;

f. Abs. 4 Satz 1, zweiter Teil, soweit die Verbindlichkeit unter Nr. 4 fällt;

g. Nr. 5;

h. Abs. 4 Satz 1, zweiter Teil, soweit die Verbindlichkeit unter Nr. 5 fällt.

3 **II.** Abs. 2. Nr. 1. In Betracht kommen nur die laufenden Zinsen vollberechtigter KForderungen (§ 61 Nr. 1—6); also nicht Zinsen von Massegläubigern. Wegen der Zinsen minderberechtigter KForderungen vgl. § 227. Die bis zur Er-

öffnung des Verfahrens bereits aufgelaufenen Zinsen werden mit der Kapitalsforderung an derselben Stelle angesetzt; § 62 Nr. 3. Unter „laufenden" Zinsen sind die vereinbarten oder gesetzlichen zu verstehen.

Nr. 2 u. 3. Die hier bezeichneten Forderungen können im Konkurse über das Vermögen des Erblassers nicht geltend gemacht werden; § 63 Nr. 3, 4.

Nr. 4. Pflichtteilsrechte (§§ 1967 Abs. 2, 2303 ff. BGB.) kommen im Nachlaßkonkurse nur dann in Betracht, wenn nach Berichtigung sämtlicher Masse- und Erblasserschulden von dem Nachlasse noch etwas übrig geblieben ist.

Nr. 5. Vermächtnisse und Auflagen stehen den Pflichtteilsrechten nach, unter sich aber im Range gleich, sind also nach Verhältnis ihrer Beträge zu berichtigen. Der Erblasser kann aber durch Verfügung von Todes wegen anordnen, daß ein Vermächtnis oder eine Auflage den Vorrang vor den übrigen Beschwerungen haben soll; § 2189 BGB. Unter Ziffer 5 fallen auch die gesetzlichen Vermächtnisse der §§ 1932, 1969 BGB.

III. Abs. 3. Das nach § 2307 BGB. den Pflichtteil ersetzende Vermächtnis 4
hat bis zum Betrage des Pflichtteils auch den Rang des Pflichtteils, steht also im Range mit Abs. 2 Nr. 4 gleich. In Höhe des überschießenden Betrages gilt die Zuwendung als reines Vermächtnis.

IV. Abs. 4. „Die betr. Gläubiger finden zwischen den in Abs. 2 Nr. 3 be- 5
zeichneten Forderungen und den Verbindlichkeiten aus Pflichtteilsrechten, Vermächtnissen und Auflagen Berücksichtigung, es sei denn, daß der Anspruch des in seinem Recht beschränkten Gläubigers sich selbst auf ein Pflichtteilsrecht, ein Vermächtnis oder eine Auflage gründet. Im letzteren Falle hat die Beschränkung zur Folge, daß der Gläubiger erst nach den Verbindlichkeiten befreit wird, mit denen er ohne die Beschränkung gleichen Rang haben würde. Diese Regelung ergibt sich ohne weiteres aus dem § 1973 Abs. 1 und dem § 1974 Abs. 2 BGB. Sonstige Änderungen in der Rangordnung werden durch die Beschränkung des Gläubigerrechts nicht herbeigeführt; die ausgeschlossenen und die ihnen gleichstehenden Gläubiger behalten daher im Verhältnis zueinander den Rang, der ihnen nach § 226 Abs. 2, 3 zukommt." M. z. Nov. 52 Hiernach sind also für den Rang der ausgeschlossenen Verbindlichkeiten untereinander die sonstigen Bestimmungen der KO., also z. B. die Rangordnung des § 61, maßgebend; ebenso Jaeger A. 26—27.

V. Die minderberechtigten Forderungen des § 226 gewähren bei den Ab- 6
stimmungen Stimmrecht in voller Höhe. Nur für den Zwangsvergleich ist für die Forderungen des § 226 Abs. 2 Nr. 2 bis 5 und Abs. 4 eine Ausnahme durch § 230 Abs. 2 gemacht.

§ 227 (205k). Mit den im § 226 Abs. 2 Nr. 2—5, Abs. 4 bezeichneten Forderungen werden die bis zur Eröffnung des Verfahrens aufgelaufenen und die seit der Eröffnung laufenden Zinsen an derselben Stelle angesetzt.

Durch § 227 soll die Anwendbarkeit der Nr. 1 und 2 des § 62 nicht aus- 1
geschlossen werden. Es dürfen also auch die Nachlaßkonkursgläubiger minderen Ranges die ihnen vor der Eröffnung des Verfahrens erwachsenen Kosten und Vertragsstrafen zugleich mit der Kapitalsforderung geltend machen; Jaeger A. 33; v. Wilm.-Kurlb. A. 1.

§ 228 (2051). Was infolge der Anfechtung einer von dem Erblasser oder ihm gegenüber vorgenommenen Rechtshandlung zur Konkursmasse zurückgewährt wird, darf nicht zur Berichtigung der im § 226 Abs. 2 Nr. 4, 5 bezeichneten Verbindlichkeiten verwendet werden.

Auf dasjenige, was der Erbe auf Grund der Vorschriften der §§ 1978—1980 des Bürgerlichen Gesetzbuchs zu der Masse zu ersetzen hat, haben die Gläubiger, die im Wege des Aufgebotsverfahrens ausgeschlossen sind oder nach § 1974 des Bürgerlichen Gesetzbuchs einem ausgeschlossenen Gläubiger gleichstehen, nur insoweit Anspruch, als der Erbe auch nach den Vorschriften über die Herausgabe einer ungerechtfertigten Bereicherung ersatzpflichtig sein würde.

---

1 **I.** Abs. 1. **1.** Nach § 226 Abs. 2 Nr. 4 und 5 können Verbindlichkeiten aus Pflichtteilsrechten, Vermächtnissen und Auflagen auch im Nachlaßkonkurse geltend gemacht werden. Dieser Grundsatz erfährt im § 228 Abs. 1 insofern eine Beschränkung, als dasjenige, was infolge der Anfechtung einer vom Erblasser oder ihm gegenüber vorgenommenen Rechtshandlung zur KM. zurückgewährt wird, nicht zur Berichtigung jener Verbindlichkeiten verwendet werden darf. Diese Bestimmung beruht auf der Erwägung, daß die Anfechtung nur denjenigen zugute kommen soll, welche bereits Gläubiger des Erblassers waren; M. z. KNov. 53. Anfechtung im Sinne des § 228 ist nur die Anfechtung wegen Benachteiligung der Gläubiger gemäß §§ 29ff. KO., § 13 AnfechtGes. In Betracht kommt nur die Anfechtung von Rechtshandlungen, die von dem Erblasser oder ihm gegenüber vorgenommen worden sind, nicht auch die von Rechtshandlungen des Erben oder eines Vertreters des Erben. Die Beweispflicht dafür, daß durch den angefochtenen Rechtsakt die den Pflichtteils- rc. Berechtigten vorgehenden KGl. verkürzt worden sind, liegt dem KV. ob; Jaeger A. 38.

2 **2.** Das Ergebnis der Anfechtung soll in keinem Falle den Gläubigern der im § 226 Abs. 2 Nr. 4 und 5 aufgeführten Verbindlichkeiten zugute kommen; sie empfangen also auch selbst dann nichts aus dem Anfechtungsergebnis, wenn bei der Schlußverteilung nach voller Befriedigung aller vorhergehenden Gläubiger noch ein Überschuß verbleibt. Der Überschuß stellt sich als eine rechtlose Bereicherung der Masse dar und steht nicht den Erben, sondern den Anfechtungsbeklagten zu, denen er als Masseschuld nach Verhältnis dessen, was sie zurückgewährt haben, auszuzahlen ist; §§ 38, 39, 59 Nr. 3; Jaeger A. 36, 37; Pet.-Kleinf. A. 3; v. Wilm.-Kurlb. A. 3.

3 **II.** Abs. 2. Die Ersatzansprüche gegen den Erben (§§ 1978—1980) stehen den Nachlaßgläubigern, die im Aufgebotsverfahren ausgeschlossen sind oder einem ausgeschlossenen Gläubiger gleichstehen, nur insoweit zu, als der Erbe nach Befriedigung der anderen Nachlaßgläubiger noch bereichert ist; § 1973 Abs. 2 Satz 1 BGB. Diese Haftung des Erben soll durch die Eröffnung des Nachlaßkonkurses nicht gesteigert werden. Deshalb bestimmt Abs. 2, daß den ausgeschlossenen oder den diesen gleichstehenden Gläubigern die bezeichneten Ersatzansprüche nur insoweit zustehen, als der Erbe auch nach den Vorschriften über die Herausgabe einer ungerechtfertigten Bereicherung ersatzpflichtig sein würde; M. z. KNov. S. 53. Etwaige Überschüsse sind dem Erben zurückzuzahlen. Pflichtteile, Vermächtnisse und Auflagen (Abs. 1) nehmen an den Ersatzleistungen des Erben teil. Haftet der Erbe unbeschränkt, so

ist Abs. 2 gegenstandslos, da in diesem Falle die §§ 1978—1980 BGB. keine Anwendung finden.

§ **229** (205 m). **Die in dem Aufgebotsverfahren zum Zwecke der Ausschließung von Nachlaßgläubigern angemeldeten und nicht ausgeschlossenen Forderungen gelten als auch im Nachlaßkonkurs angemeldet, sofern das Aufgebot von dem Gerichte, bei welchem der Konkurs anhängig wird, erlassen und das Verfahren nicht vor der Eröffnung des Konkursverfahrens ohne Erlassung des Ausschlußurteils erledigt ist.**

1. Durch die Eröffnung des Nachlaßkonkurses wird das Aufgebotsverfahren zum Zwecke der Ausschließung von Nachlaßgläubigern (§§ 1970 ff. BGB., 989 ff. ZPO.) beendigt; § 993 Abs. 2 ZPO. Wenn aber zur Zeit der Eröffnung des Nachlaßkonkurses das Aufgebotsverfahren noch schwebt oder durch Erlassung des Ausschlußurteils erledigt ist, so ist den Nachlaßgläubigern, welche sich im Aufgebotsverfahren gemeldet haben, eine nochmalige Anmeldung ihrer Forderungen im späteren Nachlaßkonkurse erlassen, vorausgesetzt, daß das Aufgebotsgericht auch das KG. ist, und daß die im Aufgebotsverfahren angemeldeten Forderungen nicht wegen Mangels ordnungsmäßiger Anmeldung (§ 996 ZPO.) zurückgewiesen worden sind. Ist der Antrag auf Erlassung des Ausschlußurteils zurückgenommen oder zurückgewiesen (§ 952 Abs. 4 ZPO.), so müssen die im Aufgebotsverfahren gemachten Anmeldungen im KVerf. wiederholt werden; sonst werden sie nicht berücksichtigt. Änderungen und Ergänzungen der früheren Anmeldung (z. B. die Geltendmachung eines Vorrechts, § 61 Nr. 1—5) müssen zum Zwecke der Berücksichtigung im KVerf. nachgeholt werden. 1

2. Wirkung. Die früheren Anmeldungen sind von Amts wegen in die Tabelle einzutragen und zum Gegenstande der Prüfung zu machen. Die Unterbrechung der Verjährung (§ 209 Nr. 2 BGB.) tritt mit dem Zeitpunkte der KE. ein. 2

§ **230** (206). **Ein Zwangsvergleich kann nur auf den Vorschlag aller Erben geschlossen werden.**

Die Gläubiger, welchen die im § 226 Abs. 2 Nr. 2—5, Abs. 4 bezeichneten Forderungen zustehen, nehmen an dem Zwangsvergleiche nicht Teil, sie sind jedoch vor der Bestätigung zu hören. Macht einer von ihnen glaubhaft, daß der Zwangsvergleich sein berechtigtes Interesse verletzt, so ist auf seinen Antrag der Zwangsvergleich zu verwerfen; gegen die Bestätigung steht ihm die sofortige Beschwerde nach § 189 zu.

1. Haftung des Erben nach Beendigung des Nachlaßkonkurses. 1

a. Haftete der Erbe bereits vor KE. unbeschränkt, so wird durch den Nachlaßkonkurs hieran nichts geändert; § 2013 BGB.

b. Haftete der Erbe vor KE. nur beschränkt, so verbleibt es hierbei auch nach Beendigung des Nachlaßkonkurses, mag diese durch Verteilung der Masse oder durch Zwangsvergleich oder durch Einstellung des KVerf. mangels Masse erfolgen; einer besonderen Inventarerrichtung bedarf es nicht mehr; §§ 1989, 1973, 2000 Satz 3, 2060 Nr. 3, 1990 BGB.

2. Zwangsvergleich im Nachlaßkonkurse. 2

a. Vorschlagsrecht. Nur von der Gesamtheit aller zur Zeit vorhandenen

Erben kann der Zwangsvergleich vorgeschlagen und abgeschlossen werden. Sind Miterben vorhanden und liegt nur bei einem von ihnen ein Umstand vor, der die Unzulässigkeit (§ 175), die Anfechtung (§ 196) oder die Aufhebung (§ 197) des Zwangsvergleichs nach sich zieht, so ist der Zwangsvergleich überhaupt unzulässig. Der nach § 1960 BGB. bestellte Nachlaßpfleger ist Vertreter des Erben und daher zu einem Zwangsvergleichsvorschlag berechtigt. Das gleiche gilt für einen zur Verwaltung des gesamten Nachlasses berufenen Testamentsvollstrecker, da die Abschließung von Vergleichen zur ordnungsmäßigen Verwaltung erforderlich sein kann; § 2206 BGB.; Jaeger A. 11; v. Wilm.-Kurlb. A. 2. (AM. Fitting § 56 A. 51; Pet.-Kleinf. A. 1; v. Sarw.-Boss. A. 1.) Es bleibt aber zu beachten, daß weder der Nachlaßpfleger noch der Testamentsvollstrecker eine Verpflichtung hinsichtlich des eigenen Vermögens des Erben einzugehen vermag, ohne solche Verpflichtung aber ein Akkord kaum vorkommen wird.

3 b. Die Wirkung des Zwangsvergleichs erstreckt sich auf alle nicht bevorrechtigten Forderungen; § 193. Für Forderungen, die bis zum Abschluß des Zwangsvergleichs im Konkurse nicht angemeldet sind, tritt für den Fall, daß der Erbe im allgemeinen nur beschränkt haftet, nach § 1989 BGB. die beschränkte Haftung des § 1973 BGB. ein.

4 Die in Abs. 2 bezeichneten Gläubiger werden durch den Zwangsvergleich überhaupt nicht betroffen. Dies ist die herrschende Meinung. (AM. Fitting § 56 A. 52, der annimmt, diesen Gläubigern sei nur die Teilnahme an der Abstimmung über den Zwangsvergleich versagt.) Ihre Forderungen werden also durch den Zwangsvergleich nicht herabgesetzt. Es kann mithin jeder dieser Gläubiger nach dem Konkurse den unbeschränkt haftenden Erben für die ganze Forderung in Anspruch nehmen. Die Befugnis, auf Grund des § 188 die Verwerfung des Zwangsvergleichs zu beantragen, steht ihnen nicht zu. Es ist ihnen aber vor der Bestätigung Gelegenheit zu geben, sich — schriftlich oder mündlich — über den Zwangsvergleich zu äußern. Jedem von ihnen ist, falls er glaubhaft macht, daß der Zwangsvergleich sein berechtigtes Interesse verletzt, das Recht eingeräumt, die Verwerfung des Vergleichs zu verlangen. Erfolgt seinem Antrage entgegen die Bestätigung, so steht ihm hiergegen die sofortige Beschwerde nach § 189 zu. Ein „berechtigtes Interesse" kann für den Gläubiger dann vorliegen, wenn im Falle der Verteilung der Masse für ihn noch etwas übrig bleiben würde.

§ 231 (206 a). **Die Vorschriften des § 223, des § 224 Nr. 1 und des § 225 Abs. 2, 3 gelten für den Vorerben auch nach dem Eintritte der Nacherbfolge.**

---

1 Hat der Erblasser einen Nacherben eingesetzt, so hört nach § 2139 BGB. mit dem Eintritte des Falles der Nacherbfolge der Vorerbe auf Erbe zu sein. Der § 231 stellt demgegenüber außer Zweifel, daß auch nach dem Eintritte der Nacherbfolge, mag diese vor oder während des KVerf. eingetreten sein, die Vorschriften der §§ 223, 224 Nr. 1, 225 Abs. 2, 3 maßgebend bleiben. Die Geltendmachung der dem Vorerben gegen den Erblasser zustehenden Ansprüche (§ 225 Abs. 1) ist schon deshalb zulässig, weil er mit dem Eintritte der Nacherbfolge nicht mehr Erbe ist. § 225 Abs. 1 brauchte deshalb im § 231 nicht besonders erwähnt zu werden; M. z. Nov. 54.

§ 232 (206 b). **Hat der Erbe die Erbschaft verkauft, so tritt der Käufer in Ansehung des Verfahrens an seine Stelle.**

Der Erbe ist wegen einer Nachlaßverbindlichkeit, die im Verhältnisse zwischen ihm und dem Käufer diesem zur Last fällt, in derselben Weise wie ein Nachlaßgläubiger zu dem Antrag auf Eröffnung des Verfahrens berechtigt. Das gleiche Recht steht ihm auch wegen einer anderen Nachlaßverbindlichkeit zu, es sei denn, daß er unbeschränkt haftet oder daß eine Nachlaßverwaltung angeordnet ist. Die Vorschriften des § 223, des § 224 Nr. 1 und des § 225 gelten für den Erben auch nach dem Verkaufe der Erbschaft.

---

1. Nach BGB. hat der Erbschaftskauf (§§ 2371 ff.) nur obligatorischen, nicht 1
dinglichen Charakter. Der Erbe, der die Erbschaft verkauft, bleibt deshalb Erbe. Der Erbschaftskäufer haftet aber für die Nachlaßverbindlichkeiten gesamtschuldnerisch neben dem Erben und in gleicher Weise beschränkt oder unbeschränkt wie dieser; §§ 2382, 2383 BGB. Zur Vereinfachung des Verhältnisses bestimmt der § 232, daß der Erbschaftskäufer in Ansehung des KVerf. an die Stelle des Erben tritt; Träger der Rolle des GSch. ist also der Erbschaftskäufer. Nur ein von ihm gestellter Eröffnungsantrag kann als Antrag des GSch. in Betracht kommen (§§ 217 Abs. 1; 103 Abs. 2), nur er hat den Zwangsvergleich vorzuschlagen (§§ 230 Abs. 1, 173), nur ihn trifft die in den §§ 1980, 2013 BGB. den Erben auferlegte Verpflichtung, unverzüglich nach Erlangung der Kenntnis der Überschuldung des Nachlasses die Eröffnung des Nachlaßkonkurses zu beantragen.

Ob der Erbschaftskauf schon vor KE. oder erst nach KE. erfolgt ist, ist für die Anwendbarkeit der §§ 232 und 233 ohne Bedeutung.

2. Ist der Erbe zugleich Nachlaßgläubiger, so kann er schon als solcher auch 2
den Eröffnungsantrag stellen. Ein Antragsrecht wird dem Erben aber nach Abs. 2 auch ohne Rücksicht darauf, ob er Nachlaßgläubiger ist oder nicht, beigelegt. Er kann nämlich wegen einer Nachlaßverbindlichkeit, zu deren Erfüllung nach § 2378 BGB. der Käufer ihm gegenüber verpflichtet ist, in derselben Weise wie ein Nachlaßgläubiger den Antrag auf Eröffnung des Nachlaßkonkurses stellen, ohne Rücksicht darauf, ob er seinerseits den Nachlaßgläubigern beschränkt oder unbeschränkt haftet: dies gilt auch, wenn die Nachlaßgläubiger selbst nach § 219 dem Erbschaftskäufer gegenüber zum Antrage auf Nachlaßkonkurs nicht berechtigt wären; KommBer. 48. Da der Erbe nicht als solcher, sondern vermöge seiner Gleichstellung mit den Nachlaßgläubigern zu dem Antrage berechtigt ist, muß er gemäß §§ 105, 215 die Überschuldung des Nachlasses glaubhaft machen. Aber auch wegen derjenigen Nachlaßverbindlichkeiten, welche nach §§ 2376, 2383 BGB. von dem Erben selbst zu tragen sind, also wegen der Verbindlichkeiten aus Pflichtteilsrechten, Vermächtnissen und Auflagen, ist der Erbe in gleicher Weise wie ein Nachlaßgläubiger zur Stellung des Antrags auf KE. berechtigt, jedoch nur um den Nachlaßgläubigern gegenüber seine Haftung auf den Nachlaß zu beschränken, mithin nicht, wenn der Erbe den Nachlaßgläubigern unbeschränkt haftet oder wenn eine Nachlaßverwaltung angeordnet ist, da sich im letzteren Falle nach § 1975 BGB. die Haftung des Erben ohnehin auf den Nachlaß beschränkt; M. z. Nov. 55.

Entsprechend § 220 kann der Erbe den Antrag auf KE. nicht mehr stellen, wenn seit Annahme der Erbschaft 2 Jahre verstrichen sind.

3. Zur KMasse gehören außer den Nachlaßgegenständen, mögen diese sich 3
im Besitze des Käufers oder des Erben befinden, die Ansprüche der Gläubiger aus der von dem Erben oder von dem Käufer geführten Verwaltung und, wenn der Käufer

für die Nachlaßverbindlichkeiten nur beschränkt haftet, seine Ansprüche aus dem Kauf; § 2383 Abs. 1 Satz 3 BGB.; Jaeger A. 16; v. Wilm.-Kurlb. A. 4.

4 **4.** Die Bestimmung in Abs. 2 Satz 3 entspricht dem § 231. Nur ist mit Rücksicht darauf, daß der Verkäufer Erbe bleibt, hier noch der § 225 ausdrücklich für anwendbar erklärt; M. z. Nov. 55.

5 **5.** Nicht unter § 232 fällt die Verfügung eines Miterben über seinen Anteil an dem noch nicht geteilten Nachlasse (§ 2033 BGB.), da eine solche Veräußerung — im Gegensatz zu dem nur obligatorischen Erbschaftskauf nach §§ 2371 ff. — dingliche Wirkung hat, der Erwerber also in jeder Beziehung in die Rechtsstellung des veräußernden Miterben eintritt. Ebensowenig fällt unter § 232 die Veräußerung einzelner Erschaftsgegenstände, weil der Erwerber damit keine Haftung für die Erbschaftsschulden übernimmt.

§ 233 (206 c). **Die Vorschriften des § 232 finden entsprechende Anwendung, wenn jemand eine durch Vertrag erworbene Erbschaft verkauft oder sich zur Veräußerung einer ihm angefallenen oder anderweit von ihm erworbenen Erbschaft in sonstiger Weise verpflichtet hat.**

---

1 Die Vorschrift entspricht dem § 2385 BGB. In Betracht kommt besonders der Fall, daß der Erbschaftskäufer die Erbschaft an einen Dritten weiter verkauft oder daß der Erbe die Erbschaft verschenkt oder vertauscht. Es gelten dann der neue Käufer bzw. der Beschenkte als GSch., der weiter verkaufende Erbschaftskäufer als Erbe. Der Beschenkte hat im Verhältnis zum Schenker alle Nachlaßverbindlichkeiten zu tragen; §§ 2385, 2378 BGB.; Jaeger A. 18.

§ 234 (206 d). **In dem Konkursverfahren über das Vermögen des Erben finden, wenn auch über den Nachlaß das Konkursverfahren eröffnet, oder wenn eine Nachlaßverwaltung angeordnet ist, auf Nachlaßgläubiger, denen gegenüber der Erbe unbeschränkt haftet, die Vorschriften der §§ 64, 96, 153, 155, 156, des § 168 Nr. 3 und des § 169 entsprechende Anwendung.**

Das gleiche gilt, wenn eine Ehefrau die Erbin ist und der Nachlaß zum Gesamtgute gehört, auch in dem Konkursverfahren über das Vermögen des Ehemanns.

---

1 **1.** Wenn über das gesamte, den Nachlaß mit einschließende Vermögen des Erben Konkurs eröffnet ist, so folgt das KVerf. den gewöhnlichen Regeln. Zur Teilnahme am KVerf. sind also neben den eigenen Gläubigern des Erben auch die Nachlaßgläubiger berechtigt. Diese können insbesondere auch die auf Pflichtteilsrechten, Vermächtnissen und Auflagen beruhenden Verbindlichkeiten geltend machen und zwar als vollberechtigte KForderungen; Jaeger A. 3; a. M. Pet.-Kleinf. §§ 214 ff. A. 14. Ist aber neben dem Konkurse über das Vermögen des Erben, sei es vorher oder nachher, auch über den Nachlaß Konkurs eröffnet oder eine Nachlaßverwaltung angeordnet, so ist, auch wenn der Erbe die Erbschaft veräußert hat, eine rechtliche Sonderung zwischen dem Nachlasse und dem Vermögen des Erben eingetreten; §§ 1975 ff. BGB. Infolgedessen sind die Gläubiger des Erben von der Teilnahme am Nachlaßkonkurse ausgeschlossen, während die Nachlaßgläubiger, sofern ihnen der Erbe unbeschränkt haftet, ihre Forderungen sowohl in dem Nachlaß-

konkurse als auch in dem Konkurse über das Vermögen des Erben geltend machen könnten. Um dieser unbilligen Bevorzugung der Nachlaßgläubiger vor den Gläubigern des Erben vorzubeugen, schreibt § 234 vor, daß im Erbenkonkurse Nachlaßgläubiger wie Absonderungsberechtigte zu behandeln sind. Die Nachlaßgläubiger können hiernach ihre Forderungen zwar — natürlich unter der Voraussetzung, daß ihnen der Erbe überhaupt haftet, — bei beiden KM. geltend machen, aus der Masse des Erbenkonkurses aber nur für den Betrag verhältnismäßige Befriedigung verlangen, zu welchem sie auf abgesonderte Befriedigung aus Nachlaßmitteln verzichtet haben oder im Nachlaßkonkurse ausgefallen sind; § 64. Über das Stimmrecht im Erbenkonkurse entscheidet auf den Widerspruch eines KGl. oder des Verwalters das KG.; § 96. Zur Berücksichtigung bei einer Abschlagsverteilung im Erbenkonkurse genügt es, wenn der Nachlaßgläubiger den Betrag des mutmaßlichen Ausfalls im Nachlaßkonkurse glaubhaft macht; § 153 Abs. 2. Die Dividende wird zurückbehalten (§ 168 Nr. 3), bis der wirkliche Ausfall oder der Verzicht nachgewiesen wird; §§ 153 Abs. 1, 155. Bei der Schlußverteilung im Erbenkonkurse werden die zurückbehaltenen Beträge zugunsten der übrigen KGl. frei, wenn bis dahin der Beweis des Verzichts oder Ausfalls nicht erbracht ist; § 156. Die bei dem Vollzuge der Schlußverteilung noch nicht erhobenen Beträge werden vom KV. im Erbenkonkurse hinterlegt; § 169.

2. Ist eine *Ehefrau* die Erbin, so finden in dem über *ihr* Vermögen er- 2
öffneten Konkurse die Vorschriften des Abs. 1 Anwendung ohne Rücksicht darauf, in welchem Güterstande die Ehegatten leben.

3. *Leben die Ehegatten in Gütergemeinschaft* und gehört der Nachlaß 3
zum Gesamtgute, so finden, sofern die *Ehefrau* die Erbin ist, auch in dem KVerf. über das Vermögen des *Ehemannes* die Vorschriften des Abs. 1 Anwendung. Dies hat seinen Grund darin, daß in einem solchen Falle auch der *Ehemann* nach §§ 1459, 1461 BGB. persönlich für die Nachlaßverbindlichkeiten haftet. Es können die Nachlaßgläubiger also in einem solchen Falle ihre Forderung sowohl in dem Konkurse über das Vermögen des Ehemannes als auch in dem Nachlaßkonkurse bzw. in dem Nachlaßverwaltungsverfahren geltend machen, jedoch unter entsprechender Anwendung des Abs. 1 des § 234; M. z. Nov. 56.

§ 235 (206 e). **Über einen Erbteil findet ein Konkursverfahren nicht statt.**

Miterben haften für die gemeinschaftlichen Nachlaßverbindlichkeiten als Gesamt- 1
schuldner; §§ 2058, 424 ff. BGB. Die Eröffnung des KVerf. über den *ganzen* Nachlaß ist auch nach der Teilung zulässig; § 216 Abs. 2 KO. Hiernach ist ein selbständiges KVerf. über einen einzelnen Erbteil unbedingt ausgeschlossen. Der Nachlaßkonkurs kann nur über den ganzen Nachlaß, also nur bei Überschuldung des ganzen Nachlasses, nicht schon bei Überschuldung eines einzelnen Erbteils eröffnet werden; *Jaeger* A. 3, 4.

§ 236 (206 f). **Die Vorschriften der §§ 214—234 finden im Falle der fortgesetzten Gütergemeinschaft auf das Konkursverfahren über das Gesamtgut entsprechende Anwendung. Konkursgläubiger sind nur die Gesamtgutsgläubiger, deren Forderungen schon zur Zeit des Eintritts der fortgesetzten Gütergemeinschaft bestanden. Zu dem Antrag auf Eröffnung des Verfahrens ist ein Gläubiger nicht berechtigt, dem gegen-**

über der überlebende Ehegatte zu dieser Zeit persönlich haftete. Die anteilsberechtigten Abkömmlinge sind zu dem Antrage nicht berechtigt; das Gericht hat sie, soweit tunlich, zu hören.

---

1 1. Solange zwischen Ehegatten Gütergemeinschaft besteht, ist ein besonderer Konkurs über das Gesamtgut nicht möglich. Vgl. § 2 KO. Anders bei Fortsetzung der Gütergemeinschaft nach dem Tode eines Ehegatten. Wenn bei der allgemeinen Gütergemeinschaft oder der Fahrnisgemeinschaft nach dem Tode des einen Ehegatten zwischen dem überlebenden und den gemeinschaftlichen Abkömmlingen die Gütergemeinschaft fortgesetzt wird (§§ 1483, 1508, 1509, 1557), so haftet für die Gesamtgutsverbindlichkeiten der fortgesetzten Gütergemeinschaft (Begriff: § 1488 BGB.) außer dem Gesamtgut auch der überlebende Ehegatte persönlich; § 1489 Abs. 1 BGB. Soweit aber die persönliche Haftung den überlebenden Ehegatten nur infolge des Eintritts der fortgesetzten Gütergemeinschaft, also nicht schon auf Grund anderer Bestimmungen (§ 1459 Abs. 2 BGB.) trifft, finden die für die Haftung des Erben für die Nachlaßverbindlichkeiten geltenden Vorschriften mit der Maßgabe entsprechende Anwendung, daß an die Stelle des Nachlasses das Gesamtgut in dem Bestande tritt, den es zur Zeit des Eintritts der fortgesetzten Gütergemeinschaft hat; § 1489 Abs. 2. Daraus in Verbindung mit den §§ 1975 ff. BGB. ergibt sich, daß wie über einen Nachlaß auch über das Gesamtgut der bisherigen ehelichen Gemeinschaft ein selbständiges Konkursverfahren eröffnet werden kann; M. z. KNov. S. 57. Die für den Nachlaßkonkurs geltenden Vorschriften der §§ 214—234 finden im Falle der fortgesetzten Gütergemeinschaft auf das KVerf. über das Gesamtgut entsprechende Anwendung; § 236 Satz 1. Entsprechend dem Nachlaßkonkurse gewährt auch der Gesamtgutskonkurs durch die Trennung des Gesamtgutes von dem sonstigen Vermögen des überlebenden Ehegatten bei Überschuldung des Gesamtgutes einen doppelten Schutz: nämlich erstens dem überlebenden Ehegatten gegenüber den Gesamtgutsgläubigern, denen er zur Zeit des Eintrittes der fortgesetzten Gütergemeinschaft nicht persönlich haftete, und zweitens den genannten Gesamtgutsgläubigern gegenüber den übrigen Gläubigern des Ehegatten.

2 2. Von dem Konkurse über das Gesamtgut der fortgesetzten Gütergemeinschaft sind zu unterscheiden:

a. Der Konkurs über den Nachlaß des verstorbenen Ehegatten, welcher in Gütergemeinschaft lebte. Dieser Konkurs ist ein gewöhnlicher Nachlaßkonkurs, zu dessen Masse das Gesamtgut im Falle der Fortsetzung der Gütergemeinschaft nicht gehört; § 1483 Abs. 1 Satz 2 BGB.

b. Der Konkurs über das gesamte Vermögen des überlebenden Ehegatten, welcher in Gütergemeinschaft lebte. Dieser Konkurs steht dem Konkurs über das gesamte Vermögen des Erben, also nicht dem Nachlaßkonkurse gleich. Das Gesamtgut gehört hier im Falle der Fortsetzung der Gütergemeinschaft zur KM.; § 2 Abs. 3 KO. Neben einem solchen Konkurs kann ein Gesamtgutskonkurs bestehen; alsdann finden die Bestimmungen des § 234 KO. Anwendung.

c. Der Konkurs über das Vermögen eines gemeinschaftlichen Abkömmlings, mit dem der überlebende Ehegatte die Gütergemeinschaft fortsetzt. Dieser Konkurs ist ein gewöhnlicher Konkurs, zu dessen Masse das Gesamtgut nach § 2 Abs. 3 KO. nicht gehört. Vgl. Jaeger A. 7.

3 3. Ungewißheit darüber, ob es überhaupt zur Fortsetzung der Gütergemeinschaft kommen wird, insbesondere der Umstand, daß der überlebende Ehegatte die Fortsetzung

der GG. ablehnen kann (§ 1484 BGB.), steht der Eröffnung des Konkurses über das Gesamtgut der GG. nicht entgegen. Wird demnächst die Fortsetzung der GG. abgelehnt, so ist das eröffnete KVerf. einzustellen; Jaeger A. 13; v. Wilm.-Kurlb. A. 3.

4. Gemeinschuldner des Gesamtgutkonkurses ist während der Dauer der 4
fortgesetzten Gütergemeinschaft ausschließlich der überlebende Ehegatte; Jaeger A. 15. Wird aber das Gesamtgut geteilt oder die fortgesetzte GG. beendigt oder aufgehoben, so treten die anteilsberechtigten Abkömmlinge neben den überlebenden Ehegatten als GSch.; v. Wilm.-Kurlb. A. 4. Die KE. selbst zieht die Beendigung der fortgesetzten GG. nicht nach sich; Jaeger A. 14; v. Wilm.-Kurlb. A. 4.

5. KMasse ist das Gesamtgut in dem Bestande, den es zur Zeit des Eintritts 5
der fortgesetzten Gütergemeinschaft hat (§ 1489 Abs. 2 BGB.), einschließlich der daraus erwachsenen Früchte und der nach § 1978 Abs. 2 BGB. gegen den überlebenden Ehegatten entstandenen Ersatzansprüche aus der von ihm geführten Gesamtgutsverwaltung. Für den Umfang der KM. ist also — abweichend vom gewöhnlichen Konkurse und vom Nachlaßkonkurse — nicht der Zeitpunkt der KE. maßgebend; Jaeger A. 20, 21.

6. KGläubiger ist nur jeder Gesamtgutsgläubiger, dessen Forderung schon zur 6
Zeit des Eintritts der fortgesetzten Gütergemeinschaft bestand, selbst wenn ihm damals der Ehegatte auch persönlich haftete; § 236 Satz 2. Dies gilt auch für die Vorrechtsforderungen des § 61; vgl. OLG. Hamburg im Recht 07 S. 286. Gesamtgutsgläubiger, deren Forderungen erst nach dem Eintritt der fortgesetzten GG. entstanden sind, sind von der Teilnahme am Konkurse ausgeschlossen.

7. Zum KAntrage berechtigt ist nach § 236 in Verbindung mit § 105 außer 7
dem überlebenden Ehegatten als GSch. nur jeder Gesamtgutsgläubiger, dessen Forderung schon zur Zeit des Eintritts der fortgesetzten Gütergemeinschaft bestand, dem aber zu diesem Zeitpunkte der überlebende Ehegatte nicht persönlich haftete. Gesamtgutsgläubiger, denen der überlebende Ehegatte von vornherein persönlich haftet, sind von dem Antrage auf Eröffnung des Verfahrens ausgeschlossen, da ihre Rechtslage bei dem Eintritte der fortgesetzten Gütergemeinschaft unverändert bleibt. Die anteilsberechtigten Abkömmlinge sind zum Antrage auf KE. nicht befugt; § 236 Satz 4. Es entspricht dies der Stellung, welche die Abkömmlinge nach dem BGB. einnehmen, insbesondere dem Ausschlusse jeder persönlichen Haftung für die Gesamtgutsverbindlichkeiten (§§ 1487, 1489). M. z. KNov. 57. Beantragt der überlebende Ehegatte nach erlangter Kenntnis von der Überschuldung des Gesamtguts nicht unverzüglich die Eröffnung des Konkurses, so ist er den Gläubigern für den daraus entstehenden Schaden verantwortlich; § 1980 BGB.; Jaeger A. 12.

8. Als KGericht ist das Amtsgericht ausschließlich zuständig, bei welchem der 8
verstorbene Ehegatte zur Zeit seines Todes den allgemeinen Gerichtsstand gehabt hat; § 214. KGrund ist nur die Überschuldung des Gesamtgutes zur Zeit der KE.; § 215. Ein Zwangsvergleich kann auf Vorschlag des überlebenden Ehegatten als des GSch. geschlossen werden; § 173. Minderberechtigte KForderungen sind von der Teilnahme am KVerf. ausgeschlossen; § 230 Abs. 2. Der rechtskräftig bestätigte Zwangsvergleich ist nur für und gegen solche Gesamtgutsgläubiger, welche als KGl. gelten (A. 6), wirksam; § 193.

§ 237 (207). III. Besitzt ein Schuldner, über dessen Vermögen im Auslande ein Konkursverfahren eröffnet worden ist, Vermögensgegen-

stände im Inlande, so ist die Zwangsvollstreckung in das inländische Vermögen zulässig.

Ausnahmen von dieser Bestimmung können unter Zustimmung des Bundesrats durch Anordnung des Reichskanzlers getroffen werden.

---

1 **1.** Ob sich die Wirksamkeit des Konkurses auf das Gebiet des Staates beschränkt, in welchem er eröffnet worden ist (Territorialitätsprinzip), oder ob die im Lande des KG. geltenden Rechtsfolgen auch im Auslande maßgebend sind (Universalitätsprinzip), ist streitig. Die Natur des Konkurses als eines prozeßrechtlichen Verfahrens weist darauf hin, daß das Territorialitätsprinzip (§§ 237, 238) als die Regel, das Universalitätsprinzip (§§ 5, 50, 56) als die Ausnahme anzusehen ist. So auch die neuste Auffassung des Reichsgerichts: RG. 52 S. 156; 54 S. 193; ebenso RG. 14 S. 406; Jaeger A. 1; v. Wilm.-Kurlb. S. 14 und § 237 A. 1, 2. (AM. M. 456; RG. 14 S. 424; 16 S. 61; Beil. z. Reichsanz. 99 S. 99; Pet.-Kleinf. A. 1; v. Sarw.-Boss. A. 1; Wolff A. 1; Fitting § 57 A. 9.)

Die Anerkennung des Territorialitätsprinzipes hat in der Judikatur z. B. zu folgenden Resultaten geführt: durch die Anmeldung einer Forderung im ausländischen Konkurse wird die Erhebung der Klage gegen den Schuldner vor einem inländischen Gericht nicht gehindert; OLG. Hamburg in HansGZ. 07 S. 136. Ein im Inlande für oder gegen den GSch. anhängiger Prozeß wird durch die im Auslande erfolgte KE. nicht unterbrochen; RG. JW. 03 S. 182. Trotz eines im Auslande geschlossenen Zwangsvergleichs gilt die Forderung nicht als voll befriedigt; RG. 52 S. 155; 21 S. 9.

2 **2.** Wenn nur im Auslande Konkurs eröffnet ist, so ist der Verwalter des ausländischen Konkurses zwar befugt, inländische Vermögensstücke zu der dortigen KM. zu ziehen. Solange sich aber Vermögensstücke im Inlande befinden, ist in diese nach § 237 Einzelvollstreckung zulässig. § 237 enthält also eine Abweichung von dem nur für den inländischen Konkurs geltenden § 14; RG. 54 S. 194; er gilt ohne Unterschied, ob der bezeichnete Schuldner oder der Gläubiger Inländer oder Ausländer ist (RG. 6 S. 405), aber nur für das inländische Vermögen. Zu diesem gehören Sachenrechte, wenn die Sache sich im Inlande befindet, Forderungen, wenn der Schuldner im Inlande wohnt, Forderungen aus Inhaber- oder Orderpapieren, wenn sich das Papier im Inlande befindet; vgl. Jaeger A. 5. Die deutschen Schutzgebiete gehören zum Auslande. Auf Vermögensstücke, die erst im Laufe des KVerf. von der ausländischen KVerwaltung erworben werden, findet § 237 keine Anwendung; RG. 14 S. 424.

3 **3.** Da die Zwangsvollstreckung zulässig ist, so muß auch alles zulässig sein, was zur Ermöglichung oder zur Sicherung der Zwangsvollstreckung dient: Klage, Mahnverfahren und Vollstreckungsanträge; RG. 6 S. 400; 14 S. 405, 412, 424; 16 S. 337. Diese Rechtsbehelfe sind nicht gegen den KV., sondern gegen den Schuldner selbst zu richten, da durch § 237 die inländischen Vermögensstücke von der ausländischen KM. ausgeschlossen sind; RG. 9 S. 401; 14 S. 405, 412; OLG. Hamburg in OLG. 6 S. 240; Jaeger A. 4; v. Wilm.-Kurlb. A. 3; a. M. Fitting § 57 A. 11. Ist GSch. aber eine ausländische Gesellschaft, die nach der KE. durch den KV. und nur durch diesen vertreten wird, so kann allerdings das Verfahren des § 237 nur gegen diesen gerichtet werden; RG. 14 S. 418.

Sofern ein Schuldner, über dessen Vermögen im Auslande Konkurs eröffnet worden, im Inlande wohnt, kann er im Inlande selbst dann verklagt werden, wenn er im Inlande kein pfändbares Vermögen besitzt; OLG. Hamburg in OLG. 6 S. 240.

4. Ausnahmen von Abs. 1 können auch durch Staatsverträge des Deutschen 4 Reichs bestimmt werden. Solche bestehen zurzeit nicht. Die Gültigkeit der älteren Verträge der einzelnen Bundesstaaten ist anerkannt; RG. 24 S. 12. Als solche kommen in Betracht:

a. Das Übereinkommen zwischen Preußen und Österreich v. 12. Mai / 16. Juni 1844 (Preuß. GS. 1844 S. 165).

b. Die Konvention v. 6. Januar 1854 zwischen Sachsen und Österreich (RG. 24 S. 12).

c. Der Staatsvertrag zwischen Württemberg und mehreren Schweizer Kantonen v. 13. Mai 1826 und Bekanntm. v. 9./23 Dez. 1859 (Württ. Reg. Bl. 1826 S. 250, 1860 S. 3).

d. Der Vertrag des Deutschen Reichs mit Österreich-Ungarn v. 25. Feb. 1880 betr. Beglaubigung von Urkunden (RGBl. 1881 S. 3).

e. Die Konvention des Deutschen Reichs mit Rußland v. 31 Okt. (12. Nov.) 1874 über Regulierung von Hinterlassenschaften (RGBl. 1875 S. 136; ZfDZP. 3 S. 168).

f. Preuß. Abkommen mit Rußland wegen des unmittelbaren Geschäftsverkehrs zwischen den Justizbehörden der Preuß. Grenzprovinzen und des Gerichtsbezirks Warschau v. 4. Febr. 1879 (GS. S. 138) und 17. (29.) Aug. 1884 (GS. S. 72), zusätzliche Erklärung v. 16. (28) Jan. 1893 (GS. S. 83); Vfg. v. 30. Mai u. 16. Dez. 1879 (JMBl. S. 128, 474); MinVfg. v. 9. Febr. 1883 (JMBl. 32, 46, 50). Durch künftige Verträge der einzelnen Bundesstaaten können Ausnahmen von Abs. 1 nicht mehr bestimmt werden. Art. 4 Nr. 13, Art. 11 Abs. 3 der Reichsverfassung; Jaeger A. 6. Anordnungen des Reichskanzlers im Sinne des Abs. 2 sind bisher nicht getroffen.

§ 238 (208). Das Konkursverfahren umfaßt nur das im Inlande befindliche Vermögen, wenn der Schuldner im Deutschen Reiche eine gewerbliche Niederlassung, aber keinen allgemeinen Gerichtsstand hat.

Hat ein Schuldner im Deutschen Reiche weder eine gewerbliche Niederlassung noch einen allgemeinen Gerichtsstand, so findet ein Konkursverfahren über das im Inlande befindliche Vermögen des Schuldners statt, wenn er im Inlande ein mit Wohn- und Wirtschaftsgebäuden versehenes Gut als Eigentümer, Nutznießer oder Pächter bewirtschaftet. Für das Verfahren ist das Amtsgericht ausschließlich zuständig, in dessen Bezirke das Gut sich befindet.

Ist im Auslande ein Konkursverfahren eröffnet, so bedarf es nicht des Nachweises der Zahlungsunfähigkeit zur Eröffnung des inländischen Verfahrens.

---

1. Wenn ein Schuldner (Ausländer oder Inländer) im Deutschen Reiche einen 1 allgemeinen Gerichtsstand hat (§§ 13—19 ZPO.), so gehört zur Masse des im Inlande über sein Vermögen eröffneten Konkurses sein gesamtes Vermögen, auch das im Auslande befindliche. Der KV. ist also berechtigt auch die im Auslande befindlichen Vermögensstücke des Schuldners in Besitz zu nehmen und über sie zu verfügen, selbst dann, wenn auch im Auslande ein KVerf. gegen den Schuldner eröffnet ist. Meist wird die Ausführung dieser Maßregel allerdings durch die Bestimmungen des auswärtigen Rechts vereitelt werden; Pet.-Kleinf. § 1 A. I;

Fitting § 57 A. 2. Ist über das Vermögen desselben Schuldners sowohl im Auslande wie im Inlande Konkurs eröffnet, so ist jedes Verfahren unabhängig von dem anderen. Die deutschen Schutzgebiete gehören zum Auslande.

2 **2.** Wenn ein Schuldner (Ausländer oder Inländer) im Deutschen Reiche keinen allgemeinen Gerichtsstand hat, so kann gegen ihn im Inlande ein KVerf. nur dann eröffnet werden, wenn er im Deutschen Reiche eine gewerbliche Niederlassung hat oder in Ermangelung einer solchen ein mit Wohn- und Wirtschaftsgebäuden versehenes Gut als Eigentümer, Nutznießer oder Pächter bewirtschaftet. Wegen der gewerblichen Niederlassung siehe § 71. Bewirtschaftung eines Guts im Sinne des Abs. 2 liegt vor, wenn der Schuldner ein zum Betriebe von Ackerbau, Viehzucht oder von ländlichen Gewerben dienendes, mit Wohn- und Wirtschaftsgebäuden versehenes Ackergut persönlich oder durch einen Vertreter als Eigentümer, Nutznießer oder Pächter (Unterpächter) bewirtschaftet; v. Wilm.-Kurlb. A. 4.

3 **3.** Ausschließlich zuständig ist im Falle des Abs. 1 (auch wenn der Schuldner im Deutschen Reiche eine Niederlassung oder ein Gut hat) das Amtsgericht, in dessen Bezirke sich die Niederlassung befindet (§ 71 Abs. 1), im Falle des Abs. 2 das Amtsgericht, in dessen Bezirke das Gut liegt. In beiden Fällen gehört zur KM. nur das im Inlande befindliche Vermögen des Schuldners, dieses aber ohne Ausnahme, also nicht etwa nur das Niederlassungs- oder Gutsvermögen; das KVerf. ist auch nicht nur auf die Forderungen aus dem Geschäftsbetriebe der Niederlassung oder der Bewirtschaftung des Guts beschränkt, sondern umfaßt alle Forderungen inländischer und ausländischer Gläubiger; RG. JW. 87 S. 475.

4 **4.** Sollte bereits im Auslande ein KVerf. eröffnet sein, so ersetzt diese KE. für die Eröffnung des inländischen KVerf. den Nachweis der Zahlungsunfähigkeit, nicht aber den Nachweis der Zahlungseinstellung oder der Überschuldung; RG. 21 S. 21. Jedes der beiden KVerf. ist von dem andern unabhängig.

Drittes Buch.

Strafbestimmungen.

Vorbemerkungen.

1. Durch die an die Stelle der §§ 281—283 StGB. getretenen §§ 239—244 **1**
KO. werden die den Konkurs betreffenden Strafvorschriften erschöpfend geregelt. Die rücksichtlich des Konkurses in den Landesgesetzen enthaltenen Strafvorschriften sind aufgehoben; § 4 Abs. 2 EG. z. KO. Die §§ 239—244 beziehen sich auch auf Nichtkaufleute.

2. Die im allgemeinen Teile des StGB. enthaltenen Vorschriften (§§ 1—79 **2**
StGB.) finden auch auf die in den §§ 239—244 enthaltenen Strafbestimmungen Anwendung; RGSt. 2 S. 440; 3 S. 351; 4 S. 1; 5 S. 276, 435; RGRspr. 3 S. 49, 153; 7 S. 193. Ein strafbarer Versuch (§ 43 StGB.) des betrüglichen Bankerutts (§ 239) kann vorliegen, wenn der Schuldner mit der Ausführung einer der Bankerutthandlungen der Ziffern 1—4 des § 239 mit der Absicht, die Gläubiger zu benachteiligen, angefangen hat, auch wenn eine Zahlungseinstellung noch nicht stattfand; RGSt. 13 S. 41; 34 S. 380. Die Anwendbarkeit der Grundsätze über Teilnahme, Anstiftung, Beihilfe (§§ 48, 49 StGB.) in den Fällen der §§ 239—244 ist anerkannt: RGSt. 9 S. 430; 16 S. 277; 21 S. 291; 31 S. 407; JW. 93 S. 113. Auch die Möglichkeit der Teilnahme eines Dritten am betrüglichen Bankerutt (§ 239) ist durch die Konstruierung einer selbständigen Straftat eines Dritten (§ 242) nicht ausgeschlossen, da in § 242 eine, wenngleich im Interesse des Schuldners, doch als eigene verübte Tat vorausgesetzt wird; RGSt. 9 S. 430; v. Wilm.-Kurlb. § 239 A. 10. (AM. Jaeger A. 42.)

3. Zusammentreffen. Mehrere Bankerutthandlungen des Schuldners (§§ 239, **3**
240), für die nur eine einzige Zahlungseinstellung oder KE. in Betracht kommt, bilden ein einziges Delikt, das, wenn die mehreren Bankerutthandlungen teils betrügerische (§ 239), teils einfache (§ 240) sind, nach § 239 als der schwereren Norm zu bestrafen ist; RGSt. 6 S. 97; 11 S. 252; 21 S. 387. Sollte aber eine Bestrafung wegen einfachen Bankerutts erfolgt sein, so ist eine nachträgliche Bestrafung wegen betrüglichen Bankerutts ausgeschlossen, auch wenn ein solcher sich nachträglich herausstellt oder gar erst nachher vorgenommen wird; RGSt. 29 S. 344.

Handelt es sich um mehrere Zahlungseinstellungen oder KE., so ist Realkonkurrenz möglich. Ist z. B. der GSch. als persönlich haftendes Mitglied einer Handelsgesellschaft wegen Bankerutts bestraft, so kann er, nachdem er auch persönlich in Konkurs geraten ist, nochmals wegen Bankerutts verfolgt werden; RGSt. 2 S. 198; 6 S. 94; 8 S. 43; 11 S. 5; RGRspr. 2 S. 340, 437; 4 S. 260; 5 S. 52; Jaeger § 239 A. 45; Pet.=Kleinf. § 239 A. 8; v. Wilm.=Kurlb. § 239 A. 5.

Beim Zusammentreffen von Bankerutthandlungen und Begünstigungshandlungen (§ 241) liegt nur eine strafbare Handlung vor. Ebendasselbe ist anzunehmen, wenn mit Bezug auf dieselbe Zahlungseinstellung oder KE. Bankerutt= oder Begünstigungshandlungen mit Überschreitungen der Vorschriften der §§ 10 und 11 des Depotgesetzes v. 5. Juli 96 zusammentreffen, da auch zum Tatbestande dieser Vorschriften die Zahlungseinstellung oder KE. gehört; v. Wilm.=Kurlb. § 239 A. 5; RGSt. 34 S. 238; a. M. Jaeger A. 48.

Soll bei derselben Zahlungseinstellung oder KE. die Bestrafung wegen eines anderen als der im Eröffnungsbeschlusse bezeichneten Bankerutthandlung des § 239 oder § 240 erfolgen, so ist dies — unter Berücksichtigung des § 264 StPO. in demselben Verfahren zulässig; RGSt. 21 S. 387; 11 S. 251.

4 **4.** Eine Bestrafung nach §§ 239 ff. wird nicht dadurch ausgeschlossen, daß das KVerf. inzwischen nach § 204 KO. eingestellt worden ist; JW. 89 S. 476.

§ 239 (209). **Schuldner, welche ihre Zahlungen eingestellt haben, oder über deren Vermögen das Konkursverfahren eröffnet worden ist, werden wegen betrüglichen Bankerutts mit Zuchthaus bestraft, wenn sie in der Absicht, ihre Gläubiger zu benachteiligen,**

1. **Vermögensstücke verheimlicht oder beiseite geschafft haben,**
2. **Schulden oder Rechtsgeschäfte anerkannt oder aufgestellt haben, welche ganz oder teilweise erdichtet sind,**
3. **Handelsbücher zu führen unterlassen haben, deren Führung ihnen gesetzlich oblag, oder**
4. **ihre Handelsbücher vernichtet oder verheimlicht oder so geführt oder verändert haben, daß dieselben keine Übersicht des Vermögenszustandes gewähren.**

Sind mildernde Umstände vorhanden, so tritt Gefängnisstrafe nicht unter drei Monaten ein.

---

1 **I.** Allgemeines zu §§ 239, 240.

1. Schuldner. Die Bestimmungen über Bankerutt finden Anwendung auf alle Schuldner, Kaufleute und Nichtkaufleute. Tatsächlich beschränkt sich die Anwendbarkeit in den Fällen der Nr. 3 und 4 auf Kaufleute, weil nur bei diesen von der Führung von Handelsbüchern die Rede sein kann. Im Nachlaßkonkurse (§ 214) ist der Erbe Schuldner. Bei einer offenen Handelsgesellschaft können sämtliche Gesellschafter, bei der Kommanditgesellschaft und der Kommanditgesellschaft auf Aktien sämtliche persönlich haftenden Gesellschafter Subjekte des Bankerutts sein.

2 **2.** Zahlungseinstellung oder KE. ist bei dem Bankerutt ein Teil der strafbaren Handlung, nicht bloß Bedingung der Strafbarkeit; RGRspr. 9 S. 445. Verschuldet braucht die Zahlungseinstellung oder KE. nicht zu sein. Vollendet ist das Delikt sowohl des betrüglichen (§ 239) wie des einfachen Bankerutts (§ 240), wenn die beiden Tatbestandsmerkmale der Delikte, nämlich die unter Nr. 1—4 aufgeführten Bankerutthandlungen einerseits und die Zahlungseinstellung oder KE. andererseits (RGSt. 3 S. 350; 5 S. 416; 7 S. 394; 9 S. 155; 11 S. 386; 13 S. 41; 16 S. 189; 27 S. 316), zusammentreffen. Einen ursächlichen Zusammenhang zwischen beiden

Elementen der Tatbestandsmerkmale verlangt das Gesetz nicht. Es ist deshalb auch unerheblich, ob die Bankerutthandlungen vor oder nach der Zahlungseinstellung oder KE. vorgenommen sind; RGSt. 2 S. 340; 14 S. 222; RGRspr. 2 S. 277; 8 S. 363. Es genügt das zeitliche Zusammentreffen. Erst mit diesem Zeitpunkt, also mit der Verwirklichung des letzten Tatbestandsmerkmals, beginnt die Verjährung; RGSt. 3 S. 350; 7 S. 392; 16 S. 190; 29 S. 344; v. Wilm.-Kurlb. A. 4, 7. (A. M. Jaeger A. 51. Danach beginnt die Verjährung mit der Zahlungseinstellung oder KE.)

3. Tatort ist nach der herrschenden Ansicht der Ort, an welchem eines der 3
beiden Tatbestandsmerkmale erfüllt worden ist. Der Gerichtsstand ist also im Inlande begründet, wenn hier nur der Konkurs eröffnet oder nur eine Bankerutthandlung erfolgt ist; RGSt. 16 S. 188; RGRspr. 9 S. 445; Pet.-Kleinf. A. 5; v. Wilm.-Kurlb. A. 6. (A. M. Jaeger A. 41: nur der Ort der Zahlungseinstellung oder KE.; v. Liszt, Lehrbuch S. 463: nur der Ort der Bankerutthandlung.)

4. Für den Tatbestand des Bankerutts ist Zahlungseinstellung oder KE. er- 4
forderlich. Die Zahlungseinstellung muß eine wirkliche sein, also auf Zahlungsunfähigkeit (§ 102) beruhen; v. Wilm.-Kurlb. A. 9. A. M. Jaeger A. 13; Pet.-Kleinf. A. 4, 17. Dagegen ist eine Zahlungsunfähigkeit ohne Zahlungseinstellung nicht genügend; M. 460. Darüber, ob Zahlungseinstellung vorliegt und welcher Zeitpunkt dafür anzunehmen ist, hat der Strafrichter selbständig zu urteilen, ohne an die Entscheidung des Zivilrichters gebunden zu sein; § 261 StPO; RGSt. 24 S. 261. Dagegen ist bei der KE. allein entscheidend, daß sie durch den Zivilrichter rechtskräftig beschlossen ist. Die Nachprüfung des Strafrichters, ob der Eröffnungsbeschluß mit Recht ergangen ist, erscheint unzulässig; RGSt. 26 S. 37. Als ein Schuldner, über dessen Vermögen der Konkurs eröffnet worden ist, ist nur der im Eröffnungsbeschluß genannte, nicht aber der tatsächliche Inhaber eines zum Schein unter dem Namen einer anderen Person betriebenen Geschäfts anzusehen. Doch kann in einem solchen Falle der tatsächliche Geschäftsinhaber bestraft werden, wenn festgestellt wird, daß er selbst seine Zahlungen eingestellt hat; RGSt. 29 S. 103; 25 S. 121; 26 S. 187. Leben Eheleute in Gütergemeinschaft, so sind sie beide als Schuldner anzusehen; RGSt. 6 S. 161. Ein Gesellschafter wird nicht dadurch straflos, daß er vor der KE. aus der offenen Handelsgesellschaft ausscheidet; RGSt. 35 S. 83.

Über den Begriff der Zahlungseinstellung vgl. § 30 A. 2 bis 5.

II. Zu § 239.

1. Der dolus besteht in der Absicht des Täters, seine Gläubiger zu benach- 5
teiligen d. h. ihre Befriedigung durch die Handlungen unter Nr. 1 bis 4 zu vereiteln oder zu erschweren; Jaeger A. 24. Der auf die Gläubigerbenachteiligung gerichtete Wille muß dem Schuldner nachgewiesen werden; RGSt. 24 S. 7, 255. Hierzu genügt nicht der Beweis, daß der Schuldner bei Vornahme der Bankerutthandlungen bereits überschuldet gewesen ist und seine Überschuldung gekannt hat (RG. JW. 87 S. 208; 93 S. 352, 385), auch nicht, daß er sich bewußt gewesen ist, die Handlung könne eine Benachteiligung seiner Gläubiger zur Folge haben (RGSt. 33 S. 124; Gruch. 31 S. 1125; JW. 97 S. 209; a. M. RGSt. 11 S. 173), es bedarf vielmehr des Nachweises, daß der Schuldner bei Vornahme der Handlung gewußt hat, daß diese eine Benachteiligung seiner Gläubiger nach sich ziehen müsse; RG. JW. 87 S. 15; 88 S. 70; 94 S. 547; 95 S. 127; Gruch. 33 S. 127. Die Benachteiligungsabsicht braucht nicht gegen alle Gläubiger gerichtet zu sein. Darauf, ob die beabsichtigte Benachteiligung tatsächlich erreicht worden ist, kommt es nicht an.

2. Zu Nr. 1. Verheimlichen oder Beiseiteschaffen umfaßt alle Handlungen, 6

welche — bewußterweise — die Sache der Wahrnehmbarkeit oder Erreichbarkeit für die Gläubiger entziehen. Einer Heimlichkeit der Handlung oder einer räumlichen Veränderung der Sache bedarf es nicht notwendig. Deshalb können auch Grundstücke verheimlicht oder beiseite geschafft werden, z. B. durch simulierten Vertrag; RGSt. 2 S. 118. Ob das Beiseiteschaffen der Zahlungseinstellung oder der KE. vorausgeht oder nachfolgt, ist unerheblich; RGSt. 3 S. 250. Dagegen ist § 239 nicht anwendbar, wenn die verheimlichten oder beiseite geschafften Vermögensstücke von dem Schuldner erst nach KE. erworben worden sind; JW. 95 S. 431.

7 Ist bei einer Handelsgesellschaft nur über das Gesellschaftsvermögen Konkurs eröffnet, so fällt das Beiseiteschaffen von Privatvermögensstücken einzelner Teilhaber nicht unter § 239; RG. GoltdArch. 37 S. 314; ebensowenig das Beiseiteschaffen solcher Gegenstände, die nach § 1 KO., § 811 ZPO. nicht zur KM. zu ziehen sind. So die herrschende Ansicht; a. M. Jaeger A. 30. Erfolgt das Beiseiteschaffen von Vermögensstücken dadurch, daß der Schuldner einem Gläubiger in der Absicht, ihn vor den übrigen Gläubigern zu begünstigen, diese Vermögensstücke zuwendet, so ist nicht § 239, sondern die Spezialbestimmung des § 241 anzuwenden; RGSt. 6 S. 95; RGRspr. 5 S. 518; v. Wilm.-Kurlb. A. 12; Jaeger A. 29.

Die schwurgerichtliche Frage kann alternativ auf „Verheimlichen oder Beiseiteschaffen" gerichtet werden; RGSt. 3 S. 250.

8 **3.** Zu Nr. 2. Die Erdichtung muß dem Angeklagten nachgewiesen werden. Verjährte Forderungen gehören nicht zu den erdichteten, da die Verjährung nur dann wirkt, wenn sie geltend gemacht wird. Eine Aufstellung erdichteter Rechtsgeschäfte liegt nicht schon mit dem Abschluß der simulierten Verträge vor, vielmehr gehört dazu noch, daß die simulierten Rechtsgeschäfte zum Zweck der Benachteiligung der Gläubiger geltend gemacht sind; RGSt. 2 S. 343; a. M. Jaeger A. 31. Die Worte „ganz oder teilweise" müssen in die Fragestellung an die Geschworenen aufgenommen werden; RGSt. 24 S. 433.

9 **4.** Zu Nr. 3. Zur Führung von Handelsbüchern ist jeder Kaufmann verpflichtet; § 38 HGB. Diese Vorschrift findet aber auf die sog. Minderkaufleute (A. 13—15) keine Anwendung; § 4 HGB. Über den Begriff des Kaufmanns vgl. §§ 1—4 HGB. Dadurch, daß der Geschäftsinhaber das Geschäft durch einen anderen, z. B. die Kauffrau durch ihren Ehemann führen läßt, geht die Kaufmannseigenschaft nicht verloren; RG. JW. 93 S. 419. Dadurch, daß der Geschäftsinhaber das Geschäft nur zum Schein für einen anderen führt, wird die Verpflichtung zur Führung von Handelsbüchern nicht berührt; RGSt. 25 S. 121; 26 S. 187, auch wenn das Geschäft im Handelsregister auf einen anderen Namen eingetragen ist; RG. JW. 95 S. 573. Die Mitglieder einer offenen Handelsgesellschaft, die persönlich haftenden Gesellschafter einer Kommanditgesellschaft und einer Kommanditgesellschaft auf Aktien gehören zu den Kaufleuten, aber nur soweit das Gesellschaftsvermögen in Betracht kommt; RGSt. 29 S. 348; 35 S. 84. Ist eine Firma im Handelsregister eingetragen, so kann gegenüber demjenigen, der sich auf die Eintragung beruft, nicht geltend gemacht werden, daß das unter der Firma betriebene Gewerbe kein Handelsgewerbe sei oder daß der Eingetragene zu den Minderkaufleuten gehöre; § 5 HGB. Die Eintragung begründet aber nur eine zivilistische Haftung. Als Kaufmann im Sinne des § 239 gilt der fälschlich Eingetragene nicht; v. Wilm.-Kurlb. A. 14; Staub § 5 A. 4. Minderjährige können nur mit Genehmigung ihrer gesetzlichen Vertreter Kaufleute sein; vgl. RGSt. 26 S. 93; JW. 94 S. 605.

10 Von mehreren Mitgliedern einer offenen Handelsgesellschaft ist jedes zur Buch=

führung verpflichtet. Dasselbe gilt von mehreren persönlich haftenden Gesellschaftern einer Kommanditgesellschaft. Der durch Vereinbarung der Gesellschafter einer offenen Handelsgesellschaft aus dieser ausgeschiedene Gesellschafter ist von seinem Ausscheiden an nicht mehr zur Buchführung verpflichtet, auch wenn das Ausscheiden in das Handelsregister nicht eingetragen ist (RGSt. 13 S. 308), er haftet aber für die vor seinem Ausscheiden liegenden Unregelmäßigkeiten; RGRspr. 1 S. 628. Die Unkenntnis der Buchführung entschuldigt deren Unterlassung nicht; RGRspr. 2 S. 523; ebensowenig der Irrtum des Angeklagten über die rechtliche Beschaffenheit des von ihm betriebenen Geschäfts und über die davon handelsgesetzlich abhängige Verpflichtung zur Buchführung; RGSt. 5 S. 407; 8 S. 149; wohl aber der Irrtum des Schuldners über den Umfang seines Handwerks- oder Gewerbebetriebs; § 59 StGB.; RGSt. 5 S. 407; RGRspr. 4 S. 35, 92.

Durch die Annahme eines tauglich scheinenden **Buchhalters** wird die eigene 11
Verantwortlichkeit des Kaufmanns für ordentliche Buchführung nicht aufgehoben; RGSt. 4 S. 421. Der Kaufmann, welcher seine Bücher nicht selbst führt, hat dafür zu sorgen, daß die Buchführung einem sachkundigen Angestellten übertragen wird (RGRspr. 7 S. 730; JW. 89 S. 102), hat auch die Tätigkeit des Angestellten zu überwachen; RGSt. 4 S. 421; 13 S. 241. — Auch dadurch wird der Kaufmann nicht entschuldigt, daß er die Buchführung einem **Gesellschafter** überlassen hat; dagegen kann ihn Täuschung des Gesellschafters über den Vermögenszustand entschuldigen; RGRspr. 1 S. 197; GoltdArch. 38 S. 201. Bei **Aufgabe des kaufmännischen Geschäfts** dauert die Verpflichtung zur Buchführung so lange, bis die Lösung der im früheren Gewerbe eingegangenen Verbindlichkeiten stattgefunden hat; RGSt. 4 S. 41.

Die Frage, ob der Angeklagte als Vollkaufmann anzusehen ist, muß von Amts 12
wegen geprüft werden; RGRspr. 4 S. 35.

Minderkaufleute sind nach § 4 HGB. nur die Handwerker und die Per- 13
sonen, deren Gewerbebetrieb nicht über den Umfang des Kleingewerbes hinausgeht. Handwerker, deren Betrieb sich auf die Bearbeitung oder Verarbeitung von Waren für andere beschränkt (§ 1 Nr. 2 HGB.), sind zur Führung von Handelsbüchern nicht verpflichtet. Anders, wenn der Betrieb auch den Handel mit Fabrikaten Dritter umfaßt. In diesem Falle ist zu unterscheiden, ob der Handel die Grenzen des handwerksmäßigen Betriebes innegehalten oder überschritten hat. Trifft letzteres zu, so ist der Handwerker als Kaufmann anzusehen und zwar je nachdem der Handelsbetrieb über den Umfang des Kleingewerbes hinausgeht oder nicht, als Vollkaufmann oder als Minderkaufmann; RGSt. 21 S. 209; RGRspr. 6 S. 694; **Jaeger** A. 7; v. **Wilm.-Kurlb.** A. 16, 18.

Fabrikanten sind Vollkaufleute, also stets zur Buchführung verpflichtet. Für 14
den Unterschied zwischen Handwerks- und Fabrikbetrieb ist nach der ständigen Rechtsprechung des RG. die Einrichtung des Geschäftes maßgebend. „Ein seiner inneren Beschaffenheit nach handwerksmäßiger Betrieb wird nicht dadurch zu einem fabrikmäßigen, daß er in erheblichem Umfange geschieht und erhebliche Resultate liefert. Entscheidend dagegen ist an erster Stelle die Methode der Herstellung der Arbeitsprodukte und für diese die Art der benutzten gewerblichen Hilfsmittel (Maschinen oder Werkzeuge), die Qualität, nach Befinden auch die Zahl des beschäftigten Hilfspersonals, der Grad der Ausnutzung der Arbeitsteilung, die Beschaffenheit der eigenen Arbeitsleistung des Gewerbeunternehmers, die Beschaffenheit der der Ausübung des Gewerbes dienenden Räumlichkeiten und ähnliche dem Gewerbebetriebe als solchem die

Signatur des handwerks- oder fabrikmäßigen Betriebs aufprägende Momente"; RGSt. 5 S. 488. Ebenso: RGSt. 1 S. 379; 24 S. 80, 356; 31 S. 128; 34 S. 102; RGRspr. 5 S. 233.; Foerster A. 6; Bet.-Kleinf. A. 28; v. Wilm.-Kurlb. A. 17. (A. M. Staub A. 3 zu § 4. Danach soll entscheidend sein, ob der Betrieb seines Umfanges wegen eine kaufmännische Organisation erfordert oder nicht.)

15 Darüber, welche Personen zu denjenigen gehören, deren Gewerbebetrieb nicht über den Umfang des Kleingewerbes hinausgeht, ist nach den Umständen des Falles (Geschäftsumfang und Umsatz) zu urteilen; RG. im Recht 02 S. 400; 03 S. 109. Regelmäßig gehören hierher die Höker (RGRspr. 9 S. 690), die Trödler und Hausierer (RGSt. 20 S. 168, 388), die kleinen Agenten (RGRspr. 6 S. 674), die kleinen Wirte, während die größeren Restaurateure und Hotelwirte zu den Vollkaufleuten zu zählen sind (RGSt. 20 S. 168, 388; 31 S. 108; RGRspr. 9 S. 690.)

16 Die Landesregierungen sind befugt, Bestimmungen zu erlassen, durch welche die Grenze des Kleingewerbes auf der Grundlage der nach dem Geschäftsumfange bemessenen Steuerpflicht oder in Ermangelung einer solchen nach anderen Merkmalen näher festgesetzt wird; § 4 Abs. 3 HGB.

17 Handelsbücher sind nur solche Bücher, wie sie die §§ 38, 43 HGB. im Auge haben; RGRspr. 1 S. 562. Abgesehen von Inventar und Bilanz wird eine bestimmte Art von Handelsbüchern nicht verlangt. Der Kaufmann muß diejenigen Bücher führen, welche nach kaufmännischen Grundsätzen für das konkrete Geschäft erforderlich und aus welchen seine Handelsgeschäfte und die Lage seines Vermögens vollständig zu ersehen sind; RGSt. 25 S. 36; RGRspr. 2 S. 376, 417; JW. 93 S. 484. Ein Unterlassen der Buchführung liegt nur vor, wenn die Buchführung überhaupt fehlt. Der Mangel einzelner nach dem Geschäftsbetriebe erforderlicher Handelsbücher kann aber die Annahme der unordentlichen Buchführung rechtfertigen; RGSt. 30 S. 170. Eine Buchführung auf losen Zetteln entspricht nicht den gesetzlichen Vorschriften; RGRspr. 10 S. 296. Notizbücher, welche nur die Grundlage für die Eintragungen in die Handelsbücher enthalten, sind nicht als Handelsbücher anzusehen; RGRspr. 1 S. 563; 3 S. 304. Ist für das Hauptgeschäft Buchführung notwendig, so ist sie auch für das Zweiggeschäft erforderlich; RGSt. 5 S. 407. Dadurch, daß ein kaufmännisches Geschäft vom Schuldner nur als Nebengeschäft geführt worden ist, wird die an sich bestehende Verpflichtung zur Führung von Handelsbüchern nicht ausgeschlossen; RGSt. 4 S. 281. Betreibt der Schuldner neben dem Hauptgeschäft, das zur Führung von Handelsbüchern verpflichtet, ein dieser Pflicht nicht unterliegendes Nebengeschäft, so hat er in den Büchern über das Hauptgeschäft die Ergebnisse des Nebengeschäfts, soweit sie auf das Hauptgeschäft Einfluß haben, klar zu legen; RGSt. 25 S. 170. Die unterlassene Buchführung für ein aufgegebenes Geschäft kommt dann nicht in Betracht, wenn zwischen diesem Geschäft und der nunmehrigen Zahlungseinstellung keine Beziehung besteht; RGSt. 26 S. 385. Auch nach Aufgabe eines kaufmännischen Geschäfts dauert die Pflicht zur Buchführung so lange fort, bis die Lösung der in diesem eingegangenen Verbindlichkeiten stattgefunden hat; RGSt. 4 S. 41. (A. M. Jaeger A. 36; Staub S. 186.)

18 5. Zu Nr. 4. Eine gesetzliche Verpflichtung zur Führung von Handelsbüchern ist auch in den Fällen der Nr. 4 erforderlich. Die Bücher der Minderkaufleute werden also von Nr. 4 nicht getroffen; ebenso Jaeger A. 39. Das Vernichten 2c. einzelner Handelsbücher ist dann unerheblich, muß also straffrei bleiben, wenn die übrig gebliebenen Handelsbücher zur Vermögensübersicht genügen. Die bloße Aufhebung des KVerf. gibt kein Recht zur Vernichtung der Bücher und schließt

die Strafbarkeit aus Nr. 4 nicht aus; RGSt. 11 S. 386; RGRspr. 8 S. 451. Wohl aber fällt die Strafbarkeit fort, wenn die Vernichtung der Bücher erst nach Befriedigung der betreffenden Gläubiger oder nach vollständiger Erfüllung der aus dem Zwangsvergleich begründeten Verbindlichkeiten erfolgt, weil dann eine Benachteiligungsabsicht nicht vorliegt; RGSt. 9 S. 134; RGRspr. 8 S. 451. Die Übersicht des Vermögenszustandes muß jedem sachverständigen Dritten zu gewinnen möglich sein. Dadurch, daß der GSch. selbst eine Vermögensübersicht aufzustellen vermag, wird die Strafbarkeit nicht ausgeschlossen; RGSt. 4 S. 121; JW. 93 S. 484. Unordnungen in den Büchern fallen unter das Gesetz nur dann, wenn sie die Übersicht des Vermögens unmöglich machen, nicht auch, wenn sie die Übersicht erschweren; RGRspr. 2 S. 417. Die Übersicht muß die ganze Vermögenslage klarstellen, insbesondere auch über dasjenige Vermögen, welches der Kaufmann außerhalb des seine Eigenschaft als Vollkaufmanns begründenden Geschäfts besitzt, Aufschluß geben; RGSt. 5 S. 407; JW. 92 S. 201. Gefälligkeitsakzepte, Wechsel, Kommissionsgeschäfte und Depotwechsel sind gleichfalls zu buchen; RG. JW. 82 S. 201. Durch das Beibringen einer Abschrift eines Handelsbuchs wird keine Straflosigkeit begründet; es muß die Möglichkeit bestehen, die Übereinstimmung mit der Urschrift zu prüfen; RGSt. 16 S. 426. Berichtigungen müssen die früher gar nicht oder unrichtig eingetragenen Handelsgeschäfte erkennen lassen; RG. JW. 89 S. 422. Ob die unterlassene oder unrichtige Buchung einzelner Posten der gesamten Vermögenslage gegenüber für so einflußreich zu erachten ist, daß infolge dieser Unterlassung oder unrichtigen Eintragung die Bücher eine Übersicht des Vermögenszustandes nicht gewähren, ist eine nach den Umständen des Falles zu entscheidende Tatfrage; RGSt. 15 S. 174; RGRspr. 2 S. 523; 3 S. 303. Der durch die unordentliche Buchführung herbeigeführte Mangel der Übersicht über den Vermögenszustand muß mit der Zahlungseinstellung zeitlich zusammentreffen. Es genügt nicht, daß in irgend einem der Zahlungseinstellung vorhergehenden Zeitpunkt zufolge unordentlicher Buchführung jene Übersicht gefehlt hat; RGSt. 5 S. 415, RGRspr. 3 S. 190.

§ 240 (210). Schuldner, welche ihre Zahlungen eingestellt haben, oder über deren Vermögen das Konkursverfahren eröffnet worden ist, werden wegen einfachen Bankerutts mit Gefängnis bestraft, wenn sie

1. durch Aufwand, Spiel oder Wette oder durch Differenzhandel mit Waren oder Börsenpapieren übermäßige Summen verbraucht haben oder schuldig geworden sind;
2. in der Absicht, die Eröffnung des Konkursverfahrens hinauszuschieben, Waren oder Wertpapiere auf Kredit entnommen und diese Gegenstände erheblich unter dem Werte in einer den Anforderungen einer ordnungsmäßigen Wirtschaft widersprechenden Weise veräußert oder sonst weggegeben haben;
3. Handelsbücher zu führen unterlassen haben, deren Führung ihnen gesetzlich oblag, oder dieselben verheimlicht, vernichtet oder so unordentlich geführt haben, daß sie keine Übersicht ihres Vermögenszustandes gewähren, oder
4. es gegen die Bestimmung des Handelsgesetzbuchs unterlassen haben, die Bilanz ihres Vermögens in der vorgeschriebenen Zeit zu ziehen.

Neben der Gefängnisstrafe kann in den Fällen der Nr. 1, 2 auf Verlust der bürgerlichen Ehrenrechte erkannt werden.

Sind mildernde Umstände vorhanden, so kann auf Geldstrafe bis zu sechstausend Mark erkannt werden.

---

1 **I. Allgemeines.**

Die Anmerkungen zu § 239 gelten größtenteils auch für § 240; auf sie wird deshalb zur Vermeidung von Wiederholungen verwiesen.

Auch § 240 verlangt zur Strafbarkeit ein Verschulden, also Vorsatz oder Fahrlässigkeit; RGSt. 13 S. 242. Die Frage, ob ein Versuch des Vergehens gegen § 240 möglich ist, kann dahingestellt bleiben, da er nach § 43 Abs. 2 StGB. nicht strafbar ist. Beihilfe zum vollendeten Vergehen gegen § 240 ist möglich; vgl. RGSt. 27 S. 316; JW. 95 S. 562.

2 **II. Einzelfälle.**

1. Nr. 1.

a. Aufwand im Sinne der Nr. 1 ist eine das notwendige oder übliche Maß übersteigende Aufwendung; RGSt. 15 S. 312. Auch ein einmaliger Verbrauch übermäßiger Summen kann genügen; RGRspr. 8 S. 462; 10 S. 215; 14 S. 224. Aufwand kann auch in übermäßigen Ausgaben gefunden werden, welche in geschäftlichem Interesse gemacht worden sind; RGSt. 7 S. 91; RGRspr. 6 S. 383; JW. 84 S. 193; GoltdArch. 38 S. 351. Aufwendungen für Handelsspekulationen, deren Erfolg vom Zufall abhängt und die einen unglücklichen Ausgang gehabt haben, fallen nicht unter den Begriff des Aufwandes; RGSt. 16 S. 238. Für einen in seinem Haushalt, wenn auch nicht von ihm selbst gemachten Aufwand ist der Schuldner dann strafrechtlich verantwortlich, wenn er es an der nötigen Kontrolle hat fehlen lassen; RGSt. 15 S. 309; 31 S. 151.

3 **b.** Spiel im Sinne des § 240 Nr. 1 ist nur ein Spielvertrag nach §§ 762, 763 BGB., nicht etwa jedes gewagte Geschäft; RGSt. 15 S. 277; 27 S. 180. Das sogenannte Börsenspiel kann nur als Differenzhandel in Betracht kommen; RG. 15 S. 277.

4 **c.** Die Wette ist mit Rücksicht auf § 762 BGB. durch die Nov. dem Spiele gleichgestellt.

5 **d.** Differenzhandel umfaßt die auf Zeit abgeschlossenen Geschäfte in Waren oder Börsenpapieren (RG. JW. 94 S. 541), bei denen es sich nicht um einen wirklichen Kauf oder eine wirkliche Lieferung, sondern nur um die Zahlung der am Verfalltag sich ergebenden Differenz handelt; RG. 34 S. 82; RGSt. 15 S. 277; RGRspr. 1 S. 526, 563; GoltdArch. 19 S. 690. Es genügt, wenn allein vom Schuldner ein Differenzgeschäft beabsichtigt war; RG. JW. 00 S. 371; RGSt. 1 S. 282; RGRspr. 1 S. 563; 4 S. 516; 8 S. 767. Ob die Differenzgeschäfte klagbar gewesen sind (RG. 12 S. 17; 30 S. 29, 214; 44 S. 103; 52 S. 254; 58 S. 366), ist für die Strafbarkeit nach § 240 unerheblich; RGSt. 22 S. 12. Längere Zeit hindurch betriebene und öfter prolongierte Differenzgeschäfte gelten nicht als ein Geschäft, sondern sind als so viele Geschäfte anzusehen, wie prolongiert worden ist; RGSt. 14 S. 80; RGRspr. 8 S. 257. Jedes Differenzgeschäft ist für sich zu beurteilen. Hat der Schuldner bei einem Differenzgeschäft übermäßige Summen verloren, so ist der Tatbestand des § 240 erfüllt, wenn auch der Gewinn aus anderen Differenzgeschäften den Verlust übersteigt; RGSt. 14 S. 83; JW. 93 S. 484; a. M. Jaeger A. 16. Auch ein einmaliger Fall des Differenzhandels kann zur Strafbarkeit nach § 240 genügen; RGSt. 14 S. 224.

6 **2.** Nr. 2. (Durch die Nov. neu eingefügt.) Die Absicht, die KE. hinaus-

zuschieben, bildet eine Voraussetzung der Strafbarkeit; eine solche Absicht liegt vor, sobald der Wille des Schuldners darauf gerichtet ist, der KE. für jetzt zu entgehen; M. z. KNov. 55. Es kann deshalb dem Schuldner nicht zum Schutze gereichen, wenn er hierbei in der Hoffnung handelt, mit Hilfe der gewonnenen Frist vielleicht den Konkurs überhaupt abzuwenden; M. z. Nov. 58. Eine Täuschungsabsicht ist nicht erforderlich; KommBer. 52; § 240 Ziffer 2 soll die Verschleuderung von Waren oder Wertpapieren treffen, die zum Zwecke der Verschleuderung auf Kredit entnommen worden sind. Die Vorschrift findet also keine Anwendung, wenn die Waren oder Wertpapiere zur Zeit der Weiterveräußerung vom Schuldner bezahlt waren. Verschleuderung liegt nur vor, wenn die Waren oder Wertpapiere erstens erheblich unter dem Werte und zweitens auch in einer den Anforderungen einer ordnungsmäßigen Wirtschaft widersprechenden Weise veräußert oder sonst weggegeben worden sind. Beide Momente müssen zusammentreffen.

3. Nr. 3 ist (wie auch Nr. 4) nur auf Kaufleute anwendbar. Die Verpflichtung zur Führung von Handelsbüchern muß festgestellt werden, es genügt aber die Feststellung, daß der Angeklagte Kaufmann ist. Die Vernichtung von Handelsbüchern unterliegt dem § 240 nur, wenn sie zu einer Zeit erfolgt, in welcher sie die Vermögensrechte der Gläubiger noch gefährden kann; RGSt. 22 S. 436; JW. 94 S. 502. Die Vernichtung eines einzelnen Handelsbuches kann als Beweis einer unordentlichen Buchführung von Bedeutung sein, begründet aber nicht ohne Weiteres den Tatbestand der Vernichtung der Handelsbücher; RG. JW. 94 S. 502. 7

Vgl. im übrigen die Anmerkungen zu § 239 Ziffer 3 und 4.

4. Nr. 4: Bilanz ist der „das Verhältnis des Vermögens und der Schulden darstellende Abschluß;" § 39 HGB. (vgl. zum Begriff: ROHG. 12 S. 15; RG. im Recht 03 S. 216). 8

a. Eröffnungsbilanz. Bei dem Beginne des Handelsgewerbes d. h. bei Vornahme der Vorbereitungsgeschäfte (Ankauf der Waren ꝛc.) ist die Eröffnungsbilanz aufzustellen (RGSt. 27 S. 227; RGRspr. 4 S. 316). Eine solche ist auch notwendig beim Beginn eines Verkaufskommissionsgeschäfts (RG. GoltdArch. 38 S. 351), beim Beginn des Handelsbetriebes einer offenen Handelsgesellschaft, auch wenn kein Gesellschaftsvermögen (weder Aktiva noch Passiva) vorhanden ist (RG. GoltdArch. 39 S. 46; JW. 90 S. 432), ferner wenn ein Kaufmann, der bisher Mitglied einer offenen Handelsgesellschaft war, deren Geschäft erwirbt und für eigene Rechnung unter der alten Firma weiterführt (RGSt. 16 S. 55; 26 S. 222), wenn der GSch. nach beendigtem Konkurse wieder ein seinem früheren gleiches Geschäft eröffnet, es sei denn, daß der Konkurs durch Einstellung des Verfahrens nach §§ 202 ff. oder durch Zwangsvergleich beendigt worden ist und daß die wirtschaftliche Lage des früheren Geschäfts durch das KVerf. keine wesentliche Änderung erfahren hat; RGSt. 25 S. 76; GoltdArch. 46 S. 445; JW. 94 S. 110), endlich wenn jemand ein bestehendes Geschäft von einem anderen übernimmt (RGSt. 16 S. 55) oder durch Erbgang erwirbt (RGSt. 28 S. 428). Bei Begründung einer Gesellschaft m. b. H. ist der Tag der Eintragung in das Handelsregister der für die Aufstellung der Eröffnungsbilanz maßgebende Zeitpunkt (RGSt. 29 S. 222). Die Buchung des Einlagekapitals bei Beginn des Handelsgewerbes ersetzt die Eröffnungsbilanz nicht; RGSt. 22 S. 439. Auch wenn der Geschäftsinhaber kein Vermögen besitzt, muß eine Eröffnungsbilanz aufgenommen werden, da in solchem Falle die Vermögenslosigkeit urkundlich festzulegen ist; RGRspr. 4 S. 316; GoltdArch. 38 S. 351; 39 S. 46. 9

b. Jahresbilanz. „Für den Schluß eines jeden Geschäftsjahres", also beim 10

Beginne des nächsten Geschäftsjahres ist eine besondere Bilanz aufzustellen. Dadurch, daß in einem Geschäft nur alle 2 Jahre Inventur gemacht wird, wird die Verpflichtung zur jährlichen Aufstellung der Bilanz nicht berührt; § 39 Abs. 3 HGB. Durch Aufstellung von Zwischenbilanzen kann das ursprüngliche Geschäftsjahr verlegt werden; RGRspr. 1 S. 129; 2 S. 417.

11 Die Bilanz ist nur dann eine ordnungsmäßige, wenn sie die sofortige, nicht erst rechnungsmäßig zu ermittelnde Übersicht des Vermögens gibt; RGSt. 15 S. 174; JW. 94 S. 52; 95 S. 573. Beruht eine unrichtige Bilanz lediglich auf der Unordnung der ihr zugrunde liegenden Bücher, so kann Strafe nur wegen unordentlicher Buchführung verhängt werden; RGSt. 15 S. 174; RGRspr. 4 S. 594; 7 S. 156; JW. 92 S. 144. Die Bilanz einer Aktiengesellschaft muß ergeben, ob das Grundkapital der Gesellschaft voll eingezahlt worden ist; RGSt. 26 S. 104; JW. 94 S. 541. Die Unterlassung der Unterschrift der Bilanz stellt sich nicht ohne weiteres als eine Unterlassung der Bilanzziehung dar; RGSt. 8 S. 424. Die Nichtaufbewahrung der Bilanzen und Inventur ist nur dann strafbar, wenn darin eine Vernichtung oder unordentliche Führung von Handelsbüchern zu finden ist; RGRspr. 5 S. 226; JW. 92 S. 419. Die Unterlassung einer vorgeschriebenen Bilanzziehung wird nicht dadurch straffrei, daß für spätere Jahre ordnungsmäßige Bilanzen gezogen worden sind; RGSt. 39 S. 165.

12 5. Durch die Novelle ist der frühere § 210 dahin geändert, daß — abgesehen von der Einfügung der Nr. 2 — das Maximum der Strafe von 2 Jahren auf 5 Jahre erhöht, für die Fälle unter 1 und 2 Ehrverlust zugelassen und in allen Fällen die Annahme mildernder Umstände zugelassen ist. Das frühere Gesetz ist also gleichzeitig sowohl verschärft als gemildert worden. Bei Anwendung des § 2 Abs. 2 StGB. hat eine Vergleichung der nach dem alten und dem neuen Recht im Einzelfalle zu verhängenden Strafen stattzufinden; RGSt. 33 S. 185; 34 S. 37; 35 S. 288. Als Zeitpunkt der begangenen Handlung gilt derjenige, in dem die Straftat zum Abschluß gelangt ist; RG. im Recht 02 S. 300.

§ 241 (211). **Schuldner, welche ihre Zahlungen eingestellt haben, oder über deren Vermögen das Konkursverfahren eröffnet worden ist, werden mit Gefängnis bis zu zwei Jahren bestraft, wenn sie, obwohl sie ihre Zahlungsunfähigkeit kannten, einem Gläubiger in der Absicht, ihn vor den übrigen Gläubigern zu begünstigen, eine Sicherung oder Befriedigung gewährt haben, welche derselbe nicht oder nicht in der Art oder nicht zu der Zeit zu beanspruchen hatte.**

Sind mildernde Umstände vorhanden, so kann auf Geldstrafe bis zu sechstausend Mark erkannt werden.

---

1 1. Schuldner sind hier sowohl Kaufleute als Nichtkaufleute. Gläubiger im Sinne des § 241 (begünstigte und nichtbegünstigte) sind nach der herrschenden Ansicht alle Gläubiger, nicht bloß die eigentlichen KGl. Dies muß daraus entnommen werden, daß im § 241 der Ausdruck „Gläubiger" schlechthin, in dem dem § 241 entsprechenden § 30 aber das Wort „Konkursgläubiger" gebraucht worden ist; a. M. Jaeger A. 6 und 9. Die Judikatur des RG. über diese Frage hat geschwankt; übereinstimmend mit der hier vertretenen Ansicht RGSt. 16 S. 403; RGRspr. 9 S. 643; a. M. RGSt. 14 S. 286, 292; RGRspr. 8 S. 519; RGSt. 40 S. 105, wo angenommen worden ist, § 241 sei nicht anwendbar, wenn der befriedigte Gläubiger einen Masse=

anspruch hat. Auch die Begünstigung eines Gläubigers, der nur eine bedingte Forderung hat (Bürge), fällt unter den § 241; RGSt. 15 S. 90.

Über Zahlungseinstellung und KE. vgl. die A. zu §§ 30 und 239. Auch sonst muß auf die A. zu § 30 verwiesen werden.

2. Der Tatbestand des § 241 erfordert: 2

a. Kenntnis des Schuldners von seiner Zahlungsunfähigkeit;

b. Absicht des Schuldners, einen Gläubiger vor den übrigen Gläubigern zu begünstigen;

c. Gewährung einer Sicherung oder Befriedigung, die der Gläubiger nicht oder nicht in der Art oder nicht zu der Zeit zu beanspruchen hatte, durch den Schuldner.

Im einzelnen ist folgendes zu bemerken:

Zu **a.** Kenntnis des Schuldners von seiner Zahlungsunfähigkeit. 3
Die Feststellung, daß der Schuldner seine Zahlungsunfähigkeit bei gehöriger Aufmerksamkeit hätte kennen müssen, genügt nicht, es bedarf vielmehr der Feststellung der wirklichen Kenntnis; RGSt. 3 S. 194. Die Kenntnis muß vorhanden gewesen sein zur Zeit der Vornahme der Handlung und die Zahlungsunfähigkeit muß zur Zahlungseinstellung oder KE. geführt haben. War die Zahlungseinstellung oder KE. schon vor der Handlung eingetreten, so ist die Kenntnis von der Zahlungsunfähigkeit ohne weiteres dargetan. Ist die Zahlungseinstellung oder KE. der Handlung gefolgt, so ist die Kenntnis der Zahlungsunfähigkeit besonders festzustellen. Diese Feststellung ist Gegenstand freier Beweiswürdigung (RG.-Annalen 2 S. 320); insbesondere kann schon aus der Tatsache, daß der Schuldner die Handlung innerhalb zehn Tage vor der Zahlungseinstellung oder der KE. vorgenommen hat (§ 30 Nr. 2), ein Beweismoment für die Kenntnis des Schuldners von seiner Zahlungsunfähigkeit entnommen werden; RGSt. 3 S. 194. Dadurch, daß die Handelsbücher des Schuldners eine Übersicht seines Vermögenszustandes nicht gewähren, wird die Annahme seiner Kenntnis der Zahlungsunfähigkeit nicht ausgeschlossen; RG. Ann. 5 S. 157. Voraussetzung ist übrigens nur die Kenntnis der Zahlungsunfähigkeit, nicht der Vermögensunzulänglichkeit; RGSt. 3 S. 195; RGRspr. 5 S. 449.

Zu **b.** Absicht des Schuldners, einen Gläubiger vor den übrigen 4
zu begünstigen. Hierzu genügt nicht das Bewußtsein des Schuldners, daß er durch eine Leistung an den Gläubiger die übrigen Gläubiger benachteilige, es muß vielmehr noch das weitere Bewußtsein des Schuldners hinzutreten, daß er dies in einer Weise tue, auf welche der Gläubiger keinen Anspruch hat; RGSt. 7 S. 142; 17 S. 223; 23 S. 64; 24 S. 7, 255; RGRspr. 5 S. 90; 6 S. 708. Es genügt aber, wenn der Täter den Eintritt des Erfolges als notwendige, unvermeidliche Folge seines Handelns voraussieht und mit solchem Bewußtsein zur Ausführung schreitet; RG. im Recht 6 S. 329. Auch wenn die Leistung an die Gläubiger in der Absicht, sie vor einem einzigen Gläubiger zu begünstigen, gemacht ist, kann der Tatbestand des § 241 vorliegen; RGRspr. 8 S. 617. Daß die Begünstigungsabsicht sich verwirklicht hat, ist nicht nötig; JW. 89 S. 397[5]. Als begünstigte Gläubiger kommen nur solche in Betracht, die schon zur Zeit der Zahlungseinstellung oder der KE. Gläubiger waren, nicht dagegen solche, die erst später Gläubiger wurden; JW. 93 S. 584[2].

Der gute Glaube des Schuldners, daß der begünstigte Gläubiger die ihm gewährte Leistung zu beanspruchen habe, schließt die Strafbarkeit aus; RGRspr. 5 S. 90.

Zu **c.** Gewährung einer Sicherung oder Befriedigung. 5

α. Das Gewähren kann nicht schon durch eine einseitige Willenserklärung des Darbietenden oder des Gebers erfüllt werden, sondern setzt eine Zustimmung oder

Annahme auf Seiten des Empfängers voraus; RGSt. 29 S. 413; 30 S. 46. Unter Sicherung oder Befriedigung fallen alle Arten einer Sicherstellung und alle Rechtshandlungen, welche die Befriedigung eines Gläubigers bewirken, sofern der Gläubiger sie überhaupt nicht oder nicht auf die geschehene Art oder nicht zu der betreffenden Zeit zu beanspruchen hatte (sog. inkongruente Deckung); RG. JW. 93 S. 584. Beispielsweise gehören hierher Erfüllung einer suspensiv bedingten Forderung oder einer nicht klagbaren Forderung, Befriedigung vor der Verfallzeit, Herbeiführung der Kompensabilität einer Forderung des Gläubigers durch Abschließung eines Rechtsgeschäfts, Hingabe an Zahlungsstatt, Einräumung von Vertragspfandrechten, Gewährung eines Zurückbehaltungsrechts; RGSt. 4 S. 61; 5 S. 116; RGRspr. 2 S. 626; 3 S. 212, 671. Gibt der Schuldner dem Gläubiger, dem nur eine Geldforderung zusteht, statt des Geldes Mobilien an Zahlungsstatt, so erfolgt die Befriedigung des Gläubigers in einer anderen Art, als er einen Anspruch hatte; RGSt. 5 S. 119. Hieran wird auch dann nichts geändert, wenn die Hingabe an Zahlungsstatt in die Form eines Kaufvertrages gekleidet ist; RGSt. 6 S. 152; RGRspr. 5 S. 449. Die Hingabe von Gegenständen, die der Zwangsvollstreckung gesetzlich entzogen sind, an einen Gläubiger, fällt nicht unter § 241; RG. 8 S. 95; JW. 95 S. 431.

β. Die Gewährung einer Sicherung oder Befriedigung liegt nicht vor, wenn der Schuldner sich von einem Gläubiger, der eine fällige Forderung hat, verklagen und demnächst auspfänden läßt; ebensowenig in der Gewährung eines bloßen Titels zur Zwangsvollstreckung. Wohl aber wird § 241 anwendbar, wenn es auf Grund des gewährten vollstreckbaren Titels demnächst wirklich zur Zwangsvollstreckung gekommen ist; RGSt. 4 S. 62; 5 S. 116; 20 S. 301; 28 S. 62; 30 S. 46; RG. (Pl.) 10 S. 36; Jaeger A. 13. Der Schuldner, welcher betreffs der Wechselsumme aus einem von ihm akzeptierten gezogenen, oder von ihm ausgestellten eigenen, aber noch nicht fälligen Wechsel seinem Gläubiger Sicherung gewährt, macht sich mit Rücksicht auf Art. 29, 26 WO. nicht nach § 241 strafbar; RGSt. 3 S. 191; anders bei Blankoakzepten; RGSt. 26 S. 257.

6 3. Die bloße Annahme einer Sicherung oder Befriedigung unter den Voraussetzungen des § 241 seitens des begünstigten Gläubigers, auch wenn dieser die Zahlungsunfähigkeit des Schuldners und dessen auf Begünstigung des befriedigten Gläubigers gerichtete Absicht kannte, ist keine Teilnahme des Gläubigers an dem Vergehen des Schuldners; RGSt. 2 S. 439; 5 S. 435. Dies gilt auch von dem Bevollmächtigten des Gläubigers, der für diesen vom Schuldner eine dem § 241 zuwiderlaufende Sicherung oder Befriedigung annimmt; RGSt. 20 S. 214. Dagegen hat man den begünstigten Gläubiger nur soweit straflos lassen wollen, als er — wenngleich unter Verletzung des zivilrechtlichen Konkursanspruchs der übrigen Gläubiger — die ihm vom Schuldner freiwillig angebotene Sicherung oder Befriedigung annimmt. Hat aber der Gläubiger seinen Schuldner im Sinne der §§ 48, 49 StGB. bestimmt, ihn der Vorschrift des § 241 zuwider vor den übrigen Teilnehmern zu begünstigen, so ist er wegen Teilnahme an dem Vergehen des Schuldners durch Anstiftung oder Beihilfe aus §§ 48, 49 StGB. strafbar; RGSt. 4 S. 28, 146; 5 S. 275, 435, 437; RG. 8 S. 92. Vgl. Dalcke in GoltdArch. 37 S. 342. Die gütergemeinschaftliche Ehefrau kann an dem Vergehen des Ehemanns gegen § 241 als Gehülfin (§ 49 StGB.) Teil nehmen; RGSt. 9 S. 162. Eine Anstiftung durch bloße Ratserteilung ist regelmäßig ausgeschlossen; RG. JW. 93 S. 583.

7 4. Zusammentreffen. Mit Beziehung auf dieselbe Zahlungseinstellung oder KE. können nicht mehrere im Sinne des § 74 StGB. selbständige Fälle des Bank-

bruchs angenommen werden; die Begünstigung mehrerer Gläubiger durch einen zahlungsunfähigen Schuldner bildet also nur eine einheitliche Straftat; RGRspr. 6 S. 640; 7 S. 517. Das Vergehen der Begünstigung aus § 241 kann mit dem Vergehen des einfachen Bankerutts nur ideal zusammentreffen; RGRspr. 6 S. 570, 733; 7 S. 399; a. M. Jaeger A. 25. Idealkonkurrenz mit § 239 liegt vor, wenn der begünstigte Gläubiger mehr bekommen hat, als seine Forderung beträgt; RGRspr. 5 S. 518. Auch ideale Konkurrenz mit dem Vergehen aus § 288 StGB. kann vorliegen; RGSt. 20 S. 214. Hat ein Schuldner in Kenntnis seiner Zahlungsunfähigkeit einem Gläubiger in der Absicht der Begünstigung im Sinne des § 241 durch Hingabe von Vermögensstücken Sicherung oder Befriedigung gewährt, so würde sowohl der Tatbestand des § 239 als der des § 241 zutreffen, also Gesetzeskonkurrenz vorliegen. Zur Anwendung kommt aber nur § 241 als die besondere Vorschrift; RGSt. 6 S. 94; JW. 94 S. 159.

§ 242 (212). Mit Zuchthaus bis zu zehn Jahren wird bestraft, wer

1. **im Interesse eines Schuldners, welcher seine Zahlungen eingestellt hat, oder über dessen Vermögen das Konkursverfahren eröffnet worden ist, Vermögensstücke desselben verheimlicht oder beiseite geschafft hat, oder**
2. **im Interesse eines solchen Schuldners, oder, um sich oder einem anderen Vermögensvorteil zu verschaffen, in dem Verfahren erdichtete Forderungen im eigenen Namen oder durch vorgeschobene Personen geltend gemacht hat.**

Sind mildernde Umstände vorhanden, so tritt Gefängnisstrafe oder Geldstrafe bis zu sechstausend Mark ein.

---

1. Als Täter kommt im Falle des § 242 nie der GSch. selbst, sondern stets nur ein Dritter in Betracht. Ob der Schuldner sich derselben strafbaren Handlungen schuldig gemacht hat oder nicht (§ 239 Nr. 1, 2), ist für die Strafbarkeit des Dritten unerheblich. Doch kann der Schuldner sich der Teilnahme an der Straftat des Dritten durch Anstiftung oder Beihilfe schuldig machen. So die herrschende Ansicht; a. M. Jaeger A. 6. 1

2. Voraussetzung der Strafbarkeit ist die vorsätzliche Vornahme der Handlung mit Kenntnis der eingetretenen oder drohenden Zahlungseinstellung oder KE. Nichtkenntnis dieser Umstände bildet einen Strafausschließungsgrund; § 59 StGB. Die Feststellung der Begünstigungsabsicht ist notwendig. Diese Absicht schließt die Absicht, die Gläubiger zu benachteiligen, in sich; Jaeger A. 4; Pet.-Kleinf. A. 1; v. Wilm.-Kurlb. A. 3. Darauf, ob die Begünstigungsabsicht Erfolg gehabt hat, kommt es nicht an. 2

3. Das Verbrechen kann im Falle der Nr. 1 sowohl nach als vor der Zahlungseinstellung oder KE., im Falle der Nr. 2 nur nach der Zahlungseinstellung oder KE. begangen werden, da im letzteren Falle eine Geltendmachung erdichteter Forderungen „in dem Verfahren" vorausgesetzt wird. Das „Verfahren" ist das KVerf. oder ein durch die Zahlungseinstellung veranlaßtes Verfahren einschließlich des Vorverfahrens über die KE. (§ 105 KO.; § 872 ff. ZPO.); v. Wilm.-Kurlb. A. 6. Im Falle der Nr. 2 muß dem Angeklagten nachgewiesen werden, daß die Forderung erdichtet ist; RGSt. 24 S. 433. 3

4. Mehrere Zuwiderhandlungen gegen § 242 bilden nur eine Straf- 4 tat. — Zwischen § 242 und Beihilfe zum betrüglichen Bankerutt ist ideale Konkurrenz möglich; RGSt. 21 S. 291; a. M. Jaeger A. 9; v. Völd. S. 44; über die Unterschiede zwischen beiden Straftaten vgl. RGSt. 9 S. 430. Auch zwischen § 242 Ziffer 2 und Betrug (§ 263 StGB.) ist Idealkonkurrenz möglich.

§ 243 (213). **Ein Gläubiger, welcher sich von dem Gemeinschuldner oder anderen Personen besondere Vorteile dafür hat gewähren oder versprechen lassen, daß er bei den Abstimmungen der Konkursgläubiger in einem gewissen Sinne stimme, wird mit Geldstrafe bis zu dreitausend Mark oder mit Gefängnis bis zu einem Jahre bestraft.**

---

1 **1.** Subjekt des sog. „Stimmkaufs" (richtiger: „Stimmverkaufs") kann nur ein KGl. (§ 3) sein. Die Einräumung eines Stimmrechts ist ebensowenig erforderlich als die Feststellung oder auch nur die Anmeldung der Forderung; §§ 95ff., 138ff., 144ff. Auf Personen, die nicht KGl. sind, findet die Vorschrift keine Anwendung, insbesondere also nicht auf Massegläubiger, Bevollmächtigte und diejenigen, die nur durch eine Scheinzession als Gläubiger legitimiert sind (Strohmänner); Jaeger A. 1; a. M. v. Sarw.-Boss. S. 532; v. Völd. S. 52; Pet.-Kleinf. S. 718. Wenn aber eine nicht begründete Forderung im Prüfungstermin als Konkursforderung anerkannt worden ist, so gilt der Anmeldende als Konkursgläubiger; Wolff S. 473; Jaeger A. 2. Absonderungsberechtigte können nur insoweit Subjekte des Stimmkaufs sein, als sie als KGl. auftreten; RG. Jur. Z. f. E.-L. 14 S. 39, 221.

2 **2.** Der Tatbestand des „Stimmkaufs" ist vollendet, sobald auf Grund der Vereinbarung beider Teile der Gläubiger die Zusage, „in einem gewissen Sinne zu stimmen", abgegeben und sich als Gegenleistung hierfür besondere Vorteile hat gewähren oder versprechen lassen. Ob der Gläubiger seine Zusage erfüllt oder nicht, ist unerheblich. Das Vergehen bleibt auch dann vollendet, wenn der Gläubiger sich bei der Abstimmung nicht beteiligt oder wenn es gar nicht zur Abstimmung kommt; RGSt. 6 S. 194; 12 S. 122; 17 S. 296; RG. 39 S. 23. Das Delikt kann nur während eines bereits anhängigen Konkursverfahrens begangen werden, da vorher ein „Gemeinschuldner" nicht vorhanden ist. Darauf, daß dem Gemeinschuldner „andere Personen" gleichgestellt sind, kann eine abweichende Ansicht um so weniger gegründet werden, als unter den „anderen Personen" in erster Reihe Mittelspersonen zu verstehen sind; Jaeger A. 4; Oppenhoff A. 1; v. Voeld. S. 52; a. M. Pet.-Kleinf. S. 719; v. Sarw.-Boss. S. 532; Wolff S. 473. Ob der Gläubiger seine Stimme selbst oder durch einen Bevollmächtigten abgegeben hat, ist für die Strafbarkeit ohne Bedeutung; ebenso Jaeger A. 5.

Das Versprechen, sich der Abstimmung zu enthalten, erfüllt den Tatbestand des § 243 nicht; JW. 98 S. 287.

3 **3.** „Besondere Vorteile" sind solche, die dem stimmverkaufenden Gläubiger, nicht aber der Gesamtheit der stimmberechtigten Gläubiger zugute kommen sollen. Das Gesetz spricht allgemein von Vorteilen; es erscheint deshalb die Ansicht, daß nur Vermögensvorteile in Betracht kommen, nicht zutreffend; ebenso RGSt. 6 S. 194; 17 S. 296; Pet.-Kleinf. A. 2; v. Sarw.-Boss. A. 2; v. Wilm.-Kurlb. A. 3; a. M. Jaeger A. 6. Ob die Vorteile erlaubte oder unerlaubte sind, und ob sie, wie z. B. der Ersatz von Reisekosten, die Entschädigung für entgangenen Arbeitsverdienst, für den Gläubiger einen Gewinn in sich schließen oder nicht, ist unerheblich; RGSt. 11 S. 218; Jaeger A. 6.

4. Die Zusage, „in einem gewissen Sinne zu stimmen“, braucht nicht 4
notwendig das Versprechen der Abgabe einer genau bestimmten Erklärung zu enthalten. Es genügt das Aufgeben des Rechtes freier Abstimmung, z. B. die allgemeine Erklärung, „zugunsten des GSch.“ oder „ebenso wie der Gläubiger N. N.“ zu stimmen.

5. Die Vorschrift gilt nicht nur für den Zwangsvergleich, sondern für jede 5
verbindliche Beschlußfassung in der Gläubigerversammlung oder im Gläubigerausschuß; M. 461. Doch kommen nur wirkliche Abstimmungen (Mehrheitsbeschlüsse) in Betracht, nicht auch andere Betätigungen selbständiger Gläubigerrechte, wie z. B. die Zusage, im Prüfungstermine einen Widerspruch erheben oder unterlassen zu wollen; RG. ElsLothZ. 14 S. 221.

6. Der Teilnahme am Stimmkauf kann sich, insbesondere durch Anstiftung, 6
außer anderen Personen auch der Gemeinschuldner selbst schuldig machen; RGSt. 12 S. 122; 29 S. 304.

7. Zivilrechtlich sind Abreden aus § 243 nichtig; § 134 BGB. Rück- 7
forderung ist ausgeschlossen; § 817 BGB.; RG. 25 S. 259. Wegen des Einflusses einer solchen Abrede auf einen Zwangsvergleich vgl. §§ 181 Satz 3, 188 KO.

§ 244 (214). Die Strafvorschriften der §§ 239—241 finden gegen die Mitglieder des Vorstandes einer Aktiengesellschaft oder eingetragenen Genossenschaft und gegen die Liquidatoren einer Handelsgesellschaft oder eingetragenen Genossenschaft, welche ihre Zahlungen eingestellt hat, oder über deren Vermögen das Konkursverfahren eröffnet worden ist, Anwendung, wenn sie in dieser Eigenschaft die mit Strafe bedrohten Handlungen begangen haben.

1. Die Vorstandsmitglieder einer Aktiengesellschaft (§ 231 HGB.) oder 1
eingetragenen Genossenschaft (§ 24 GenG. v. 20. Mai 1898) sind nicht selbst Schuldner, sondern nur deren Vertreter; die Anwendung der §§ 239—241 gegen sie mußte also besonders angeordnet werden; RGSt. 16 S. 121. Durch etwaige Mängel der Wahl oder der Qualifikation der Vorstandsmitglieder wird ihre strafrechtliche Verantwortlichkeit ebensowenig ausgeschlossen wie durch späteres Ausscheiden aus dem Vorstande oder durch Billigung oder Anweisung der Aufsichtsbehörde oder der Generalversammlung; RGSt. 12 S. 78; 16 S. 269. Von mehreren Vorstandsmitgliedern sind nur diejenigen strafrechtlich verantwortlich, welche in Benachteiligungsabsicht gehandelt haben (§ 239) oder denen ein pflichtwidriges Verhalten bei der Buchführung oder Bilanzziehung (§ 240) zur Last fällt, denn durch die Zulassung eines aus mehreren Mitgliedern bestehenden Vorstandes erkennt das Gesetz auch die Zulässigkeit der Verteilung der gesetzlichen Verpflichtungen unter die einzelnen Mitglieder an; RGSt. 12 S. 78; Jaeger A. 10; Pet.-Kleinf. A. 3; v. Wilm.-Kurlb. A. 3. (A. M. — alle Mitglieder —: RGSt. 13 S. 235, Pl.; Wolff S. 474.)

2. Andere Handelsgesellschaften. Die Teilhaber einer offenen Handels- 2
gesellschaft sowie die persönlich haftenden Gesellschafter einer Kommanditgesellschaft oder einer Kommanditgesellschaft auf Aktien sind selbst Schuldner, also ohne weiteres den §§ 239—241 unterworfen. Deshalb bedurfte es einer besonderen Bestimmung nur bezüglich der Liquidatoren; RGSt. 34 S. 379. Die bloße Verteilung der Geschäfte unter den Mitgliedern einer offenen Handelsgesellschaft, durch welche keines von der Geschäftsführung ausgeschlossen ist, befreit kein Mitglied von der Verant-

wortlichkeit für ordnungsmäßige Buchführung; RGRspr. 8 S. 331. Prokuristen und Handlungsbevollmächtigte können nur als Teilnehmer oder Gehilfen bei der strafbaren Handlung beteiligt sein; v. Wilm.-Kurlb. A. 2.

3 **3.** Ausgedehnt ist die Bestimmung des § 244 durch § 83 des Ges. v. 20. April 1892/20. Mai 1898 auf die Geschäftsführer der Gesellschaften m. b. H. und durch § 112 des PrivVersGes. v. 12. Mai 1901 (RGBl. S. 139) auf den Vorstand eines Versicherungsvereins auf Gegenseitigkeit. Die im § 244 und im § 83 des Ges. v. 20. April 1892 genannten Personen sind auch den Strafbestimmungen des Depotgesetzes (§§ 10, 11) unterworfen; § 12 des Depotgesetzes v. 5. Juli 1896.

4 **4.** Bei sonstigen Vertretern physischer oder juristischer Personen ist von dem Erlaß besonderer Strafvorschriften Abstand genommen worden, indem gegen sie die Bestimmungen des StGB. über Betrug, Unterschlagung, strafbaren Eigennutz usw. für ausreichend erachtet worden sind; M. 462.

5 **5.** Voraussetzung der Strafbarkeit nach § 244 ist stets, daß die genannten Personen in ihrer Eigenschaft als Vorstandsmitglieder oder Liquidatoren gehandelt haben.

Gesetz,

betreffend die Einführung der Konkursordnung.

Vom 10. Februar 1877.

(RGBl. S. 390.)

In der durch Art. II des EG. zur Novelle vom 17. Mai 1898 (RGBl. S. 248) gegebenen Fassung.

---

§ 1. Die Konkursordnung tritt im ganzen Umfange des Reichs gleichzeitig mit dem Gerichtsverfassungsgesetze in Kraft.

Im Reiche und in den Konsulargerichtsbezirken ist die KO. in Kraft 1
getreten am 1. Oktober 1879 (§ 1 EG. z. GVG., § 47 RGes. v. 10. Juli 1879 über die Konsulargerichtsbarkeit, abgeändert durch das Ges. v. 7. April 1900), in Helgoland am 1. April 1891 (Reichsges. v. 15. Dez. 1890, RGBl. S. 207; Preuß. AusfG. v. 18. Feb. 1891, GS. S. 11; Preuß. V. v. 22. März 1891, GS. S. 39). Für die Schutzgebiete wird der Zeitpunkt des Inkrafttretens durch Kaiserliche Verordnung festgesetzt. RGes. v. 17. April 1886 und v. 15. März 1888.

§ 2. Gesetz im Sinne der Konkursordnung und dieses Gesetzes ist jede Rechtsnorm.

Übereinstimmend: Art. 2 EG. z. StGB; § 12 EG. z. ZPO. Rechtsnorm 1
ist das aus objektiver Rechtsquelle fließende Recht, sowohl geschriebenes als ungeschriebenes (Gewohnheitsrecht; Handelsgebräuche, Art. 1 des früheren HGB.); KommB. S. 133. Ob die Rechtsnorm dem materiellen oder dem formalen Rechte angehört, ob sie sich auf Reichs- oder auf Landesgesetzgebung stützt, ist unerheblich.

§ 3. Die den Konkurs betreffenden Vorschriften der Reichsgesetze werden durch die Konkursordnung nicht berührt.

Aufgehoben werden:

1. die Vorschriften des § 51 des Gesetzes, betreffend die privatrechtliche Stellung der Erwerbs- und Wirtschaftsgenossenschaften, vom

4. Juli 1868, sowie die im § 48 desselben Gesetzes bestimmte Zuständigkeit des Handelsgerichts;
2. die Vorschriften der §§ 13—18 des Gesetzes, betreffend die Gewährung der Rechtshilfe, vom 21. Juni 1869.
3. die Vorschriften der §§ 281—283 des Strafgesetzbuchs.

---

1 **1.** Die §§ 3—7 regeln das Verhältnis der KO. zu den sonst über Konkurs geltenden Rechtsnormen. Entsprechende Vorschriften finden sich in § 13 EG. z. ZPO. und in Art. 32 EG. z. BGB. Insoweit für konkursrechtliche Bestimmungen Staatsverträge mit außerdeutschen Staaten in Betracht kommen, werden sie durch die Bestimmungen der KO. nicht berührt. Denn Verträge können durch die Gesetzgebung des einen kontrahierenden Teils einseitige Änderung nicht erleiden. M. 463.

2 **2.** Das Gesetz vom 4. Juli 1868 ist durch §§ 153, 172 des Reichsgesetzes vom 1. Mai 1889 seinem ganzen Umfange nach aufgehoben worden.

3 **3.** Die §§ 281—283 StGB. sind ersetzt durch §§ 239—244 KO.

4 **4.** Der frühere Absatz 3 des § 3 ist dadurch gegenstandslos geworden, daß Art. 80 der WO. durch Art. 8 Ziffer 2 EG. z. HGB. vom 10. Mai 1897 aufgehoben worden ist.

5 **5.** Der frühere Abs. 4 des § 3 ist durch § 153 des Gesetzes vom 1. Mai 1889 (RGBl. S. 55) mit dem 1. Oktober 1889 aufgehoben.

§ 4. Aufgehoben werden die Vorschriften der Landesgesetze über Konkurs-, Falliments-, Gant-, Debit-Verfahren, über gerichtliche, zur Abwendung oder Einleitung eines solchen Verfahrens dienende Stundungs- und Nachlaßverhandlungen, konkursmäßige Einleitungen, Vermögensuntersuchungen, über die Rechtswohltat der Güterabtretung und die landesherrliche oder gerichtliche Bewilligung einer allgemeinen Zahlungsstundung, sowie über das Konkursrecht, insoweit nicht in der Konkursordnung auf dieselben verwiesen oder bestimmt ist, daß sie nicht berührt werden.

Aufgehoben werden die Strafvorschriften, welche rücksichtlich des Konkurses in den Landesgesetzen enthalten sind.

---

1 **1.** Der Aufhebung unterliegen die landesrechtlichen Vorschriften über das Verfahren (im Konkurse oder zur Einleitung oder Abwendung des Konkurses), auch wenn solche nicht als ein Teil des KVerf. behandelt worden sind. Desgleichen die Vorschriften über die Rechtswohltat der Güterabtretung und Generalmoratorien. M. 467. Die Aufhebung der Spezialmoratorien ist erfolgt durch § 14 Nr. 4 EG. z. ZPO. Die aus einer bereits früher erfolgten Güterabtretung erworbenen Rechte (benef. comp.) werden vom § 4 nicht betroffen. RG. 6 S. 147; JW. 93 S. 506; 94 S. 578.

2 **2.** Aufgehoben sind ferner die materiellen Vorschriften der Landesgesetze über Konkurs, gleichviel ob sie in Konkursordnungen, Prozeßgesetzen, materiellrechtlichen Gesetzbüchern oder in anderen Rechtsquellen enthalten sind, — das sogen. Konkursrecht.

Bestimmungen, in denen auf die Landesgesetze hingewiesen, und deren Geltung aufrecht erhalten ist, enthalten die §§ 25, 43, 52 KO.

3 **3.** Staatsverträge, welche zur Zeit des Inkrafttretens der KO. von

einzelnen Bundesstaaten mit auswärtigen Staaten abgeschlossen waren, werden durch die KO. nicht berührt. RG. 24 S. 12.

4. Zu Abs. 2 vgl. § 2 Abs. 3 EG. z. StGB. 4

§ 5. Unberührt bleiben die landesgesetzlichen Vorschriften, welche die Lehen, Stammgüter oder Familienfideikommisse betreffen.

---

1. Zu § 5 vgl. § 52 KO. 1

2. Die frühere Nr. 2 des § 5 ist aufgehoben durch Art. II Nr. 1 des EG. 2 z. KNov. vom 17. Mai 1898 (RGBl. S. 248).

§ 6. Die Bestimmungen der §§ 193, 194, 214 der Konkursordnung finden auf registrierte Gesellschaften, welche auf Grund des bayerischen Gesetzes vom 29. April 1869, betreffend die privatrechtliche Stellung der Erwerbs- und Wirtschaftsgesellschaften, bestehen, entsprechende Anwendung.

Die Gesellschaft wird in dem Konkursverfahren durch den Vorstand oder die Liquidatoren vertreten. Ein Zwangsvergleich findet nicht statt.

---

1. Die Fassung der Vorschrift beruht auf Art. II EG. z. KNov. vom 17. Mai 1 1898. Die angeführten §§ 193, 194, 214 führen jetzt die Nummern 207, 208, 244.

2. Die auf Grund des bayrischen Ges. v. 29. April 1869 bestehenden Vereine 2 fallen als juristische Personen unter § 213 KO.

§ 7. In Ansehung der Landesherren und der Mitglieder der landesherrlichen Familien sowie der Mitglieder der Fürstlichen Familie Hohenzollern finden die Bestimmungen der Konkursordnung nur insoweit Anwendung, als nicht besondere Vorschriften der Hausverfassungen oder der Landesgesetze abweichende Bestimmungen enthalten.

Das gleiche gilt in Ansehung der Mitglieder des vormaligen Hannoverschen Königshauses, des vormaligen Kurhessischen und des vormaligen Herzoglich Nassauischen Fürstenhauses.

---

1. § 7 entspricht dem § 5 EG. z. GVG. und dem § 5 EG. z. ZPO. Durch 1 Hausverfassungen oder Landesgesetze kann für die genannten Familien das materielle Konkursrecht geändert werden; JW. 85 S. 89.

2. Abs. 2 ist durch die KNov. neu eingefügt. Die Vorschrift entspricht dem 2 Art. 57 Abs. 2 EG. z. BGB.

§ 8. Ein vor dem Tage des Inkrafttretens der Konkursordnung eröffnetes Konkursverfahren ist nach den bisherigen Gesetzen zu erledigen.

Der Landesgesetzgebung bleibt vorbehalten, die Konkursordnung auf die Erledigung der vor dem Inkrafttreten der Konkursordnung anhängig gewordenen Konkurssachen für anwendbar zu erklären und zu dem Zwecke Übergangsbestimmungen zu erlassen.

1 1. Die §§ 8—14 enthalten Übergangsvorschriften.
Besondere Vorschriften sind nur gegeben für Anfechtungen (§ 9), für Aufrechnungen (§ 10) und für Absonderungsrechte und Vorrechte (§§ 11 bis 14).

2 2. Zu Abs. 2 vgl. §§ 37—50 Preuß. Ausführungsgesetz zur KO. vom 6. März 1879 (GS. S. 109).

§ 9. In einem am Tage des Inkrafttretens der Konkursordnung oder nach diesem Tage eröffneten Konkursverfahren finden die Bestimmungen der Konkursordnung über die Anfechtung von Rechtshandlungen auf eine vor dem bezeichneten Tage vorgenommene Rechtshandlung Anwendung, sofern nicht dieselbe nach den Vorschriften der bisherigen Gesetze der Anfechtung entzogen oder in geringerem Umfange unterworfen ist.

---

1 Vgl. §§ 29ff. KO., § 14 des Reichsanfechtungsgesetzes vom 21. Juli 1879. Die Anwendbarkeit der KO. auf frühere Rechtshandlungen ist die Regel, die Berufung des Dritten auf sein wohlerworbenes Recht die Ausnahme; M. 472. Deshalb hat der anfechtende Verwalter nur die Voraussetzungen der KO. nachzuweisen. Dem Anfechtungsgegner bleibt es überlassen, durch Einrede die Unanfechtbarkeit seines Erwerbes als Ausnahme darzutun; M. 472. v. Wilm.-Kurlb. A. 3, 4.

§ 10. In einem am Tage des Inkrafttretens der Konkursordnung oder nach diesem Tage eröffneten Konkursverfahren finden die Bestimmungen der §§ 42, 48 Nr. 3, 49 der Konkursordnung auf eine vor dem bezeichneten Tage abgetretene oder erworbene Forderung Anwendung, sofern nicht die bisherigen Gesetze eine Aufrechnung zulassen oder eine Verpflichtung zum Schadensersatze nicht oder in geringerem Umfange begründen.

---

1 Die genannten Paragraphen führen jetzt die Nummern 50, 55, 56. Die in § 55 Nr. 3 vorgeschriebene Unzulässigkeit einer Aufrechnung sowie die in den §§ 50, 56 festgesetzte Entschädigungspflicht beruhen auf dem Anfechtungsrecht. Für sie ist deshalb dieselbe Maßgabe wie bei dem Anfechtungsrecht ausgesprochen worden. Die Bestimmungen der §§ 53, 54, 55 Nr. 1, 2 finden auf die vor dem 1. Oktober 1879 entstandenen Forderungen unbedingt Anwendung. M. 472.

§ 11. In einem am Tage des Inkrafttretens der Konkursordnung oder nach diesem Tage eröffneten Konkursverfahren finden die Bestimmungen der Konkursordnung und dieses Gesetzes über abgesonderte Befriedigung auf Pfand- und Vorzugsrechte Anwendung, wenngleich dieselben oder die Forderungen vor dem bezeichneten Tage erworben sind.

---

1 Ein von der KO. zugelassenes Absonderungsrecht (§§ 47 bis 52) kommt den älteren Ansprüchen zu statten. Absonderungsrechte der bisherigen Gesetze, welche die KO. nicht anerkennt, verlieren ihre Geltung. Den gemeinrechtlichen generellen oder speziellen, nicht durch Besitz oder Eintragung geschützten Hypotheken ist jede Wirksamkeit im Konkurse versagt. Durch die §§ 12, 13 wird die Landesgesetzgebung ermächtigt, innerhalb der aufgestellten Normativbestimmungen den im § 11 bezeichneten,

bisher mit einem Vorzugsrecht versehenen älteren Forderungen ein Vorrecht im Sinne des § 61 zu gewähren. Absonderungsrechte kann auch die Landesgesetzgebung nach §§ 12, 13 nicht aufrecht erhalten. M. 473; Prot. 136.

§ 12. Insoweit Pfand- und Vorzugsrechte, welche vor dem Tage des Inkrafttretens der Konkursordnung auf Grund eines Vertrages, einer letztwilligen Anordnung oder einer richterlichen Verfügung erworben oder in Bankstatuten den Banknoteninhabern rechtsgültig zugesichert sind, zufolge der Bestimmungen der Konkursordnung und dieses Gesetzes ihre Wirksamkeit verlieren, kann die Landesgesetzgebung für die Forderung des Berechtigten ein Vorrecht vor allen oder einzelnen der im § 54 der Konkursordnung bezeichneten Forderungen gewähren.

Ist das Pfand- oder Vorzugsrecht auf einzelne bewegliche Gegenstände des Schuldners beschränkt, so kann das Vorrecht nur in Höhe des Erlöses derselben gewährt werden.

Das durch die vorstehenden Bestimmungen vorbehaltene Vorrecht kann nicht gewährt werden für ein zwei Jahre nach dem Inkrafttreten der Konkursordnung eröffnetes Konkursverfahren, wenn nicht das Vorrecht dadurch erhalten wird, daß dasselbe bis zum Ablaufe der zwei Jahre zur Eintragung in ein öffentliches Register vorschriftsmäßig angemeldet ist. Der Erlaß von Vorschriften über die Einrichtung solcher Register, sowie über die Anmeldung und Eintragung der Forderungen bleibt der Landesgesetzgebung vorbehalten.

---

1. Abs. 1 gewährt der Landesgesetzgebung die Befugnis, den an beweglichen 1
Sachen entstandenen Pfand- und Vorzugsrechten, welche am 1. Oktober 1879 bereits erworben waren und durch Vertrag, Testament oder richterliche Verfügung begründet sind, ein Vorrecht vor allen oder einzelnen der im § 61 KO. bezeichneten Forderungen einzuräumen.

Auf die bisherigen *gesetzlichen* Pfand- und Vorzugsrechte erstreckt sich diese Befugnis nicht.

Dagegen ist ein Unterschied zwischen allgemeinen und besonderen Pfand- und Vorzugsrechten nicht gemacht. Insbesondere ist es der Landesgesetzgebung gestattet, den früheren Generalpfandrechten die Wirksamkeit auch in bezug auf das nach dem 1. Oktober 1879 erworbene Vermögen zu sichern; RG. 10 S. 41.

Die Befugnis erstreckt sich nur auf die Gewährung des Vorrechts, nicht auf die Erhaltung eines Pfandrechts, also eines Absonderungsrechts, durch welches der Gläubiger von der Einlassung in den Konkurs befreit würde; RG. 2 S. 93.

Im Bankgesetz v. 14. März 1875 (RGBl. S. 175) sind den Banknoteninhabern Pfand- und Vorzugsrechte nicht zugesichert.

2. Abs. 2 betrifft nicht ein Absonderungsrecht, sondern ein Vorrecht. Deshalb 2
nimmt der Verwalter den Erlös zur Masse. Soweit aus dieser noch Masseansprüche oder vorgehende Forderungen zu befriedigen sind, bleibt das Vorrecht wirkungslos. Seine Wirkung tritt nur für die Verteilung der Masse unter die Gläubiger ein; v. *Wilm.-Kurlb.* A. 6.

3. Die in Abs. 3 vorgeschriebene Anmeldung in das Register bezieht sich nur 3
auf diejenigen KVerf., welche seit dem 1. Oktober 1881 eröffnet worden sind. Zu Abs. 3 vgl. §§ 25—36 des preuß. AG. z. KO. vom 6. März 1879.

4 4. Im übrigen vgl. zu § 12 auch § 23 EG. z. ZPO. und §§ 18, 20, 21, 24 des preuß. AG. z. KO. vom 6. März 1879.

§ 13. Die Landesgesetzgebung kann der Ehefrau, den Kindern und den Pflegebefohlenen des Gemeinschuldners für Forderungen, welche vor dem Tage des Inkrafttretens der Konkursordnung entstanden sind, ein Vorrecht nach Maßgabe des § 12 Abs. 1, 2 insoweit gewähren, als ein gesetzliches Pfand- oder Vorzugsrecht der Ehefrau, der Kinder oder der Pflegebefohlenen nach den bisherigen Gesetzen bestanden hat.

Auf das Vorrecht der Ehefrau findet die Bestimmung des § 12 Abs. 3 entsprechende Anwendung.

Den Kindern und den Pflegebefohlenen kann das Vorrecht für ein fünf Jahre nach dem Inkrafttreten der Konkursordnung eröffnetes Konkursverfahren nicht gewährt werden.

---

1 1. Der § 13 bezieht sich lediglich auf die Fälle, in denen nach der bisherigen Gesetzgebung für die Ehefrau, die Kinder und die Pflegebefohlenen des GSch. ein gesetzliches Pfand- oder Vorzugsrecht begründet war. Für Pfand- und Vorzugsrechte, welche auf Grund eines Vertrages, einer letztwilligen Anordnung oder einer richterlichen Verfügung erworben sind, findet § 12 Anwendung.

2 2. Im übrigen vgl. zu § 13 auch § 23 Abs. 3 EG. z. ZPO. und §§ 19—22 des preuß. AG. z. KO. vom 6. März 1879.

3 3. Die das Faustpfandrecht betreffenden Vorschriften der früheren §§ 14 bis 16 sind durch Art. II Nr. 4 EG. z. KNov. vom 17. Mai 1898 aufgehoben, da das BGB. das Pfandrecht an Sachen und Rechten erschöpfend geregelt hat. Die Vorschriften kommen aber noch insofern in Betracht, als ein nach ihnen vor dem 1. Januar 1900 begründetes Pfandrecht in einem nach diesem Zeitpunkt eröffneten Konkurse wirksam bleibt; Art. VI EG. z. KNov.; Art. 184 EG. z. BGB.

Die aufgehobenen Paragraphen lauteten:

§ 14. Faustpfandrechte im Sinne des § 40 der Konkursordnung bestehen an beweglichen körperlichen Sachen nur, wenn der Pfandgläubiger oder ein Dritter für ihn den Gewahrsam der Sache erlangt und behalten hat.

Das Absonderungsrecht besteht ohne Übergabe der Sache, sofern:

1. nach den Reichsgesetzen oder den Landesgesetzen die Übergabe von Konnossementen und ähnlichen Papieren über Waren oder andere bewegliche Sachen der Übergabe derselben, oder die Eintragung der Verpfändung in das Schiffsregister oder die Übergabe der mit einem beglaubigten Vermerke der Verpfändung versehenen Schiffsurkunden oder einer beglaubigten Abschrift derselben der Übergabe des verpfändeten Schiffes gleichsteht;
2. über eine Verbodmung nach Vorschrift des Handelsgesetzbuchs ein Bodmereibrief ausgestellt ist.

§ 15. Faustpfandrechte im Sinne des § 40 der Konkursordnung bestehen an Forderungen und anderen Vermögensrechten nur:

1. wenn der Drittschuldner von der Verpfändung benachrichtigt ist;
2. wenn der Pfandgläubiger oder ein Dritter für ihn den Gewahrsam der körperlichen Sache, welche den Gegenstand des Rechts bildet, oder der über

die Forderung oder das Vermögensrecht ausgestellten Urkunde erlangt und behalten hat;

3. wenn die Verpfändung in dem Grund- oder Hypothekenbuche eingetragen ist.

§ 16. Die Vorschriften der Landesgesetze, welche für den Erwerb von Faustpfandrechten mehrere der in den §§ 14, 15 bezeichneten Erfordernisse oder weitere Erfordernisse festsetzen, bleiben unberührt.

§ 14 (17). Unberührt bleiben die landesgesetzlichen Vorschriften, nach welchen den Inhabern von Pfandbriefen, die von Kreditanstalten, welche nicht zu den Hypothekenbanken gehören, auf Grund von Hypotheken ausgestellt sind, ein Vorrecht vor allen anderen Konkursgläubigern in Ansehung der Befriedigung aus den Hypotheken der Anstalt zusteht.

Unberührt bleiben die landesgesetzlichen Vorschriften, nach welchen den Inhabern von Schuldverschreibungen, die von Körperschaften des öffentlichen Rechtes, Aktiengesellschaften, Kommanditgesellschaften auf Aktien, Gesellschaften mit beschränkter Haftung oder Genossenschaften über ein Anlehen ausgestellt sind, ein Vorrecht vor nicht bevorrechtigten Konkursgläubigern, deren Forderungen später entstehen, dadurch gewährt werden kann, daß die zu bevorrechtigenden Forderungen in ein öffentliches Schuldbuch eingetragen werden.

---

1. Die jetzige Fassung des § 14 beruht auf § 43 des Hypothekenbankgesetzes 1
vom 13. Juli 1899, RGBl. S. 375.

2. Abs. 1 beschränkt entsprechend den §§ 35, 41, 42 des HypBankGes. den Vor- 2
behalt auf die zur Ausstellung von Pfandbriefen befugten Kreditanstalten, die nicht Hypothekenbanken sind, und gestattet nur die Begründung eines Vorrechts, nicht eines Absonderungsrechts. Solche Kreditanstalten sind nach §§ 1 und 2 des Hypothekenbankgesetzes Aktiengesellschaften und Kommanditgesellschaften auf Aktien, bei denen der Gegenstand des Unternehmens in der hypothekarischen Beleihung von Grundstücken und in der Ausgabe von Schuldverschreibungen auf Grund der erworbenen Hypotheken besteht.

Einführungsgesetz

zu dem Gesetze, betreffend Änderungen der Konkursordnung.

Vom 17. Mai 1898.

(RGBl. S. 248–251.)

Art. I. Das Gesetz, betreffend Änderungen der Konkursordnung, tritt gleichzeitig mit dem Bürgerlichen Gesetzbuch in Kraft.

Tag des Inkrafttretens: 1. Januar 1900; vgl. Art. 1 EG. z. BGB.

Art. II. Das Gesetz, betreffend die Einführung der Konkursordnung, wird dahin geändert:

1. Die Bestimmung des § 5 Nr. 2 wird aufgehoben.
2. Der § 6 wird dahin geändert:
3. Der § 7 erhält folgenden Abs. 2:

(siehe S. 337.)

4. Die § 14 bis 16 werden aufgehoben.

1 **1.** Die Nr. 2 des § 5 des genannten Gesetzes bestimmte, daß die landesgesetzlichen Vorschriften unberührt bleiben, welche die Nichtbefolgung der Vorschriften über die Anzeige des zwischen dem GSch. und seinem Ehegatten bestehenden Güterrechts unter Strafe stellen. Diese Vorschriften sind durch die §§ 1431, 1435 BGB. ersetzt. Mit Rücksicht hierauf ist die bisherige Nr. 2 des § 5 aufgehoben. KNov. M. 59.

2 **2.** Die neue Fassung des § 6 EG. z. KO. berücksichtigt nur noch die registrierten Gesellschaften, welche auf Grund des bayrischen Gesetzes vom 29. April 1869 bestehen, nicht mehr die Vereine, da diese unter § 213 KO. fallen. Daß die registrierten Gesellschaften im KVerf. durch den Vorstand oder die Liquidatoren vertreten werden, ergibt sich bereits aus Art. 30 des Ges. v. 29. April 1869; KNov. M. 59.

3 **3.** Der dem § 7 EG. z. KO. gegebene Zusatz entspricht dem Art. 57 Abs. 2 EG. z. BGB.; KNov. M. 59.

4 **4.** Die Vorschriften der §§ 14–16 EG. z. KO. sind dadurch gegenstandslos geworden, daß das BGB. das Pfandrecht an Sachen und Rechten erschöpfend geregelt hat. Ein in Gemäßheit jener Vorschriften vor dem 1. Januar 1900 begründetes Pandrecht bleibt selbstverständlich in einem nach diesem Zeitpunkt eröffneten KVerf. wirksam, auch wenn es den Anforderungen des BGB. nicht genügt; KNov. M. 59. Überhaupt ist die Frage der Gültigkeit und der konkursrechtlichen Wirksamkeit

einer vor dem 1. Januar 1900 vorgenommenen Rechtshandlung für ein nach dem 1. Januar 1900 eröffnetes KVerf. nicht nach neuem, sondern nach altem Rechte zu beurteilen; RG. 52 S. 385.

Art. III. Die Vorschriften des § 41 Abs. 2 der Konkursordnung und des § 17 Nr. 1, 2 des Gesetzes, betreffend die Einführung der Konkursordnung, finden auch außerhalb des Konkurses Anwendung.

---

1. § 41 führt jetzt die Nr. 49. Der § 49 Abs. 2 sichert den daselbst in Abs. 1 1
Nr. 1 bezeichneten Forderungen den Vorrang vor den in Abs. 1 Nr. 2 bis 4 und
vor den in § 48 bezeichneten Forderungen.

2. Der in Bezug genommene § 17 früherer Fassung ist aufgehoben und durch 2
den jetzigen § 14 ersetzt. Dieser hat infolge des Erlasses des Hypothekenbankgesetzes
vom 13. Juli 1899 (RGBl. 375) kaum noch praktische Bedeutung.

Art. IV. Unberührt bleiben die landesgesetzlichen Vorschriften, welche die Zulässigkeit des Konkursverfahrens über das Vermögen der im § 15 Nr. 3 des Einführungsgesetzes zur Zivilprozeßordnung bezeichneten juristischen Personen beschränken oder ausschließen.

Die im § 15 Nr. 3 EG. z. ZPO. bezeichneten juristischen Personen sind der 1
Fiskus, eine Körperschaft, Stiftung oder Anstalt des öffentlichen Rechts oder eine
unter der Verwaltung einer öffentlichen Behörde stehende Körperschaft oder Stiftung.

Durch Artikel IV soll die den genannten juristischen Personen obliegende Ver- 2
waltung öffentlicher Angelegenheiten vor Störungen bewahrt werden. Der gleiche
Vorbehalt ist in § 15 Nr. 3 des EG. z. ZPO. mit Rücksicht auf die Zwangsvoll-
streckung gemacht.

Für Preußen kommen in Betracht im Geltungsbereiche der AGO. deren § 33 I 3
35 und die §§ 153, 242 Anh., ferner die Allg. Verf. v. 24. März 1882 (JMBl.
S. 59), in den gemeinrechtlichen Gebieten die Allg. Verf. v. 18. Juli 1881 (JMBl.
S. 160), in der Rheinprovinz das Rheinische Ressortreglement v. 20. Juni 1818 § 25.

Art. V. Ein vor dem Inkrafttreten des Gesetzes, betreffend Änderungen der Konkursordnung, eröffnetes Konkursverfahren ist nach den bisherigen Gesetzen zu erledigen.

Artikel V entspricht dem § 8 Abs. 1 EG. z. KO. In einem KVerf., das vor 1
dem 1. Januar 1900 nicht nur beantragt, sondern auch durch einen in Geltung ge-
bliebenen Beschluß eröffnet worden ist, finden nicht nur die Bestimmungen des bis-
herigen formellen und materiellen Konkursrechts, sondern auch alle früheren Rechts-
vorschriften Anwendung; RG. 54 S. 422; vgl. auch RG. 17 S. 41. Es ist also
die Entscheidung darüber, welche Vermögensgegenstände zur KM. gehören und welche
zur abgesonderten Befriedigung einzelner Gläubiger zu verwenden sind, nach dem
bisherigen Rechte zu treffen; RG. 48 S. 193; 53 S. 191; OLG. Dresden im Sächs.
Arch. 11 S. 265 und 632. Die im Zeitpunkte der KE. entstehenden Anfechtungs-
ansprüche sind nach dem zur Zeit der KE. geltenden Rechte zu behandeln; RG. 54
S. 422. Dagegen richten sich die Rechte eines Hypothekengläubigers auf die Haftung
von beweglichen Zubehörstücken, wenn die Beschlagnahme des Grundstücks erst nach

dem neuen Gesetze erfolgt war, auch in einem vor diesem Zeitpunkt eröffneten Konkurse nach dem neuen Rechte, weil eine Festlegung der zur Vollstreckung kommenden Masse erst mit der Beschlagnahme eintritt: RG. JW. 03 S. 388; v. Wilm.-Kurlb. A. 2.

Art. VI. In einem am Tage des Inkrafttretens des Gesetzes, betreffend Änderungen der Konkursordnung, oder nach diesem Tage eröffneten Konkursverfahren bleiben, soweit für ein Rechtsverhältnis die Vorschriften des bisherigen bürgerlichen Rechtes maßgebend sind, für das Rechtsverhältnis auch die Vorschriften des bisherigen Konkursrechts maßgebend. Dies gilt insbesondere in Ansehung eines Nachlasses, wenn der Erblasser vor dem bezeichneten Zeitpunkte gestorben ist. Die Landesgesetzgebung kann jedoch auf ein Rechtsverhältnis, für welches nach den Übergangsvorschriften des Einführungsgesetzes zum Bürgerlichen Gesetzbuche die Landesgesetze maßgebend sind, die Vorschriften des neuen Konkursrechts für anwendbar erklären.

---

1 **1.** In jedem nach dem 31. Dezember 1899 anhängig gewordenen KVerf. findet das neue Konkursrecht Anwendung. Doch bleiben die Vorschriften des alten Konkursrechts für die Rechtsverhältnisse maßgebend, für die nach den Übergangsvorschriften das bisherige bürgerliche Recht Geltung behält. In Betracht kommen insbesondere der Nießbrauch des Ehemanns am Vermögen der Ehefrau, die Ansprüche auf Gewährung von Unterhalt für die Zukunft (§ 3), die vor dem 1. Januar 1900 entstandenen Pfandrechte (RG. 46 S. 172; 52 S. 392) und die Behandlung eines Nachlasses. Satz 2 des Artikels VI entspricht dem § 213 EG. z. BGB.

2 **2.** Auf Grund des Art. 218 EG. z. BGB. ist die Landesgesetzgebung befugt, für Rechtsverhältnisse, auf welche nach den Bestimmungen des 4. Abschnitts des EG. z. BGB. die bisherigen Landesgesetze Anwendung finden, auch die bisherigen Landesgesetze zu ändern. Deshalb darf der Landesgesetzgebung auch die Möglichkeit nicht versagt werden, die Anwendbarkeit der neuen konkursrechtlichen Vorschriften auf solche Rechtsverhältmisse zu erstrecken; KNov. M. 60. (Preußen: Art. 59 § 8 AG. z. BGB.; Bayern: Art. 24 Ges. v. 9. Juni 1899.)

Art. VII. Das Gesetz, betreffend die Anfechtung von Rechtshandlungen eines Schuldners außerhalb des Konkursverfahrens, vom 21. Juli 1879 (RGBl. S. 277) wird dahin geändert:

1. Im § 3 Nr. 2, 3 werden die Worte „vor der Rechtshängigkeit des Anfechtungsanspruchs“ ersetzt durch die Worte: „vor der Anfechtung“.
   Die Nr. 4 des § 3 erhält folgende Fassung: } (siehe S. 366.)
2. Als § 3a wird folgende Vorschrift eingestellt: }
3. Im § 4 werden die Worte „der Anfechtungsanspruch rechtshängig geworden ist“ ersetzt durch die Worte: „die Anfechtung erfolgt ist“.
4. Der § 11 wird dahin geändert: }
5. Der § 12 wird dahin geändert: } (siehe S. 377 f.)
6. An die Stelle des § 13 Abs. 4 Satz 2 tritt folgende Vorschrift: }

---

1 Wegen der im Artikel VII bestimmten Änderungen des Anfechtungsgesetzes vgl. die Anmerkungen zu den betreffenden Paragraphen dieses Gesetzes.

Art. VIII. Die Vorschriften des Art. VII finden auf die vor dem Inkrafttreten dieses Gesetzes vorgenommenen Rechtshandlungen keine Anwendung.

Die Vorschrift steht im Einklange mit Art. 170 EG. z. BGB.

Art. IX. In bürgerlichen Rechtsstreitigkeiten, in welchen durch Klage oder Widerklage ein Anspruch auf Grund des dritten Titels des ersten Buches der Konkursordnung oder auf Grund des Gesetzes, betreffend die Anfechtung von Rechtshandlungen eines Schuldners außerhalb des Konkursverfahrens, geltend gemacht ist, wird die Verhandlung und Entscheidung letzter Instanz im Sinne des § 8 des Einführungsgesetzes zum Gerichtsverfassungsgesetze dem Reichsgerichte zugewiesen.

Die Vorschrift entspricht dem Art. 6 EG. z. BGB.

Preußisches Ausführungsgesetz
zur Deutschen Konkursordnung.

Vom 6. März 1879.

(GS. S. 109.)

§§ 1—2 sind durch Art. 55 EG. z. BGB. und § 19 KO. aufgehoben.

§ 3. Im ehemals Landgräflich Hessischen Amtsbezirk Homburg und im Kreise Herzogtum Lauenburg ist die Bestellung einer Hypothek am ganzen Vermögen, sowie die Bestellung einer Hypothek an einer beweglichen Sache, einschließlich der Forderungen, fortan unzulässig.

§ 4 aufgehoben durch Art. 55 EG. z. BGB.

§ 5 aufgehoben durch Art. 55 EG. z. BGB. und durch Art. II EG. zu dem Gesetze betr. Änderungen der KO. vom 17. Mai 1898; dieser hebt § 14 EG. z. KO. vom 10. Februar 1877 auf.

§ 6 ist ersetzt durch den § 49 Abs. 2 der jetzigen KO.

§ 7. Die Vorschriften des § 41 der Deutschen Konkursordnung und des § 6 dieses Gesetzes finden außerhalb des Konkursverfahrens auf das Verhältnis der durch diese Vorschriften den Faustpfandgläubigern gleichgestellten Gläubiger zu anderen Gläubigern des Schuldners entsprechende Anwendung.

Für Forderungen, für welche durch die Vorschriften der Deutschen Konkursordnung ein Anspruch auf abgesonderte Befriedigung aus einzelnen Gegenständen des beweglichen Vermögens nicht zugelassen ist, besteht auch außerhalb des Konkursverfahrens kein Absonderungsrecht oder Vorzugsrecht an solchen Gegenständen.

Vgl. Art. III EG. zu dem Gesetze betr. Änderungen der KO. vom 17. Mai 1898.

§ 8. Die Vorschriften des § 54 der Deutschen Konkursordnung finden auf die Fälle, in welchen außerhalb des Konkursverfahrens eine Befriedigung persönlicher Gläubiger nach dem Range ihrer Forderungen stattzufinden hat, entsprechende Anwendung.

Für Forderungen, welchen durch § 54 der Deutschen Konkursordnung ein Vorrecht nicht gewährt ist, besteht auch außerhalb des Konkursverfahrens kein Vorrecht an dem gesamten Vermögen oder an dem gesamten beweglichen Vermögen des Schuldners.

§ 54 führt jetzt die Nummer 61.

Die Fälle des § 804 Abs. 2 ZPO. fallen nicht unter den § 8.

§ 9. Geldstrafen und Forderungen aus einer Freigebigkeit des Schuldners unter Lebenden oder von Todes wegen stehen in den in § 8 Abs. 1 bezeichneten Fällen allen übrigen Forderungen nach.

§ 10. Gesetzliche Vorzugsrechte, welche nach den bisherigen Vorschriften das gesamte Vermögen des Schuldners umfaßten, bestehen an Gegenständen, welche in Ansehung der Zwangsvollstreckung zum unbeweglichen Vermögen gehören, nur insoweit, als die Forderungen, für welche sie gewährt sind, auf den Gegenstand der Zwangsvollstreckung sich beziehen.

§ 11. Die Vorschriften der Artikel VIII, IX, XI des Gesetzes vom 8. Mai 1855, betreffend die Einführung der Preußischen Konkursordnung in den Landesteilen, in welchen das Allgemeine Landrecht und die Allgemeine Gerichtsordnung Gesetzeskraft haben (Anlage), finden Anwendung in den Gebietsteilen der Provinz Hannover, in welchen das Allgemeine Landrecht gilt.

§ 12. Eine Abschrift des Beschlusses, durch welchen das Konkursverfahren eröffnet worden ist, ist der Staatsanwaltschaft bei dem Landgericht von dem Gerichtsschreiber unter Bezeichnung des Konkursverwalters mitzuteilen.

Vgl. § 112 KO.

§ 13 ist nach Art. 55 EG. z. BGB. aufgehoben und ersetzt durch § 32 des Handelsgesetzbuchs vom 10. Mai 1897.

§ 14. Wenn zur Konkursmasse ein im Bezirk des Appellationsgerichts zu Wiesbaden oder des Amtsgerichts zu Vöhl belegenes Grundstück gehört, so ist die Eröffnung, die Wiederaufnahme, die Aufhebung oder die Einstellung des Konkursverfahrens dem Feld- oder Ortsgericht mitzuteilen, in dessen Bezirk das Grundstück belegen ist. Eine gleiche Mitteilung ist, wenn das Grundstück nicht im Bezirk des Konkursgerichts liegt, dem Amtsgericht zu machen, in dessen Bezirk es belegen ist.

Inwiefern im Bezirk des Justizsenats zu Ehrenbreitstein die Eröffnung oder Aufhebung des Konkursverfahrens den Schöffengerichten mitzuteilen ist, bestimmt sich nach den bestehenden Vorschriften. Die Vorschriften finden auf die Wiederaufnahme und auf die Einstellung des Verfahrens entsprechende Anwendung.

Die Mitteilungen (Abs. 1, 2) sind von dem Gerichtsschreiber nach Maßgabe des § 104 der Deutschen Konkursordnung zu bewirken.

§ 15 ist nach Art. 55 EG. z. BGB. aufgehoben und ersetzt durch die §§ 113—115 KO.

§ 16. Erfolgt die Veräußerung einer zur Konkursmasse gehörigen unbeweglichen Sache durch notarielle Versteigerung, so finden im Bezirk des Appellationsgerichtshofes zu Cöln die Vorschriften des Gesetzes vom 18. April 1855 (GS. S. 521) über die Versteigerung durch einen Notar mit der Maßgabe Anwendung, daß die der Ratskammer oder dem Präsidenten des Landgerichts zugewiesene Tätigkeit von dem Konkursgericht auszuüben ist. Das Konkursgericht bestimmt nach freiem Ermessen, in welcher Art die Versteigerung bekannt zu machen ist.

Vorbemerkung zu § 17.

Durch die Bestimmungen der §§ 17—24 sollen Ansprüche und Rechte, die bereits vor dem 1. Oktober 1879 entstanden waren, aufrechterhalten und gesichert werden.

§ 17. Hat außerhalb des Geltungsbereichs der Konkursordnung vom 8. Mai 1855 in den Geltungsbereichen des Allgemeinen Landrechts oder des gemeinen Rechts die Ehefrau auf Grund eines gesetzlichen Titels zum Pfandrechte oder eines gesetzlichen Pfandrechts den Anspruch auf Eintragung einer Hypothek auf die Grundstücke des Ehemannes vor dem Tage des Inkrafttretens dieses Gesetzes erworben, so kann die Eintragung noch innerhalb eines Jahres, von diesem Tage an gerechnet, und wegen aller Forderungen verlangt werden, deren Eintragung nach den bisherigen Vorschriften verlangt werden konnte.

Im Bezirk des Appellationsgerichts zu Frankfurt a. M., in dem ehemals Landgräflich Hessischen Amtsbezirk Homburg und im Kreise Herzogtum Lauenburg findet die vorstehende Bestimmung auf das von der Ehefrau vor dem Inkrafttreten dieses Gesetzes erworbene gesetzliche Pfandrecht entsprechende Anwendung.

§ 18. Insoweit ein Pfand- oder Vorzugsrecht, welches vor dem Inkrafttreten dieses Gesetzes auf Grund eines Vertrages, einer letztwilligen Anordnung oder einer richterlichen Verfügung erworben ist,

1. zufolge der Bestimmungen der Deutschen Konkursordnung und des Einführungsgesetzes zu derselben,
2. gegenüber einem Pfandrecht, welches durch eine nach dem Inkrafttreten dieses Gesetzes bewirkte Pfändung begründet wird, zufolge des § 709 Abs. 2 der Deutschen Zivilprozeßordnung oder des § 14 Abs. 1 des Ausführungsgesetzes zur Deutschen Zivilprozeßordnung

seine Wirksamkeit verliert, wird für die Forderung des Berechtigten ein Vorrecht gewährt.

Ist das Pfand- oder Vorzugsrecht auf einzelne bewegliche Gegenstände des Schuldners beschränkt, so wird das Vorrecht nur in Höhe des Erlöses derselben gewährt.

§ 709 ZPO. führt jetzt die Nummer 804.

§ 14 AG. z. ZPO. führt jetzt die Nummer 5.

§ 18 findet nach § 24 keine Anwendung auf Rechte, welche ein Gläubiger vor dem 1. Oktober 1879 durch Beschlagnahme, Pfändung oder Überweisung erlangt hat.

§ 19. Die Bestimmungen des § 18 finden auf ein gesetzliches Pfand- oder Vorzugsrecht der Ehefrau des Schuldners für Forderungen, welche vor dem Inkrafttreten dieses Gesetzes entstanden sind, entsprechende Anwendung.

§ 20. Die Rangordnung der in Gemäßheit der Vorschriften der §§ 18, 19 bevorrechtigten Forderungen im Verhältnis zueinander und zu den übrigen beteiligten Forderungen bestimmt sich nach den bisherigen Vorschriften.

§ 21. Das Vorrecht (§§ 18, 19) wird nicht gewährt:
1. für ein zwei Jahre nach dem Inkrafttreten dieses Gesetzes eröffnetes Konkursverfahren oder gegen eine zwei Jahre nach dem Inkrafttreten dieses Gesetzes bewirkte Pfändung, wenn es nicht dadurch erhalten wird, daß es bis zum Ablauf der zwei Jahre zur Eintragung in das Vorrechtsregister vorschriftsmäßig angemeldet ist;
2. für ein zwanzig Jahre nach dem Inkrafttreten dieses Gesetzes eröffnetes Konkursverfahren oder gegen eine zwanzig Jahre nach dem Inkrafttreten dieses Gesetzes bewirkte Pfändung.

§ 22. Insoweit ein nach den bisherigen Gesetzen bestandenes Pfand- oder Vorzugsrecht der Kinder oder der Pflegebefohlenen des Gemeinschuldners zufolge der Bestimmungen der Deutschen Konkursordnung und des Einführungsgesetzes zu derselben seine Wirksamkeit verliert, wird den Kindern und Pflegebefohlenen für Forderungen, welche vor dem Inkrafttreten dieses Gesetzes entstanden sind, ein Vorrecht für das Konkursverfahren gewährt.

Das Vorrecht wird für ein zwei Jahre nach dem Inkrafttreten dieses Gesetzes eröffnetes Konkursverfahren nicht gewährt.

Die Vorschriften des § 18 Abs. 2 und des § 20 finden entsprechende Anwendung.

§ 23. Die Vorschriften der §§ 18 bis 22 finden auf die Fälle entsprechende Anwendung, in welchen außerhalb des Konkursverfahrens eine Befriedigung persönlicher Gläubiger nach dem Range ihrer Forderungen stattzufinden hat.

§ 24. Die Vorschriften des § 18 über die Gewährung eines Vorrechts finden keine Anwendung auf Rechte, welche ein Gläubiger vor dem Inkrafttreten dieses Gesetzes durch Beschlagnahme, Pfändung oder Überweisung erlangt hat.

Vorbemerkung zu § 25.

Die §§ 17—24 enthalten die materiellrechtlichen Bestimmungen über die während der Übergangszeit zu gewährenden Vorrechte. Die §§ 25—36 enthalten die Bestimmungen über die zur Erhaltung der eben genannten Vorrechte zu führenden Vorrechtsregister. Den mit der Führung dieser Vorrechtsregister beauftragten Amtsgerichten steht eine Prüfung der Frage, ob die angemeldete Forderung und das für sie beanspruchte Vorrecht begründet sind, nicht zu; M. 30, 31. Die Prüfung der Anmeldungen hat sich auf die Erfordernisse der §§ 31, 32 Abs. 1 zu beschränken; KommBer. 13.

§ 25. Die Vorrechtsregister sind zur Eintragung der nach Vorschrift des § 21 Nr. 1 der Anmeldung bedürfenden Vorrechte bestimmt.

§ 26. Für die Führung der Vorrechtsregister sind die Amtsgerichte zuständig.

Der Justizminister kann die Führung des Registers für die Bezirke mehrerer Amtsgerichte einem derselben übertragen.

§ 27. Das Vorrechtsregister ist öffentlich. Die Einsicht desselben ist während der gewöhnlichen Dienststunden einem jeden gestattet.

§ 28. In dem Register sind außer den Eintragungen nur Löschungen zu vermerken.

§ 29. Die Eintragungen und Löschungen erfolgen auf Anordnung des Amtsgerichts.

Die Vermerke, durch welche die Eintragungen und Löschungen bewirkt werden, sind von dem Gerichtsschreiber zu unterschreiben.

§ 30. Die Anmeldung zur Eintragung erfolgt bei dem Amtsgericht, bei welchem der Schuldner am Tage des Inkrafttretens dieses Gesetzes seinen allgemeinen Gerichtsstand hat.

Ist der Schuldner vor dem Inkrafttreten dieses Gesetzes verstorben, so kann, solange die Voraussetzungen des § 28 Abs. 2 der Deutschen Zivilprozeßordnung vorhanden sind, die Anmeldung bei dem Amtsgericht erfolgen, bei welchem der Schuldner zur Zeit seines Todes den allgemeinen Gerichtsstand gehabt hat.

Im Fall des § 26 Abs. 2 kann die Anmeldung bei dem in den vorstehenden Bestimmungen bezeichneten oder bei dem mit der Führung des Registers beauftragten Amtsgericht erfolgen. Die Anmeldung ist, wenn sie nicht bei dem mit der Führung des Registers beauftragten Amtsgericht erfolgt, diesem Gericht zu übersenden.

§ 31. Die Anmeldung hat zu enthalten:

1. die Bezeichnung des Gläubigers und des Schuldners nach Namen, Stand oder Gewerbe und Wohnort;
2. die Angabe des Gegenstandes und des Grundes der Forderung;
3. die Angabe des für die Forderung beanspruchten Vorrechts, sowie des Grundes des Anspruchs;
4. im Fall einer Beschränkung des Vorrechts auf einzelne bewegliche Gegenstände des Schuldners die Bezeichnung der Gegenstände.

§ 32. Die Anmeldung kann bei dem Gericht schriftlich eingereicht oder zum Protokoll des Gerichtsschreibers angebracht werden. Wird sie schriftlich eingereicht, so muß das Schriftstück gerichtlich oder notariell beglaubigt sein. Bei der Beglaubigung bedarf es weder der Zuziehung von Zeugen, noch der Aufnahme eines Protokolls. Anmeldungen öffentlicher Behörden bedürfen keiner Beglaubigung. Der Anmeldung ist eine Abschrift der in derselben in Bezug genommenen urkundlichen Beweisstücke beizufügen.

Mit der Anmeldung soll eine für den Schuldner bestimmte Abschrift der Beweisstücke und, wenn die Anmeldung schriftlich angebracht wird, eine Abschrift derselben eingereicht werden.

§ 33. Genügt die Anmeldung den Erfordernissen der §§ 31, 32 Abs. 1, so ist die Eintragung anzuordnen.

Gegen den Beschluß, durch welchen die Eintragung abgelehnt wird, findet die Beschwerde nach Maßgabe der §§ 532 bis 538 der Deutschen Zivilprozeßordnung statt.

Die §§ 532—538 führen jetzt die Nummern 569—575. § 531 Abs. 2 ist nicht zitiert; es findet also weitere Beschwerde nicht statt.

§ 34. Eine Abschrift des eingetragenen Vermerks ist dem Gläubiger und dem Schuldner mitzuteilen. Der Mitteilung an den Schuldner ist eine Abschrift der Anmeldung und der urkundlichen Beweisstücke beizufügen. Dieselbe kann unmittelbar und ohne besondere Form geschehen.

§ 35. Der Schuldner kann auf Grund der Einwilligung des Gläubigers oder eines rechtskräftigen Urteils die Löschung der Eintragung verlangen.

§ 36. Für die den Amtsgerichten nach den Vorschriften dieses Titels obliegenden Geschäfte werden nur die baren Auslagen erhoben.

Der Notar erhält für die Beglaubigung im Falle des § 32 Abs. 1 bei einem Betrage der Forderung bis einschließlich 1500 Mark eine Gebühr von 1 Mark 50 Pf., bei einem Betrage der Forderung über 1500 Mark eine Gebühr von 3 Mark. Die Beglaubigung ist stempelfrei.

Abs. 2 Satz 1 ist jetzt ersetzt durch § 5 der Gebührenordnung für Notare vom 25. Juni 1895 / 6. Oktober 1899 und § 42 des Preußischen Gerichtskostengesetzes vom 25. Juni 1895 / 6. Oktober 1899 (GS. 1899 S. 374 und 326).

Vorbemerkung zu § 37.

Die §§ 37—50 betreffen das Verfahren in den bereits vor dem 1. Oktober 1879 eröffneten Konkursen; sie stellen sich als die Ausführungsbestimmungen zu § 8 Abs. 2 EG. z. KO. dar.

§ 37. Die Konkurssachen, in welchen das Verfahren vor dem Inkrafttreten dieses Gesetzes eröffnet worden ist, gehen auf die Amtsgerichte über. Dieselben sind, soweit nicht aus den Bestimmungen dieses Titels und aus der Verfassung der Amtsgerichte sich Abweichungen ergeben, nach den bisherigen Vorschriften zu erledigen.

Als zu dem Konkursverfahren gehörig sind im Sinne der vorstehenden Bestimmungen auch die Rechtsstreitigkeiten anzusehen, deren Verhandlung und Entscheidung in erster Instanz nach den bisherigen Vorschriften vor das Konkursgericht oder im Bezirk des Appellationsgerichts zu Celle vor das dem Konkursgericht vorgesetzte Obergericht gehört. Durch diese Bestimmung werden die Vorschriften der §§ 43 bis 47 nicht berührt.

§ 38. Die Zuständigkeit der Amtsgerichte in den auf sie übergehenden Konkurssachen umfaßt alle durch die bisherigen Vorschriften dem Konkursgericht zugewiesenen Geschäfte, soweit nicht in den §§ 43 bis 46 etwas anderes bestimmt ist.

§ 39. Im Geltungsbereich der Konkursordnung vom 8. Mai 1855 und im Bezirk des Appellationsgerichtshofes zu Cöln haben die Amtsgerichte zugleich die nach den bisherigen Vorschriften dem Konkurs- oder Fallimentskommissar zugewiesenen Geschäfte wahrzunehmen.

§ 40. Wird der Bezirk des bisherigen Konkursgerichts mehreren Amtsgerichten zugeteilt, so ist das Verfahren von dem Amtsgericht zu erledigen, zu dessen Bezirk der Sitz des bisherigen Konkursgerichts gehört.

Für die Erledigung kann ein anderes der mehreren Amtsgerichte bestimmt werden. Die Bestimmung erfolgt durch das Oberlandesgericht, oder, wenn die Amtsgerichte den Bezirken verschiedener Oberlandesgerichte angehören, durch den Justizminister.

Vor der Entscheidung ist der Verwalter (Kurator, Agent, Syndik) und, sofern der Gemeinschuldner ohne Aufschub zu erlangen ist, auch dieser zu hören.

§ 41. Die Vorschriften der §§ 3, 9, 10, 12 bis 14, 17, 19 bis

23, 44 bis 46 des Gesetzes, betreffend die Übergangsbestimmungen zur Deutschen Zivilprozeßordnung und Deutschen Strafprozeßordnung, finden auf das Verfahren entsprechende Anwendung.

§ 42. Auf Zustellungen und Behändigungen, welche in Gemäßheit der bisherigen Vorschriften nach den für Zustellungen und Behändigungen in bürgerlichen Rechtsstreitigkeiten geltenden Bestimmungen zu bewirken sind, finden die Bestimmungen des § 2 des Gesetzes, betreffend die Übergangsbestimmungen zur Deutschen Zivilprozeßordnung und Deutschen Strafprozeßordnung, entsprechende Anwendung.

Ist in Fällen, in welchen nach den bisherigen Vorschriften die Zustellung durch Aufgabe zur Post genügt, in Gemäßheit dieser Vorschriften eine Bescheinigung der Aufgabe zur Post erforderlich, so erfolgt die Zustellung nach Maßgabe der Bestimmungen der Deutschen Zivilprozeßordnung über die Zustellung durch Aufgabe zur Post. Einer Beglaubigung des zu übergebenden Schriftstücks bedarf es nicht, sofern dieselbe nach den bisherigen Vorschriften nicht erforderlich ist.

§ 43. Die Vorschriften des § 8 des Gesetzes, betreffend die Übergangsbestimmungen zur Deutschen Zivilprozeßordnung und Deutschen Strafprozeßordnung, soweit sie auf Kollegialgerichte sich beziehen, finden auf Rechtsstreitigkeiten, welche vor dem Inkrafttreten dieses Gesetzes bei dem Konkursgericht anhängig geworden sind, entsprechende Anwendung

1. im Geltungsbereich der Konkursordnung vom 8. Mai 1855, sofern die Rechtsstreitigkeit die Richtigkeit oder das Vorrecht einer Konkursforderung oder die Vernichtung des Akkordes zum Gegenstande hat;
2. im Bezirk des Appellationsgerichts zu Greifswald, sofern über die Rechtsstreitigkeit im Spezialprozeß abgesondert zu verhandeln und zu entscheiden ist;
3. im Bezirk des Appellationsgerichtshofes zu Cöln, sofern die Rechtsstreitigkeit zum Gegenstand hat
   a. die Richtigkeit oder das Vorzugsrecht einer Konkursforderung;
   b. einen Revindikationsanspruch;
   c. die Anfechtung eines Rechtsgeschäfts des Gemeinschuldners, oder eine Rückforderung zur Masse;
   d. den Anspruch eines Dritten gegen die Masse;
   e. die Rechnung eines Konkursverwalters.

§ 44. Auf die im § 43 bezeichneten Rechtsstreitigkeiten, sofern sie vor dem Inkrafttreten dieses Gesetzes noch nicht anhängig geworden sind, finden die Vorschriften des Deutschen Gerichtsverfassungsgesetzes und der Deutschen Zivilprozeßordnung, sowie des § 134 Abs. 2 und des § 136 der Deutschen Konkursordnung entsprechende Anwendung. Der Rechtsstreit ist durch besonders zu erhebende Klage anhängig zu machen.

§ 45. Im Bezirk des Appellationsgerichts zu Greifswald tritt für den Erlaß des Rangurteils die Zivilkammer des Landgerichts an Stelle des Kreisgerichts.

§ 46. In einem bei dem Stadtgericht zu Frankfurt a. M. eröffneten Konkursverfahren tritt die Zivilkammer des Landgerichts an Stelle des Stadtgerichts

1. für die Verhandlung und Entscheidung von Rechtsstreitigkeiten über Liquidate, wenn der Liquidationstermin vor dem Inkrafttreten dieses Gesetzes abgehalten ist und der Wert des Streitgegenstandes die Summe von dreihundert Mark übersteigt;
2. für den Erlaß des Rangurteils.

Der Wert des Streitgegenstandes ist im Fall der Nr. 1 unter entsprechender Anwendung des § 136 der Konkursordnung festzusetzen.

Wird der Liquidationstermin nach dem Inkrafttreten dieses Gesetzes abgehalten, so finden auf Rechtsstreitigkeiten über Liquidate die Vorschriften des Deutschen Gerichtsverfassungsgesetzes und der Deutschen Zivilprozeßordnung, sowie des § 134 Abs. 2 und des § 136 der Deutschen Konkursordnung entsprechende Anwendung. Der Rechtsstreit ist durch Erhebung besonderer Klage anhängig zu machen.

§ 47. Soweit im Bezirk des Appellationsgerichts zu Celle Rechtsstreitigkeiten, welche

1. die Anfechtung des Prioritätsurteils,
2. die Richtigkeit oder die Priorität der einzelnen angemeldeten Forderungen,
3. Erinnerungen gegen den Verteilungsplan

zum Gegenstand haben, nach den bisherigen Vorschriften in erster Instanz vor das Obergericht gehören, tritt an Stelle des letzteren die Zivilkammer des Landgerichts.

§ 48. Die Vorschriften der §§ 37, 38, 41, 42 finden entsprechende Anwendung auf die vor dem Inkrafttreten dieses Gesetzes anhängig gewordenen Sachen, welche ein die Eröffnung oder Abwendung des Konkurses betreffendes Verfahren zum Gegenstand haben.

Wird der Bezirk des bisher mit der Sache befaßt gewesenen Gerichts mehreren Amtsgerichten zugeteilt, so geht die Sache an dasjenige der mehreren Amtsgerichte über, bei welchem der Schuldner seinen allgemeinen Gerichtsstand hat, oder, wenn der Schuldner bei keinem dieser Amtsgerichte seinen allgemeinen Gerichtsstand hat, an das Amtsgericht, zu dessen Bezirk der Sitz des bisher mit der Sache befaßt gewesenen Gerichts gehört.

§ 49. Im Geltungsbereich der Konkursordnung vom 8. Mai 1855 und im Bezirk des Appellationsgerichts zu Celle kann das Konkursgericht in jedem seit mindestens dreißig Jahren vor dem Inkrafttreten dieses Gesetzes eröffneten Konkursverfahren die dem Aufenthalt nach nicht bekannten Gläubiger oder die nicht bekannten Rechtsnachfolger von Gläubigern zum Erscheinen in einem Termin oder zur Meldung innerhalb einer Frist öffentlich auffordern. Die Aufforderung kann auf einzelne Gläubiger oder auf eine einzelne Klasse von Gläubigern beschränkt werden.

Die öffentliche Bekanntmachung der Aufforderung erfolgt nach den Vorschriften des § 68 Abs. 1, 2 der Deutschen Konkursordnung und, unbeschadet dieser Vorschriften, durch einmalige Einrückung in den Reichsanzeiger.

Zwischen dem Tage, an welchem die öffentliche Bekanntmachung als bewirkt gilt, und dem Termin oder dem Ablauf der Frist soll ein Zeitraum von mindestens sechs Wochen liegen.

In der Aufforderung sind die Gläubiger, an welche oder an deren Rechtsnachfolger dieselbe erlassen wird, und, soweit es geschehen kann, die Beträge der einzelnen Forderungen zu bezeichnen.

Als Rechtsnachteil ist anzudrohen, daß eine Berücksichtigung der Forderungen in dem ferneren Verfahren und bei der Beschlußfassung über die Aufhebung desselben nicht stattfinden werde, so lange der Berechtigte nicht nachträglich sich gemeldet habe.

Ein Ausschlußurteil ist nicht zu erlassen.

§ 50. Wenn im Fall des § 49 nach Versäumung des Termins oder der Frist ein Berechtigter vor Aufhebung des Verfahrens sich meldet, so kann er aus der zur Zeit der Meldung vorhandenen Masse, soweit diese reicht und nicht infolge eines den berücksichtigten Gläubigern gegenüber ausführbar gewordenen Verteilungsplans zu einer Verteilung zu verwenden ist, den Betrag verlangen, welcher auf seine Forderung zu verteilen gewesen sein würde, wenn in der Zwischenzeit eine Berücksichtigung derselben stattgefunden hätte.

Die Zulassung zur Teilnahme an einer Beschlußfassung der Gläubiger kann ein solcher Berechtigte verlangen, sofern zur Zeit der Meldung die Abstimmung noch nicht abgeschlossen ist.

§ 51. Die gesetzlichen Bestimmungen, nach welchen die Zahlungsunfähigkeit oder die Zahlungseinstellung eine Beschränkung des Gemeinschuldners in der Ausübung eines auf das Vermögen sich nicht beziehenden Rechts zur Folge hat, werden dahin abgeändert, daß die Beschränkung nur im Fall der Eröffnung des Konkursverfahrens eintritt.

§ 52. Die Beschränkungen, welche nach gesetzlichen Bestimmungen das Konkursverfahren oder das bisherige Fallimentsverfahren für den Gemeinschuldner in der Ausübung eines auf das Vermögen sich nicht beziehenden Rechts zur Folge hat, fallen mit der Beendigung des Verfahrens weg.

§ 53. Die Vorschriften der §§ 51, 52 finden auf die Fälle, in welchen die Zahlungsunfähigkeit oder Zahlungseinstellung oder die Eröffnung des Konkurs- oder Fallimentsverfahrens vor dem Tage des Inkrafttretens dieses Gesetzes stattgefunden hat, mit der Maßgabe Anwendung, daß, wenn das Konkurs- oder Fallimentsverfahren vor dem Tage des Inkrafttretens dieses Gesetzes entweder nicht eröffnet oder beendigt ist, die Beschränkungen mit diesem Tage wegfallen.

§ 54. Die Vorschriften der Artikel 551 bis 553 des Rheinischen Handelsgesetzbuchs werden durch die Bestimmungen dieses Gesetzes nicht berührt.

§ 55. Außer Kraft treten, unbeschadet der Bestimmungen der §§ 15, 54,

1. die Vorschriften der Abschnitte 1 bis 5 und 8 bis 11 des ersten Titels, sowie die Vorschriften des zweiten und dritten Titels der Konkursordnung vom 8. Mai 1855;
2. die noch geltenden Vorschriften des dritten Buchs des Rheinischen Handelsgesetzbuchs;
3. die im Bezirk des Appellationsgerichts zu Celle noch geltenden

Vorschriften des fünfzigsten Titels und des § 12 des einundfünfzigsten Titels des ersten Teils der Allgemeinen Gerichtsordnung.

§ 56. Wo in einem Gesetz auf die durch Einführung der Deutschen Konkursordnung oder durch dieses Gesetz aufgehobenen Vorschriften hingewiesen wird, treten die Vorschriften der Deutschen Konkursordnung, des Gesetzes, betreffend die Einführung derselben, und dieses Gesetzes an deren Stelle.

§ 57. Dieses Gesetz tritt gleichzeitig mit dem Deutschen Gerichtsverfassungsgesetz in Kraft.

In anhängigen Sachen können schon vor diesem Zeitpunkte Ladungen vor diejenigen Landesgerichte erfolgen, welche an die Stelle der aufgehobenen Gerichte treten.

Die nach § 40 Absatz 2, 3 zulässige Bestimmung kann vor dem Inkrafttreten des Gesetzes getroffen werden. Die Bestimmung erfolgt durch das Appellationsgericht oder den Justizminister.

Gesetz,

betreffend die Anfechtung von Rechtshandlungen eines Schuldners außerhalb des Konkursverfahrens.

Vom 21. Juli 1879.

(RGBl. S. 277.)

In der Fassung der Bekanntmachung vom 20. Mai 1898 (RGBl. S. 709).

---

§ 1. Rechtshandlungen eines Schuldners können außerhalb des Konkursverfahrens zum Zwecke der Befriedigung eines Gläubigers als diesem gegenüber unwirksam nach Maßgabe der folgenden Bestimmungen angefochten werden.

* Die durch das Gesetz vom 17. Mai 1898 abgeänderten, bzw. neu hinzugefügten Worte sind überall durch Schwabacher Schrift hervorgehoben!

1 **1.** § 1 entspricht dem § 29 KO., selbstverständlich mit dem Unterschiede, daß § 1 die Anfechtung einer Rechtshandlung außerhalb des KVerf., § 29 KO. aber die Anfechtung einer Rechtshandlung während des KVerf. betrifft. Es wird deshalb zur Vermeidung von Wiederholungen auf die Anmerkungen zu § 29 KO. allgemein verwiesen.

2 **2.** Gegenstand der Anfechtung nach dem Anfechtungsgesetz sind die Rechtshandlungen eines Schuldners außerhalb des KVerf. Das Gesetz findet sonach Anwendung auf alle Fälle der Anfechtung seitens des Gläubigers, sofern

a. über das Vermögen des Schuldners das KVerf. noch nicht eröffnet oder bereits formell beendigt ist;

b. während eines schwebenden KVerf. es sich um Befriedigung von Gläubigern handelt, welche außerhalb des KVerf. zu erfolgen hat (M. 11), wenn also z. B. eine Anfechtung seitens absonderungsberechtigter Gläubiger (§§ 47 bis 52 KO.) oder eine Anfechtung bezüglich solcher Vermögensgegenstände des GSch. in Frage steht, welche nicht Bestandteile der KM. geworden sind (§ 1 KO.).

3 Auf diesen Gebieten gilt das Anfechtungsgesetz ausnahmslos. Landesgesetzliche Bestimmungen über das Anfechtungsrecht sind aufgehoben; RG. JW. 92 S. 71; RG. 17 S. 317; JW. 88 S. 384; Bolze 7 Nr. 301. Für die actio doli ist neben der Anfechtungsklage kein Raum; RG. 9 S. 147. Das Anfechtungsgesetz bezieht sich auf alle Fälle der Befriedigung eines Gläubigers außerhalb des KVerf., stellt also auch die Anfechtung der Realgläubiger im Zwangsversteigerungsverfahren unter die allgemeinen Regeln; JW. 87 S. 15. Beseitigt durch das Anfechtungsgesetz ist ferner die Beschränkung des preußischen Rechtes, wonach Grundschulden nur von Gläubigern,

welche ihre Eintragung im Wege der Zwangsvollstreckung erlangt haben, angefochten werden dürfen (EE. G. v. 5. Mai 1872 § 40), vielmehr ist jeder Gläubiger, er mag eingetragen sein oder nicht, auf Grund des AnfG. zur Anfechtung sowohl von Hypotheken wie von Grundschulden befugt; M. 16.

3. Anfechtungsberechtigt ist jeder durch die Rechtshandlung seines 4
Schuldners benachteiligte Gläubiger. Das Anfechtungsrecht ist kraft Gesetzes unlösbar mit der Forderung verbunden; § 2. Zweck der Anfechtung ist die Rückgewähr der dem Gläubiger aus dem Vermögen seines Schuldners widerrechtlich entzogenen Befriedigungsmittel dergestalt, daß dem Gläubiger die Zwangsvollstreckung in diese so gestattet wird, als ob sie noch zum Vermögen des Schuldners gehören; RG. 27 S. 130. Zwischen dem anfechtenden Gläubiger und dem Anfechtungsgegner handelt es sich nicht um die absolute Rechtsgültigkeit einer Rechtshandlung, sondern nur um die Frage, inwieweit diese dem Gläubiger gegenüber für unwirksam zu erachten ist. Wird sie dem Gläubiger gegenüber für unwirksam erklärt, so bleibt sie gleichwohl unter den Kontrahenten selbst, also dem Schuldner des Anfechtungsgegners gegenüber, zu Recht bestehen. Der Gläubiger kann die Rechtshandlung nur insoweit für unwirksam erklären lassen, als sein Anfechtungsanspruch reicht. Dieser reicht aber nicht weiter, als durch die anfechtbare Handlung der vor deren Vornahme bestehende Vermögensstand des Schuldners zum Nachteil des Gläubigers verändert worden ist; RG. 21 S. 95; 32 S. 101; JW. 88 S. 344; 89 S. 20. Das von dem einzelnen Gläubiger mit Erfolg geltend gemachte Anfechtungsrecht kommt nur ihm selbst und nur wegen der Forderung, wegen deren der Anfechtungsanspruch erhoben worden ist, zugute. Dritten gegenüber bleibt die Rechtshandlung in Kraft; RG. 24 S. 92; steht also z. B. zwischen der angefochtenen Hypothek und der Hypothek des Anfechtenden noch eine Post, so behält dieser Post gegenüber die angefochtene Hypothek den Vorrang; RG. 47 S. 216 bzw. JW. 01 S. 162. Entsprechendes gilt gegenüber dem Schuldner und gegenüber der KM. des Schuldners; RG. 19 S. 202; JW. 94 S. 122. Eine Abtretung des Anfechtungsrechts ohne die kraft Gesetzes unlösbar mit ihr verbundene Forderung ist begrifflich ausgeschlossen; RG. 30 S. 74; 39 S. 13. Bei Abtretung der Forderung geht der Anfechtungsanspruch ohne weiteres auf den Zessionar über; dieser bedarf keines neuen vollstreckbaren Titels, auch keiner auf ihn lautenden Vollstreckungsklausel. Erfolgt die Abtretung der Forderung erst im Laufe des Prozesses, so ist § 265 Abs. 2 ZPO. anzuwenden; RG. 39 S. 14.

Mehrere Anfechtungsberechtigte: § 7 A. 9.

4. Anfechtungsgegner ist der Mitkontrahent des Schuldners, nicht auch 5
der Schuldner selbst, da gegen ihn ein auf Rückgewähr lautendes Urteil nicht ergehen könnte; RG. 35 S. 95. Ausnahmefälle, in denen ein besonderes Interesse auf Seiten des Anfechtungsklägers besteht, die Anfechtbarkeit auch dem Schuldner gegenüber feststellen zu lassen, und in denen die Zulässigkeit der Klage auch gegen ihn aus § 256 ZPO. herzuleiten ist, sind besonders zu begründen; RG. 35 S. 95; Bolze 2 Nr. 586; JW. 95 S. 385; 97 S. 189; Gruch. 41 S. 1144; a. M. Bolze 3 Nr. 376.

5. Die Erhebung des Anfechtungsanspruchs kann nur durch Klage 6
oder durch Einrede erfolgen, nicht durch formlose Erklärung; ebenso Jaeger A. 64 ff.; RG. 52 S. 334. Regelmäßig ausgeschlossen ist die Geltendmachung durch Feststellungsklage, weil der Klageantrag auf Rückgewähr gerichtet sein muß; RG. 19 S. 202; 23 S. 5; Bolze 4 Nr. 356; JW. 92 S. 392, 572; Gruch. 36 S. 464. Auch wenn die angefochtene Rechtshandlung sich als beiderseitiges Handelsgeschäft

darstellt, können für den Anfechtungsanspruch nur 4 Prozent Zinsen gefordert werden; RG. JW. 02 S. 273.

7 6. *Wert des Streitgegenstandes* ist der Wert der Forderung des anfechtenden Gläubigers; der Wert des Gegenstandes der angefochtenen Rechtshandlung nur dann, wenn er geringer ist; RG. 7 S. 404; JW. 95 S. 38.

8 7. *Anfechtbar sind nur ernstlich gewollte Rechtshandlungen*, nicht auch solche, die nur zum Schein vorgenommen worden sind. Die Einrede des Scheines und die Einrede der Fraudulosität sind völlig selbständig und von einander unabhängig. Ist ursprünglich nur die eine dieser Einreden geltend gemacht und wird erst später die andere geltend gemacht, so liegt eine Klageänderung vor; JW. 97 S. 548.

§ 2. Zur Anfechtung ist jeder Gläubiger, welcher einen vollstreckbaren Schuldtitel erlangt hat und dessen Forderung fällig ist, befugt, sofern die Zwangsvollstreckung in das Vermögen des Schuldners zu einer vollständigen Befriedigung des Gläubigers nicht geführt hat oder anzunehmen ist, daß sie zu einer solchen nicht führen würde.

---

1 1. *Voraussetzungen der Anfechtung* sind:

a. auf seiten des *Gläubigers*:

α. Besitz eines vollstreckbaren Schuldtitels gegen den Schuldner **und**

β. Fälligkeit der Forderung des Gläubigers;

b. auf seiten des Schuldners *entweder*:

α. unvollständige Befriedigung des Gläubigers bei der Zwangsvollstreckung in das Vermögen des Schuldners *oder*

β. Grund zu der Annahme, daß die Zwangsvollstreckung in das Vermögen des Schuldners nicht zu einer vollständigen Befriedigung des Gläubigers führen wird.

2 2. Sind die Voraussetzungen des § 2 *zur Zeit der Anfechtung* begründet, so können spätere Ereignisse die Anfechtung nicht nachträglich unzulässig machen; OLG. Hamburg in OLG. 10 S. 223. Die Anfechtung eines fraudulosen Geschäfts kann unter Umständen auch zugleich auf § 138 BGB. (Verstoß gegen die guten Sitten) gestützt werden; bisweilen wird sich die Klage auch auf § 826 BGB. stützen lassen; vgl. RG. JW. 04 S. 499 bzw. Gruch. 49 S. 345. Klagen mehrere Personen, welche nicht notwendige Streitgenossen sind, gemeinschaftlich, so muß für *jeden* Kläger *einzeln* festgestellt werden, ob die Voraussetzungen der Anfechtung gegeben sind; RG. in der LZ. für Handels-, Konkurs- und Versicherungsrecht 1 S. 515.

3 3. Zu 1a. α: *Vollstreckbarer Titel*. Das *Vorhandensein* eines solchen gehört zu den Voraussetzungen des Anfechtungsanspruchs. Es kann nicht ersetzt werden durch das Anerkenntnis der Forderung des Anfechtenden seitens des Anfechtungsgegners; RG. JW. 91 S. 393. Doch genügt es, wenn der vollstreckbare Titel vor Schluß derjenigen Verhandlung vorhanden ist, auf welche das Urteil ergeht, mag er auch zur Zeit der Klageerhebung gefehlt haben; RG. *Bolze* 7 Nr. 283; RG. 41 S. 87 (Vereinigte Zivilsenate). Die widerspruchslose Feststellung und Eintragung in die Konkurstabelle ist als vollstreckbarer Schuldtitel anzusehen und kann als solcher benutzt werden; RG. 16 S. 32; 35 S. 80; *Bolze* 3 Nr. 369. Ein Arrestbefehl kann als vollstreckbarer Titel im Sinne des § 2 des Anfechtungsgesetzes nicht angesehen werden; RG. 32 S. 230; *Bolze* 5 Nr. 339; JW. 88 S. 18; 94 S. 456; OLG. Dresden im SächsArch. 4 S. 229; vgl. jedoch RG. 33 S. 313. Eine

Entscheidung der zuständigen Gerichtskasse dahin, daß eine bestimmte Person Kostenschuldner sei, ist als vollstreckbarer Titel anzusehen; OLG. Dresden im SächsArch. 1 S. 738. Ist ein Schuldtitel nur gegen Sicherheitsleistung vollstreckbar, so muß die Hinterlegung zur Herbeiführung der Vollstreckbarkeit erfolgt sein, damit ein Anfechtungsanspruch erhoben werden kann; OLG. Stettin in OLG. 11 S. 368.

Die Vollstreckungsklausel hat nur die Bedeutung, die Vollstreckbarkeit äußerlich erkennbar zu machen, ist daher für die Anfechtung nicht wesentlich; M. 13.

Der Schuldtitel muß auf einen bestimmten Geldbetrag lauten, so daß die Zwangsvollstreckung in das Vermögen des Schuldners erfolgen und die Befriedigung des Gläubigers herbeigeführt werden kann; RG. 18 S. 145; 19 S. 205; JW. 87 S. 495; 93 S. 201. Unzulässig ist die Anfechtung, wenn der Schuldtitel lediglich die Verpflichtung zum Schadenersatz feststellt oder zur Rechnungslegung verurteilt (SeuffA. 11 Nr. 21) oder wenn er nur auf Sicherstellung (JW. 98 S. 480) oder auf Auflassung eines Grundstücks (JW. 98 S. 74) lautet.

4. Zu 1a. β: Fälligkeit der Forderung des Gläubigers. Die Fällig- 4
keit der Forderung ist nicht Bestandteil des Klagegrundes, sondern nur gesetzliche Voraussetzung für die Geltendmachung des Anfechtungsrechts. Deshalb genügt es, wenn die Fälligkeit zwar nach Klageerhebung, aber doch wenigstens vor Erlassung des Urteils eingetreten ist; JW. 97 S. 10; 98 S. 480; RG. im SächsArch. 6 S. 810. Hiernach ist es möglich, daß ein Anfechtungsanspruch erst in der zweiten Instanz geltend gemacht wird, wenn die Fälligkeit der Forderung erst nach Erlaß des erstinstanzlichen Urteils eingetreten ist; JW. 98 S. 574.

5. Zu 1b: Voraussetzungen auf seiten des Schuldners. Der An- 5
fechtungsanspruch ist bedingt durch den Nachweis der tatsächlich eingetretenen oder mit Grund anzunehmenden Erfolglosigkeit der Zwangsvollstreckung in das Vermögen des Schuldners. Zur Feststellung dieser Erfolglosigkeit genügt nicht jeder ernstliche Versuch einer Zwangsvollstreckung in einzelne Vermögensstücke, es muß vielmehr der Versuch der Zwangsvollstreckung in das Vermögen des Schuldners ein erschöpfender, gegen sein gesamtes Vermögen gerichteter sein, so daß exekutionsfähige Mittel des Schuldners nicht außer Zugriff bleiben dürfen; RG. 12 S. 401; 22 S. 47; Gruch. 29 S. 126. Nicht hinreichend ist also der Nachweis des Mangels genügender Barmittel; RG. JW. 96 S. 150.

Die Feststellung, daß eine Zwangsvollstreckung zur vollständigen Befriedigung 6
des Gläubigers nicht führen werde, ist dem richterlichen Ermessen anheimgegeben; RG. Bolze 4 Nr. 367. Die Bejahung der Frage erscheint gerechtfertigt, wenn dargetan wird, daß die von einem anderen Gläubiger versuchte Zwangsvollstreckung erfolglos geblieben ist und der Schuldner inzwischen Vermögen nicht erworben hat; RG. Bolze 7 Nr. 299. Ferner dann, wenn sich zwar in dem Vermögen des Schuldners noch Gegenstände (z. B. Forderungen) befinden, welche an sich zur Befriedigung des anfechtenden Gläubigers ausreichen würden, aber nicht oder schwer erreichbar oder verwertbar sind; RG. JW. 87 S. 4; 92 S. 239, 301, 302. Von der Ableistung des Offenbarungseides durch den Schuldner kann die Anfechtungsberechtigung des Gläubigers nicht abhängig gemacht werden; RG. 10 S. 236.

Dem Hypothekengläubiger steht die Anfechtungsklage erst nach erfolglosem Ver- 7
suche, sich aus der Hypothek bezahlt zu machen, zu. Denn wenn er durch die Nichtausübung seines Pfandrechts einen Nachteil erleidet, so beruht dieser auf seinem eigenen Willen, nicht auf der anfechtbaren Handlung des Schuldners; RG. 12 S. 400; 22 S. 47; Bolze 2 Nr. 596, 597; Gruch. 30 S. 1087; JW. 86 S. 74. Ebenso

verliert der Hypothekengläubiger sein Anfechtungsrecht durch Abtretung des besseren Ranges, mit welchem er noch Befriedigung gefunden haben würde.

8 Das Anfechtungsrecht ist gegeben „insofern“ — nicht „soweit“ — die bereiten Mittel des Schuldners zur vollständigen Befriedigung des Gläubigers nicht hinreichen. Der Gläubiger ist also nicht verpflichtet, zunächst seine Deckung bei dem Schuldner zu suchen, kann vielmehr das Anfechtungsrecht wegen seiner *ganzen* Forderung, nicht nur wegen des durch Zwangsvollstreckung nicht beizutreibenden Restbetrages ausüben; RG. 22 S. 44; JW. 89 S. 21.

9 Dem Anfechtungsgegner bleibt der Nachweis vorbehalten, daß bei dem Schuldner noch Vermögensstücke vorhanden sind, welche der Zwangsvollstreckung unterliegen und sich zur Befriedigung des Gläubigers verwerten lassen; RG. 12 S. 400; 22 S. 47; JW. 86 S. 74; 92 S. 239; Gruch. 30 S. 1088; OLG. Marienwerder in SeuffA. 56 S. 128. Der Nachweis, daß solche Vermögensstücke noch vorhanden sind, kann nicht dadurch geführt werden, daß der Anfechtungsgegner behauptet, es seien noch Außenstände des Schuldners vorhanden, die nach und nach eingehen würden; RG. in der LZ. für Handels-, Konkurs- und Versicherungsrecht 2 S. 71.

10 6. *Einwendungen des Anfechtungsgegners.* Der vollstreckbare Schuldtitel gegen den Schuldner begründet die Legitimation des Gläubigers gegenüber dem Beklagten. Dieser ist nicht befugt, einen anderen Nachweis für die Gläubigereigenschaft zu fordern und den Anfechtenden zu zwingen, die gegen den Schuldner nachgewiesene Forderung nochmals gegen den Anfechtungsgegner zu beweisen; M. 13. RG. 7 S. 188; Gruch. 36 S. 1146; JW. 92 S. 301; a. M. *Jaeger* A. 36 ff.

11 Wohl aber kann der Anfechtungsbeklagte dem vollstreckbaren Schuldtitel alle die *Einreden entgegensetzen, welche er aus eigenem Rechte zu erheben vermag.* Hierher gehört die Einrede, daß die Erlangung des Schuldtitels auf einem unredlichen Einvernehmen zwischen Gläubiger und Schuldner beruhe, um die Anfechtung zu ermöglichen (exc. doli, Simulation); RG. JW. 95 S. 267. Hierher gehören auch solche Einwendungen, welche den durch den Schuldtitel gegen den Schuldner festgestellten Anspruch selbst betreffen, soweit der Schuldner zur Zeit der Anfechtung zu ihrer Geltendmachung befugt wäre; §§ 767 Abs. 2, 3, 796 Abs. 2, 797 Abs. 4 ZPO.; M. 13. Gemeint sind die von dem Schuldner im Wege der Klage geltend zu machenden Einwendungen der Zahlung, der Aufrechnung u. dergl., wenn die Gründe, auf denen sie beruhen, erst nach dem Schlusse der mündlichen Verhandlung entstanden sind und durch Einspruch nicht mehr geltend gemacht werden können. Einwendungen, welche der Schuldner nach § 767 Abs. 2 ZPO. nicht mehr geltend machen kann, kann auch der Anfechtungsgegner nicht mehr geltend machen; RG. 68 S. 138.

§ 3. Anfechtbar sind:

1. Rechtshandlungen, welche der Schuldner in der dem anderen Teile bekannten Absicht, seine Gläubiger zu benachteiligen, vorgenommen hat;
2. die in dem letzten Jahre vor der Anfechtung geschlossenen entgeltlichen Verträge des Schuldners

   mit seinem Ehegatten, vor oder während der Ehe, mit seinen oder seines Ehegatten Verwandten in auf- und absteigender Linie, mit seinen oder seines Ehegatten voll- und halbbürtigen Geschwistern, oder mit dem Ehegatten einer dieser Personen,

   sofern durch den Abschluß des Vertrages die Gläubiger des

Schuldners benachteiligt werden und der andere Teil nicht beweist, daß ihm zur Zeit des Vertragsabschlusses eine Absicht des Schuldners, die Gläubiger zu benachteiligen, nicht bekannt war;
3. die in dem letzten Jahre vor der Anfechtung von dem Schuldner vorgenommenen unentgeltlichen Verfügungen, sofern nicht dieselben gebräuchliche Gelegenheitsgeschenke zum Gegenstande hatten;
4. die in den letzten zwei Jahren vor der Anfechtung von dem Schuldner vorgenommenen unentgeltlichen Verfügungen zugunsten seines Ehegatten.

---

1. Da das Anfechtungsrecht nach dem BGB. nicht als ein Anspruch anzusehen 1
ist, so ist die frühere Fassung des § 3 insofern geändert worden, als in Nr. 2 bis 4 die Worte „vor der Rechtshängigkeit des Anfechtungsanspruchs" durch die Worte „vor der Anfechtung" ersetzt worden sind; M. z. KNovelle S. 59. Außerdem ist in Nr. 4 der bisherige zweite Halbsatz gestrichen. Vgl. hierüber § 32 KO. A. 9.

2. Die Anfechtungsgründe sind dieselben wie die der §§ 31, 32 der KO. 2
Die dort gegebenen Erläuterungen finden also auch hier Anwendung, und es wird zur Vermeidung von Wiederholungen hiermit auf sie verwiesen. Insbesondere bildet das Vorhandensein einer objektiven Benachteiligung auch im Falle des § 3 eine notwendige Voraussetzung der Anfechtbarkeit; RG. JW. 91 S. 511. Eine Benachteiligung ist immer dann vorhanden, wenn durch die angefochtene Handlung die Befriedigung des anfechtenden Gläubigers ganz oder teilweise vereitelt worden ist; RG. 20 S. 180; 23 S. 9; 27 S. 133; JW. 89 S. 461, 462. Die arglistige Absicht und deren Kenntnis ist in § 3 Nr. 2 keine andere als in § 3 Nr. 1; RG. JW. 96 S. 132. Über den Begriff „Rechtshandlung" vgl. A. 1 zu § 29 KO., über Benachteiligung der Gläubiger vgl. A. 2 zu § 29, A. 9, 10 zu § 30 und A. 2 bis 7 zu § 31 KO.; über den Begriff „entgeltliche Verträge des Schuldners" vgl. A. 11 zu § 31 KO.; über „Ehegatten und Verwandte" vgl. A. 12 und 13 zu § 31 KO. Über Beweislast im Falle der Ziffer 1 vgl. A. 7 zu § 31, im Falle der Ziffer 2 A. 15 und 16 zu § 31 KO. Über den Begriff „unentgeltliche Verfügungen" vgl. A. 1 bis 7 zu § 32 KO.

3. Fristen. Das Anfechtungsrecht auf Grund des § 3 Nr. 1 verjährt in 3
zehn Jahren; § 12. In den Fällen der Nr. 2 und 3 unterliegen die betreffenden Handlungen der Anfechtbarkeit nur dann, wenn sie im letzten Jahre, im Falle der Nr. 4 wenn sie in den letzten zwei Jahren vor der Rechtshängigkeit des Anfechtungsanspruchs vorgenommen sind. Die Rechtshängigkeit wird begründet durch die Zustellung der Klage (§ 263 ZPO.), bei Ansprüchen, welche erst im Laufe des Prozesses erhoben werden, durch Geltendmachung in der mündlichen Verhandlung; § 281 ZPO. Der zuletzt genannte Zeitpunkt muß in Ermangelung einer anderweiten Fristbestimmung auch dann als maßgebend angenommen werden, wenn die Anfechtung im Wege der Einrede oder der Replik geltend gemacht wird; RG. 26 S. 23; 40 S. 38; JW. 88 S. 219, 220; Gruch. 32 S. 1164; 38 S. 1181; JW. 91 S. 393, 572; Beil. z. RAnz. v. 91 S. 254. Die Fristen der Nr. 2—4 sind keine Notfristen, es findet also gegen ihren Ablauf keine Wiedereinsetzung in den vorigen Stand statt; RG. 17 S. 70.

4. Aus der sehr umfangreichen Judikatur zu § 3 des Anfechtungs- 4
gesetzes seien folgende Entscheidungen hier angeführt:

Wenn ein Schuldner nur das leistet, was er schuldig ist, und der Kläger nur empfängt, was ihm gebührt, so muß davon ausgegangen werden, daß beide Teile auch, wenn ihnen bekannt war, daß dadurch andere Gläubiger benachteiligt werden, in der Absicht gehandelt haben, es solle lediglich die dem Schuldner obliegende Verbindlichkeit erfüllt werden; so OLG. Dresden im Recht 5 S. 290; a. M. RG. JW. 06 S. 179. Eine Gläubigerbenachteiligung liegt nur dann vor, wenn durch die vom Schuldner vorgenommene Handlung ein dem Zugriff der Gläubiger unterliegender Vermögenswert weggegeben ist, mithin nicht, wenn unpfändbare Sachen (Trauring, Geschäftskundschaft, Zeitschriftentitel) veräußert worden sind; so Kammergericht in SeuffA. 56 S. 47 bzw. im Recht 4 S. 317; ebenso OLG. Dresden im SächsArch. 14 S. 390. Die Annahme einer Benachteiligung des anfechtenden Gläubigers wird dadurch nicht ausgeschlossen, daß der anfechtende Gläubiger erst nach Abschluß des angefochtenen Vertrages Gläubiger wurde; eine Benachteiligungsabsicht ist auch gegenüber einem nur eingebildeten Gläubiger möglich; so OLG. Marienwerder in SeuffA. 59 S. 405 bzw. in OLG. 10 S. 227. Eine Benachteiligung ist ferner nicht für vorliegend erachtet in folgenden Fällen:

a. wenn durch den Abschluß des angefochtenen Vertrages ein dem veräußerten Gegenstande entsprechendes Äquivalent in das Vermögen des Schuldners gelangt ist, selbst wenn dieses Äquivalent zur Zeit der Anfechtung nicht mehr vorhanden ist; RG. bei Gruch. 48 S. 112.

b. wenn der Anfechtungsbeklagte das, was ihm aus dem Vermögen des Schuldners zugekommen ist, schon vor der Anfechtung voll zurückgewährt hat; so RG. im SächsArch. 6 S. 492.

c. wenn außergerichtlich ein Stundungsvertrag geschlossen wird, durch den nach einem Beschlusse der Mehrheit der Gläubiger das Vermögen des Schuldners an einen Treuhänder übertragen wird; so RG. in DJZ. 10 S. 458.

d. wenn eine Hypothek zediert wird, die zugunsten eines Dritten wegen einer den Betrag der Hypothek übersteigenden Forderung des Dritten mit einem Pfandrecht belastet ist; so RG. JW. 06 S. 722.

e. wenn jemand fremde Sachen verkauft; so RG. in Seufferts Blättern 72 S. 384.

f. wenn eine Firma mit dem Schuldner einen Vertrag dahin schließt, daß die Firma dem Schuldner für seine Dienste als Buchhalter ein Jahresgehalt von 1500 M., seiner Ehefrau aber, solange er im Dienste der Firma bleibt, 1700 M. in Monatsraten ausbezahlt; so RG. 69 S. 59 bzw. JW. 08 S. 308.

Wenn der Grundstückseigentümer mit einem Hypothekengläubiger vereinbart, daß die Hypothek beim Verkauf aus dem Kaufpreis bezahlt und dann gelöscht werden soll, so kann hierin eine Benachteiligung eines persönlichen Gläubigers des Grundstückeigentümers nicht gefunden werden; so RG. in der BadRpr. 07 S. 93.

5 Daraus, daß der Schuldner noch andere Schulden hatte und kurze Zeit nach Vornahme der angefochtenen Handlung erfolglos ausgepfändet wurde, ist noch nicht auf eine Absicht, die übrigen Gläubiger zu benachteiligen, zu schließen; so OLG. Dresden im SächsArch. 4 S. 229. Für vorliegend erachtet ist eine Benachteiligung dagegen auch dann, wenn bei einer in vollem Umfange angefochtenen Hypothek wenigstens ein Teil der Hypothekensumme in bar gewährt worden ist; so OLG. Stettin in OLG. 10 S. 224. Ferner ist das Vorliegen einer Benachteiligungsabsicht bejaht worden, wenn ein Bürge nach erhaltener Zahlungsaufforderung seinen Grundbesitz an seine Kinder verkauft, um von dem Erlöse zunächst seine eigenen Schulden zu bezahlen; so RG. im Recht 06 S. 124. Zum Beweise einer Benachteiligungsabsicht ist das Vorhandensein von Gläubigern zur Zeit der Vornahme der angefochtenen Rechtshandlung nicht für erforderlich erachtet worden; so Kammer-

gericht in KGBl. 07 S. 6. Es braucht nur im allgemeinen die Absicht, die Gläubiger zu benachteiligen, vorzuliegen; die Absicht, individuell bestimmte Gläubiger zu benachteiligen, ist nicht erforderlich; so RG. JW. 08 S. 567. Bei Prüfung der Frage, ob eine Veräußerung den anfechtenden Gläubiger benachteiligt, darf nur auf den unmittelbaren Gegenstand des angefochtenen Geschäfts gesehen werden, während die Möglichkeit für den Gläubiger, sich aus den künftigen Erträgnissen dieses Gegenstandes zu befriedigen, außer Betracht bleiben muß; so RG. 64 S. 339 bzw. JW. 06 S. 769. Die Bestellung eines Nießbrauchs zu dem Zweck, die gesetzlich vorgeschriebene Reihenfolge der Befriedigung der Gläubiger inne zu halten, enthält keine Benachteiligung der persönlichen Gläubiger des Grundstückeigentümers; so RG. bei Gruch. 51 S. 1107. Auch in einem Antrage auf Anordnung der Nachlaßverwaltung kann eine Gläubigerbenachteiligung nie enthalten sein; so RG. in der LZ. für Handels-, Konkurs- und Versicherungsrecht 1 S. 839. Nicht zur Anfechtung berechtigt eine absichtlich erteilte unrichtige Belehrung durch den eine Vereinbarung beurkundenden Notar; so RG. in DJZ. 07 S. 825 bzw. Gruch. 51 S. 1111. Eine Benachteiligung durch den Verkauf eines Grundstücks liegt dann vor, wenn ein Teil des Kaufpreises durch ein Leibgedinge für den Verkäufer gedeckt wird; so OLG. Marienwerder in der PosMSchr. 07 S. 73.

Auch reine Erfüllungsgeschäfte sind anfechtbar, wenn der Schuldner 6
nicht nur seine Verbindlichkeit erfüllen wollte, sondern gleichzeitig auch wie der Gegner wußte, die Absicht hatte, seine Gläubiger zu benachteiligen; so OLG. Dresden im SächsArch. 5 S. 175; ebenso RG. im SächsArch. 1 S. 473 und OLG. Königsberg in der PosMSchr. 08 S. 83. Das bloße Bewußtsein der Benachteiligung anderer Gläubiger genügt nicht zur Anfechtung eines Erfüllungsgeschäftes, vielmehr muß die Erfüllung lediglich zu dem Zwecke geschehen sein, um anderen Gläubigern die Befriedigungsmittel zu entziehen; so RG. JW. 01 S. 81 und RG. in der LZ. für Handels-, Konkurs- und Versicherungsrecht 2 S. 394. Die Sicherstellung des eingebrachten Vermögens der Ehefrau ist auch als Erfüllungsgeschäft dann anfechtbar, wenn die beiderseitige Benachteiligungsabsicht aus den Umständen erhellt, und zwar ist zeitlich maßgebend der Zeitpunkt der Eintragung, nicht der der Bestellung der Hypothek; so OLG. Dresden im SächsArch. 11 S. 629 und 5 S. 171.

Anfechtbar ist die Zession einer Lebensversicherung auch dann, wenn der Zessions- 7
vertrag für den Zessionar nicht vorteilhaft war; so RG. JW. 02 S. 259. Eine anfechtbare Rechtshandlung des Schuldners liegt dann nicht vor, wenn er geschehen läßt, daß seine Frau ein Grundstück kauft, obwohl er das Recht hatte, den Kauf für sich abzuschließen; so RG. JW. 02 S. 175. Die Benachteiligung der Gläubiger muß spätestens im Zeitpunkt der Urteilsfällung im Anfechtungsprozesse gegeben sein; die Möglichkeit einer künftigen Wertsteigerung hat für die Frage einer Gläubigerbenachteiligung außer Betracht zu bleiben; so RG. im SächsArch. 15 S. 79.

Für die Anfechtbarkeit eines mit einem Minderjährigen unter Genehmigung 8
des gesetzlichen Vertreters abgeschlossenen Kaufvertrages ist nicht die Kenntnis des Minderjährigen, sondern die Kenntnis des gesetzlichen Vertreters von der fraudulosen Absicht des Vertragsgegners maßgebend; so OLG. Naumburg im Recht 4 S. 520. Die Kenntnis des anderen Teiles von der Benachteiligungsabsicht liegt bei juristischen Personen auch dann vor, wenn nur einem der Vorstandsmitglieder der juristischen Person die Benachteiligungsabsicht bekannt ist; so OLG. München in der Zeitschrift für Rechtspflege in Bayern 2 S. 160. Der Hinweis auf ein bei dem etwaigen Konkurse zustehendes gesetzliches Vorrecht ist nicht geeignet, die fraudulose Absicht zu

widerlegen; so RG. JW. 02 S. 274. § 3 Ziffer 1 des Anfechtungsgesetzes setzt voraus, daß die Gläubiger durch den Abschluß und die Ausführung der Rechtshandlung tatsächlich benachteiligt worden sind; eine solche Benachteiligung liegt nicht vor, wenn ein Grundstück verkauft wird, welches so hoch mit Hypotheken belastet ist, daß die Zwangsvollstreckung in das Grundstück dem Gläubiger voraussichtlich keine Befriedigung verschafft haben würde; so OLG. Dresden im SächsArch. 5 S. 166. Die Bestellung eines Nießbrauchs an einem Grundstück ist dann nicht anfechtbar, wenn durch die Nießbrauchsbestellung nur den Hypothekengläubigern die Ansprüche auf die Hypothekenzinsen gesichert werden sollen; so OLG. Dresden im SächsArch. 14 S. 383. Die Eintragung einer Vormerkung zur Erhaltung des Rechtes auf Auflassung kann nur in Verbindung mit der Anfechtung des Kaufvertrages, auf dem sie beruht, angefochten werden; so OLG. Königsberg in der PosMSchr. 9 S. 79.

9 Eine Eideszuschiebung an den Anfechtungsbeklagten darüber, daß der Schuldner bei der angefochtenen Handlung beabsichtigt habe, seine Gläubiger zu benachteiligen, ist zulässig; so RG. in der DJZ. 8 S. 477. Ist aber festgestellt, daß der Schuldner eine Absicht, seine Gläubiger zu benachteiligen, nicht gehabt hat, so kann dem Anfechtungsbeklagten ein Eid über die Kenntnis der Benachteiligungsabsicht des Schuldners nicht zugeschoben werden; so RG. 43 S. 388.

10 Die Übertragung eines Geschäfts mit Aktiven und Passiven gibt für sich allein noch keinen Anfechtungsgrund; so OLG. Karlsruhe in PucheltsZ. 35 S. 62. Aus dem Unterlassen eines Widerspruchs des Schuldners gegen einen Zahlungsbefehl des Anfechtungsbeklagten kann auf eine Absicht des Schuldners, seine Gläubiger zu benachteiligen, geschlossen werden; so RG. in der LZ. für Handel-, Konkurs- und Versicherungsrecht 1 S. 602.

11 Zu § 3 Ziffer 2 insbesondere:

Wird eine Grundschuld angefochten, so ist die einjährige Frist des § 3 Ziffer 2 nicht von der Stellung des Eintragungsantrages, sondern von dem Zeitpunkt des Vertrages über Errichtung der Grundschuld zu berechnen; so OLG. Stettin in OLG. 3 S. 52. Auch im Falle eines Deckungsgeschäftes oder Erfüllungsgeschäftes hat der Beklagte zu beweisen, daß ihm eine Absicht der Gläubigerbenachteiligung fern lag, und daß er sich nur eine ihm gestattete Befriedigung oder Sicherung für seine Forderung verschaffen wollte; so OLG. Karlsruhe im Recht 7 S. 186 und OLG. Jena in der LZ. für Handels-, Konkurs- und Versicherungsrecht 2 S. 91. Die nach § 3 Ziffer 2 anfechtbaren Verträge sind als unerlaubte Handlungen anzusehen und begründen den Gerichtsstand des § 32 ZPO.; so RG. 48 S. 401.

12 Für die Anwendbarkeit des § 3 Ziffer 2 ist es unerheblich, ob zu der Zeit des in das kritische Jahr fallenden Vertragsschlusses der Ehegatte, mit dessen Geschwistern der Schuldner den Vertrag schloß, noch lebt oder nicht; so OLG. Jena in OLG. 3 S. 54. Unter Ehegatten im Sinne der Ziffer 2 ist auch der frühere, also auch der verstorbene oder geschiedene Ehegatte zu verstehen; so RG. 63 S. 92.

13 Ein während der Ehe abgeschlossener Ehevertrag kann wegen Benachteiligung eines Gläubigers, dessen Forderung erst nach Eintragung des Ehevertrages in das Güterrechtsregister entstanden ist, nicht angefochten werden; so OLG. Karlsruhe im Recht 7 S. 186. Wird nur in Erfüllung der Verpflichtung aus § 1391 BGB. das eingebrachte Gut einer Ehefrau von dem Ehemann durch Hypothekenbestellung sicher gestellt, so liegt eine Benachteiligungsabsicht des Ehemannes nicht vor; so RG. 57 S. 161; OLG. Dresden in SächsOLG. 29 S. 113. Eine solche liegt auch dann nicht vor, wenn der Ehemann eine ihm gehörige Hypothek an seine Ehefrau lediglich

in Erfüllung der ihm obliegenden Verpflichtung zur Anlegung des eingebrachten Gutes der Ehefrau zediert; RG. in der LZ. für Handels-, Konkurs- und Versicherungsrecht 2 S. 73. Wird gegen eine Ehefrau eine Anfechtungsklage wegen Änderung des ehelichen Güterstandes erhoben, so kann die Klage nicht deshalb abgewiesen werden, weil der Ehemann nicht mitverklagt, oder weil der mitverklagte Ehemann die Befriedigung des Gläubigers aus dem Gesamtgute nicht zu dulden braucht; so RG. JW. 04 S. 369. Anfechtbar ist dagegen eine Vereinbarung, in welcher der Ehemann aus seinem Vermögen der Frau Vermögensstücke überträgt und diese gleichzeitig für Vorbehaltsgut der Ehefrau erklärt; so OLG. Hamburg in der HansGZ. 07 Blatt 44.

Die Vermutung der Fraudulosität nach § 3 Ziffer 2 des Anfechtungsgesetzes 14
ist einer offenen Handelsgesellschaft gegenüber schon dann als vorhanden anzusehen, wenn auch nur ein Gesellschafter in dem in § 3 Ziffer 2 angegebenen Verwandtschaftsverhältnisse zu dem anderen Vertragskontrahenten steht; so RG. 43 S. 105. Die Benachteiligung der Gläubiger muß unmittelbar durch den Abschluß des angefochtenen Vertrages herbeigeführt sein und darf nicht erst auf später eingetretenen Umständen beruhen; so RG. im SächsArch. 15 S. 79 und OLG. Stettin in der LZ. für Handels-, Konkurs- und Versicherungsrecht 2 S. 247. Eine Anfechtung der Auflassung ist auch dann zulässig, wenn die Anfechtung des zugrunde liegenden Kaufvertrages unbegründet ist; so OLG. Stettin in OLG. 10 S. 220. Sind bei einer Erbauseinandersetzung die Schulden eines Miterben gegen andere Miterben zum Ausgleich gebracht worden, so ist hieraus eine Benachteiligungsabsicht nicht zu folgern; so RG. in der LZ. für Handels-, Versicherungs- und Konkursrecht 1 S. 665. — Die unentgeltliche Abtretung eines aufschiebend bedingten Erbanspruchs während des Schwebens der Bedingung enthält dagegen eine Gläubigerbenachteiligung; RG. 67 S. 425.

Zu § 3 Ziffer 3 insbesondere: 15

Schuldübernahme und Hypothekenbestellung für eine fremde Schuld sind zwar meist unentgeltliche Verfügungen; sie sind es aber dann nicht, wenn für sie eine Gegenleistung gewährt wird; so RG. 60 S. 259, 265. Ebensowenig kann die Übernahme der Sicherung fremder Verbindlichkeiten im eigenen wirtschaftlichen Interesse als unentgeltliche Verfügung angesehen werden; so RG. JW. 05 S. 442. Auch die zwangsweise hypothekarische Eintragung des Muttererbes ist keine unentgeltliche Verfügung; so RG. JW. 01 S. 81.

Zu § 3 Ziffer 4 insbesondere: 16

§ 3 Ziffer 4 ist nicht anwendbar auf Zuwendungen, welche der Schuldner vor Eingehung seiner Ehe an seinen späteren Ehegatten gemacht hat; OLG. Dresden im SächsArch. 9 S. 250. Eine Änderung des Güterstandes während der Ehe durch Fortfall der Verwaltung und des Nießbrauchs des Ehemannes am Eingebrachten der Ehefrau ist insoweit anfechtbar, als die Änderung eine unentgeltliche Verfügung des Ehemannes zugunsten der Ehefrau enthält und hierdurch die Gläubiger des Ehemannes benachteiligt werden; RG. JW. 04 S. 183; anfechtbar ist also z. B. ein Ehevertrag, durch den Mobilien, die früher zum Gesamtgute gehörten, für Vorbehaltsgut der Ehefrau erklärt werden; RG. JW. 04 S. 152. Nicht anfechtbar ist dagegen die Aufhebung der Gütergemeinschaft durch Vertrag dann, wenn die Ehefrau nach § 1468 BGB. ein Klagerecht auf Aufhebung der Gütergemeinschaft hatte; so OLG. Königsberg in der PosMSchr. 08 S. 29. Nicht anfechtbar ist ferner auch ein Vertrag, durch welchen der Ehemann auf sein Nießbrauchs- und Verwaltungsrecht am Eingebrachten der Ehefrau verzichtet, da hierdurch die Gläubiger nicht benachteiligt werden (vgl. § 1408 BGB., § 861 ZPO.); so OLG. Breslau in OLG. 16 S. 213. Die Änderung des Güterstandes ist auch nicht mehr anfechtbar, wenn die Forderung des Gläubigers erst nach Eintragung des Ehevertrages in das Güterrechtsregister entstanden ist; OLG. Karlsruhe im Recht 7 S. 186. Ebensowenig ist ein Gütertrennungsvertrag, der nur die Befreiung des einen Ehegatten von seiner Unterhaltspflicht gegenüber seinen Verwandten bezweckt, anfechtbar; so OLG. Cöln in OLG. 9 S. 448. Die Zustimmung der anteilsberechtigten Abkömmlinge zur Veräußerung eines zum Gesamtgut der fortgesetzten Gütergemeinschaft gehörigen Grundstücks ist nicht nach § 3 Ziffer 4 anfechtbar; so OLG. Stettin in OLG. 14 S. 232.

Die Rückgabe des Eingebrachten an die Ehefrau ohne Abschluß eines Ehevertrages ist selbstverständlich anfechtbar; OLG. Dresden im SächsArch. 14 S. 395.

§ 3a. Hat der Erbe aus dem Nachlasse Pflichtteilsansprüche, Vermächtnisse oder Auflagen erfüllt, so kann ein Nachlaßgläubiger, der im Konkursverfahren über den Nachlaß dem Empfänger der Leistung im Range vorgehen oder gleichstehen würde, die Leistung in gleicher Weise anfechten wie eine unentgeltliche Verfügung des Erben.

---

1 **1.** § 3a entspricht dem § 222 KO. Es wird deshalb auf die dortigen Anmerkungen verwiesen. Die Motive zur KNovelle S. 49 führen aus:

„Pflichtteilsberechtigte, Vermächtnisnehmer sowie diejenigen, welche berechtigt sind, die Vollziehung einer Auflage zu fordern, können Befriedigung aus dem Nachlasse nur insoweit verlangen, als nach der Berichtigung der übrigen Nachlaßgläubiger ein Überschuß verbleibt. Demgemäß stehen sie im Nachlaßkonkurs allen anderen Gläubigern im Range nach; § 226 KO. Ebendeshalb erscheint es, wenn der Erbe vor der Eröffnung des Verfahrens aus dem Nachlasse Pflichtteilsansprüche, Vermächtnisse oder Auflagen erfüllt hat, mit Rücksicht auf die übrigen Gläubiger geboten, die Leistung in gleicher Weise der Anfechtung zu unterwerfen, wie eine unentgeltliche Verfügung des Erben (vgl. §§ 32 Nr. 1, 37 Abs. 2, 41). Von praktischer Bedeutung ist dieses Anfechtungsrecht namentlich in dem Falle, daß die Nachlaßgläubiger nach § 1979 BGB. die Berichtigung einer Nachlaßverbindlichkeit als für Rechnung des Nachlasses erfolgt gelten lassen müssen. Aber auch dann, wenn der Erbe wegen Berichtigung einer Nachlaßverbindlichkeit den Nachlaßgläubigern verantwortlich ist, bleibt das Anfechtungsrecht nicht ohne Wert, da die Geltendmachung der aus der Verantwortlichkeit des Erben sich ergebenden Ansprüche leicht mit Weiterungen verbunden ist und bei Zahlungsunfähigkeit des Erben überhaupt nicht zum Ziele führt."

2 **2.** Erfüllung durch den Erben. Die Vorschrift ist nicht auf den Alleinerben beschränkt, gilt vielmehr auch für Miterben, Vor- und Nacherben sowie für den gesetzlichen Vertreter des Erben (Nachlaßpfleger, Nachlaßverwalter, Testamentsvollstrecker, Vormund, Inhaber der elterlichen Gewalt) und den Bevollmächtigten des Erben; Jaeger A. 7. Unter Erfüllung sind auch Rechtsakte zur Sicherung von Verbindlichkeiten aus Pflichtteilsansprüchen, Vermächtnissen oder Auflagen zu verstehen, wenn durch diese Rechtsakte dem Nachlasse zum Nachteile der übrigen Gläubiger Vermögen entzogen wird; RG. in SächsArch. 08 S. 359; Jaeger A. 3.

Auf Pflichtteilsansprüche, Vermächtnisse und Auflagen, die den Erben nicht als solchen treffen, sondern die bereits gegen den Erblasser begründet waren und von diesem auf den Erben übergegangen sind, findet § 3a keine Anwendung; Jaeger A. 6.

3. Erfüllung aus dem Nachlasse liegt auch dann vor, wenn der Erbe 3
zwar aus eigenen Mitteln erfüllt hat, den Umständen nach aber annehmen durfte, daß der Nachlaß zur Berichtigung aller Nachlaßverbindlichkeiten ausreichen würde; § 1979 BGB.; Jaeger A. 7.

4. Anfechtungsberechtigt ist nur ein Nachlaßgläubiger, der im KVerf. 4
über den Nachlaß dem Empfänger der Leistung im Range vorgehen oder gleichstehen würde. Für die Rangordnung ist der § 226 KO. maßgebend.

5. Anfechtungsfrist. Die Anfechtung aus § 3a ist an die Fristen des § 3 5
Ziffer 3 und 4 gebunden.

6. Wirkung und Umfang der Anfechtung aus § 3a bestimmen sich nach § 7. 6

7. Die Erfordernisse des § 2 gelten selbstverständlich auch für die Anfechtung 7
aus § 3a.

8. Wird über den Nachlaß Konkurs eröffnet, so steht die Verfolgung eines 8
aus § 3a erhobenen Anfechtungsanspruchs nach § 13 nur dem KV. zu. Erst nach Beendigung des Konkurses können die unerledigt gebliebenen Anfechtungsansprüche im Wege der Einzelanfechtung weiter verfolgt werden. Während der Dauer des KVerf. finden Zwangsvollstreckungen zugunsten einzelner KGl. weder in das zur KM. gehörige, noch in das sonstige Vermögen des GSch. statt; § 14 KO.

§ 4. Hat der Gläubiger, bevor er einen vollstreckbaren Schuldtitel erlangt hatte oder seine Forderung fällig war, denjenigen, welchem gegenüber eine im § 3 Nr. 2 bis 4 bezeichnete Rechtshandlung vorgenommen ist, von seiner Absicht, die Handlung anzufechten, durch Zustellung eines Schriftsatzes in Kenntnis gesetzt, so wird die Frist von dem Zeitpunkte der Zustellung zurückgerechnet, sofern schon zu dieser Zeit der Schuldner zahlungsunfähig war und bis zum Ablaufe von zwei Jahren seit diesem Zeitpunkte die Anfechtung erfolgt ist.

---

1. § 4 behandelt die Ankündigung einer Anfechtung. Voraussetzung 1
dieser Ankündigung ist:

a. daß der Gläubiger eine Forderung hat, welche noch nicht vollstreckbar oder, wenn vollstreckbar, noch nicht fällig oder weder fällig noch vollstreckbar ist. Ein nur gegen Sicherheitsleistung vorläufig vollstreckbares Urteil ist, solange die Sicherheit nicht geleistet worden ist, kein vollstreckbarer Titel im Sinne des Anfechtungsgesetzes; so OLG. Braunschweig im Recht 06 S. 448; a. M. Jaeger A. 6. Die bloße Möglichkeit des künftigen Erwerbs einer Forderung berechtigt nicht zur Ankündigung der Anfechtung aus § 4; RG. 41 S. 89; Jaeger A. 6.

b. daß bereits zur Zeit der Zustellung der Anzeige die Vollstreckung in das Vermögen des Schuldners zur Befriedigung des Gläubigers nicht geführt haben würde; RG. Bolze 3 Nr. 377, 4 Nr. 377. Zahlungsunfähigkeit im Sinne des § 4 ist dasselbe wie Befriedigungsunvermögen im Sinne des § 2. RG. 36 S. 114; 45 S. 56.

c. daß zur Zeit der Zustellung der Anfechtungsanspruch selbst noch nicht erhoben werden konnte; RG. RAnz. 91 Beil. S. 258.

Das Vorhandensein dieser Voraussetzungen ist aber erst im Anfechtungsprozeß selbst, dessen materielle Voraussetzung sie bilden, nachzuweisen; M. 20; RG. JW. 93 S. 201.

2. Die Ankündigung der Anfechtung erfolgt durch Zustellung eines 2

Schriftsatzes an den Anfechtungsgegner. Für den Schriftsatz genügt privatschriftliche Form. Der Schriftsatz hat sowohl die anzufechtende Rechtshandlung als die Forderung, wegen deren die Anfechtung beabsichtigt wird, derart zu bezeichnen, daß die Identität keinem Zweifel unterliegt; RG. 39 S. 3. Der Erlaß einer einstweiligen Verfügung zur Hinterlegung des Betrages einer anzufechtenden Forderung genügt nicht; RG. Gruch. 38 S. 1181. Wohl aber kann die Zustellung einer einstweiligen Verfügung eine genügende Ankündigung enthalten; RG. 57 S. 30. In einer später zurückgenommenen oder abgewiesenen Anfechtungsklage ist eine Ankündigung gemäß § 4 zu erblicken; Jaeckel S. 164; zum Teil abweichend Jaeger A. 3.

3 Der Schriftsatz bedarf der Zustellung an denjenigen, welchem gegenüber die Rechtshandlung vorgenommen ist, oder an den Rechtsnachfolger, gegen welchen der Anfechtungsanspruch erhoben werden soll; § 11 Abs. 3. Ist eine Ehefrau Anfechtungsgegner, so genügt die Zustellung an diese, auch wenn im Anfechtungsprozesse der Ehemann mitverklagt werden muß; RG. 45 S. 58. Eine bestimmte Form der Zustellung ist nicht vorgeschrieben; es ist also jede Zustellung genügend, z. B. eine solche durch eingeschriebenen Brief oder durch einen Boten. Es empfiehlt sich, die Zustellung durch einen Gerichtsvollzieher vornehmen zu lassen (§ 132 BGB.; §§ 169, 170 ZPO.), weil durch die Beschaffung einer Zustellungsurkunde der im Anfechtungsprozesse zu führende Nachweis der Zustellung am besten gesichert wird; Jaeger A. 2; Pet.-Kleinf. A. 3; v. Wilm.-Kurlb. A. 3; a. M. Jaeckel S. 165, welcher annimmt, es sei stets eine formelle Zustellung notwendig.

4 3. Die Wirkung der Zustellung besteht darin, daß die Anfechtungsfristen des § 3 Nr. 2 bis 4 zugunsten der bezeichneten Forderung (nicht auch anderer Forderungen desselben Gläubigers) von dem Zeitpunkt der Zustellung zurückgerechnet werden, sofern bis zum Ablauf von zwei Jahren seit diesem Zeitpunkt die Anfechtung erfolgt ist. Die Anfechtung muß durch eine Handlung innerhalb eines Prozeßverfahrens erfolgen, also durch Klage, Widerklage, Einrede oder durch Erklärung in einem dem Prozeßbevollmächtigten des Anfechtungsgegners im Prozesse förmlich zugestellten Schriftsatze; Gruchot 32 S. 1164; JW. 88 S. 219; RG. 52 S. 335; OLG. Rostock in SeuffA. 58 S. 316. Die zweijährige Frist, welche (wie in den Fällen des § 3 Nr. 2 bis 4) eine zivilrechtliche, keine prozessualische ist, nach dem bürgerlichen Rechte berechnet werden muß und von den Gerichtsferien nicht beeinflußt wird, wirkt so, daß mit ihrem Ablauf die Anfechtbarkeit der betreffenden Rechtshandlungen erloschen ist, ohne daß es auf ein etwaiges Verschulden des Gläubigers oder auf ein schuldhaftes oder arglistiges Hinziehen des Befriedigungsanspruchs seitens des Schuldners ankommt. Der Vorteil der Fristverlängerung kommt auch dem Rechtsnachfolger des Gläubigers zu statten; RG. 39 S. 14. Auch der KV. gilt auf Grund des § 13 in der Befugnis, das Anfechtungsrecht auszuüben, als Rechtsnachfolger des einzelnen Gläubigers; Jaeger A. 10; v. Wilm.-Kurlb. A. 6.

5 Die Anfechtungsankündigung wird unwirksam, wenn der Gläubiger innerhalb der zweijährigen Frist des § 4 zwar Anfechtungsklage erhoben, einen vollstreckbaren Titel für seine Forderung aber nicht erlangt hat; RG. 68 S. 70.

§ 5. Die Erhebung des Anfechtungsanspruchs im Wege der Einrede kann erfolgen, bevor ein vollstreckbarer Schuldtitel für die Forderung erlangt ist; der Gläubiger hat denselben jedoch vor der Entscheidung binnen einer von dem Gerichte zu bestimmenden Frist beizubringen.

1. Anfechtung im Wege der Einrede. § 5 findet insbesondere Anwendung, wenn ein Gläubiger nach Vollziehung eines Arrestes gemäß § 771 ZPO. von einem Dritten auf Freigabe der arrestierten Sache verklagt wird und geltend macht, daß die Handlung, auf welche der Dritte sein Recht gründet, der Anfechtung unterliege. In solchem Falle hat der Gläubiger noch keinen vollstreckbaren Schuldtitel im Sinne des § 2, da der Arrestbefehl als solcher nicht anzusehen ist. Der § 5 ist nur anwendbar auf Einreden; RG. Bolze 7 Nr. 940. Darauf, ob diese als Antwort auf die Klage oder als Gegeneinreden im Wege der Replik vorgebracht worden, kommt es nicht an; RG. 27 S. 94, 98; JW. 91 S. 393; 00 S. 566; Gruch. 36 S. 466. Wird aber die Anfechtung durch Widerklage, also nicht verteidigungsweise, sondern durch Erhebung eines Gegenanspruchs auf Rückgewähr geltend gemacht, so versagt § 5; die Widerklage ist also nur nach Erwirkung eines vollstreckbaren Titels zulässig. Ebensowenig ist § 5 anwendbar auf Erklärungen, welche außerhalb des Prozeßverfahrens erfolgen; RG. 52 S. 335. 1

2. Verfahren. Will der Gläubiger einen Anfechtungsanspruch im Wege der Einrede erheben, so genügt, soweit es sich um die in anderen Fällen notwendige Voraussetzung des vollstreckbaren Schuldtitels handelt, die Behauptung, daß ihm gegen den Schuldner eine zur Vollstreckung in dessen Vermögen geeignete Forderung zustehe. An die übrigen Voraussetzungen des Anfechtungsanspruchs (§ 2) — Fälligkeit der Forderung und Zahlungsunfähigkeit des Schuldners — ist auch ein solcher Gläubiger gebunden; RG. JW. 00 S. 566. Er hat ferner den Anfechtungsgrund so darzulegen, daß dessen rechtliche Erheblichkeit geprüft werden kann. Erweist sich die Einrede wegen eines Mangels der sonstigen Voraussetzungen des Anfechtungsanspruchs als hinfällig, so bleibt sie unberücksichtigt. Anderenfalls hat das Gericht das Verfahren auszusetzen und im Aussetzungsbeschluß eine der Sachlage entsprechende Frist zu bestimmen, bis zu deren Ablauf der Gläubiger den vollstreckbaren Schuldtitel beizubringen hat. Der beizubringende Schuldtitel kann, wie aus § 10 hervorgeht, nur ein endgültiger sein; Jaeger A. 11; v. Wilm.-Kurlb. A. 3. Während dieser Frist darf zwar das Prozeßverfahren fortgesetzt, nicht aber ein dem Gläubiger nachteiliges Endurteil erlassen werden. Die Frist ist eine richterliche (§ 221 ZPO.), kann also auf Antrag verlängert oder abgekürzt werden und wird durch die Gerichtsferien gehemmt; §§ 223—225 ZPO. Der Gläubiger wahrt die ihm gesetzte Frist, wenn er während ihres Laufes oder nachträglich so zeitig, daß keine Verzögerung des Verfahrens entsteht, den Schuldtitel auf der Gerichtsschreiberei niederlegt. Wird die Frist nicht innegehalten, so ist ohne Berücksichtigung der Einrede zu erkennen; RG. JW. 94 S. 280. Die Rechtsfolge der versäumten Frist tritt kraft Gesetzes ein (§§ 230, 231 ZPO.), es bedarf also ihrer Androhung nicht. Auch dann findet § 5 Anwendung, wenn die Einrede in der Berufungsinstanz, sei es nach ihrer Verwerfung in erster Instanz, sei es neu (§ 529 ZPO.) vorgebracht wird. Durch die Ausschließung der Anfechtungseinrede wird die Geltendmachung des Anfechtungsanspruchs durch Klage oder Widerklage nicht ausgeschlossen; Jaeger A. 10; Jaeckel S. 29 A. 20; Hartmann-Meikel A. 4; v. Wilm.-Kurlb. A. 4. 2

§ 6. Die Anfechtung wird dadurch nicht ausgeschlossen, daß für die anzufechtende Rechtshandlung ein vollstreckbarer Schuldtitel erlangt, oder daß dieselbe durch Zwangsvollstreckung oder durch Vollziehung eines Arrestes erwirkt worden ist.

1 § 6 stimmt mit § 35 KO. wörtlich überein. Es wird deshalb auf die Anmerkungen zu § 35 KO. verwiesen. Zwischen § 6 des Anfechtungsgesetzes und § 35 KO. liegt ein Unterschied insofern vor, als die KAnfechtung gemäß § 30 Nr. 1 Fall 2 und Nr. 2 KO. auch für solche Zwangsvollstreckungen, die ohne Zutun des Schuldners erwirkt sind, zulässig ist, während die Anfechtung nach § 6 des Anfechtungsgesetzes auf Rechtshandlungen des Schuldners beschränkt ist, vgl. § 1; v. Wilm.-Kurlb. A. 1; Jaeger A. 3. Deshalb sind außerhalb des KVerf. Pfändungen nur dann anfechtbar, wenn sie im Einverständnis zwischen Schuldner und Gläubiger zum Zwecke der Gläubigerbenachteiligung bewirkt worden sind; RG. JW. 08 S. 496.

§ 7. Der Gläubiger kann, soweit es zu seiner Befriedigung erforderlich ist, beanspruchen, daß dasjenige, was durch die anfechtbare Handlung aus dem Vermögen des Schuldners veräußert, weggegeben oder aufgegeben ist, als noch zu demselben gehörig von dem Empfänger zurückgewährt werde.

Der gutgläubige Empfänger einer unentgeltlichen Leistung hat dieselbe nur soweit zurückzugewähren, als er durch sie bereichert ist.

---

1 **1.** Rückgewähr im allgemeinen. Auch in der Feststellung der aus dem Anfechtungsrecht sich ergebenden Folgen schließt sich das Reichsanfechtungsgesetz eng an die Vorschriften der KO. (§§ 37 bis 39) an. Es wird deshalb auf die Anmerkungen zu diesen Paragraphen verwiesen. Hier wie dort besteht die Verpflichtung des Empfängers in der Rückgewähr des anfechtbar Empfangenen zum Zwecke der Befriedigung der Gläubiger. Während aber im Konkurse die Anfechtung die vollständige Rückgewähr des Empfangenen zur KM. bewirkt, geht der Anspruch des Anfechtungsgläubigers außerhalb des KVerf. nur auf Befriedigung aus der Sache, so als ob diese noch zum Vermögen des Schuldners gehöre. „In derselben Weise, wie der Gläubiger, wenn die Sache im Vermögen des Schuldners geblieben wäre, gegen diesen sich aus derselben würde Befriedigung im Wege der Zwangsvollstreckung verschaffen können, ebenso hat der Empfänger die Zwangsvollstreckung in die Sache zum Zweck der Befriedigung des Gläubigers über sich ergehen zu lassen"; M. 21. Die Anfechtung ist deshalb nicht begründet, wenn der Anfechtungsgegner das, was ihm aus dem Vermögen des Schuldners zugekommen ist, diesem schon vor der Anfechtung voll zurückgewährt hat; RG. im SächsArch. 6 S. 492; RG. 44 S. 92; RG. JW. 05 S. 184.

2 Nicht ein Anspruch auf die zurückzugewährende Sache selbst steht dem Anfechtungskläger zu, auch geht die entzogene Sache nicht wieder in das Eigentum des Schuldners über (RG. JW. 02 S. 221), sondern die Rückgewähr soll nur dazu dienen, daß dem Anfechtungskläger die Möglichkeit gewährt werde, sich aus der Sache so, als ob sie noch zu dem Vermögen des Schuldners gehört, seine Befriedigung zu verschaffen; RG. 47 S. 216; 56 S. 194. In allen übrigen Beziehungen bleibt die Veräußerung in Gültigkeit; RG. 9 S. 71; JW. 83 S. 197; 84 S. 89.

3 **2.** Für den Inhalt und den Umfang der Rückgewährverpflichtung ist der § 7 ausschließlich maßgebend. Die Heranziehung des bürgerlichen Rechtes ist unzulässig; RG. 24 S. 143; 28 S. 135; 44 S. 92; JW. 99 S. 770; Hartmann-Meikel A. 1; Jaeger A. 7 bis 10; Pet.-Kleinf. § 37 KO. A. 2. Die Zuwendung eines Gegenstandes aus dem Vermögen des Schuldners liegt auch dann vor, wenn der Schuldner einen Gegenstand weggibt, den er nicht als Eigentümer

besaß, sondern auf den er nur einen obligatorischen Anspruch hatte; RG. 36 S. 161; 43 S. 83; 48 S. 148; Gruch. 46 S. 395 bzw. JW. 00 S. 624. Zurückzugewähren ist dasjenige, was durch die angefochtene Handlung aus dem Vermögen des Schuldners herausgekommen ist, aber nur soweit, als es zur Befriedigung des anfechtenden Gläubigers notwendig ist; RG. JW. 92 S. 227. Der Anfechtungsgegner braucht also den entzogenen Gegenstand nur zurückzugewähren mit den Lasten, die bei der Veräußerung auf ihm ruhten und die er darauf zu legen bei dem Erwerbe verpflichtet war; RG. 57 S. 27. Nur soweit die Handlung anfechtbar ist, muß der Gegenstand des Vertrages zurückgewährt werden. Die Anwendung dieses Grundsatzes hat keine Schwierigkeiten, wenn der Vertrag verschiedene trennbare Gegenstände enthält, von denen einige für angreifbar erklärt werden, andere nicht; RG. 21 S. 96; JW. 88 S. 345. Ist aber der Gegenstand des Vertrages ein unteilbarer, so kann der teilweisen Anfechtbarkeit nur in der Weise Erfolg verschafft werden, daß der ganze Gegenstand zurückzugewähren ist, vorbehaltlich des Rechtes des Anfechtungsgegners auf Erstattung des die Anfechtungsforderung übersteigenden Wertes der Sache; StriethArch. 76 S. 132. Ein Erbteilungsvertrag unterliegt auch dann dem ganzen Umfange nach der Anfechtung, wenn nur einzelne Bestimmungen eine Benachteiligung des Gläubigers enthalten, weil es sich hier nicht um die Rückgewähr einzelner Gegenstände, sondern um die anderweite Ermittlung des Erbteils des Schuldners handelt; RG. JW. 88 S. 384. Eine Erbausschlagung ist niemals seitens eines Gläubigers des Erben anfechtbar; RG. 54 S. 289 bzw. JW. 03 S. 84; OLG. Naumburg in OLG. 4 S. 175. Ebensowenig ist ein Vertrag anfechtbar, durch welchen der Schuldner seine Arbeitskraft einem Dritten unentgeltlich oder unter dem angemessenen Werte widmet; OLG. Dresden im SächsArch. 14 S. 389. Auch Vorausverfügungen über Vergütungen, die erst noch verdient werden sollen, sind der Anfechtung entzogen; RG. JW. 05 S. 442; OLG. Dresden in OLG. 10 S. 223.

Zur Erstattung der Nutzungen, insbesondere der Zinsen, die der Schuldner von 4
dem veräußerten Gegenstande hätte ziehen können, ist der Anfechtungsgegner, abweichend von § 37 KO., nicht verpflichtet, weil die Worte: „als noch zu denselben gehörig" im § 37 fehlen; RG. Gruch. 38 S. 1185.

Aus der Wirkung der Anfechtung ergibt sich, daß als Beklagter nur der Em- 5
pfänger des Entzogenen, nicht auch der Schuldner in Anspruch genommen werden kann. Wird dieser dennoch mitverklagt, so kann er seine mangelnde Passivlegitimation einwenden (§ 1 A. 5); RG. JW. 95 S. 385. Daß der Empfänger der Leistung diese zur Zeit der Anfechtung noch besitzt oder durch die Leistung noch bereichert ist wird zur Begründung der Anfechtung nicht erfordert; RG. JW. 02 S. 259.

3. Die Art der Rückgewähr bestimmt sich nach dem Zwecke der Anfechtung, 6
welcher dahin geht, dem Gläubiger die Möglichkeit der Zwangsvollstreckung zu verschaffen. Handelt es sich um körperliche Sachen, bewegliche oder unbewegliche, so ist die Verurteilung des Anfechtungsgegners darauf zu richten, sich wegen der Gesamtforderung des Gläubigers, einschließlich der Zinsen und der Prozeßkosten, die Zwangsvollstreckung in die Sachen gefallen zu lassen. Rechte Dritter (z. B. Hypotheken), welche in der Zwischenzeit von dem Anfechtungsgegner oder gegen ihn auf die Sache gelegt sind, hat der Gegner zu beseitigen oder Schadensersatz zu leisten, gleichviel ob er selbst die Belastung vorgenommen hat, oder ob sie durch gerichtlichen Zwang herbeigeführt worden ist; RG. SeuffA. 37 S. 429; JW. 87 S. 273; Bolze 8 Nr. 247, 265; BayObLG. SeuffA. 41 S. 164. Da aber die angefochtene Rechtshandlung nur dem Gläubiger gegenüber für unwirksam erklärt wird, im

übrigen aber rechtsbeständig bleibt, so kann (gegen RG. JW. 87 S. 273 und Bolze 4 Nr. 371) nicht ohne weiteres auf Löschung einer anfechtbaren Hypothek, sondern nur dahin geklagt werden, die Unwirksamkeit der Hypothek gegenüber dem anfechtenden Gläubiger festzustellen; RG. 9 S. 72; Kammergericht in OLG. 4 S. 179. Die Sicherung eines Anfechtungsanspruchs kann bei einer Hypothek nicht durch Vormerkung, sondern nur durch Eintragung eines Widerspruchs gemäß § 892 BGB. herbeigeführt werden; Kammergericht bei Johow 29 A S. 167 und RG. 60 S. 423. Werterhöhungen, welche durch einen Vermögensaufwand des Anfechtungsgegners herbeigeführt sind, muß sich der anfechtende Gläubiger abrechnen lassen, da er sich nicht auf Kosten des Anfechtungsgegners bereichern darf. Der Anfechtungsgegner kann bis zur Leistung des Ersatzes ein Zurückbehaltungsrecht geltend machen; §§ 273, 1000 BGB.; RG. 16 S. 23; JW. 02 S. 95.

Besteht der Gegenstand der Rückgewähr in barem Gelde, so genügt es, wenn dem Anfechtungsbeklagten aufgegeben wird, das Geld zum Zwecke der Befriedigung des Anfechtungsklägers — und somit für den Schuldner — an den Kläger zu zahlen; RG. 9 S. 72.

7 4. Soweit das Empfangene nicht mehr zurückgewährt werden kann, ist dessen Wert in Geld zu erstatten; RG. 27 S. 23; 44 S. 92, 93; 56 S. 196; 58 S. 107; JW. 04 S. 75. Maßgebend für die Wertsberechnung ist der Zeitpunkt, in welchem der Gegenstand dem Vermögen des Schuldners entzogen wurde; RG. 10 S. 10; 47 S. 375. Für die Ermittlung des Wertes ist weder der vom Schuldner gezahlte Anschaffungspreis noch der vom Anfechtungsgegner bei der Weiterveräußerung erzielte Erlös maßgebend, sondern der gemeine Wert des Gegenstandes; Bolze 16 Nr. 195; RG. in SeuffA. 3 S. 469; OLG. Dresden im SächsArch. 7 S. 644. Wenn der bei der Weiterveräußerung erzielte und noch ausstehende Kaufpreis den Wert des Anfechtungsgegenstandes nicht übersteigt, so hat der Anfechtungsbeklagte die Zwangsvollstreckung in die Kaufpreisforderung zu dulden. Übersteigt aber der Kaufpreis den Wert, so darf der überschießende Betrag dem Anfechtungsbeklagten nicht entzogen werden; RG. 56 S. 196 bzw. JW. 04 S. 75. Ist im Falle der Zurückgewährung in Natur eine Verschlechterung des Anfechtungsgegenstandes eingetreten, so hat der Anfechtungsbeklagte, der ohne Rücksicht auf ein Verschulden auch für Zufall haftet, durch Geldzahlung Ersatz zu leisten. OLG. Marienwerder in SeuffA. 56 Nr. 101; Hartmann-Meikel A. 7; Jaeger A. 17, 18.

8 5. Auskunftspflicht des Anfechtungsgegners. Da der Anfechtungsgegner verpflichtet ist, dem Gläubiger die Möglichkeit der Vollstreckung zurückzugewähren, so muß er dem Gläubiger auch die erforderliche Auskunft über den Umfang der anfechtbaren Veräußerung und das spätere Schicksal des anfechtbaren Erwerbes erteilen. Das Versagen dieser Verbindlichkeit würde in vielen Fällen das Anfechtungsrecht des Gläubigers vollständig vereiteln; zustimmend RG. JW. 98 S. 359; Jaeger A. 20; a. M. Hartmann-Meikel A. 9.

9 6. Mehrere Anfechtungsberechtigte machen von ihrem Anfechtungsrecht unabhängig von einander Gebrauch. Ein Vorzugsrecht unter ihnen kann nicht durch frühere Klageerhebung oder frühere Verurteilung, sondern nur durch frühere Pfändung oder früheren Arrestbeschlag erworben werden; M. 22, 28; RG. 29 S. 182; RG. in SeuffBl. 72 S. 383; OLG. Dresden im SächsArch. 06 S. 540. Wird eine Hypothekeneintragung von zwei nachstehenden Hypothekengläubigern mit Erfolg angefochten, so hat dies nur die Bedeutung, daß die Hypothek beiden nachfolgenden Hypothekengläubigern gegenüber als nicht vorhanden gilt; unerheblich ist, wer von

den beiden nachfolgenden Hypothekengläubigern zuerst seine Anfechtungsklage mit Erfolg durchgeführt hat; die Rangordnung der Hypotheken wird also nicht verändert; OLG. Karlsruhe in der BadRpr. 06 S. 295. Auch die freiwillige Bestellung eines dinglichen Sicherungsrechtes an dem Gegenstande der Rückgewähr kann ein Vorzugsrecht begründen. Der Anfechtungsgegner darf aber nicht zum Zwecke der Vereitelung des Anfechtungserfolges statt an den siegreichen Anfechtungskläger an einen anderen Anfechtungsberechtigten leisten. Er würde in diesem Falle wider Treu und Glauben handeln; § 242 BGB.; Jaeger A. 39 und die dortigen Zitate. Hat der Empfänger das Empfangene einem anfechtungsberechtigten Gläubiger als zu dem Vermögen des Schuldners gehörig zurückgewährt, so hat er die ihm nach § 7 obliegende Verpflichtung erfüllt. Er kann dann nicht abermals von einem anderen anfechtungsberechtigten Gläubiger auf Zurückgewährung desjenigen, was er aus dem Vermögen des Schuldners empfangen hat, oder auf Zahlung einer entsprechenden Geldsumme belangt werden; RG. 24 S. 98; JW. 89 S. 433; OLG. Karlsruhe in OLG. 4 S. 176. Der Rückgewähr steht es gleich, wenn der Anfechtungsgegner in anderer Weise, z. B. durch Zahlung, die Anfechtungsverbindlichkeit erfüllt, vorausgesetzt daß er den anderen Gläubigern den Nachweis führt, der Empfänger sei anfechtungsberechtigt gewesen und habe den vollen Wert des zurückzugewährenden Gegenstandes erhalten. Hat die Befriedigung eines Gläubigers den zurückzugewährenden Gegenstand nicht erschöpft, so haben die übrigen Gläubiger einen Anspruch auf dasjenige, was nach Befriedigung des ersten Gläubigers übrig geblieben ist. Hat der Empfänger, ohne dazu verurteilt zu sein, einer Person, welcher ein Anfechtungsrecht überhaupt nicht zustand, oder einem anderen Gläubiger des Schuldners, das Empfangene herausgegeben, so wird er durch solche Herausgabe von seiner Rückgewährpflicht gegenüber dem wirklich Anfechtungsberechtigten nicht befreit, ist vielmehr so zu behandeln, als wenn er sich freiwillig des Besitzes des Erworbenen entäußert hätte; RG. 24 S. 98; RG. JW. 03 S. 159; Kammergericht in KGBl. 06 S. 41.

7. Mehrere Anfechtungsschuldner haften bei teilbarem Erwerb nach **10**
dem Verhältnis, in welchem jeder von ihnen dem Schuldner gegenüber rechtlich an dem Geschäft beteiligt ist, weil nur im Verhältnis dieser Beteiligung etwas aus dem Vermögen des Schuldners herausgekommen ist; eine Solidarhaft findet nicht statt; RG. JW. 89 S. 479; Bolze 8 Nr. 269. Bei unteilbarem Erwerb muß die Rückgewähr von allen Erwerbern gemeinschaftlich geleistet werden. Unter den Voraussetzungen des § 60 ZPO. können mehrere Anfechtungsbeklagte gleichzeitig verklagt werden. Eine notwendige Streitgenossenschaft (§ 62 ZPO.) liegt in solchem Falle nicht vor; RG. im SächsArch. 5 S. 585. Hat der Anfechtungsgegner den Gegenstand weiter veräußert, so kann unter Umständen gegen ihn auf Wertsersatz, gegen den Rechtsnachfolger auf Rückgewähr in Natur geklagt werden; RG. 27 S. 23; 30 S. 88; Bolze 16 Nr. 195.

8. Wegen des gutgläubigen Empfängers (Abs. 2) s. die Anm. zu § 37 **11**
Abs. 2 der KO.

9. Für die Berechnung des Streitwertes bei Anfechtungsklagen außer- **12**
halb eines KVerf. ist § 7 maßgebend; RG. 47 S. 375.

10. Der Anspruch auf Rückgewähr des anfechtbaren Erwerbes ist niemals ein **13**
Anspruch aus einem Handelsgeschäft; daher können nur 4, nicht 5 Prozent Zinsen verlangt werden; JW. 94 S. 316; 02 S. 273.

§ 8. Wegen Erstattung einer Gegenleistung oder im Fall einer anfechtbaren Leistung wegen seiner Forderung kann der Empfänger sich nur an den Schuldner halten.

---

1 **1.** § 8 behandelt zwei Fälle:

a. Die Anfechtung einer Leistung des Schuldners an den Anfechtungsbeklagten, für welche der Anfechtungsbeklagte dem Schuldner eine Gegenleistung gemacht hatte;

b. die Anfechtung einer Leistung des Schuldners an den Anfechtungsbeklagten, sofern durch diese Leistung eine — bereits bestehende — Forderung des Anfechtungsbeklagten gegen den Schuldner getilgt worden ist.

In beiden Fällen soll der Anfechtungsbeklagte („der Empfänger") nur gegen den Schuldner, nicht aber gegen den Gläubiger (Anfechtungskläger) Ansprüche haben.

2 **2.** Verhältnis des Anfechtungsbeklagten zum Gläubiger. Ein Erstattungsanspruch des Anfechtungsbeklagten gegen den Gläubiger ist ausgeschlossen. Der Grund dieser Abweichung von §§ 38, 39 KO. liegt darin, daß bei der Konkursanfechtung das Zurückzugewährende zur KM. zurückfließt und deshalb auch der Anfechtungsgegner seine Gegenleistung teils als Masseanspruch, teils als KForderung wieder geltend machen kann, während bei der Anfechtung außerhalb des KVerf. der anfechtende Gläubiger die Gegenleistung nicht hat und durch sie nicht bereichert ist; M. 23. Auch an den Gegenstand der Rückgewähr darf sich der Empfänger (Anfechtungsgegner) nicht halten; insbesondere steht ihm kein Retentionsrecht an diesem Gegenstande wegen etwaiger Gegenforderungen zu; M. 23. Nur wegen etwaiger Verwendungen auf den Gegenstand hat er an ihm ein Retentionsrecht.

3 **3.** Verhältnis des Anfechtungsbeklagten zum Schuldner. Der § 8 bestimmt nur, daß der Anfechtungsgegner seine Erstattungsansprüche lediglich gegen den Schuldner, nicht auch gegen einen anderen geltend machen kann. Ob, unter welchen Voraussetzungen und in welchem Umfange Erstattungsansprüche gegen den Schuldner gerechtfertigt sind, ist nicht gesagt und deshalb nach dem bürgerlichen Rechte zu entscheiden; RG. 20 S. 157. Nach diesem hat der Anfechtungsgegner, wenn er die vom Schuldner empfangene Leistung an den Anfechtungskläger erstatten muß, gegen den Schuldner einen Gewährleistungsanspruch; §§ 365, 434 ff. BGB.; Jaeger A. 7. Ist der auf dem Vertrage beruhende Gewährleistungsanspruch ausgeschlossen, weil der Anfechtungsgegner bei dem Vertragsschlusse die Anfechtbarkeit des Geschäfts gekannt hat (§ 3 Nr. 1 des Anfechtungsgesetzes, § 439 BGB.), so hat der Schuldner aus dem Gesichtspunkt der ungerechtfertigten Bereicherung nach § 812 Abs. 1 Satz 2 BGB. die Gegenleistung zu erstatten; Jaeger A. 7. Ist die Leistung des Schuldners an den Anfechtungsbeklagten zur Erfüllung einer Forderung des Anfechtungsbeklagten erfolgt, so lebt diese Forderung, wenn das betreffende Rechtsgeschäft mit Erfolg angefochten wird, entsprechend dem § 39 KO. wieder auf; RG. 20 S. 157; JW. 88 S. 243; Jaeger A. 12; Jaeckel S. 205; Pet.-Kleinf. A. 2. Auch etwaige Nebenrechte der Forderung, z. B. Pfandrechte und Bürgschaften, leben wieder auf.

4 In allen Fällen hat der Schuldner ein rechtliches Interesse an dem Siege des Anfechtungsbeklagten. Deshalb ist er auch als Nebenintervenient zuzulassen. Eine Streitverkündung des Anfechtungsbeklagten an den Schuldner ist in allen Fällen statthaft, kann sogar zur Erhaltung des Ersatzanspruchs gegen den Schuldner notwendig sein; v. Wilm.-Kurlb. A. 5.

§ 9. Erfolgt die Anfechtung im Wege der Klage, so hat der Klagantrag bestimmt zu bezeichnen, in welchem Umfange und in welcher Weise die Rückgewähr seitens des Empfängers bewirkt werden soll.

---

1. Die Feststellungsklage aus § 256 ZPO. ist versagt; RG. 23 S. 6; 57 1
S. 102; JW. 92 S. 155; 96 S. 698; 02 S. 610; 04 S. 216. Der Antrag der Klage (oder Widerklage) bedarf der bestimmten Angabe einerseits des zur Befriedigung des Gläubigers erforderlichen Umfangs der Rückgewähr, andererseits der Art und Weise, wie solche bewirkt werden soll; M. 25; RG. 57 S. 102. Die Vorschrift ist eine zwingende, mithin ihre Nichtbeachtung von Amts wegen zu rügen; RG. 23 S. 6. Nachträgliche Richtigstellung des Antrages enthält keine unzulässige Klageerweiterung; RG. JW. 89 S. 85; Bolze 7 S. 108. Die Zulässigkeit der im Laufe des Prozesses angestellten Inzident-Feststellungsklage aus § 280 ZPO. wird durch § 9 nicht berührt; v. Wilm.-Kurlb. A. 1. Für die Bewirkung der Rückgewähr kann das Gericht eine andere Art als die in dem Klageantrag bezeichnete vorschreiben; RG. 9 S. 73.

2. Beispiele für die zu stellenden Anträge:

a. Der Schuldner ist im Besitze der anfechtbar veräußerten Sache. Antrag: 2
„den Beklagten zu verurteilen, zur Befriedigung des Gläubigers wegen des Betrages von x M. die Zwangsvollstreckung in die — näher zu bezeichnende — Sache zu dulden." (Die Summe ist bestimmt zu bezeichnen. Die Fassung: „die Zwangsvollstreckung bis zur Befriedigung des Klägers zu dulden", ist unzulässig); RG. JW. 03 S. 128.

b. Der Empfänger kann die Sache überhaupt nicht oder nur in verschlechtertem 3
Zustande herausgeben. Antrag: „den Beklagten zur Zahlung des Wertes oder Schadens in Höhe von x M. an den Kläger zu verurteilen"; RG. JW. 83 S. 228; 86 S. 248; RG. 58 S. 105.

c. Der Schuldner hat dem Anfechtungsgegner eine Forderung anfechtbar er- 4
lassen. Antrag: „Den Beklagten zu verurteilen, die Pfändung der Forderung als einer noch bestehenden in Höhe der Forderung des Klägers von x M. zu dulden". (Hat der Gläubiger sich die Forderung seines Schuldners pfänden und überweisen lassen, so kann er ohne weiteres auf Zahlung klagen.)

d. Von dem nacheingetragenen Gläubiger wird eine voreingetragene Hypothek, 5
Grundschuld oder Rentenschuld angefochten. Antrag: „den Beklagten zu verurteilen anzuerkennen, daß die für ihn eingetragene Hypothek der Befriedigung des Klägers wegen des für diesen eingetragenen Anspruchs von . . . nicht entgegensteht, Kläger vielmehr berechtigt ist, den bei der Versteigerung des Grundstücks auf die angefochtene Hypothek fallenden Erlös für sich zu beanspruchen." (Das Verlangen auf Löschung oder Umschreibung der Hypothek, Grundschuld oder Rentenschuld ist unzulässig, da die angefochtene Rechtshandlung sowohl zwischen dem Schuldner und dem Anfechtungsbeklagten als auch Dritten gegenüber wirksam bleibt.) RG. Gruch. 46 S. 1016; 56 S. 194. Zu 2a—d: v. Wilm.-Kurlb. A. 2—5.

3. Für den Wert des Streitgegenstandes ist die Forderung des Gläubigers 6
gegen den Schuldner maßgebend; ist aber der Wert des angefochtenen Erwerbes geringer als die Forderung des Gläubigers, so ist dieser Wert maßgebend; RG. 7 S. 394; 47 S. 376.

§ 10. Liegt ein nur vorläufig vollstreckbarer Schuldtitel des Gläubigers oder ein unter Vorbehalt ergangenes Urteil (Zivilprozeßordnung

§§ 540, 599) vor, so ist in dem den Anfechtungsanspruch für begründet erklärenden Urteile die Vollstreckung desselben davon abhängig zu machen, daß die gegen den Schuldner ergangene Entscheidung rechtskräftig oder vorbehaltlos wird.

---

1 1. Nur die Vollstreckung des den Beklagten verurteilenden Erkenntnisses im Anfechtungsprozesse ist von der Rechtskraft oder Vorbehaltlosigkeit der früheren Entscheidung abhängig zu machen, nicht der Anfechtungsanspruch selbst; der Erlaß des Urteils dahin, daß der Anfechtungsanspruch im Falle der Rechtskraft des früheren Urteils für begründet, im anderen Falle für unbegründet erklärt wird, ist nach den Bestimmungen der ZPO., welche andere als durch Eid bedingte Endurteile nicht kennt (§§ 462, 464 ZPO.) unzulässig. Der Ausspruch, daß die Vollstreckung des den Anfechtungsanspruch für begründet erklärenden Urteils von der Rechtskraft oder Vorbehaltlosigkeit der Entscheidung des Vorprozesses abhängig gemacht wird, hat in dem Urteil des Anfechtungsprozesses — und zwar von Amts wegen — zu erfolgen. Ist dieser Ausspruch unterlassen, so ist für ein Ergänzungsurteil kein Raum, da die Voraussetzungen des § 321 ZPO. fehlen; Hartmann-Meikel A. 1; v. Wilm.-Kurlb. A. 2; a. M. Jaeger A. 4; Pet.-Kleinf. A. 3. Sobald das Urteil im Vorprozeß rechtskräftig oder vorbehaltlos geworden ist, steht dem Gläubiger die Erwirkung der Vollstreckungsklausel in Gemäßheit der §§ 726, 730 ff. ZPO. frei. Wird das Urteil im Vorprozeß aufgehoben, so bleibt die Vollstreckbarkeit des Anfechtungsurteils ausgeschlossen. Dem Anfechtungsbeklagten steht es frei, wenn das zwar nicht vollstreckbare, aber formell bestehende Urteil ihn beeinträchtigt, gemäß § 256 ZPO. auf Feststellung des Nichtbestehens des Anfechtungsrechts zu klagen; v. Völd. 3 S. 195; Pet.-Kleinf. A. 6; Jaeger A. 11. Zur Vermeidung von Unzuträglichkeiten kann das Gericht in geeigneten Fällen gemäß § 148 ZPO. auf Antrag oder von Amts wegen die Entscheidung über den Anfechtungsanspruch aussetzen, bis das Urteil des Vorprozesses rechtskräftig oder vorbehaltlos geworden ist; Hartmann-Meikel A. 2; Jaeckel S. 233; Pet.-Kleinf. A. 7; a. M. Jaeger A. 6.

2 2. Vor Eintritt der Rechtskraft oder der Vorbehaltslosigkeit der Entscheidung des Vorprozesses ist das Urteil des Anfechtungsprozesses auch wegen der Kosten nicht vollstreckbar. Zwar kann die Festsetzung der Kosten schon vor Eintritt der Rechtskraft oder Vorbehaltslosigkeit des Vorprozeßurteils erfolgen, doch ist in diesem Falle im Festsetzungsbeschlusse zu bemerken, daß die Vollstreckung des Urteils und deshalb auch die Vollstreckung des Kostenfestsetzungsbeschlusses von dem Eintritt der in § 10 bezeichneten Bedingung abhängt; RG. JW. 91 S. 310.

3 3. Wird der vollstreckbare, rechtskräftige Schuldtitel im Wege des Wiederaufnahmeverfahrens nachträglich aufgehoben, so wird dadurch zwar nicht dem Anfechtungsbeklagten die Restitutionsklage aus § 580 Nr. 7 ZPO. eröffnet, da die Voraussetzungen dieser Bestimmung nicht vorliegen, wohl aber ist er befugt, im Wege der Klage aus § 767 ZPO. seinen Anspruch auf Rückerstattung des auf Grund des Anfechtungsurteils Geleisteten geltend zu machen; Pet.-Kleinf. A. 8; v. Wilm.-Kurlb. A. 4. Sowohl in dem Restitutionsverfahren als im Vorprozeß selbst ist der Anfechtungsbeklagte gemäß §§ 66, 69 ZPO. als Nebenintervenient des Schuldners zuzulassen, da er ein Interesse daran hat, daß dieser obsiegt; Jaeckel S. 233.

§ 11. Die gegen den Erblasser begründete Anfechtung findet gegen den Erben statt.

Gegen einen anderen Rechtsnachfolger desjenigen, welchem gegenüber die anfechtbare Handlung vorgenommen ist, findet die gegen den letzteren begründete Anfechtung statt:

1. wenn ihm zur Zeit seines Erwerbes die Umstände, welche die Anfechtbarkeit des Erwerbes seines Rechtsvorgängers begründen, bekannt waren;
2. wenn er zu den im § 3 Nr. 2 genannten Personen gehört, es sei denn, daß ihm zur Zeit seines Erwerbes die Umstände, welche die Anfechtbarkeit des Erwerbes seines Rechtsvorgängers begründen, unbekannt waren;
3. wenn ihm das Erlangte unentgeltlich zugewendet worden ist.

Im Falle des Abs. 2 Nr. 3 findet auf die Haftung des Rechtsnachfolgers die Vorschrift des § 7 Abs. 2 Anwendung.

Zur Erstreckung der Fristen in Gemäßheit des § 4 genügt die Zustellung des Schriftsatzes an den Rechtsnachfolger, gegen welchen die Anfechtung erfolgen soll.

---

1. Abs. 1 bis 3 decken sich mit den Bestimmungen des § 40 KO. Es wird 1
deshalb zur Vermeidung von Wiederholungen auf die dortigen Anmerkungen verwiesen.

2. Abs. 4. Die Zustellung des Schriftsatzes an den Rechtsnachfolger erstreckt 2
die Frist nur gegen diesen, nicht gegen den ersten Erwerber. Wird auch gegen diesen eine Anfechtung beabsichtigt, so bedarf es noch einer besonderen Zustellung an ihn. Die an den ersten Erwerber allein bewirkte Zustellung ist gegen den Rechtsnachfolger dann wirksam, wenn die Rechtsnachfolge nach der Zustellung eintritt, weil der Rechtsnachfolger den Gegenstand der Rückgewähr nur in der durch die Zustellung eingetretenen Rechtslage, also behaftet mit der Fristerstreckung erwerben konnte. Streitig ist, ob auch die nach dem Eintritt der Rechtsnachfolge bewirkte Zustellung an den ersten Erwerber gegen den Rechtsnachfolger wirksam ist. Die Mot. (S. 27) führen aus, die Zustellung an den Vertragsgenossen werde auch gegen den Rechtsnachfolger wirksam sein, wenn diesem zur Zeit seines Erwerbes die betrügliche Absicht des Schuldners gemäß § 11 Nr. 1 bekannt gewesen sei; dasselbe gelte gegen einen Rechtsnachfolger, welcher zu den in § 3 Nr. 2 genannten Personen gehöre, unter der in § 11 Abs. 2 Nr. 2 bezeichneten Voraussetzung also dann, wenn er nicht beweise, daß er zur Zeit seines Erwerbes von der Zustellung keine Kenntnis gehabt habe. Dieser Auffassung haben sich Jäckel S. 168 und v. Völd. 3 S. 199 angeschlossen. Jaeger A. 30—32 und Hartmann-Meikel A. 12 nehmen an, daß die Zustellung an den Rechtsvorgänger immer auch gegen den Rechtsnachfolger wirksam ist. Richtiger erscheint die Annahme, daß die nach der Rechtsfolge bewirkte Zustellung an den Vertragsgenossen des Schuldners den Rechtsnachfolger nicht bindet, denn der Rechtsnachfolger hat die Sache frei von der Fristbelastung erworben und die spätere Zustellung kann nicht rückwärts zu seinen Ungunsten wirken; ebenso Pet.-Kleinf. A. 3; v. Wilm.-Kurlb. A. 2.

§ 12. Die Anfechtung einer nach § 3 Nr. 1 anfechtbaren Handlung kann nur binnen zehn Jahren erfolgen. Auf den Lauf der Frist finden die für die Verjährung geltenden Vorschriften des § 203 Abs. 2

und der §§ 206, 207 des Bürgerlichen Gesetzbuchs entsprechende Anwendung.

Die Frist beginnt mit dem Zeitpunkt, in welchem der Gläubiger den vollstreckbaren Schuldtitel erlangt hatte und seine Forderung fällig war, wenn aber die Rechtshandlung nach diesem Zeitpunkte vorgenommen ist, mit der Vornahme der Handlung.

Die Anfechtung ist ausgeschlossen, wenn seit der Vornahme der Rechtshandlung dreißig Jahre verstrichen sind.

---

1 1. § 12 enthielt in seiner früheren Fassung für die Geltendmachung des Anfechtungsrechts Verjährungsfristen. An ihre Stelle sind jetzt entsprechend dem § 124 BGB. Ausschlußfristen gesetzt worden. Die Änderung beruht darauf, daß nach dem BGB. nur Ansprüche der Verjährung unterliegen, das Anfechtungsrecht aber nicht als ein Anspruch im Sinne des § 194 BGB. anzusehen ist; KNov. M. 61, 35. Die dreißigjährige Ausschlußfrist des Abs. 3 ist durch die KNov. neu eingefügt.

2 2. Die Ausschlußfrist unterscheidet sich von der Verjährungsfrist dadurch, daß die Ausschlußfrist von Amts wegen zu berücksichtigen ist, eine Verjährungsfrist hingegen nur, wenn sie vom Gegner geltend gemacht wird (§ 222 BGB.). Mit dem Ablauf der Ausschlußfrist ist die Anfechtung ausgeschlossen. Es ist dann weder Klage noch Einrede zulässig. Auch eine Naturalobligation bleibt nicht bestehen und ebensowenig kann eine etwaige Bereicherung zurückgefordert werden. Durch Erlangung eines neuen Schuldtitels kann das erloschene Anfechtungsrecht nicht von neuem erworben werden; RG. Bolze 4 Nr. 374. Falls mehrere Anfechtungsgegner vorhanden sind, laufen die Fristen gegen jeden besonders. Neben der Anfechtungsfrist läuft nicht noch eine besondere Verjährungsfrist; RG. 52 S. 334; JW. 04 S. 367, 496; Jaeger A. 7.

3 3. Die zehnjährige Frist (Abs. 1, 2) beginnt:

a. wenn die anfechtbare Rechtshandlung der Erlangung des vollstreckbaren Titels vorausgegangen ist, von der Erwirkung des vollstreckbaren Schuldtitels und, wenn die Forderung später fällig geworden ist, vom Eintritt der Fälligkeit;

b. wenn die anfechtbare Rechtshandlung erst nach Erlangung eines vollstreckbaren Titels und nach Eintritt der Fälligkeit der Forderung vorgenommen worden ist, mit der Vornahme der betreffenden Rechtshandlung ohne Rücksicht auf die Kenntnis des Anfechtungsberechtigten von der Vornahme der Handlung. Der vollstreckbare Titel wird, wenn das Urteil ohne Sicherheitsleistung für vorläufig vollstreckbar erklärt worden ist, mit der Verkündung des Urteils, andernfalls mit dem Tage des Eintritts seiner Rechtskraft erlangt. Ist die Vollstreckung von dem Eintritt einer Bedingung, z. B. Leistung einer Sicherheit, abhängig gemacht, so läuft die Frist erst vom Eintritt der Bedingung an.

4 4. Die dreißigjährige Frist (Abs. 3) beginnt stets mit der Vornahme der anfechtbaren Rechtshandlung.

5 5. Die Berechnung der Fristen erfolgt nach §§ 187 Abs. 1, 188 Abs. 2, 193 BGB. Es wird also der Tag, an dem der Gläubiger den vollstreckbaren Titel erlangt hat, an dem seine Forderung fällig geworden oder an dem die anfechtbare Handlung vorgenommen worden ist, nicht mitgerechnet. Die Frist endigt mit dem Ablaufe des Tages der letzten Woche oder des letzten Monats, welcher durch seine Benennung oder seine Zahl dem Tage entspricht, an dem der Gläubiger den vollstreckbaren Titel erlangt hat. Fehlt in dem letzten Monate der für den Ablauf der

Frist maßgebende Tag, so endigt die Frist mit dem Ablaufe des letzten Tages dieses Monats. Fällt der letzte Tag der Frist auf einen Sonntag oder einen am Erklärungsorte staatlich anerkannten allgemeinen Feiertag, so tritt an die Stelle des Sonntags oder des Feiertags der nächstfolgende Werktag.

6. Die Anwendung des § 12 ist beschränkt auf die Anfechtung nach § 3 Nr. 1. 6
Für die Fälle der Nr. 2 bis 4 des § 3 sind die dort angegebenen Fristen maßgebend.

§ **13.** Wird über das Vermögen des Schuldners das Konkursverfahren eröffnet, so steht die Verfolgung der von Konkursgläubigern erhobenen Anfechtungsansprüche dem Konkursverwalter zu. Aus dem Erstrittenen sind dem Gläubiger die Prozeßkosten vorweg zu erstatten.

Ist das Verfahren über den Anfechtungsanspruch noch rechtshängig, so wird dasselbe unterbrochen. Im Fall einer Verzögerung der Aufnahme kommen die Bestimmungen der Zivilprozeßordnung § 239 zur entsprechenden Anwendung. Der Konkursverwalter kann den Anspruch nach den Vorschriften der Konkursordnung §§ 37 bis 39, 41 in Gemäßheit der §§ 268, 529 der Zivilprozeßordnung erweitern. Lehnt der Verwalter die Aufnahme des Rechtsstreits ab, so kann derselbe rücksichtlich der Prozeßkosten von jeder Partei aufgenommen werden. Durch die Ablehnung der Aufnahme wird die Befugnis des Verwalters, nach den Vorschriften der Konkursordnung das Anfechtungsrecht auszuüben, nicht ausgeschlossen.

Soweit der Gläubiger aus dem Zurückzugewährenden eine Sicherung oder Befriedigung erlangt hatte, finden auf die Anfechtung derselben die Vorschriften des § 30 Nr. 1 der Konkursordnung entsprechende Anwendung.

Nach der Beendigung des Konkursverfahrens können Anfechtungsrechte, deren Ausübung dem Konkursverwalter zustand, von den einzelnen Gläubigern nach Maßgabe dieses Gesetzes verfolgt werden, soweit nicht dem Anspruch entgegenstehende Einreden gegen den Verwalter erlangt sind. War die Anfechtung nicht schon zur Zeit der Eröffnung des Konkursverfahrens erfolgt, so wird die im § 3 Nr. 2 bis 4 bestimmte Frist von diesem Zeitpunkte berechnet, sofern die Anfechtung bis zum Ablauf eines Jahres seit der Beendigung des Konkursverfahrens erfolgt.

Rechtshandlungen, welche der Gemeinschuldner rücksichtlich seines nicht zur Konkursmasse gehörigen Vermögens vorgenommen hat, können von den Konkursgläubigern auch während des Konkursverfahrens nach Maßgabe dieses Gesetzes angefochten werden.

I. Einfluß der Konkurseröffnung auf die Anfechtungsansprüche.

1. Leitende Grundsätze. § 13 behandelt die Frage, welchen Einfluß die 1
KE. über das Vermögen des Schuldners auf die Anfechtungsrechte der Gläubiger hat. Die Motive S. 28 bemerken hierzu: „Die erhobenen Anfechtungsansprüche, welche darauf abzielen, daß, zum Zwecke der Befriedigung der persönlichen Gläubiger, die früher veräußerten Gegenstände als noch zum Vermögen des Schuldners gehörig gelten sollen, können mit der Eröffnung des KVerf. nicht mehr Sonderrechte der einzelnen Gläubiger sein. Weder die Erhebung des Anfechtungsanspruchs, noch ein erstrittenes, noch ein rechtskräftiges Urteil gewährt dem anfechtenden Gläubiger ein

dingliches oder ein Vorzugsrecht an dem zurückzugewährenden Gegenstande. Sofern er nicht schon vor der KE. aus demselben seine Befriedigung oder an demselben durch Pfändung ein Absonderungsrecht erlangt hat, ist er KGl., und kann als solcher den erhobenen Anfechtungsanspruch nicht mehr verfolgen; KO. §§ 12, 14, 15. Wohl aber ist dazu der KV. befugt, er hat alles, was zur KM. gehört, herbeizuschaffen und zur Befriedigung aller Gläubiger zu verwenden, er allein übt für alle KGl. das Anfechtungsrecht aus (KO. §§ 6, 29, 36). Spricht dies die KO. im § 36 zwar nur für zu erhebende Anfechtungsansprüche aus, so muß ein gleiches für die vorher von einzelnen KGl. erhobenen Ansprüche bestimmt werden; das Zurückzugewährende — sei es schon vorläufig oder rechtskräftig erstritten oder noch erstreitbar — gehört zur KM.; dahin gehören auch die in einem anhängigen Anfechtungsstreite prozessualisch erworbenen Rechte; auch sie dürfen für die KM. nicht verloren gehen. Es muß dies selbst für den Fall gelten, daß der Anfechtungsanspruch auf Grund des § 3 Nr. 2, 3 oder 4 erhoben ist und bei Verfolgung des gleichartigen Anfechtungsgrundes durch den KV. in einem neuen Prozeß die nur von der KE. zurückzurechnende Frist (KO. §§ 31, 32 Nr. 1, 2) bereits abgelaufen sein würde. Denn . . . (es) gehört auch in dem gegebenen Falle das infolge des erhobenen Anfechtungsanspruchs Zurückzugewährende ohne Absonderungsrecht des anfechtenden Gläubigers zur KM." Diese Grundsätze, welche bei der Beratung des Gesetzes einen Widerspruch nicht erfahren haben, sind der Auslegung des § 13 zugrunde zu legen.

2 2. Ist das Verfahren über den Anfechtungsanspruch noch rechtshängig, so wird es, wenn die Anfechtung von KGl., d. h. von Gläubigern, die bei der Eröffnung des Konkurses über das Vermögen des Schuldners die Rechtsstellung von KGl. haben, durch Klage oder Widerklage geltend gemacht ist, durch die Eröffnung des KVerf. unterbrochen. Ob die betreffenden KGl. am KVerf. teilnehmen oder nicht, ist unerheblich. Der Verwalter hat die Wahl, ob er die Rechtshandlung unangefochten lassen, ob er in den anhängigen Prozeß eintreten oder ob er das Anfechtungsrecht durch Anstellung einer neuen Klage ausüben will. Sind aus demselben Anfechtungsgrunde von verschiedenen Gläubigern mehrere Anfechtungsprozesse anhängig gemacht, so ist es dem KV. überlassen, welche von diesen Klagen er aufnehmen will; M. 31.

3 3. Im Falle des Eintritts des Verwalters in den anhängigen Rechtsstreit kann dieser nur in der Lage aufgenommen werden, in welcher er sich zur Zeit der KE. befunden hat. Eine Änderung des Klageantrages muß insofern vorgenommen werden, als an Stelle der Rückgewähr zum Zwecke der Befriedigung des Einzelgläubigers die Rückgewähr zur KM. zu beanspruchen ist. Auch ist der Verwalter berechtigt, den geltend gemachten Anspruch gemäß §§ 37—39, 41 KO., §§ 268, 529 ZPO. zu erweitern. Selbstverständlich ist diese Erweiterung nur so lange zulässig, als neues Vorbringen überhaupt statthaft ist, also bis zum Schlusse derjenigen mündlichen Verhandlung erster oder zweiter Instanz, auf welche das Urteil ergeht; § 280 ZPO. Auch ist nur die Erweiterung des Klageantrages, nicht die Erweiterung des Klagegrundes gestattet, da hierin eine Klageänderung liegen würde. War z. B. die Anfechtungsklage auf § 3 Nr. 3 gestützt, so kann sie in dem aufgenommenen Prozeß nicht auf § 31 KO. gestützt werden; RG. 22 S. 389. Will der Verwalter ein Rechtsgeschäft aus einem neuen Grunde anfechten, oder ist die von ihm beabsichtigte Erweiterung des Klageanspruchs nicht mehr zulässig, so bleibt ihm nur übrig, die Aufnahme des Rechtsstreits abzulehnen und eine neue Klage anzustellen; M. 29, 30. Bei der Fortführung des aufgenommenen Prozesses kommt

die außerhalb des Konkurses geltende, von dem Einzelgläubiger innegehaltene Frist auch dem Verwalter zu statten. Will aber der Verwalter die Anfechtung durch neue Klage geltend machen, so ist er an die Fristen der §§ 31, 32 KO. gebunden.

Wenn der Verwalter in dem von ihm aufgenommenen Rechts- 4
streit obsiegt und das Erstrittene an die Masse zurückgewährt wird, so sind dem Gläubiger, welcher Klage erhoben hatte, die von ihm aufgewendeten Prozeßkosten aus dem Erstrittenen zu ersetzen. Diese auf den Grundsatz über ungerechtfertigte Bereicherung gestützte Ersatzpflicht kann dann nicht Platz greifen, wenn der Verwalter die Aufnahme des Prozesses abgelehnt und selbständig geklagt hat. Ebensowenig besteht ein Ersatzanspruch, wenn der Verwalter in dem aufgenommenen Rechtsstreit nicht obgesiegt hat, oder wenn das Erstrittene an die Masse nicht zurückgewährt ist.

4. Will der Verwalter die Aufnahme des Prozesses ablehnen, so 5
hat er in den Fällen des § 133 Nr. 2 KO. die Genehmigung des Gläubigerausschusses hierzu einzuholen. Die Ablehnung gilt nicht als Verzichtleistung auf den Anspruch. Während des Konkurses kann der Prozeß in der Hauptsache von keiner der Parteien fortgesetzt werden, wohl aber bezüglich der Prozeßkosten. Diese sind der Partei aufzuerlegen, welche bei Durchführung des Prozesses in der Hauptsache unterlegen sein würde. Dem Verwalter bleibt, auch wenn er die Aufnahme des anhängigen Rechtsstreits ablehnt, die Erhebung einer selbständigen Anfechtungsklage freigestellt. Diese unterliegt den Vorschriften der KO., auch bezüglich der Fristen (§§ 31 Nr. 1, 32), deren Lauf durch die frühere Klage des Gläubigers nicht unterbrochen wird.

Auch dann, wenn der Verwalter nicht nur die Aufnahme des Rechtsstreits abgelehnt, sondern erklärt hat, daß er das Rechtsgeschäft nicht anfechten werde, ist die Fortsetzung des Rechtsstreits in der Sache selbst durch die bisherigen Parteien ausgeschlossen.

Wenn, während die Parteien den Prozeß wegen der Kosten fortsetzen, vom 6
Verwalter eine selbständige Anfechtungsklage erhoben wird, schweben zwei Prozesse über denselben Gegenstand gleichzeitig. In solchem Falle wird das Gericht zweckmäßig die Verhandlung über den Kostenprozeß bis nach Erledigung des von dem Verwalter anhängig gemachten Rechtsstreits aussetzen; § 148 ZPO.

5. War der Prozeß schon vor der KE. rechtskräftig zugunsten des 7
Gläubigers entschieden, oder hatte der Gläubiger ein vorläufig vollstreckbares Urteil erstritten, so ist der Verwalter befugt, die Zwangsvollstreckung aus dem Urteil zu betreiben. Die Erteilung der erforderlichen vollstreckbaren Ausfertigung erfolgt in Gemäßheit der §§ 727, 730 ZPO. auf den Antrag des Verwalters. M. 30; RG. 30 S. 70; 32 S. 104. Der Einzelgläubiger ist nach der KE. zur Empfangnahme der Rückgewährleistung nicht mehr legitimiert. Gegen den von ihm aus dem Urteil erhobenen Anspruch kann der Anfechtungsgegner im Vollstreckungsverfahren Einwendung gemäß § 767 ZPO. erheben. Läßt er es auf die Zwangsvollstreckung ankommen, so wird er durch die Leistung an den Einzelgläubiger der KM. gegenüber nicht befreit, sondern muß an diese nochmals leisten; § 37 KO.; Jaeger A. 27; v. Wilm.-Kurlb. A. 4.

Hatte der Gläubiger auf Grund seines obsiegenden Urteils schon 8
vor der KE. Befriedigung oder Sicherung erlangt, so ist, auch wenn dies durch Zwangsvollstreckung geschah, ein Gegenstand für das Anfechtungsrecht des Verwalters nicht mehr vorhanden. Doch unterliegt die Sicherung oder Befriedigung selbst der Anfechtung, sofern die Voraussetzungen des § 30 Nr. 1 KO. vorhanden sind.

9 Ist der *Anfechtungskläger rechtskräftig abgewiesen*, so wird hierdurch die — aus eigenem Rechte geltend zu machende — Anfechtungsbefugnis des Verwalters nicht ausgeschlossen, auch steht nichts entgegen, die Anfechtung auf das nämliche Fundament zu stützen.

10 **II.** *Ausübung des Anfechtungsrechts nach Beendigung des KVerf.*

1. Die zur Zeit der Beendigung des KVerf. unerledigten Anfechtungsprozesse der *Einzelgläubiger*. Es hat wohl der Verwalter die Anfechtungsrechte aller Gläubiger, aber kein Gläubiger das Recht des Verwalters auszuüben. Deshalb kann auch nach Beendigung des KVerf. die Aufnahme der noch etwa anhängigen, vom Verwalter angestellten Anfechtungsprozesse durch einen einzelnen Gläubiger nicht zugelassen werden; M. 32. Ebensowenig ist die Anfechtungsklage ein Bestandteil der Masse und kann daher auch nicht mit der Masse auf den GSch. übergehen. Dieser ist auch nicht Rechtsnachfolger der Gläubiger und kann ein Recht, welches den Gläubigern nur als solchen zustand und gesetzlich nur vom KV. ausgeübt werden konnte nicht erwerben; RG. 9 S. 36. Wohl aber treten die einzelnen Gläubiger wieder in die Ausübung ihrer eigenen Anfechtungsrechte ein und können sie sowohl durch Fortsetzung des früher anhängig gemachten Rechtsstreits (RG. 30 S. 77) als durch Erhebung einer neuen Klage geltend machen. Die etwa vom KV. im Wege der Anfechtung erstrittene Unwirksamkeitserklärung einer Rechtshandlung wirkt zugunsten der Gläubiger nur in ihrer Eigenschaft als KGl., macht also eine besondere Anfechtung nicht entbehrlich; RG. 25 S. 63.

11 Die Weiterverfolgung eines bereits vor KE. erhobenen Anfechtungsanspruches nach Beendigung des KVerf. erleidet in zwei Punkten Änderungen:

a. Einreden, die während der Dauer des KVerf. gegen den Verwalter begründet sind und den Anspruch selbst betreffen — Vergleich, Verzicht, Urteil, Verjährung (§ 41 KO.) — sind nunmehr zulässig; M. 32.

12 **b.** Der Gläubiger, welcher während des KVerf. den Anspruch nicht verfolgen konnte, muß gegen die Nachteile des Zeitablaufs während des Verfahrens geschützt werden. Es muß deshalb, wenn der Gläubiger nicht schon vor der KE. Klage erhoben hatte, seine Klage statthaft sein, wenn er binnen einem Jahre nach Beendigung des Verfahrens klagt und wenn in den Fällen des § 3 Nr. 2, 3 und 4 die angefochtene Rechtshandlung in den von der KE. an rückwärts zu berechnenden Zeitabschnitt fällt; M. 32.

13 **2.** *Die zur Zeit der Beendigung des KVerf. unerledigten Anfechtungsprozesse des KV.* Hier sind folgende Fälle zu unterscheiden.

a. Der K. ist beendigt *durch Ausschüttung der Masse*. Ist der streitige Anspruch durch Beschluß der GlV. als zur Zeit unverwertbar gemäß § 162 KO. einer Nachtragsverteilung vorbehalten, so dauert die Legitimation des KV. zur Weiterführung der Anfechtungsprozesse fort; § 166 KO. Ebendasselbe muß gelten, wenn die konkursmäßige Anfechtbarkeit erst nach der Schlußverteilung ermittelt wird; *Jaeger* A. 33 mit Literatur. Der Einzelgläubiger ist zur Fortführung eines Anfechtungsprozesses des Verwalters nur dann befugt, wenn der betreffende Einzelgläubiger den Prozeß angestrengt und der KV. ihn aufgenommen hatte. Der Schuldner darf weder unerledigte Anfechtungsprozesse des KV. in der Hauptsache fortführen, noch rechtskräftig zuerkannte Anfechtungsansprüche für sich persönlich geltend machen; LG. I Berlin KGBl. 1904 S. 75; *Jaeger* A. 35.

14 **b.** Der K. ist beendigt durch *Zwangsvergleich* (§ 190 KO.) oder durch

Einstellung (§§ 202, 204 KO.). Der Anfechtungsprozeß ist in der Hauptsache erledigt und kann von dem Schuldner überhaupt nicht, von den andern Beteiligten nur im Kostenpunkte fortgesetzt werden; RG. 58 S. 414. Die Kosten sind demjenigen aufzuerlegen, der im Falle der Durchführung des Prozesses in der Hauptsache unterlegen sein würde; Jaeger A. 36; OLG. Cöln in OLG. 1 S. 176.

III. Das nicht zur KM. gehörige Vermögen des GSch. kann nach 15
§ 14 KO. während der Dauer des KVerf. von den KGl. nicht zum Gegenstande ihrer Befriedigung gemacht werden. Eine Ausnahme von dieser Regel macht § 13 Abs. 5. Danach unterliegen Rechtshandlungen des GSch. über dieses Vermögen auch während des KVerf. der Anfechtung nach Maßgabe des Reichsanfechtungsgesetzes sowohl seitens der KGl. als seitens der neuen Gläubiger. An der KM. selbst nehmen die neuen Gläubiger nicht teil. Deshalb sind sie auch nicht befugt, solche Rechtshandlungen anzufechten, welche sich auf das zur KM. gehörige Vermögen beziehen; M. 33.

Absonderungsberechtigte sowie diejenigen, die erst nach der KE. Gläu- 16
biger des GSch. werden, werden durch den § 13 nicht berührt, können also sowohl die bereits vor der KE. erhobenen Anfechtungsansprüche ohne Unterbrechung weiter verfolgen als auch während des KVerf. Anfechtungsansprüche neu erheben; M. 33.

§ 14. Dieses Gesetz tritt im ganzen Umfange des Reichs gleichzeitig mit der Konkursordnung in Kraft.

Dasselbe findet auch auf die vor diesem Zeitpunkte vorgenommenen Rechtshandlungen Anwendung, sofern sie nicht nach den Vorschriften der bisherigen Gesetze der Anfechtung entzogen oder in geringerem Umfange unterworfen sind.

Ist der Anfechtungsanspruch zur Zeit des Inkrafttretens dieses Gesetzes rechtshängig, so bleiben für die Entscheidung des Rechtsstreits die Vorschriften der bisherigen Gesetze maßgebend.

Mit Rücksicht auf Art. VIII EG. z. KO. Nov. ist in der Bekanntmachung vom 1
20. Mai 1898 der § 14 fortgelassen. Er findet Anwendung auf die vor dem 1. Oktober 1879 vorgenommenen Rechtshandlungen. Nach Abs. 2 bildet die Rückwirkung des Gesetzes auf ältere Rechtshandlungen die Regel, die Unanfechtbarkeit oder beschränkte Anfechtbarkeit älterer Rechtshandlungen die Ausnahme. Macht der Anfechtungsgegner geltend, daß solcher Ausnahmefall vorliegt, so hat er die diese Ausnahme begründenden Tatsachen nachzuweisen. Beispiele: RG. 4 S. 33, 250; 12 S. 142.

Sachregister.

Arabische Zahlen ohne Zusatz bedeuten die Paragraphen der Konkursordnung.

E bedeutet: Einführungsgesetz zur Konkursordnung

E I bedeutet: Einführungsgesetz zu dem Gesetze, betr. Änderungen der Konkursordnung.

A bedeutet: Anfechtungsgesetz.

A I bedeutet: Pr. Ausführungsgesetz zur Konkursordnung.

Die in Exponentenstellung neben den arabischen Zahlen befindlichen kleineren Zahlen weisen auf die Randnummern innerhalb der Paragraphen hin.

A.

B.

C.

D.

E.

F.

G.

J.

K.

L.

M.

N.

Q.

R.

T.

U.

W.

Lippert & Co. (G. Pätz'sche Buchdr.), Naumburg a. S.

FSC
www.fsc.org
MIX
Papier | Fördert
gute Waldnutzung
FSC® C083411

Kolibri 360 GmbH
Ferdinand-Jühlke-Straße 7
99095 Erfurt, Deutschland
produktsicherheit@kolibri360.de